海峡两岸轨道交通建设与环境工程高级技术论坛

主　编　史佩栋

主　审　孙　钧　莫若楫　朱合华　周文波

编　委　黄宏伟　胡邵敏　何毅良　傅德明

桂业琨　吴惠明　丁文其　胡向东

吴林高　虞兴福　郑锦华　蒋文龙

副主编　丁源萍　李碧霞　杨　桦　俞　峰

人民交通出版社

内 容 提 要

本书收入了"海峡两岸轨道交通建设与环境工程高级技术论坛"(2008年11月,杭州)的全部报告和论文。全书分为十篇,即一、特邀报告;二、专题论述;三、轨道交通线网站点规划设计研究;四、轨道交通建设政策法规及技术标准研究;五、轨道交通风险管控与工程安全;六、隧道施工控制与变形分析;七、深开挖设计施工;八、轨道交通沿线近接施工影响研究;九、列车减振降噪技术;十、相关讨论及其他。报告和论文的作者多为海峡两岸在本领域著名的、具有丰富实践经验和理论学识的专家学者。书末有论文作者索引。

本书内容从整体而言,是以个案的形式从不同的城市社会经济历史环境和地质条件,总结了轨道交通在政策标准制订、规划设计、发包方式、施工建设、运营管理、车辆设备等方面的创新技术和宝贵经验,因此它凸显了当前两岸各地在轨道交通建设中存在的主要热点难点问题及其应对措施。

本书是当今本领域一本不可多得的文献,对两岸各地已建、在建、拟建轨道交通的各个城市的相关部门的领导和科技管理人员,对高校相关专业的教师、研究人员以及咨询顾问服务公司的人员均具有重要参考价值。

图书在版编目(CIP)数据

海峡两岸轨道交通建设与环境工程高级技术论坛/史佩栋主编.－北京:人民交通出版社,2008.10

ISBN 978-7-114-07404-2

Ⅰ.海… Ⅱ.史… Ⅲ.①城市铁路－轨道运输－研究－中国②环境工程－研究－中国 Ⅳ.U239.5 X5

中国版本图书馆CIP数据核字(2008)第145146号

京朝工商广字第8042号

书　　名:海峡两岸轨道交通建设与环境工程高级技术论坛
著 作 者:史佩栋
责任编辑:曲　乐
出版发行:人民交通出版社
地　　址:(100011)北京市朝阳区安定门外外馆斜街3号
网　　址:http://www.ccpress.com.cn
销售电话:(010)59757969,59757973
总 经 销:北京中交盛世书刊有限公司
经　　销:各地新华书店
印　　刷:中国电影出版社印刷厂
开　　本:880×1230　1/16
印　　张:27.75
字　　数:813千
版　　次:2008年10月　第1版
印　　次:2008年10月　第1次印刷
书　　号:ISBN 978-7-114-07404-2
定　　价:100.00元

汇集最新技术精华
促进海峡两岸轨道交通
事业更大发展

祝贺海峡两岸轨道交通建设与
环境工程高级技术论坛圆满举办

刘建航

二〇〇八年十月一日

刘建航先生，中国工程院院士、上海市建设和交通委员会科技委副主任、同济大学教授

海峽兩岸軌道交通與環境工程
高級技術論壇 大會成功

四通八達 造福人群
永續發展 心懷後世

台灣世曦工程顧問公司
董事長 李建中 敬賀
二〇〇八年十月七日

香港工程師學會
THE HONG KONG INSTITUTION OF ENGINEERS
香港銅鑼灣記利佐治街1號金百利9字樓
9/F Island Beverley, No 1 Great George St, Causeway Bay, Hong Kong
電話Tel +852 2895 4446 傳真Fax +852 2577 7791
hkie-sec@hkie.org.hk www.hkie.org.hk

October 2, 2008

Professor Shi Peidong
Chairman, Organizing Committee

Dear Professor Shi,

Congratulatory Message
Cross-Straits Advanced Technical Forum on Rapid Rail Transit Construction and Environmental Engineering

The rapid economic development in the last three decades has driven huge demands of efficient transport systems due to rapid urbanization. The existing systems in many cities are over-stressed and fail to meet the needs of the commuters. We also realize the importance of harmony between the systems and environment so that we can have sustainable growth without jeopardizing our future generations. The present Forum provides a perfect venue for experts to share their experiences and exchange their knowledge to keep pace with the rapid developments.

Without your effort, the Forum could not come true, and I, on behalf of the Geotechnical Division of the Hong Kong Institution of Engineers, would like to take this opportunity to extend our warmest congratulation to you and your Organizing Committee and wish you all have a fruitful meeting.

Warmest Regards.

Yours sincerely,

Leslie George Tham

L G Tham
Chairman, Geotechnical Division, HKIE

October 2, 2008

Professor Shi Peidong
Chairman, Organizing Committee

Dear Professor Shi,

Congratulatory Message
Cross-Straits Advanced Technical Forum on Rapid Rail Transit Construction and Environmental Engineering

It is my great pleasure and privilege to write and offer my sincere congratulations to the Organizing Committee for the opening of the "Cross-Straits Advanced Technical Forum on Rapid Rail Transit Construction and Environmental Engineering".

The rapid urbanization in recent years has seen a surge in demand for efficient as well as environmental-friendly transport systems and a forum dedicated to this topic is long overdue. The timely Forum provides an excellent platform for sharing of experience in the construction of rapid rail transit systems and it will no doubt have positive impacts on the development of the technology in such systems.

Our Society is most honoured to be associated with the Forum and we wish that this co-operation will continue to flourish.

With Best Wishes,

Yours sincerely,

海峡两岸轨道交通建设与环境工程高级技术论坛

（2008 年 11 月 4 日至 7 日，杭州）

支持单位

中国土木工程学会
香港工程师学会岩土分部
香港岩土工程学会
台湾财团法人地工技术研究发展基金会

主办单位

同济大学土木工程学院
上海申通地铁集团有限公司
上海隧道工程股份有限公司
上海市土木工程学会
上海市土木工程学会地下工程专业委员会
中国土木工程学会隧道与地下工程分会
中国土木工程学会城市轨道交通技术推广委员会
北京交通大学土木建筑工程学院
天津大学建筑工程学院
东南大学岩土工程研究所
浙江省土木建筑学会
浙江大学建筑工程学院
浙江省建筑业行业协会地下工程分会
杭州市地铁集团有限责任公司
浙江省大成建设集团有限公司
浙江科技学院建筑工程学院

承办单位

浙江省建筑业行业协会地下工程分会
浙江省大成建设集团有限公司
浙江第一水电建设集团有限公司
浙江科技学院建筑工程学院

协办单位

杭州市土木建筑学会
北京安捷工程咨询有限公司
隔而固（青岛）振动控制有限公司
杭州福斯特建工技术有限公司
宁波大汇建设工程有限公司

海峡两岸轨道交通建设与环境工程高级技术论坛

（2008 年 11 月 4 日至 7 日，杭州）

顾问委员会

名誉主席　周　镜

主　　席　施仲衡　刘建航　张苗根

委　　员　王铁宏　王钟琦　王振信　王梦恕　叶可明　孙　钧　朱荣培　刘建航　刘祖德　许溶烈　应名洪　李永盛　李焯芬（港）　李诚宽（港）　张苗根　张　弥　杨戌标　何毅良（港）　欧晋德（台）　陈重华　周　镜　施仲衡　赵如龙　项　勤　钱七虎　莫若楫（台）　益德清

学术委员会

主　　席　孙　钧　莫若楫（台）

委　　员　王卫东　王新杰　尹学军　白　云　史佩栋　冯爱军　孙　钧　朱合华　朱　伟　刘松玉　刘金砺　刘国彬　刘世明　李荣强　李建中（台）　李广信　宋二祥　宋敏华　吴伟亨（港）　张　雁　张建民　张鸿儒　张顶立　金　淮　轩辕啸雯　陈　峰　陈云敏　陈龙珠　陈仁朋　陈湘生　陈如桂　杨秀仁　杨国祥　杨建辉　范庆国　周文波　岳中琦（港）　郑　刚　胡邵敏（台）　段绍纬（台）　俞清瀚（台）　俞锡万（港）　施祖元　高大钊　徐日庆　莫若楫（台）　秦中天（台）　郭陕云　桂业琨　夏建中　宰金珉　唐晓武　顾晓鲁　殷建华（港）　梁青槐　崔一帆　章云泉　黄宏伟　黄茂松　黄南辉（台）　龚晓南　蒋建群　葛世平　傅德明　谭国焕（港）　锺毓东（台）　魏庆朝　魏新江

组织委员会

名誉主席　张　雁

主　　席　史佩栋

副 主 席　李良杰　夏建中　丁狄刚　郑锦华　蒋文龙

委　　员　丁狄刚　史佩栋　边学成　冯爱军　齐国明　李良杰　李海波　吴　飞　吴哲慧　何毅良（港）　何开胜　沈林冲　杨学林　陈克强　郑锦华　洪永星　柳若龙　夏建中　徐志恒　徐　刚　梁国钱　曹宇春　蒋建群　蒋文龙　雷应谷　虞兴福　锺毓东（台）

（以上委员名单均按姓氏笔画为序）

序

1863 年 1 月，世界上第一条地铁长 6.4km，在英国伦敦建成通车，是以伦敦地铁被认为是世界上历史最悠久的地铁。经过 140 余年的发展，目前伦敦地铁线路总长约 405km，仍领先于世界各大城市。据不完全统计，现今世界各国建有地铁、轻轨和高铁（已被统称为轨道交通）的城市约 140 座（不包括我国城市），线路总长约在 6 000km 之谱。

中国大陆的地铁或轨道交通肇始于 1965 年动工、1971 年 1 月启运的北京地铁一期工程，长23.6 km。经过 40 余年，尤其是改革开放 30 年的发展，到目前，北京、天津、上海、广州、南京、深圳等 15 座城市已建、已运营、在建和在规划中即将开建的轨道交通线路总长已达 1 700 余 km；预期至 2015 年，此数将达 2 300km。再加上新启动建设的 20 余座城市的轨道交通及京津城际高铁、京沪高铁等，则在最近 10 年内累计已建成和将建成运营的轨道交通里程将超过 6 000km。更令人瞩目的是，至 2012 年和 2015 年，上海、北京两地的轨道交通里程将分别超过 500km，从而跃居世界城市轨道交通排名榜的前两位。

中国香港特区的地铁始建于 1975 年，至 21 世纪初其运营线路已达 100km，在未来 10 年，香港将拥有 300km 以上的轨道交通线路。台湾台北捷运自 1996 年启运，预计至 2013 年，台北、高雄、桃园和台中各地的捷运总里程将达 215km；台北至高雄左营的高铁 345km 已于 2007 年开通运营。

以上一些数据，有力地说明了我中华大地台海两岸的轨道交通建设起步虽晚于世界发达国家整整 100 年，但近年来发展迅猛已后来居上，规模之宏大为举世罕见。

这次论坛旨在以科学发展观为指导，汇聚台海两岸之技术精英，总结交流两岸各地在轨道交通建设方面所积累之宝贵经验，所取得之创新成果，以及所遭遇的困难和应对措施，以利于迎接今后新的挑战，争取更辉煌的成就。

我们十分欣喜地拜读了各方专家在百忙中热情惠寄的宏文佳作，精彩纷呈，美不胜收，令人振奋。我们深切感受到这些报告/论文无不生动地反映了作者们对轨道交通建设方方面面丰富的实践经验和深邃的理论学养，并且具有广阔的国际视野和科学远见。

我们深信这次论坛必将成为我中华大地进一步发展轨道交通的一个重要里程碑。同时，鉴于我们此次所论及众多城市，其社会、经济、历史、环境和地质条件各有特点，互不相同，而在某些问题上又具共性。因此，若说这本文集可成为世界各地今后发展轨道交通建设的一本重要文献，似感并不为过。但轨道交通建设的内涵十分广博，此区区数十万言，也仅冰山一角而已，大量工作犹待我们去做。

笔者忝为这次论坛的发起人之一，谨借此机会向支持和参与此次论坛，以及为此次论坛成功举办作出贡献的各个单位各位先进致以衷心的谢忱和崇高的敬意！

是为序。

论坛学术委员会主席
孙　钧
2008 年国庆佳节于同济园

孙钧先生，中国科学院技术科学部资深院士，同济大学终身一级荣誉教授，前国际岩石力学学会副主席暨中国国家小组主席，上海市建设和交通委员会科技委顾问，上海城建集团、上海市地下铁道建设总公司高级技术顾问。

前　　言

奥运神七令世人震惊，华人自豪。

在捷报频传普天同庆之际，笔者满怀喜悦，完成了此文集之工作。面对杂陈案前的书报、稿件和函电，笔者尚愿在此重笔赘述，我中华大地台海两岸在城市轨道交通建设领域也已取得了非凡的进展。

盖自19世纪60年代英国伦敦首先建成世界上第一条地铁以来，经过几十个发达国家140余年的发展，到目前全世界除我国以外约有140个城市拥有地铁、轻轨和高铁（它们被统称为轨道交通），其线路总长约6 000km，约为当年伦敦第一条地铁的1000倍。

我中国因贫穷落后，建设地铁晚于英伦整整100年，亦即直至20世纪60年代方有北京开建地铁。然而仅仅经过40余年，尤其是近30年改革开放后的急起直追，中国大陆10余个城市已建、已运营、在建和即将动工兴建的轨道交通总里程已达到了1 700km，此数已超过英美法德日等任何一个国家目前所拥有轨道交通里程，从而使中国成为世界上拥有轨道交通线路最长的国家。而至2015年，随着兴建轨道交通的城市继续增加，预计此数将超过4 000km。若加上京沪高铁、京津、沪杭、杭宁等城际高铁，则至2015年，中国大陆约40个城市，其轨道交通总里程将超过世界其他各国目前所拥有轨道交通里程的总和！若加上香港特区、澳门特区和台湾地区的业绩，则在未来8至10年，我台海两岸拥有的轨道交通总里程将接近7 000km。这将是世界轨道交通发展史上的一项新纪录。

更令人振奋的是，根据规划至2012和2015年，北京、上海两地的轨道交通里程将分别超过500 km，从而跃居世界大城市轨道交通里程排行榜的第一、第二位。

伟哉我大中华！唯前方并非坦途，吾侪仍任重而道远。

众所周知，轨道交通建设是涉及土木、建筑、机械、电机、材料、环保、计算机、自动化、通信信号等等一系列专业技术的一门新的学科。它催生了一系列新的产品、产业和产业链，兴起了新的教育培训专业（在大陆甚至有师范大学也新设了轨道交通专业），它在很多方面体现了当今世界最新的高科技。而高科技的领先，也体现了综合国力的强盛。

为了有助于总结交流我台海两岸中华大地在轨道交通建设领域积40年之宝贵经验，以应对当前面临的十分艰巨的任务，笔者等发起组织了此次杭州论坛。我们有幸获得了两岸三地业界的即时响应和大力支持；有幸敦请了多位名家共襄其盛；有幸承蒙相关的高等院校、科研设计院所、企事业单位和政府主管部门等几十个单位的近百位专家热情惠寄宏文佳作。

为便于研讨，笔者把收入文集的文章按其内容分类，顺理成章地形成了十个部分，亦即：

一、特邀报告…………………………
二、专论……………………………
（它们是对于轨道交通建设发展中若干大事件、大事故、大课题的重要经验总结或综述）

三、线网站点规划设计研究………
四、政策法规及技术标准研究……
五、风险管控与工程安全…………
六、隧道施工控制与变形分析……
七、深开挖设计施工………………
八、沿线近接施工影响研究………
九、列车减振降噪技术……………
十、相关讨论及其他………………
（它们凸显了当前轨道交通建设发展中的重要热点难点问题）

因此，本书的十个部分实际上即是本书的几大亮点。其中第一、第二部分包括盾构施工技术，设计施工发包办法，汶川大地震震后调查，上海、台湾、香港等地路网拓展等等重要内容；而后续几个部分则主要是讨论线网站点规划设计研究、政策法规及技术标准研究、建设风险与工程安全、隧道施工控制与变形分析、深开挖设计施工、沿线近接施工影响、列车减振降噪技术等当前为轨道交通建设专家们最关切的热点难点。

为节省本文篇幅，此处不拟按通常介绍论文集内容的方式，对全部文章一一加以点评，读者如浏览各篇篇首摘要，即可获知其梗概，并且将会知道其中绝大多数文章均极具实用价值和指导意义。在此，笔者只拟对以下三点略作说明：

一、城市轨道交通线网站点的规划设计是一个极具难度而影响至为深远的大问题。如早期单线规划考虑不周，将会给之后多线大型换乘枢纽站的规划建设造成很大困难。对此上海市积累了许多经验教训，本书在第三部分有详细论述。

二、关于轨道交通沿线近接施工影响的问题。轨道交通运营后，必然会带动沿线附近地区的开发建设，因而也可能会对轨道交通设施造成不良影响。为了保障轨道交通设施安全，兼顾业者开发权益，台北捷运已制定了一套较完备的沿线禁建限建管理制度和法令，以供相关各方遵循。本书第八部分有专文对此作了介绍，对两岸各地特别具有参考价值。

三、关于深开挖（Deep Excavation），这次来稿偏少，但在车站建设中深开挖是个不容忽视的大问题，而且开挖有愈来愈深的趋势。它在高层建筑领域有很多经验很多报道，足资参考。深开挖在大陆通常称为“深基坑”，这两个名词词义相通应无问题。问题在于大陆有不少专家，当他们用英文发表文章或在其大作的英文摘要中常有把基坑译成“foundation pit”或“pit engineering”者，殊令人遗憾！甚至在一流期刊杂志中也屡见不鲜，以讹传讹。为此，笔者近年常利用各种场合试图纠正此错误，而收效甚微。特借此机会为其“正名”再作呼吁（不过这些话对于轨道交通的主题而言，显然是“出轨”了，歉甚）。

这里要特别说明，有4位专家（孙钧院士、欧晋德博士、张弥教授、桂业琨总工）的重要演讲，因时间等关系未能载入文集，现仍将其演讲题目刊在目录之首以显示论坛全貌，敬祈与会同仁注意聆听。

笔者有幸作为本文集各篇宏文的第一个忠实读者，深感获益匪浅。笔者深信，本书必将成为我台海两岸三地乃至世界各地今后进一步发展轨道交通事业的重要参考文献。

谨在此向孙钧院士、莫若楫博士、朱合华教授、周文波博士等各位审稿专家和编委同仁致以深切的谢忱！向刘建航院士、李建中教授、何毅良先生、谭国焕博士等在百忙中挥毫题词、来电祝贺致以深切的谢忱！

对书中存在的疏误之处，敬请读者作者不吝指正。

忝任论坛组委会主席

史佩栋

2008年10月于杭州锦绣大厦

目　　录

○ 演　　讲

（以上另行刊出）

一、特 邀 报 告

二、专　　论

三、轨道交通线网站点规划设计研究

四、轨道交通建设政策法规及技术标准研究

五、轨道交通风险管控与工程安全

六、隧道施工控制与变形分析

七、深开挖设计施工

八、轨道交通沿线近接施工影响研究

九、列车减振降噪技术

十、相关讨论及其他

附　　录

一、特邀报告

盾构施工对环境的影响

王振信
（上海申通地铁集团公司）

摘　要　盾构施工对环境的影响在隧道工程诸施工法中可算是不起眼的，目前大量使用的泥水和土压平衡盾构更使该工法对环境的影响进一步减小。可是由于各种原因，对环境严重影响的事故仍时有发生，为减少乃至杜绝类似事故，国内外学者有众多的论述。综合各家意见，并结合上海的经验提出以下三个方面的浅见，望引起业者重视，力求做到盾构施工对环境的影响最小化。

(1)盾构施工对环境影响的程度。

(2)盾构施工对环境造成影响的机理。

(3)盾构施工如何对环境影响最小化。

关键词　盾构施工　环境影响

1　盾构施工对环境影响的程度

盾构在地层中推进必然会对周边地层产生不同程度的扰动，进而对环境造成影响，但其程度差异甚大，如图1～图4所示，严重的可导致地面下陷，形成沉陷槽，盾构施工所过之处，可使建筑物倾斜、下沉、坍塌，可使管线变形乃至断裂等事故。2003年上海地铁四号线，2005年高雄地铁橘线，2007年南京地铁二号线元通站盾构到达时的重大事故，影响巨大，经济上损失几个亿，工期滞后几十个月。

但是盾构施工绝大多数对环境的影响可以控制在可接受程度之内，盾构施工所经之处，人们毫无觉察。盾构施工对环境影响之可接受程度或控制值，因地、因事而异，各不相同。大陆各地铁单位比较广泛采用的，至今仍是上海地铁三十年前刚开始施工时所制定的正一负三(厘米)之允许值。事过境迁，随着施工水平的提高，目前国内各地大多均能达到隆、沉值低于上述允许值之水平。目前据笔者所知，

图1　典型的沉陷槽

图2　房屋倾斜、下沉

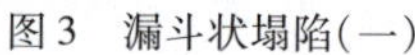

图3 漏斗状塌陷(一)

图4 漏斗状塌陷(二)

国外已达到了沉降值在 1 ~2mm 范围之内的水平。图 5 和图 6 所示为东京新宿道路隧道盾构施工在穿越通风机房底板时盾构顶距底板仅 1m 的条件下,可以控制到施工后通风机房的底板只有 1mm 的沉降,颇具代表性。

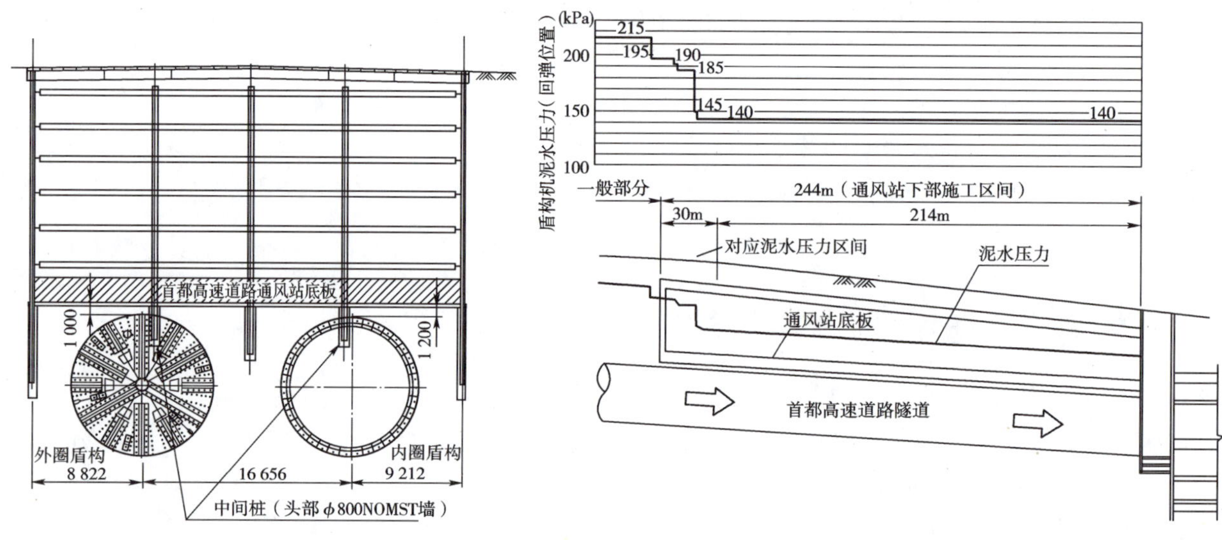

图5 通风站位置断面图(尺寸单位:mm)

图6 盾构机泥水压力实绩图

图7 所示为该工程在下穿地铁矩形隧道,平行于地铁大江户线之上,并在上穿日本电报电话[NTT]隧道后仅使该隧道隆起 3mm 的好成绩。

随着国内隧道建设的大发展,当前出现在我们面前的似同新宿道路隧道那样有盾构在既有隧道上方或下方,乃至在上、下隧道之间穿越的工程实例。隧道直径有大有小,有圆形的,有矩形的;有盾构施工的,有明挖施工的,亦有矿山法施工的;更有矿山法施工的双层隧道。如即将施工的深圳地铁二号线区间隧道下穿正在运营中的地铁一号线矿山法施工的单层及双层区间隧道的实例。在上海,自 2000 年开始,先后有下穿、上穿、中间穿越的八项实例。表 1 列出了该八项工程的各项参数。

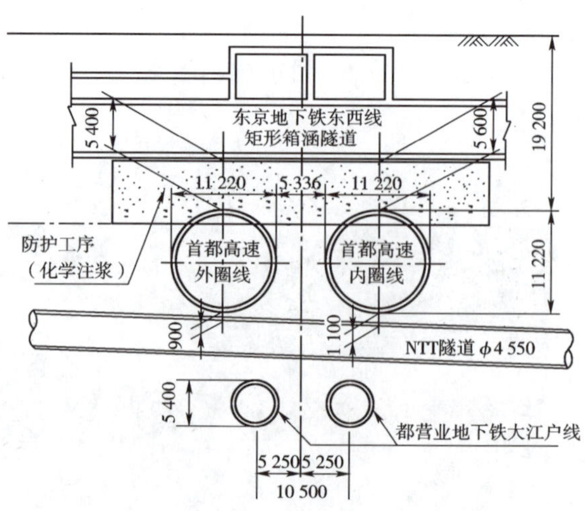

图7 (尺寸单位:mm)

上海盾构穿越运营地铁隧道工程统计(一) 表 1

序号	穿越工程名称	穿越形式	盾构与隧道间净距(m)	盾构施工地层	穿越隧道所处地层	穿越隧道沉降(mm)	穿越时间/后期补强注浆历时时间	地铁隧道状况
1	地铁 2 号线 6.3m 盾构下穿 1 号线运营隧道	垂直下方穿越	1.2	软塑黏土	流塑黏土	2	2000 年 9 月/6 个月	穿越至今,均处于正常安全运营状态
2	地铁 4 号线盾构下穿 2 号线运营地铁隧道	急曲线下方穿越	1.04～1.7	软塑黏土	流塑黏土	3	2003 年 7 月/9 个月	
3	地铁 7 号线盾构下穿 1 号线运营地铁隧道	垂直下方穿越	1.5	软塑黏土	流塑黏土	2.5	2007 年 9 月/6 个月(尚在注浆,10 天一次)	
4	地铁 7 号线盾构下穿 2 号线运营地铁隧道	曲线下方穿越	1.2	软塑黏土	流塑黏土	2.5	2007 年 10 月/(尚在注浆,10 天一次)	
5	地铁 9 号线盾构下穿 2 号线运营地铁隧道	曲线下方穿越	1.7	上半部硬塑黏土,下半部粉砂	软塑黏土	2	2007 年 11 月/(一条隧道正注浆,尚有一台盾构在穿越)	
6	西藏南路 11.58m 越江盾构下穿 8 号线已建地铁	斜向下方穿越	2.77～2.88	砂质粉土	软塑粉质黏土及硬塑粉质黏土	穿越过程 16～30mm,补强注浆后减少至 5mm	2007 年 10 月/30 天	
7	地铁 8 号线盾构上穿 2 号线运营地铁隧道	垂直上方穿越	1.34	流塑黏土	软塑黏土	隆起 3.1mm	2004 年 8 月	
8	浦江观光隧道盾构上穿 1 号线运营地铁隧道	斜向上方穿越	2	软塑黏土	软塑黏土	隆起 5mm	2000 年	

从表 1 中可以看出,由于各种因素,其对地铁运营隧道的隆起、沉降值虽不及新宿隧道,但仍可控制在 3～5mm 之内,远低于地铁运营部门设定的[10mm]的限制值。

图 8 为今年年初上海外径为 11.58m 的西口路隧道下穿地铁八号线的剖面图。

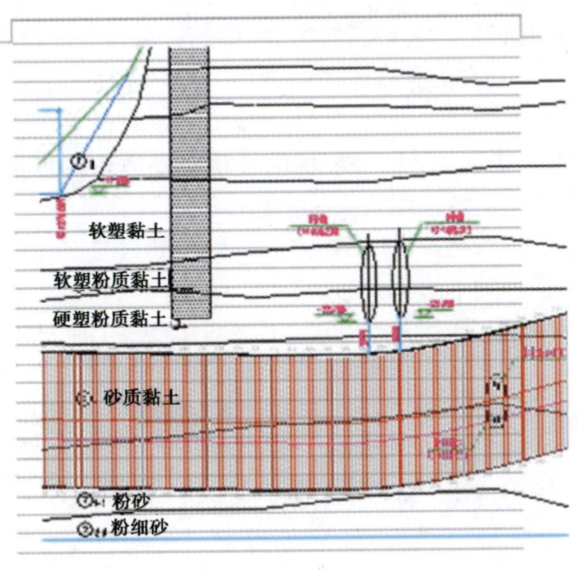

图 8

2 盾构施工对环境造成影响的机理

盾构在地层中施工必然会对其周边地层产生不同程度的应力重分布，进而形成对环境的影响。通常可将其划分为三个区域，即盾构工作面前方、盾构通过时、盾尾脱出后。

（1）盾构工作面之前一倍至几倍盾构直径的范围是直接受盾构推进质量影响的区域。当地层良好，可以采用无压［开胸］施工时，开挖面的土体应力释放而导致开挖面内凹，其结果是地面下陷，但其程度因地质不同有很大的区别。当采用有压［闭胸］施工时，土仓内的压力如果大于正面地层压力，则有可能在这个区域内出现地面隆起，反之则下陷。此现象在软弱地层中尤为明显。如何控制土仓压力是闭式推进盾构施工的核心问题。国内外的实例揭示：泥水盾构较土压平衡盾构容易控制一些，气泡式泥水盾构更易保持压力稳定，因之对环境影响最小。盾构施工时的实际出土量与理论出土量往往存在着或多或少的差别，当实际出土量小于理论值时地面会隆起，反之则下沉。在一般情况下，总是出土量大于理论值，这就造成地层损失。地层损失必然反映在地面沉陷上，在饱和软土地层中，沉陷槽的面积相当于地层损失量。国内外都采用地层损失率来衡量盾构施工对环境影响的程度，一般认为如果能控制地层损失率在千分之五之内，则盾构施工对非特别敏感的环境不会产生明显的影响，图 9 给出了新加坡地铁东北线盾构施工时的地层损失率。

上海盾构施工时，凡遇到环境要求非常高，如运营中的地铁区间隧道、给排水隧道，其地层损失率可以控制在千分之一到千分之二之间。

问题是在施工中如何知晓地层损失率？泥水盾构可测其进排水量及其密度之差来算出开挖土沙量，土压平衡盾构可计螺旋输送机的转数或计其渣土车车数。但这些计量办法的精度过于粗糙。国外比较精确的办法是在皮带运输机上安装电子称来计重，或在皮带运输机上安装激光扫描机来计量。上海盾构施工比较精确、实用的方法则是通过监测到的地表或深层沉降值反算出地层损失率。无数实例证明利用 PECK 公式来计算是十分接近实际的。

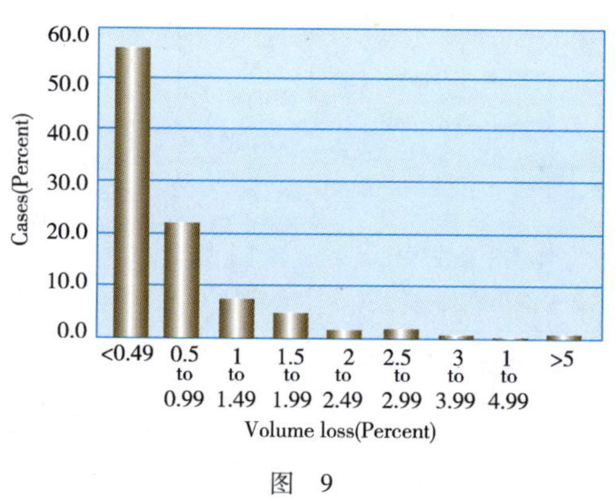

图 9

图 10 所示为上海地铁四号线盾构施工穿越运营中的地铁二号线所采用的方法。

如图 10 所示，在下穿之前先设一试验段，在试验段中通过深、浅沉降标志的信息所算得的地层损失量来调整盾构推进及注浆诸参数。在二号线隧道中设精密电子水准计，实时监测隧道隆沉量来调整盾构推进和注浆参数。

（2）盾构机机身在通过地层时亦会产生对环境的影响。在盾构推进过程中由于盾构姿态，即盾构轴线与隧道轴线的偏差，必然会对周边地层产生扰动（图 11），其后果是较长时期的固结沉降。

盾构机身的构造各不相同，有铰接式、直筒式及前大后小锥状的。后者在良好地层或岩石层中是适用的，但在软弱地层中会导致额外的地层损失。

（3）盾尾脱出后则又可分为近、远二段。在软弱地层中，当施工质量不佳时，远期沉降可能延续数年之久，如图 12 所示。

及时、足量、适当的压力是盾尾注浆的要领。及时注浆在软弱地层中尤为重要，注浆点的分布往往不被重视，图 13 给出了盾尾浆液压力分布等压线。

由图可见，离开注浆点后压力迅速下降，如果减少注浆点，势必在远离注浆点处压力会降低很多，以致地层变形。

足量应该是注浆量相当于理论量。有一种误解是注浆量要大大超过理论量，因而常见设计中有规定注浆量为 180% ~200% 的事例。目前上海大型盾构，如长江隧道施工时采用单液浆，注浆量仅为

100%～120%，该工程注意到浆液的稠度、重度、剪切强度、触变性、泌水性、收缩率及力学指标。可见关键是浆的质量而不是数量。不重视浆液的质量，只管数量，其结果是搅动了周围地层，带来了明显的后期沉降。

4号线盾构急曲线下方穿越2号线运营地铁隧道

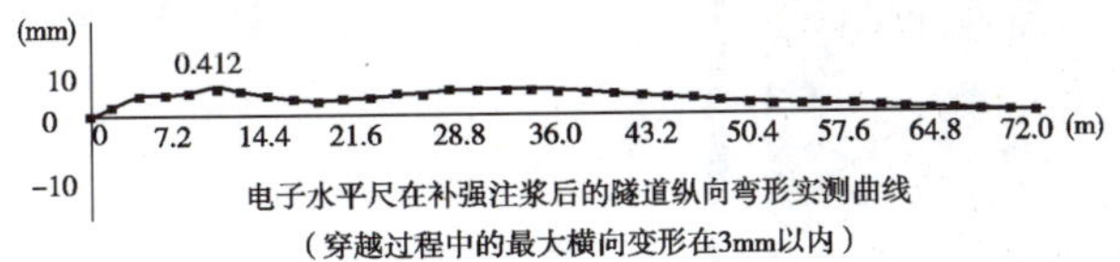

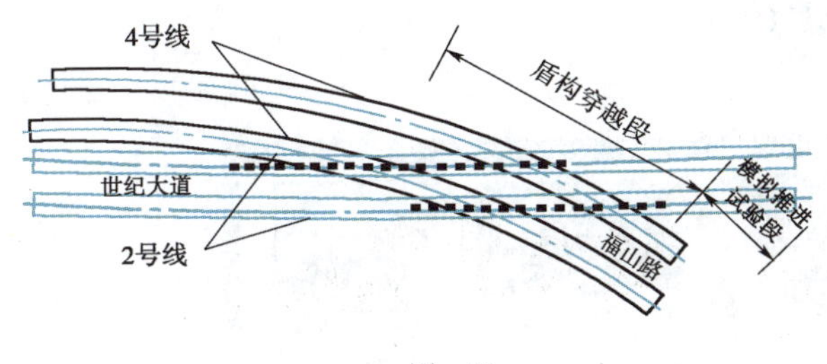

图 10

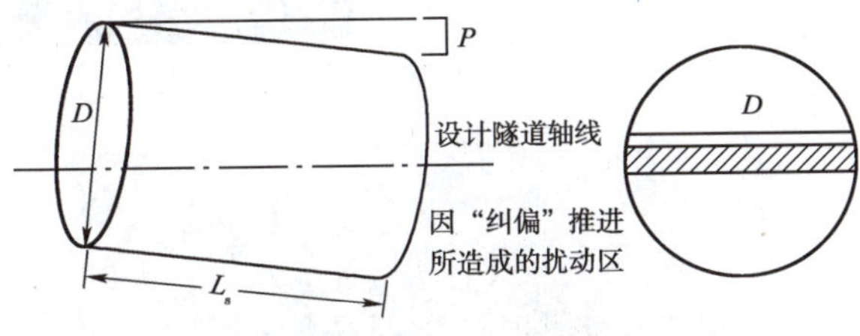

图 11 因盾构纠偏所造成的地层扰动示意图

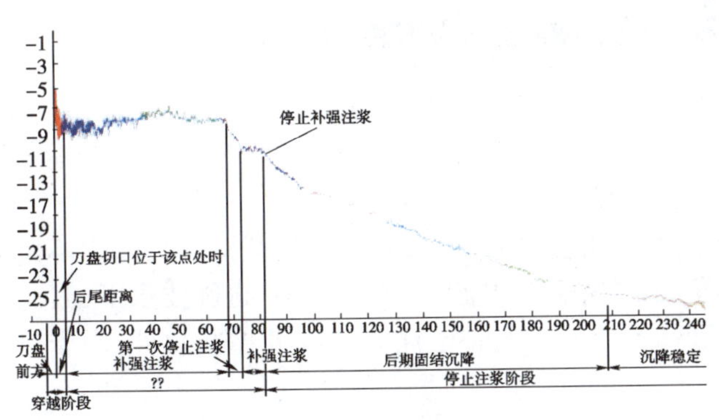

图12 房屋最大沉降点 F9′盾构穿越施工及后期固结沉降曲线

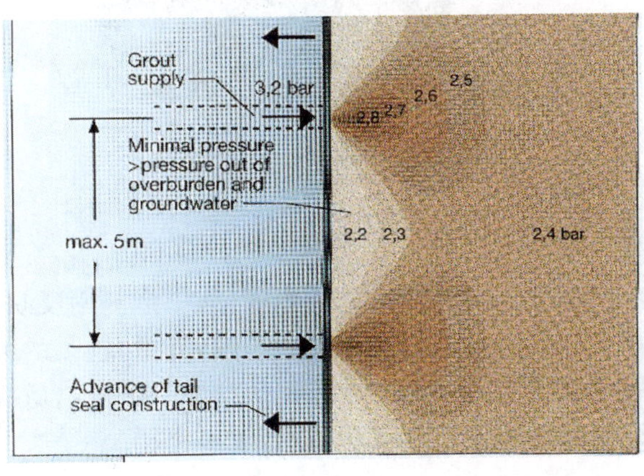

图 13

适当的压力对软弱地层来说尤为重要。注浆压力过小，固然会造成地表下陷，不适当的二次注浆及补压浆亦会导致后期沉降。

3 盾构施工如何对环境的影响最小化

根据国内外目前的理论和实践，可以认为盾构施工均能达到对环境影响接近零的水平。

国外对盾构施工，采用“地理信息系统”来加以控制。该系统的内容包含：地质详勘、预测沉降值、有限元分析、监测点，设置预警值和允许值、转移风险的措施等。至于监测点，国内一般在被穿越的隧道内设置电子水准仪，在地面采用精密水准仪等手段加以人工监控，所采集的数据仅供施工技术人员掌握，据以指导盾构施工。国外则采用自动搜集信息的监测站，它是由全站仪、测点、接收仪组成。由全站仪发出的光束通过测点上的反光镜折射到接收仪，即照相机。照相机所接收到的信息由专用软件解读，一方面报告有关人员，一方面连线编有特殊程序的盾构操作程序对盾构推进诸参数、注浆诸参数加以调整，必要时采取其他措施，如在需要处设置补偿注浆来保证对环境的影响控制在可控范围之内，做到防微杜渐，犹如喷气客机的自动驾驶那样，做到盾构施工对环境的影响降低到最低程度。

下列照片（图14～图16）为：全站仪、测点、接收仪即照相机。

图 14

图 15

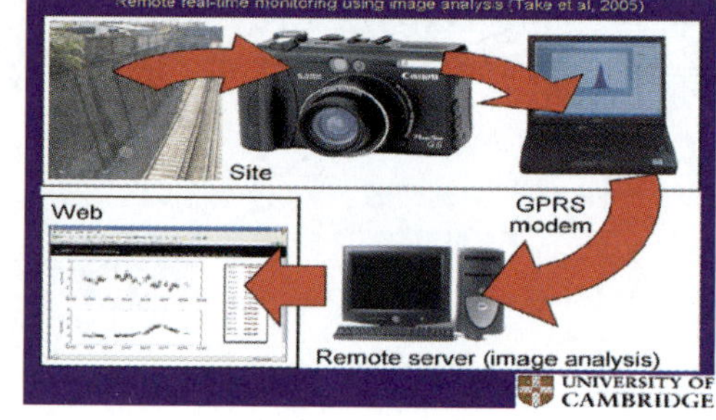

图 16

4 结语

盾构施工对环境影响的程度,从一个侧面反映出本行业的整体水平。以上海的整体水平而言,不谓不高,但与国外相较,尚有差距。随着盾构施工的大发展,首先要提高设计、施工人员的科技水平,其次要研究开发自动监测和将监测数据即时传输给盾构操作系统和后续补偿注浆系统的控制软件,向着对环境的影响近于零的目标努力。

5 致谢

刘建航院士对本文给予指导并提供了宝贵资料,特此表示谢意。

参考文献

[1] V Guglielmetti et. al. Mechanised tunneling in urban areas. T&TI Dec. 2007.

[2] Robert Mair. Tunnelling-recent advances in research and practice. Cambridge University, 2005.

[3] D. Branque. et. al. Stress-strain behavior during tunneling in soft ground. Experimental study on 1-g earth pressure balanced shield model. Underground Space-the 4th Dimension of Metropolises. Proc. Of the 33 rd ITA. AITES World Tunnel Congress, Prague, Czech Republic 5 – 10 May 2007, Published by Taylor & Francis.

[4] A. Bezuijen. Bentonite and grout flow around a TBM. Underground Space-the 4th Dimension of Metropolises. ditto.

[5] A. Bezuijen. Volume changes in grout used to fill up the tail void. Underground Space. ditto.

[6] A. Bezuijen. Laboratory tests on compensation grouting, the influence of grout bleeding. Underground Space. ditto

[7] Shani Wallis. Striking out towards zero settlement. T&TI June 2007.

[8] 韦凯. 软土地层中盾构施工对既有地铁沉降分析. 华东交通大学学报,网上下载.

铁路及城轨建设设计施工发包办法实务研讨

莫若楫
（亚新工程顾问（集团）公司　台北市　10557）

摘　要　铁路及城轨建设除了以传统的设计、招标、施工方式进行外，土建工程还可采用设计施工统包方式。为顾及政府兴建大型公共工程财力上的负担，并促进民间参与公共工程建设，国际上现有多项建设采取兴建—营运—移转（Build - Operate - Transfer，BOT）的方式，台湾高速铁路及高雄捷运工程分别采用BOT及统包的方式兴建并已正式营运，是两个值得研讨的案例。

关键词　高铁　城轨　土建　设计　发包

1　前言

本文首先就台湾截至目前采用民间参与兴建—营运—移转（BOT）方式办理铁路及捷运两个建设计划（高速铁路、高雄捷运）做概略介绍，对以BOT方式兴建的特点与实务问题予以研讨，并对两岸推展铁路及城轨建设BOT与土建工程设计施工总承包合作之可能性提出建议。

2　台湾高速铁路建设计划

2.1　计划简介

2.1.1　计划内容概要

台湾南北高速铁路建设计划路线行经台湾西部14个县市，77个乡镇，32个都市计划区，沿途穿越工业区、商业区、农业区、行政区、军事区以及住宅区，并跨越高速公路、铁路及河川，全岛约有四分之三的人口分布在高铁沿线。整体工程施作主要包含土建工程、车站工程、轨道工程、基地工程及核心系统工程等项目。路线示意如图1。

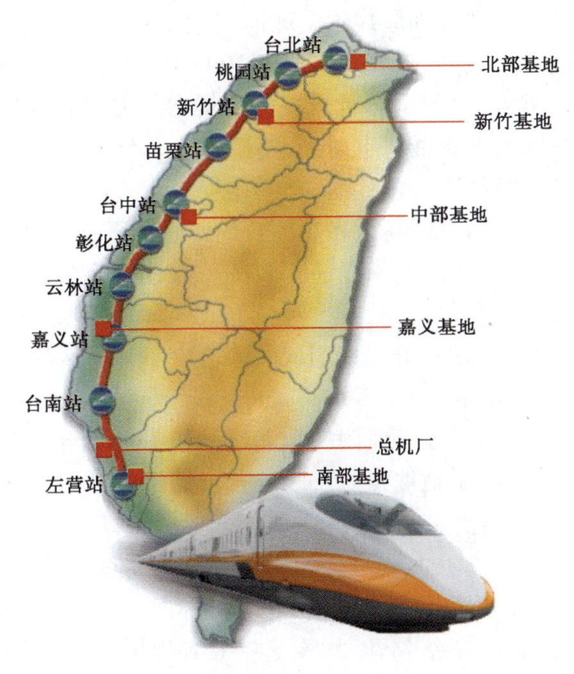

图1　台湾高铁路线示意图

全长345km之土建工程部分，自台北县树林市至高雄市左营区，长约329km，由台湾高铁公司负责兴建，包含251km桥梁工程、47km隧道工程，及31km路工工程。此部分工程于2000年3月开工，在2004年11月全部完工，共分为12个工程标，分别由国内外厂商以联合承揽方式兴建。另台北市南港区至台北县树林市长约16km之地下隧道工程，则由政府配合铁路地下化工程负责兴建。经过严谨履勘及国际独立查核、检验及认证，台湾高铁于2006年12月25日正式开始营运，至2008年4月底已有2447万人次搭乘。

2.1.2　工程特性

台湾位于地震、台风频繁地带，于西部走廊兴建高速铁路，经过地区除须考虑地震、强风及豪雨等自然环境因素外，路线规划以平直为原则，并配合区域均衡发展、减少对周边环境及自然生态之影响，尽量避开断层及软弱地盘，以确保每小时250～300km高速行驶的安全性。台湾高铁工程基本特性，如表1所示。

台湾高铁工程基本特性表　　表1

项　　目	基本特性	项　　目	基本特性
系统类型	钢轨钢轮式	平面曲线半径	一般6 250m以上
轨距	标准轨距1.435m	路线最大坡度	25‰
设计速度(用于土建工程设计)	350km/h(板桥—左营间)	轨道类型	长焊钢轨
路线长度	345km	行车调度	中央行车控制，集中调度
正线轨道股数	双在线下行各一股道	号志系统	自动列车控制(ATC)

高速铁路路线工程设计标准要求十分严格，路线结构型式可区分为高架结构、隧道、路堤与路堑等，其所占比例如表2。

台湾高铁路线结构类型表　　表2

结构类型	高架桥/桥梁	山区隧道/明挖覆盖隧道	路堤/路堑	全　　长
长度(约)	251km	63km	31km	345km
百分比(约)	73%	18%	9%	100%

2.2　民间参与

台湾高铁计划为台湾首度以民间投资，采用兴建—营运—移转(BOT)方式办理之重大公共建设计划。

高铁计划原规划由政府编列特别预算执行(1993年7月)，但立法单位在审查后决定改以征求民间投资方式办理，政府随即于1994年11月拟定《奖励民间参与交通建设条例》立法通过施行。本案于1996年10月公告征求民间机构参与办法。历经一年时间于1997年9月25日决定台湾高速铁路企业联盟为本案最优申请人，其后历经十个月的审核议约等程序于1998年7月23日正式由政府和特许公司台湾高铁公司签约。

民间投资高铁兴建的合约要点如下：

(1)兴建与营运特许权——兴建营运台北至高雄间之高速铁路及其附属设施；特许期间为35年，含兴建及营运。

(2)站区开发使用权——五座车站站区用地之开发及经营其附属事业；事业发展用地之开发经营期为50年。

(3)高铁营运附属事业经营权——35年。

(4)土地取得——政府负责高铁建设用地之取得。

2.3　政府与民间财务分担

台湾高铁计划总建设经费约新台币5 133亿元，包括政府必须办理事项之经费约新台币1 057亿元(占总建设经费20.59%)，主要办理用地取得、台北地下化共构段工程(板桥至南港)施工及监督与管理；以及台湾高铁公司投资新台币4 076亿元(占总建设经费79.41%)，其中工程经费约新台币3 259

亿元、财务成本约新台币 817 亿元,负责办理土建、车站、轨道、维修基地、总机厂及核心机电等工程之设计、发包、施工、整合测试及营运维修等工作。

2.4 土建工程发包策略

台湾高铁公司对全线土建工程的发包策略如下述:

(1)采行设计施工统包合约

(a)承包商所完成土建工程必须符合高速铁路营运与安全需求;

(b)承包商负责全部固定设施及假设工程设计;

(c)承包商依据台湾高铁公司同意之品质保证计划进行自主品管,并自聘独立设计查核工程师,进行审查及验证;

(2)采用总价合约

(a)承包商承担其可控管风险;

(b)承包商提供履约保证;

(c)台湾高铁公司提供业主主控保险(Owner's Controlled Insurance Program,OCIP)。

(3)采用国际标,由台湾外与台湾厂商联合承揽

(a)强化承包商整体财务控管能力;

(b)引进台湾外厂商对大规模工程管理能力;

(c)引进台湾外施工技术。

(4)采用国际惯用契约基本条款,并以英文为合约语言

(a)吸引台湾外绩优厂商;

(b)引进台湾外工程合约管理专才;

(c)结合台湾专业知识与人才。

(5)严谨分标及选商

(a)采用大标,减少合约数量,节省合约管理费用;

(b)选择财务健全并具备专业能力绩优厂商。

依据上述原则,全线土建工程(不含车站及维修基地)共分为十二标段(图 2),土建分标概要详见表 3。

2.5 兴建工程品质管控

高铁工程建设包括土建、车站、轨道、维修基地、总机厂及核心机电系统等工程。台湾高铁公司就土建工程、轨道工程部分采用设计与施工统包方式召开国际标,并依国际通行之 ISO－9000 标准与规定执行品质管控。自 2000 年 3 月土建工程开工后,即接续办理其他各项工程之发包施工。在土建工程设计过程中,除要求承揽厂商要自聘独立设计查核工程师(Contractor's Independent Checking Engineer, CICE),进行独立检核外,并须经台湾高铁公司委聘之独立设计查核工程师(Independent Checking Engineer,ICE)审查通过,方能施工;在施工时,除要求承揽厂商应依据 ISO－9000 之标准建立其自主品保制度外,其施工计划、检试验计划及工作规范,亦须通

图 2　台湾高速铁路土建分标示意图

台湾高速铁路土建分标概要表 表3

标 别	长度(m)	承 揽 厂 商	设 计 单 位	独立审查单位
C210	11 280	Obayashi/Futsu	Sinotech/TYLin/VCE	LAP/Muller Hereth
C215	40 460	Obayashi/Futsu	Sinotech/TYLin/VCE	LAP/Muller Hereth
C220	17 780	Daiho	MAA/IOA Lexiq	SGTE
C230	23 440	Hyundai	Hyder/GC/MAA	PBMM
C240	20 840	Hyundai	Hyder/GC/MAA	Kampsax
C250	39 800	Hochtief/BN/PA	HTC/MAA	Kampsax
C260	36 615	BB/CEC	BBDT/LAP/IOA/Sinotech	MAA
C270	42 799	BB/CEC	Maunsell/Sinotech	MAA
C280	34 407	Samsung/Doosan/IE&C	Byncksan/PB/CTCI/MAA	Hyder/TYLin
C291	28 513	Evergreen/Shimizu	MAA	TYLin
C295	27 324	Evergreen/I. Thai/PEWC	MAA/JMI	PBMM
C296	3 062	Evergreen/Shimizu	MAA	TYLin

过台湾高铁公司独立监造工程师(Independent Site Engineer,ISE)审核及驻地工程师(Resident Engineer,RE)监督(图3)。此外台湾高铁公司依合约必须聘请独立查核、检验与认证(Independent Validation and Verification,IV&V)专业机构(台湾高铁计划聘请英国劳氏验船协会组成 Lloyd's Register Project Team,LRPT),针对高铁工程设计、施工、整合测试及试运转等进行全程之独立查核、检验与认证工作,以确保高铁系统能满足高铁合约所定之功能、品质及安全之要求。

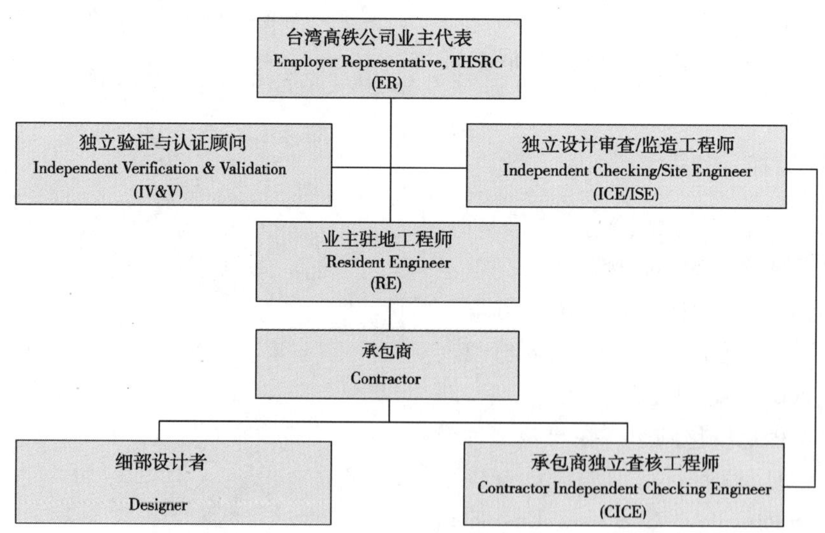

图3 台湾高铁设计管理组织架构图

2.6 土建工程执行成效与问题研讨

在土建工程合约设计及施工执行阶段,经常遭遇以下问题:

(1)拟订设计时程过于乐观,以致承包商为避免整体工期延误,在设计未经台湾高铁公司同意前即开始施工,因而必须自行承担事后修改额外风险。

(2)设计审查作业因审查人员经历素质不一、流动性高等因素,影响设计审查时效及标准一致性。

(3)台湾高铁公司与承包商对于规范或合约解释不同,影响设计审查效率,并衍生合约争议。

(4)承包商所选聘设计顾问公司或独立设计查核工程师,若系初次进入台湾市场,因不熟悉台湾规范、法规及环境,导致必须重新设计,耗费投入资源并进而延误设计时程。

(5)承包商因设计工作量庞大,往往选聘多家顾问公司担任设计,承包商对设计管理团队无法有效整合,造成设计混乱,各家顾问公司之设计甚多冲突,必须仰赖独立设计查核工程师之整合。

(6)部分承包商未建立有效设计管理团队,仰赖设计顾问公司做设计管理,以致未能适时纳入承包商意见或决策。

(7)土建工程合约采用英文,但承包商、设计顾问公司及独立设计查核工程师来自世界各国(包含非英语系国家),以致语言沟通困难。

3 高雄都会区大众捷运系统建设计划

3.1 计划简介

高雄都会区大众捷运系统第一期第一阶段含红、橘两条路网,总长约42.7km,共设有37座车站(图4)。其中地下段占34.2km,高架段为8.5km,地下车站共28座,高架车站9座,另有三座机厂。

3.2 民间参与

高雄市政府于1999年2月1日依据《奖励民间参与交通建设条例》正式展开招商工作,共有三个国内外团队参与竞标,于甄审议价等步骤后,由以“中国钢铁公司”与德国西门子为首的高雄捷运公司获得特许公司的合约。

3.3 政府与民间财务分担

高雄捷运虽然也是民间参与投资并负责兴建及营运,但因财务及政治等因素,其财务分担模式和台湾高铁不尽相同。在总建设经费新台币1 814亿元中,政府出资1 048亿元占58%,政府办理事项经费461亿元占25%,特许公司自有资金为305亿元占17%,主要是采购核心机电系统、轨道、收费系统等。

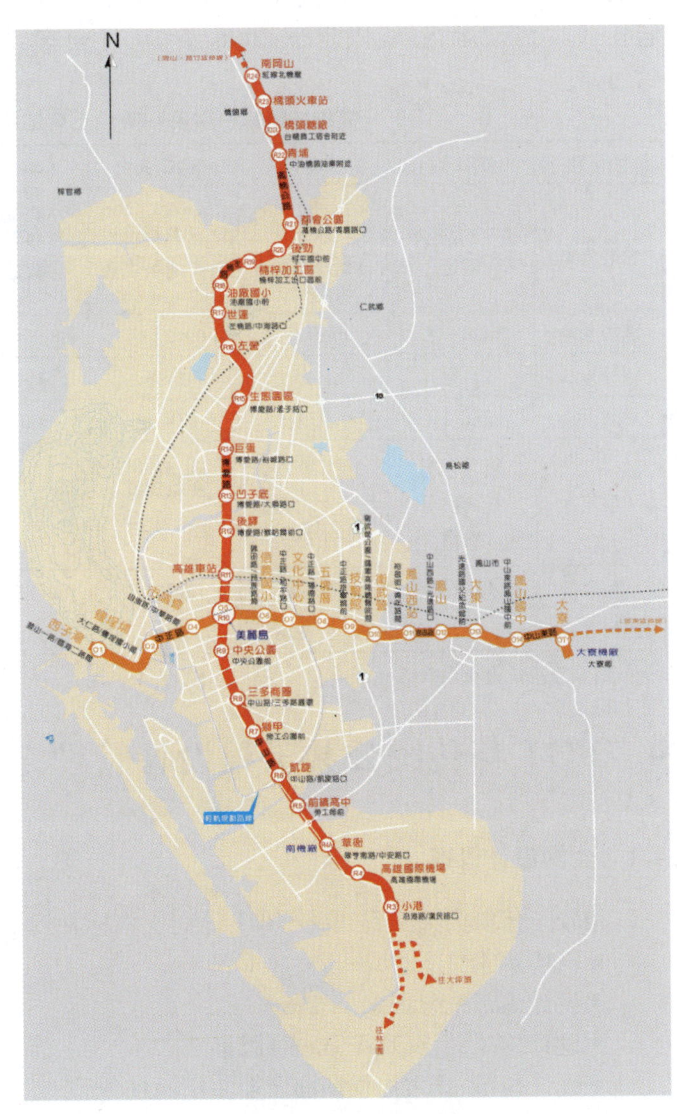

图4　高雄捷运第一期第一阶段路线示意图

3.4 工程招标策略与分标模式

高雄捷运土建工程采区段并标方式发包施工。在拟订招标策略时,针对下列因素考虑:包括设计的一致性、施工接口的复杂性、施工厂商的财力及动员能力、营运及维修的考量、工程管理、品质管理及进度控制等。

由于财务负担及资本结构的特殊性,高雄捷运土建工程的招标方式又分为公开招标及自行招标(由合伙股东自办)两种方式办理,分标区段及承揽厂商如图5及表4所示。

除土建工程分15标进行,轨道工程及机电系统另采用独立统包方式进行。全部工程均由高雄捷运局及其委请的品质及安全管理监督顾问负责品质及安全管理与监督。本计划之红、橘两线自2002年10月开始动工,红线于2008年4月7日起正式收费营运,橘线则定于2008年10月通车营运。

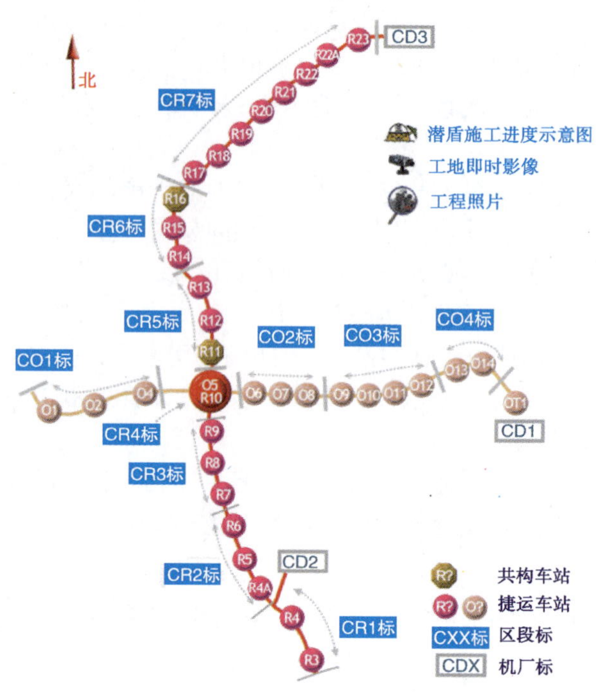

图5 高雄捷运第一期第一阶段土建分标示意图

高雄捷运第一期第一阶段土建工程各区段标承揽厂商一览表 表4

标 别	CR1标	CR2标	CR3标	CR4标	CR5标	CR6标	CR7标	CO1标
承揽T商	日商华大成营造	统一国际开发 日商西松建设	泛亚工程建设 日商地崎工业	日商鹿岛营造	日商华大成营造	日商奥村组营造	大成工程	达欣公司 东南水泥 日商清水营造
承揽金额	61.79亿	63.0亿	69.52亿	88.305亿	47.2亿	46亿	59.868亿	71.25亿
招标方式	自办	自办	自办	自办	公开	公开	公开	自办
标 别	CO2标	CO3标	CO4标	CD0标	CD1标	CD2标	CD3标	
承揽施商	隆大营造 日商前田建设	皇昌营造 华升上大营造 荣工公司	新亚建设 金务大公司	联钢营造	荣工公司	联钢营造	联钢营造	
承揽金额	45.6亿	72.9亿	73.59亿	1.885亿	36亿	13.59亿	19.59亿	
招标方式	公开	公开	公开	自办	自办	自办	自办	

注:金额单位为新台币元。

4 BOT与传统公共工程设计管理之比较

4.1 合约设计管理

相较于传统公共工程,高铁BOT计划土木标合约设计管理具有以下特色:

- BOT因素
- 设计施工统包因素
- 设计施工并行(Fast Track)因素
- 设计规范、业主提供图面及业主指示的定位
- 承商自订施工规范的权责

4.1.1　BOT 因素

因高铁计划采 BOT 方式进行，故传统公共工程中若干属主办工程政府部门权责设计管理相关事务，均经由兴建营运合约相关条款规定，转而由 BOT 特许公司承担。

(1)设计规范订定

兴建营运合约规定特许公司应将所采用之设计准则及规范送请主管机关同意后，据以办理其规划、设计及施工。

(2)设计过程监督及成果审定

a. 政府主管机关

政府主管机关除收受特许公司所提送报告，另于必要时监督与查验设计品保工作与文件记录，并不直接监督设计作业，亦不予审定设计成果。

b. 查核、检验及认证(IV&V)

兴建营运合约规定特许公司应自费委托独立、公正且经主管机关事先同意之专业机构，执行查核、检验及认证工作并提出报告及结果证明文件。独立专业机构主要工作范围包含系统安全评估、规范审查、设计审查、制造、监工及系统整合测试等。

c. 独立审查工程师(ICE)

独立审查工程师主要功能在于协助业主代表审阅设计，以及对设计者的设计作业进行品保稽查。

4.1.2　设计施工统包因素

与传统公共工程设计相对照，高铁计划土木标设计施工统包合约有以下议题值得进一步探讨。

(1)承包商成本工期考量

本计划土木标合约采用固定总价，惟承包商在符合合约规定前提下追求最大利润，与特许公司要求最低生命周期成本二者并非全然兼容。设计者及 CICE 在执行其设计或审查工作时如何权衡特许公司需求、承包商需求以及自身专业伦理等考量，实属顾问机构必须妥慎因应的重要课题。

(2)设计者(或 CICE)责任界定

本计划土木标虽系设计施工统包合约，且合约亦规定“承商仍应对本合约中所有分包工作，以及对分包商及其代理人…、设计者、CICE 的作为、不履行契约责任或疏失负责”，然而合约亦有规定“所有核准分包商、设计者及 CICE 均应分别对业主(意指特许公司)提出担保”，而担保事项中包括“保护业主免于赔偿或诉讼”、“若设计(或 CICE)服务合约与本担保间有任何模糊或矛盾，则本担保具优先效力”，以及“本担保不得损及亦不得视为或解释为限制或排除业主对设计顾问(或 CICE)主张民事或其他权益”。因此除直接与承包商之间合约关系外，设计顾问(或 CICE)亦与特许公司互有权利义务关系如图 6 所示。

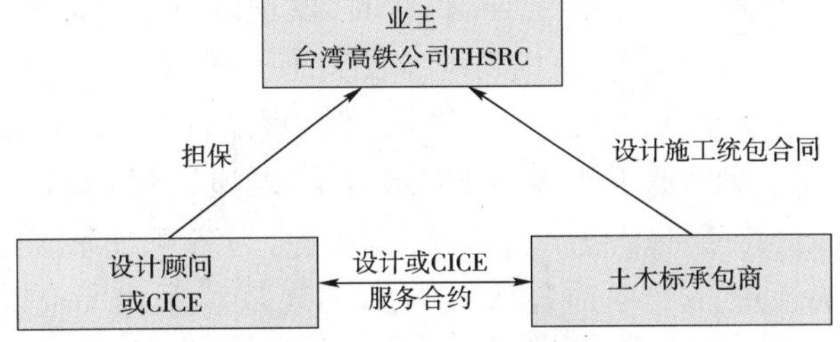

图 6　特许公司、土木标统包承商、设计顾问(或 CICE)权利义务关系图

4.1.3　FAST-TRACK 因素

基于设计施工统包合约特性，承包商握有选定特定设计、工法、施工顺序等极大权力，进而降低成本、缩短工期。设计与施工并行的 Fast Track 方式即为承包商的实行方式之一，并经纳入合约“设计层级”与“设计发展阶段”规定中。在进行过程中，有两方面必须注意探讨。

(1)适度保守设计必要

若运用得当则采用 Fast Track 方式，确可达缩短工期目的。然而若过程中发生非原先所预期状况，则将徒增成本且延误工期。故设计者须与承包商妥善沟通，在各设计发展阶段预留适度富余。

(2)设计责任归属

由合约文义精神判断，特许公司原意系各个土木标设计者自期初至竣工设计均为同一团队以统一设计权责。然而承包商多将施工及竣工设计自设部门或另行委外办理,设计责任归属因而模糊不清。

4.1.4 设计规范、业主提供图面及业主指示定位

(1)设计规范定位

本计划土木标设计规范为合约一部分,计分为一般需求、路线设计、桥梁设计、桥梁基础设计、土方设计、隧道设计、地下结构设计、系统安全与接口设计、建筑结构设计、排水设计十节。

a. 参考标准规章适用范围

设计规范中规定“高速铁路设施设计应依据下列标准及规章中全部适用条文”,并条列 29 种标准及规章,涵盖美、德、日、欧洲、国际性组织以及各政府机关等所颁布者,因涉多国文字且条文浩繁,其实务上可行性似值商榷。

b. 竞合规范标准适用优先级

前述条款同时规定“当与其他标准与实务规章规定相冲突时,本设计规范优先适用”此一规定与 FIDIC“生产设备与设计—施工合同条件”第 5.4 条“技术标准及规定”所定“设计…应符合该国技术标准,以及建筑物、施工、及环境法律”不同。

(2)业主提供图面定位

业主提供图面包含平面与纵剖面路线图及路权图等,自合约各项规定可知,各类图面均非绝对不可变更,而系有条件赋予承包商提出替代方案弹性,亦符合设计施工统包合约要旨。

(3)业主指示定位

合约中规定“若业主代表(ER)认为承包商所提送任何设计方法…等不符合约规定时,得指示承包商无偿改变,承包商亦不得请求展延工期。承包商应提出替代方案以确认 ER 并无反对。即使承包商不同意 ER 所为改变指示,仍应遵照指示办理。”乍看似未尽公平,然而若与 FIDIC“生产设备与设计—施工合同条件”第 3.3 条“工程师指示”规定相对照,可知其意旨类似,差别则系高铁条款排除追加金额及展延工期适用;惟承包商仍可循争议途径对 ER 所作指示表示异议,故整体而言尚属公平合理。

4.1.5 承包商自订施工规范权责

合约文件定有“工程规范”,其中载明“工程规范”系特定工程项目的材料与施工品质、检验及施工步骤的基本及最低标准,承包商应自“工程规范”发展其“施工规范”,其中规定不低于“工程规范”所设定标准。以上规定实际执行时,发现以下若干问题值得讨论。

(1)由承包商或设计者发展施工规范

由承包商之施工、采购及品管品保部门,依据设计者设计图及“工程规范”所定最低标准所共同发展的施工规范,应为最能兼顾施工可行性、供料成本时程及品管品保要求,而有利工程推动者。惟合约中另规定“施工规范”为各项工程第三级(详细)设计工作项目及成果之一,且施工前须经主办工程师签认。故施工规范若系由承包商自行发展,而要求设计者主办工程师签认,可能产生责任认定争议。

为避免上述困扰,某些土建标将发展施工规范工作亦委由设计者办理,因而衍生设计者发展规范专业能力议题,详如下述。

(2)设计者发展规范专业能力

较具规模之主办工程政府部门,多自定有标准技术规范,因此工程顾问机构在办理设计时,多仅须查阅制式规范,并将不符各该工程需求部分在特定条款中加以修改,再由监造单位在现场督导承包商依据规范施工。故工程顾问机构详阅“工程规范”后,据以研提施工规范专业能力,恐仍有待充实加强。

4.2 CICE 定位与功能

4.2.1 CICE 角色及任务

依据合约,承包商应委托一独立工程顾问机构为 CICE 执行设计审查并独立进行设计验算,CICE 且应赴现场查核主要假设工程(例如开挖支撑、模板支撑架等)是否按原设计施工。

4.2.2 CICE 与设计者权责划分议题

依规定期初、期末及竣工设计文件须经 CICE 审查及签署后再送 ER 审阅,并须俟 ER 书面声明不反对后方得施工,而期中设计与施工设计则于 CICE 审查及签署后即可径行施工。

因合约文件仅规定施工图须经 CICE 审核,但并未明文规定若施工图并非由原设计者绘制时,则施工图是否须原设计者审查,故施工图是否符合设计原意,端视 CICE 认定,而原设计者无从对施工图表示意见,设计责任归属因此模糊不清。就竣工图而言,亦有类似权责不清的问题。

4.3 ICE/ISE 定位与功能

ICE/ISE 乃业主特许公司所委托执行独立设计查核与独立施工监督之顾问工程司,由 DE - Consult、Electrowatt Engineering、Mott MacDonald、Systra 四家欧洲公司所组成之 International Railway Engineering Group (IREG)担任。

对承包商设计成果文件,ICE/ISE 所提审查意见需经 RE 汇整后发给承包商,承包商依合约必须回复特许公司及 ICE/ISE 之审查意见。承包商设计顾问或 CICE 对 ICE/ISE 所提审查意见有不同见解时,则需召开审查会讨论解决,至于是否声明不反对承包商设计之最终决定权则仍在特许公司。

4.4 特许公司与设计者、CICE、ICE/ISE 权责划分

高铁土建标细部设计由承包商设计顾问办理,设计审查则由 CICE 办理。特许公司审查设计文件目的,系确认承包商设计是否遵循设计规范及合乎高铁需求。若有争议事未决以致影响工期进度时,ER 得发函要求承包商依其指示办理,若衍生任何合约求偿问题则留待后续再解决。

对承包商而言,ICE/ISE 乃特许公司所委托,故 ICE/ISE 纵属独立审查,其审查意见与特许公司意见应协同一致,否则承包商将无所适从。特许公司与 ICE/ISE 间若有审查意见歧异,须于下达承包商前协调解决。

4.5 工程顾问公司在 BOT 案件中需注意的事项

对工程顾问公司而言,在 BOT 架构下受设计施工统包合约承包商委托,执行设计或 CICE 工作,实为一崭新且难得经验。惟过去执行传统公共工程设计或设计审查思维亦须相应调整,而若干疑点亦须尽速厘清,兹归纳成以下建议。

(1)充实对工法认识与了解

以设计施工统包工程而言,为避免责任争议,同时亦为提升自身专业素养,设计工程师对自身专业及相关工程先进工法,必须有基本了解,而工程顾问公司管理阶层,亦应支持并主动提供员工教育训练机会,进而以“理论实务并重”争取承包商尊重。

(2)充实制定或审查施工规范能力

就设计施工统包工程而言,无论系由设计者制定施工规范,或由承包商制定规范后由设计者审查,工程顾问公司均须具备充分专业知识能力方能胜任。故工程顾问公司宜有“设计图与施工规范同为施工准据、不可偏废”认知,善加利用具施工或监造经历员工经验累积,整合为专司制定或审查施工规范部门,以因应未来设计施工统包工程需求。

(3)加强工程伦理规范教育训练

各界对 BOT 计划中工程顾问机构如何参与、商机何在已多所着墨,然而当民间投资者以追求最大投资报酬率为目标、承包商以追求最大工程利润为目标时,工程顾问公司如何兼顾其对社会、专业、业(雇)主的责任,其间有冲突时如何权衡取舍,设计工程师面临对承包商合理或未尽合理的简化施工、节省成本要求如何因应,成为必须严肃面对的新课题。

(4)厘清设计者或 CICE 对业主责任

台湾高铁模式可能成为台湾其他 BOT 计划范例,因此工程顾问公司担任设计者或 CICE 对特许公

司所提担保在法律上代表意义为何，工程顾问公司面临何种风险，台湾外是否有类似做法等，均须尽速充分了解，以作为工程顾问公司未来参与类以 BOT 计划时，风险评估与避险策略规划的重要参考。

5 结论与建议

两岸铁路及捷运建设各自循发展轨迹，不约而同地自 20 世纪 90 年代起，开始尝试引进民间资金BOT，以及设计施工统包等，有别于传统由政府出资，以设计—发包—施工方式办理公共建设。迄今案例不多，且成败互见。

就铁路及捷运建设采用 BOT 方式而言，台湾可能因 BOT 法制作业起步较早，故迄今已有两个全部或局部通车案例。然而因受限于幅员，以及轨道运输建设投资庞大、自偿能力偏低等因素，未来恐不易再见类似台湾高铁或高雄捷运规模之轨道运输建设 BOT 实例。但投资额较低之轻轨系统或公交车捷运系统等，未来在台湾各都会区仍有采用 BOT 方式推动可能。

大陆方面则因幅员广大，且近年经济蓬勃发展，有利于吸引外资投入建设。因此台湾以 BOT 方式推动铁路及捷运建设经验，或有可供大陆产官学界参考处。若能结合两岸优势，亦可研议共同参与其他国家铁路及捷运建设的可能性。

就铁路及捷运建设采统包方式而言，坦言之，以大陆铁道部各院及中铁各局人力及技术，实较台湾设计顾问公司及营造业者，更具备以工程总承包方式发展业务的条件。但是就近来京沪高铁以及沪宁城际铁路招标方式观察，大陆对以工程总承包方式执行铁路建设似仍有其他考量。而城轨建设采用设计施工总承包案例，就搜集所得似亦不多见，其原因殊值再加探讨。

综上所述，谨于文末建议两岸宜就以 BOT 及设计施工统包方式推动铁路与城轨建设经验，密切交流分享其心得，并进而探讨结合两岸工程、财务、合约等各界精英，共同进军其他国家铁路与城轨建设市场可能性。

6 致谢

本文之撰写承亚新工程顾问公司黄培宇博士及苏子正博士之协助，王祥骝副总、黄永和经理参与意见，特此致谢。

上海市轨道交通网络建设与运营管理

应名洪
（上海申通地铁集团有限公司　201103）

摘　要　上海将在2012年建成规模为500km的轨道交通基本网络。本文介绍了基本网络的布局规模、结构特征和主要特点，对上海轨道交通基本网络建设过程中的主要难点进行了剖析，提出了加强网络建设统筹管理的具体应对措施，阐述了上海轨道交通为实现网络运营转型，在运营管理、维护保障和品牌建设等方面的探索和尝试。

关键词　城市轨道交通　网络建设　运营管理

近年来，上海城市轨道交通进入集中快速有序发展的新时期。在网络建设过程中，也遇到了许多单线建设阶段未曾遇到的新问题，不仅要面对项目推进过程中资源、环境、风险等诸多挑战，同时为适应网络运营的新特征、满足日益凸显的新需求，还需要打破原有的线路运营模式，建立和完善以网络化为基础，以人性化为目标，以扁平化为特征，以信息化为支撑的网络运营新模式。作为内地率先步入城市轨道交通网络化建设和运营阶段的城市之一，上海在工作实践中围绕破解网络建设难题、提升网络运营水平，进行了一系列探索和尝试。

1　基本网络的规划特征

1.1　布局规模

根据国家批准的上海城市轨道交通近期建设规划，上海在2005～2012年间新建10个轨道交通项目、新建线路长度400km左右，形成由13条线路组成、运营总长度超过500km的上海轨道交通基本网络（图1）。基本网络由1条环线以及径向线、放射线共同组成，覆盖上海中心城区，连接城郊重点发展区域。中心城区的线网密度达0.75km/km²，站点密度达0.6座/km²；中心城居民平均出行900m左右能够到达一个车站；进入轨道交通系统后，平均25min左右可以到达中心城内主要公共场所，从而构筑中心城45min交通圈。

1.2　结构特征

（1）枢纽型。基本网络包含48处换乘枢纽，其中两线换乘枢纽37处、3线及以上换乘枢纽11处，这些换乘枢纽集中在中心城区的交通枢纽、城市副中心、商业街区等大型客流集散点，在线网锚固方面发挥了重要作用。

（2）层次化。基本网络中有“市域快速线、市区地铁线和市区轻轨线”三种功能定位不同的线路，并采用差异化的车辆制式和运营模式，保证了线路功能和建设规模的合理性。

（3）功能性。网络布局形态和线路功能充分考虑SOD和TOD相结合的特点，即市区线路主要功能是“线随人走”，着力缓解上海市中心城区日益紧张的交通矛盾；郊区线路主要是“人随线走”，用新线建设来引导重点规划的新城新镇的开发。

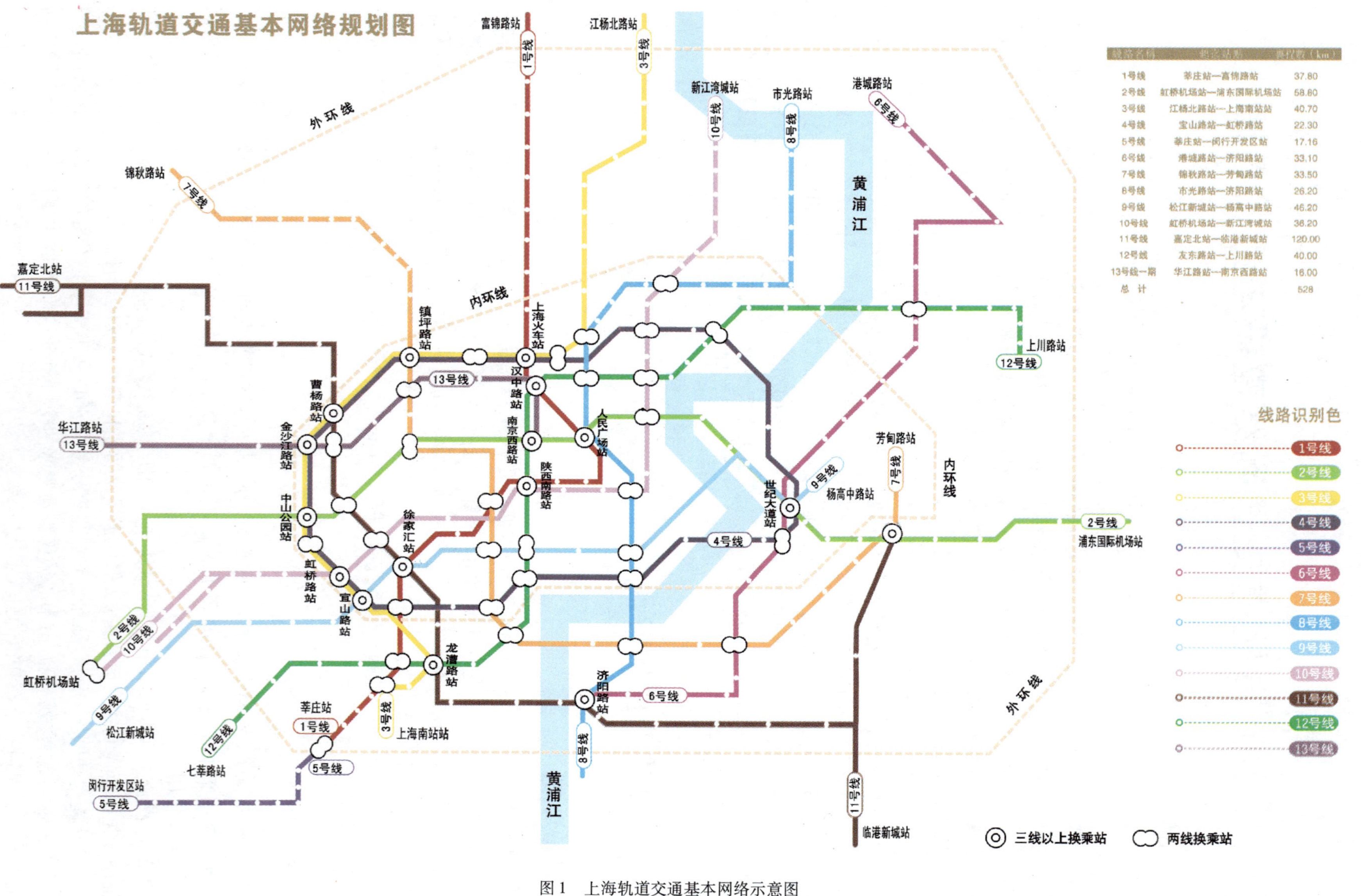

线路名称	起讫站点	里程数（km）
1号线	莘庄站—富锦路站	37.80
2号线	虹桥机场站—浦东国际机场站	58.60
3号线	江杨北路站—上海南站站	40.70
4号线	宝山路站—虹桥路站	22.30
5号线	莘庄站—闵行开发区站	17.16
6号线	港城路站—济阳路站	33.10
7号线	锦秋路站—芳甸路站	33.50
8号线	市光路站—济阳路站	26.20
9号线	松江新城站—杨高中路站	46.20
10号线	虹桥机场站—新江湾城站	36.20
11号线	嘉定北站—临港新城站	120.00
12号线	友东路站—上川路站	40.00
13号线一期	华江路站—南京西路站	16.00
总 计		528

图1 上海轨道交通基本网络示意图

1.3 功能特点

(1)城市交通可持续发展的重要支撑。上海交通发展需求量大、土地资源稀缺,而轨道交通基本网络的建立,能够加速构建以公共交通为主导的城市综合交通体系,为实现"个体交通向公共交通转移、地面公交向轨道交通转移"提供保障,实现城市交通的可持续发展。

(2) 2010 年世博会交通的重要支撑。根据预测,2010 年上海世博会要求轨道交通承担的日客流为 20 万人次,约占总客流量的一半。将有 4 条线路、12 座车站、包括 3 座换乘站为世博会提供直接服务,还利用 1 条规划线路(13 号线)先行建成世博区间段,作为世博园区内部交通的组成部分,并发挥与轨道交通网络的沟通功能。届时,400km 的轨道交通网络也将发挥出整体运行功能,为世博会期间的城市交通提供保障。

(3)优化城市规划布局的重要支撑。围绕"四个中心"发展目标,上海确定了"多轴、多层、多核"的空间布局结构,实施了一批新城新镇建设规划。基本网路多条线路的建设将有力引导城市布局按规划方向扩展,引导中心区人口向外围疏散,支持临港新城、嘉定新城、松江新城等区域建设,促进城乡一体化发展。

(4)强化上海对外联系的重要支撑。基本网络将贯穿几大对外客运枢纽,实现与城市空港、铁路客站、长途客运集散点等对外交通枢纽的有机衔接,强化与城市对外交通的联系,形成内外交通紧密衔接、协调发展的格局。

2 基本网络的实施建设

2.1 计划目标

(1)2010 年目标:上海轨道交通将建成 11 条线路,运营线路总长度超过 400km,日均将可承担 580 万人次的客运量,占公交客运量 35% 左右。目前,2010 年计划建成的 8 个项目(涉及 7 条线路)全面进入建设高潮,总建设里程 194km,在建车站 116 座。

(2)2012 年目标:上海轨道交通计划建成 13 条线路,形成运营线路总长度超过 500km 的轨道交通基本网络,届时可承担日均客流约 800 万人次,占全市公交出行总量约 43% 。目前,2012 年计划建成的 4 个项目(涉及 3 条线路)正在为年内开工抓紧开展前期准备工作,总建设里程 136km,车站 70 座。

2.2 实施难点

轨道交通网络建设不同于以往的单线建设,具有建设强度高、难度高、风险高的特点,对规划、设计、施工等方面都提出了更高的要求,主要难点体现在以下四个方面。

(1)资源统筹量大

——**资金需求量大**。基本网络总投资为 2 280 亿元,按照 42% 项目资本金的要求,需要资本金超过 900 亿元,其余通过融资解决 1 300 亿元贷款。巨大的资金需求对资金筹措和管理都带来挑战。

——**工程建设量大**。2010 年计划通车的在建项目共有 216 段盾构区间、掘进里程达 248 单线公里,盾构出土量超过 780 万 m^3,需要 20 多万环管片;车站开挖土方超过 960 万 m^3。2012 年建成项目的盾构区间掘进单线里程达 140km,车站开挖土方预计超过 800 万 m^3。大规模的施工作业,需要大量的现场施工力量和各类施工装备。

——**前期动迁量大**。2010 年之前建成的项目完成动迁居民 12 500 余户、拆迁面积 70 万 m^2,动迁单位 1 300 余户、拆迁面积 110 万 m^2;2012 年之前建成的项目还需动迁居民 8 000 户、拆迁面积约 50 万 m^2,动迁单位约 900 家、拆迁面积约 70 万 m^2。由于动迁量大、涉及范围广、动迁成本高,给动迁组织推进带来考验。

(2)工程风险点多

——**深基坑集中施工**。基本网络还需要开挖地下3层以上的深基坑23个,其中今年同时有10个地下三层的换乘车站需要紧贴已经运营车站进行深基坑施工。

——**盾构频繁穿越运营设施**。今年盾构穿越轨道交通运营线路达到15处,2次穿越运营中的沪宁铁路,3次分别穿越或临近延安东路隧道、打浦路隧道、复兴路隧道等大型越江工程,23次穿越内、外环线高架、南北高架、延安路高架等大型市政基础设施,且全年盾构进出洞就达200多次。

——**旁通道大量施工**。今年旁通道施工将达到57座,旁通道上部大多处于中心城区,建筑物密集、地下管线纵横交错,特别是旁通道埋深较深,地质条件相对复杂,且容易成为监管薄弱环节。这些工程不仅风险高、数量大,而且大都在中心城区开展,施工对周边的影响也从单线、单点扩大为区域性、连续性影响,对风险控制提出了极高的要求。

(3)施工组织要求高

——**交通保障**。基本网络在建97座地下车站中有85座处于建筑密集、交通繁忙、环境敏感的中心城区,施工中占用中心城区道路达70余处,必须克服"施工车站影响点多、相邻区域影响大、部分路段影响时间长"的矛盾,保障城市交通整体运行秩序。

——**管线保护**。上海中心城地下各类市政配套管线、地下构筑物、桩基础等数量众多、设施老化、情况复杂,同时由于地下水位浅、含水量高、土质松软、土层变化复杂等因素,给施工中的管线保护带来许多困难。

——**环境影响**。基本网络中心城区项目近邻大量民房、商业大楼,还遇到大量保护建筑,这些都要在施工组织推进中切实控制沉降、降低噪声、减少扬尘、改善光污染等,避免或减少对周边环境的影响。

(4)网络系统复杂

轨道交通运营从单线向网络发展,不是单线的简单叠加,对网络系统的设计、系统运行的联动和网络资源的共享等都提出更高要求。以网络运营来指导网络建设是上海轨道交通发展的基本出发点,由于基本网络的建设期正处于上海轨道交通单线运营到网络运营的转型期,因此必须在新线建设中着眼于构建整体网络,解决和适应网络建设的许多新问题和新需求:

——**网络专业系统的建设**。网络票务清分系统、COCC指挥中心、网络无线传输系统等网络专业系统设备的规划和设置。

——**网络资源的整合共享**。要利用网络的规模优势实现主变电站、车辆基地、控制中心等设施的充分共享,节约土地资源和建设运营成本。

——**网络系统的互联互通**。由于建设年代不同,新老线路的设备、制式和技术水平存在许多差异,而且采用交路套跑、支线或共线运营等不同运营组织方式,从而需要处理诸如设备系统联调、新旧运营体系转换、新老设备系统衔接等关系,以实现各条线路的串联组合、各个系统的互联互通。

——**网络客流的组织引导**。基本网络换乘客流比例预计将占50%左右。运行线路之间的客流关联度大大增强,必须在网络建设过程中研究优化枢纽车站布局、引导网络客流、发布网络信息等等。相对于新建轨道交通的城市而言,网络运营模式转型凸显出的许多新问题和新需求,给上海轨道交通基本网络的建设又带来了新的挑战。

2.3 总体筹划

应对上述难题与挑战,上海轨道交通采取了"统筹建设"的思路推进网络建设,主要包括管理统筹、资源统筹、资金统筹和规划统筹等四个方面。

(1)管理统筹

由于轨道交通专业性强的特点,面对集中大规模建设的特殊阶段,无论是建设进度、工程质量还是风险控制的压力都非常大,因此必须对网络建设管理加强综合统筹。

——**强化建设推进工作机制**。根据网络建设不同阶段重点,建立专门工作机构或协调机制来加大建设推进力度。如针对大规模施工建设的特点，组织建立指挥部、大型施工集团、施工企业共同构成的三级指挥体系；针对网络动迁、管线等集中推进的要求，成立轨道交通建设推进办公室；针对前期证照办理集中的特点，与政府部门建立例会制度、建立证照办理"绿色通道"；针对大规模施工与周边的矛盾，建立政府部门、地区政府共同参加的居民矛盾化解机制。

——**优化建设协调流程**。在建设管理方面努力体现"两个前移"。"运营准备前移"就是建立运营提前介入的工作流程，使运营单位全程介入项目设计管理流程，介入项目建设管理全过程，把运营功能需求直接落实到工程建设中，并确保新线运营的顺利移交。"机电实施前移"就是机电设备系统设计和招标与土建同步，避免由于设备选型和系统不确定造成的土建施工后机电安装阶段的二次改造，同时减少安装阶段的协调工作量。

——**建设工程风险监控系统**。针对大规模地下施工存在的风险，开发了地下工程远程监控系统，该系统目前已经覆盖到网络建设的全部地下车站和隧道区间，可实现测点数据和工况视频的实时动态传输，并具备分级预警和远程分析指挥功能；仅今年上半年远程监控预报警情达到80次，及时发现和避免了多起因深基坑、地下水渗漏或涌沙引起的重大事故险情。同时，上海轨道交通还组建"安全生产督导队"，实行现场"网格化"督察等。

——**完善建设技术标准体系**。积极开展"标准化"建设，制定了一系列《网络建设指导意见》、《招标通用技术文件》和《标准化设计指导文件》以规范网络工程项目的招标、设计、施工等工作，目前已完成标准化文件80余册，形成了相对完整和系统的标准体系，提高了建设速度，保障了工程质量，降低了工程投资。

(2)资源统筹

——**整合专业技术队伍**。通过抽调各专业的技术骨干组建成立研究咨询机构和技术研究中心，开展网络综合系统以及专业技术研究，破解网络规划建设和运营的难点；通过集中各单位车辆专业力量，统筹实施车辆的采购、调试与使用；通过成立三支专业抢险队伍，为网络应急抢险提供保障；通过成立盾构工作组，为施工一线提供技术服务，弥补盾构施工技术力量摊薄的情况。

——**超前平衡关键建设资源**。基本网络要完成单线390km的盾构推进任务，原有的50余台盾构明显无法满足施工高峰期的装备需求，为此上海轨道交通先行组织38台盾构机的集中采购，并建立统一调配制度，目前纳入调配的盾构数量近100台，保障了大规模施工的设备需求。同时，对隧道管片、成槽机、大型吊装设备等关键材料和装备资源也进行了统一协调、灵活调配。

(3)资金统筹

为有效避免长期、大规模资金供应和管理风险，降低融资成本，上海通过建立网络总银团的融资机制，实现了三个统筹解决：

——**建设资金需求和运营维护资金需求统筹解决**。银团组建将建设的长期贷款与运营初期短期贷款捆绑起来，既确保项目建设资金的稳定供应，也保障了运营初期资金流的正常循环。

——**郊区线路与市区线路的项目贷款统筹解决**。解决了单线融资面临的银行对市区线路、郊区线路存在客观效益差异而给予长期贷款、短期贷款的积极性明显不同的问题，确保了各项资金全面落实。

——**不同线路融资优惠政策统筹解决**。通过发挥网络融资的规模效应，统一了贷款期限，统一延长了宽限期，统一了利率下浮幅度。

在资金使用方面，由于投资巨大，资金管理水平的高低对于降低财务成本、减少投资具有十分重要的作用。上海轨道交通提出资金管理"零库存"的目标，通过建立资金管理中心，统一设置各级账户，对所有项目的建设资金、票务收入等现金流实行集中统筹，执行每日资金余额控制标准，最大限度降低财务费用。

(4)规划统筹

——**专业规划同步落地**。目前结合市政路网布局调整，网络建设计划中共有37个车站和18个区间与城市桥梁、下立交等项目做到同步实施。同时，努力实现轨道交通车站与周边建筑的同步规划、同步设计，有条件的同步建设，以利于解决车站出入口和风井设置困难等问题。

——公交配套同步实施。坚持轨道交通与其他交通方式"区别定位、有机互补、便捷换乘、同步实施"的策略，在轨道交通新线投入运营之前，各类交通配套设施都根据规划同步实施到位，使轨道交通具有更强的客流吸引力。

——规划枢纽同步建设。按照"先开工车站带后建车站、近期实施线路预留远期规划线路"的原则，在网络建设时与近期线路的轨道交通换乘节点全部做到同步建设，远景线路换乘节点也预留后期施工条件；其前提是组织大量技术力量将远景线路规划进行深入研究，以确保规划线路稳定，保证预留工程不废弃。

3　基本网络的运营管理

3.1　运营现状

目前，上海轨道交通有8条运营线路，运营线路总长度234km，运营车站161座，换乘站11座（不含共线段），日均客运量达到290万人次，最高日客流量已经达到382万人次，轨道交通客运量占全市公共交通客运总量18%左右。在运输组织和运营管理方面，上海已实现大小交路、共线运营、环线运营等多种运营模式，票务中心、网络运营协调中心等网络运营系统也已相继投入使用。

3.2　网络运营

随着新建轨道交通线路的相继开通运营，网络化运营特征日益突出。上海轨道交通围绕"由线路型到网络型，由经验型到科技型，由劳动密集型到管理集约型，由被动型到主动型"的目标，着力推进从单线运营向网络运营转型。

（1）管理扁平化。通过建设"三个管理层次"和"八个管理中心"，健全网络运营管理体系。**三个管理层**，即按照集中分级管理模式建立，分别为网络管理层（COCC）、线路控制层、现场执行层。三个层次根据职责和授权，落实网络建设运营管理的各项职能。**八个管理中心**，即对原有的运营管理体制和管理模式进行了调整，从充分发挥网络化运营效能的角度出发，针对全网的运营协调、票务清分、设备维护、物资供应、资产管理、信息服务等相关业务进行进一步整合，成立八个专业管理中心。

（2）资源集约化。调整车站服务管理模式，对枢纽换乘站采用"一个站长、统一管理"的管理模式；对车站服务，将人工售票、乘客服务与车控室等功能进行合并，设置客运服务中心，并在新建线路全部实行全自动售检票方式，既有线路逐步取消人工售票。

（3）服务标准化。研究制定或完善一系列服务标准和管理规范，把服务的规范标准细化到现场、细化到细节、细化到动作，建立具有可操作性的、落实到现场细节的车站服务标准体系，以及相应的服务质量监督考评标准。

3.3　维护保障

进入网络化运营阶段后，上海正在针对网络运营特点，加快网络维护保障工作的调整和布局，主要措施包括：

（1）建立区域化的应急抢修模式。根据网络运营的空间布局特点，在原有的以线路维修为主的基础上，按照"区域化"布局原则配置抢修资源，建立相邻维修分站之间的服务半径≤10km的抢修保障网，从而提高抢修响应速度。

（2）建设现代化的物资管理系统。通过建立物资信息管理平台、建设立体化自动仓库、健全资产编码管理体系等，依托信息化管理手段，对全网络维修的备品备件和机具实施动态控制、流程跟踪以及生命周期管理等全覆盖管理。

(3)提高专业化的维修保障能力。在对运营安全关联度高的设备设施采取自主维修管理的基础上,积极依托社会专业资源提高维修保障能力。如按照车型和车种建立大修基地,采取与车辆生产厂合资、合作成立维修车辆专业公司或直接委托等方式进行大修;对于不涉及核心技术的通用业务、可以形成较好竞争环境的业务,积极采取系统性委外维修管理。

3.4 品牌建设

上海轨道交通的品牌建设着力全网络资源的有效整合,统筹实施、阶段推进,不断提高乘客满意度。围绕"上海地铁,出行首选"这一品牌内涵,实现对公众"安全可靠、高效便捷、功能完善、文明舒适"的服务承诺,实现网络运营管理的"三个提升"。

(1)提升网络运营管理水平

避免或减少各种原因造成的乘客伤亡,确保列车运行安全。严格控制列车按计划时刻表运行,列车运行正点率达到99%以上,5min晚点事件的发生频次小于1次/40万车公里。细化轨道交通范围内发生突发事故事件时各岗位预案的标准步骤,及时向媒体、公众发布相关信息,增强与乘客的信息交互。

(2)提升网络服务管理效能

创建上海地铁星级服务标准,积极引入航空式理念和经验。严格执行首问责任制、服务人员标准化作业模式,客运服务设施设备可靠率达到97%以上。开发网络查询设备、乘客导乘系统、服务救援系统等并装配所有车站,实现信息服务在时间和空间上的全覆盖。

(3)提升文明出行环境能级

营造卫生整洁、温度适宜的站、车环境,广告商业设施设置合理有序。服务人员形象亲和、态度诚信、服务规范,服务人员文明用语与双语使用率达到90%。正确引导乘客文明乘车,创建秩序井然、文明谦让、和谐舒适的乘车氛围。

4 结语

要较好地实现轨道交通的网络化建设和运营是一项复杂而又艰巨的任务,不仅关系轨道交通企业自身的可持续健康发展,而且对城市社会经济的发展也将起到积极的推动作用。上海轨道交通的建设和运营在国内较早地进行了网络化的探索,积累了一些经验,今后仍将继续积极探索和实践,为推进中国城市轨道交通事业的进步做出贡献。

台湾城市捷运工程新挑战

胡邵敏

（三力技术工程顾问公司　台湾台北市）

摘　要　本文以台北市捷运路网为例，说明次期捷运工程必须在更软弱的地层作更深之开挖工程所采用的必要辅助措施，包括连续壁槽沟保护、封底灌浆及地下水抽降。另面临更严苛之近接施工影响与邻建物保护。其次又以台湾高速铁路为例说明台湾城际轨道工程在复杂之地质环境中必须接受之考验。

关键词　捷运工程　深开挖工程　连续壁　降水　地层下陷　台湾高速铁路　挤压性地层　近接施工

1　前言

台湾本岛总面积约36 000km^2，其中山坡地约占2/3，西部平原面积只占1/3。所有大城市均集中在狭长的西部平原带上。随着经济的发展人口不断汇集，都市面积日益扩张，交通需求增大，轨道捷运咸认是最快速、节能、安全兼具运量高的大众运输工具，因此城市捷运系统及城际高速铁路系统已变为经济规模及城市发展水平的重要指标。

目前台湾已营运之捷运系统共103.4km，包括台北市木栅线、淡水线、新店线、中和线、板南线、土城线，高雄市红线及南北城际台湾高速铁路345km。表1细列台湾捷运路网之现况。

台湾捷运路网之现况　　表1

	路　线	车　站	长度(km)	营 运 日	建 造 形 式
台北捷运	木栅线	12	10.9	已营运	高架
	淡水线	22	23.8	已营运	高架、平面、地下
	新店线	10	11.2	已营运	地下
	中和线	4	5.4	已营运	
	板南线	16	18.3	已营运	
	土城线	4	5.5	已营运	
	内湖线	12	14.8	预计2009年营运	地下、高架
	新庄线	16	19.7	预计2010年营运	地下
	芦洲线	5	6.4	预计2009年营运	
	松山线	8	8.5	预计2012年营运	
	信义线	7	6.4	预计2011年营运	
	台北环状线	31	34.8	预计2012年营运	
	三莺线	10	13.2	预计2013年营运	
高雄捷运	红线	24	28.3	已营运	高架、地下
	橘线	13	14.4	预计2008年营运	
台北桃园国际机场捷运线		22	51.3	预计2009年营运	地下、高架
台中捷运		14	16.5	预计2011年营运	高架
台湾高速铁路		12	345	已营运	高架、地面、地下

捷运路网的发展往往分阶段进行。后期路网(线)之地下段开挖势必趋向更深之地层,施工阶段是否能完全避免对营运中交通及既存结构物造成伤害,是为地下工程设计者及施工者最大挑战。本文旨在探讨台北市捷运及台湾高速铁路在后续发展中将面临之大地工程及近接施工等工程难题,以作为其他城市捷运工程兴建之借鉴。

2 台湾城市捷运发展简介

2.1 台北捷运路网

台北市及外围台北县之捷运路网分三期兴建,图1描绘各路网之位置。

(1) 第一阶段之初期路网共分八线,目前已完工通车营运共长76.6km,车站69处。

(2) 第二阶段核定执行(兴建中)路线共十一线段,共长79.8km,预计2008年至2014年陆续完成通车营运。

(3) 第三阶段为规划中路线,共计120.8km,其中台北市区域内59.5km,台北县区域范围内为61.3km。

图1 台北捷运路线图

2.2 高雄市大众捷运系统

高雄都会区大众捷运系统亦分二阶段办理,图2描绘各路网之位置。

(1)第一阶段包含红线及橘线,红线呈南北向,全长28.3km,其中19.8km为地下线、8.5km为高架线,全线共24处车站,其中15座为地下车站、8座为高架、1座为地面,目前红线已正式营运中。橘线呈东西向,全长14.4km,共设14座车站,预计在今年内完成通车。

(2)第二阶段包括蓝、棕线及冈山、大寮、屏东延伸段等规划路网。

2.3 台湾高速铁路路线

台湾高速铁路北起台北、南讫高雄左营,全长345km,现时设六处车站。目前正筹划增设南港、苗栗、彰化及云林四处车站(图3)。高铁在台北、板桥、左营三地与捷运系统共构,方便乘客转乘。台湾铁路工程局在新竹(至内湾)及台南(至中洲站)两站分别计划兴建高架铁路支线,提供更便捷之运输服务。两段支线现时已接近完成。

图2 高雄捷运路线图

图3 台湾高铁路线图

3 台北捷运土建工程之经验与挑战

台北捷运兴建已具20年经验。从初期路线规划、工程设计、施工均颇依赖台湾以外工程师指导,配合本地工程单位支持,始能顺利兴建。业主台北市捷运工程局之下设有四区工程处及施工所,负责督导工程施工监造及品管查核工作。每一捷运线多采用设计标及施工标。初期细部设计顾问完成之设计,由总顾问及各专业顾问审查。工程发包由承建商提送工作计划书,经设计顾问及业主监造单位审核后逐项进行施工。第一阶段捷运线土建工程分地面段、高架段及地下段。地面段由旧有之淡水支线铁路改建,地工问题较少。高架段之标准设计为梁柱结构,基础采用基桩。除了木栅线在通车前发现若干T形梁顶面因出现混凝土裂缝,而经补强修复后,至今即未再有其他结构问题发生。地下段之主要工项包括车站、明挖隧道及横渡线等采用明挖覆盖工法。站间隧道施工则多采用潜盾工法施钻。潜盾机之发进、到达工作井多采用土质改良工法保护。地下段之明挖覆盖、潜盾钻掘因在软弱地层施工,皆可能影响及其邻近结构之安全,所以邻房保护亦是重要施工工项之一。面临以上诸多之问题,一方面是由于台北市区早期密集发展、街道空间狭小、房屋密布;另一方面是对台北盆地软弱地层特性未能充分掌握,施工者对临时假设工程未予重视亦是重要原因之一。

3.1 台北盆地之地质与工程特性新认知

在20世纪70年代,台北盆地基岩一直被地质学者(王执明等,1978)认为是一浅碟形,盆地中心最深处约250m,基岩之上覆盖新庄层、景美层(卵砾石层)及最上层之湖相沉积砂土及黏土层(松山层)。松山层厚约40~50m,共分六次层(洪如江,1966),依沉积年代由下而上第一、三、五次层以粉质砂土为主,第二、四、六次层则以粉土质黏土或黏土质粉土为主。近年来,其他地质学者(林朝宗等,1999)进行全盆地深井探测研究,发现盆地基岩由东南向西北倾斜,最深处在地面下670m,据地质分析其成因为基岩沿西北侧山脚断层陷落,盆地像似一半地堑(邓属予,2006),图4比较过去三十年来对盆地基岩形貌推估之不同认知。地层划分亦从先前之新庄层、景美层、松山层更细分为板桥层、五股层、景美层与松山层,如表2所示(洪奕星等,2006)。由图4之纵横剖面(图5)得知盆地地层随其地理方位而有不同变化。

台北盆地不同时期之地层划分(洪奕星,2006) 表2

<table>
<tr><td>丹桂之助</td><td>1939</td><td>松山层</td><td colspan="3">林口层</td></tr>
<tr><td>吴福泰</td><td>1965</td><td>松山层</td><td colspan="3">新庄层</td></tr>
<tr><td>王执明等</td><td>1978</td><td>松山层</td><td>景美层</td><td colspan="2">新庄层</td></tr>
<tr><td rowspan="2">邓属予等</td><td rowspan="2">1994</td><td rowspan="2">松山层</td><td colspan="3">新庄层</td></tr>
<tr><td>景美层</td><td>五股层</td><td>板桥层</td></tr>
</table>

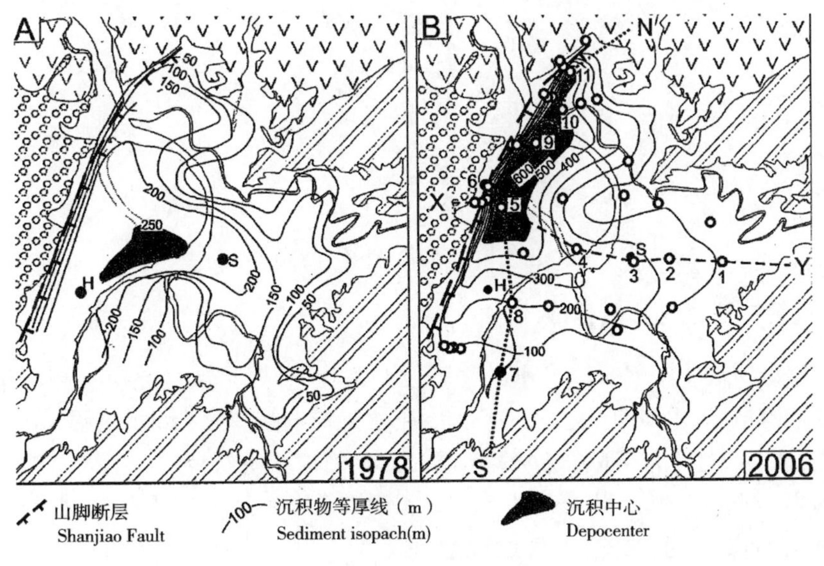

图4 台北盆地之基盘形貌推估(邓属予,2006)

第一阶段之台北捷运主要分布在盆地东侧,亦即淡水河之东,其地层分布较均匀。盆地西侧景美层位于更深位置，松山层显示更深更复杂之分层（胡邵敏，2003）。图6简述盆地中央以淡水河为界东西侧松山层分层示意图。盆地北侧之地层为极深厚之软弱粉、黏土，砂质土壤夹层在北侧已不存在。

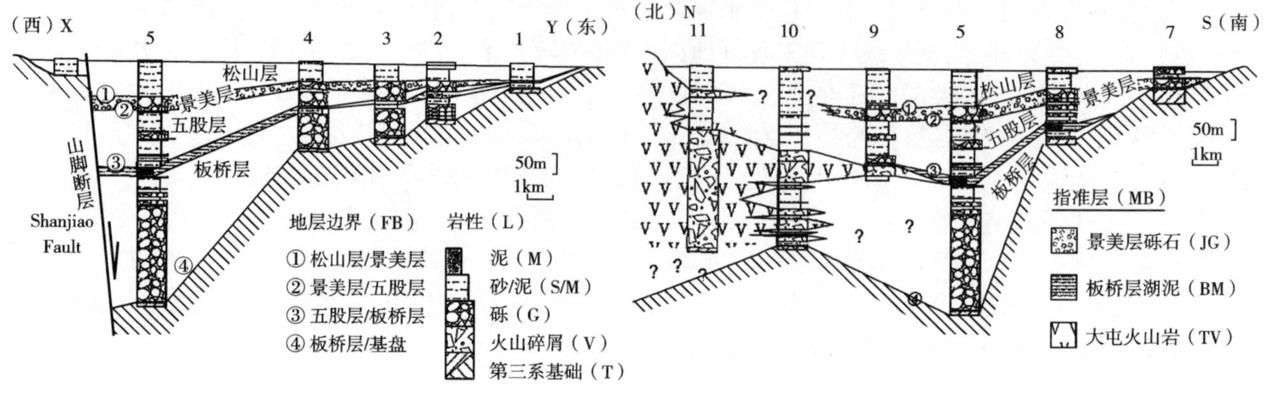

图5　台北盆地地层剖面（邓属予，2006）

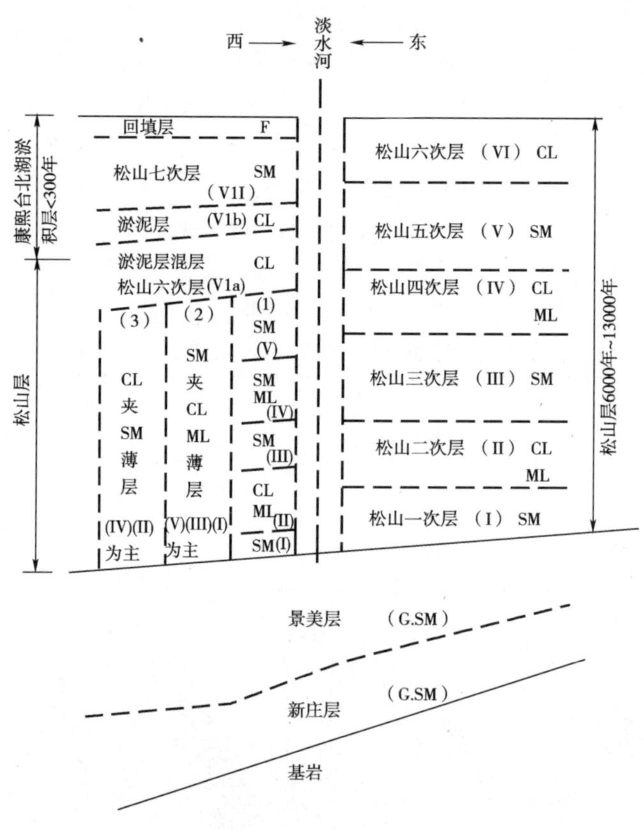

图6　淡水河东西侧地层分层示意图

3.2　台北捷运工程第二期之工程新挑战

台北捷运新庄线及芦洲支线属于捷运建设之第二期工程，主要是从台北市穿越淡水河至台北县三重市分线至新庄市及芦洲市，淡水河西岸三重—芦洲一带之地层与东岸之台北市地层特性差异颇大，主要是本区原本地势低洼，加上以往地层下陷，现今表土层为人工回填新土层，甚多地区为建筑垃圾土堆填而成。表层之下为一厚约8m细砂层，标准贯入N值约由2、3渐增至15。砂层之下存有一层约5m厚之湖底淤泥层，其含水率高，具有机质，但塑性低，极易造成塑性流动。以往本区出现颇繁多之开挖灾变（胡邵敏，2003），皆由于连续壁设计、施工无法掌握地层之特性，引致坍孔、包泥及地表邻房大范围沉陷。

新庄线及芦洲支线之地下车站及道岔段结构较之以往捷运深开挖工程最特别之处有下列数例：

(1)道岔段采用顺打开挖至地下41.5m,应是台北盆地目前最深之开挖工地。部分开挖工区尚在淡水河行水区内,使开挖困难度倍增。

(2)道岔段之挡土连续壁深63m,进入景美卵石层约4~5m,是以往捷运工程所罕见者。

(3)道岔段之挡土连续壁厚度为2m,是台湾首次施工之超大型连续壁。

(4)台北桥站连同联合开发之地下开挖深32m,连续壁厚1.8m,深61m,亦进入景美卵石层内;四周邻房密布,其恶劣之施工环境在台北县市内尚不多见。

(5)芦洲支线多处车站主体、出入口、通风井等均采用连续壁挡土,同一车站标内出现八种大小不一尺寸的连续壁,从1.5m至0.6m厚度,深度从55m至23m不等;连续壁与连续壁之距离最近只有2.4m。由于设计是尽量利用道路及畸零地,故连续壁间转角繁杂而数目极多,某些车站出现之转角处多达二十余处。

(6)三重市与芦洲市内邻近车站之建筑物非常多,而且现况已接近倾斜危险程度,例如某车站统计在施工前应保护之指定建物已近百幢,每次强烈地震之后,待保护之建物数目不断增加。

目前新庄线针对各项工程问题所采取之解决对策列如表3。芦洲线则按惯例采取连续壁作挡土外,并未有特别辅助措施。

新庄线之主要工程问题与解决对策(朱旭,2002)　　表3

新庄线道岔段及台北桥站(07)工程问题	解决对策
A.景美层	
(1)开挖深于28.3m,抵抗上举破坏之安全系数不足1.25	开挖超过28.3m后,降低景美层地下水压,水位抽降19.8m
(2)降压效果	抽水井33口,每口井抽水量6 m^3/min
(3)松山层再压密沉陷	•1.8 cm,分布大面积; •以前经验,抽水不致再压密; •严密监测
(4)连续壁贯入景美层施工	选择适当抓掘机具
(5)稳定液逸流防止	使用天然黏土料封洞
B.松山层	
(1)无松山二层阻隔,水压引起管涌	封底灌浆,阻隔景美层水流上涌
(2)砂层连续壁抓掘坍孔防止	导墙两侧用16m长JSP改良稳定
(3)开挖邻房保护	•用横隔墙、扶壁,减少开挖沉陷; •提高支撑预力; •微型桩、灌浆等
(4)07站联合开发大楼抗浮	横隔连续壁兼抗浮
(5)07站连续壁相交保护	四转角处用JSP改良桩

3.3 新庄线道岔段深开挖与抽降水之安全监控

本道岔结构为一座地下钢筋混凝土狭长型结构,呈东西向,长125.7m,宽11m至25.9m。结构顶板在地面下约9m及12.8m,其下局部为地下一层(B1),B2至B5层分别高7.5m、7.9m、3m及7.3m,底板厚2.5m。合计开挖深41m。图7示道岔工址施工范围平面,图8示结构体之地盘条件。

本工程设计者中兴工程顾问公司除负责设计道岔之永远结构部分外,针对本案之特殊性规划了以下方案作为施工单位依循。

(1)道岔结构采用明挖法施工,挡土措施采用厚2m,深63m之连续壁,其中再加五道横置连续壁,将工区分成六个隔舱,堤防下之横置连续壁(2m厚)兼作施工期临时防洪堤防,其余四道连续壁各厚

1.5m,均为63m,深入景美层5m,型钢支撑采用13层及回撑1层(图9)。

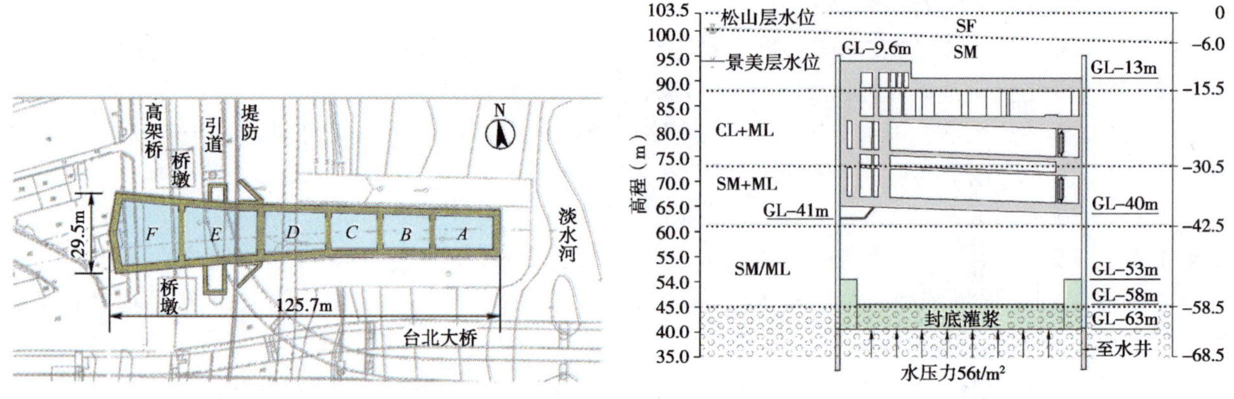

图7 道岔段施工范围平面图

图8 道岔段结构剖面图

(2)为防止围堰填土及上方18m粉质砂层在连续壁施工时坍孔,特设计高压灌浆JSP(φ60cm,18m)保护两侧沟壁。

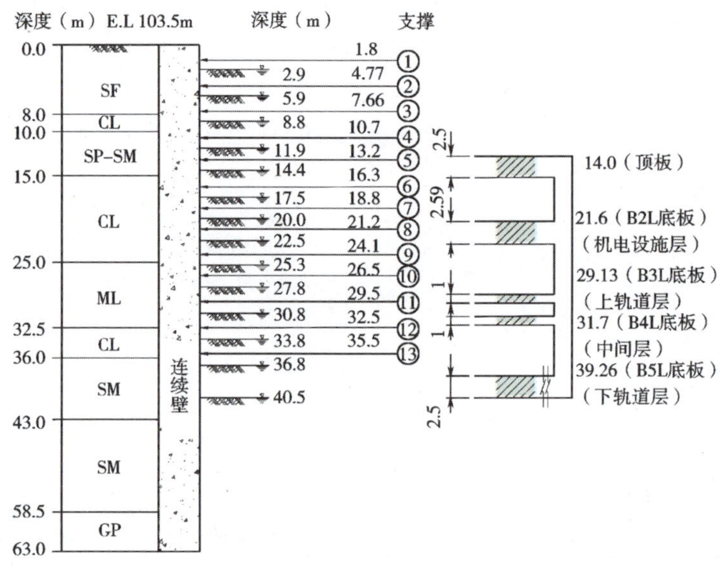

图9 开挖支撑分析剖面图

(3)道岔在开挖至26m以下时,松山层即有上举(Upheave)之虞,特设计袪水工法克服,在开挖区设计33口抽水井,深90m,每井抽水为$6m^3/min$,预计从景美层中抽降水压最大为19.7 t/m^2。

(4)开挖区地层在40m以下,主要为砂土层,景美层水压虽在抽水降压后,仍有造成管涌(Piping)之忧,故设计封底灌浆层阻水,封底灌浆以双环塞(Double Packer)施灌化学灌浆液,设计要求封底层之渗透系数$k=1\times10^{-5}cm/s$以下,封底层厚度5m及10m。

3.3.1 连续壁施工法改进

本地承包商虽对传统连续壁施工已有非常丰富之经验,但面对本案连续壁之厚度及深度上均超越以往,而地下状况及开挖要求更为严苛,因此作了多项改进措施,包括:

(1)沟槽稳定预先以18m高压喷射灌浆保护,部分较疏松或软弱土层甚至加作两排,并加深至23m。

(2)改变传统单元搭接法从公母钢筋搭接翼尾改用无翼尾之型钢搭接,以缩减开挖面积,增加沟槽稳定度。

(3)提高施工质量,例如全用高分子聚合物稳定液,选用精良之抓掘机、增加超音波检测频率、及防止卵砾石地层逸水可能引致坍孔之对策。

3.3.2 封底灌浆施作与验证

本案采用双环塞灌浆工法(Double Packer – Sleeve Grout)施灌水泥皂土灌及溶液型无机系硅胶溶液,完全封堵卵砾石层。在经过多次现场透水试验与抽水试验验证,证实此工法可达到设计要求 $k < 1\times10^{-5}$cm/s 之整体封层效果。现时所用之验证方法及规范则尚有检讨之必要。

3.3.3 大规模抽水之管理与监控

本案所用之壁中井深 96m,进水井管径 457mm,每井安装一只 120Hp 沉水式马达,共 33 口。抽水时间从 2005/11/08 至 2006/11/20 约共一年。实际开井数在高峰期为 7 ~ 8 井,为期约 31 ~ 32 月,其余时间只开 3 ~ 5 井即已足够。累计 377 天抽水期总抽水量为 1 625 万 m^3。在此期间,邻施工标(台北桥站)亦因相同需要而于 2006 年 7 月 20 日开始其抽水作业。至道岔站结束抽水时,邻站抽水量为 819 万 m^3,约为道岔站累积抽水量之半。图 10 示两站之累积抽水量历时曲线。

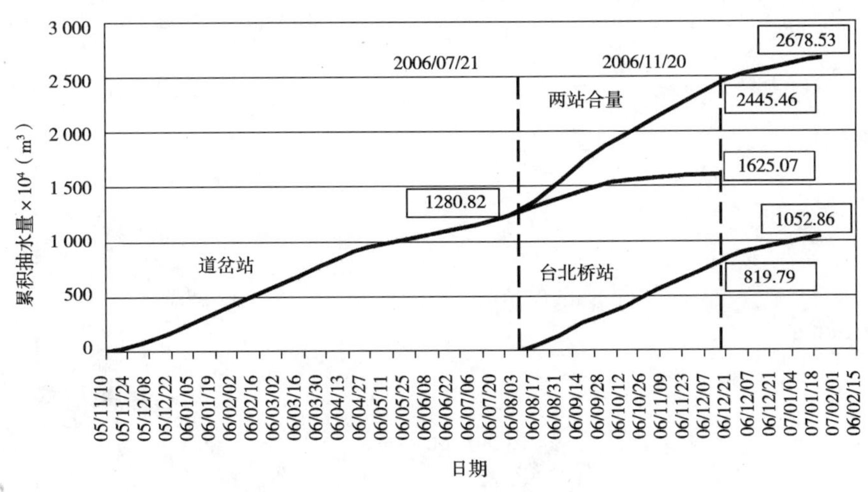

图 10 抽水量累积曲线

抽水过程以自动化监测系统作管理,道岔站之 33 口井及站区内 12 只水压计之数据经三组数据收集模块以长距离传输至工务所中央控制室之计算机及控制站。中央控制室全天候由专人值班监控水压及排水状态。控制站以灯号显示抽水井运转是否正常,控制站连接不断电系统,必要时可启动备用发电机组。开挖时每阶设定水压警戒值及行动值,水压达到警戒值时计算机屏幕闪亮红色警讯,同时发出警报声音。此外,每支排放管口均安装流量计,正确记录每井之出水量,监控屏幕亦可随时了解每井之出水状态及稍有带砂时,立即换井。

降水影响范围及抽水沉陷影响范围为安全监控之重要项目:

(1)图 11 为两站之抽降水位及抽降影响之范围,在道岔工区范围内最大抽降量达 30m 水头 ,台北桥站约为 20m,在 2km 外之监测点,水位最大下降量约 13m,至 4km 外,最大下降量为 10m。由此估计本次抽水已影响至 8km 外之盆地边缘。

(2)图 12 示道岔站(含台北桥站)抽水期间之沉陷点观测量最大为 35mm,1.5km 外为 10 ~ 17mm,2km 外约为 10mm,若纯以道岔站抽水之影响则最大为 20mm,1.5km 外约减至 5 ~ 10mm。

(3)松山层之表层水位,在抽水期间仍保持在地表下 2 ~ 3m 之间,但在较深层之砂土层中,其水压受景美层抽水影响,曾出现明显下降,图 13 比较在 GL-35.58m、GL-49.58m 及景美之水位变化,三者之升降虽相当一致,但在较浅层之水压影响比较平缓。相信在 GL. 20 ~ 30m 有淤泥及黏土层阻隔,致使上层砂土之水压及地表水位保持不变。而造成地面沉陷之原因,可能是 GL. –30m 以下粉质砂土层之再压缩。

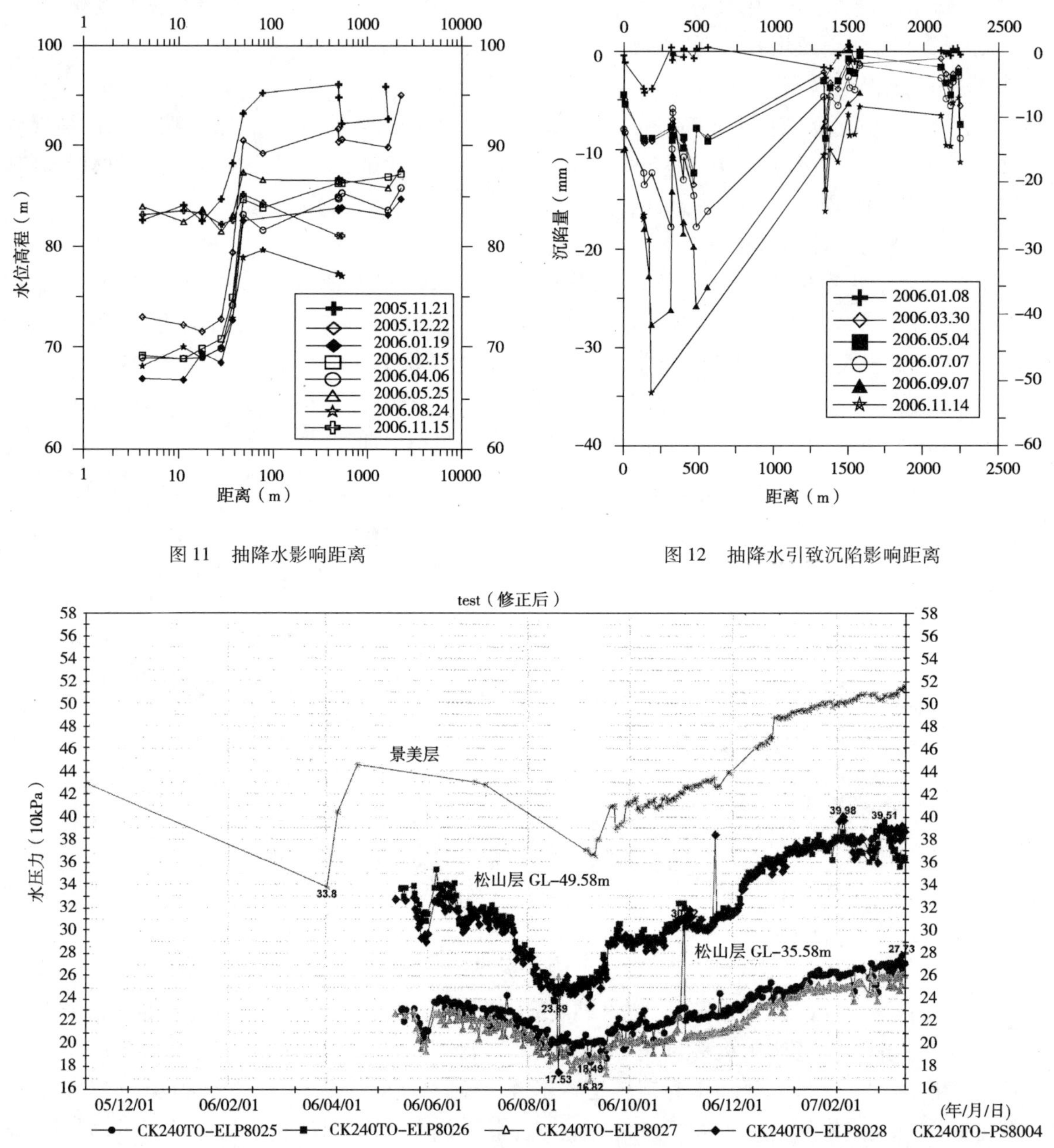

图 11　抽降水影响距离

图 12　抽降水引致沉陷影响距离

图 13　景美层抽降引致松山层水位变化

4　捷运开挖之软土挤压现象及其近接施工影响

台北捷运之新庄线、芦洲线、信义线、木栅线延长段之次期路网工程，所经过之地区较首期路网之土层更为软弱，在进行明挖挡土连续壁挖掘时，遭遇更多之坍孔、路面沉陷、邻房倾斜等现象。笔者(2007)提出在软土地层中挖掘连续壁单元，壁面呈解压状态，因受上层覆土压力作用，在近沟壁边缘被挤压而进入沟内。次期捷运为因应更深的开挖工程需求，连续壁的设计亦趋向更深、更厚。每一单元的施工期更长，因此软土挤压现象更显着。目前壁厚大于 1.5m、深 60m 以上之连续壁已极为普遍。但随之而来的问题是连续壁周边之道路、建筑物遭受严重之长期沉陷，远超过施工规范所限，造成设计单位与施工单位及业主诸多困扰与争议。图 14a) ~ c) 描绘近年三处深开挖工区因在挤压性地层中施作连续壁所引致外围建筑物之沉陷量分布。A 工区为地下三层之 RC 结构，长 150.6m，宽约 23m，开挖深

31.5～35.7m,连续壁为1.5m厚,深55m,施工导致周边建筑物沉陷最大超过8cm[图14.a)]。B工区为地下二层结构,长193m,宽约21.5m,开挖深26.5m至31.2m。连续壁为1.2m厚,深54m,施工导致周边建筑物沉陷最大超过8.6cm[图14b)]。C工区为地下七层结构,长177m,宽16.6～70m,外围及横置连续壁分别为1.8m及1.0m厚,深58m,施工期从2003年6月至2005年5月,地表沉陷量超过9cm。至2005年10月站体开挖前增至10cm[图14c)]。

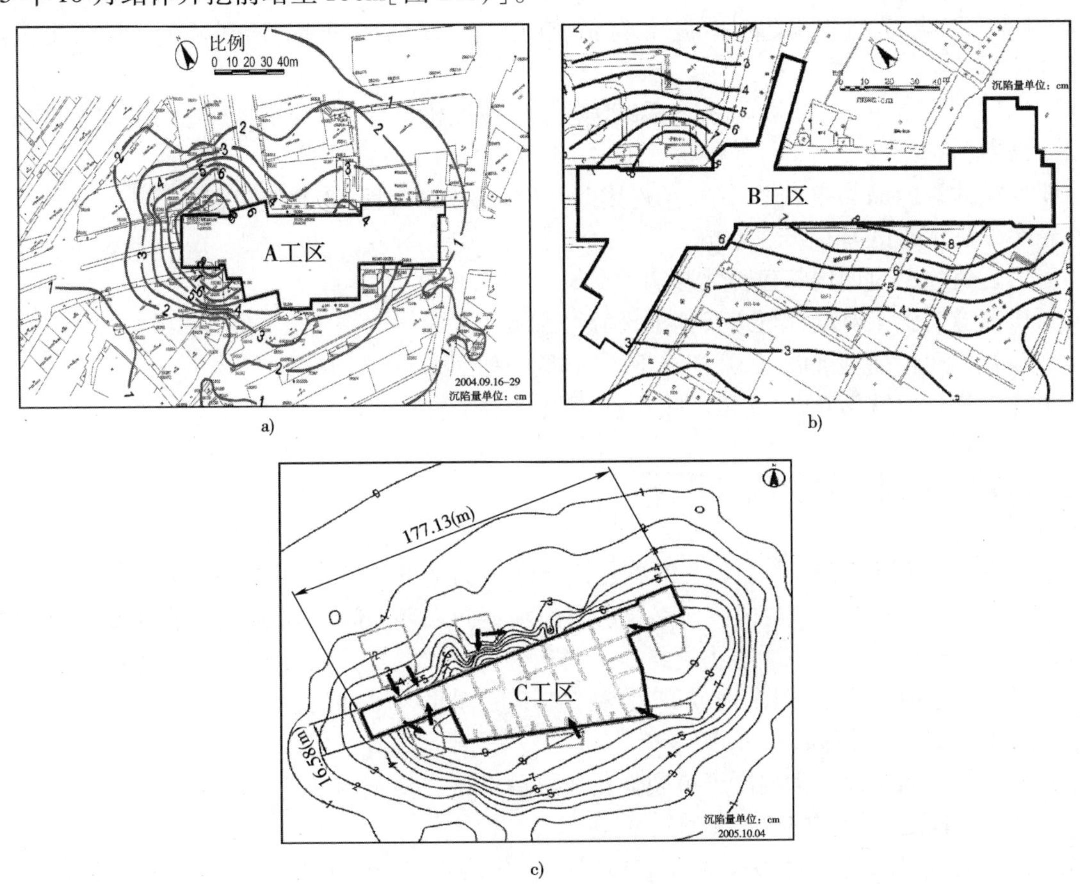

图14 连续壁施工导致周边建筑物等沉陷图

挤压现象亦普遍出现于高雄市之冲积地层之低塑性粉土层中(沈茂雄,1999),本粉土层因土壤颗粒细,但塑性极低,甚至无塑性,因而不具细粒土壤之黏性。当连续壁开挖时,应粉土层易呈塑性流动,造成坍孔、包泥。至结构体开挖时极易造成漏水漏砂之灾情。类似之流动现象,在日本大阪地区(Tamano等,2003)及中国上海市(孙更生、郑大同,1984)均曾出现并干扰工程,对此作过许多研究。地层内挤进入槽沟之土量与时间及其流动性成正比。故连续壁开挖时,应争取最短时间完成混凝土浇置,以降低挤进土量,减少附近地层下陷、邻建物沉陷甚至崩坍灾变的风险。针对挤压性地层中之连续壁设计与施工,笔者有如下之改善建议:

(1)避免设计间隔过密之连续壁,以防相互干扰。箱式基础要预防中央坍孔及承载力减弱,甚至产生负摩擦力。

(2)工区以直线直角布置为宜,避免设计多角形或不规则形工区。

(3)必要时可用地质改良方法保护槽沟。

(4)预作单元试掘验证,最好试作五单元以上,并经长期监测以了解地层之沉陷及侧向挤压,仪器布设范围最少与连续壁深度相同。

(5)施工规范及邻房保护准则应针对实际情况修订。

(6)单元分割宜小,使挖掘至浇置完成时间缩短。

(7)传统公母单元长翼尾搭接方式应研究。

(8)浇置母单元混凝土时,翼尾回填。

(9)增加稳定液浓度。

(10)在挤压深度范围内钢筋笼外挂夹板。

在具挤压性地层作工程开挖,可能导致邻近地层之变形或弱化,所以近期捷运工程特别重视所谓“近接施工”问题。“近接施工”一词即表示在既有建筑物之近距离范围内施作地下工程,预期对该建筑物所可能引致之影响,先行作出防范措施,以降低该建筑物日后所受灾损,达到减少建设公害及降低民怨纠纷的目标。

捷运工程主要有地下车站、潜盾隧道、高架段、平面段及机厂等,因为分期兴建与沿线发展形成如下复杂错综的交互关系。

(1)明挖站体对四周邻建物之影响:①连续壁开挖;②排水工程;③开挖工程。

(2)新车站施工对既有车站之影响。

(3)潜盾隧道施工对四周邻建物之影响。

(4)潜盾新隧道施工对既存隧道及地下设施之影响。

(5)沿线新工程包括基础施工、开挖或填土对邻接捷运设施之影响。

(6)捷运工程与地铁、高铁之交错影响。

5 高速铁路面临之地工问题

台湾高速铁路全线采用不同方式兴建,在台北市区内为地下隧道;桃园、台中段主要为路堤、高架及隧道;台中以南主要为高架段。各区段在兴建后将面临不同之环境问题与地工问题,主要可概分如下:

(1)台北市至板桥段之地下隧道将遭遇地下捷运隧道近接施工及直接破除连续壁之冲击。

(2)路堤段由于原址为稻田、水塘或回填料夯实不足等原因,造成长期沉陷或在路堤/高架、路堤/隧道界面转变段出现差异沉陷。

(3)隧道之防水问题及衬砌混凝土龟裂老化或震后剥落之检测与处理。

(4)云林高架段之地层下陷区域影响。

(5)南部高架段之站区开发,例如填土、基桩施钻、基础开挖等近接施工,对高架桩基之影响。

5.1 潜盾隧道通过高铁既有连续壁之程序

当潜盾隧道需要在既有连续壁深度范围内通过时,破除工作可采用直接钻凿或人工破除方式。直接钻凿是利用特殊潜盾切削刃将连续壁之钢筋混凝土钻破,故施工前必须非常清楚了解该处连续壁之设计及施工构造、埋件等。人工破除方式是事前在通过点前方施筑工作井,利用工作井施作水平灌浆保护连续壁破除点之背侧,然后将连续壁逐段破除,最后将工作井回填砂浆。此法之工作流程图如图15所示。

高铁因已在营运中,破除既有连续壁可能会影响行车安全,故必须建立一套审查及监控制度。现行方法是隧道设计单位、施工单位及业主事前向高铁主管单位提送连续壁破除影响评估分析报告、施工计划书及监测计划书,经审核认可后施工。施工时之实时仪器监测,数据分送所有单位作分析与监控。

5.2 路堤沉陷之处理

高铁路堤段主要集中于北部丘陵地区,隧道、高架及路堤相互结合。数处路堤在营运前出现过量之局部沉陷量,经负责保固之施工承包商调查及灌浆补强后,即已停止下沉。但尚余多处路堤出现持续沉陷,主因可归咎于:

(1)路堤原址为水塘、稻田,在路堤兴建时软泥未彻底挖换。

(2)路堤回填料夯实不足。

(3)排水不良、使路堤软化。

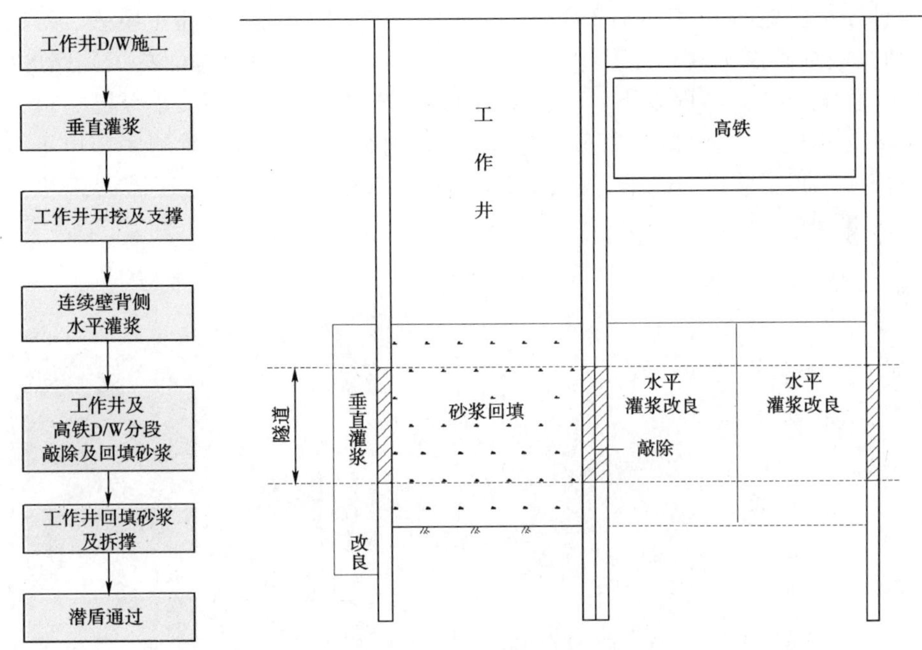

图 15　潜盾隧道穿越既有结构障碍之施工流程图

路堤沉陷若出现于结构界面换转段,其差异沉陷或足以影响行车安全及乘客舒适度。目前之容许值各为:

(1)乘客舒适度:容许摇摆加速度为 0.25g 及每 40m 弦长下沉量少于 7mm。

(2)轨道平整度:每 10m 弦长下沉量少于 7mm。

(3)土建工程垂直线型容许量为:10mm/20m,即为 1/2000。

高铁之轨道虽属可调整型,但其最大调整量只有 30mm,所以针对路堤下沉量过大时之对策为:

(1)长期监测路堤及路轨之下沉量,预估其后续下沉率。

(2)轨道调整。

(3)路堤灌浆加固。

在路堤灌浆加固之处理过程中,必须符合不中断铁路营运、不造成路堤施工中过大的隆起以及不再发生后续明显下陷之三大目标。

5.3　云林地区地层下陷对高铁高架段之影响

台湾中部云林县地处浊水溪冲积扇地层,自上世纪 80 年代起渔业养殖蓬勃,由于地面水源匮乏,业者乃抽汲地下水使用,长期抽取地下水的结果,造成海水入侵、地层下陷的严重问题。又因业者渐将水井加深及将抽水区(养殖区)移至内陆,地层下陷区亦因而逐渐扩大。云林地区之地层特殊,在 300m 深度内含水层共分四层,约共 223m 厚,阻水层分三层,共厚 77m(工研院,2003)。

依据工研院(2008)之监测报告,从 1992 年至 2007 年 15 年期间,下陷最大中心区之累积下陷量已达 1.1m,总下陷量超过 40cm 之地区广及 15 乡镇,面积约 6 百余平方公里。高速铁路自 2000 年兴建穿越地层下陷区长约 30km,参见图 16。至今年平均沉陷率尚达 7.5cm/年,沉陷高峰期为 2003 年、2004 年,分别最大年沉陷量为 12.2cm 及 11.6cm。近年地方政府及公营单位配合政策封闭或迁移若干合法公井,致地层下陷程度稍有减缓趋势。然而云林地区合法、非法地下水井数量高达八万余口,云林县政府虽曾于 2003 年计划将土库、北港及元长三乡镇高铁沿线两侧各 500m 范围内合计 2 491 口违法水井封填,但最后却未能如愿。所以此区域高铁路线所遭受之影响,实已超过高铁工程技术所能克服之范围(高速铁路工程局,2003)。目前最受注目的问题是沉陷地层所可能引致之基桩负摩擦力、线形差异及桥柱间之差异沉陷。图 17 为一处深层监测井(元长国小)于 2003 年 1 月至 10 月之监测结果,显示云林地层之主要压缩层分布在地面下 50m 至 250m 深度。其中二层阻水层(含粉土质砂、泥及黏土层为主)及二层含水量(细及极细砂层夹薄粉土质砂)之压缩量 71mm,约占期间地面总沉陷量 89mm 之 80%。亦即主要压缩地层发生于桩尖高程以下。本监测井从 2003 年 1 月安装后,至今已有近五年之测读数据,见图 18。图 18 是以监测管底部(-295m)为基准,分别在不同时间所量测底部以上各土层之压缩量。图 19 以时间为横轴、压缩量为纵轴,描绘地表沉陷量及地面下各土层之压缩量,可见:

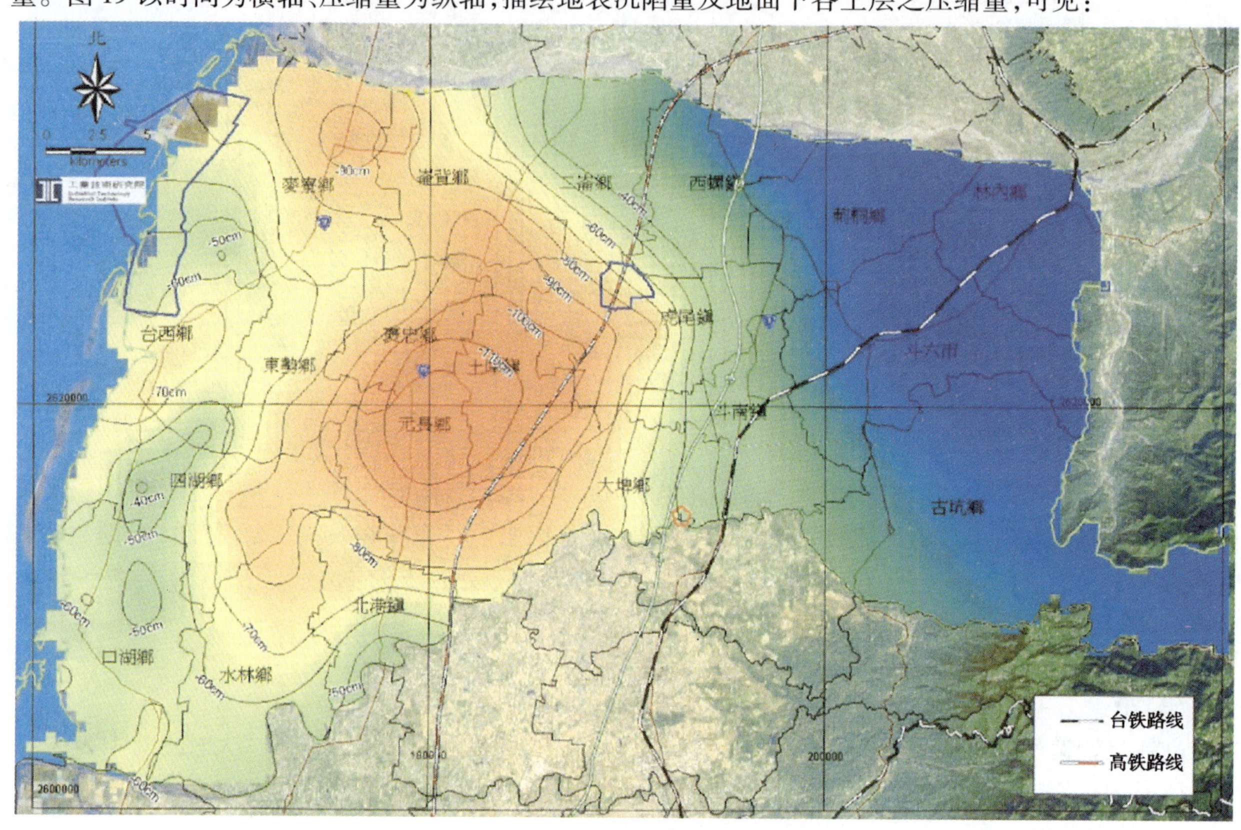

图 16　1992~2007 云林地区累积下陷量图

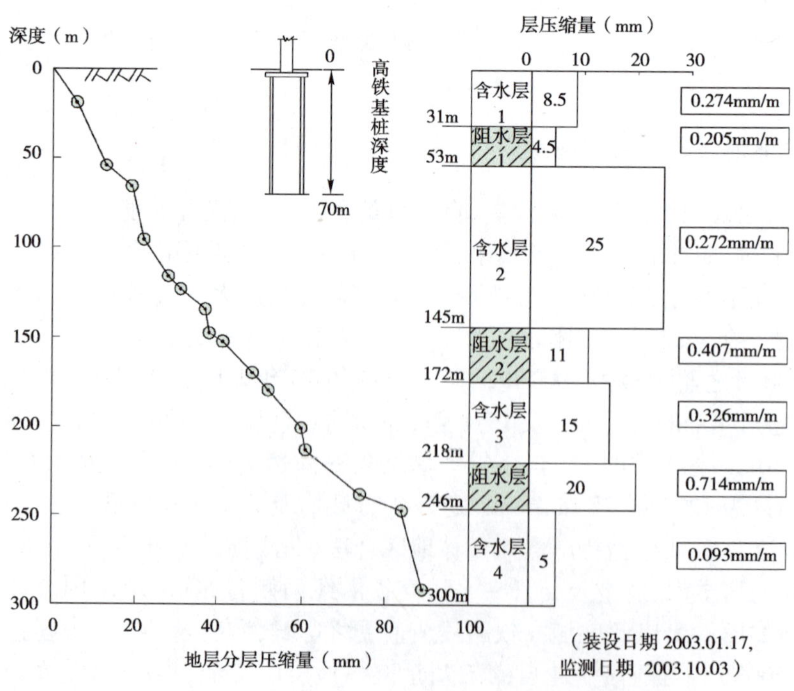

图 17　云林地区元长国小监测井之分层压缩量

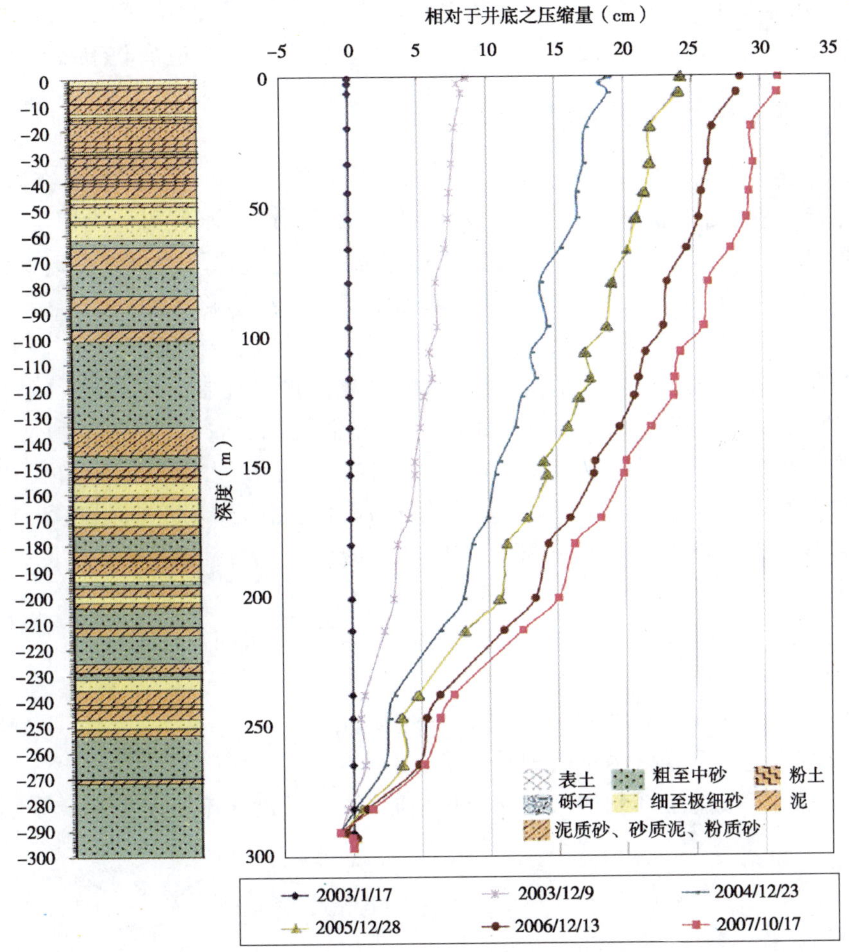

图 18　云林地区元长国小地层柱状图及相对于井底之压缩量

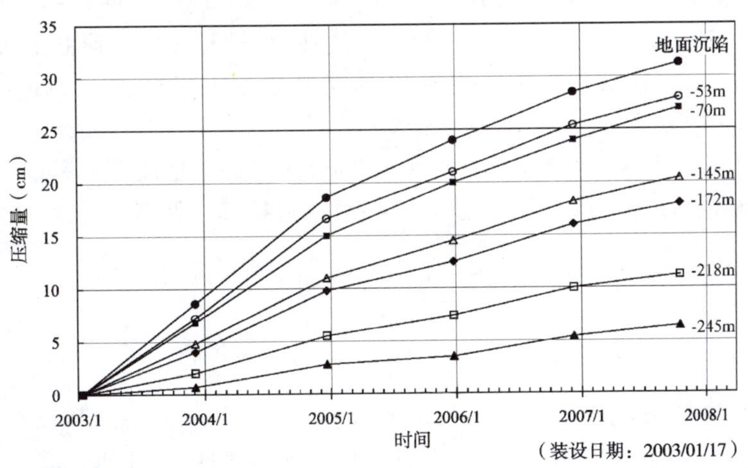

图 19　云林地区元长国小之地层压缩量

(1)自 2005 年起地表总沉陷率稍有减缓趋势。

(2)地表 0～70m 范围之土层在 2003～2004 年间出现 3.6cm 之压缩量，之后三年间，每年之压缩量约只有 0.5cm。

(3)地下 245m 以下之年压缩量约为 1.3cm，五年来尚未见减退。

(4)地下 70～245m 之间地层至 2004 年底计压缩量为 12.2cm，至 2005 年底为 16.5cm，其后年压缩量减为 2cm。

由以上之地层沉陷资料分析,台湾高铁之桩基础在开始营运后(2007 年初),应无额外负摩擦力产生。因地层下陷属大区域范围,而主要发生于基桩底部以下,至今并未造成轨道线形上过大之影响。

5.4 近接施工对高铁结构之影响与管理

高铁限建区(杨恒伟与谢致德,2007)为距离高铁结构外缘线 60m 内之范围,在该范围内兴建任何新建工程均不得影响高铁结构安全,由此而论,对高铁结构具影响之工程可分为三类。

第一类:直接穿越——例如台北市捷运线潜盾隧道需要穿越高铁下方连续壁时,必要之凿除工程。

第二类:在限建区内施工——包括基础开挖、基础施工、填土、道路等。

第三类:在限建区外施工——例如抽降地下水、深开挖、山坡地开挖。

目前高铁主管机关针对轨道、桥梁结构、隧道路堤段及台北隧道结构四大项近接施工容许变位监测管理(草案)区分为警戒值、行动值及界限值,简言之,监测值达此三管理值时,分别是检讨施工法、暂停施工、立即停止施工及行车降速或停止运转。在此必须检讨是监测管理值的执行,当单一施工者在进行第一类或/及第二类限建区内之邻近工程时,其责任至为明确。倘若同期间,限建区外亦有其他第三类施工时,光凭监测值亦难区分二者之责任,即使能归咎于限建区内施工者,对限建区外之施工者亦无可奈何!

虽然高铁轨道属于可调整,但部分桥梁隧道结构变位后即无法回复。在此建议:

(1)全面检讨目前执行办法。

(2)建立结构设施长期变位数据库,以便随时掌握实况。

(3)对结构设施变位严重区域尽早研拟补强措施。

(4)对邻近工程之近接施工计划加入预作保护措施,以减低近接施工的影响。

6 结语

台湾地区地质条件不良,而变异性大,地下工程需要克服之难题极多。本文以台北盆地为例说明盆地内地层分布在东、西、南、北地区均呈现不同之工程特性。台北捷运次期路网工程需要在更软弱地层施作 30~40m 之深开挖工程及近接施工,除传统之工法外,必须配合更多辅助工法,例如连续壁防坍保护措施、深层封底灌浆、深层袪水工法等。但同时又要防止地层下陷与邻房灾损,为城市建设带来新挑战。

台湾高速铁路为连系西部城际捷运唯一路线,其间经过不同之地质区域,现时面临之大地工程问题有路堤沉陷,中部云林地区之严重地层下陷影响及沿线之近接施工影响。本文对以上之诸多难题提供分析与浅见。

7 致谢

作者感谢台北捷运工程局北工处、中工处、新庄线 CK570C 标承包商鹿岛/荣工/皇昌及芦洲线 CL700B 标承包商鹿岛/荣工/泛亚及台湾高铁公司所提供之专业计划,让作者能深入了解各工程之难题所在。

参考文献

[1] 王执明,郑颖敏,王源. 台北盆地之地质及沉积物研究. 台湾矿业,1978,30(4):350-380.

[2] 丹桂之助. 台北盆地之地质学考察、矢部教授还历纪念论文集:第 1 卷,1939:371-380.

[3] 朱旭. 台北捷运建设第二波—大地技术重要课题探讨//先进大地工程技术交流研讨会论文集. 高雄:高苑技术学院,2002.

[4] 沈茂雄. 营建工程防灾技术. 文笙书局,1999.

[5] 胡邵敏. 三重—芦洲之地层特性对捷运深开挖工程之影响//地工技术第十七次研讨会:特殊深开挖技术. 台北:2003.

[6] 胡邵敏. 软土开挖之挤压现象及其影响//第十二届大地工程学术研讨会论文集. 溪头:2007:A1-01-1-A1-01-9.

[7] 胡邵敏,吴沛轸,陈鸿涛. 台北捷运新庄线道岔段深开挖与抽降水之安全监控//2007 海峡两岸土工程/地工技术交流研讨会. 天津:2007.

[8] 洪如江. 台北盆地各土层土壤之物理特性. 国立台湾大学工程学刊,1966,(10):194-217.

[9] 洪奕星,彭慧兰,刘桓吉,赖慈华,黄智昭,费立沅. 台北盆地沉积相和沉积环境的分析. 西太平洋地质科学,2006,6:59-86.

[10] 孙更生,郑大同. 软土地基与地下工程. 北京:中国建筑工业出版社,1984.

[11] 高速铁路工程局. 云林地区高铁沿线地层下陷问题协商. 高速铁路简讯,2003,8(85).

[12] 财团法人工业技术研究院. 台湾地区地层下陷之监测、调查及分析. 水资源局,2003.

[13] 财团法人工业技术研究院. 台湾高速铁路计划云林地区地层下陷监测网建置与测量、期末报告,2004.

[14] 财团法人工业技术研究院. 台湾高速铁路计划 2006~2007 年度地层下陷监测与分析评估//2007 年彰云地区水平测量成果报告,2008.

[15] 杨恒伟,谢致德. 邻近高铁施工管理之理论与实践. 地工技术,2007,(113):67-76.

[16] 邓属予,王世忠,张致斌,许诚,袁彼得,陈培源. 台北盆地第四系地层架构//“台湾之第四纪”第五次研讨会暨“台北盆地地下地质与工程环境综合调查研究”成果发表会论文集,1994:129-135.

[17] 邓属予. 台北盆地之地质研究西太平洋地质科学,2006,6:1-28.

[18] Tamano, T. , H. Q. Naguyen, M. Kanaoka and S. Fukui (2003), Deformation and Failure of Slurry Trench in Reclaimed Soft Clay: Numerical Analysis, 12th Asian Regional Conf. on Soil Mechanics and Geotechnical Engineering, Leung et al. (eds), World Scientific Publishing.

香港铁路网络拓展的历程与挑战

何毅良[1]　吴伟亨[2]
（1. 香港特别行政区奥雅纳工程顾问香港有限公司　2. 香港特别行政区茂盛土力工程顾问有限公司）

摘　要　回顾历史，自1910年起的近一个世纪以来，香港九广铁路公司运营的城市和郊区之间的东铁，一直被认为是香港唯一的铁路线。直到20世纪70年代后期和80年代，随着香港人口持续增长，城市和郊区兴建了超过40km长的铁路网线。此后，香港经历了世界上速度最快的铁路线路的扩展，到千年之交，铁路轨道总长已增加近100km。然而尽管如此，香港铁路网络的扩展并未放慢脚步，在未来的10年内，香港政府将投资130亿美元用于开发六个铁路项目。这些新的工程项目完成后，香港将拥有近300km长的铁路线，其中包括香港和内地之间的第二条跨境铁路。

铁路网络给人们的生活带来极大的方便，也产生巨大的社会和经济效益，然而若不是规划师、工程师、建造者们克服了种种困难，在人口密集的地段建成了地下车站和隧道，这些任务将是不可能完成的。即将兴建的市区铁路项目将会穿过更加繁华的地段，这必将继续对施工技术的创新提出新的要求和挑战。

关键词　扩展　开发　合并　隧道　环境

Engineering the Railway Expansions in Hong Kong

A. N. L. Ho, Ove Arup & Partners Hong Kong Ltd, Hong Kong SAR
N. W. H. Ng, Maunsell Geotechnical Services Ltd, Hong Kong SAR

ABSTRACT: Historically the East Rail service operated by the Kowloon - Canton Railway Corporation between the city and the suburban area since 1910 has been recognized as the only local rail service for close to a century. It took until the late 1970s and 1980s when, after Hong Kong's population was well matured, a railway network over 40km was built in the city and suburban area. Since that time, however, Hong Kong has experienced one of the fastest railway network expansion in the world with an increase in rail length close to 100km by the turn of the millennium. The expansion has not slowed and six additional railway projects totaling US \$ 13B is being implemented by the SAR Government over the next 10 years. At completion of the new projects, Hong Kong will have over 300km of railway including addition of a second cross-border service between Hong Kong and the Mainland.

While expansion of the railway network has increased convenience for commuters and generated social and economic benefits for the city, these rewards, however, would not have been possible without the planners, engineers and builders meeting technical challenges to construct many of the underground stations and tunnels in densely populated areas. The rail alignment for new projects in the city will be passing through more developed areas and continue to demand innovative construction techniques.

Keywords: expansion, development, merger, tunnel, environment

1 INTRODUCTION

As in any major city, an efficient public transportation system is one of the basic needs for the general population. From a public transport study ordered by the government in 1967, it recommended construction of an underground mass transit system. Today, Hong Kong's seven million people living in a land mass just 1,100 km^2 with maximum density of 43,400 per km^2, the choice of public transportation includes trains, buses, mini-buses, ferries, trams and taxis. However, the pre-dominate choice of transportation is generally trains and buses and in 2007 the local railway service accounted for 42% of the public transportation market. Since the 37 km East Rail began operating from the station bordering the Mainland of China at Lo Wu to Tsim Sha Tsui close to 100 years ago, the urban railway network has grown and is now dependent upon by many as a reliable mode of transportation in the city.

After commissioning the initial urban railway network in the 1980s by the Mass Transit Railway Corporation (MTR) and the Airport Express Line as one of the Airport Core Programme projects in the 1990s, The Hong Kong Government carried out two railway development studies in 1994 and 2000 and formulated strategies to make railway the backbone of the public transportation system. The new projects involved expanding the railway networks operated by the Kowloon-Canton Railway Corporation (KCRC) and the MTR Corporation throughout Hong Kong and include a second direct express link between Hong Kong and Guangzhou. The new projects required construction of tunnels and stations in well-developed residential and commercial areas. Over the years, public awareness on construction safety and environmental concerns in Hong Kong has grown but at the same time the construction industry has adopted innovative techniques and raised health and safety standards to meet higher expectations.

This paper will summarize the development of the railway network in Hong Kong by the SAR Government and the two rail operators, Kowloon-Canton Railway Corporation and Mass Transit Railway Corporation Limited, which has merged to become one organization in December 2007. The technical challenges to ensure safe construction of the works will be highlighted.

2 HONG KONG RAILWAY OPERATORS

The Kowloon-Canton Railway (KCR) was the first railway operator in Hong Kong and began operations in 1910. It was originally a Government department until 1982 when it was established as a corporation following enactment of the Kowloon-Canton Railway Corporation Ordinance. After years of operation, the Corporation has a team of over 6,000 professional staff operating its railway network, planning and managing new railway projects. The KCRC has always been involved in the design and management of railway development and has accumulated a comprehensive project profile over the last 25 years (Table 1). In addition to the completed expansion projects, the current project under construction and expected to be in commission by 2009 is the 4km Kowloon Southern Link which would connect West Rail to the Tsim Sha Tsui Extension. Statistic shows that in 2006 the network within the city has an average daily ridership of 1.6 million passengers (HKSAR Government, 2007)[2].

KCRC railway expansion projects since 1980s

Table 1

Opening Year	Project	Length
1988	Light Rail-surface rail network in New Territories	36km
2003	West Rail-9 station network connecting New Territories with Kowloon	30km
2004	Tsim Sha Tsui Extension-interchange connection with MTR station	1km
2004	Ma On Shan Rail-9 station surface rail network in new town development	11km
2007	Lok Ma Chau Spur Line-second border crossing	7km

Originally set up as the Mass Transport Provisional Authority, it became the MTR Corporation in 1975 wholly owned by the Hong Kong Government with a mission to construct and operate an urban metro system. In 2000, the Hong Kong Special Administration Government sold 23% of its shares to private investors in an Initial Public Offering and the Corporation was listed in the Hong Kong Stock Exchange in October the same year and was re-established as the MTR Corporation Limited. After completing the first railway line, rail operation began in 1979 and over the years the MTRC has developed a network totaling a length of 119km. Seven railway lines have been developed including links to the airport and the Disney resort (Table 2) and, in 2007, it recorded a daily ridership of 2.6 millions passengers (Hoover's profile, 2008).

MTRC railway networks

Table 2

Opening Year	Project	Length
1979	Kwun Tong Line-15 station network in Kowloon	11km
1982	Tsuen Wan Line-16 station network in Kowloon and HK Island	16km
1985	Island Line-14 station network in HK Island	13km
1998 1998	Tung Chung Line-8 station network from Lantau to HK Island Airport Express-5 station dedicated airport line	35km
2002	Tseung Kwan O Line-7 station from TKO to HK Island	9km
2005	Disney Resort Line-dedicated resort line	3km

Although the two Government-owned Corporations have provided reliable and efficient rail services, the Government announced a package in 2006 to merge the KCRC and MTRC as one company (Figure 1). It considered that a rail merger will bring overall benefits to the Hong Kong community as a whole and both organizations can supplement each other through their respective strength to bring us a world class rail operator. The move is expected to enhance the competitiveness of Hong Kong both in the Mainland market and in the international area. The re-organization would allow immediate fare reduction from the first day of the merger and also help optimize the planning of new railways which would provide overall benefits to the travelling public and the new developments in Hong Kong. After months of assessment and consultation by the Government, the KCRC operation was merged into the MTR on 2 December 2007. The merge-company retained the English name as Mass Transit Railway Corporation Limited (MTRCL) and adopted a Chinese name"香港铁路有限公司". The merged company was granted a 50 year period to operate the KCRC and MTRC railway network totaling 211 km in length and 82 stations serving the New Territories, Kowloon, Hong Kong Island, two boundary crossings, an intercity connection between Hong Kong and Guangzhou and an airport link. Daily patronage has reached 3.6 million passengers.

Figure 1. Former interchange station now wholly operated by MTRC. KCRC signage replaced with MTRC signs in December 2007.

3 RAIL EXPANSIONS

In 1967, the Hong Kong Government commissioned the Hong Kong Mass Transport Study in 1967. The study was carried out by a consortium of professional consulting firms and when completed it recommended that, because land suitable for development in Hong Kong is scares and combined with rapid increase in population, an underground mass transit system be constructed. It was not until 1972 when after completing a further study by the same group of consulting firms that a plan to construct a railway network in Kowloon, Hong Kong Island and Shatin in the New Territories was developed. The Government only approved part of the planned route consisting of 20 km which was known as the Initial System. Construction of the line was managed by MTRC and began in 1975 but not before the plan was revised to become the Modified Initial System and reduced to 16 km in length. It was commissioned in phases between 1979 and 1980. The MTRC network expanded further between in 1982 and 1998 in different phases including the Airport Express Line.

Exactly 20 years after opening the first phase of the urban railway expansion, the Hong Kong Government commissioned the first of its two Railway Development Strategies (RDS) in 1994. The aim of the strategies were four fold:

- Relieve bottlenecks in existing railway systems;
- Reduce reliance on road system;
- Provide rail service to support housing and economic developments; and
- Enhance cross border and freight services in particular strengthen links with the Guangdong province and Pearl River Delta region.

Projects under the first Railway Development Strategy were completed in 2007 and increased railway network in Hong Kong approximately 40% to more than 200km with services connecting the north-western and eastern parts of the New Territories with Kowloon (Figure 2). Despite a slower than projected population growth, the Government recently approved constructing five of the six projects identified in RDS-2 which includes a fourth railway crossing Victoria Harbour, a dedicated express railway between Hong Kong and Guangzhou and an addition of 40 km of railway in the urban area. The projects would generate approximately US $ 11B worth of work for the construction industry and when completed would increase the total railway network in Hong Kong close to 300 km. The length of railway network in Hong Kong has increased by almost

6 times over the last 30 years (Figure 3).

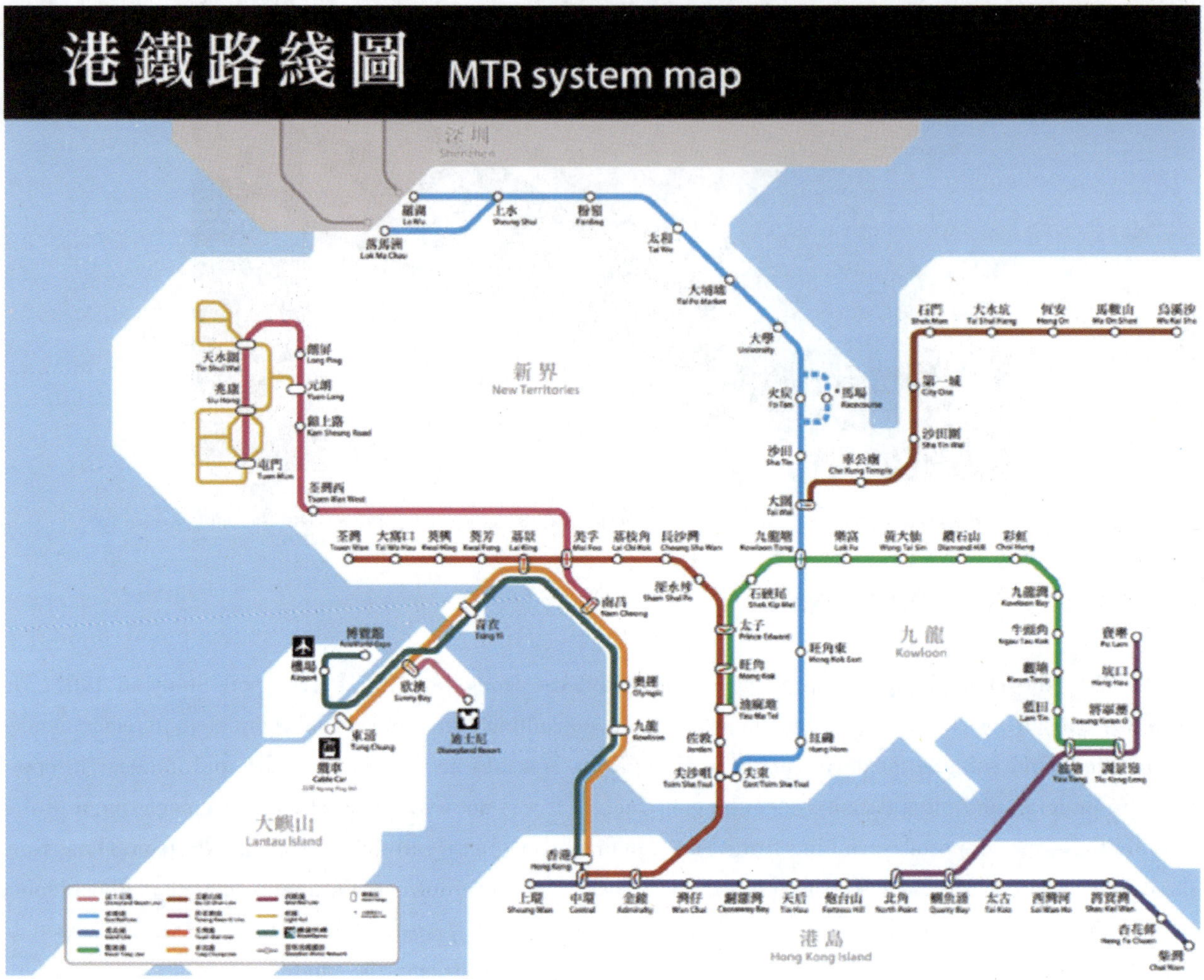

Figure 2. Rail network after initial expansion and 1994 RDS.

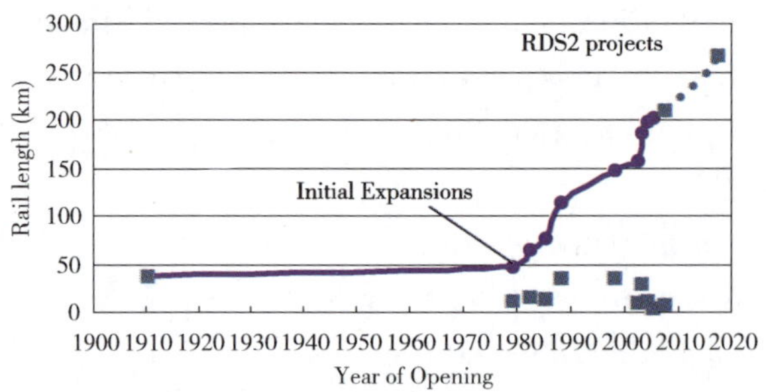

Figure 3. Rate of railway expansion in Hong Kong since the 1980s.

4 CONSTRUCTION CHALLENGES

Expansion of the railway network in Hong Kong involved underground construction in many developed areas. Some of the technical and environmental challenges required unique engineering design and construction solutions in order to limit impact on the existing facilities which include strategic transportation links, residential and commercial buildings and major utilities. Two examples of projects where unique technical issues to Hong Kong were overcome are highlighted.

During construction for the KCRC West Rail project in 1999, the new Nam Cheong Station was design to be built at a site already occupied by a ballasted section of the Airport Express Line (AEL). In addition, the multi-lane West Kowloon Expressway, supported by shaft friction barrettes, was situated over the AEL (Figure 4) and both facilities are strategy transport links. Nam Cheong Station consists of two-halves split on both sides and below the AEL. The feasibility of excavating below the AEL tracks was only made possible with early planning by MTRC and the Government and innovative engineering design in which a structural track-slab, with pre-drilled socket holes, was constructed in advance to support the AEL in the Nam Cheong Station section. During the station construction, a structural connection was made between the station concourse slab and the socket holes in the track-slab after which excavation was able to proceed below the tracks. Construction was supported by extensive geotechnical instrumentation monitoring on the AEL tracks and the WKE structure.

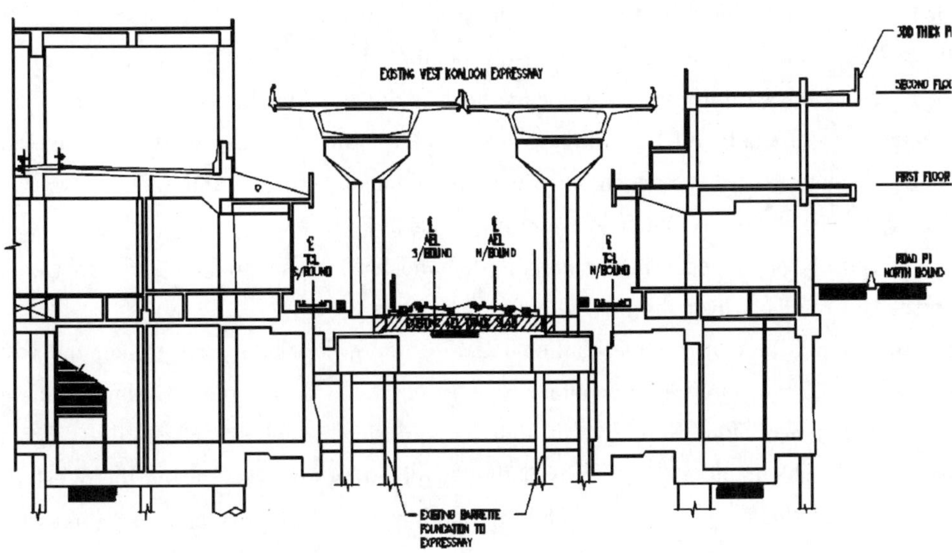

Figure 4. Cross section showing West Rail Nam Cheong Station constructed around and below the operating Airport Express Line

The second example also involves construction adjacent to an operating railway for the 4 km Kowloon Southern Link (KSL) project. The project consist building 1 km long tunnels in the busy Tsim Sha Tsui commercial and tourist area. A section of the alignment was originally planned to be built using the cut & cover tunnelling method. Before work commenced in 2005 the KSL contractor, with agreement from MTRC, decided to extend the proposed TBM tunnels to cross over the two MTR Tsuen Wan Line tunnels which provide cross harbour service to over 1 million passengers each day. Twin bored single-track tunnels were constructed using an 8m diameter mixed shield slurry tunnel boring machine (TBM) to excavate through soft, mixed and hard ground conditions. Separation between the TBM and the existing TWL tunnels was only 1.5m. Prior to the crossing, a ground-structure interaction numerical analysis using a FLAC3D model was conducted and showed that expected movement of the Tsuen Wan Line tunnels would be limited to an order of less than 5mm. A rigorous risk assessment on the crossing operation was conducted, traffic management plan with emergency bus services was put in place while active risk mitigation measures include constructing a jet grouted block over the MTR tunnels and a barrier utilizing a row of small diameter horizontal pipe piles to provide a physically separation between the proposed KSL tunnels and the operating TWL tunnels (Figure 5). During construction, the TWL tunnels were monitored by a suite of geotechnical instruments including a real-time automatic deformation monitoring system (ADMS), vibrating wire strain gauges, tape extensometers and seismographs. All of the monitoring data was captured electronically and managed by a web-based geotechnical instrumentation database.

The crossings were strategically scheduled to start and be completed during the weekend period when passenger volume is the lowest and thereby limiting potential impact to the travelling public. Eventually, the two TBM rail crossings were completed with minimum movement to the operating TWL tunnels. The tunnels were constructed with limited disruption to the Tsim Sha Tsui community and the twin crossing were a success with virtually no impact to the Tsuen Wan Line train service.

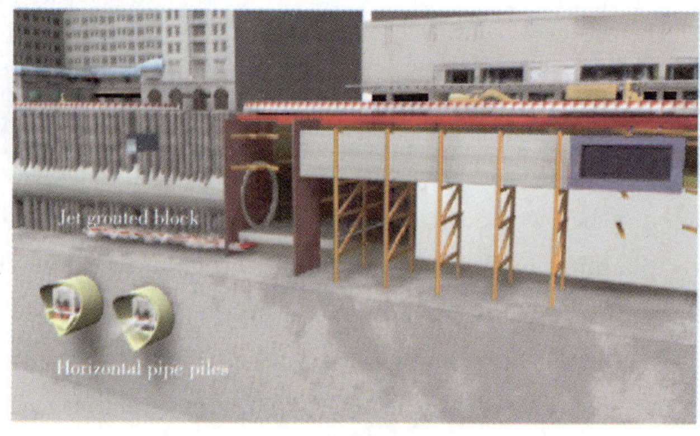

Figure 5. TBM crossing over operating TWL tunnels with 1.5m separation.

Over the past 15 years, large diameter state-of-the-art earth pressure balance and mixed shield slurry TBM have been used to construct the West Rail and Kowloon Southern Link tunnels respectively in densely populated areas. TBM tunnel construction was also adopted in favor of the more disruptive cut & cover method for the Lok Ma Chau Spur Line project. A section of the 6 km alignment was originally to be built on viaducts over an environmentally sensitive nature reserve called Long Valley. The project met oppositions from environmental groups and was delayed until a breakthrough solution to construct the section below ground using a TBM was accepted. With increasing length of railway planned in densely populated urban areas, the demand for TBM technology and experienced tunnelling personal is expected to intensify over the next decade.

In addition to meeting the construction challenges, railway developments have to contend with more stringent environmental standards regarding noise and vibration generated during the train operations after commission. Most of the population in Hong Kong live in high-rise buildings which are susceptible to ground borne vibration because of its deep foundations especially if they are bearing on rock. During the West Rail project in 1999, the KCRC had used floating slab tracks (FST) in stations to reduce noise and vibration which can attenuate up into the future property developments expected at various stations. The FST track form consists of special rubber bearings that absorb noise and vibration to make the train operations one of the quietest in the world. Since then, the FST form has been installed in the Ma On Shan and Kowloon Southern Link projects where the railway runs below existing buildings and in stations where future residential buildings would be develop.

5 CONCLUSIONS

Close to 70 km of urban and cross-border railway will be constructed over the next 10 years under five separate projects by the MTRC. Such an ambitious programme on railway projects alone has never before been experienced in Hong Kong. With similar metro railway developments also being planned and underway in other continents, the workload ahead would challenge not only the need for innovative construction techniques but also the availability of railway and civil engineers and builders to complete the projects.

New railway alignments will no doubt travel through well developed and densely populated areas in Hong Kong while it is evident that public tolerance on disturbance caused by construction work is decreasing. These factors are contributing to an increasing demand for tunnel boring machines which will likely to put more pressure on TBM manufacturers world-wide to meet procurement programmes. At the same time the placement of tunnel engineers, TBM pilots and skilled laborers will be some of the key requirements that need to be met in order to construct railway tunnels in a feasible and safe manner.

REFERENCES

[1] KCR. A Journey of the Century-published by the Kowloon-Canton Railway Corporation Limited. 2007.

[2] Article on Hong Kong. The Facts, Railway Network-published by Transport and Housing Bureau, The Government of the Hong Kong Special Administration Region. 2007.

[3] Hoover's Profile. MTR Corporation Limited-published by Hoover's Inc. 2008.

[4] Article on The Mass Transit Railway Corporation. Published by Transport Department, The Government of the Hong Kong Special Administration Region. 2005.

[5] Railway Development Strategy 2000. Published by The Government of the Hong Kong Special Administration Region. 2000.

[6] K. Wong, N. Ng, L. Leung, Y. Chan, Kowloon Southern Link. TBM Crossing Over MTR Tsuen Wan Line Tunnels in Hong Kong, submitted to The 6th International Symposium on Geotechnical Aspects of Underground Construction in Soft Ground, Shanghai. 2008.

[7] Article on Bearing innovations help create "the world's quietest railway". Published by Trelleborg. 2008.

[8] D. Bringinshaw. West Rail On Schedule To Open In Late 2003-Kowloon Canton Railway Corp's West Rail in Hong Kong, published by International Railway Journal. 2000.

我国软土盾构法隧道施工技术综述

周文波
（上海隧道工程股份有限公司）

摘　要　经过近半个世纪的发展，我国软土盾构法隧道施工技术得到了不断进步。本文阐述了盾构法在我国轨道交通、越江公路隧道及能源隧道等不同领域的应用及发展，总结了目前我国盾构法施工的总体水平，并根据当今地下空间的开发要求，对今后盾构法软土隧道新技术的发展方向作了探索。

关键词　盾构法　隧道　轨道交通　越江隧道　施工技术

1　引言

盾构法施工技术自1806年由英国工程师布鲁诺首创，并用于英国伦敦泰晤士河水底隧道，至今已有200余年历史。该技术由于无需占用大量隧道沿线的施工场地，对城市的商业、交通、住居等影响很小，很快受到各国的推崇。经过数代技术人员的不懈努力，盾构法隧道施工技术由最初只能在极少数欧美发达国家应用，发展成为目前发展中国家在城市市政建设中逐步应用的施工技术。

20世纪50、60年代以来，盾构法施工在我国的沿海（上海、广州、深圳、天津）和内陆城市（北京、南京、武汉）逐步得到应用，并在轨道交通、越江公路、能源等领域累计施工里程达500km以上。近年来，随着我国市政基础设施建设的全面展开，有效利用和开发地下空间资源，成为各地政府的共识。由此，我国的盾构法隧道施工技术在各类工程实践中得到迅速发展。

2　我国软土盾构法施工技术的发展轨迹

我国使用盾构法修建隧道时，该技术已在世界范围内经历了一个世纪的发展历程。正因为技术的相对成熟，加之国内市政基础设施建设的迫切需求，以及国家对城市环境保护意识的增强，盾构法隧道施工以其节约城市空间及环保性，而受到广泛的认可和接受。20世纪90年代，盾构法施工技术进入发展时期。21世纪，随着我国城市化建设进程的加快，城郊互动日益密切，城市交通便捷化要求日益增强，我国的盾构法隧道施工进入高速发展时期。

从我国开始隧道施工的可行性试验至今，盾构法软土隧道施工技术在我国大致经历了7个阶段。

1962年，一台直径4.16m的普通敞胸盾构在上海塘桥地区开始试验施工，证明了上海饱和含水软土地层用盾构法、钢筋混凝土管片建造隧道技术的可行性。

1966年，我国盾构法施工实现零的突破，上海打浦路隧道用的网格式盾构，实现了闭胸式施工。该工程的成功建设，对我国盾构法软土隧道发展具有里程碑式的意义。

1991年，上海采用7台直径6.34m的土压平衡盾构，进行地铁1号线工程施工，这为后来我国城市轨道交通建设的大发展提供了保障。

1993年，我国开始在复合地层中采用盾构法进行施工。广州地铁1号线工程的成功建设，为我国复合型盾构的研究和施工提供了借鉴，也开创了我国复合型盾构施工的先河。

1994年，大型泥水平衡盾构开始在我国隧道施工中得到应用。上海延安东路隧道南线施工中，采用一台直径11.22m的泥水平衡盾构，不仅填补了我国泥水平衡盾构施工的空白，也为我国超大直径、超长距离越江公路隧道的建设创造了条件。

2003年，双圆盾构开始在我国隧道施工中得到应用。上海轨道交通8号线首次运用双圆盾构进行掘进施工，并获得成功。这对我国异型盾构的研究和施工具有重要的参考价值，它使我国成为继日本之后，世界上第二个掌握此项施工技术的国家。

2006年，世界最大直径的盾构在我国长江隧道工程中得到应用，该工程目前进展顺利。它的建设，标志着目前世界上盾构连续施工距离最长的工程将在中国诞生。同时，它也标志着我国盾构法软土隧道施工技术跻身国际先进水平的行列。

表1是盾构法施工技术在我国的发展历程。

盾构法软土隧道施工技术在我国的发展 表1

施工技术	时　期	年　份	背景工程
盾构施工技术雏形	可行性试验	1962～1965	塘桥试验隧道（ϕ4.16m盾构）
网格盾构施工技术	试验摸索期	1966～1970	打浦路越江隧道（ϕ10.2m盾构）
	技术发展期	1973～现在	延安东路隧道北线（ϕ11.3m盾构）等
土压平衡盾构施工技术	试验摸索期	1987～1988	市南站过江电缆隧道（ϕ4.35m盾构）
	技术发展期	1991～现在	上海轨道交通1号线（ϕ6.34m盾构）等
泥水平衡盾构施工技术	试验摸索期	1994～1996	延安东路隧道南线（ϕ11.22m盾构）
	技术发展期	2001～现在	长江隧道（ϕ15.43m盾构）等
双圆盾构施工技术	试验摸索期	2002～2004	上海轨道交通8号线（ϕ6.52m×W11.12m双圆盾构）
	技术发展期	2005～现在	上海轨道交通6号线（ϕ6.52m×W11.12m双圆盾构）

3　我国现有的盾构法施工技术

盾构法隧道施工涉及土力学、基础工程学、机械等众多学科，具有很强的专业性和实践性。在过去的半个世纪的时间里，我国的施工单位、科研单位和大专院校等对我国盾构法隧道施工进行了较为广泛的研究，并取得了一定的成果，这些研究与我国地下空间的开发利用及国家经济水平相适应，促使我国形成了一套较为完整的盾构法施工技术体系。目前，我国的部分技术、工法甚至达到国际先进水平。

3.1　我国成熟的软土盾构法施工技术体系

经过近半个世纪的发展，我国已在盾构法软土隧道领域形成了相关的施工及验收规范、各类盾构法施工工法等标准性文件，并在以下八个方面形成了较为成熟的关键技术体系。

第一是盾构施工对地表沉降影响的控制技术。在我国的软土盾构法隧道施工中，主要通过隧道开挖面稳定性控制技术及同步注浆技术来控制地表沉降，经过多次工程实践，我国已经在施工中形成了一套独特的工艺，可将盾构施工引起的地表沉降控制在1～－3cm范围内。

第二是隧道轴线控制技术。在软土盾构法隧道施工中，小半径曲线的盾构轴线控制是一项关键技术。我国主要是通过盾构姿态、管片拼装、同步注浆等工艺的优化，以及盾构铰接装置、超挖刀的综合运用，有效地将隧道轴线偏差控制在±50 mm以内。上海地铁1号线汉中路—上海火车站间上行线区间，隧道圆曲线段半径为299.851m，是目前已建地铁中曲线段半径最小的盾构施工区段。

第三是盾构近距离穿越大型管涵施工技术。对于隧道施工而言，工程中遇到的各类管线问题一直是困扰盾构施工的难题，它对沉降控制的精度要求极为严格，而我国在软土盾构法隧道中形成的近距离穿越大型管涵施工技术，有效解决了这个难题。1999年，我国建设者在上海轨道交通2号线杨高路站—东方路站区间施工中,顺利穿越上游引水箱涵管道(图1)。2005年,上海的轨道交通6号线民生路站—源深体育中心站双圆盾构区间隧道,需要穿越浦东源深路下的原水箱涵,走向与隧道轴线夹角成83°,管渠底面距盾构机顶部仅为1.57m,这是目前已知的盾构成功穿越箱涵的最近距离,施工中,原水管渠的扰动位移始终保持在5mm之内,我国首个双圆盾构近距离穿越地下管涵获得成功。工程的成功表明我国对该技术的掌握又上了一个台阶。

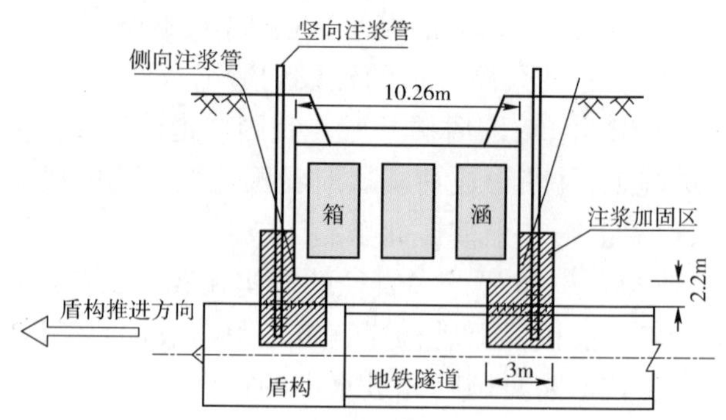

图1 盾构穿越上游引水箱涵示意图

第四是盾构穿越障碍物施工技术。在城市轨道交通建设过程中,盾构施工有时需穿越既有的工作井,比如,上海的延安东路隧道南线施工需要穿越C15素混凝土槽壁,在此基础上,工程人员总结了一套与其相适应的施工参数和技术措施,并形成了切削障碍物(纤维钢筋混凝土等)的盾构的刀盘刀具设计模式及一套盾构穿越障碍物的切削技术,同时借助信息化的动态施工管理,达到满足盾构切削障碍物施工及地面沉降控制技术的要求。

第五是越江隧道施工技术。从上海成功建成打浦路隧道以来,已有三条(2号线、4号线、8号线)轨道交通及延安东路越江隧道、大连路越江隧道等10条大型越江公路隧道成功穿越黄浦江。通过穿越黄浦江的多条隧道施工实践,我国已形成了一系列过江专有技术,其中主要包括水底监测技术、浅气层应对技术、盾尾防漏技术及隧道稳定性控制技术,这些技术的成功应用确保了越江隧道的成功建设。

第六是隧道施工高效运输技术。在盾构法施工中,我国通过对传统运输设备的配置改进,开发了大吨位设备运输系统和应用皮带运输系统,使盾构施工出土工序的时间大大缩短。另外,对隧道空间的充分应用,也使管片等工程材料的运输和出土工序同步,保证了盾构推进的连续性。通过特殊移动道岔的设计与应用,实现运输车辆在车架后方的及时交会,保证了隧道施工运输线路的畅通和高效。

第七是隧道全内衬施工技术。这项技术不仅能够保证内衬施工质量,避免产生过多施工缝,而且可以提高内衬的施工进度。由于各模块系统的自动化程度比较高,成环质量明显提高,保证了内衬的施工质量,内衬施工日平均施工速度可达到12m以上。

第八是双圆盾构隧道施工技术。2003年上海地铁8号线工程黄兴路站至开鲁路站的施工中首次成功采用了此项施工技术,标志着中国软土地区盾构法隧道工程技术新的突破,也使得中国成为继日本以后第二个掌握此项技术的国家。

3.2 国际先进水平的软土盾构法施工技术

随着地下空间的开发,盾构施工技术已广泛地应用于软土层的市政工程领域。自上海首次开展软土隧道可行性试验至今,通过众多的工程实践,我国的软土盾构法施工技术得到快速提升,积累了大量施工经验,形成了独具特色的施工工艺、工法,并形成了一系列处于国际先进水平的软土盾构法隧道施工技术。

首先是垂直顶升建设取排水口施工技术。从隧道内部用顶升方法安全、快速地向上顶出通水立管,顶升不受水面风浪和气候影响。顶升完毕后,只需短时小规模的潜水作业,揭开通水立管的顶盖即可完成。该技术安全、快速、经济而又不受水上风浪潮汐影响。

二是近距离穿越运营中的隧道施工技术。通过对叠交隧道影响的研究、分析和模拟试验,我国在施工中加强监测,由此积累了一套在上海软土地层条件下处理盾构掘进时相邻隧道相互影响的经验,形成一整套长距离叠交隧道掘进技术,从而把软土盾构法隧道施工中,近距离隧道的相互影响降到最低限度。

三是直径盾构推进与地面沉降控制技术。通过对大断面泥水盾构的开挖面稳定、施工参数匹配的系统研究分析，我国探索出了一套科学管理盾构施工参数、地面沉降控制技术和盾构穿越重要构筑物注浆控制沉降技术，并摸索出了大型盾构在上海软土地层中施工隧道的地面沉降和隧道变形规律。

四是大直径盾构法隧道稳定控制技术。该项技术研发了高重度、抗剪切、早期强度高和抗液化的单液浆，通过先进的同步注浆控制软件，加强对管片脱离盾尾产生建筑空隙时同步注浆的控制，在注浆的过程中通过控制注浆压力和注浆量，有效地填充管片脱离盾尾产生建筑空隙，从而达到控制成环隧道稳定性的目的。

五是盾构法隧道内部结构同步施工技术。在盾构施工过程中将盾构推进和内部道路现浇结构施工有机地结合起来，根据内部道路结构变形缝区分施工段和施工面，同时有效地利用台模车，解决了隧道施工和内部道路施工的水平运输和垂直运输问题，从而在缩短施工周期的基础上，达到了提高隧道和内部道路结构施工质量的目的。

六是浅覆土双圆盾构施工环境保护新技术。通过有限元计算、理论分析、试验研究、现场监测及数据耦合分析，归纳总结了双圆盾构施工引起地层变形的规律，实现了对双圆盾构施工地层变形的预测和控制，同时形成了一整套近距离穿越建（构）物和浅覆土的双圆盾构隧道施工环境保护技术。

七是盾构法隧道施工信息化管理技术。采用神经网络、解析法、模糊控制以及时序分析等方法从不同的角度设计了各类施工分析的基本模型并开发了相关软件系统，实现多种智能咨询功能，有效地指导施工现场盾构施工；系统使隧道的远程监控、管理与决策，以及对隧道地面沉降和隧道轴线进行预测和控制有机地融合起来，对盾构施工质量和进度控制起到保障作用。

4　软土盾构法施工技术在我国的应用

近几年来，我国隧道及地下工程的建设发展很快，盾构法隧道施工技术广泛应用于城市地铁隧道、市政公用隧道、越江交通隧道和水利电力隧道，以及铁路公路隧道等工程建设。

就城市地铁隧道而言，据统计，至2005年，我国在建的各类地铁线路共计13条，总长度约300km，其中约200km采用盾构法隧道施工技术。杭州、武汉、成都、重庆、沈阳、哈尔滨、西安、苏州等地已规划2010年前建设的地铁线路约20条，长度约500km，我国的市政公用隧道、水电隧道、公路铁路隧道2010年前建设的规划有上千公里。

这里着重介绍盾构法施工技术在我国轨道交通建设、大直径公路隧道建设和能源隧道建设中的应用情况。

4.1　盾构法隧道施工技术在轨道交通区间隧道建设中的应用

上海和广州是我国运用盾构法隧道施工技术建设城市轨道交通区间隧道比较典型的两大城市。上海地区的土质是典型的含水软土地层，1991年，上海率先引进法国FCB公司的7台ϕ6.34m土压平衡式盾构，建成了长16.8km的地铁1号线区间隧道。这7台盾构机采用大刀盘开挖、螺旋输送机排土，同时备有同步压浆、计算机控制系统等，性能比较完善。隧道处于淤泥土和淤泥质亚黏土，覆土深度5～18m，推进进度为4～6m/d，地面沉降控制在+10mm～－30mm，为我国在含水软土地区的城市中修建隧道提供了宝贵的经验，上海轨道交通主要采用土压平衡盾构进行施工。目前，上海已有5条轨道交通线路投入运营，在建的轨道交通有8条，按照规划，到2012年，上海将建成500km的轨道交通。

广州地区土质是典型的复合地层，在隧道开挖断面内的垂直方向和水平方向上都可能存在多种地层的组合，因此，在不同类别岩层中的盾构施工，其施工进度、施工参数、刀具的磨损特性等方面都具有很大的差异。

广州的第一条盾构法轨道交通线路（广州地铁1号线）始建于1993年12月底，1999年正式开通运营，全长18.48 km，其中黄沙—烈士陵园共有6个区间隧道采用盾构法开挖，开创了我国在复合地层中采用盾构法修建轨道交通区间隧道的先河。目前，广州已有4条轨道交通线路投入运营。按照规划，至

2010年,广州将建成8条轨道交通线合计189 km。

继上海、广州等城市率先修建了盾构法地铁线路之后,南京、北京、天津、深圳等城市都已成功采用盾构法修建了自己的地铁,而杭州、成都、沈阳、哈尔滨等城市的盾构地铁线路也已列入建设规划,动工在即。

4.2 盾构法隧道施工技术在大直径公路隧道建设中的应用

目前,我国在长江的中游、下游和入海口均有采用大直径盾构修建越江公路隧道的规划。其中,位于长江入海口的上海已经开始动工建设长江通道。

上海长江越江通道工程为6车道的南隧北桥建设方案,南港隧道,全长约9km,其中圆形盾构隧道长约7.5km,隧道外径15m,为目前世界上一次掘进距离最长,直径最大的隧道。隧道采用2台ϕ15.43m泥水加压盾构掘进机施工(图2),由德国海瑞克公司中标制造。2006年9月盾构正式出洞施工,目前隧道施工已达2 500m,最快单日掘进16m。

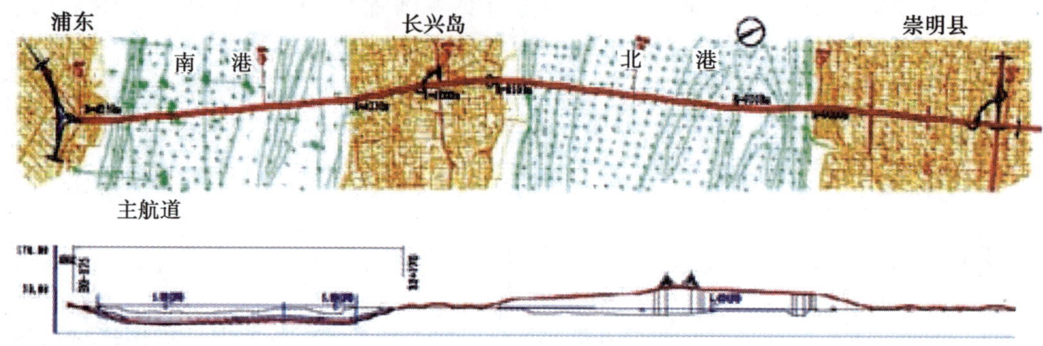

图2 上海长江隧道示意图

2007年1月17日,结合工程实际研制的“超大直径、超长距离隧道盾构推进技术研究”通过验收,成果达到国际先进水平,解决了大埋深、高水压、流沙地层等不良地质水文条件下的盾构开挖面稳定问题,自主研发的HS系列泥水盾构专用处理剂,有效保护了开挖面的稳定。泥水处理技术重点解决了对黏土颗粒的分离技术,有效分离尺寸在40~50μm以上,泥水的循环利用率达到了80%~90%,地面沉降控制在+10~-30mm以内。

武汉长江隧道是一条解决武汉内环线内主城区过江交通的城市主干道,它位于武汉长江大桥和二桥之间。该工程建设规模为双向四车道,道路等级为大城市主干道,设计时速50km/h,设计线路总长度为3.63km,其中盾构隧道段总长度为2 338m。

圆隧道采用ϕ11 580mm泥水平衡式盾构机掘进施工。隧道外径11.2m、内径10.2m,隧道衬砌采用钢筋混凝土通用楔形预制管片通过螺栓连接拼装而成。隧道最大坡度4.50%,最小平曲线半径为850m,隧道在江中段顶覆土最小厚度10.2m,南北线隧道外壁最小净距仅为6.37m,最大覆土为37.0m左右。武汉长江隧道已于2004年10月开工,将于2007年建成通车。

4.3 盾构法隧道施工技术在能源等隧道建设中的应用

自盾构法施工技术在地下工程建设中广泛应用以来,我国先后在电厂取排水隧道工程、水环境隧道工程、电缆隧道(共同沟)工程和引水隧道工程等领域,采用盾构法技术进行施工。近年来,盾构法隧道技术不断被应用于引水隧道工程建设中。

2007年6月,上海启动青草沙水源地原水过江管工程建设。工程包括2条全长7.172km的穿越长江隧道,衬砌为单层通用楔形钢筋混凝土管片,外径6 800mm,内径5 840mm,环宽1.5m,采用2台ϕ7m泥水平衡式盾构机掘进施工。工程计划于2010年全面竣工。

5 国产地铁盾构的开发、应用及产业化

盾构是我国软土隧道施工中一种重要地下施工装备,随着我国软土盾构法隧道施工技术的提高,国内盾构市场需求量的激增,开发具有自主品牌的国产盾构成为隧道行业的发展趋势。但长期以来,由于我国制造业、电子产业基础较为薄弱,造成盾构法施工装备几乎全部依赖进口,其中德国和日本多家公司的盾构在中国市场的占有率达到了90%以上。

针对实际情况,2002年,国家科技部将盾构国产化列入国家863计划,上海隧道工程股份有限公司凭借40余年的软土盾构法隧道施工技术,获得关于开发国产化盾构的一系列项目。经过2年的不懈努力和技术攻关,终于研制出首台具有多项专利权的地铁盾构——先行号盾构(图3),为制造具有自主知识产权的地下工程机械作出了有益的尝试。2004年9月,“先行号”盾构样机正式下线。

“先行号”盾构是我国第一台具有自主知识产权,并达到国际水平的地铁隧道盾构掘进机。结合软土地区的地层条件,科研人员分别在刀盘驱动系统、推进系统、管片拼装系统、加泥加水系统、盾尾密封系统和电气监控系统等方面进行了创新,实现了产品的高可靠性、适用性、可维护性和长寿命。

2004年10月,“先行号”盾构机于应用于上海轨道交通二号线西延伸段古北路站—中山公园站区间隧道工程上行线施工(图4)。由于国产盾构具备完善的PLC自动控制系统、数据采集系统及推进系统,为盾构在易产生流变的薄弱地层中顺利穿越人防通道、管线、明珠线一期中山公园车站的轻轨高架桥墩(隧道离最近的承台桩基只有3.9m)和净距1.4m的一道箱涵(4200mm×3700mm)提供了保障。首台国产地铁盾构区间隧道的顺利贯通,填补了我国盾构施工地铁区间隧道的空白。

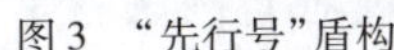

图3 “先行号”盾构

图4 “先行号”盾构始发

2005年10月,“先行号”盾构机在上海轨道交通9号线宜山路区间段再次应用,掘进速度最高达到571m/月(单日最高达38.4m),盾构的各项综合指标均达到国际先进水平。

随后,国产盾构凭借高稳定性和经济性,成功实现首台盾构的销售。2006年12月,22台国产盾构实现了批量生产,为国产盾构产业化基地建设奠定了基础。批量生产的盾构目前已交付使用,主要服务上海2010年世博会轨道交通建设。

6 信息化管理在软土盾构法隧道施工中的应用

盾构法施工工序多,且地下工程具有众多不可预测性,如何有效利用将信息化技术运用于目前的隧道施工中,达到保护环境、提高隧道施工质量的目的,在这方面,上海的盾构法隧道信息化技术的应用位于先进水平。自20世纪90年代以来,上海的建设者们相继开发了多套施工软件,确保了各类隧道工程的顺利建设,为实现盾构法隧道施工的智能化奠定了基础。

6.1 盾构法隧道施工智能化辅助决策系统的开发、应用

“决策系统”是在研究国内外隧道盾构施工成果的基础上,利用数据分析手段,如神经网络、模糊控

制等理论研制、开发的计算机软件，它包括四个子系统，具有实时预测地面沉降、优化施工参数匹配、提高轴线控制精度等功能。

实时预测地面沉降是指系统利用神经网络理论，根据已成环隧道施工时所设定的各类施工参数、地面沉降控制效果等有关信息资料，建立系统模型，实时预测现阶段或下阶段盾构掘进可能产生的地面沉降量。同时，每隔一段时间系统将根据最近采集的施工数据校正模型。另外，系统对信息处理具有自组织、自学习的特点，并可不断提高系统预测的准确性。

优化施工参数匹配是系统针对某一特定工程，运用数据库，建立包括施工控制参数和地面沉降参数在内的实测数据库，并通过对输入数据的自动校核、滤波、平滑和外推（预测），对施工参数进行正交分析，利用已有若干环数据，建立各类施工参数与地面沉降间的关系。

采用模糊自适应方案提高轴线控制精度，使系统能通过调节区域油压、管片楔子厚度及模糊自适应方案来控制隧道轴线精度。

系统可以通过扩展系统功能，提高工程质量，主要是系统能利用自身的知识库，就盾构法施工中经常出现的一些质量通病进行分析，根据各类质量问题所产生的现象，分析具体原因，指出预防措施，并提供相应的治理方法，保证各关键技术参数达到工程质量规定的范围，使隧道施工质量获得进一步提高。

在上海地铁2号线和外滩观光隧道等工程中，上海的工程建设者们应用这一系统，避免了施工对一些重要管线和重要建筑物的损坏，提高了工程质量及施工人员的管理水平，同时也加快了施工速度，减少一些不必要的经济损失。

6.2 盾构法隧道施工远程智能管理系统的开发与应用

“远程系统”将专家的智力资源、计算机技术和互联网的信息通讯资源结合起来，通过先进的分析手段，对施工方进行指导，具有极强的实效性，能够实时反映施工现场的施工情况，便于总部管理人员对各施工工地进行远程实时的全面监控。

通过合理运用经典数学方法、人工智能方法以及一些土力学计算方法，本系统将能够实现多种智能咨询功能，可以有效地指导施工现场盾构施工；并且通过在施工现场收集、存储、整理大量的盾构施工参数，形成强大的盾构动态数据库，为解决同类技术问题提供必要的知识储备。

系统按功能分为实时信息子系统、智能分析子系统、信息发布子系统三个部分。

实时信息子系统主要实现数据的采集与存储、数据传输、数据的可视化查询与浏览，生成数据报表，确保用户形象直观地了解现场的施工质量；智能分析子系统可以实现对盾构法隧道施工的地面沉降预测和控制、隧道轴线预测和控制；信息发布子系统可以帮助管理人员迅速把握工程现状，确保用户通过各种图像和交互式的曲线绘制功能，了解异地工程施工状况。

目前远程系统已经被广泛应用于新加坡地铁、上海市轨道交通杨浦线M8线双圆区间隧道工程、上海市翔殷路越江隧道等工程。

7 软土盾构法隧道施工发展新趋势

世界经济的迅猛发展加速了城市化建设，随着城市密集度的提高和高层建筑的不断增加，环境污染问题日趋严重，地面可利用空间越来越少，如何更有效利用和创造地下空间已成为当今城市现代化建设的重要课题，采用盾构法来开发地下空间将是一种最佳选择（图5）。通过技术更新，提高地下工程施工对邻近设施及周围环境的影响预测能力和保护控制技术水平，以及地下空间开发利用对地下水及地层中其他资源的影响与保护控制技

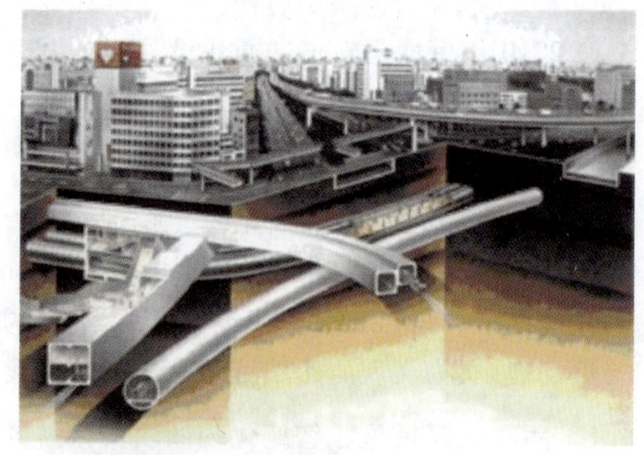

图5 开发地下空间是当今城市现代化建设的重要课题

术等,对未来隧道功能的扩展性、隧道施工的可靠性和隧道建设的可持续性提出了新的要求,这是未来盾构法隧道施工发展的新趋势。

7.1 隧道功能扩展性

为适应城市发展的要求和工程建设发展的需要,人们对隧道功能的要求将会更为多样,将不再局限于轨道交通、公路隧道和能源隧道等方面,而将向外延伸。因此,笔者认为超大直径、超长距离和超深覆土将会是未来盾构法施工的发展趋势。

超大直径隧道施工技术:随着人类文明的不断进步,城市地面交通对环境的污染问题愈发受到关注。建设大直径公路隧道,达到高速公路车流要求,将成为一种趋势。超大直径盾构法隧道施工技术对盾构机提出了全新要求($\phi \geqslant 15$m),必须重点研究复杂工况条件下,如何有效地控制盾构施工对环境的影响。

超长距离隧道:在经济全球化趋势的推动下,各国之间以及各城市之间的合作、交流越来越密切,与之相对应的是交通的压力逐渐增大。越江、海峡隧道等交通在连接较远距离城市方面具有受地理条件影响较小、安全、快捷等优点,在解决区域性交通的问题上具有广泛的建设前景。超长距离盾构隧道施工技术重点解决超长距离($\geqslant$10km)对盾构机的特殊要求,一是提高机械的抗磨损能力,二是进行地下对接的技术。

超深覆土隧道:随着城市市政建设和轨道交通的飞速发展,地下空间不断被开发,可供利用的地下资源越来越少,并逐步开始制约城市的规划发展,这对我们开发利用地下空间提出了更高的要求。特别是在大型城市区间中,现在地面以下30m范围内的空间已经被大量开发。如果要进行进一步开发利用的话,则30~100m范围内的地下空间无疑是重点,这就决定了深覆土条件下如何进行盾构隧道施工是即将面临的重要问题。

7.2 隧道施工可靠性

随着隧道工程的不断增多,为适应不同条件下的施工要求和提高施工效率,人们对隧道施工机械的要求会越来越高,笔者认为主要体现在盾构法隧道施工的超小半径曲线施工、快速掘进施工及隧道施工的自动化三个方面。

超小半径曲线施工:由于原有地下市政基础设施的复杂性,将会面临超小半径曲线隧道施工工况(小于50m),开发、应用球体盾构施工将是一种较好的解决方法。

快速掘进施工:为了适应城市建设的高速发展,必须研发一套掘进、拼装同步进行的全新技术,将原有盾构施工进度提高一倍以上(大于600m/月)。

盾构施工自动化:盾构机将不断采用类似机器人的技术,如控制、遥控、传感器、导向、测量、探测、通信技术等,盾构机的自动化发展趋势不可阻挡。

盾构法隧道施工中,运输及管片拼装工序的安全隐患最大。研究运输系统及管片拼装的自动化设计,最终实现无人驾驶盾构,同时提高效率,符合未来隧道工程的总趋势。

7.3 隧道建设可持续性

盾构法施工可以有效利用城市地下空间,而对地下空间的开发利用是城市可持续发展的重要领域,在地下空间开发利用过程中,同样要坚持可持续的发展观,为此必须加强地下空间开发利用过程中环境保护技术的研究,笔者认为应从投资经济性、隧道耐久性及异形截面盾构法三方面综合考虑隧道建设的可持续性。

投资经济性:盾构法隧道投资成本高,在有效规避各类风险的前提下,如何进一步提高工程建设(设计、施工)的经济性,将是今后隧道建设者的重点研究方向。

隧道耐久性:从目前已建的盾构隧道来看,均存在不同程度的后期影响,严重者将影响隧道的正常运营,如何进一步提升施工质量,保证隧道的百年设计寿命,有待于我们进一步研究解决。

异形截面盾构法:为适应城市复杂地下空间的有效利用,合理经济的盾构工法的开发和普及运用是社会发展的趋势。如何开发异形盾构施工法,在进行工程建设的同时节约地下资源、保护环境是目前面临的重要任务,双圆隧道施工法即是其中的一种,开发三圆盾构施工地铁车站的矩形盾构施工公路隧道等将是未来城市市政建设中的新课题。

8 结语

我国的盾构法隧道施工,从初期的可行性研究发展到现在的水平,已有近半个世纪的时间。随着施工技术的不断发展,其应用领域和范围不断拓展,目前已经发展成为我国地下空间开发的主要施工技术,这对于有效利用地下空间,改善城市环境有重要作用。我们也应清醒地意识到,盾构法隧道施工是一项复杂的技术,它集机、电、液、传感、信息技术等于一体。我国在这方面的水平,与一些发达国家相比,如日本、德国等,还有相当大的差距。我国的盾构法隧道施工技术,还有待进一步探索、研究,需要通过不断的工程实践,提高技术、锻炼队伍和培养人才,争取与国际接轨甚至超越国外先进水平。

参考文献

[1] 周文波. 盾构法隧道施工技术及应用[M]. 北京:中国建筑工业出版社,2004.
[2] 刘建航,侯学渊. 盾构法隧道[M]. 北京:中国铁道出版社,1991.
[3] 傅德明. 土压盾构掘进机在我国隧道工程中的应用和发展[M]. 成都:成都第三届海峡两岸隧道与地下工程学术与技术研讨会,2002.
[4] 软土隧道及地下工程技术文集. 上海:上海隧道工程股份有限公司,2000.

二、专　　论

512 汶川大地震后震区城市轨道交通建设调研

512 大地震后城市轨道交通建设调研组

摘　要　512 汶川地震后，中国土木工程学会组织中国轨道交通专家对灾后成都、重庆震区城市轨道交通和重灾区基础设施震害进行了为期一周的调研，在对灾区轨道交通震后情况分析后，提出了初步的结论和建议，并对今后轨道交通抗震方面的研究提出了建议。

关键词　汶川地震　轨道交通　地下结构　震害

1　概述

5.12 汶川大地震之后，为了解汶川地震对震区在建和已建城市轨道交通结构安全性的影响情况，及时收集、分析有关资料，采集有关数据，并提出今后城市轨道交通在抗震防灾方面亟待解决与完善的问题以及建设和运营期间应对地震灾害的措施，中国土木工程学会城市轨道交通技术推广委员会应成都地铁和重庆地铁等公司邀请，组织业内有关专家赴震区开展震后城市轨道交通调研工作。

调研组于 6 月 1 日至 6 月 6 日期间，在领队中国土木工程学会秘书长张雁和中国土木工程学会城市轨道交通技术推广委员会主任、北京城建设计研究总院院长宋敏华的带领下，来自北京城建设计研究总院、清华大学、北京工业大学、广州地铁院、南京地铁公司、中铁二院、中铁隧道集团的专家一行 10 人实地考察了成都、都江堰、重庆等地的轨道交通及基础设施的震害情况。

2　成都、重庆城市轨道交通情况

2.1　成都地铁规划和建设情况概述

成都市轨道交通规划为 7 条线，总长 274.15 km，计划 2050 年全部建成。

1 号线一期工程长 18.5km，全部为地下线，位于砂卵石地层，车站采用明挖法，区间多采用盾构法，部分（南部线路）采用明挖法。目前土建基本建成，地震发生时，主体结构已经完工，正开展附属结构的施工。

2 号线一期工程长 22km，全部为地下线，施工方法与 1 号线基本相同，但东部线路位于膨胀土地层中，采用明挖法施工。2 号线一期工程已完成初步设计，刚开始土建施工。

2.2　重庆地铁规划和建设情况概述

重庆市轨道交通规划呈“一环六线”布局，全长 354km，分别采用跨座式单轨和钢轮钢轨（B 型车），远景规划轨道线网 522km，呈“一环九线”布局。

目前已经于 2005 年开通运营的二号线（较新线），长 19.5km，采用跨座式单轨交通系统。正在建设的是一号线一期工程（线路全长约 16km）和三号线一期工程（线路全长 21.16km），三号线二期工程（线路全长 17.96km）正在开展初步设计。地下区间和车站多采用暗挖法施工，高架线单轨采用 PC 轨道梁，钢轮钢轨采用跨径30m的简支箱梁。

3　轨道交通震后情况分析

3.1　成都地铁震后情况

正在建设中的成都地铁受震害影响一度停工。经建设方、施工方对地铁全线进行全方位的检查，发现有个别建筑物墙皮开裂，盾构隧道的一些管片错缝变化，错台加大，渗漏水增多。成都地铁1号线已开工建设两年多，在“5.12”汶川大地震前明挖车站都已完成结构施工并封顶；区间盾构隧道与矿山法施工隧道的衬砌结构都是紧跟的，因此破坏轻微，基本上没造成大的损失。

调研组实地考察了成都地铁的天府广场南渡线、华西坝站（原小天竺站）、省体育馆站、孵会区间A标、海洋公园站。

3.1.1　地下车站

从成都地铁的情况看，地下车站仅局部出现轻微裂缝，天府广场站车站与区间接口情况良好（图1）；而小天竺车站与盾构接口受损相对较严重（图2）。

图1　天府广场站与盾构区间接口震害情况良好（车站接口无破坏）

图2　小天竺车站与盾构接口受损相对较严重

3.1.2　盾构隧道

根据调研组实地考察及施工单位、运营管理、设计、监理等各方面提供的资料，盾构隧道受地震影响的主要震害现象表现为：

（1）管片环向连接处多处出现错台（图3）。

（2）盾构隧道管片拼缝或环向拼缝渗漏水点明显增加（图4）。

图3　管片发生错台

图4　管片渗水增加

(3)管片受挤压局部破损(图5)。

(4)个别连接螺栓帽松动滑落。

在靠近车站端头10环范围内的隧道,尤其靠近小天竺站端头隧道,受影响相对严重。端头段共有5环管片受挤压破损,右线隧道第574环管片有2根管片连接螺栓的螺帽松动滑出,右线第578环处轨道轨距拉杆螺帽松动滑落。

从以上盾构的地震破损情况的结果分析可知:盾构隧道由于隧道结构较轻,盾构隧道上覆土层较厚,采用预制管片拼装、螺栓柔性连接,隧道纵向柔度大,盾构隧道衬砌与地层的震后变形基本同步,分别产生横向与纵向挠曲变形和剪切变形,从而导致盾构隧道产生较多的管片错台、局部破损、螺栓拉坏和渗水等震害现象。

3.1.3 浅埋暗挖的区间隧道

孵化园站至会展中心站区间B标段仅下穿成都外环高速路段采用双侧壁导洞浅埋暗挖施工,椭圆形断面加型钢格栅。地震时已完成初支,并且初支施工时已采用大管棚加小导管进行注浆加固,中隔壁墙基本完成,整体性较好,地震基本没有产生破坏,如图6所示。

图5 管片受挤压破损

图6 下穿外环高速路的浅埋暗挖隧道

3.2 重庆轨道交通震后情况

重庆轨道交通2号线已投入运营3年,1号、3号线正在建设中。重庆轻轨新线大部分为高架线。因跨座式单轨轨道梁特殊的结构、桥梁伸缩缝构造、拉力支座形式,较好地抵御了5级地震。

"5.12"汶川大地震波及重庆时,轨道公司领导及时启动紧急预案,坐镇调度中心指挥,全线列车在震后30min内完成靠站停运和人员疏散,而后组织拉网式检查,确保了人员和设备安全。他们检查后发现:单轨跨坐梁式结构楔紧片有松动现象;控制测量平面基准网最大点位移2cm;沿线山体边坡有少量位移。

3.3 强震区基础设施破坏情况分析

3.3.1 桥梁

为了给强震区地铁高架桥的抗震设计提供科学依据,调研组赴重灾区考察了破坏严重的都汶高速公路等受震严重地区,从其桥梁破坏的形态分析城市轨道交通高架线路抗震设计应注意的问题。

地震中,桥梁受到顺桥向和横桥向水平、竖向地震动的共同作用,导致落梁、桥梁横向变位。

(1)落梁

已经合龙的都汶高速公路庙子坪特大桥受损极其严重,跨中50m的简支I形梁,整跨落入水中(图7)。说明地震时,在跨中的顺桥向变位最大,超出盖梁的宽度。顺桥向有很大的破坏力,从细部的破坏情况看,支座横桥向设置了挡块,但已破坏,顺桥向没有抗震构造措施。

(2)横桥向变位

从图8中,可以看出横桥向变位也很大,但桥墩帽梁的挡块起到了很好的防震作用,没有出现破坏性的桥塌情况。图中梁的横向移动为80cm,桥墩倾斜,已成危桥。

图7　特大桥的落梁破坏与支座破坏

3.3.2　隧道

调研组实地考察了都汶路上的两座隧道，同时也考察了都汶高速路的一条分离式隧道。龙池隧道的进口没有明显的破坏，但出口段破坏严重，洞身也有部分破坏，正在抢修、加固。都汶高速上的隧道也有严重破坏，如图9～图12所示。

图8　桥梁的横向变位

破坏形态为：

（1）洞门处，端墙顶部开裂、垮塌；翼墙位移、错缝；个别洞口被完全堵塞。这主要是洞顶山体坍塌、落石，路堑土体滑移、变形所致。

（2）洞口段，边墙纵裂，拱部环裂，属坡面错动造成洞身被剪破坏。

（3）洞底纵裂，有长达数十米，左右竖向错开约20cm，应是山体滑动的结果，也不排除底部施工质量存在隐患的可能。

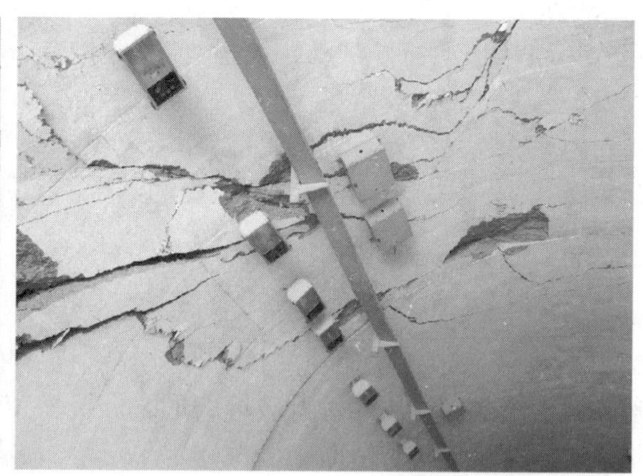

图9　拱顶与墙角处二衬破坏情况

（4）沿隧道的长度方向，隧道的地震破坏有明显的分段特性，可能与地震波通过的位置和特性有关。

（5）都江堰龙池公路隧道属山岭隧道，本次汶川地震对其影响较大，其二衬结构遭到局部破坏，可能是本地区地震烈度超过该地区地震设防烈度所致；另一原因可能因其断面较大。对此的启示是在给定地区的设防烈度下，其合理的抗震断面面积和断面形式应给以进一步的研究。

(6)洞门的边坡、仰坡的稳定性对于隧道的安全非常重要,设计时应考虑到边坡在设防地震烈度下的作用。

总体看,紫坪铺重载公路的龙池隧道中部深埋部分道路损坏,呈中接缝拱起,这与我们原来所认识的地震对深埋隧道无影响的分析是矛盾的。初步分析是该段隧道由于没有设置仰拱,结构不封闭,使深埋隧道底部产生挤压破坏。

与桥梁相比,隧道的抗灾能力较强,虽有较大的破坏,但仍能维持通行,或适当整修后即可继续投入使用。

图 10　隧道的整体剪切破坏

图 11　洞门处破坏情况

图 12　洞门处被山体崩塌所掩埋

4　地铁震害调研的初步结论与建议

根据现场考察及有关的研究成果,可以得出如下的初步结论。

4.1　抗震设计规范的符合性评价及问题

(1)目前国内尚无轨道交通结构专项的抗震设计规范,现有的抗震设计规范还不能完全涵盖轨道交通抗震设计的要求。

(2)总体来说,我国的建筑物抗震设计规范及标准体系基本上是可行的,但考虑到轨道交通系统由一系列功能各异、设计使用年限不同的建(构)筑物组成,并且属城市生命线工程,受震时环境条件极其复杂,应该对其中的重要结构物适当提高抗震设防烈度要求。建筑物抗震设防标准应在以下部位适当提高(1~2 度),采取减震隔震措施或有特别的要求:①结构薄弱处(如隧道洞口);②工程要害处;③指挥中心处(如行车调度)。

(3)关于高架桥:①在地震区,高架桥梁不仅在横桥向设置抗震挡块,顺桥向也应设置防落梁构造措施,而且应适当提高构造措施的级别,适当加宽桥墩帽梁的尺寸;②高地震烈度区,高架桥必须设置横桥向抗震挡块,并应适当加强;③在地震烈度为 7 度以上城市的城市轨道交通高架车站慎用独柱式桥梁车站。

(4)根据强震区看到的破坏形态,建议:①隧道洞口结构构造形式除满足常规要求外,还要满足抗震要求及边仰坡稳定;②区间与车站连接部构造要增强;③强震区隧洞底板支撑刚度要增强。

4.2　对于成都、重庆地铁震害结构安全的初步评价与认识

(1)成都和重庆地区在此次地震中的地震烈度在6~7度,总体来说没有明显震害发生,经受住地震的考验。

(2)从成都地铁情况看:对于地下车站和矿山法区间,由于其整体性较好、刚度较大,震害较小;但对于盾构隧道,由于采用预制管片拼装,螺栓柔性连接,整体刚度较弱,盾构隧道与地层基本产生相同的振动变形,分别产生横向与纵向正弦挠曲变形和剪切变形;因此,盾构隧道产生较多的管片错台、局部破损、螺栓拉坏和渗水等明显震害现象。

(3)调研现场表明盾构管片间及各环间渗水面积有加大迹象,为此有必要对管片的防水作进一步的研究。

(4)国内外地震对地下结构破坏的情况表明:地铁区间隧道相对地下站台较为安全,这是因为结构本身的断面较小,结构本身结点较少,特别是盾构隧道本身无结点且为柔性连接所致。

4.3　应急预案及专用通信系统的作用

重庆地铁控制指挥中心在地震中充分利用地铁的专用通信系统对地铁运营进行及时有效地控制,保障了地铁运营安全。以下经验可以借鉴:

(1)在地震设防区建设和运营期间都必须有针对性的地震应急预案。

(2)控制中心的地震安全对于地铁运营安全非常重要,控制中心建筑结构的抗震设防应该提高抗震等级。

(3)为确保控制中心的指挥安全,专用通信系统应考虑地震条件下的安全通信畅通及备用方案。

4.4　建议各地铁公司建立轨道交通系统地震监测系统

(1)应加大对城市轨道交通抗震研究的投入。每个设防城市的地铁系统都应有地震动监测的设施,并能与当地的地震监测部门联网。

(2)城市轨道建设单位和管理部门应配备适量的建筑结构完好状态检测设备和建立可靠的建筑结构完好状态评判标准和办法,以便在震害发生后快速、准确地对线路设施状况做出判断,保证运用安全。

5　下一步研究建议

5.1　对地铁地下结构抗震的总体认识

(1)当前有关地下结构具有较强的抗震性能、地震时不易遭受破坏的认识是缺乏充分事实依据的。

(2)当前有关地铁地下结构抗震设计的认识、理论和方法还不能合理地反映地铁地下结构地震反应的实际。

(3)当前尚缺乏研究和评价强烈地震环境下,地铁地下结构系统动力学行为与致灾机理的有效途径及手段。

5.2　开展地铁地下结构抗震方面研究的必要性与紧迫性

在全国的五个地震区中,"华北地震区"地震强度和频度仅次于"青藏高原地震区",位居全国第二。据统计,该地区有据可查的8级地震曾发生过5次;7~7.9级地震曾发生过18次。加之它位于我国人口稠密,大城市集中,政治、经济、文化和交通都很发达的地区,地震灾害的威胁极为严重。参考日本阪神地震以及本次成都地铁盾构区间地震后的情况清楚地表明,地铁等地下结构可能会出现严重的震害,因此对其抗震问题应给予高度重视。

5.3　建议尽快开展研究的课题

针对我国尚缺少完善的地铁地下结构抗震分析方法和专门的地铁结构抗震设计规范的现状，在分析目前我国地铁等地下结构抗震研究及设计方法的基础上，建议迫切解决的五个关键问题：

(1)合理的地下结构动力分析模型。

(2)成熟的地下结构—地基系统动力相互作用问题分析方法。

(3)合理而实用的地铁地下结构地震破坏模式和抗震性能评估方法。

(4)地铁地下结构抗震构造措施。

(5)地铁区间隧道穿越地震断层的设计方案及工程措施。

6　致谢

此次调研工作得到了住房和城乡建设部的指导与支持，同时也得到中国交通运输协会城市轨道交通专业委员会和中国建筑业协会深基础施工分会的大力支持。

施仲衡院士、焦桐善主任特别关注调研情况，对调研工作和调研报告的编写给出了指导性的意见。

成都、重庆两地地铁、轨道交通公司给予了大力协助与支持，领导高度重视，伍勇、肖中平、沈晓阳、仲建华等领导分别接待并向调研组介绍了相关情况，派吕强、晏绍杰、吴焕君、陈小平等同志陪同并参加了此次调研活动。

调研组成员：

张　雁　中国土木工程学会秘书长，原建设部地铁(隧道)与地下空间工程专家组组长
宋敏华　中国土木工程学会城市轨道交通技术推广委员会理事长，北京城建设计研究总院院长
郭陕云　中铁隧道集团原董事长，中国土木工程学会常务理事，隧道分会理事长
杨秀仁　北京城建设计研究总院总工程师
张建民　清华大学教授，中国土木工程学会土力学分会副理事长
陶连金　北京工业大学教授
廖　景　广州地铁设计院副总工程师
张海波　铁道第二勘测设计集团副总工程师
杨树才　南京地铁公司副总工程师
冯爱军　中国土木工程学会城市轨道交通技术推广委员会秘书长

上海市轨道交通4号线事故与修复

余暄平　朱卫杰
（上海隧道工程股份有限公司　上海　200000）

摘　要　本文介绍了上海市轨道交通4号线修复工程方案论证、方案确定以及最终采用的实施方案，分析了修复工程主要的难点和风险，介绍了4号线修复工程的施工过程和一些主要的工艺实施情况。修复工程在软土地下工程领域创造了很多项第一，攻克了工程中众多的技术难点和风险点。

关键词　轨道交通　方案论证　原位修复　超深基坑　风险控制

1　概述

上海市轨道交通4号线浦东南路站—南浦大桥站区间隧道工程是一个过江区间段。工程起始于浦东南路站，终止于南浦大桥站，全长约2 000m，其中，江中段约440m。该段区间在浦西岸边设中间风井，位于中山南路和黄浦江防汛墙之间，其北侧为董家渡路，主要建筑物为谷泰饭店等三座5层砖混结构民用建筑；南侧依次为23层的临江花苑大厦、地方税务局和土产公司大楼、光大银行大楼等，如图1所示。

2003年7月1日，进行中间风井下部联络通道施工时，发生了流沙事故，导致隧道塌陷，隧道附近的土体流失，进而使得地面建筑物发生倾斜等问题。为平衡隧道内外压力，采用了向隧道内注水的方法，对地面发生较大沉降的建筑全部拆除。

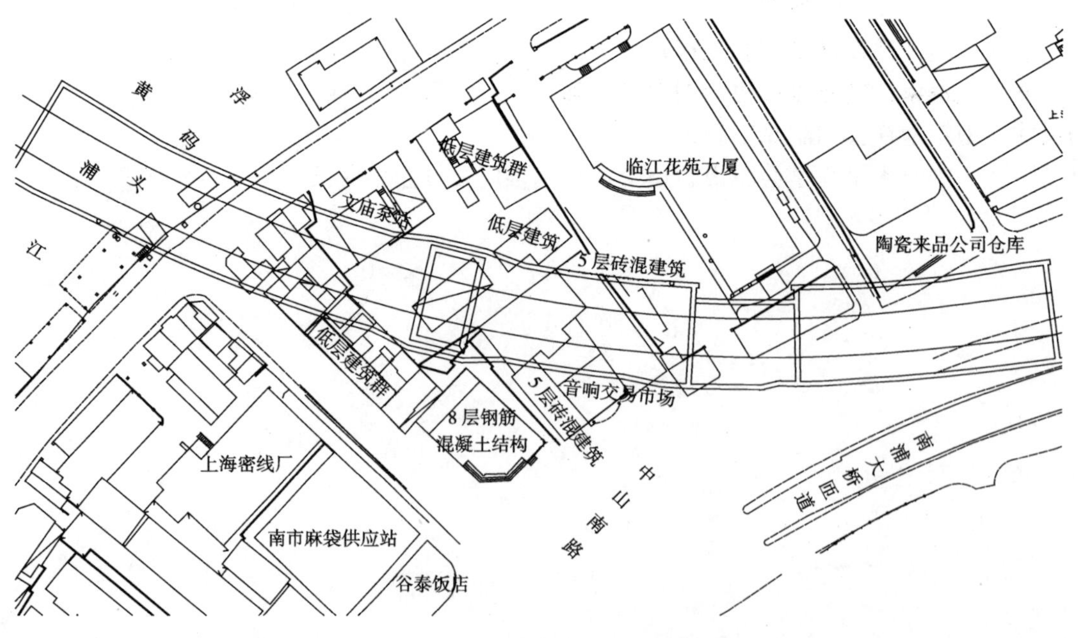

图1　事故段平面图

事故发生后，有关单位即成立了4号线修复方案组，进行了大量现场调研、试验。并根据多次专家会论证的意见,进行了方案的反复深化。在综合比选多方面因素后,确定了修复方案。工程于2004年8月开工,先后攻克了多项技术难题,开创了软土地下工程施工领域的众多第一,修复工程于2007年6月底顺利实现了结构贯通。

2 修复方案的确定

在修复方案的编制和论证过程中,邀请了很多国际、国内知名专家和专业单位,对修复工程的总体方案、关键技术问题、关键设备开展了多次研讨。通过这些研讨,我们逐步明确了修复方案的总体思路和关键的技术方案。

2.1 前期调研和试验

为验证隧道修复方案的可行性,找出并解决各类技术难点,同时获取相关技术参数资料,为修复工作的展开奠定基础。在现场进行了水下地形、工程地质补充详细勘察、隧道破损情况钻探。同时进行了关键技术和工艺试验:超深地下连续墙成槽试验、承压水抽水试验、超深地基加固试验、障碍物地层成孔试验、各种土体冻结物理力学试验等。与国内外专业施工单位、先进设备供应商交流和洽谈,引进世界先进施工技术和设备提高隧道修复的可行性。

2.2 总体技术路线的确定

为了确定修复方案技术路线,对原位修复和搭桥修复两大技术路线进行比选,主要针对施工难度和风险、环境影响、主要工作量以及工期等因素展开。综合比选结论如下:

(1)从施工难度和风险来看,两个方案都有很多共同的创纪录的突破,总体的难度和风险大致相当。原位方案牵涉的不确定因素较搭桥方案多一些,难度和风险略高。

(2)从环境影响来看,原位方案集中在隧道塌陷区域施工,对临江花苑和江中有一定影响,但搭桥方案浦西段的影响比原位大,而且牵涉浦东段大量房屋拆迁、道路翻交、管线改道和批租地块征用等工作,总体社会影响远大于原位修复方案。

(3)根据初步方案及有关图纸计算,在不计征地拆迁的前提下,搭桥方案比原位方案的工程量略多。但是考虑大量拆迁、道路翻交和管线搬迁工程量,搭桥方案的实际工作量和总体造价大大超出原位方案。

(4)从建设工期看,原位修复比搭桥修复的工期稍短。

根据上述综合比选意见,经过建委科技委专家的反复论证,最终选定了原位修复的总体技术路线。

2.3 原位修复方案

在确定了原位修复方案的总体技术路线后,根据施工条件和工况的不同,分别比选了围护明挖、加固矿山法暗挖、水平冻结暗挖、气压沉箱法以及简易盾壳支护暗挖等多种施工工艺和方法。根据多方案比选论证,在综合研究明挖和暗挖的施工难度、风险、工期、环境影响等因素的基础上,修复工程主体部分确定采用深基坑为主,连接段采用冻结加固暗挖施工。

由于隧道塌陷范围达到防汛墙外侧约45m,本修复工程涉及江中段的施工。该区域采用在水上施工钢结构平台和围堰,然后清理回填后形成陆地条件。另外,两侧未破坏隧道须进行抽水清理。整个修复工程分为五个部分,修复工程总平面如图2所示。

1)东侧明挖修复段

该修复区域为临江大厦角点东侧直至黄浦江中的临界点,约174m,该区段采用超深基坑明挖修复,基坑最大开挖深度为41m,如图3所示。为了保证施工安全,基坑采用钢筋混凝土框架支撑体系,设9道支撑(江中局部加深段设10道)。坑内还设置超深旋喷加固措施,以减少基坑变形,保护周边环境。

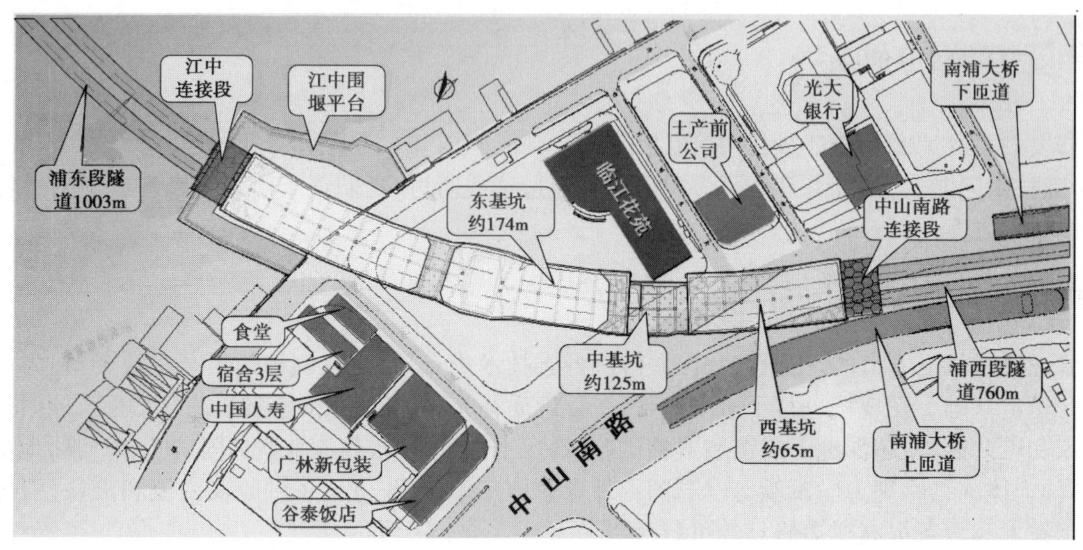

图2　修复方案总平面图

2)西侧明挖修复段

该修复区域为临江大厦角点西侧直至中山南路上隧道损坏点,约62m,该区段采用超深基坑明挖修复。基坑开挖最大深度为36.7m,设9道钢筋混凝土支撑。该施工区域全部位于中山南路上,施工期间根据中山南路的翻交情况分两阶段实施;为了确保中山南路通行,基坑局部实施盖挖法施工。

3)中部明挖段

该修复区域为临江大厦角点区域,约27m。该区域的修复隧道已经局部侵入大厦围护结构以及大厦底板下方。原方案拟采用冻结暗挖的方式施工,在后期方案优化中考虑到冻结成孔和暗挖的难度较大,施工方案进行了调整,在确保临江结构安全的基础上,改为全盖挖基坑方式施工。基坑开挖深度36.8m,设9道钢筋混凝土支撑。

4)隧道对接段

基坑明挖修复段与外侧的完好隧道之间,必须实施对接施工。两侧对接段长度约10m,实际对接段长度根据完好隧道抽水清理情况确定,该修复段采用冻结加固后矿山法暗挖施工。

5)两侧隧道清理段

隧道清理修复段长度共约1 760m。抢险期间为了控制区间隧道的塌陷,控制地面沉陷和损失,在塌陷段两侧的隧道内都已经灌满水,以平衡隧道外侧水土压力。修复工程中须将区间隧道未塌陷区段内的隧道积水、积泥、施工抢险期构筑的水泥坝等进行清理。经过方案优化,隧道清理采用常压施工,预留气压施工条件,一旦发现隧道有渗漏立即转为气压法施工。

2.4　修复工程的主要难点

修复工程为一项大型综合性市政工程。其规模大、涉及技术领域多、综合性强、工程结构复杂,特别是修复工程在很多专项工艺上都有很大的突破,修复施工技术难度极大,施工困难较多。总体上看由于采用原位修复方案,隧道破坏临界点的判断比较困难,修复工程中还涉及41m的超深基坑施工。主要难点有:超深地下连续墙施工、超深地下障碍物清理、超深地基加固、超深承压水降水、超深基坑开挖、隧道抽水清理、大断面冻结暗挖施工等。

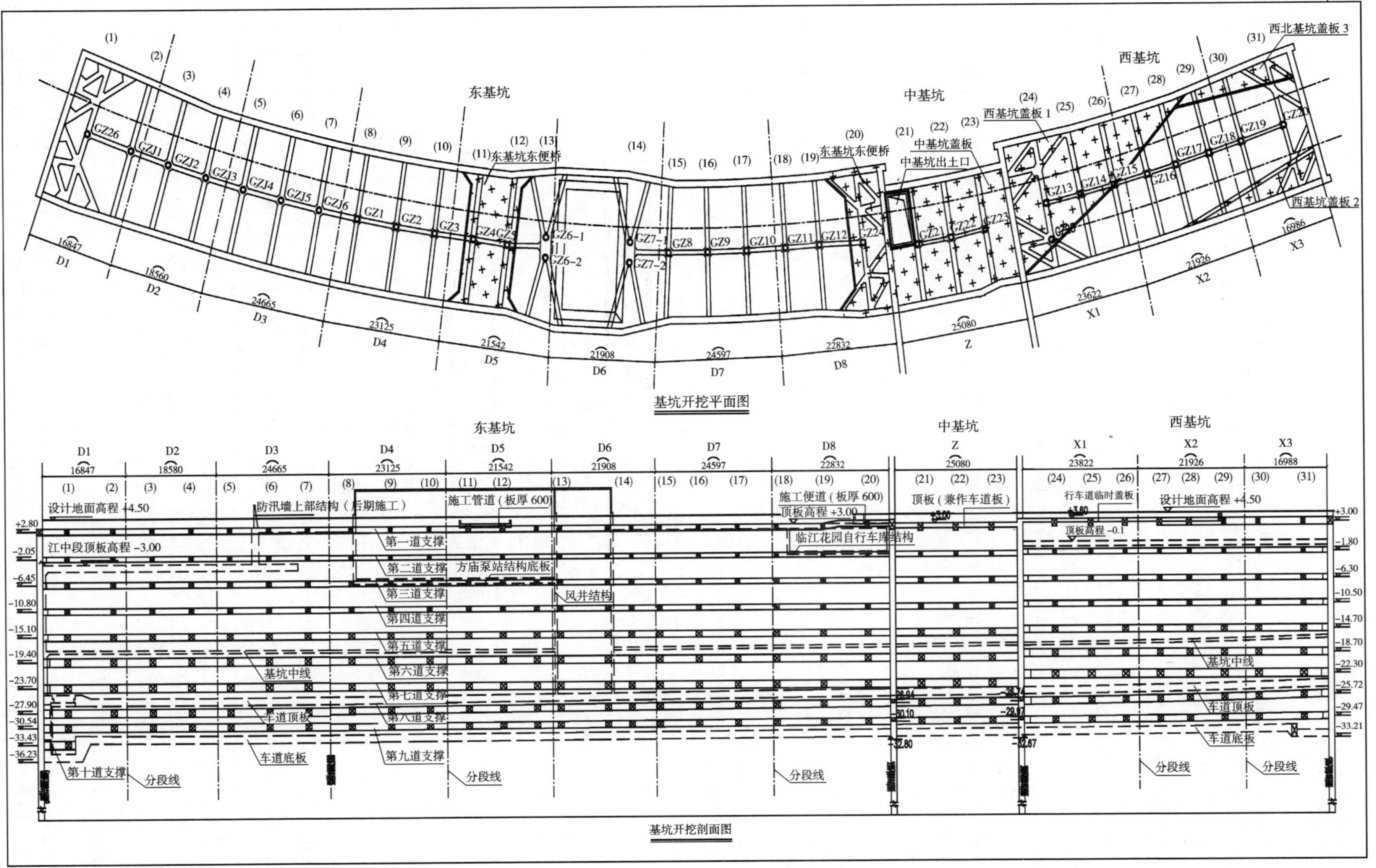

图 3　修复工程基坑平面、纵剖面图

3　修复工程的施工

在确定了总体方案后,修复工程于2004 年8 月29 日正式开始地下连续墙的施工,2005 年完成了浦东段隧道清理,2006 年完成了主要的深基坑开挖,2007 年上半年完成了最后的连接段并实现了结构贯通。主要工序的特点及施工情况如下。

3.1　超深地下连续墙施工

修复工程所选用地下墙厚度1.2m,深度达到创纪录的65.5m,槽段开挖进入⑨$_1$层近7m,而且施工场区内的土层经过了严重的扰动,在地下浅层和深层满布障碍物,地下墙施工不仅仅是在深度上的突破,还要面临施工设备选定、接头形式、反力箱起拔等关键施工工艺上的创新和突破。

1)设备的选定

成槽设备是施工能否成功的前提。结合在施工前现场单幅成槽试验结果,选定德国立勃海尔HS855HD 型成槽机进行开挖作业,其设备极限开挖深度为70m。65m 钢筋笼起吊经过分幅优化后,采用280t + 150t 的双机抬吊。

2)接头形式及防水

由于基坑开挖从30m 开始进入⑦$_1$层承压含水层,围护结构暴露在砂性土层的深度深、范围大,对围护结构特别是接缝的抗渗要求极高,故地下墙接头形式采用十字钢板接头,并针对性地加长止水钢板的长度至50cm,提高抗渗性能。

3)施工工艺流程

具体的施工工艺流程如图4 所示。

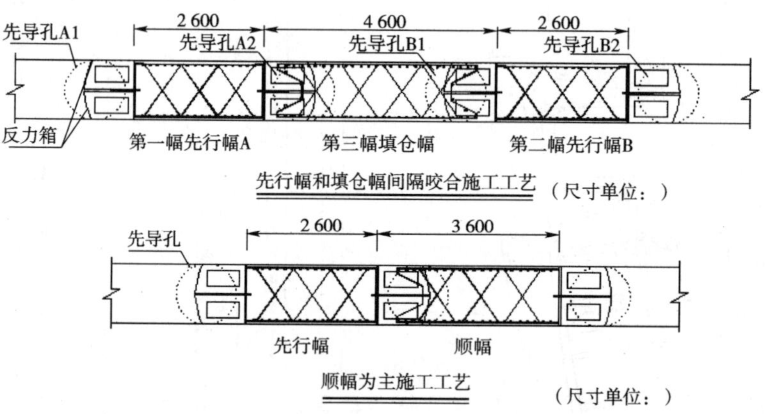

图4　连续墙施工流程图(尺寸单位:cm)

成槽作业中,进入⑨$_1$层后,成槽效率大幅下降。为此,采用施工先导孔的工艺,提高成槽效率。槽段开挖完成后,重点加强对已完成槽壁十字钢板接头的处理,采用超挖刀、冲刷器和特制的刷壁器对十字钢板内残留的劣化浆、泥皮和绕管混凝土进行清理,确保接缝的止水效果。反力箱放置和顶拔也是超深地下墙施工中重点关注的环节,严格按照方案的程序来执行。

4 号线超深地下连续墙施工在进行了一系列的工艺优化和改进后,取得了良好的效果,经基坑开挖检验,连续墙本体和接缝质量良好,未发现明显的渗漏现象。

3.2　超深地下障碍物清理

经过国内外市场的调研和比选,最终引进了日本的全回转钻机进行清障施工。根据4 号线的修复方案,需要切割清理的主要工作面如下:①基坑的横向端面对原破损隧道管片的切割清理;②地下连续墙与老防汛墙相交部分的桩基础切割清理；③临江花苑大厦角点的底板与围护桩的切割清理；④基坑内格构柱与降水井点位置处的原隧道管片的切割与清理，清障深度最深达到 43m。其中在东西两侧连接段位置的切割施工须采取措施对完好隧道进行保护。

1）完好隧道保护性切割

对完好隧道实施保护的主要措施是充填隧道后，再实施冻结，确保形成刚度较大的冰塞体，可以满足切割过程中对完好隧道的保护。保护性切割措施如图 5 所示。

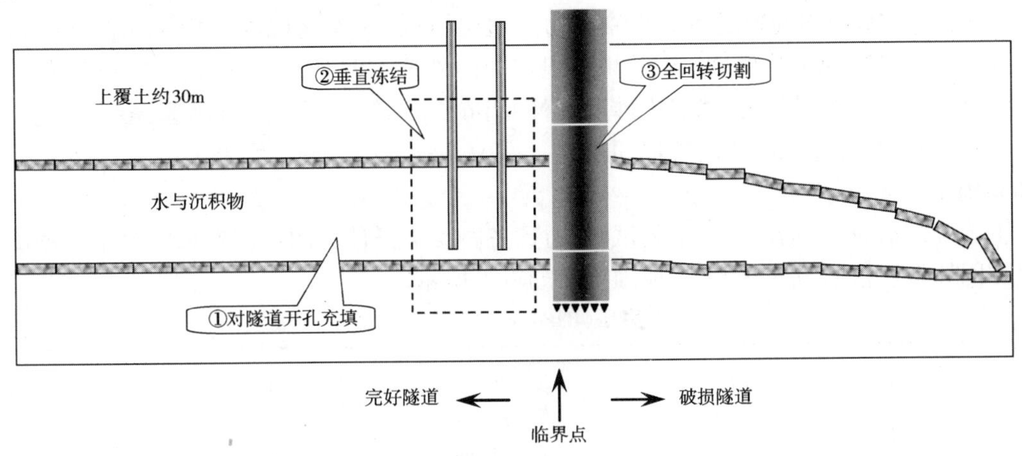

图 5　对隧道实施保护性切割示意图

2）切割工艺

对障碍物切割除立柱桩和井点清障外，其余均采用打设排孔的形式，套管直径为 2m，通过叠交布孔形成一个连续的切削断面。作为地下连续墙施工的前道工序，切割完成后叠交区域的最小宽度为 1.7m，以适应成槽垂直度误差的需要。故切割成孔的垂直度控制是关键，施工中对所有成孔进行超声波检测，垂直度误差均小于 1/500，如图 6 所示。

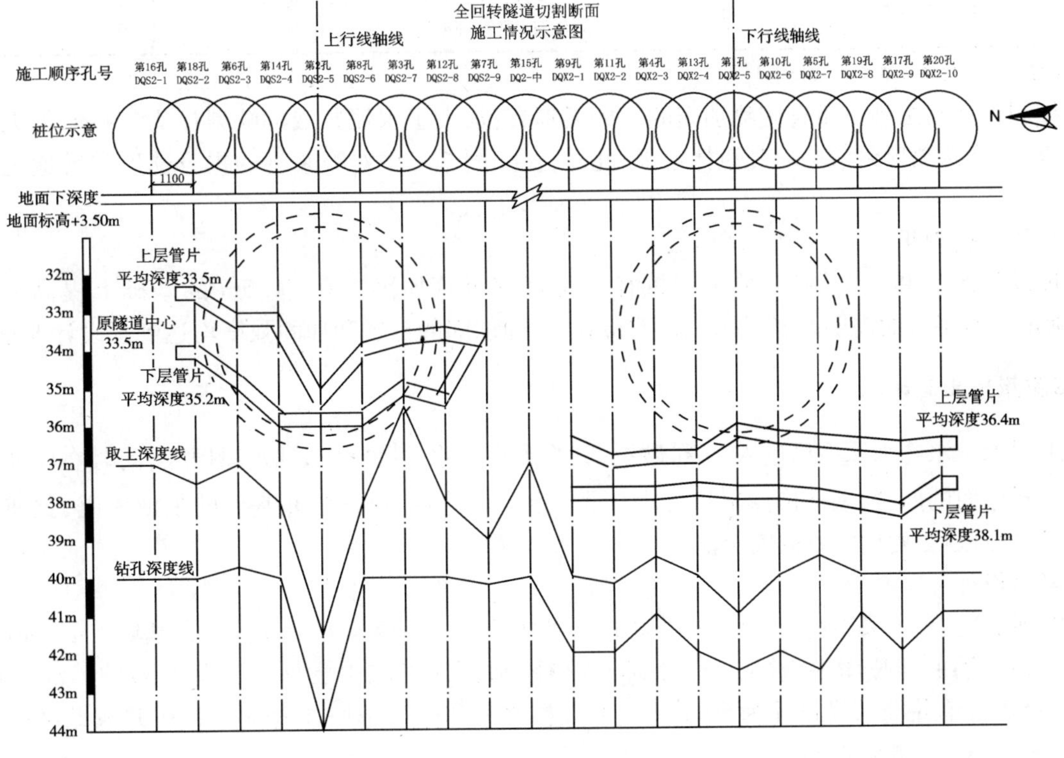

图 6　切割清障孔位布置图

3.3 超深地基加固施工

修复施工将遇到超深基坑的围护变形和坑底隆起问题。为保证基坑和环境安全,必须对基坑底部地基土层进行有效的加固,国内在40m以上的深度进行如此大规模的地基加固还没有先例。在如此深度,尤其地下含有隧道结构、轨枕及冷冻机等障碍物,如何保证加固的均匀性和强度,具有很大困难。

1)加固方案选定

4号线修复须地基加固的地层为富含障碍物的地层,且加固深度坑内达到46m,坑外达到50m,目前国内常规的三重管加固工艺很难达到效果。根据国内外技术调研,国外有超级旋喷和双高压旋喷等工艺可以满足本工程需求,但是技术引进涉及国外专利的使用等问题。经过比选,最终决定立足国内设备和工艺,自行研制和开发双高压旋喷加固工艺。

2)加固施工工艺

加固工艺确定后,在现场进行了工艺试验,对比各种参数条件下的加固效果。根据现场试验实际开挖和深层加固体取芯检验,最终确定了加固参数如表1所示。

双高压(RJP)法施工工艺参数　　表1

名　称	项　目	参数值
高压水	压力(MPa) 流量(L/min)	35~38 75
压缩空气	压力(MPa) 流量(m^3/min)	0.7~1.0 2×1.5
浆液	压力(MPa) 流量(m^3/min) 水灰比(强加固区)	30 0.07~0.075 1:1
注浆管提升	提升速度(cm/min) 旋转速度(r/min)	4 5~7

注:注浆材料为32.5级普通硅酸盐水泥。

该加固方案与常规三重管旋喷加固的主要区别有:加大了水泥浆液的喷射压力、流量,加大了压缩空气的流量,确保喷射浆液的切割搅拌效果;此外,在加固施工中对喷浆管的提升速度和转速也进行了调整。

3)加固实施效果

通过设备改进和工艺调整,使加固桩径在常规三重管加固1.0~1.5m的基础上提高到1.8~2.3m,满足了本工程的需要。经过基坑开挖检验,实际加固的桩径和加固强度均达到了设计要求。

3.4 超深承压水降水

本工程承压水降水深度已进入⑦$_2$粉砂层,其难点在于水位降深大、抽水量巨大,同时在保证基坑内水位低于开挖面的同时,须严格控制基坑外的承压水位的降深,保护紧邻基坑的临江大厦、黄浦江防汛墙、南浦大桥匝道等建构筑物的安全。

1)降水设计

考虑到上述因素,采用坑内降水的实施方案,如图7所示。降水井全部打设在基坑内部,井深60m,利用围护地下墙的屏蔽作用,增长地下水补给路径,从而达到减少坑外水头降的目的。滤管设置范围为45~60m,单井抽水量设计为50m^3/h。共设抽水井20口,备用井15口(备用井兼做坑内水位观测井)。

为严密监测坑外承压水水位的波动情况,在施工场区内基坑的南北两侧又布置了观测井群,针对不同的土层打设深度不同的观测井，分别监测②层～⑦层各土层水位变化情况。重点环境保护部位附近也适当的增设了回灌井，视监测情况可采取必要的补救措施。

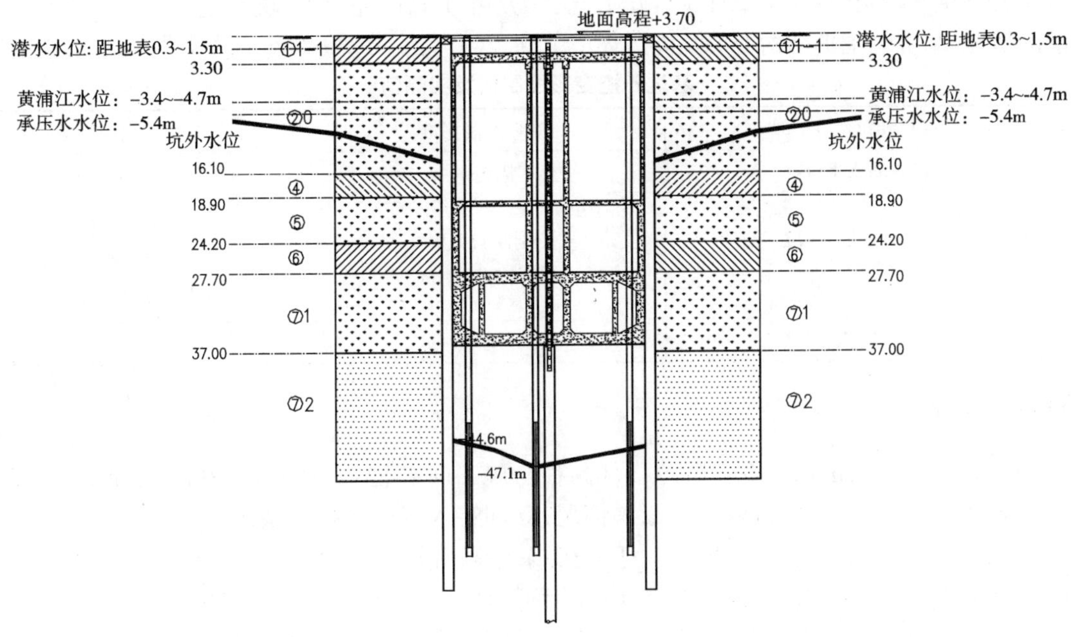

图7　降水井布置及坑内外水位图

2）降水运行

基坑开挖过程中须严格执行“按需降水”的原则，依据开挖的流程和深度对降水井的开启时间、流量控制、水位高程等关键参数进行控制。所有监测数据均采用自动化采集系统，达到对坑内外降水系统的实时监控。现场同时配备大功率柴油发电机作为备用电源，并可实现自动切换。

3）实施效果

基坑开挖过程中，开挖深度达到20m开始开启部分降压井，至开挖达到41m，坑内水位降深稳定在43m以下，坑外紧邻基坑5m距离的观测井承压水位降深只有5m左右，在承压水常年水位波动的范围之内，由于降水引发的建构筑物沉降量仅有2～3mm。

3.5　超深基坑开挖

超深基坑开挖已经进入⑦$_2$层承压水层，深基坑附近还有需要重点保护的临江花苑大厦、防汛墙和南浦大桥匝道等重要建筑。开挖过程中必须控制围护结构变形，减少由于降水引发的地面沉降，克服开挖中可能出现的围护结构渗漏等问题。

1）开挖工艺流程

为确保基坑开挖安全，4号线修复的三个超深基坑采用先后开挖的总体流程。在单个基坑开挖中，采用了分层和分段相结合的流程。在浅层开挖中采用分层开挖，进入第6道支撑以下，为减少坑底暴露时间，采用了分段开挖工艺。

由于基坑全部采用了钢筋混凝土支撑体系，在基坑开挖施工中，充分考虑“时空效应”，每两根支撑开挖完成后，立即浇筑混凝土垫层，制作钢筋混凝土支撑，每个区段施工总时间控制在72h以内。

2）开挖风险控制

超深基坑开挖中，连续墙渗漏是重大风险，在本工程施工中采用几个措施。首先是事前控制。在连续墙施工阶段对每幅连续墙的质量进行详细分析，对可能存在质量问题的区域实施坑外旋喷止水加固。其次是过程控制，在施工过程中及时对连续墙的渗漏点进行封堵。另外，结合工程处于黄浦江边的特点，在开挖中设置两根ϕ500mm口径的倒虹管，一旦发生较大渗漏无法及时处理时，可以在较短时间引入江水平衡坑内外水压。

3)实际开挖效果

修复工程基坑开挖自2006年2月5日开始,至2007年1月底完成,基坑开挖过程中未发生围护结构较大渗漏的情况,基坑的围护结构变形及周边环境沉降控制达到了理想的效果,具体指标如表2所示。

基坑开挖变形控制值及实测值　表2

编　号	项　目	变形控制标准	开挖完成变形最大值
1	地墙水平位移	7.6cm	4.80cm
2	临江花苑大厦	控制倾斜1.6‰ 累计沉降6cm	倾斜0.19‰ 累计沉降3.44cm (开挖后沉降1.24cm)
3	防汛墙	累计沉降4cm	累计沉降1.79cm

3.6　隧道抽水清理

隧道的损坏情况判断依据是探摸隧道顶部高程与施工时高程是否吻合。在隧道抽水清理时,必须采用气压措施作为备用,一旦发现隧道有渗漏情况,立即转入气压法抽水清理。

修复区域隧道的埋深达到30m以上,一旦需要采用高气压抽水和清理,需要采用的气压等级达到0.3MPa。根据国内外高气压施工的经验,在该等级压力状况下,施工人员每天的作业时间在2h以内,且高气压条件下作业环境恶劣,作业效率很低,施工难度极高。

1)隧道抽水清理方案

根据方案综合讨论,隧道的抽水清理采用常压法实施,但预留了气压法施工的接口。在抽水清理过程中,采用分步抽水的方式。每阶段清理完成后,采用各种措施严密观测隧道内水位变化情况,计算渗漏量并与隧道正常渗漏量进行比较。一旦有渗水量异常,立即利用隧道预留的气压法施工接口,转为气压法施工。

2)隧道清理效果

隧道抽水浦东段和浦西段分别在2005年和2006年顺利完成,施工中清理了隧道内的积水和由于事故涌入的泥沙,清除了抢险中设置的水泥坝。由于隧道破损临界点判断的准确,清理过程中未发生隧道大量渗漏情况,取得了良好的效果。清理完成的隧道进行了全面的测量,隧道的沉降量和直径变形量均满足设计要求。

3.7　冻结暗挖段

基坑开挖段和两侧清理后的隧道的对接采用冻结暗挖的方式,冻结范围为全断面富含承压水的粉砂层。暗挖段最大开挖断面直径达到7.8m,冻结体积和开挖断面都在市政工程中比较罕见。暗挖施工过程还需清除破损的隧道管片和隧道内残留的设施,施工过程有一定的难度和风险。

1)冻结暗挖方案

根据总体方案,两侧隧道对接采用水平冻结暗挖的方案。中山南路对接段在后续施工中进行了方案优化,全部采用垂直冻结暗挖工艺,减少了工程量,缩短了工期。在冻结方案的设计上,吸取了以往工程事故的教训,冻结设计采用了有限元分析,水平冻结采用了双排孔冻结方式,确保施工安全。江中段冻结设计方案如图8所示。

暗挖施工过程采用上下导洞分步开挖,开挖完成后安装弧形钢结构支架并浇筑喷射混凝土形成一次支护,然后绑扎钢筋浇筑二次永久支护。为避免后续融沉和隧道运行期间的不均匀沉降的不利影响,现浇段永久支护设置两道变形缝。

2)冻结暗挖施工

在施工中为确保工程安全,采用了设置安全门和备用液氮罐等应急措施。对接段施工中,克服了水平冻结成孔、开挖过程中管片拆除等困难，于2007年6月底顺利实现了贯通。

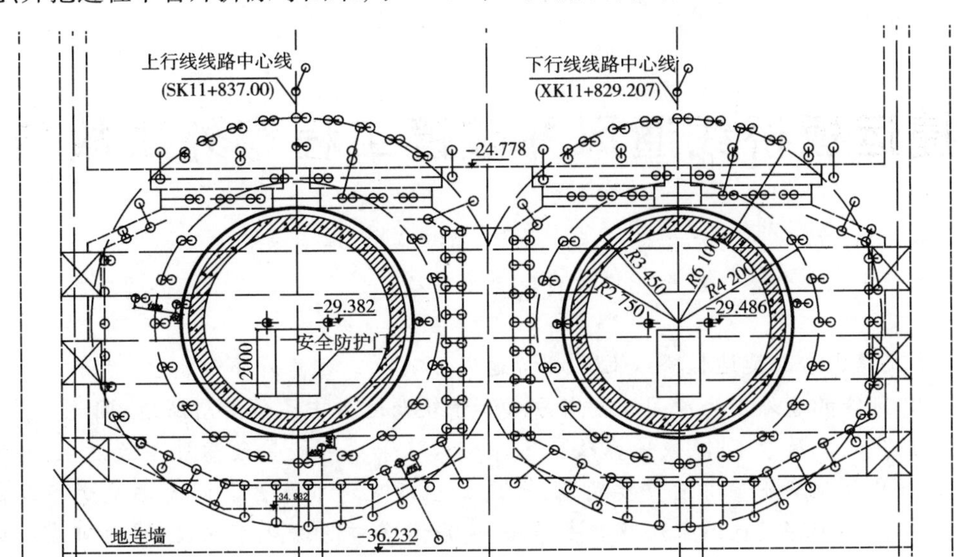

图8　江中段对接段水平冻结孔布置图

4　结语

上海市轨道交通4号线于2003年7月1日发生事故，经过半年多的调研、试验、论证和比选，确定了原位修复的总体技术路线，2003年8月完成了初步设计和施工大纲的编制并通过市建委科技委的评审。修复工程于2003年8月底正式开工，历经34个月，2007年6月底攻克了所有的技术难关，圆满实现了修复工程的结构贯通。回顾和总结近4年从事故发生到方案论证以及施工完成的过程，有以下体会：

(1)上海市轨道交通4号线修复工程为国际工程事故修复提供了一个范例。修复工程的成功实施表明，类似的市政隧道事故，采用合理的施工方案和相应的施工技术，采用原位修复是可行的。

(2)本修复工程取得成功的关键在于施工方案是在充分的调研、现场试验的基础上，经专家反复研讨后确定，关键的方案和工艺选定具有较高的科学性、可行性和合理性。

(3)总结修复施工过程，对关键的隧道破损点判断、选用基坑明挖为主的修复方案等是准确和适当的，为今后类似工程提供了可借鉴的经验。

(4)本工程中的一些突破性创新工艺和技术，如超深地下连续墙施工、超深地下障碍物清理、超深双高压旋喷加固、超深承压水降水、连接段冻结暗挖施工等，大大提升了国内软土地下工程的施工技术水平，为今后上海乃至全国大规模地下空间开发奠定了技术基础。

(5)目前，修复工程虽然已经实现了结构贯通，并进入轨道和设备安装调试阶段，但是还需密切关注修复段长期稳定性的问题，尤其是明挖基坑和隧道连接段采用了冻结暗挖方式，其后期沉降和跟踪注浆是今后关注的重点。

台北捷运板桥线通风井破镜工程意外事故与复旧

方永寿[1]　朱　旭[2]　黄文庆[1]　陈沧江[3]
（1. 交通大学土木工程系　2. 台北市政府捷运工程局　3. 中兴工程顾问公司轨道工程二部）

摘　要　本文藉由台北捷运板桥线CP262标通风井破镜工程意外事故，说明于都市软弱土层中进行地下隧道施工，可能的意外发生原因及复旧方式。于软弱地盘中施作潜盾隧道，因施工前地质调查作业不详实、地盘改良施工质量不佳，或地盘改良体存在水路等均可能导致意外事故发生；特别是在高地下水压下，地盘改良作业及质量扮演重要角色，大地工程师应特别注意。同时亦应考虑其他如双重镜面、柔性镜面等工法，或隔舱、冻结工法及弃壳等措施，应用多重防堵地下水设计，方可有效地阻隔地下水对于潜盾机出发段及到达段的危害。

关键词　台北捷运　困难案例　软弱地盘　意外事故　潜盾隧道

1　前言

在软弱地盘施作隧道工程，一般以明挖覆盖工法（Cut&Cover Method）及潜盾工法（Shield Tunnelling Method）为主，为因应明挖覆盖工法对施工环境的冲击，及潜盾隧道费用昂贵的困扰，亦有设计者将原来以岩盘为对象的新奥隧道工法（New Austrian Tunnelling Method，简称NATM工法）应用在软弱地盘上。以台北都会区捷运系统隧道工程为例，考虑经济性与安全性，除较浅的隧道采明挖覆盖工法外，其余多采潜盾工法施作，仅在新店线CH221标部分隧道采用NATM工法。由于施作地下工程深受土层变异性影响，风险性很高，因此有必要从过去失败案例中吸取经验、记取教训，并深切的检讨改进，才能在施工时将风险降至最低。有鉴于此，大地工程学会及台北捷运局，在中兴工程顾问社及顾问公司的协助下，将历年来捷运建设所累积的大量成果，结合学界相关领域专才，并广伸触角联合捷运工程相关的政府单位、顾问公司及营造厂等，着手进行捷运工程中有关大地工程设计与施工成果的汇整与统计分析工作，期望经由设计与施工成果的具体汇整，不仅可传承捷运工程长期以来累积的宝贵工程经验，供未来设计与施工参考，更重要的是经由困难案例的设计、施工与解决方案的搜集汇整，可于大地工程人员在面临各种困难地质或施工环境时，提供一完整且直接的解决方案，减少工程人员误判或因未采取有效措施造成严重灾变及损失。

本文藉由台北捷运板桥线CP262标通风井A破镜工程的意外事故，说明于都市软弱土层中进行地下隧道施工，可能的意外发生原因及复旧方式，藉由案例的阐述及检讨，作为工程界于软弱地盘隧道施工的借鉴及参考，以减少尔后意外事故的发生几率。

2　工程概述

如图1所示，台北捷运板桥线CP262标工程横跨台北县、市，以上下行两条潜盾隧道穿越新店溪河床下方，东端以通风井B与CP261标衔接，西侧转辙段则与CP263标的江子翠车站相连，除转辙段及通风井A采明挖覆盖工法外，其余均采潜盾隧道工法施作。本工程采用2部长度7.68m，外径6.24m的土压平衡式潜盾机施工，自转辙段往台北市方向发进，到达通风井A后，再整修发进穿越新店溪河床下方,到达 CP261 标通风井 B 为止。上下行隧道总长 3 842m,隧道衬砌以内径 5.6m,厚度 0.25m,长度 1.0m的预铸混凝土环片组立而成。因须穿越平均河水深度 11.1m 的新店溪下方,考虑抗浮及安全需求,隧道采最小覆土深度 12.1m 的设计,线形在通风井 A 处最深(潜盾机覆土深度达 27.3m),两侧坡度分别为 2.8% 及 0.3% 。通风井 A 距新店溪行水区约 340m,为长 23.5m,宽 23m 的结构物,以厚度 1.2m,深度 55m,贯入砾石层内 3m 的连续壁作为挡土设施。为防止开挖与构筑期间,开挖区内的土壤受底层水压作用,而发生地盘砂涌现象,于进行开挖作业时,利用深井排水以降低地下水压。

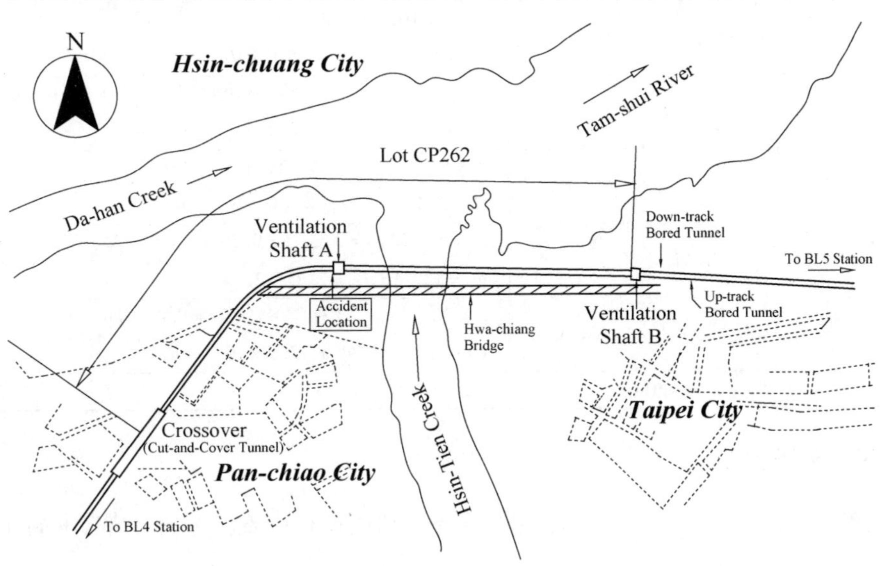

图 1 台北捷运板桥线 CP262 标工程范围

2.1 地层概况

如图 2 所示,台北盆地地表为淡水河、基隆河与新店溪所形成的冲积层,一般称之为松山层,其下为

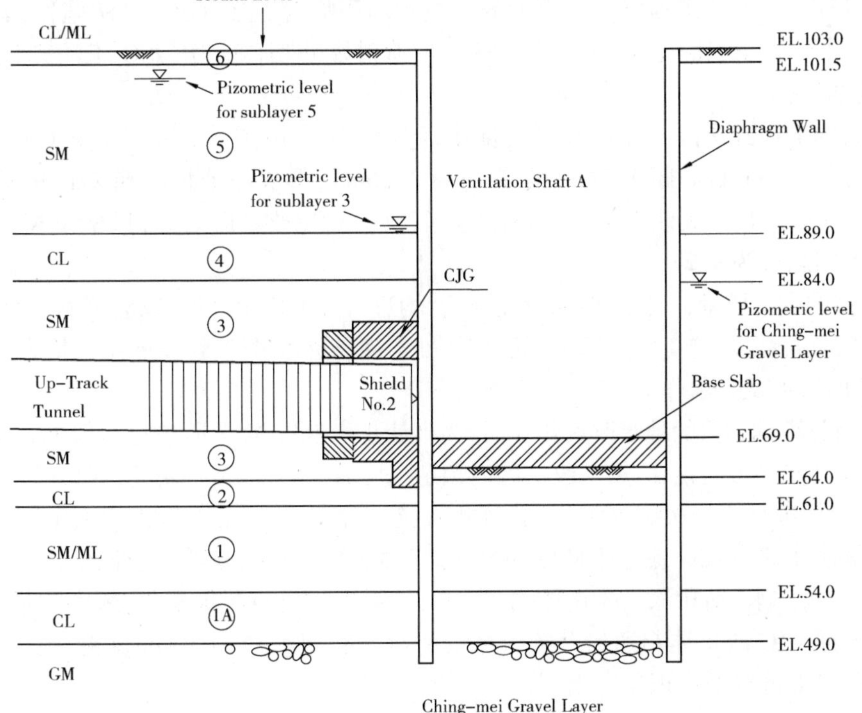

图 2 工址地质剖面

景美砾石层。松山层可分为6个次层，因松4次层的阻隔，而有两种地下水位，依据地质调查结果，于工址松5次层的地下水位约在地表下3m，潜盾机所通过松3次层水位则约在地表下14m(高程约89m)，相关工程性质如表1所示。

工址地质参数　　表1

Soil Layer	Soil Type and Classification	Soil Properties
Topsoil and Sublayer 6	Silty clay(CL/ML)	$N=1\sim6$, $w=(23\sim28)\%$, $e=0.6\sim0.8$
Sublayer 5	Silty sand(SM)	$N=6\sim16$, $w=(18\sim30)\%$, $e=0.5\sim0.8$ $G_s=2.71\sim2.75$, $k=5.0\times10^{-4}$cm/s
Sublayer 4	Silty clay(CL)	$N=6\sim10$, $w=(18\sim45)\%$, $e=0.6\sim1.2$, $w_L=42\sim49$ $w_p=22\sim27$, $G_s=2.74$, $k=1.0\times10^{-6}$cm/s
Sublayer 3	Silty sand or sandy silt(SM)	$N=13\sim35$, $w=(15\sim28)\%$, $e=0.4\sim0.8$ $G_s=2.70\sim2.74$, $k=1.0\times10^{-4}$cm/s
Sublayer 2	Silty clay(CL)	$N=20\sim22$, $w=34\%$, $e=0.83$, $w_L=40\sim45$ $w_p=13\sim16$, $G_s=2.71\sim2.74$
Sublayer 1	Silty sand or sandy silt(SM/ML)	$N=22\sim46$, $w=(21\sim28)\%$, $e=0.4\sim0.8$ $G_s=2.70\sim2.74$, $k=2.5\times10^{-4}$cm/s
Sublayer 1A	Clayey silt(CL)	$k=6.5\times10^{-6}$cm/s

2.2　破镜前的镜面处理措施

潜盾隧道破镜施工为一高风险工项，为预防潜盾机到达过程中发生意外事故，承商于事前采取三项措施：

1)到达段的地盘改良

一般普遍被采用的地盘改良工法为二重管高压喷射灌浆(JSG)工法，有效深度约25m。当改良深度更大时，喷射压力必须加大以克服地下水压，并冲击土壤，使注入的浆液与土壤可以充分混合或置换，以形成强度较高的地盘。本工程到达段镜面的改良深度超过35m，考虑JSG工法于此深度下所形成的地盘改良体成效堪虑，承商改用喷射能量更大的三重管高压喷射灌浆(CJG)工法施作，其与JSG工法最大不同在于，CJG工法以40MPa超高压水及空气作为喷射媒介切割土壤，JSG工法则仅使用20MPa压力的水泥砂浆及空气。

如图3所示，本工程到达段的CJG地盘改良体，包含上下行隧道各5排、40支CJG桩，以三角形重叠配置，改良体桩径1.8m，桩心距1.54m(重叠约为0.26m)，形成一个长度6.27m的地盘改良区。考虑潜盾机长度7.68m，改良区无法将潜盾机完整包围，故于CJG改良区后方，另增设长约3m的CW1地盘改良体，改良范围总长为9.27m。

为确保改良体的施工质量，于施工期间及完成后，均进行各项检验措施，以验证其改良效果，检验项目包括施工中灌浆管垂直精度、施工完成后无围压缩强度与现场透水试验等，试验结果均合乎规范要求。

2)到达段镜面试水及止水作业

在完成上下行隧道到达段的地盘改良作业后，为确认止水效果，需分阶段进行镜面试水。镜面试水作业系于镜面各处施以水平方向钻孔，钻入改良区内预定深度后，打开各钻孔阀门，观察是否发生漏水现象。

当上行隧道镜面进行第一次试水时(钻孔仅贯穿连续壁)，最大出水量为70L/min，并含有少量砂。经分析认定，应是连续壁与CJG地盘改良体的界面产生隙缝所造成，故随后于该处进行OH灌浆。灌浆完成后再进行第二次试水，钻孔深入改良体内3.1 m，结果发现仍有漏水现象，最大流量增为170L/min，经研商后，承商于原CJG改良体与通风井连续壁交界处，再增设一排CJG改良桩，完工后，并进行第三及第四次试水，此时不再有漏水现象发生。

3)盾尾间隙止水灌浆作业

在潜盾机掘进至到达段的地盘改良区前方，为防止当潜盾机逐渐进入地盘改良区内时，地下水随着潜盾机的盾尾间隙(15mm)渗入改良区内,故除了进行背填灌浆外,亦利用潜盾机内部所装设的灌浆孔,注入CW1药液材料,二次填充潜盾机的盾尾间隙。此外,在潜盾机进入地盘改良区后,为防止潜盾机的背填灌浆区与CJG地盘改良区界面处形成孔隙,另再分数次实施CW1药液灌浆,以填塞两者的界面孔隙。为能完全封住潜盾机后方水路,潜盾机到达镜面前方时,亦于已组装完成的环片,自背填灌浆孔实施背填灌浆及CW1药液灌浆。

在各项止水措施完成及试水确认后,承商即进行连续壁到达端镜面的破除及相关试水作业。本工程的镜面破除作业分二阶段施作,第一阶段于潜盾机到达连续壁前停机后进行,因此时改良体已受潜盾机刮削及挤压等扰动,为确认改良体的止水效果,故需再次试水。在确认已无漏水状况后,先破除连续壁厚度的2/3(0.8m)。于进行第二阶段的连续壁破除作业前(即破除连续壁剩余1/3厚度,0.4 m),因改良体已受第一阶段连续壁破除作业时的振动所扰动,故需再次进行试水确认止水效果,试水作业如此繁复,充分反映镜面破除的危险性。

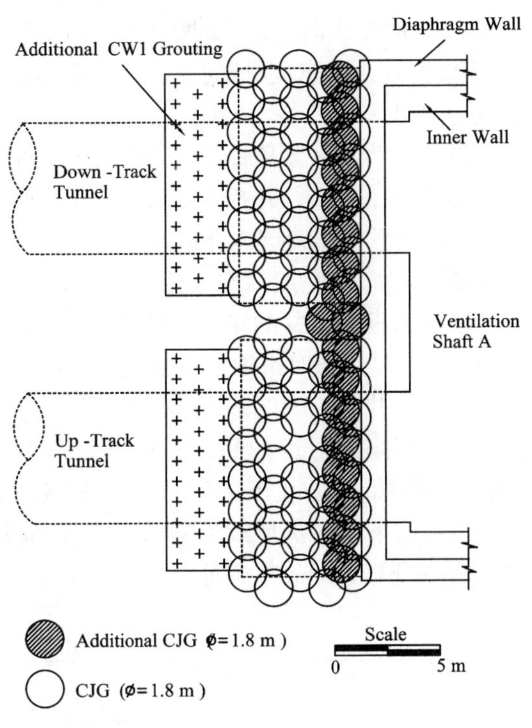

图3　通风井到达段地盘改良

3　意外事故说明及紧急抢救措施

1995年7月16日,下行(No.1)隧道已通过通风井,并向台北市方向推进,此时上行(No.2)隧道潜盾机已到达连续壁外侧,工作人员于通风井内进行到达端的镜面破除作业。凌晨01:30于镜面6点钟方向发生严重漏水事故,初期地下水流入量约200m^3/hr,后增至400~700m^3/hr。如图4所示,随着地下水及土砂流入通风井,通风井西侧附近地表陆续发生沉陷,形成一锥状形凹陷,至7月17日04:00时,最大沉陷量估计已达6 m。意外事故除造成周边建物损坏外,原已完成的上下行隧道,亦因土层淘空而局部下陷受损,其中上行线隧道的环片结合螺栓遭破坏,环片部分位移,地下水自环片裂隙间涌入,除淹没通风井及部分隧道外,亦淹没两部潜盾机,并向转辙段漫流(图4、图5)。

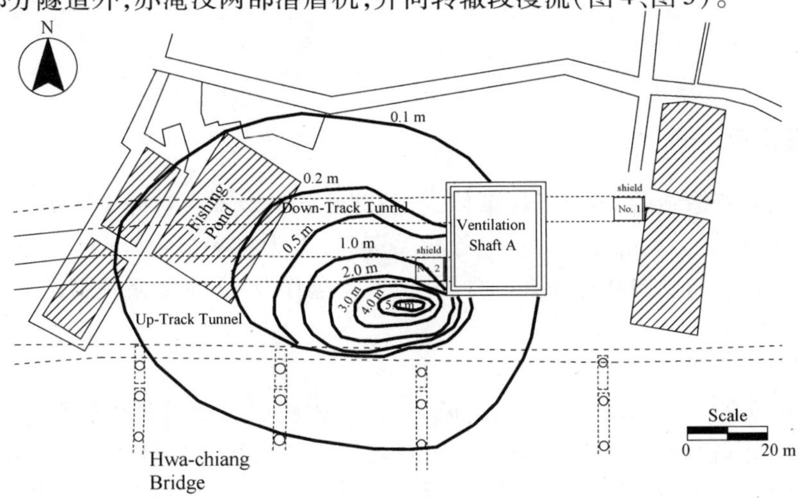

图4　地表沉陷等高线图

意外事故发生时，除动员所有人力、机具参与抢救外，更采取通风井内注水、塌陷区回填、打设钢钣桩及灌浆等紧急措施，以控制灾区范围不再扩大，并使地盘逐渐稳定下来，承商所采取的各项紧急处置措施分述如下：

（1）地表凹陷区紧急回填级配料，共计回填约 4 850m³。

（2）利用原为进行开挖作业，降低地下水位的 4 部抽水机抽水，于 5h 内将约 42 000m³ 的水灌入通风井内，藉以平衡连续壁内外的水压力，使外部的地下水不再夹带土砂流入通风井，避免地表沉陷再度扩大，如图 5 所示，完成后水位保持在 89.5m 高程处，通风井内水深约 21m。

（3）于邻近通风井的华江桥桥墩及下陷区增设倾斜计及浅式沉陷计，密集监测华江桥桥墩及附近的地表沉陷，以便及时采取应变措施，避免华江桥倾斜、下陷或龟裂。

（4）通风井附近的凹陷区，除回填级配料外，另以灌浆方式填充回填料下方可能的空洞。

（5）于凹陷区附近的私人钓虾场及华江桥桥墩旁，紧急打设 255 支 13m 长的钢钣桩，形成一面 102m 的隔绝墙，以防止沉陷范围扩大，避免附近建物及桥墩再次受损。

（6）考虑下陷区仍持续沉陷，持续进行灌浆作业，合计共 18 个注入孔，采水泥浆及水玻璃以定量方式施灌地表下 5～20m 范围处。

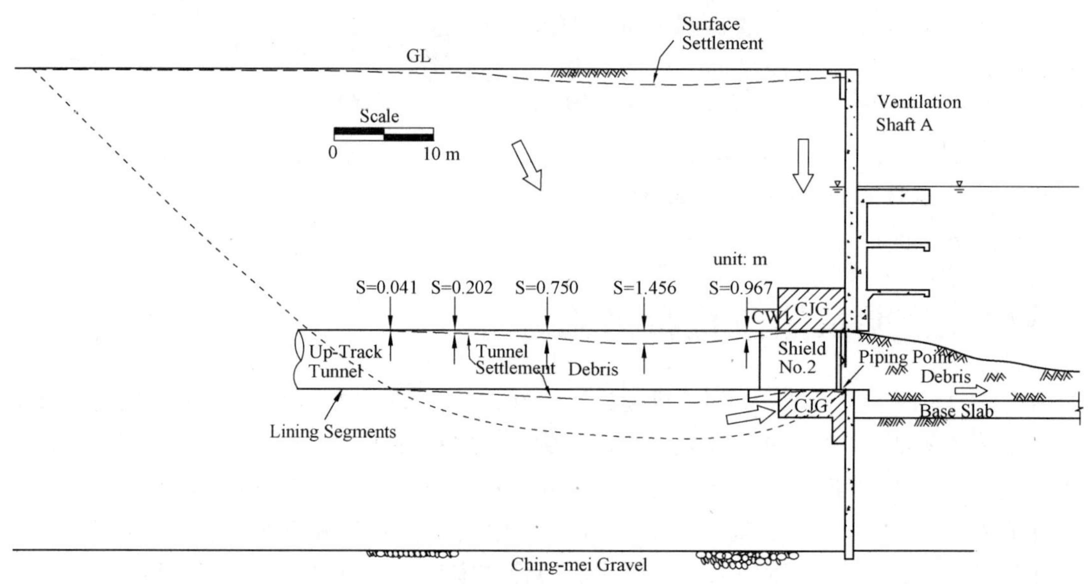

图 5　隧道受损及地表沉陷图

4　复旧作业

4.1　复旧工程前置作业

承商在完成紧急应变措施后，地盘已逐渐稳定，随即开始针对本次意外事故进行复旧工程的前置作业，以确实了解隧道受损情形及地层扰动状况等相关资料，作为将来拟定复旧计划时工法的选择依据。此前置作业包含扰动地层与受损环片调查、通风井镜面止漏作业、止水灌浆软管设置及通风井内积水排除等，整理后分述如下。

1）扰动地层调查

上行隧道到达镜面处因涌水及土砂流入通风井内，潜盾机周边地盘已受到严重的扰动及位移。为掌握及了解地盘扰动沉陷后确实的松弛范围，于上行隧道沿线进行意外事故后的地层钻探作业，除每隔 1.0m 或在土层变化处以劈管取样，进行土壤一般物理性质试验外，并利用各钻孔取样时的现场标准贯入试验（SPT-N）值，与未发生事故前的地质调查钻探结果相互比较，观察其变化情形，以判断土壤可能发生淘空或位移的情况。

2)受损环片调查

意外事故中,大量的地下水夹带泥沙流入通风井后,造成上下行隧道环片因支承土砂流失而变形破裂。为了解隧道环片受损情形,以利环片复旧时范围的界定,乃由地表钻孔以探测环片下陷量,并由潜水员进入通风井内检视隧道内部积砂状况。结果发现,土砂流入通风井约 1 500m^3,上行隧道环片 780~818环计 39 环受损,土砂流入隧道约 3 300m^3,受损环片沉陷如图 5 所示,最大下陷量约 1.5m。下行隧道环片 800~833 环计 34 环受损,土砂流入约 100m^3,环片最大下陷量约 0.34m。

3)通风井镜面止漏作业

通风井镜面止漏作业主要工作为打设通风井镜面的止水封墙,施工前须先将通风井内的土砂抽除。

(1)通风井土砂抽除

通风井土砂清除作业,系委请潜水员潜入通风井内进行抽除,为避免再次漏水,整个作业过程中,通风井内的水位高程必须保持约 89m 以上,以平衡连续壁外松三次层的地下水压,防止土砂再次自涌水缺口处流入井内。

(2)镜面止水封墙施工

设置镜面止水封墙的主要原因为:①涌水意外发生时,到达镜面处连续壁已凿除三分之一,尚未凿除部分的强度及止水性已无任何作用;②抽水作业将造成井内水压下降,镜面涌水处须设计阻隔以抵抗通风井外侧的地下水压;③上行线隧道的复旧工作,计划采用 NATM 工法施工,并以压气工法作为辅助工法,涌水镜面处需有足够的强度及不透气性,以防止隧道内压缩空气泄漏。基于上述考虑,如图 6 所示,承商设计以水密性高、止水效果佳的水中不分离性混凝土(设计强度 2 400N/cm^2),作为镜面漏水处的止水材料,并于整个镜面前,以皂土混凝土(设计强度 500N/cm^2)组合成重力式止水封墙堵住整个镜面,将涌水处闭塞止水,兼可抵抗通风井外侧的地下水压力,及隧道复旧时的压气压力。

此外,在对侧上行隧道发进镜面处,于意外事故发生前,已凿除部分连续壁壁体,仅剩余约 100mm 厚的连续壁。此次涌水事故后,因恐需长期搁置,考虑复旧施工期间安全性,故于发进镜面处亦以同样方式浇置水中混凝土,以堵塞发进镜面。

4)设置止水灌浆软管

为预防进行通风井内积水排除作业时,镜面处止水封墙与发进镜面间接缝发生渗水,故于混凝土浇置前,预先于涌水镜面的周围设置止水灌浆管,于进行积水排除作业时,若仍有地下水渗水现象发生,即可利用该灌浆管施作止水灌浆。

5)排除通风井内积水

当通风井内已完成泥砂清除、到达镜面处缺口堵塞等作业后,即可进行通风井内积水排除作业。考虑通风井内积水排出后,水头下降,井外松三次层地下水可能再次夹带土砂,涌入通风井,故在未确认已完全止水前,不可贸然进行积水排除作业。承商将排水作业分为 8 个阶段,每个阶段仅允许通风井内水位下降 2.5m。在每个排水阶段,严密监测是否有任何的渗水流入井内,当井内水位下降至该阶段的预定水位时,即停止抽水作业,并观察水位、周边地下水变化及地盘沉陷等,于确认监测量均在安全范围后,再进行下一阶段的排水。

4.2 复旧作业

1)受损环片底部灌注 CB 浆

意外事故造成通风井周围地下水夹带土砂涌入井内,导致隧道环片因底部土壤严重流失而发生下陷破坏,所形成的空洞或已松弛的土层,若不予以填补,当进行后续受损环片区域的填充堵塞作业时,恐因承载力不足而再度沉陷,故自地表钻孔至隧道底部(约地表下 34m),以 CB 液灌浆填实底部空洞。

2)受损隧道区域两端堵塞及区内 CB 浆填充

如图 6 所示,为避免后续于隧道外进行 CJG 土壤改良时所喷射出的浆液,由已破裂的环片缝隙流入隧道内,而无法形成完整改良体,故先将受损环片区域的两端堵塞后,进行隧道内填充作业。考虑上行隧道内潜盾机后续台车等设备所在的位置,承商决定在775环处实施堵塞。由于775环处几乎已积满土砂,故采用LW药液灌浆,使775环及776环内的积砂均匀形成改良固体,配合另一端重力式止水封墙,达成堵塞受损环片区域之目的。完成两端堵塞后,即自地表设置灌浆孔,进行受损环片区域内部的CB浆填充作业。

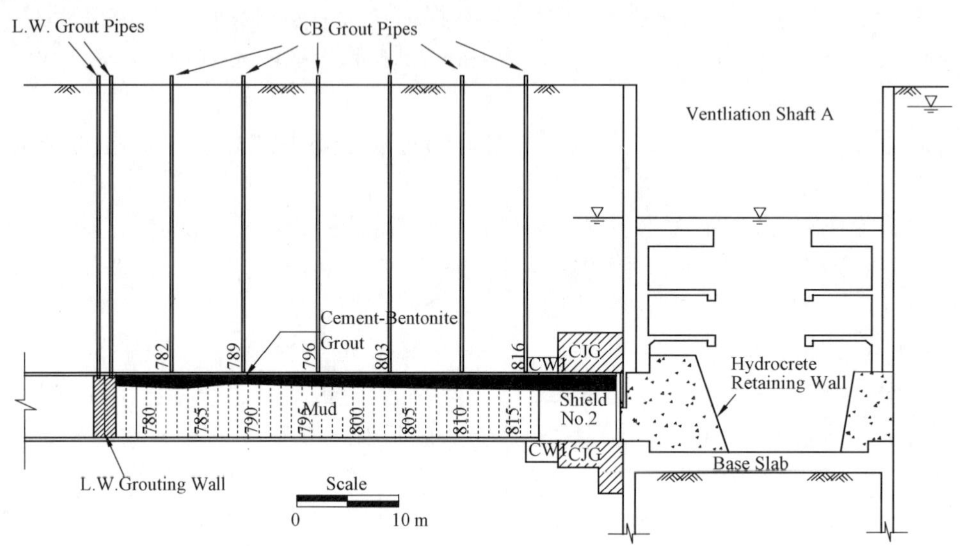

图6　CB浆填充及重力式止水封墙

3)受损环片外部CJG地盘改良

上行隧道受损环片的更新作业,计划采用NATM工法辅以压气工法施作,重新挖除已填塞CB浆的隧道,拆除损坏环片并予以更新。意外事故发生后,隧道附近的土壤已严重流失及扰动松弛。于开挖隧道时,若仅以压气工法辅助,恐无法有效止水及防止隧道周围土壤崩坍。为确保环片复旧时的施工安全,于开挖前将隧道受损区域外围的土层进行CJG灌浆改良,以提高土层的自立性。承商分别施作192支有效直径2.3m,以及276支有效直径1.8m的CJG桩。除上行隧道内因有No.2潜盾机及后续台车,灌浆管无法贯穿而无法施作外,地盘改良施作深度自隧道上方4.5m至隧道下方6.5m,改良范围则由原到达段的CJG改良区延伸约47m,涵盖整个受损隧道的CB浆填塞区。

4)以冰冻工法冻结潜盾机周边土壤

复旧作业进行至到达镜面时,须拆除潜盾机及先前所设置的止水封墙,此时将无任何止水措施,安全堪虑,承商决定另采冰冻工法将洞口周围土壤冻结。

本工程冰冻工法采盐水循环系统,利用热传导原理将土层内的热能带走,以冷却冻结管外围土层,不冻液长期循环,直至土层到达设计温度-12℃为止。于隧道洞口周围土壤完成冻结后,再拆除镜面处所设置的止水封墙及分解潜盾机,并重新组立该区段的隧道环片。

冰冻作业的冻结管及测温管配置情形如图7和图8所示,垂直冻结管共埋设62支,间距0.8m。为掌握冻结阶段及维持阶段土层内的温度变化情形,共设置垂直测温管8支(S1~S8),以便施工时进行监测。考虑垂直冻结管设置过程中垂直度不足,为避免间距超过允许范围,造成冻土壁不连续,故加设部分冻结管(如ADD3及ADD4,ADD1及ADD2则系为增加冻土与连续壁间的止水效果所增设)。

如图8所示,考虑2号潜盾机仍留在上行隧道内,垂直冻结管无法贯穿钢质盾壳冻结潜盾机下方土层,故自通风井内设置水平冻结管11支及水平测温管2支,水平冻结管间距为0.8m。

承商依现地土质状况,假设土壤含水量为25%,地盘温度为24℃,盐分浓度为0%,盐水不冻液(Brine)温度为-25℃,初步评估90d可于冻结管外单侧形成厚度1.4m的冻土,总冻土量约为860m^3。

5)以NATM工法复旧

以NATM工法进行受损环片复旧期间,利用压气工法防止地下水涌入隧道内。于上行隧道转折段处设置压气设备,在转折段隧道入口处设置人员及材料压气舱(Air lock)。在隧道涌水镜面处,因已设置止水封墙,故可有效地发挥压气功能。

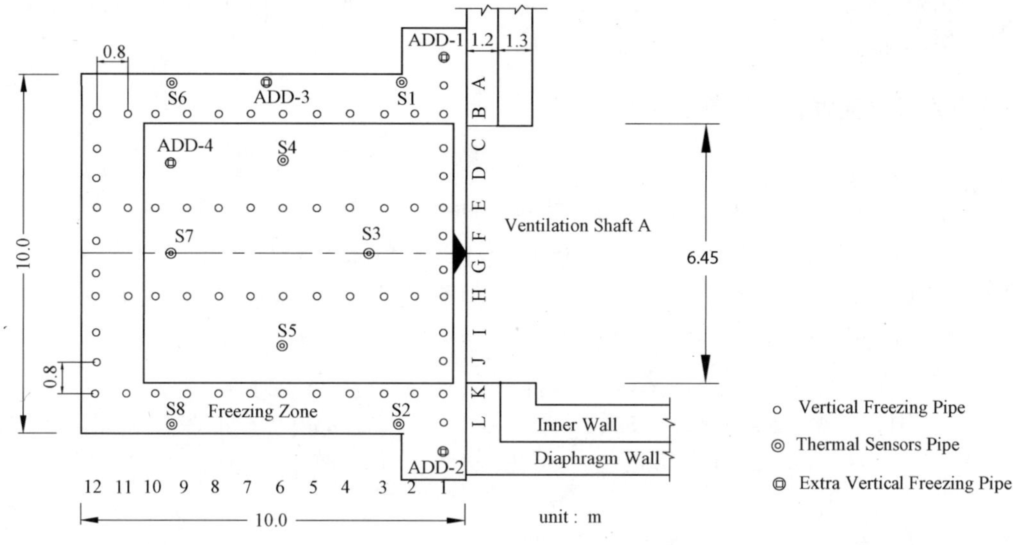

图 7　冻结管及测温管位置平面图

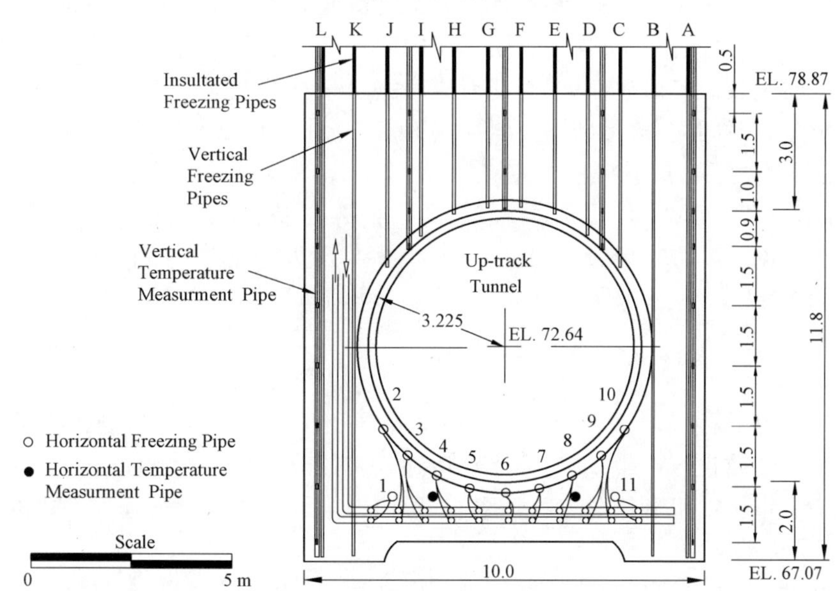

图 8　冻结管及测温管位置剖面图

NATM 工法复旧方式,系将开挖断面分为 5 个部分,首先将顶拱处已填充 CB 浆的改良土体挖除,接着进行顶拱处环片的拆除、扩幅掘削、第一次喷凝土(50mm)、安装点焊钢丝网、第二次喷凝土作业(150mm)、新环片的组立及组立后环片背后空隙灌浆等作业。顶拱部分完成后,再重复进行后续断面的环片复旧工作,直至将受损环片全部更新为止。

5　事故原因探讨

5.1　通风井到达段现地危险因素分析

本工程潜盾隧道因需穿越新店溪河床下方,潜盾机自转折段出发后以 -2.2% ~ -2.8 % 的急陡坡,掘进至距新店溪行水区约 340m 处的通风井。潜盾机在转折段的覆土深度为 10.3m,至通风井时覆土深度已达 27.3m，若再加上潜盾机的外径 6.24m，隧道最深处已达地表下 33.54m，潜盾机所在的松三次层地下水压约 200kPa。通风井潜盾机到达段镜面破除作业，必须在高地下水压及土压力下施工，隐藏甚高风险。此外，通风井距新店溪行水区仅约 340m，依据相关地层数据显示，其土层内含有不少流木及贝类等沉积物，可能影响改良土的完整性，增加施工危险性。

5.2 通风井到达段产生涌水的可能原因

1）土壤改良质量差异

由于地盘改良体均在地底，无法直接掌握，其质量良窳受土层变化、施工机具，施工人员专业素质、施工方式及使用材料等因素影响，会有相当差异，以至于改良效果与预期不同。地盘改良所形成的柱状改良体，想象上是以钻杆等速旋转上升，致同一平面上改良的范围相等，唯实际上由于施工控制、土层变异性等原因，往往使其周边成参差不齐的形状。

依据试水报告结果显示，到达镜面进行第一次试水时，最大出水量在上行隧道处为 70L/min，并含有少量砂。经以 OH 灌浆后再进行第二次试水，最大流量为 170L/min。另依改良体无围压缩试验结果显示，试验所得最高强度为 5 320kPa，最低为 1 860kPa，两者强度相差 3 460kPa，显示施工质量参差不齐，有相当的差异。

2）改良体与通风井连续壁间的缝隙

第一次镜面试水时，发现出水系因连续壁与土壤改良区界面处的缝隙所造成，主要原因是于 CJG 地盘改良完成后，通风井开挖过程中，连续壁因解压向内位移，而通风井外侧的地盘改良体因强度甚高不易变形，致连续壁与土壤改良区界面处，可能形成水路。一旦有缝隙存在，地下水夹带土砂流动，水路可能迅速扩大，在极短的时间内，流量即可能增大到无法控制的情形。

3）潜盾机盾尾间隙背填灌浆不实

潜盾机推进至连续壁前，可能因盾尾背填灌浆不确实，造成潜盾机壳四周的环状空隙成为水路，尤其当潜盾机在地下水压颇高的土层中掘进，若背填灌浆压力未能适时调整，当灌浆压力无法抵挡，甚至排除盾尾间隙内的高压地下水及土壤时，可能造成潜盾机壳四周的环状空隙部分被地下水及土壤所占据。

4）改良体内存有杂物

若改良体内部存在如流木、块石、塑料管、残留钻探管及深井抽水管等杂物，在进行 CJG 灌浆时，因杂物阻挡浆液喷流，将使改良区产生缺陷，而无法达到确实的改良效果。此时若因高地下水压作用而产生缝隙，内外不平衡的水头即可利用此一缝隙渗入，形成地下水及土壤流入通风井内的通路。

5）土壤改良区受扰动

土壤改良区的改良体经潜盾机掘进及镜面破除振动后，是否仍具完整止水成效不无疑虑。再者，地下土层内的杂物，如流木、塑料管或残留的深井抽水管等，亦可能造成改良体的扰动，破坏改良体的完整性。当潜盾机旋转式切刃面板遭遇地下流木等杂物时，往往无法利落地将其完整切削，杂物可能伴随钻头及切刃盘旋转拖行，过分扰动附近的土壤或改良土。

意外事故的发生，通常非单一因素所造成。依上述分析，改良体之所以出现缺陷，其可能为 CJG 地盘改良质量不佳、地层中存有杂物或改良土受扰动等因素所造成，若能于事前察觉潜盾机到达区的潜在危险因素，采取多重防堵地下水设计，应可有效防止意外事故的发生。

6 结论

隧道工程发生意外事故的原因，虽然许多均因地层状况不佳所造成，唯事前详细的地层调查、适当的设计与优良严谨的施工技术，均可使意外事故发生几率减至最低，而意外事故发生时迅速有效的紧急应变，亦可使意外事故的规模缩至最小。本文归纳出下列几点结论及建议，作为日后于软弱地盘隧道工程执行时的参考。

(1)于软弱地盘内进行隧道施工所采用的工法及辅助工法,各有其优缺点。如采用密闭式潜盾机,虽可确保开挖面稳定,减少地表沉陷,但当其遭遇土层内障碍物时,所需处理的程序耗时且具高危险性。压气工法虽可防止地下水流入隧道,唯此工法除可能对施工人员造成危害外,施工时若未能将气体流散的通路封堵,极可能造成冒水、喷砂甚至瓦斯气爆等意外事故,设计者评估隧道施工方法时,应将工法可能产生的意外事故列入考虑。

(2)对于工作井或通风井的潜盾机到达段、发进段土壤改良作业,若仅以高压喷射灌浆(CJG 或 JSG 等)工法进行改良,可能无法达到预期的止水效果。高压喷射灌浆的改良效果可能由于:①施工质量不良;②土层变异性致土壤改良效果不均匀;③改良体与通风井连续壁间无法密接;④改良体内存在杂物致产生灌浆死角;⑤潜盾机盾尾间隙背填灌浆不实;⑥土壤改良区受破除镜面或潜盾机掘进等振动所扰动,而无法达到预期之目的。

(3)意外事故的发生,可能造成的因素很多,包含:①施工前地层调查工作不翔实(如隧道上方风化岩层破裂面未能事先调查获知、未能及早侦测出地下障碍物);②潜在危险因素未能察觉(如潜盾机开挖面遭遇混合土层时缺乏稳定性、潜盾机到达段或发进段高压喷射灌浆改良土质量受流木等杂物的影响、地下水高压下镜面凿除);③实施压气工法前,未能事前封堵隧道上方土层内气体的通路;④危险性高的潜盾机发进段或到达段,未设置多重防堵地下水的设计;⑤隧道施工或辅助工法选择错误(如软弱土层采用开放式潜盾机、含水砂层内开挖采用无钢筋混凝土衬砌);⑥地盘改良施工质量不佳。

(4)隧道工程施作前的地层调查工作,乃在协助设计及施工者了解工址状况,以期在可预期的风险下完成工程。隧道因其所采用的施工方法不同,有其特殊的调查重点,地层调查工作,必须针对工程特性,在施工前找出潜在危险因素。

(5)工址调查的方法,一般可分成地球物理探勘及地层钻探采样两种方式。土层内的障碍物(如流木、钢管等)难以从土层钻探调查中得知,宜发展间接性且可靠的地球物理探勘技术,如透地雷达(Ground Penetrating Radar)、振测法等,广泛应用至软弱地盘的隧道工程上,以辅助传统的钻探调查。

(6)破镜作业应考虑其他如双重镜面、柔性镜面等工法,或隔舱、冻结工法及弃壳等措施,应用多重防堵地下水设计,可有效地阻隔地下水对于潜盾机出发段及到达段的危害。现今的大地工程技术,应足以克服潜盾机出发或到达段的高危险性,宜搜集案例资料进行探讨,并提高施工危险意识,避免灾害发生。

参考文献

[1] 台北市政府捷运局中区工程处. 台北都会区捷运系统板桥线 CP262 标一、二号隧道修复工程冻结工法防护施工计划书,1995.

[2] 台北市政府捷运局中区工程处. 台北都会区捷运系统板桥线 CP262 标意外事故报告书,1997.

[3] 方永寿. 潜盾隧道施工与地盘沉陷. 营建知讯,1995,(155).27-30.

[4] 朱旭,宫能文,冯尧松,郭耀程,范世亮. 隧道进面涌水抢救及再出发. 捷运工程软土隧道案例研讨会论文集. 台北市. [出版者不详],1997:263-284.

香港九广铁路东铁线落马洲支线上水至洲头隧道建筑工程技术挑战

张嘉辉[1]　何毅良[2]
(1. 香港特别行政区宝嘉建筑有限公司　2. 奥雅纳工程顾问香港有限公司)

摘　要　香港是一个充满动感和现代化的城市,拥有一个独特和令世界知名大都会敬佩的运输网络。高速公路和铁路系统将整个城市连接起来,每天为百万人次提供安全和舒适的服务。为加快香港迈向国际大都会的步伐,前九广铁路公司(现称香港铁路有限公司)于东铁线发展上水至落马洲支线,与中国内地建立一个新连接。在配合舒适与环境保护同义的现今社会,上水至落马洲其中一段铁路,由架空路轨设计转变成地下隧道,以保护塑原湿地的生态价值。本文提出在兴建上水至落马洲支线的地下隧道时所面对的种种挑战,同时,先进的建筑技术和工程监控系统也将在本文中介绍。

关键词　东铁线发展上水至落马洲支线　振动拔桩锤　隧道钻挖机　临时连续墙　泥土冻结法　震波土地勘测　自动监测系统　环境影响

1　前言

九广铁路公司东铁上水至落马洲支线(图1)是组合了一段地下隧道、高架路段和一个新建于与

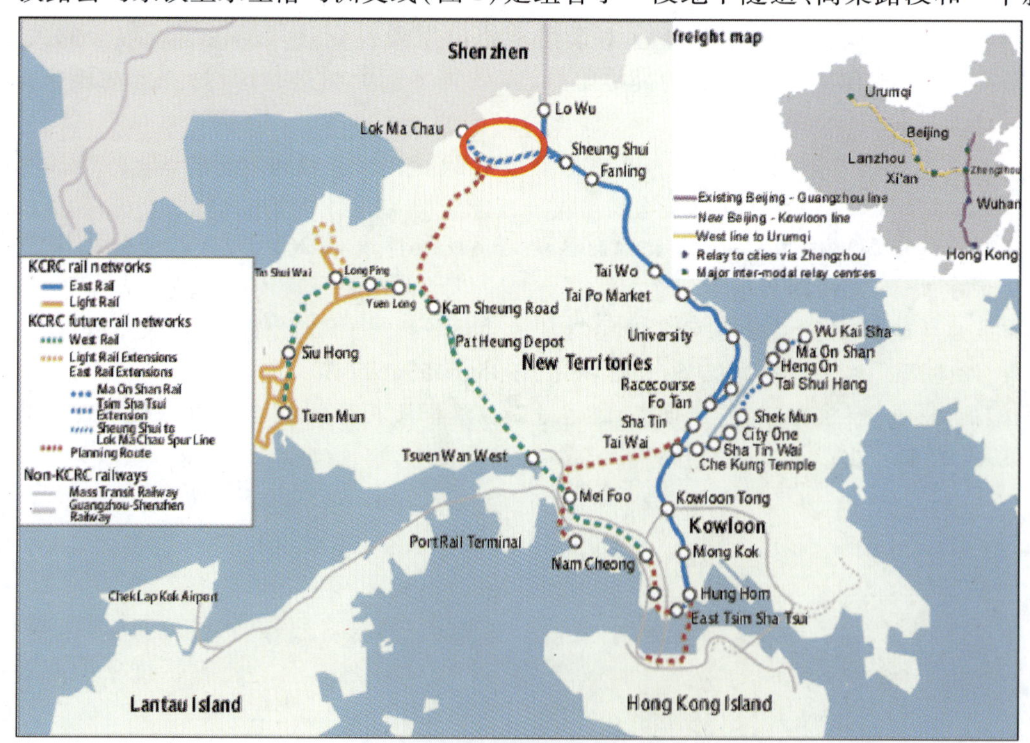

图1　上水—落马洲支线位置图

落马洲相连的中国大陆边境的火车站。这项支线发展工程的地下隧道工程合约编号为 LDB201。这个项目组合了一段直径 8.5m,总长大约 3.6km 的地下双管钻挖隧道,在东区和西区隧道入口大约总长 1.5km 的明挖式隧道,包括在古洞兴建一个地下车站作为日后发展(图 2)。对于防火通道设施,都在距离每 240m 建造了总共 14 个地下横跨支道连接两条主隧道,再由两个直竖井连接地面作为紧急逃生通道。

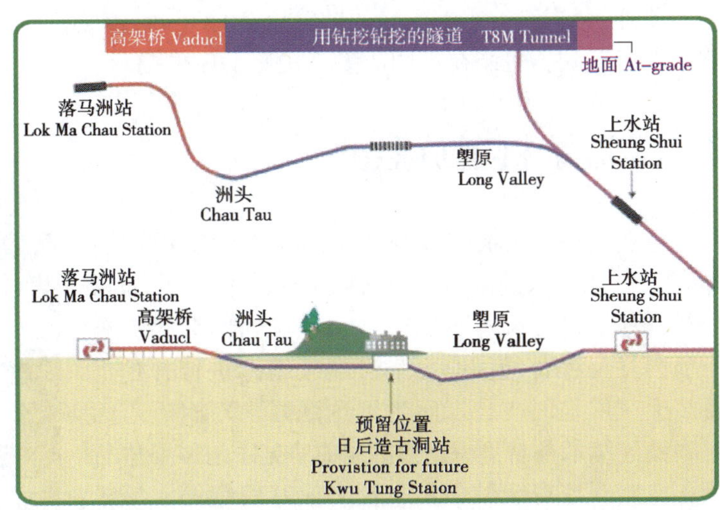

图 2 上水—落马洲支线建筑路段

香港宝嘉建筑联营公司受雇于九广铁路公司,以设计和建造合约方式去建造这项造价大约 28 亿元的隧道工程。奥雅纳工程顾问受雇于联营公司为这个项目临时及永久建筑物的设计师。而阿特金斯顾问有限公司就是联营公司的独立检查设计师。

2 东面明挖式隧道

连接现有九广铁路东铁支线上水火车站的东面明挖隧道入口总长大约 900m。开挖这段最深有 14m 的明挖式隧道的两旁就是只距离 1m 之隔的一组直径大约 2.4m,每天从内地供应香港大约 3 亿升饮用水的东江饮用水输水管。而正运作中的东铁支线亦与明挖式隧道相隔大约 1m 之近(图 3)。

沿着明挖式隧道路线,地质包括面层 5m 的埧土和下层 4 ~ 8m 的冲积土。火成岩就在底层,岩石层在于 19 ~ 35m。地下水位位于在地面以下 2 ~ 3m。

鉴于严谨的施工顺序,在选用工程机器以及监测控制方面尤其重要,以免对现运作中的东铁支线及东江水管造成任何影响或破坏。工程首先要把现运行一段 900m 长的东铁支线改道至旁边现行的行车路段上。这样明挖式隧道的工程就可在原来东铁支线的路段上进行。

明挖隧道建造于临时板桩墙内。开挖工程深至地下 14m,由于东铁现运行支线和东江饮用水管十分接近明挖隧道工程,严谨的振动极限须要预先制定。工程初期在工地现场试验了运用振动拔桩锤把板桩压入地下,但为了减少对东铁支线和东江水管的不良影响,以及减少运用大型工程机器,工程运用了无振压入式的方法(图 4)把板桩压入地下。压入式是由之前装入的板桩产生的反应力压入新的板桩。

图 3 东面明挖隧道

图 4 无振压入式的方法把板椿压入地下

此外，每当晚上东铁支线的铁路服务停止时，滑动的钢制框会移至在铁路旁将会有工程工作的地方。电子监测器也装在不同的大型机器上以作提示。

3　隧道钻机下放竖井

隧道钻挖机下放竖井建造于一个大约130m长、30m宽和20m深的临时地下连续墙内（图5）。而这个临时地下连接墙本身的建造是九广铁路公司另外一项独立工程合约。地下临时连续墙内进行开挖需要装上三层临时支柱。而为了达到减少对附近地面沉降及连续墙的挠度，那三层的临时支柱是需要进行预压。当开挖直至最深水平及完成基底钢筋混凝土平板后，第三层的临时支柱就可以拆除，从而腾出空间作隧道钻挖机的装置。

图5　隧道钻挖机下放竖井的建筑

4　古洞火车站

作为日后铁路沿线新市镇的发展，九广铁路公司计划了在现有上水火车站和地下隧道出口竖井中段建造一个地下车站作日后发展用途。

在古洞工地内需进行一项场地平整工程（图6），包括土地开挖，挖拓永久斜坡和排水设施。开挖永久斜坡的坡角为35°，而坡高为大约10m。为了加固斜坡表面，会放上一层防侵蚀的片筏和在坡面上种植一些小草和树木。在工地的南边原有一个古洞村的坟墓，为了保护这个村坟，一道护土墙和回填土就建成在坟下。

图6　古洞车站场地平整工程

古洞车站的建造包括建筑一道0.8m厚，大约330m长、30m宽和20m深的临时连续墙，以及在围堰墙内进行开挖（图7和图8）。在地下临时连续墙内进行开挖需要装上三层临时支柱。当开挖直至最深水平及完成基底钢筋混凝土平板后，第三层的临时支柱就可以删除从而腾出空间作隧道钻挖机的运移。

图7　临时连续墙的建筑

图8　围堰墙内进行开挖

5 隧道钻挖机的出口竖井

西面的隧道钻挖机的出口竖井是建造于1.08m厚的临时连续墙内(图9)。而明挖式隧道连接于临时连续墙的围堰是开挖于一段长600m的板桩墙内。工程进行期间,邻近的现有建筑物、水管设施和路面的沉降数值都是重要的考验。当进行开挖时,装置板桩墙,装置支柱,降低地下水位都很重要。

图9 隧道钻挖机的出口竖井

6 钻挖隧道

这项隧道工程建造于地质包括冲积土、全风化火山凝灰岩石内(无侧限抗压强度可达15~200MPa)。所以这项隧道工程采用了一部混合钻挖机(图10)。这部先进的钻挖机主要有三个功能,作为遇上不同的地质情况下采用。第一,泥土压力平行式;第二,压缩空气式;第三,明开式控制。

这条隧道由预制钢筋混凝土建造成。每一环长1.8m共包括六件组件及一个关键件(图11)。这条隧道有一段是钻挖在受到环境保护的塱原湿地之下钻挖。在这片湿地下地质都是冲积土和泥土混合石。而相距钻挖机的最浅覆盖层只有5m。故此钻挖进行时需要采用土压力平行式控制。而由塱原湿地至古洞车站的一段是属于高抗压强度石的地质情况,隧道是采用压缩空气式钻挖。而最后一段由古洞车站至隧道出口竖井是钻挖在强风化凝灰岩石内。在这种情况下,钻挖平均速率大约是每天前进12m。

图10 钻挖隧道开始仪式

图11 预制钢筋混凝土组件

7 隧道横跨管道的建造

这项隧道工程的防火及逃生设施包括在两条主隧道管道每隔240m就需要建造一条横跨管道从而每当主隧道内发生火灾或意外时,乘客都能由一条主隧道通过横跨管道安全撤离至另一条主隧道内。这条总长大约5.9km的隧道铁路包括了14个横跨管道。

在地质方面,这14个横跨管道是建造及开挖在全风化岩石和强风化岩石内。为了达到能够在安全和泥土稳固的情况下进行开挖,泥土或岩石必须进行地质处理。其中有11个横跨管道隧道是需要从地面上进行地质处理。因不同的地质,这些从地面上进行地质处理的方法包括喷射灌浆,管式压力灌浆,改换泥土以及降低地下水位。余下3个横跨管道是建造在受环境保护的塱原湿地下,因此,泥土冻结法被作为最有效的地质处理技术。泥土冻结法不但能达到强化两条主隧道之间泥土的强度以及在安全的情况下进行开挖,这项技术更是在香港第一次采用(图12和图13)。

图12　泥土冻结法的设置

图13　横跨管道内进行泥土冻结法

为了达到工程项目的计划进度,横跨管道的开挖是以7d每天24h进行。开挖工程是以气压式手提工具进行,以及装置钢肋拱加上喷浆作临时支撑。

在横跨管道内进行开挖时,气温的提升将会对泥土冻结法带来安全的影响,所以除了要加密空气温度监测的频率外,在开挖横跨管道的出口处都装上一道塑性帷幕以防止暖空气的进入。

8　土地勘探

土地勘探的主要目的是为了确定原有作设计用途和参数的确对,以及勘测地下水位和地质类别。在建造这个项目中,土地勘测包括了120个钻孔以及有关原位测验和实验室测验(图14和图15)。其中有两个倾斜钻孔是从塱原湿地旁边钻探,原因是勘探断层的伸延。也因为在塱原湿地面圈内不允许任何建筑工程,所以采用了震波勘测从而探究岩石层面(图16)。

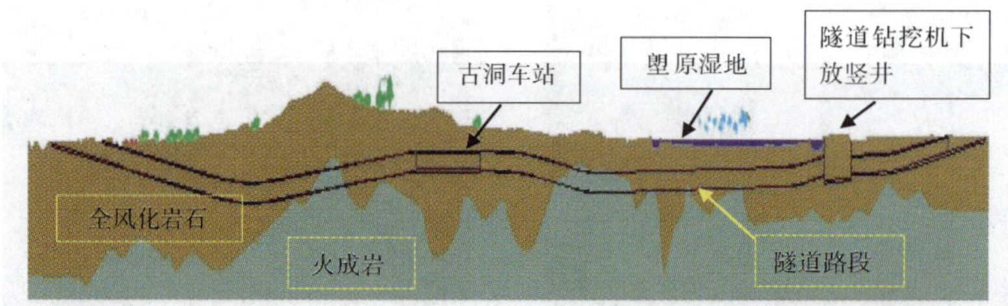

图14　基于土地勘探结果的地质剖面图

图15　在鱼塘进行土地勘探

图16　塱原湿地采用了震波勘测

9 仪器监测系统

一个全面的仪器监测系统对确定设计和施工方法至关重要。这个系统包括了全天候24小时运作的自动监测系统以采用9个经纬仪器(图17)监测900m长的现运行的东铁支线铁路轨道及有关的铁路设施。正因为在开挖横跨管道管理的工程上采用了泥土冻结方法作为地质处理,所以也要采用大量的监测设施,例如要监测用作冻结的机器、用作流载冻结液体的管道、液体的温度、冻结范围四周的水压以及因为泥土冻结的冰块增长而产生对钢肋拱的挠度和荷载(图18)。

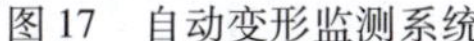

图17 自动变形监测系统

图18 监测泥土冻结而产生对钢肋拱的挠度和荷载

在进行明挖式隧道和钻挖式隧道工程同时也产生附近地面和建筑物的移动。土力监测仪器,例如测斜仪、测水管、测压管、地震仪、测裂缝仪、倾角量测仪、地面及公用设施挠度测试等都具有监测作用。

10 总结

这项九广铁路东铁支线工程最终能够成功在近距离的现运行的东铁支线和东江水管完成,从所有监测仪器的数据都确定了受工程影响的地面及建筑物的移动和挠度都是在设计预测数据之内。采用泥土冻结方法作为工质处理而进行开挖是一项成功的例子。采用先进的钻挖机作钻挖方法不但大大改善对四周环境的影响,更令这项工程合约顺利成功完成。

参考文献

[1] Storry, R. B., Scott, R., Altier, D., Pan, J. K. L., Plumbridge, G., (2006). Construction of a Cut and Cover Tunnel Adjacent to an Operating Railway in Hong Kong, Proc., The HKIE Geotechnical Division 26th Annual Seminar 2006, Hong Kong.

[2] Storry, R. B., Kitzis, B., Martin, O., Harris, D., Stenning, A., (2006). Construction of a Cut and Cover Tunnel Adjacent to an Operating Railway in Hong Kong, Proc., The HKIE Geotechnical Division 26th Annual Seminar 2006, Hong Kong.

[3] Pan, J. K. L., Plumbridge, G., Storry, R. B., Martin, O., (2006). Back Analysis of Cut and Cover Tunnel in Close Proximity to an Operating Railway in Hong Kong, AITES – ITA 2006, World Tunnel Congress & 32nd ITA General Assembly.

香港岩土工程监测技术的发展

陈汉丰　徐全庆

（香港辉固土力工程有限公司　香港沙田火炭山尾街43－47号环球工业中心）

摘　要　在香港，岩土工程监测已经有超过30年的历史，文章对这一期间的发展做一简要概括，通过对这一期间在香港几个重要工程项目的监测实例的介绍，集中展示了目前先进的岩土工程监测技术，最后介绍了将来有极大发展潜力和广泛应用的几种新技术。

关键词　岩土工程　监测　轨道交通

1　发展初期的回顾

香港位于中国东南，是东亚地区的枢纽，随着香港经济的腾飞，建筑业的发展速度惊人，创造了举世瞩目的成就。20世纪七、八十年代，香港开始有计划地进行边坡保护工作，开始大规模建设轨道交通，港岛和九龙商业区高楼大厦也进入了集中建设阶段。岩土工程监测发展也从此走进了发展起步阶段。

20世纪70年代，香港发生了几起重大的边坡滑坡事故，造成了巨大的生命财产损失，引起了香港政府和公众对岩土工程管理的重视，在1977年年中，由公共工程署（现在称为土木工程拓展署）成立了岩土工程管理办公室（现在的土力工程处，在香港简称GEO），对香港边坡工程进行从勘察设计到施工建造，包括监测和维护工作在内的全面管理。办公室早期的工作集中在危险边坡的检查、造册、分类、排序、选择和维护；在香港，这是第一次大规模使用监测仪器，使用的简单仪器有应变计、水位计、卡萨格兰德孔隙水压力计、雨量计等，安装在危险边坡上的应变计数据通过电话专线送达办公室，即使如此，还是花费了大量的人力资源。

GEO的成立，以及GEO对岩土工程监测创新技术的不懈追求，极大地促进了香港岩土工程监测技术的发展，鼓励了众多的监测仪器制造商、岩土工程咨询顾问公司在香港设立办公室或运营公司，使岩土工程监测的工作不断本地化，进而不断降低监测成本，从而不断加大市场对岩土工程监测的有效需求。

香港地铁公司于1975年成立，随着地铁的兴建，为保证在地铁附近的建筑施工不影响地铁结构，监测工作日益受到重视，政府在地铁结构两侧各30m设立“铁路保护区”，规定在该区域内进行的建筑活动都必须得到地铁公司的批准，地铁公司的铁路保护工程师会要求进行必要的施工前的预先测量及施工中的监控测量，以保证几个关键的指标（如差异沉降、总位移、振动频率等）不超过预先确定的限额。现今，“铁路保护区”已经扩展到原九广铁路各线路，如马鞍山线及落马洲接线等。

这一期间，在港岛和九龙的商业区建造了大量摩天大楼，基坑开挖深度很深，最著名的可能是位于中环、由Norman Foster设计的汇丰银行总部大楼，它有47层180m高、4层20m深的地下室，耗资约52亿港元，1985年完成，是当时世界最昂贵的建筑。

为准确预测大楼的施工对临近道路和建筑的影响，工程师进行了大量的设计和研究工作，采取监测步骤验证这些计算和假定，也能在预定的指标被超过时发出警报信息，该监测系统共使用41个孔隙水压力计和水位计，23条测斜管，大约90个地面沉降观测点以及安装在邻近建筑物立面上的倾斜监测点。全部采用人工采集数据，频率从最长每周1次到最短每6小时1次不等，由2个监测人员全职完成。

这一时期，市场上供应的监测仪器，主要是机械式仪器，如气动孔压计，几乎没有电子式仪器的市场供应，需要人工采集数据，不能实现读数的自动化。

要实现自动采集数据，就要进行专门的设计和制作，价格相当昂贵。数据采集、处理的自动化，对数据计算机计算速度的要求很高，当时的软件、存储技术和计算能力都难以经济地实现这一目标。即使到了20世纪80年代晚期，一台用于数据采集的标准计算机（如Digital Equipment Corporation MicroPDP－11/23），标准配置内存不足一兆，硬盘不足几十兆，在当时的价格也是非常昂贵的，超过10万港币。1981年引进的IBM个人计算机，在数据存储和计算速度方面要实现自动采集数据，也是不切合实际的。虽然笨重的磁带记录机，如the Racal Store series，已经开始应用，但单机数据采集系统仍然没有商业应用价值。

随着监测仪器可靠性不断提高，岩土工程监测技术进步很快，更多的工程师认识到工程监测在施工安全、降低造价和验证设计中的重要作用。这为岩土工程监测的发展奠定了坚实的基础。

2 岩土工程监测技术的快速发展

20世纪80年代晚期开始，以新机场工程及轨道交通建设为标志，香港的建筑业进入了高速发展的时期，大型建设项目中监测工作的重要性日益显现，1989年，香港工程师协会岩土工程分会第九次年会主题是“监测仪器的最新应用发展”，1995年年会主题是“岩土工程中的监测工程”，2008年5月举办的第28次年会的主题是“岩土工程新技术的应用”，主要内容依然是岩土工程监测技术的发展。这说明，时至今日，大家关心的问题依然是：选择合适而且可靠的仪器，设计适合的监测计划和进一步提高数据采集和处理的自动化水平，提高工作效率，减少人为因素对数据采集和处理的干扰。这是香港岩土工程监测技术30年以来技术发展的轨迹，也将是未来的发展方向。

20世纪90年代初期开始建设香港新机场，在香港称为赤腊角机场，投资超过6 000亿港元，包括十大核心项目，其中，如机场的填海工程、海堤工程、青马大桥群的公路和铁路工程等，都设计实施了很多监测工程项目。由于工期紧迫，工程监测一般需要连续、高频度地进行，对建造安全和质量保障，起到了关键的不可替代的作用。

图1 青马大桥的健康监测系统

估计在新机场十大工程中采用了超过 2 500 个岩土工程监测仪器，这还不包括 5 000 多个采用常规光学测量仪器监测的各种各样的地面沉降监测点。

虽然这期间安装的仪器设备大多数还是传统的手工读数仪器，但随着独立式数据自动采集器使用，标志着能够自动进行数据采集的电子仪器开始投入商业使用。

为实现数据自动采集，振弦式孔隙水压力计代替了水位计和气动孔隙水压力计，固定式测斜仪代替了鱼雷式测斜仪，电子水平尺代替了传统的光学测量仪器(图 2)，振弦式应变仪代替了机械式应变仪，许多情况下，自动采集数据的传感器可提供更好的精度和可重复性。

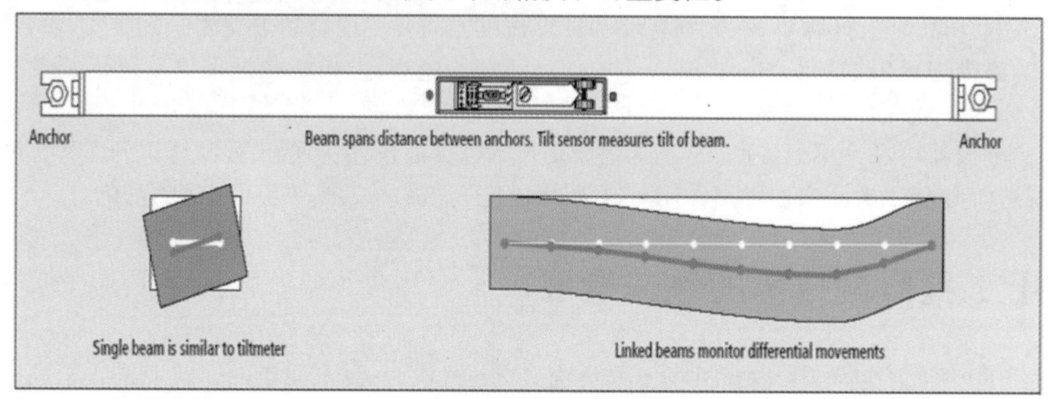

图 2　代替传统光学测量仪器的电水平尺示意图

新机场项目对岩土工程监测的广泛应用，大大促进了香港岩土工程监测技术的发展，使本地的设计师、承包商和监测专家在解释、处理大量数据的能力得以迅速提高到相当高的水平。

监测工作如此重要，有效的数据管理就更加重要。新机场项目如此庞大，监测任务非常繁重，数据采集的自动化水平不断的提高，使得采集的数据量达到了惊人的地步，仅仅在青马大桥、汲水门桥和汀九大桥(前两座是公路、铁路两用桥)这三座大桥的监测中，数据流量就达到 105M/h，2.5G/d，每年达到惊人的 920G。要实现大量数据的安全存储、方便地检索、查询和处理，并及时向相关人员传送数据，这让人们切实感受到数据管理在大规模监测工程中的重要地位。

通过机场工程的实践，很多业主和设计工程师都深深认识到高水平的监测工作对项目建设的重要性，对其后开展的工程项目产生了深远影响。特别是在原九铁的西铁工程中，就大量汲取了机场地铁工程监测工作积累的宝贵经验，在项目开始前，就对监测工作作出了详细的规划，包括：

(1)在建造前，请高水平的监测单位对拟建铁路沿线进行初始测量。

(2)坚持承包商必须将监测工程分包给专业监测承包商。

(3)制订监测计划，包括当读数超过某一设定水平(三级响应水平，分别称为警告、警报和采取行动)时应采取的应急行动方案和计划。

(4)开发一集中处理数据的数据库管理系统，作为监测合同的招标条件，让每个监测承包商都能正确使用，这就能使得业主、顾问工程师和承包商在线随时浏览最新从工地现场采集到的监测数据。

(5)用网络将各个工地和办公室连接起来，保证在数据输入数据库的同时，可以被工地和办公室的工程师同时看到。

新机场项目对岩土工程监测的广泛应用，大大促进了香港岩土工程监测技术的发展，使本地的设计师、承包商和监测专家在解释、处理大量数据的能力得以迅速提升到相当高的水平。

20 世纪 90 年代末期到 21 世纪初，香港建造业集中在铁路建设和填海造地项目上，主要工程项目有九铁西铁、马鞍山铁路、九铁东铁延长线、地铁将军澳延长线、九号货柜码头、迪士尼乐园、南丫岛电站扩建及青衣北填海等。这一期间岩土工程监测技术又有了新的发展。

基桩承载力测试技术的全面发展，在九广铁路西铁和马铁工程中进行了许多基桩承载力测试实验，应用了很多新技术，如测桩的全自动控制系统、O – Cell 测桩技术、桩身应变测试技术等，主要是用来测试在香港比较少用的摩擦桩的受力性能。

变形自动监测系统(ADMS)第一次应用于香港,采用电子水平尺或者全自动全站仪加棱镜的技术方案,用于监测受邻近施工影响的隧道的变形。

随着网络技术、通信技术及数据管理技术的不断进步,发展出全自动的监测技术,能够自动采集和检查大量的传感器数据,当数据超出预期范围时通过手机短信或者E-mail提醒用户注意,有效防止工程数据信息发布中的人为干扰。以地铁尖沙嘴车站到九铁尖沙嘴东站之间的地下人行通道的施工监测为例,通道的基坑附近正在运行的地铁隧道内衬内安装了大量的监测仪器和设备,包括4台全站仪,280个棱镜,250个应变计和其他一些小型仪器等。

图3 安装在地铁隧道中的变形自动监测系统

由计算机自动采集数据,每2小时采集1次,每天获得超过6 000个数据。自动进行限界检查和数据存储。如果没有这样高的自动化水平,可能整个监测项目就不切合实际,达不到这样的监测水平,可能设计和施工方案就要进行重大调整,原因很简单,施工期间监测人员不可能进入正在运行的隧道实施监测工作,而且,如此高的监测频率以及产生的大量数据输入输出及分析检查工作,都是人工无法实现的。

3 当代先进的岩土工程监测技术

过去15~20年来,除了少数重大项目外,岩土工程监测经常使用的仪器并没有十分显著的变化,只是从更多地使用机械仪器到电子仪器的转变。

虽然在香港大多数的监测仪器仍然是人工读数,但是在重大工程项目上出现了自动化的明显趋势,虽然一些型号的仪器难于实现自动化,如电磁应变计、鱼雷式测斜仪等,但是我们可以采用不同的监测仪器监测同一参数,以达到自动化监测的目的。

计算机技术及数据通信技术的快速发展,大大降低了自动化监测的价格水平,使得许多以前由于价格和技术复杂而难以实现的监测工作具备了可行性。

例如,具有强大内存和多通道的数据采集器已经普遍使用,振弦式孔隙水压力计已经被地下水自动监测装置(AGMDs)所取代,这些“聪明”的孔隙水压力计内置了数据采集器和内存。例如In - Situ Inc公司开发的LevelTROLL系列的孔隙水压力计,直径小于20mm,其内置的高能电池可连续工作5年,可记录超过六百万个独立数据。

香港的移动电话服务的发展促进了数据实时无线传送技术的发展,这项技术使得对无法接近、或者不能安全接近的地点,也能进行有效的监测。监测手段的实时无线化,使监测工作不再受天气、场地条件的影响,可以使监测的频率最大化,极大减低了监测仪器埋设的工程量,提高了监测工作的可靠性,也极大提高了监测工作的效率。例如对很偏远的边坡进行监测、暴风雨时对室外工程的监测以及正在运营中的隧道进行的监测等。一个岩土工程师不必离开办公室到不同的工地去,他可以在办公室内同时监测多个工地的情况。

一个成功的采用远程数据实时采集的监测案例是青衣的填海工程监测项目,目的是研究用建筑垃圾填海作为海堤和防浪墙的基础。

在试验区内安装了2只直径1.5m的钢套管,内部安装了大量的监测仪器,用于监测施工时及以后填充物的位移等变化。

由于钢套管安装在水中,显然人工定期采集数据是很不方便的,而且如果采用人工采集数据,乘坐的交通船也会影响正在作业的填海工作船只。

而应用数据采集器，通过 GSM 网络，将数据传送到远离工地的地点，不但使工程监测工作顺利进行，而且得到了很多有价值的研究结果。

现在的技术不但能够使用无线方式传送采集到的数据，而且能将传感器与数据采集器之间采用无线连接（图 4）。一个数据采集器可以采集很大区域的传感器数据，只要传感器和无线发射器安装完成就可开始工作，不再需要安装容易被损坏的电缆及其昂贵的保护装置，尤其适用于那些埋设工作困难又危险的地区，这两个技术不但大大提高了监测系统的可靠性，而且有效地降低了监测工作的成本。

图 4　安装了远程数据采集系统的钢套管

互联网时代的到来加快了岩土工程检测技术的进步，通过互联网传送数据是非常有效的渠道，这样，只要采集到的数据一经发布，有关人员马上就可浏览到需要的信息，不再需要等待核对和分发纸质监测数据报告，而且没有地理空间的限制，授权人员可以在能够上网的任何地点，跨国、跨洲获取最新的监测数据。

实际上，现在的技术已经能够实现整个监测过程的全自动化，监测环节中不再需要人的参与。数据采集器定时采集数据，需要时可采用无线方式。采集到的数据通过无线方式传送到数据接收器中的数据库中，同时与预先设定的指标相比较，一旦超过界限指标，便向指定用户发出手机短消息和 E – mail 信息，这些最新数据和信息也同时按约定格式自动发布在互联网的指定网页上，供在全世界的授权用户浏览和下载。

宝珊道边坡的监测工程就应用了上述所有的尖端监测技术，宝珊道边坡位于香港半山，在 20 世纪 70 年代曾经发生重大滑坡事故，事故死亡人数达 72 人，对香港岩土工程，特别是危险边坡的管理产生了巨大深远的影响。为了减低再次发生滑坡的危险，对在 1977 年建造的边坡工程做了进一步改进，对可能发生的危险进行提前预警，在岩土工程监测中进行了多项改革和创新。

如图 5 所示，这项工程在边坡内建造了两条水平排水隧道，在隧道顶部向边坡上方施做了 200 多条垂直排水斜管，这些排水设施可有效降低地下水水位，降低发生滑坡的危险。

为了监测工程实施对地下水的降低效果，在总计约 16 万 m^2 的边坡区域中，埋设了五十多个智能孔隙水压力计，如图 6 所示。

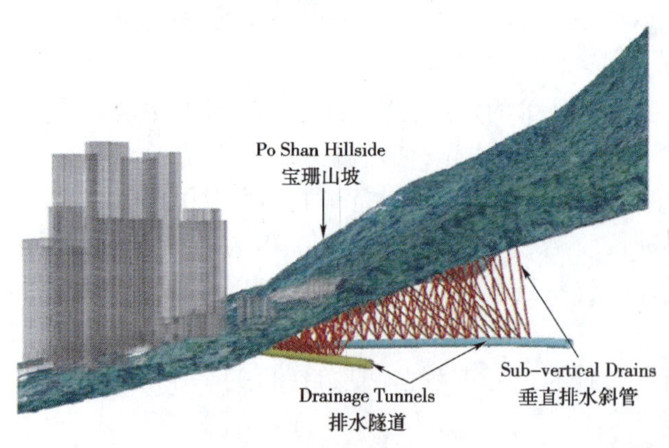

图 5　宝珊道边坡的监测—施工方案示意

图 6　宝珊道边坡的监测—场地和仪器的布置

这些孔隙水压力计用自组织的无线网络进行连接，其采集到的数据在站与站之间无线传送，最后都集中到山脚下的中央数据采集系统中，这个系统又采用 GPRS 系统与远离现场的数据库建立联系，如图 7 所示。

每个孔隙水压力计每 5 分钟采集数据 1 次，采集到的数据每 10 分钟向数据库发送 1 次，数据进入数据库时会经过系统自动检查（图 8），然后自动在互联网上发布，授权的用户可以做进一步的检查工作。

近年来，随着可上网手机的普及，在香港用普通手机的上网功能，不但可直接浏览最新的监测原始数据，也能够在线浏览经过整理的图形文件，极大地方便了业主、工程师对工程的有效管理，如图 9 所示。

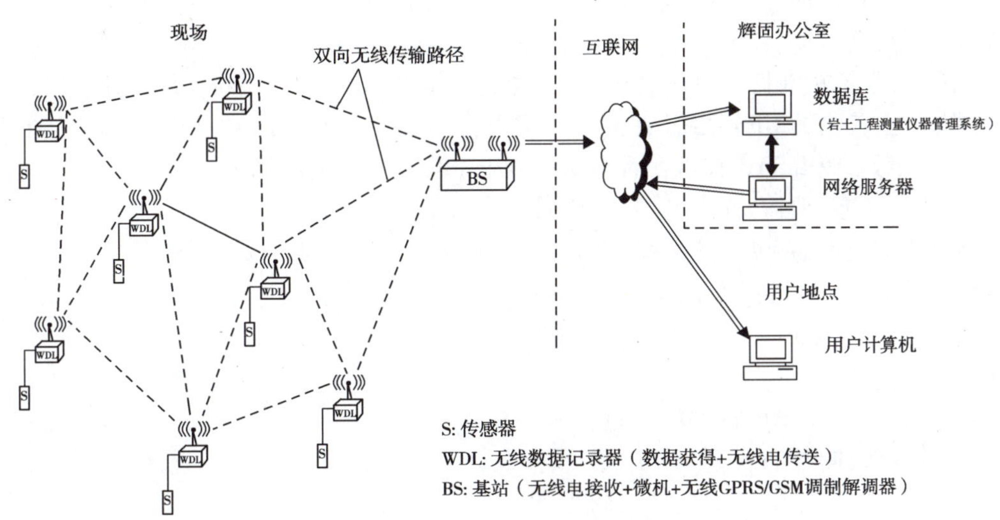

图 7　实时无线监测示意图

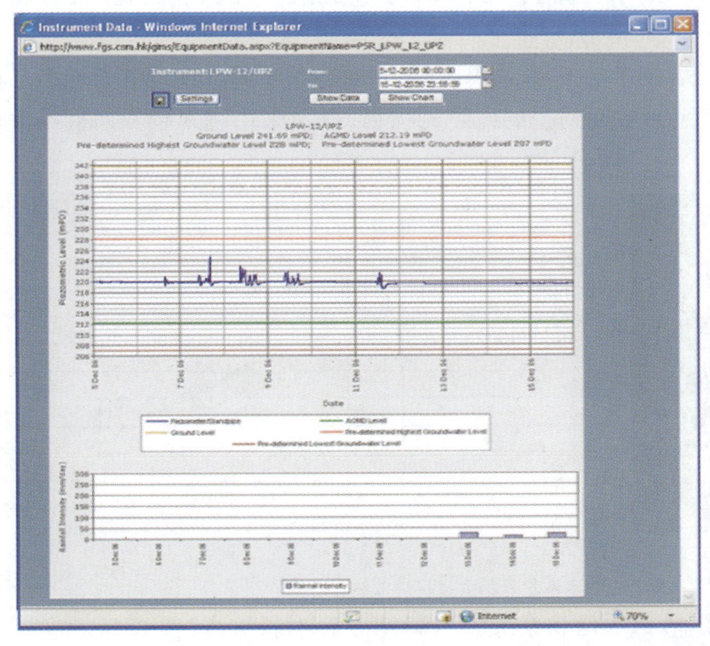

图 8　宝珊道边坡的监测网站—传感器读数

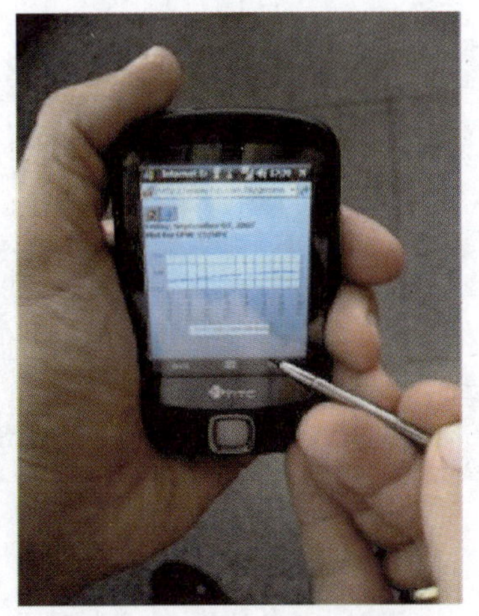

图 9　普通手机浏览监测数据

4　未来的发展

虽然准确地预测将来是很困难的，但我们可以肯定的是，岩土工程监测技术会与过去的30年一样，随着科学技术的不断进步而发展。

随着基于飞机的空中激光扫描技术（简称GeoSAR）及基于卫星的合成孔径雷达干涉测量技术（简称InSAR）的不断发展，目前的技术已达到毫米级的量测精度。

在香港，土木工程拓展署一直是先进监测技术的倡导者，为配合防止山泥倾泻计划，应用GeoSAR中的LiDAR技术，通过激光多重反射，滤除植被和云层影响，可有效测量地表轮廓。这项技术使得一些从前由于天气、距离和地形等因素而难以到达的地区进行监测。可以预测，这种技术在岩土工程监测中的应用将日益广泛。

全球卫星定位系统也在持续改进过程中，随着俄罗斯的GLONASS系统不断升级，欧洲GALILEO系统的投入使用，加上美国的GPS系统，在同一时间可使用的卫星数量已经足够使其成为在香港城市峡谷中定位的实用工具，使InSAR技术在香港城市岩土工程监测中的应用成为可能。

InSAR技术具有全天候、全天时的成像能力，并且能够进行极化测量和干涉测量，获取关于地表丰富的向后散射特性以及高精度的三维地形及微小形变信息（图10）。已经在香港战略排污工程的监测中开始应用。

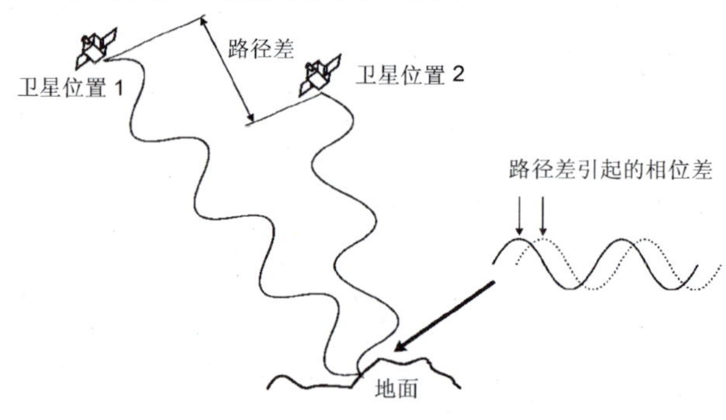

图10　InSAR技术原理示意图

PSInSAR法是基于InSAR技术的先进技术，极大地加强了测量竖向位移的精度，达到毫米级，图11是位于伦敦地铁Jubilee延长线附近的财政部大楼，应用PSInSAR法监测其在地铁建设施工及工后沉降情况。可以推断，这一技术的发展不可限量。

随着CIRIA新准则的推出，深基坑支护工程的监测技术得以受到更多地关注，监测项目数量将逐渐增长。

随着一些低能耗、低成本的无线网络技术的发展，如UWB、Bluetooth和ZigBee，越来越多工程监测项目将采用实时无线的方式，在工地安装昂贵而易损的电缆的项目，以及采用越来越贵而且不太可靠的人工采集数据的项目将日益减少。

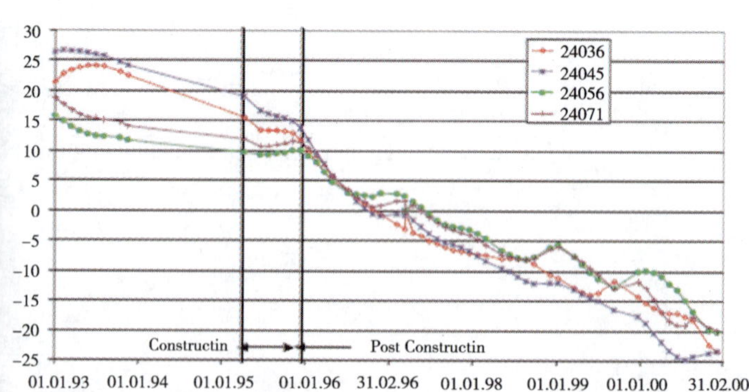

图11　位于伦敦地铁附近的大楼沉降监测

信息和数据的分发和分享技术会随着地理信息系统的不断发展而不断进步，像Google这样的全球商业地图网络服务的日益普遍，人们自然越来越需要他们的岩土工程监测数据在互联网上以地图的形式报告出来。

会有更多新型和改进的岩土工程监测仪器和方法从科研院所走向商业使用。如 MEMS 系列传感器就已经完成了这一转变，用制造集成电路同样的方法，MEMS 传感器由硅制成，它的测斜仪比传统的基于重力原理的测斜仪更便宜、应用范围更加广泛。

光纤传感器不受电磁干扰而受到关注，但常常由于它的数据采集系统的昂贵价格抵消了其在其他方面的优势，当价格下降时，其商业使用量将大幅度提高。

5 结论

从 20 世纪 70 年代简单的人工监测到今天复杂的全自动监测系统，伴随着电子技术、计算机技术和通信技术的高速发展，岩土工程监测和数据采集走过了不平凡的 30 年，取得了长足的发展，我们相信，今后的发展更加辉煌。

30 年前，香港对岩土工程监测技术非常陌生，专业人员大多来自海外，而现在在这一领域，已经成为世界领先的地区，特别在填海工程和轨道交通工程中，香港工程师的监测水平和丰富经验蜚声海外。

30 年来，一直不变的是岩土工程监测的主要目的，可以说，增进施工安全、降低工程造价、提高对工程的认知水平仍然是香港广大工程师们不断的追求。

参考文献

[1] Barwell, T. Covil, C. S. & Lang, C. 1998. Instrumentation for the Airport Reclamation; a Practical Review. Geotechnical Aspects of the Airport Core Projects. Proc., 18th Annual Seminar of the HKIE Geotech. Div., Hong Kong, 63-75.

[2] Blacker, P. 1989. Keynote address. Recent Applications of Instrumentation. Proc. 9th Annual Seminar of the HKIE Geotech. Div. Hong Kong, BL-1 to BL-25.

[3] Chan, C. H. F. Chan, W. M. & Yeung, A. T. 2004. Instrumentation of pilot field test for use of public fill in seawall foundation construction at North Tsing Yi Reclamation Works. Proc. International Conference on Coastal Infrastructure Development-Challenges in the 21st Century, Hong Kong.

[4] Chan, C. H. F. Hui, D. M. K. & Solomon, I. J., 2004. Automation as a tool to improve the quality of static pile load tests. Proc. Conf. on Foundation Practice in Hong Kong, Centre for Research & Professional Development, Hong Kong.

[5] Chan, C., Saunders, J. Ma, E. So, D. Chui, A. and Solomon, I. 2003. Continuous automatic deformation monitoring for MTR tunnels adjacent to Tsim Sha Tsui Station. Proc., South-East Asian Survey Congress, Hong Kong.

[6] Chan, C. H. F. & Solomon, I. J. 2005. A review of instrumentation considerations related to excavation and lateral support works. Proc. Seminar on Excavation & Lateral Support Works, HKGES/HKIE and City University, Hong Kong.

[7] Chan, R. K. S. 2000. Hong Kong Slope Management System. Proc. Symp. on Slope Hazards and Their Prevention, Hong Kong, 1-16.

[8] Chan, R. K. S. 2003. 10-year overview on advancement of slope engineering practice in Hong Kong. Proc. International Conf. on Slope Engrg. Hong Kong, Vol. 1, 96-121.

[9] Cooper, J. Hui, W. & Ireland, J. 2001. Benefits of geotechnical instrumentation in Mass Transit Railway Corporation tunnels, and the importance of interpretation. Geotechnical Deformations and Movements. Proc. 21st Annual Seminar of the HKIE Geotech. Div. Hong Kong, 109-119.

[10] Currie, C. & Solomon, I. J. 1993. Large diameter pile tests data acquisition systems. Proc., Conf. Recent large-scale fully instrumented pile tests in clay, Thomas Telford, London, UK, 237-249.

[11] Fitzpatrick, A. J. & Wilford, M. R. 1985. Some aspects of the structure of the new Hongkong Bank Headquarters, Hong Kong Engineer, HKIE, 13(10): 5-30.

[12] Knill, J. L. Lumb, P. Mackey, S., de Mello, V. F. B. Morgenstern, N. R. & Richards, B. G. 1976. Report of the Independent Review Panel on Fill Slopes. Government Printer, Hong Kong (Re-published as GEO Report No. 86 in 1999).

[13] Lai, T. S. K. 1989. Applications of instrumentation in railway protection. Recent Applications of Instrumentation. Proc. 9th Annual Seminar of the HKIE Geotech. Div., Hong Kong, L-1 to L-12.

[14] Lam, C. L. Yeung, A. T. & Mak, S. H. 2001. 香港电脑化斜坡　记录册的创立(Development of a new computerized slope catalogue for Hong Kong.) Proc. Conf. on the Development and Co-operation of the Construction Industry of the Mainland and Hong Kong and Exploration of the International Market, Kunming, Vol. 2, 144-148 (in Chinese).

[15] Liu, G. X., Ding, X. L. Chen, Y. Q. Li, Z. L. & Li, Z. W. 2001. Monitoring land subsidence at the Chek Lap Kok Airport using InSAR Technology. Chinese Science Bulletin (English Edition), 46(21): 1778-1782.

[16] Luk, M. C. W. 2002. Hong Kong International Airport-Geotechnical aspects on maintaining and developing the Airport Island. Geotechnical Aspects of Mass Transportation Systems. Proc. 22nd Annual Seminar of the HKIE Geotech. Div. Hong Kong, 225-232.

[17] Rasmussen, C. Wong, E. P. W. & Wood, W. R. 1995. Deformation measurements using electrolevel sensors. Instrumentation in Geotechnical Engineering. Proc. 15th Annual Seminar of the HKIE Geotech. Div. Hong Kong, 169-181.

[18] Solomon I. J. Chan H. F. C. Ireland J. P. Lee S. C. &. Fung S. T. 2001. "GIMS"-A client / server database system for management of geotechnical instrumentation data on West Rail, Proc. 14th South East Asian Geotechnical Conference, Paper 023.

[19] Solomon, I. J. & Chan, C. H. F. 2006. Instrumentation techniques for the observational method - A review of relevant Hong Kong experience. Proc. Seminar the Observational Method and Its Application in Hong Kong, HKGES/HKIE and City University, Hong Kong.

[20] Tosen, R. Barwell, T. & Pinches, G. 1996. Instrumentation database-AAHK's Workbook Programs. Ground Engineering-Special Supplement "Geotechnical Aspects of Hong Kong's New Airport", Emap Construct, London, U. K. 16-17.

[21] Vail, A. J & Attewill, L. J. S. 1976. The remedial works of Po Shan Road. Hong Kong Engineer, HKIE, 4(1): 18-27.

[22] Watkins, A. T. & Powell, G. E. 1992. Soil nailing to existing slopes as landslip preventive works. Hong Kong Engineer, HKIE, 20(3): 20-27.

[23] Wong, E. P. W. & Wood, W. R. 1998. Application of geotechnical instrumentation for the Airport Core Programme Projects. Proc., 18th Annual Seminar of the HKIE Geotech. Div. Hong Kong, 47-59.

[24] Wong, H. N. Ho, K. K. S. & Sun, H. W. 2006. The role of slope instrumentation in landslide risk management: Hong Kong experience. Proc. Conf. on Sinkhole, Slope and Structural Failure: Myth or Science, Ipoh, Malaysia.

[25] Yeung, A. T. 2005. Slope disaster prevention in Hong Kong: Past, present and future. Proc., 2005 Geotechnical Engineering Joint Conference of the Korean Geotechnical Society and Korea Association of Professional Engineers in Geotechnical Engineering, Seoul, II-1-II-21.

城市建(构)筑物密集区域轨道交通施工新技术的开发和应用

陈雅萍　杨国祥　林家祥
(上海隧道工程股份有限公司)

摘　要　本文针对上海地区轨道交通网络化建设,地铁换乘枢纽站向大面积、大深度方向发展的需求,研究了超深地下连续墙、地下深层障碍物清除、大直径旋喷地基加固、以沉降控制为中心的承压水综合治理、运营中多线换乘车站改扩建等施工技术,通过实际工程应用证实了各项技术的有效性,可为今后地下空间开发和建设提供借鉴。

关键词　轨道交通　枢纽站　地下连续墙　承压水　地基加固

1　引言

中国城市地下空间的开发数量快速增长,体系不断完善,特大城市地下空间开发利用的总体规模和发展速度已居世界同类城市的前列。中国已经成为世界城市地下空间开发利用的大国。目前,城市轨道交通建设速度已居世界首位,2010 年前,中国将开通运营的城市地下轨道交通线路将达到 1 200km 以上,今后每年平均建设速度将达到 180km。

在大都市的轨道交通系统中,随着轨道交通建设的进一步发展和深入,建成运营的线路越来越多,在新建线路或既有线路的改建过程中,为实现轨道交通各条线路的相互换乘,必须在适当的位置考虑与既有线路的联系和接轨,为了不影响既有线路的正常运营,须采用特殊的施工方法,目前国内在该领域的设计施工技术均有待开发。

枢纽站的建设可分为:总体规划、一次性设计施工完成的“新建型”和规划中没有考虑与既有运营车站相互换乘的所谓“扩建型”。相比之下,后者由于在既有运营车站附近施工,技术更为复杂,难度更大。根据上海市轨道交通近期规划,将建成 12 个 3 线以上大型换乘枢纽站,其中更多的是与运营中车站相互换乘的扩建型枢纽。但无论哪种枢纽站形式,要实现相互换乘,其车站的开挖深度均要超过 30m,个别甚至达到 40m 以内。这在类似于上海软土地层,城市密集区域内尚有大量重要管线和构建筑物需要保护的复杂环境条件下进行如此大深度的地下空间开发在国内可史无前例,在国外也不多见。

本文结合我公司承建的多项上海轨道交通和地下空间开发建设工程项目为依托,针对城市密集区大型超深基坑工程施工中存在的超深地下连续墙、地下深层障碍物清除、大直径旋转喷地基加固、以沉降控制为中心的承压水综合治理、运营中多线换车车站改扩建等施工关键技术进行了攻关,并通过实际工程应用证实了各项技术的有效性,可供业内人士参考。

2　超深地下连续墙施工新技术

地下连续墙施工技术至今已有近 50 年的历史,图 1 为地下连续墙施工流程示意图。软土地层深基坑工程的围护结构一般采用地下连续墙结构形式,成槽深度 40m 以内的地下连续墙的施工技术已经趋于成熟。轨道交通 4 号线修复工程地下连续墙深度一举达到 65.5m,连续墙接缝止水性能控制、扰动地层槽壁稳定性控制、超深土层的成槽效率是本工程超深地下连续墙施工所面临的技术难点。

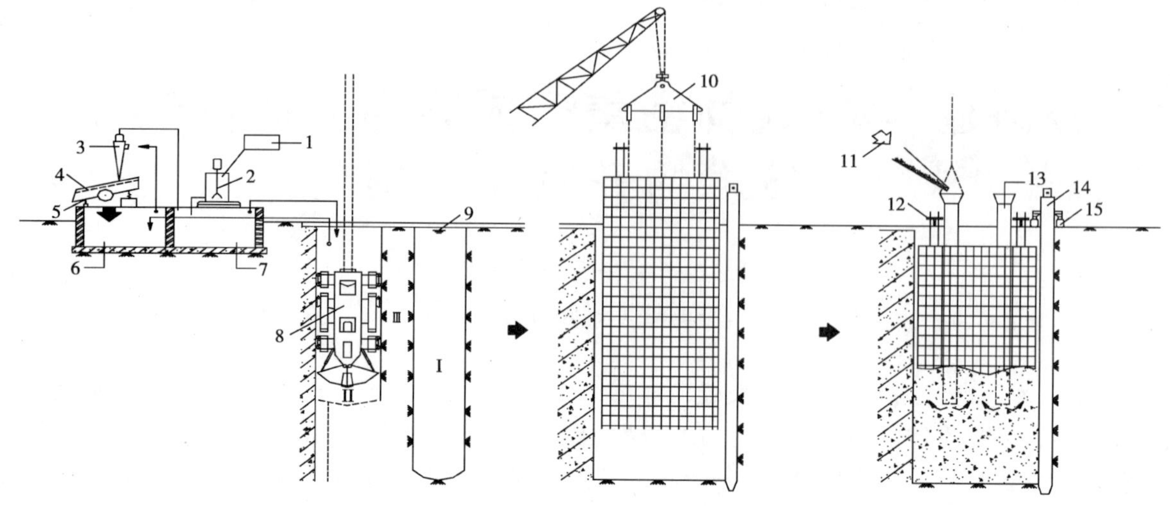

图1　地下连续墙施工流程示意图

1-(投入)膨润土 CMC,纯碱;2-搅拌桶;3-旋流器;4-振动筛;5-排沙流槽;6-回收浆储存池(待处理浆);7-再生浆池;8-液压抓斗
9-护壁泥浆液位;10-吊钢筋笼专用吊具;11-浇灌混凝土;12-钢筋笼搁置吊点;13-混凝土导管;14-接头管(箱);15-专用顶拔设备

2.1　超深地下连续墙施工泥浆的研制

泥浆是地下墙成槽稳定的保证,而本工程地质多为扰动土层,超深地下墙各道工序施工时间长,槽孔暴露时间长,极不稳定,且地下30m以下就是⑦号砂质粉土层,该层土容易发生径缩,槽内泥浆含砂率非常高,槽内沉渣容易增厚。以往地下连续墙施工一般采用细分散淡水泥浆,这种细分散淡水泥浆主要是采用钙基膨润土加入部分分散剂(纯碱)和CMC(提高泥浆黏度)组成。这种泥浆组成简单,配制费用比较低,但常规的泥浆稳定性差,护壁性能、携渣能力差等缺点,一般适用于胶结性能较好的黏性土层。

针对常规泥浆护壁性能、携渣能力、稳定性、回收处理等指标差的难题,通过反复比选和室内试验研制出了一种复合钠基膨润土的新型泥浆。复合钠基膨润土泥浆由钠基膨润土和高分子量聚合物、添加剂组成。其护壁机理为,聚合物分子在槽壁表面的吸附胶结作用,由聚合物和膨润土颗粒共同构成的泥皮对槽壁的胶结作用。

由于采用了钠基膨润土,其水化后的膨胀倍数为钙基膨润土的10倍以上,膨润土的小板结构充分打开。膨润土的小板与高分子聚合物之间的桥接作用,可在槽壁孔壁形成又薄又韧、致密的泥皮。大大降低了泥浆的滤失,使泥浆的失水量减少,从而降低了对周边地层含水量的扰动,使孔壁周边的地层尽量保持原状,防塌性能增强。采用该泥浆使得膨润土添加量少(3%~4%),具有一定的选择性絮凝作用,使分散较细土粒更多、更快沉降清除;泥浆化学稳定性强,携渣能力强;密度和剪切力小,容易净化,混凝土受泥浆的腐蚀小等特点。

2.2　超深地下连续墙成槽工艺

超深地下墙各道工序施工时间长,为尽量缩短槽段空置时间,降低槽段失稳风险,每幅地下墙分幅宽度不大于液压抓斗全部张开后的宽度2.8m,分幅原则为标准平幅幅宽3.6m,嵌幅不超过4.2m,拐角幅拐角处各2.5m。同时,为防止紧邻拐角幅的槽段浇混凝土施工时引起混凝土向拐角幅先导孔穿孔,在紧邻拐角幅的槽段浇混凝土结束后施工拐角幅先导孔。现场成槽试验分析结果表明,若采用先行幅和填仓幅间隔咬合的工艺,由于土层经过严重扰动,浅层土体极易塌方从而形成空洞,成槽难度大。连续墙深度过大限制了分幅长度,填仓幅在扣除先期反力箱的空间后宽度有限,容易造成浅层塌方和混凝土绕管等问题。通过反复现场试验比选最后确定了以顺幅为主的成槽工艺(图2),确保了地下连续墙成槽施工质量。

成槽采用引进的液压抓斗施工,针对地下36m深的硬质砂性土层的成槽,采取了先导孔辅助措施,即“两钻一抓”的施工工艺,大大地提高了成槽效率和施工精度,也减少了液压抓斗摔击对成槽设备的损伤。

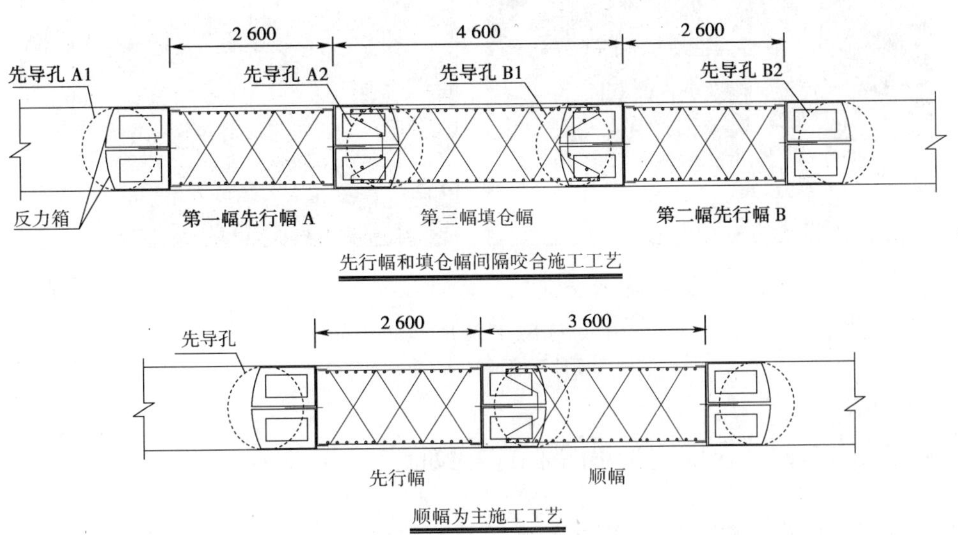

图2　地下连续墙槽分段工艺(尺寸单位:cm)

2.3　刷壁、扫孔工艺

地下连续墙的接头是确保超深地下连续墙施工质量的关键部位。本工程采用十字钢板接头,而接头是否清理干净将直接导致槽壁能否阻止坑外高水压力。超声波探测结果显示,十字钢板上附着劣化泥浆厚度达到40cm以上,常规的扫孔一次循环刷壁工艺,无法达到快速有效地清除附着劣化泥浆的目的。为此,在改进原有的十字钢板刷壁机的基础上,又研制了液压抓斗刷壁器,两者组合使用形成了一种快速高效的十字钢板接头铲刀反力箱刷壁工艺,施工实践表明其使用效果明显(图3)。

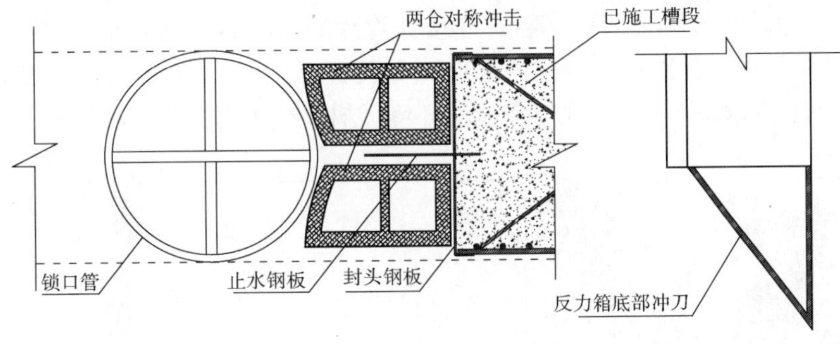

图3　超深地下连续墙刷壁原理

2.4　应用情况

工程应用结果表明:单个成槽机完成一幅平均7d时间,平均每4.5d完成一幅地下连续墙。超深地下连续墙施工工艺研究经过了摸索期到成熟期,施工效率逐步得到了提高。成槽垂直度控制精度高,所有地下墙成槽垂直度都达到了设计要求的0.3%以内。地下墙浇筑混凝土与理论方法之比的充盈系数绝大部分为0.95~1.2,新型地下连续墙泥浆护壁的作用明显。图4为基坑开挖后暴露的地下连续墙成型的实物照片,从图中可以看出,地下连续墙外观良好,渗水较少,基本无扯裂缺失,地下墙墙体中无夹泥夹砂现象,纵向和侧向垂直度保证良好,为基坑顺利开挖奠定了坚实的基础。

a)

b)

图 4　地下连续墙开挖暴露情况

a)基坑端面地下墙情况；b)开挖后整体效果

3　地下深层结构保护性障碍物清理施工新技术

地下空间开发中，旧城区改造、工程事故发生后的原位修复施工中经常会遇到地下障碍物，给工程施工带来了极大的困难。本技术依托上海轨道交通 4 号线修复工程，在伸入黄浦江约 50m 的地下 36m 处的破损隧道和未损隧道之间构筑一道贯穿地铁隧道的地下连续墙。在对管片切割清理的同时，必须确保原完好隧道的结构完好无损。管片切割清理采用从日本引进的 RT260H 型 360°全回转钻机[图 5a)]。在充分研究该设备性能的基础上，研发了一套完整的隧道保护性障碍物清理施工新工艺。该工艺的主要思路是：增大完好隧道局部刚度，同时严格控制切割施工中套筒切割压力和扭矩等关键施工参数。增加隧道局部刚度具体实施流程为：在完好隧道顶部实施开孔后向隧道内部充填低强度砂浆，砂浆必须具备良好的自立性和密实性。完成隧道充填并达到一定的强度后打设垂直冻结孔实施局部冻结，形成一个刚度较大的冻结塞头[图 5b)]。

通过对地下 36m 深的完好隧道与损坏隧道连接处管片的清除施工实践证明，完好隧道管片未出现任何损坏状况，经测量完全符合地铁隧道使用标准。实践表明，针对本项目研究开发的保护性地下深层障碍物切割工艺和施工技术是可行的，对复杂地下环境，结构保护要求高的地下深层障碍物的切割清理是有效的。

a)

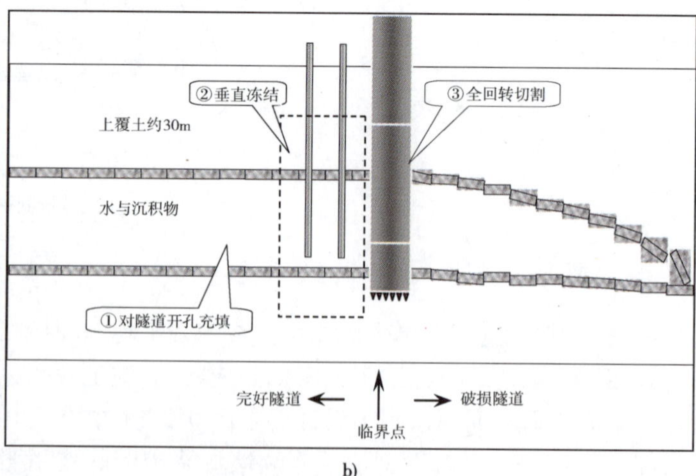

b)

图 5　全回转钻机及隧道保护性切割原理

a)全回转钻机；b)隧道保护性切割

4 超深地基加固施工新技术

超深基坑开挖将不同程度引起围护结构变形和坑底隆起,为确保基坑开挖的安全和有效保护周边环境,基坑底部地基加固是减小基坑开挖对周边环境影响行之有效的方法。超深地基加固中,一般采用高压喷射注浆方法,该技术于20世纪60年代末在日本问世,其发展历程经历了单重管、双重管、三重管,现在正在向大深度、大直径方向发展。日本、欧洲、北美和韩国等国家和地区是这一领域内的技术强国,代表技术有双高压旋喷、超级旋喷以及交叉喷射等,最大桩径可达到5m。我国目前在该领域内的代表水平为普通三重管旋喷工艺,最大加固深度达到37m,设计桩径为1.5m,该技术我国与国外还存在较大差距。

本技术依托上海轨道交通4号线修复工程基坑最大开挖深度40m,坑底最大加固深度45m,研制了双高压旋喷的关键配套设备,在国内首次研制试验平台并结合数值分析的方法,对旋喷设备的关键部件喷嘴进行了优选。同时,结合现场试验对施工工艺和参数进行了研究优化,研制了一套复杂地层大深度、大直径双高压旋喷加固工法。

"三重管双高压旋喷技术"在四号线修复工程中累计成桩1 092根,各项检测和开挖暴露情况表明,桩体代表强度值均超过设计要求的强度值,但不同土层加固体强度的差异性较大。桩径大部分达到2m,加固完全满足设计要求。基坑开挖到底,坑内外水头压力差达到30m以上,地下连续墙30m以下局部接头张开处无一出现渗漏情况,说明坑外接缝加固止水效果理想。实践证明,本项技术适用土层范围广,加固体强度均匀,施工过程中可以有效地控制地面的隆起,可作为防水帷幕,割断地下水的渗流,防止坑底部黏性土涌土或砂性土管涌,对相邻构筑物或地下埋设物的保护,也可作为已有构筑物地基的补强、盾构法及顶管进出洞地基加固。图6为本项目研究的三重管双高压旋喷技术应用结果。

a)

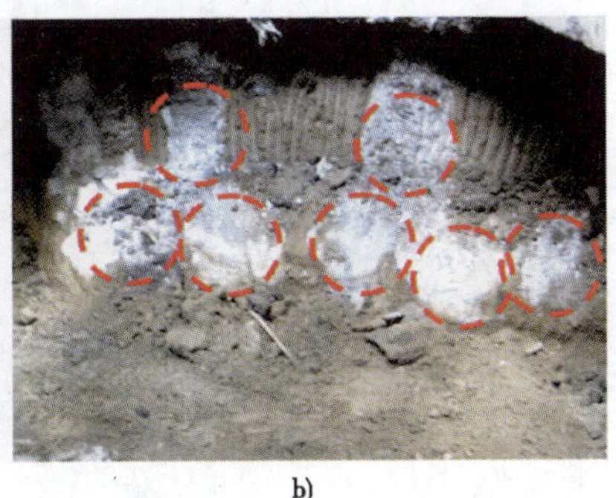

b)

图6 双高压地基加固效果

a)地基加固桩径;b)地基加固群桩效果

5 超深承压水综合治理与沉降控制新技术

承压水问题主要包括两个方面,一方面是为了保证基坑本身的安全对承压水进行降压治理,上海地区超过地下三层的车站基坑开挖,几乎无一例外的面临承压水降压问题;另一方面是承压水治理所带来的周围环境影响。这两方面在一定程度上是相对立的,而采取技术的措施来满足这两方面的辩证统一是长期以来面临的难题。随着基坑工程越来越深,承压水已成为制约基坑安全和保护环境的关键因素。

在轨道交通建设中制定承压水治理方案时须以沉降控制为中心,改变了以往以水位控制为中心的理念,既要求保证基坑稳定还要求将周围地层沉降控制在允许范围内。

5.1 降水技术

对于超深基坑工程的承压水,其降深越大、降水范围越大、降水时间越长,对周边的影响也越大。作为控制降水的范围,可将基坑分区进行降水;为了减少降水时间,则根据进度和工况来进行按需降水;由于地质条件复杂,承压水层上覆土层为非有效隔水层,与承压水层存在着水力联系,可能存在一定的承压性,可进行微承压水的分层降压。

5.2 隔水技术

以往对于承压水问题一般都是采取单纯降水措施来处理的,然而深基坑一旦开挖超过临界深度,必须保证基坑内承压水头降低一定深度,以满足基坑稳定要求。对于大型深基坑而言,即使采取"按需降水、控制降水"等措施,抽水量也是相当可观的,无法从根本上避免对周围环境的影响。对于周围环境保护要求严格的深基坑,必须从根本上减少抽水量,尽量将降水曲线封闭在基坑内,此时应采取"隔"的办法,即阻隔承压水补给以减少抽水量。

阻隔承压水补给的方法有以下几种:(1)地基加固,以人造隔水层加大覆土厚度抵抗承压水压力;(2)围护墙插入不透水层;(3)加大围护墙体插入深度,如图7所示。人造隔水层实际上是人为加大覆土厚度,对于降深很大的超深基坑,加固体要求很深、很厚,经济性和操作性都很差;而围护墙插入不透水层是目前设计中经常应用的技术,但前提是墙底附近存在不透水层,存在一定局限性,如采用人工加固形成隔水层不仅加固质量难以保证,费用也难以承受;而加大围护墙体插入深度是利用上海地区土层水平渗透系数远大于垂直渗透系数的特点,适当加深围护,使之超过井点底部一定深度,迫使补给水流产生垂直绕流,以大幅度减少补给水量,这一方法适用范围较为广泛,经济性较好,但此方法地下墙深度往往超过50m,对施工能力要求较高,同时插入深度和井点设计应进行渗流场和应力场耦合固结计算,技术难度较大。

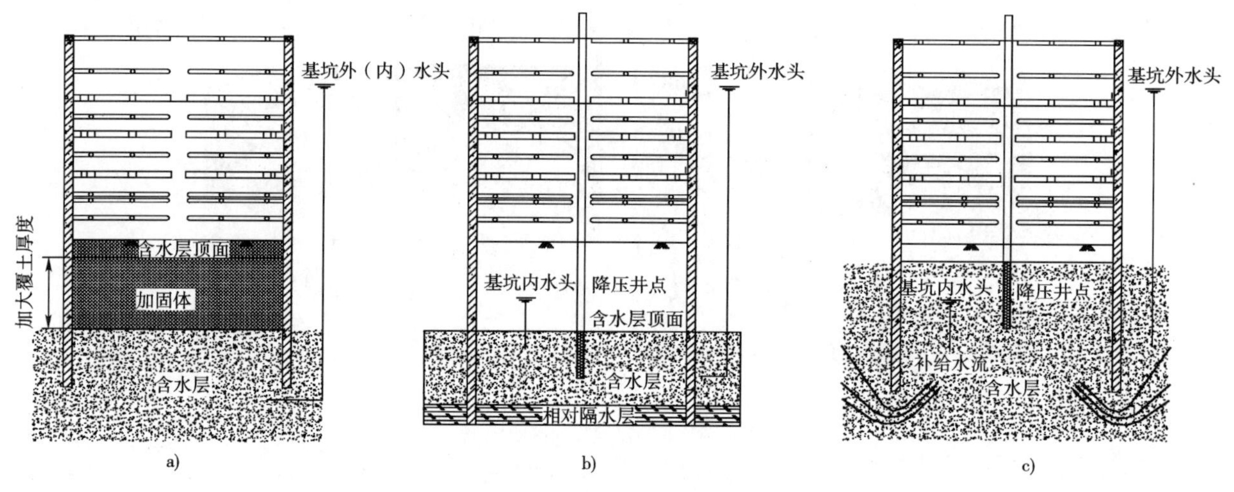

图7　减少渗流量的方法

a)基底加固;b)围护插入隔水层;c)加长渗流路径

5.3 回灌技术

回灌是全国各地广为采用的控制沉降措施,但上海地区浅层土体渗透系数很小,多年来施工井点回灌效果一直不甚理想;因此,工程界对于回灌一般并不重视,但事实上本市工业深井取水一直实施废水回灌,有效地抑制了大面积沉降的发生,施工回灌主要问题是水源问题,因为上海Ⅰ、Ⅱ层承压水均富含铁、锰离子,抽出的水接触空气后即形成沉积物,直接回灌将很快造成井点阻塞,失去作用。因此,在工业回灌的成功经验上摸索一种经济有效的施工回灌方法,以减少地层沉降,是非常有价值的。

6 多线换车车站改扩建施工新技术

对于扩建型枢纽站而言,结构大规模的拆除、改建及重建在所难免。为了减少改建施工对结构耐久性的影响,必须采用合理的施工技术和方法,使改造后对结构的耐久性影响降至最低。由于部分结构的拆除,将导致结构内力的重分配,构件应力发生变化,使得改建后结构会产生不利的变形、裂缝,导致局部构件与结构整体刚度减小。拆除与改建对原结构的一些防护构造与防水措施等造成不利影响,这些因素将对结构的耐久性产生负面影响。

本技术依托上海轨道交通世纪大道4线换乘大型枢纽站的改扩建工程。如图8所示,该改扩建工程位于浦东陆家嘴金融贸易区世纪大道与张杨路的交界处,新建的轨道交通6号线与已运营的2号线、4号线张杨路车站及同步新建的9号线车站形成"卅"字形大型换乘枢纽。由于运营中的2号线在结构上没有预留与新建的6号线换乘接口,6号线需横穿2号线地下一层的站厅层。结构施工时在确保2号线和4号线正常运营的前提下,需进行2号线车站的上部覆土卸载,站厅层两侧墙体大面积凿除等高难度、高风险的施工。

图8 轨道交通4线换乘大型枢纽站

6.1 "化整为零"的结构拆除施工新技术

针对运营中2号线车站站厅层侧墙凿除近80%、6号线穿越段约26m侧墙整体结构凿除改建;在工程施工实施前,通过三维模拟仿真分析,对不同的施工工序进行数值模拟计算,从而找出既要满足2号线运营要求,又要满足改建车站结构受力和变形以及耐久性等要求的最佳施工方案和施工工序。针对2号线车站侧墙大面积凿除引起结构整体刚度大幅度减小等技术难点,采取了先撑后凿临时加固、化整为零小范围凿除、随凿随建确保整体刚度等技术措施;针对6号线穿越段2号线站厅层整体凿除改建带来结构受力改变和上浮等技术难点采取了化整为零凿除结构、结构补强加固、抗拔桩压梁体系抗浮等一系列技术措施;确保了施工的安全。

6.2 结构防水技术

车站的结构改建,新老混凝土接缝众多,改建施工过程中又会破坏运营车站的防水体系(诱导缝、施工缝、排水设施),而且新老结构之间还存在差异沉降,因而结构防水技术也成为一大关注点。

1)新老混凝土接缝防水技术

针对通道(门洞)位置地墙与新筑底板(内衬结构)接缝、原地墙混凝土质量差及分幅锁口管位置易发生渗漏水特点,采取了新防水材料和接缝堵漏补强的技术措施。

考虑新老混凝土结构施工缝中,老结构混凝土面凹凸不平,防水施工困难,新老混凝土接缝采用钢性连接;在老结构混凝土基面设置,在潮湿环境中固化和膨胀的单组分挤出型水膨胀聚氨酯密封胶条,用密封胶枪挤压施工,适宜的施工时间是在混凝土浇注前24h,避免大雨天施工或与水长期浸泡接触。对于混凝土难以浇捣密实的施工位置,先压注水泥浆补强,后采用EAA环氧材料注浆堵漏。

2)排水引流措施

为防止各车站间差异沉降导致通道(门洞)堵漏处重复渗漏导致装修面湿渍或地面积水,从而影响装修好的公共站厅的使用,在通道(门洞)设置引流排水系统,保证结构安全和基面干燥。引流排水系统具体为通道(门洞)位置上口设置汇水槽汇入下口积水沟内。

3)结构的构造自防水

确立钢筋混凝土结构自防水体系,并以此作为主体形成系统工程,即以结构自防水为根本,加强钢筋混凝土结构的抗裂、防渗能力的工作环境。车站结构混凝土采用防渗强度等级为P8的混凝土,地下一层侧墙及顶板混凝土采用补偿收缩混凝土(掺UEA),减小混凝土收缩裂缝。施工缝包括横向施工缝和纵向施工缝，横向施工缝每 24 ~ 32m 设置一道施工缝，施工缝的防水采用中埋式止水带。顶板附加防水层采用黏结剥离强度高，延伸性好，可在潮湿基面施工的聚氨酯涂料。涂料防水层采用满铺、满涂、黏结的方式进行。

6.3 其他施工措施

新建通道（门洞）的凿除将直接改变车站原结构的受力，为确保原顶板结构安全，门洞凿除施工前对车站结构顶板用粘贴纤维增强塑料、增加支承等加固补强。

为保证工程耐久性，混凝土施工中，重点保证结构表层混凝土的振捣密实与均匀性；通过抗裂性能的对比试验确定混凝土的原材料及配比。

7 结语

上海地区轨道交通发展迅速，工程难度和环境保护要求日益提高，施工技术和实际应用都取得了长足发展，本文对在轨道交通地铁换乘站中出现的施工新技术进行了总结，对地下连续墙施工中接头形式、反力箱起拔等关键施工工艺进行了创新；全套筒全回转式钻机具有钻孔精度高、环保效果好、适应地层广等特点，使用其作为超深地下深层障碍物清除工具，同时本设备也可作为拔桩的措施；大直径三重管双高压旋喷注浆加固施工方法加固范围大，单桩可以进行大深度、大直径的土体加固，使用其施工可有效地减少成孔的工作量，缩短施工工期，为大深度的地基加固工程提供技术支持；超深基坑在复杂地质情况、超高保护要求情况下的承压水实践以沉降控制为中心，采用“隔、降、灌”并举的承压水综合治理措施；对运营中多线换车车站改扩建中拆除施工技术及扩建中结构防水技术等施工技术进行了探讨，并通过工程应用验证了各项技术的可行性，为今后地下空间开发和建设提供借鉴。相信随着工程技术的发展，轨道交通车站及线路的施工技术将不断丰富提高，并日臻完善。

三、轨道交通线网站点规划设计研究

上海地铁多线换乘枢纽站工程

傅德明
（上海申通轨道交通研究咨询有限公司）

摘　要　本文结合上海地铁线网建设中的多线换乘枢纽站工程的规划、设计、施工的实例，阐述了地铁换乘枢纽站的种类、结构形式，以及大型地铁枢纽站规划设计比选的依据、原则和方法。徐家汇3线换乘枢纽站“环港汇”方案利用既有地下建筑及与地块结合一体化建设的创新理念，对中心城区地铁换乘枢纽站的规划建设有重要的借鉴意义。

关键词　地铁　车站　换乘

1　上海轨道交通工程建设概况

上海1995年建成运营地铁1号线以来，已建成运营8条线234km，日客流达300万人次。至2012年形成由13条线路组成的上海城市轨道交通的基本网络，总长度将达到510km、中心城范围内的总里程为310km，初步形成功能完善、能够支撑国际化大都市发展目标的轨道交通网络体系，如图1所示。届时可承担日均客流约800万人次，占全市公交出行总量约43%，地铁将成为上海市民首选的“快捷、安全、舒适”的交通方式。

上海城市轨道交通基本网络体系中共有209个车站，其中二线换乘车站66个，三线或三线以上的换乘站有16个，以这些轨道交通换乘站为依托，形成了上海城市综合交通体系中的大型换乘枢纽，如人民广场换乘枢纽、徐家汇换乘枢纽、世纪大道换乘枢纽等。

目前，上海地铁工程建设进入前所未有的高潮，2008年内要完成5条线100余座车站、150km区间隧道工程量，90台盾构在城市地下掘进施工。在建的2线换乘枢纽站有21座，3线换乘枢纽站5座。

2　地铁换乘枢纽站的类型

2线换乘的地铁枢纽站形式有同站、平行和交叉换乘。同站换乘最方便、最经济，但必须在线网规划时精心策划；其次是平行换乘，换乘较方便，施工也不难；交叉换乘有“十”、“T”和“L”字形等，如图2所示。“十”、“T”字换乘站应2站同时设计和施工，如先建车站未考虑后建换乘站的施工，往往给后建车站工程带来很大困难。上海地铁工程有很多教训，如1号线上体馆站建造时未考虑与4号线换乘，“T”字换乘必须从已建车站下穿越，2004年采用冻结法加固穿越段土体后用矿山法开挖。

3线换乘的地铁枢纽站形式有“三”、“Π”、“Δ”字形等。由于上海地铁初期规划较早，缺少经验，线路规划与目前的远景规划有较大的差异，1～5号线的换乘站未考虑后建站的规划设计，形成目前大型地铁换乘枢纽站规划、设计、施工的难题。如地铁徐家汇站、汉中路站等3线换乘枢纽站的规划设计方案需考虑地面高层建筑、道路交通、地下构筑物等众多因素。

图1 上海轨道交通线网规划

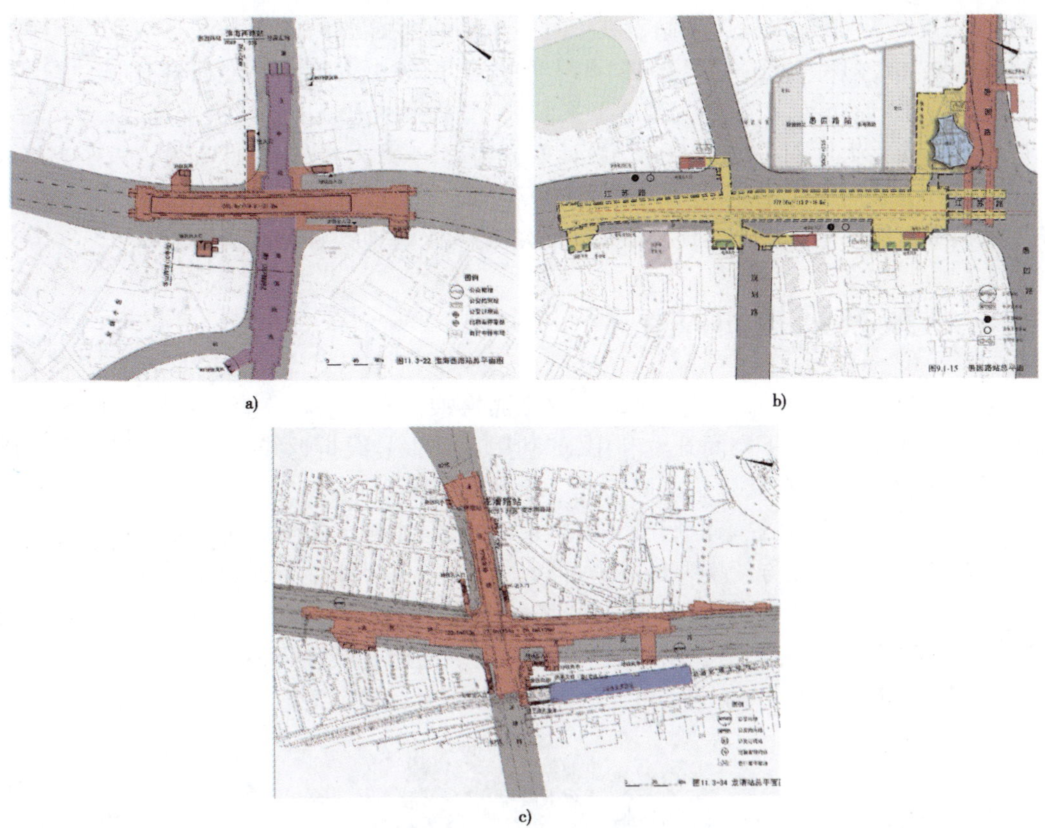

图2　2线换乘的地铁枢纽站交叉形式

a)“十”字换乘站;b)“L”字形换乘站;c)“T”字换乘站

3　人民广场3线换乘枢纽站及换乘大厅工程

地铁人民广场站位于上海市中心最繁华的南京路、西藏路交叉口的西南角,1、2、8号线在此形成3线换乘枢纽。分别建于1995年和1999年的1、2号线车站成“L”形交叉,站厅端头换乘,因客流增大拥挤,又在另两端建一地下通道(约200m用于1号线换乘2号线)缓解了拥堵,但换乘通道过长,如图3所示。

图3　3线换乘的人民广场枢纽站平面图

2002 年规划设计 8 号线,人民广场站设在 1 号线东侧的西藏路下,与 1 号线形成平行换乘。但 8 号线与 2 号线的换乘如经过 1 号线站厅,势必"雪上加霜",形成更大拥堵。经研究比选,提出在本 3 线"L"形交叉处建一"L"形交叉口,建一大型地下换乘大厅,从根本上解决 3 线换乘难题。

人民广场地下换乘大厅面积约 1 600m^2,设计人流为 7.64 万人次/h,设计流量远大于高峰人流。地下换乘大厅在设计上采用天窗采光,光线明亮。2007 年底,8 号线开通,地下换乘大厅投入使用。目前,人民广场 3 线换乘枢纽站的日换乘客流达 30 万人次,约为上海地铁日客流量的 10%。

4 徐家汇 3 线换乘枢纽站工程

徐家汇是上海的副中心之一,也是大型的市内交通换乘枢纽,地铁 1 号线的建成,极大地带动了徐家汇地区的城市发展和城市地下空间开发利用,如利用地铁 1 号线折返线的上层空间开发建成了徐家汇地铁商城,并与地面大型的公共建筑共同形成了徐家汇商圈。

在建的 9 号线和 11 号线在徐家汇形成 3 线换乘枢纽,但如何在高楼林立和交通拥堵的商圈内规划设计 2 座地下车站和实现客流方便换乘是一个难题。已建的 1 号线地下车站为南北走向,位于漕溪北路上,地下 3 层,长约 600m,其中 400m 为地下商场。1 号线与徐家汇的大型商场如港汇广场、东方商厦、汇金广场、太平洋广场、六百商厦、美罗城等均建有地下通道。经多方案比选,提出以徐家汇最大最高的"港汇广场"双塔建筑为中心的"环港汇"3 线换乘枢纽为首选方案[1],如图 4 所示。

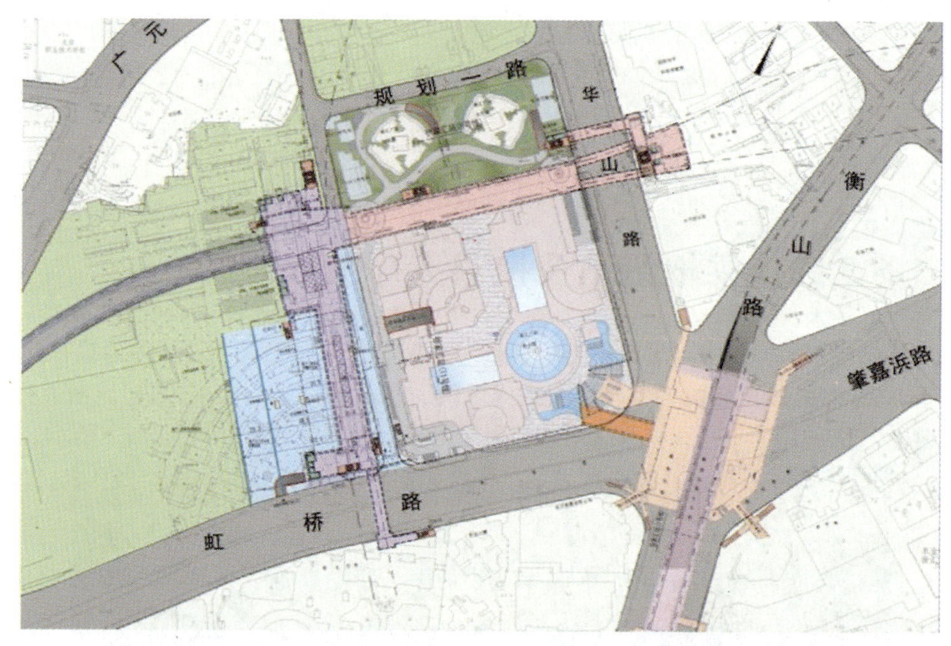

图 4 地铁徐家汇枢纽站 3 线换乘"环港汇"方案

"环港汇"设计方案将港汇广场北侧路下 3 层地下室改建为地下 2 层的 9 号线车站,在港汇广场西侧的恭城路线建地下 5 层的 11 号线车站,在西北角成"L"形相交,可形成 2 站的站台换乘,如图 5 所示。9、11 号线于 1 号线的换乘则通过港汇广场的地下 1、2 层换乘大厅实现。

9 号线车站利用港汇广场地下 1 层(层高 5.2m)改建为人行层,设公共区和商务区,与东侧的港汇广场地下 1 层空间形成集散、换乘大厅;将地下 2、3 层打通,改建为站台层,层高 7.7m。11 号线车站为地下 5 层,下 1 层为站厅层,下 2、3 二层为停车库,下 4 层为设备层,下 5 层为站台层,如图 6 所示。该工程目前正在施工中,预计于 2009 年底建成。图 7 为徐家汇 3 线换乘枢纽站效果图。徐家汇 3 线换乘枢纽站"环港汇"方案利用既有地下建筑及与地块结合一体化建设的创新理念,对中心城区地铁换乘枢纽站的规划建设有重要的借鉴意义。

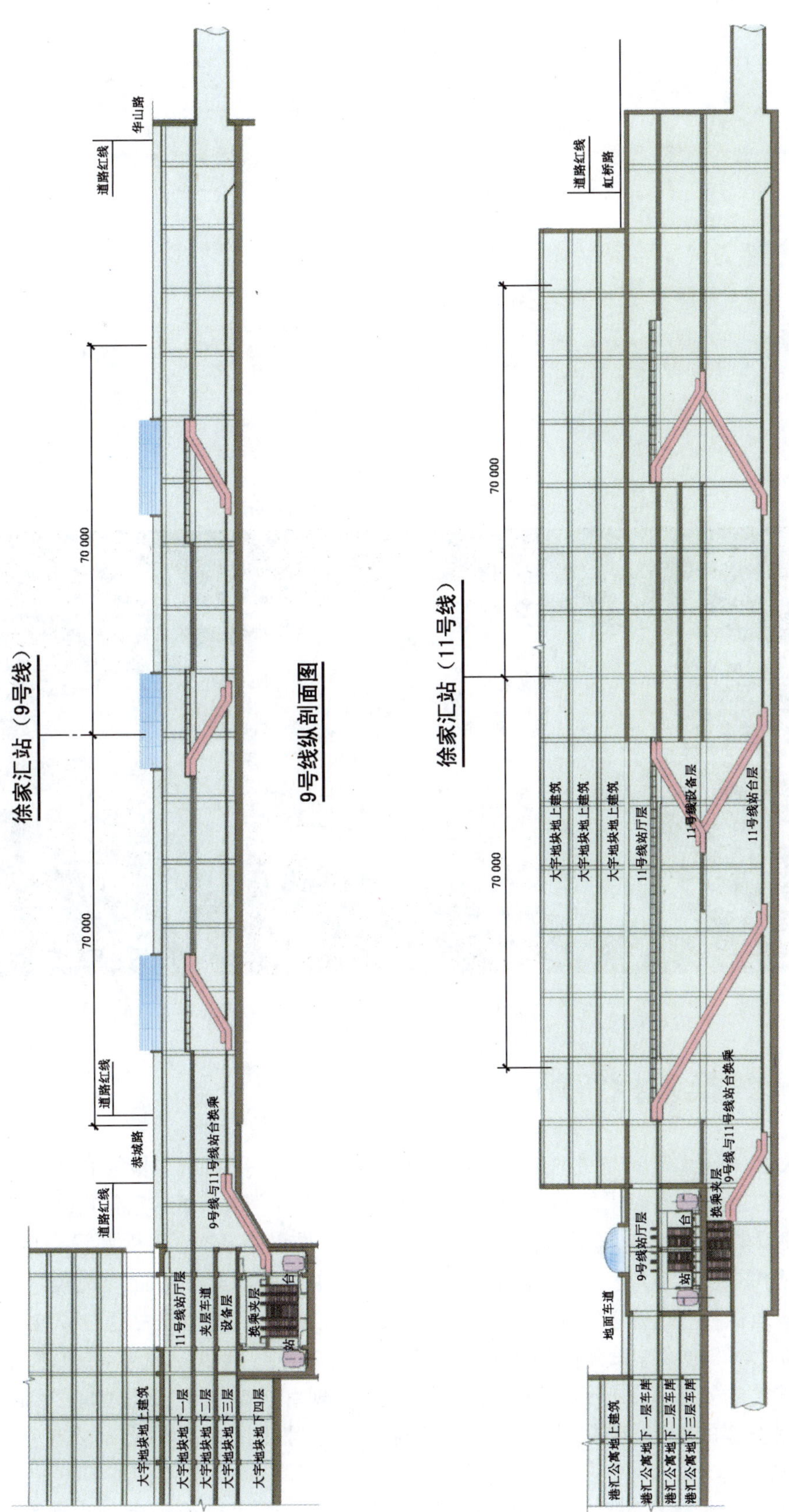

图5 9、11号线徐家汇站纵剖面图

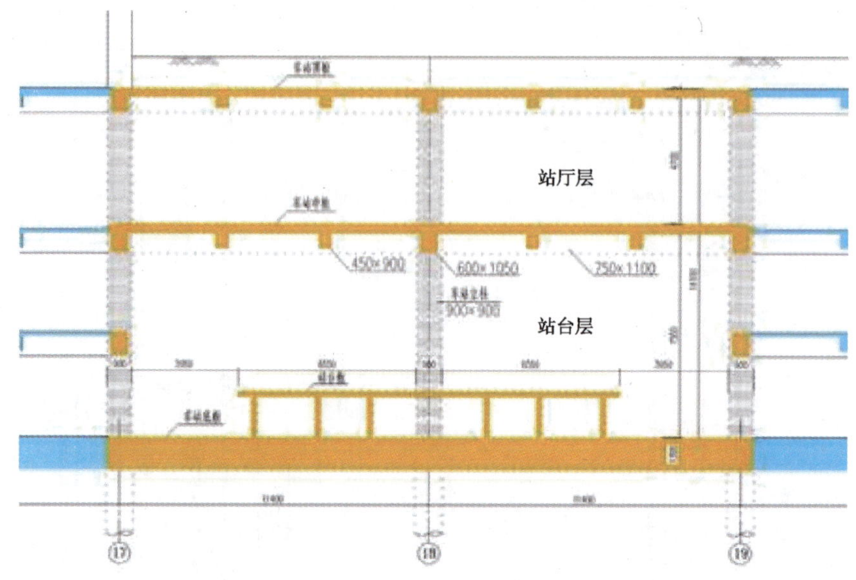

图6　9号线徐家汇站利用地下车库改建横剖面图

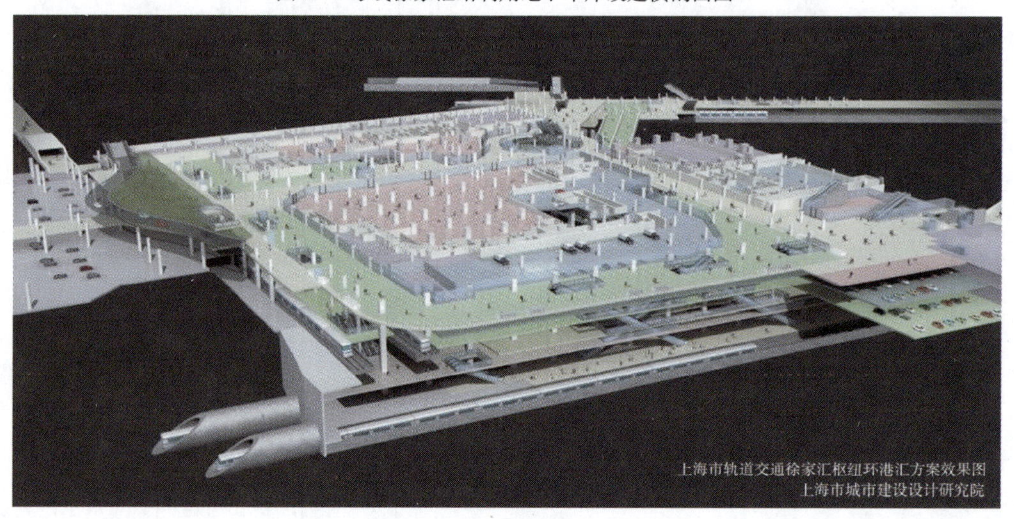

图7　徐家汇3线换乘枢纽站效果图

5　世纪大道4线换乘枢纽站

位于浦东世纪大道、张杨路、东方路的地铁世纪大道站有2号线、4号线、6号线和9号线在此换乘，是上海目前规模最大的轨道交通换乘枢纽站，4线地铁枢纽站呈“丰”形布置，横跨世纪大道，如图8所示。吸取枢纽车站建设的经验教训，该换乘枢纽从建筑空间、环控设备、自动售检票设备到主要供电设备等系统专业都体现了资源共享，是上海市轨道交通换乘枢纽中在资源共享方面处理较好的车站之一。

世纪大道2号线地铁站于1999年建成，2001年开工建设的4号线地铁站位于2号线地铁站北侧，2站平行换乘，为地下3层结构，开挖深度23m，其深度比2号线地铁站低4m。开挖施工应保护运营中的2号线地铁站的安全，采用了基坑底部土体加固处理和分块开挖支撑的技术措施和方法，控制了地下连续墙围护体的变形，确保基坑开挖施工期间的2号线地铁站的运营安全。4号线地铁于2005年底建成通车。

2005年，6号线和9号线地铁世纪大道站工程同时施工建设。4线换乘的大型枢纽站总体方案是在已建的2、4号线平行换乘地铁站的基础上建成“丰”字形换乘枢纽站。9号线地铁站位于2号线地铁站南侧，为地下2层，与2、4号线地铁站平行换乘。

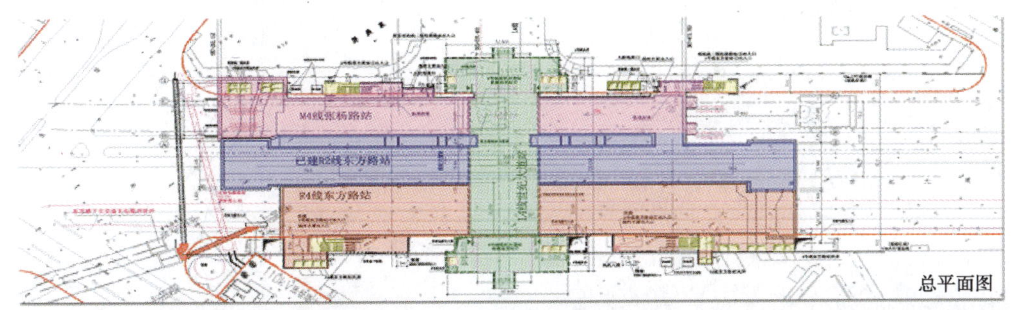

图8　世纪大道4线换乘枢纽站示意图

6号线地铁站骑在2、4、9三座平行换乘站上，利用2、9号线地铁站的站厅层和4号线地铁站的下一层作站台层。4号线地铁站已作预留，2号线地铁站需凿除站厅的侧墙和顶板，以满足6号线地铁站台空间的需求。

2007年底，6号线建成运营，世纪大道枢纽站已实现3线换乘，日换乘客流从6万人次增至15万人次，约为人民广场站的一半，换乘客流排名第二。至2009年底，9号线2期将建成运营，世纪大道枢纽站4线换乘将全部实现。

6　汉中路3线换乘枢纽站工程的规划设计

1号线汉中路地铁站建于1995年，拟建的12、13号线与汉中路地铁站交叉换乘，形成3线换乘大型地铁枢纽站。如何规划设计主要应依据地面已有建筑物和道路交通，考虑规划建筑物和交通条件，提出方案比选确定。

汉中路枢纽所在区域为上海规划的不夜城地区，北临上海火车站，站址周边分布有诸多高层建筑、恒丰路汽车站、芷新不夜城客运站、汉中路公交枢纽站等。不夜城地区规划为上海城市交通枢纽、上海市级商业、商务中心、上海现代信息港分港，将建成为多功能、综合性、外向型、全天候的城市公共活动中心，集金融、贸易、办公、购物、居家等于一体。

3线换乘汉中路枢纽站规划设计方案有小“Δ”形、大“Δ”形二项，如图9所示。二方案比选详见表1。

从工程实施风险、综合换乘枢纽功能、工程实施对社会影响、线路条件、线路对地块影响等方面综合比选，考虑推荐小Δ方案，该方案可有效化解工程实施风险，降低工程实施难度，避免了施工期间对区域交通的影响，并可降低工程实施对环境保护措施费用以及管线大量搬迁的费用。同时建成后枢纽换乘功能较好，并可通过地面的公交配套设施的统一规划，可形成区域性的综合交通换乘枢纽。存在主要问题有：①需各方协调做好恒通大楼动迁工作；②对线路走向调整区域影响的地块需进行协调[2]。

12号线梅园路站设在恒丰路与梅园路间的长安路上，为地下三层岛式站台车站。13号线汉中路站设在恒丰路以东、恒通路以南的地块内，为地下四层岛式站台车站。两线与1号线汉中路站呈“Δ”布置。12、13号线车站“L”形相交，与1号线为区间隧道与区间隧道相交。

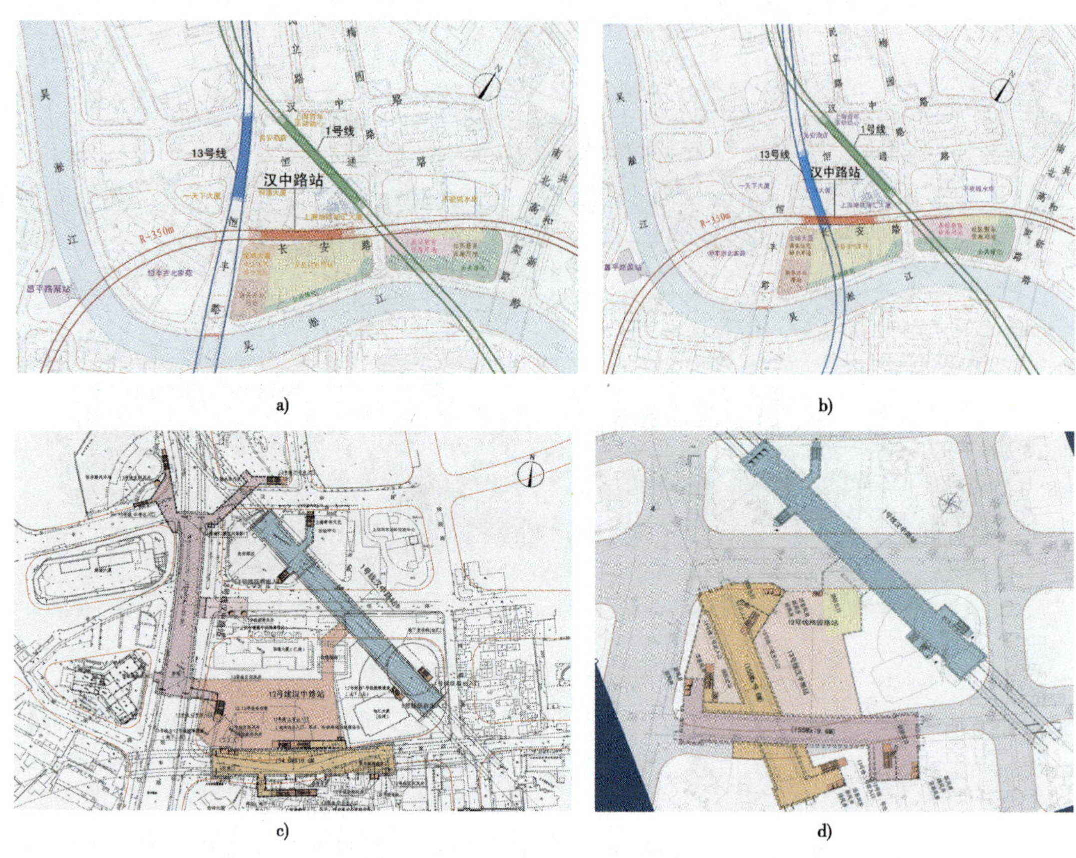

图9　地铁汉中路站3线换乘枢纽方案图

a)大"Δ"方案;b) 小"Δ"方案;c)大"Δ"方案3线换乘平面图;d)小"Δ"方案3线换乘平面图

汉中路换乘枢纽线路方案比选　　表1

序号	工程方案 比选内容	方案一(大"Δ"方案)	方案二(小"Δ"方案)	比选意见
1	线形	车站西端采用R=350m曲线	车站西端采用R=350m曲线	方案一好
2	枢纽功能	三线之间通过通道换乘,换乘距离稍长	12、13号线站台换乘	方案二稍好
3	地区综合服务功能	由于三线换乘空间内地面建筑存在,地面交通组织困难,商业居住交通混杂,区域服务功能较差	地面枢纽交通组织容易,区域服务功能好	方案二好
4	线路对地块的影响	线路走向与规划走向一致,对沿线地块开发基本无影响	线路走向局部调整,对规划开发的地块有一定程度的影响	方案一好
5	建筑动拆迁	动拆迁量相对较小,拆迁面积约为14 500m^2,且主要以多层建筑为主	动拆迁量相对较大,拆迁面积约为37 000m^2,需动迁18(16)层恒丰大楼	方案一好
6	换乘条件	三线为两两通道换乘,换乘距离较短	12与13号线为岛—岛换乘,12、13号线与1号线为通道换乘,换乘便捷	方案一好
7	施工难度	13号线车站施工需保护恒通大楼、一天下大厦;12号线车站需保护金峰大厦、旭汇大厦;13号线实施距离区间较近需重点保护、12号线实施时需保护、区间相交需采取措施	13号线车站需保护恒通大楼、一天下大厦(距离远);12号线车站需保护金峰大厦、旭汇大厦;13号线距离区间较远,与12号线区间不相交	方案二稍好

续上表

序号	工程方案 / 比选内容	方案一（大"Δ"方案）	方案二(小"Δ"方案)	比选意见
8	对道路交通、管线影响	对恒丰路交通影响较大	不影响恒丰路交通	方案二好
9	工程造价	工程土建费用约为 38 534 万元，管线搬迁、建(构)筑物保护以及恒丰路引桥的拆迁和改造等需增加费用约 9 000 万元	工程土建费用约为 31 500 万元，施工期间管线搬迁量较小(不含拆迁费)建筑保护费用较方案一大幅度降低	方案二好

13 号线汉中路车站布置在恒丰路以东、恒通路以南地块内。由于 13 号线在此设站，地块内的恒丰大楼(16 层、18 层)、云都大酒店(4 层)、久隆电力进修学院、圆圆外国语学校等建筑需拆迁。

12 号线梅园路站标准段基坑开挖深度约 23.55m，采用 1 000mm 厚地下连续墙作为围护结构。地墙深 40m，墙趾插入⑦$_2$层砂质粉土，与内衬墙一起作为使用阶段的侧墙。车站距金峰大厦净距为 17.8m；北端头井距旭汇大厦净距为 11.8m。车站标准段沿基坑深度方向设 5 道钢支撑和 2 道混凝土支撑。为了减小开挖对周围环境的影响，在第五道混凝土支撑和坑底下进行地基加固，考虑车站纵向开挖过程的影响，在基坑内进行三道纵向土体加固封堵。

13 号线汉中路站标准段基坑开挖深度约 30m，采用 1 200mm 厚地下连续墙作为围护结构。地墙深 46m，墙趾插入⑧$_1$层黏土，与内衬墙一起作为使用阶段的侧墙。车站标准段沿基坑深度方向设 7 道钢支撑和 3 道混凝土支撑。为了减小开挖对周围环境的影响，在第五道、第七道混凝土支撑和坑底下进行地基加固，考虑车站纵向开挖过程的影响，在基坑内进行三道纵向土体加固封堵。

汉中路 3 线换乘枢纽站工程年内开工，2010 年建成。

7 结语

上海已建的大型地下交通换乘枢纽站有人民广场站、上海南站、世纪大道站等；在建的有徐家汇站、宜山路站、龙阳路站(3 线地铁与磁悬浮线)、上海西站(3 线地铁与铁路)、汉中路站、虹桥机场站(5 线地铁、高速铁路、磁悬浮线与机场共 7 线换乘)等。市中心区的大型地下交通换乘枢纽站由于已有建筑物、道路交通的影响，规划设计施工方案需从综合规划、施工难度、交通影响、换乘条件、工程造价等多方位综合比选考虑。上海城市轨道交通换乘枢纽站的规划设计施工积累了许多经验和教训。"丰"字形世纪大道 4 线换乘枢纽站是换乘最短、最经济的枢纽站；徐家汇 3 线换乘枢纽站与已建地下空间融为一体的"环港汇"方案是与商业商务紧密结合的最优化的枢纽站；虹桥机场枢纽站将是规模最大的综合换乘枢纽站。2010 年上海世博会前将建成运营 400km 轨道交通，众多大型地下交通换乘枢纽站的建成将为市民提供便捷、舒适的换乘条件。

参考文献

[1] 徐正良，马仕民，崔勤，王卓瑛，张忠杰. 上海市轨道交通徐家汇枢纽"环港汇"方案设计. 大直径隧道与城市轨道交通工程技术 135 ~ 141. 上海：同济大学出版社，2005.

[2] 上海轨道交通汉中路枢纽站方案研究. 上海申通轨道交通研究咨询有限公司，2007.7.

杭州轨道交通规划中的"同台换乘"设计

裘红妹[1]　裘君英[2]
(1.杭州市综合交通研究中心　310006　2.浙江科技学院　310023)

摘　要　2003~2004年,杭州市规划局和杭州市地铁建设集团有限公司委托美国施伟拔公司对杭州市十余年来进行的历次城市轨道交通线网进行了调整及优化。该规划着重调整线网布局以配合杭州城市交通及用地发展,以及杭州市未来整体及分区规划政策,对城市打破传统的集中空间结构、实现城市总体规划确定的新型生态城市空间结构、引导城市可持续发展、保护历史文化名城等方面的考虑,起了关键性作用,并以此作为杭州市目前至2050年的城市轨道设计和建设基础。该规划设计队伍集各地经验所长,引入了较具前瞻性的轨道交通发展经验,例如同站台换乘及TOD等。本文主要对此次规划的特点及对于国际先进的地铁同台换乘车站设计理念在杭州的具体应用作了介绍。

关键词　城市发展　轨道交通　车站设计　同台换乘

1　杭州市城市轨道网规划特点介绍

2003~2004年,杭州市规划局和杭州市地铁建设集团有限公司委托美国施伟拔公司对杭州市十余年来进行的历次城市轨道交通线网进行了调整及优化。本次规划在现状和未来的用地、交通活动、客流预测数据、杭州总体发展规划、轨道线网规划原则以及宏观限制条件考虑基础上,建立了不同的线网方案。方案建立后,接下来就是对各方案进行评价,然后通过"达标法(Goals Achievement Method)"对每条比选路线进行定性和定量分析,并对这些线路共同组成的整体轨道线网进行分析,以满足杭州近期和远期的发展目标。最后依据专家们的意见选出推荐方案(图1)。

推荐方案线网形态为枢纽型放射状的轨道网络,并体现"以换乘枢纽为中心,交通走廊为主体,以城市的发展方向为视野"的设计理念。其主要特点如下所述:

(1)以换乘枢纽为中心

①体现两个城市中心;

②以人为本,运用了起到"无缝换乘"及"整合线网"的同站台换乘理念;

③设计了不同等级的换乘枢纽。

(2)以交通走廊为主体

①获取最大客流;

②轨道线网充分连接各个城区;

③连接市区内现状和规划大型客流集散区和客流集散点;

④避免现状和规划的重要建筑等限制条件。

(3)以城市的发展方向为视野

①线网远景考虑与杭州大都市区富阳、临安等城市的连接,并为与杭州大都市区相邻城市如绍兴、湖州/德清、嘉兴、上海、宁波等的连接预留接口;

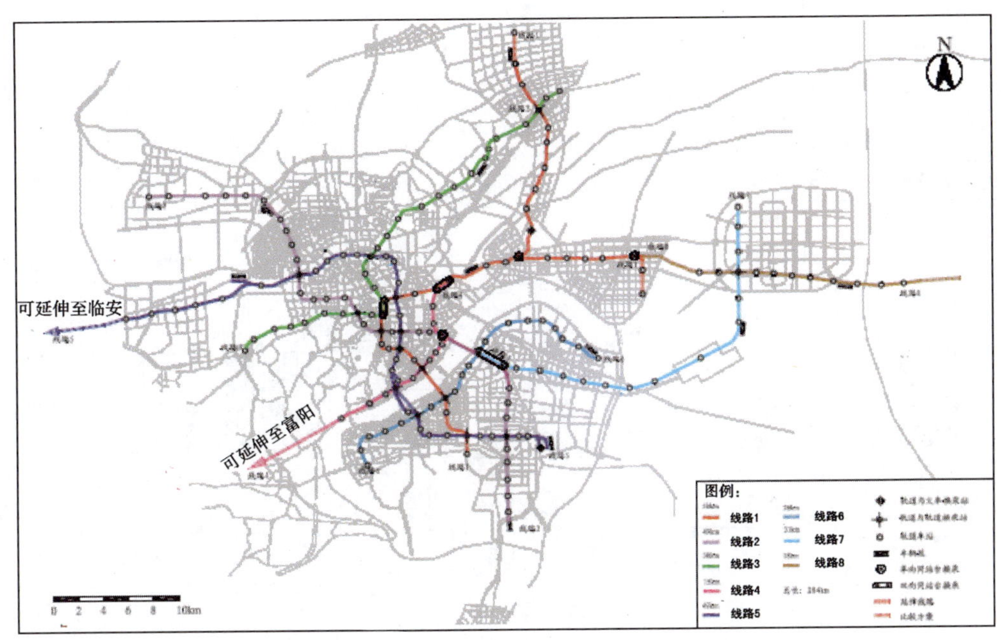

图1 杭州市轨道线网规划最终建议方案

②在铁路东站、城站、萧山火车站和九堡高速铁路预留站考虑线网与上海至杭州高速铁路/磁悬浮列车的换乘；

③充分考虑轨道交通引导用地发展的机会。

2 车站规划及同台换乘设计

2.1 车站规划

为了完善系统的整体设计，除了轨道线路规划外，需要在宏观和战略层面上考虑站点规划。站点规划为提升系统的形象和统一性提供机会。站点作为城市聚焦点、汇集点和主要的乘客集散中心，不管是单一发展还是综合发展，车站周围都会有很多的商业机会。在换乘站点的大量客流，大大提高了商业机会。

此外，车站设计也是轨道系统成功与否的关键之一，它需要考虑乘客循环，人流集散，乘客的舒适度、便捷性、安全性、不受天气的影响等因素，还需要为残疾人提供设备(例如升降机)。如果车站是该地区重新规划的一个部分，应该在规划的最早阶段考虑站点和周围环境的一体化。

轨道线和其他交通模式的接口尤其重要，入口的大小应该能够有效地满足这个站点的客流量要求。在繁忙、重要的地点需要采用特别的入口布局。

2.2 同台换乘车站

传统的换乘站设计中两条线路不同的平面成直角相交位置，乘客需走很长的路，通过楼梯和自动扶梯转换楼层进行换乘。本线网的一个特点是在主要的换乘点使用了同站台换乘，着重“以人为本”，提供方便和无缝的换乘。同站台换乘无须上下楼层，并使步行和等待时间最小化。图2 显示了同站台换乘示意概念。传统换乘和同站台换乘的优点和不足如表1 所示。

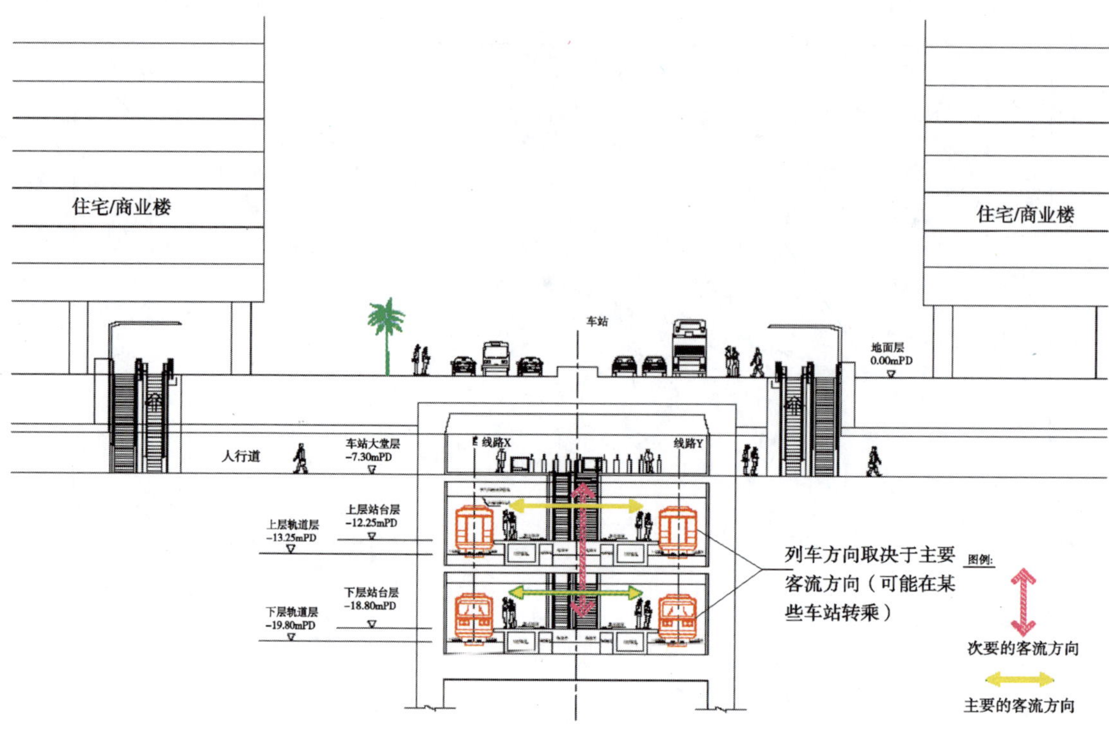

图 2　同站台换乘示意概念

不同换乘方式优缺点比较

表 1

	传统换乘方式	同站台换乘方式
描述	传统的换乘站设计在两条不同平面线路直角相交处	专门设计的方便换乘的车站
优点	建造简单;初始成本低	同一站台较短的步行距离; 减少换乘等待时间; 无缝及方便的换乘; 较短旅行时间; 受通勤出行者欢迎; 使不同线路融入并整合进线网
缺点	车站站台之间的长距离步行 需要借助楼梯、自动扶梯和其他垂直方向移动设备进行换乘; 较长步行和换乘等待时间; 换乘不方便; 旅行时间较长; 不受通勤出行者欢迎; 线路之间相互独立,融合性差	建造复杂; 较高的短期成本
适应于	较低换乘量的换乘点	较高换乘量的换乘点并有利于线网的整合

同站台换乘可以在两条线路平行或线路相交叉的地方实现,可以让乘客通过最简单的换乘,向两个(在不同的线上)方向继续前行。典型的应用还有,当一条线路(甲)的终点落在另一条线路(乙)的中途站点,从而使线路甲的终点不再是终点,而是线路乙向前继续延伸的站点。因为一个同站台换乘车站

只能实现一个方向的同台换乘，如果要在所有方向上实现完全的同台换乘，需要有两个同站台换乘车站，同站台换乘站点根据客流的运动情况而定；所以，如果客流方向允许的话，可以同时使用两个临近的同站台换乘，所有的客流运动方向都可以通过同站台换乘进行。在这种情况下，需要对短期的投资和长期的效益做评估，因为这样的车站成本相对较高。

同站台换乘实际上也适用于共轨的情况。在这种情况下，乘客在同一站台下车，然后等候同样使用该轨道的另一条通往不同终点的列车。最后，虽然这并不是真正意义上的同站台换乘，但是乘客在同一站台下车和上车，其原则和作用与同站台换乘是相同的。典型的设置出现在一条线路的终点站，通过换乘，这条线路犹如继续延伸，将乘客的不方便性降到最低。换乘点不应被视为终点，而是现有线路进一步的延伸点。

同台换乘是通过将轨道垂直和水平移动来保证乘客只需要简单穿过站台即可实现不同线路的换乘。图3显示了实现同站台换乘的典型结构示意图。线路的一条轨道位置可以保持不变，另一轨道通过垂直和水平的移动进行扭转，但同时移动两条轨道，可以节省空间。单向同台换乘设施可以满足较高换乘量方向的换乘，而且通常是作为双向同台换乘建造的初期阶段。

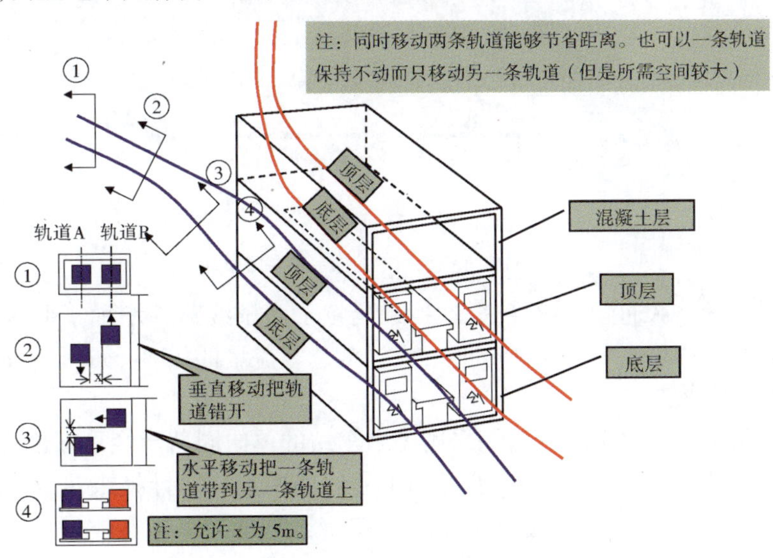

图3 同台换乘结构示意图

香港地铁的同站台换乘的布置可以认为是同站台换乘的最好例子之一，如图4所示。香港地铁主要线路换乘基本采用同台换乘方式，目前的地铁线网中有4对双向同台换乘站，4个单向同台换乘站点。香港地铁的同台换乘大多出现在一条线路的末端，另一条线路的中点，为线路上的两个方向的客流提供方便。这样，一条线路的端点不再视为终点，而应该被看作线路的继续和延伸，所以它们会成为高客流的换乘站。

2.3 杭州轨道线网中的同台换乘设计

杭州市轨道线网规划中的同站台换乘的布置很大程度上基于香港的成功经验，同时考虑客流、换乘量以及地方上的限制和束缚。杭州市轨道交通线网规划中共设计了三对双向同站台换乘站点，分别是：武林广场（1号线和3号线）、火车东站（1号线和4号线）和钱江世纪城（2号线和7号线）；和三个单向同站台换乘站点，分别是：钱江新城（2号线和4号线）、九堡客运中心（1号线两条支线间）和下沙东（1号线和8号线）。具体的站点布置，每条线路的方向，每个站点的客流方向以及客流预测如图5所示。

1）武林广场双向同台换乘站

构成双向同台换乘有两个站点，分别是武林广场（北）和武林广场（南），这两个换乘站大约位于1

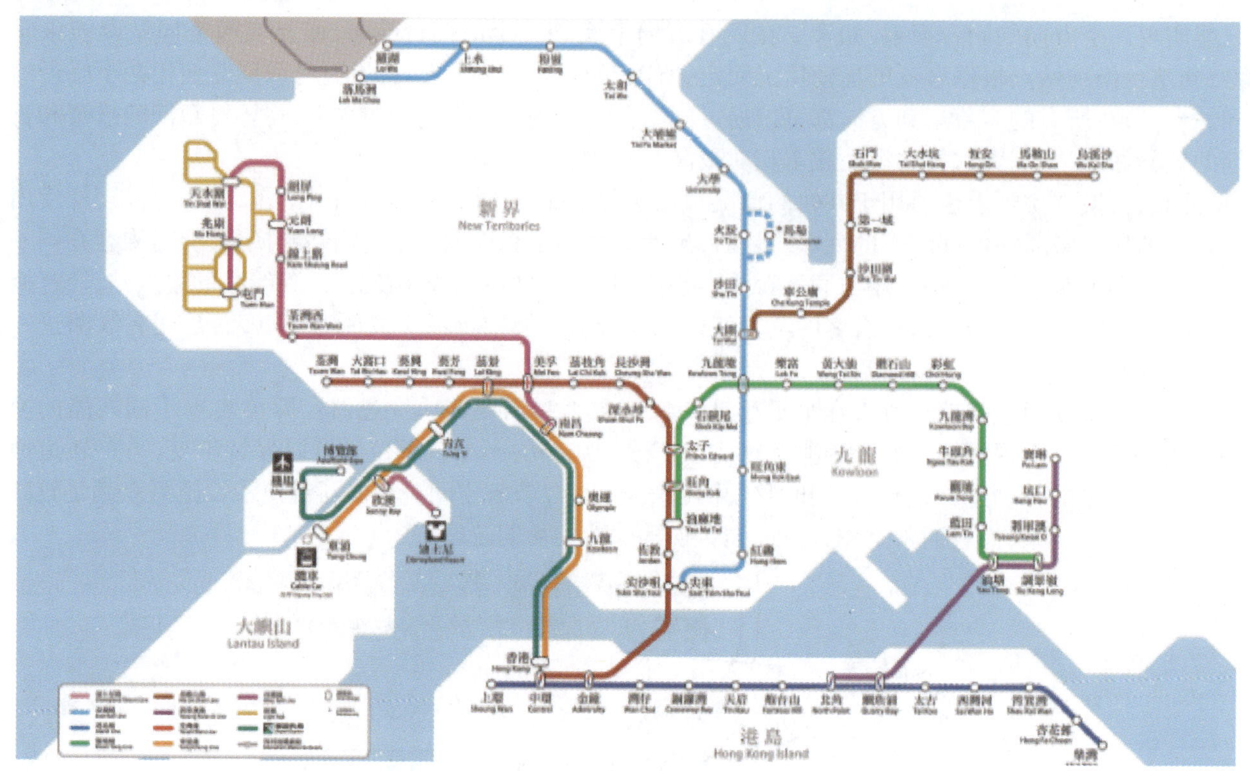

图 4　香港地铁线网中的同台换乘站布置

号线和 3 号线的中间位置。从通勤的角度来看，换乘延续了两条线路并增加了服务覆盖面。在这两个车站的早高峰小时的换乘量总计为 12 000ppdph，大约为总客流量的 25%，如图 5 所示。

2）火车东站双向同台换乘站

规划建议在火车东站附近两个站点初期采用一个车站的单向同站台换乘和最终采用两个车站的双向同台换乘。该同台换乘站位于 4 号线的端点和 1 号线的中点。总计换乘量为 12 406ppdph，大约为 40% 的客流总量。但此处的换乘站不应该被视为线路的终点，而应该被看作是现有 4 号线和 1 号线的继续和延伸点。换乘点的具体布置如图 5 所示。

3）九堡客运站单向同台换乘

在 1 号线两条支线之间设计了单向同台换乘。临平和下沙之间的北向东换乘客流为 11 368。

单向同台换乘还设计 1 号线和 8 号线在下沙东位置，2 号线和 4 号线在钱江新城位置。另外，2 号线和 7 号线在钱江世纪城设计了双向同台换乘。同台换乘的采用整合了线网，并为从江东、萧山、临平到杭州北、西和中心地区的乘客提供了方便，并提高了去钱江新城和钱江世纪城的通行性。同时，为 3 号线和 1 号线之间的换乘也提供了方便。江东从而和萧山、钱江新城及世纪城相连。实质上讲，同台换乘将一系列分散的线路整合成了一个网络。

2.4　武林广场双向同台换乘

1 号线和 3 号线在武林广场附近构成双向同台换乘，其中一个站允许“反方向”换乘，而在另一个站允许“同方向”换乘。因此，路线布置使 1 号线和 3 号线之间通过月台换乘为各个换乘方向提供了服务。这个安排给高客流量的中央商务区提供了所需的高效换乘。同台换乘车站是高效率的，它具有换乘距离较短，车站形式紧凑和在路线间换乘路线较易识别等优点。

1）轨道布置

每一条路线在通过换乘车站时是“双层叠加”的。为了达到这个目的，一个轨道必须要从它邻近车站平行邻近轨道位置的 -1 层逐渐下降到 -2 层，最终移到另一轨道的正下方。

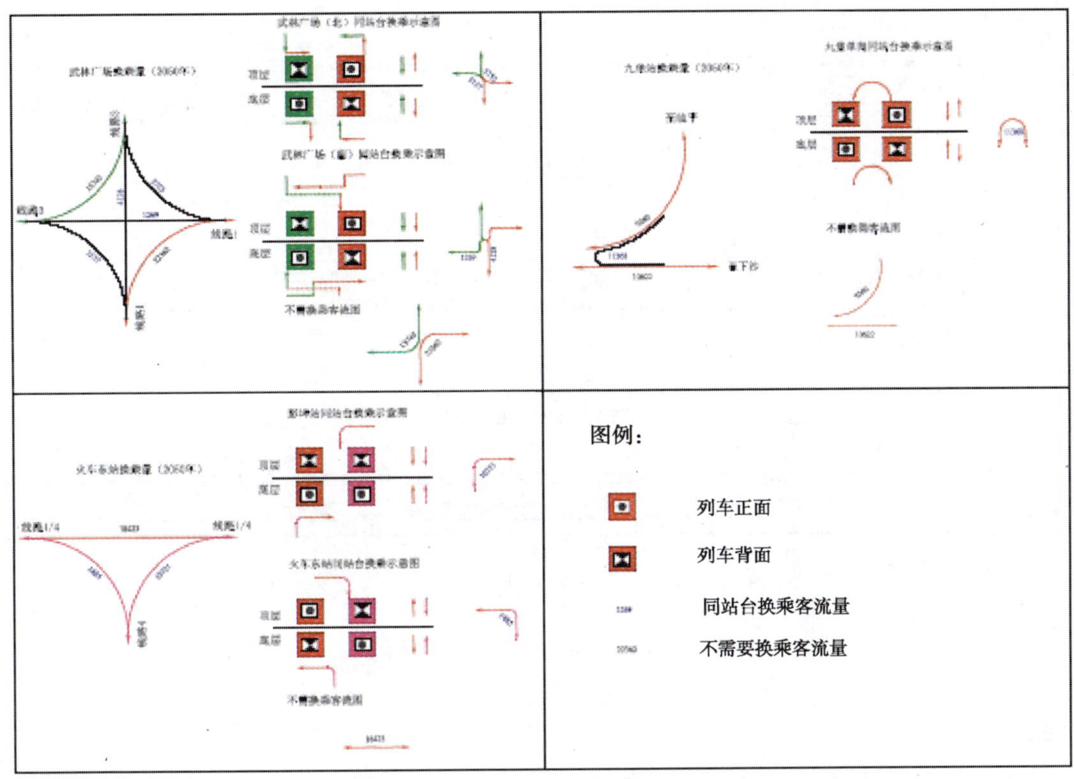

图5　杭州轨道线网规划中的同台换乘量示意图

在两个同站台换乘车站之间的轨道，两条轨道相互扭转的地方包括了一条轨道更为复杂的旋转，而另一条线保持它在两站间的相对轨道位置，如图6所示。

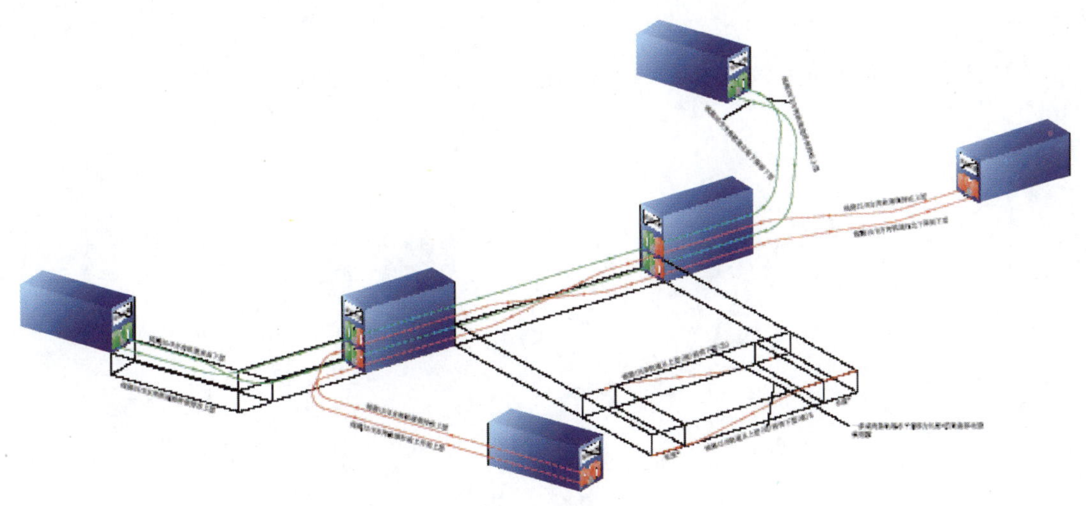

图6　武林广场双向同台换乘站轨道布置示意图

2）武林广场同台换乘车站规划

同站台换乘在1座标准地下车站增加1层站台层，可减少1座车站，每条路线具有相同的设备、设备场所设施和附加的垂直方向行人设施。既考虑到了旅客的需求，又使运送效率达到最佳化。

还可以通过运营规划来进一步提高效率，由此，在每一条线上的列车可以同时或者在很短的时间间隔内到达每一个站台。同站台换乘系统可以瞬间把在平行站台上第二辆列车到达的旅客直接运送到在此等待的列车上。站台的阻塞可以达到最小化，站台空间就节省了，布局如图7所示。

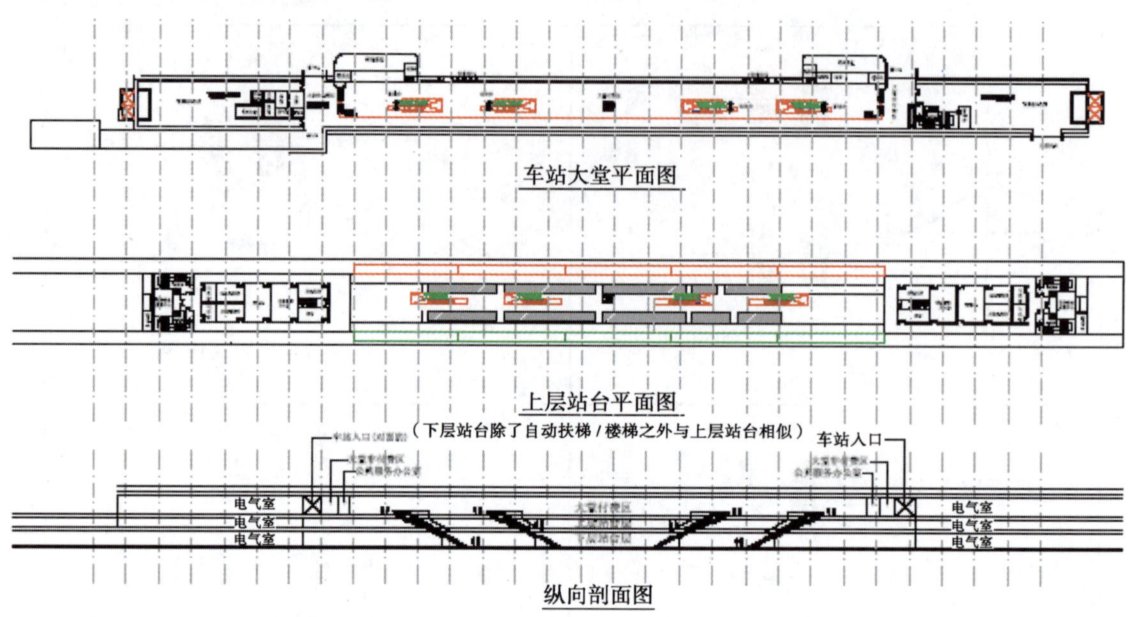

图 7　武林广场同台换乘车站布局示意图

3　小结

杭州市轨道线网规划中的同站台换乘的布置原则很大程度上基于香港的成功经验，同时考虑客流、换乘量以及地方上的限制和束缚，同台换乘的应用实际上将一系列分散的线路整合成了一个网络。杭州市轨道交通规划中的同台换乘设计经验可以为国内其他城市借鉴。

参考文献

[1] 施伟拔有限公司.《杭州轨道交通线网规划》(优化). 最终报告,2004.

城市轨道交通线路站点布设方法研究

魏金丽[1]　矫　燕[2]
(1.青岛理工大学　青岛　266520　2.胶州湾产业基地　青岛　266000)

摘　要　由于轨道交通的高成本特性,站点布设时不仅要考虑路网整体最优,还要考虑实现各条线路的运营效益最优。为此,可尝试在满足路网整体最优的基础上,从提高线路的覆盖量入手,提出一种新的站点布设方法:通过寻找线路上的客流集散点,生成线路的虚拟站点分布;利用站间距约束逐个布设站点,形成多种站点分布方案;对于站点个数相同的方案,通过寻找线路覆盖出行量最大的方案作为最优方案;若存在站点个数不同的方案通过综合评价选择最佳站点分布方案。最后,结合实例验证了该方法的可操作性,供研究者参考。

关键词　轨道交通　站点布设　客流分布　线路覆盖出行量　站间距约束

1　前言

轨道交通建设项目是一个城市的百年大计,线路一旦建成,就很难更改。为此,考虑到轨道建设的高成本特性,在给定线路上进行站点布设时不仅要实现路网整体最优,还要使各条线路的运营效益相对最优,以尽可能少的站点覆盖尽可能多的客流范围。一般地,在初级线网生成之后,对线路上具体车站进行布设时,往往过于定性化,仅依赖于经验,从而形成许多车站分布不合理的现象,限制了轨道交通作用的有效发挥。为此,本文紧扣线路上客流分布形态,根据交通区位理论[1],通过满足技术可行的站间距约束条件,进行逐个站点布设,形成多种站点分布方案,进而通过线路覆盖出行量约束来选择最佳方案。

2　形成站点布设方案

2.1　寻找备选站点

首先对远期预测出行 OD 矩阵进行处理,寻找线网上主要客流集散点。先将对角线上诸元素置 0,剔除交通小区区内出行,再对各行各列求和得到各交通小区区外的发生量和吸引量,并进行排序,根据城市人口和用地规模的大小,可取前 10 ~20 位或按小区总数的 10% ~15% 选取[2],作为主要客流集散点,将其在规划图中给定的线路上标出。

其次是对客流集散点进行查缺补漏。通过定性分析非主要客流集散点的区位和在城市规划中的重要程度等因素,判定是否有遗漏潜在的备选站点。如果有,将其纳入备选站点集,并做相应调整:

①如果拟建线路与已建线路存在一些交点,将这些交点作为备选站点,这些交点是未来轨道线路设置换乘车站的首选地点。

②如果几个客流集散点集中在一个较小区域内或相隔不到一定距离,将之合并为一个客流集散点。

2.2 生成线路虚拟站点分布

利用确定的备选站点,生成线路的虚拟站点布局。在规划图上根据备选站点的位置确定虚拟站点的具体位置,其原则如下。

(1)重叠性原则:如果客流集散点附近已有轨道交通车站,则虚拟站点与其重合;

(2)接近性原则:应尽量接近客流集散点的主要客流发生源;

(3)方便性原则:应尽量位于城市道路交叉口或交通集散广场处,方便轨道交通乘客在不同交通方式之间的换乘;

(4)可实施性原则:在用地和施工方面要具有可实施性,以防该集散点变为实修站点后,在用地和施工方面存在困难;

(5)有利性原则:要有利于虚拟站点之间轨道线路的布设。

2.3 形成站点分布方案

在虚拟站点分布中,将满足站间距约束的备选站点作为轨道站点的候选位置,采用逐点布设的方法,沿线路从起始站点逐个布设,形成站点各分布方案。

假设轨道线路上共有 W 个备选站点,具体布设方法如图 1 所示。

以线路起点为中心,分别以最小站间距 d_{min} 和最大站间距 d_{max} 为半径画弧,界定出相对于起点的第一个站点的候选站位区间。若此区间内只有一个备选站位,则该备选站位就作为第一个站点的理论位置;若此区间内有多个备选站位(如图 1 中点 1、2、3、4 均为第一个站点的备选站位),则分别以各备选站位为起点,继续以 d_{min} 和 d_{max} 为半径界定下一候选站位区间内的可行站位,依次下去,直至线路的终点,可形成多种站点分布方案,如图 2 所示。

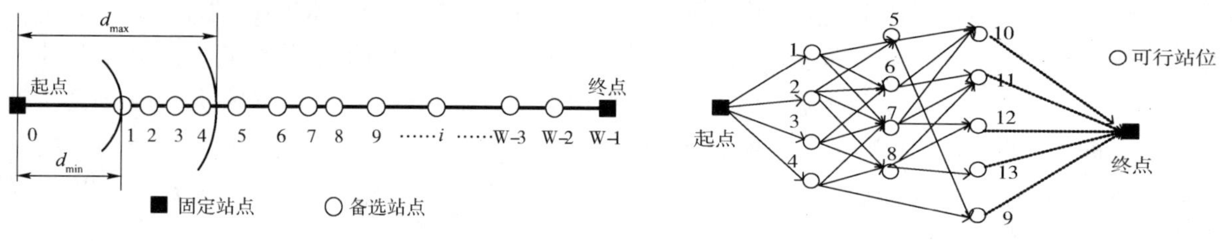

图 1 线路站点布设示意图

图 2 站点方案形成示意图

其中:d_{min} 和 d_{max} 可根据具体城市发展情况,由经验或考虑行车技术等因素确定。根据调查[3]分析,d_{min} 最小取到 0.4km,d_{max} 最大取到 3km。一般为,d_{min} 与 d_{max} 之间的跨度越大,依照上述方法形成的站点分布方案越多。特别是,当 d_{min} 取线路上所有备选站点间距的最小值,即 $d_{min}=\min d\{X_i,X_{i+1}\}$,$i=0,1,\cdots W-1$ 时,合适的选择 d_{max} 使其在一定范围内取值,即 $\bar{d}\leq d_{max}\leq\bar{L}$($\bar{L}$ 为平均乘行距离)[4],依照上述方法所形成的方案可包含所有可行的站点分布方案。

3 确定最优站点分布方案

假设应用上述方法共形成 M 种方案,每个方案拥有站点个数 N_m 个,$m=1,2,\cdots M$,且 $N_m\leq W$。考虑到线路平均最优站间距的约束以及站点布设的目标(以尽可能少的站点覆盖尽可能多的客流范围),只需对站点个数 $N_m\leq N+2$[N 可由线路长度 L 和平均最优站间距 $\bar{d}$ 初步确定:$N=\text{int}(L/\bar{d})H$]的方案进行方案比选。

对于站点个数相同的方案,线路吸引能力大的方案为最优方案,为此,可通过计算线路覆盖出行量获取最佳方案;对于站点个数不同的方案,则需建立站点分布方案的综合评价指标体系[5]进行比选。

3.1 计算线路覆盖出行量

1）模型假设

为了方便分析，作以下假设：在轨道线路已确定的条件下，假设轨道站点乘客的出行起点或终点都在站点吸引范围内（特指一次出行吸引范围，且假设乘客都采用步行方式到达站点）；对于换乘乘客，其换乘点在轨道站点吸引范围内，即只考虑居民的步行吸引范围。同时，假设小区的公交出行量仅与小区内的土地使用情况有关，出行比率不随轨道站点位置设置的变化而改变。

2）站点覆盖量的计算方法

轨道站点的覆盖量主要取决于站点的覆盖范围以及周围的人口出行分布模式，这与站点周围的用地结构是密切相关的。为此，在计算站点覆盖量之前需确定站点的覆盖范围以及人口分布密度的大小。

（1）站点的覆盖范围的确定

站点的覆盖范围主要取决于站点的合理步行距离。据莫斯科市对轨道交通车站的实际影响区域的详细调查显示，步行去车站的绝大多数乘客（95%）居住在距车站步行时间不大于15min的范围内，居住在此范围内利用其他交通方式去车站与步行去车站所用时间相差不大。根据调查[6]，我国居民步行去轨道交通车站的最适宜距离，城市中心区为500～600m，边缘区为800～1 000m。

（2）人口出行分布模式的选择

站点的覆盖量测算还取决于人口分布离散或连续模式的选择，考虑到采用离散分布可能产生相矛盾的情况[6]，本文采用连续人口分布模式。令 C 为轨道交通线路的影响区，划分成人口小区 c_j，即：

$$C=\sum_{j=1}^{J}c_j \qquad j=1,2,\cdots J \tag{1}$$

其中，每个小区为多边形，小区人口密度为 ρ_j（万人/km²），如果已知各小区的就业数据，则 ρ_j 可表示小区人口密度与就业密度的加权和。

（3）站点覆盖量模型的建立

根据莱斯利（Lesley）假定，站点的乘客汇集区域（即站点吸引范围）为圆形，如图3所示，令 $B(X_i, r)$ 为平面内到站点 $X_i(i=1,2,\cdots M)$ 的距离不大于 r 的点的集合，称为吸引半径为 r 的吸引圈，对于每一个站点 X_i，存在 K 个与站点周围的同心带对应的不同的吸引强度 $r_k(k=1,2,\cdots K)$。令 $B(X_i,r_k)=B_{ik}$。而不同的吸引强度 r_k 可通过居民步行出行点至轨道交通站点间距离来依次确定。

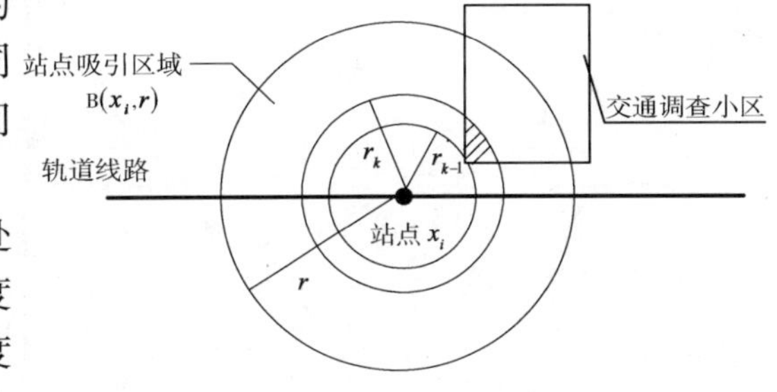

图3 站点覆盖量计算示意图

考虑到乘客出行的机动性，将站点覆盖量离散化处理较为方便，为此，将决定环带吸引量的两相邻吸引强度 r_k, r_{k-1} 作为常数。站点的吸引量与人口密度、吸引强度以及站点吸引范围之间满足重力模型。则第 m 个方案中站点 $X_i(i=1,2,\cdots N_m)$ 的吸引量 $R_m(X_i)$ 为：

$$R_m(X_i)=\sum_{j=1}^{J}\sum_{k=1}^{K}\frac{\alpha\varphi_j}{[(r_{k-1}+r_k)/2]^2}S[(B_{ik}\cap B_{i(k-1)})\cap c_j] \tag{2}$$

式中：α——待标定的常数，它的意义等同于重力模型中的常数 K；

ρ_j——小区人口密度与就业密度的加权和（万人/km²）；

$S[(B_{ik}\cap B_{i(k-1)})\cap c_j]$——交通调查小区与吸引环的交叉区域的面积（km²），可通过带有GIS功能的绘图软件求得或通过几何计算求得。

3）路线覆盖量的确定

在确定了各站点的覆盖量后，则第 m 个方案的线路覆盖量为：

$$R_m(l) = \sum_{i=1}^{N_m} R_m(X_i) \tag{3}$$

其中：$R_m(l)$——给定线路第 m 个站点分布方案的线路覆盖量。

$R_m(X_i)$——第 m 个方案中站点 X_i 的覆盖量，$i=1,2,\cdots N_m$。

3.2 最终方案的确定

假设 M 个方案里面有 U 个站点个数相同的可行方案。则相对最佳方案的线路覆盖量为：

$$R = \max\{R_u(l)\} \quad u=1,2,\cdots U \tag{4}$$

进而将此相对最佳方案与其他（$M \sim U$）个站点个数不同的方案放在一起，通过综合评价决策确定最优方案。

4 实例分析

西安地铁二号线是一条贯穿西安市南北主客流走廊的轨道线路，全长32.53km，如图4所示。

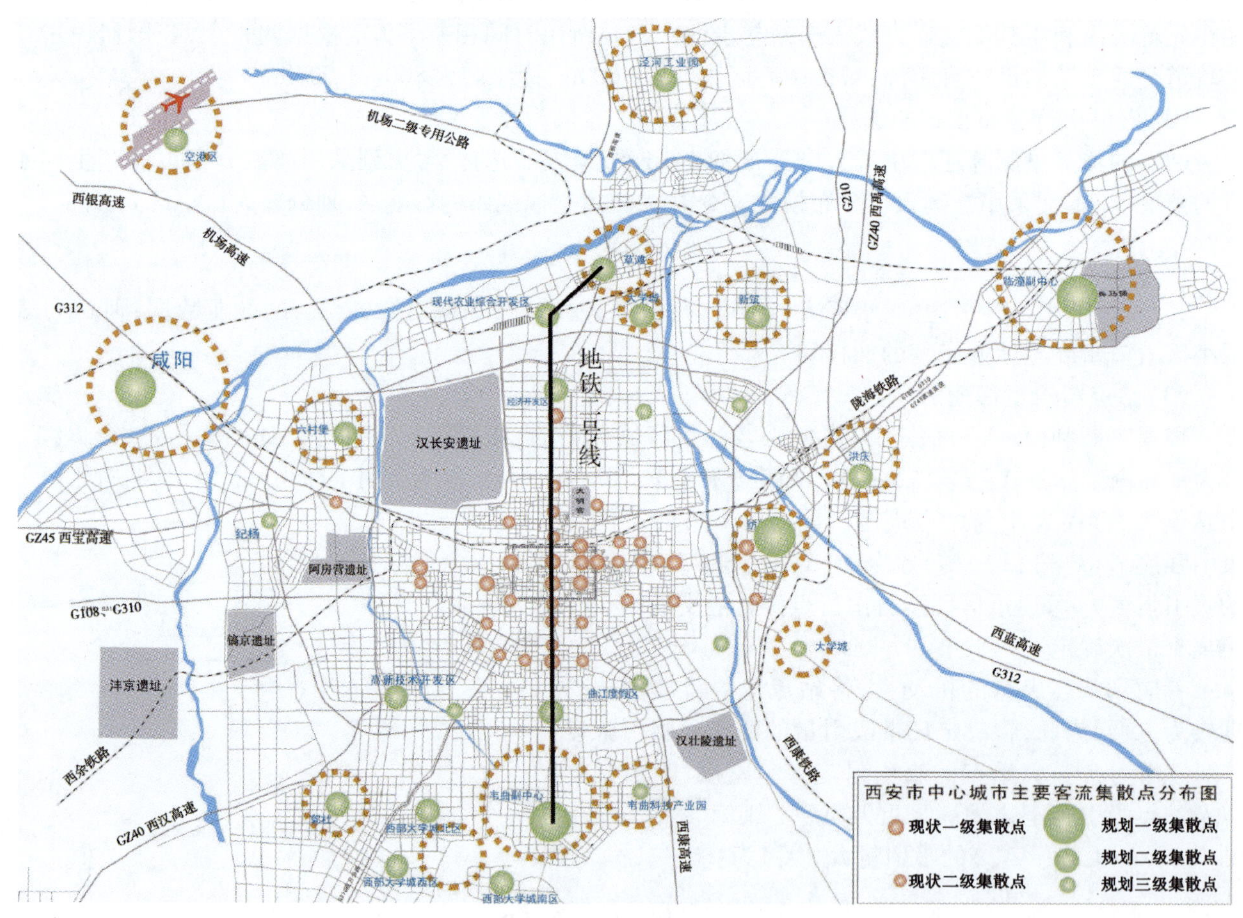

图4 西安地铁二号线客流集散分布情况

由平均最优站间距约束，初步确定站点个数为24个。根据二号线客流分布情况，共产生26个备选站点，其中最小站间距为603m，最大站间距为2 500m，为此，选取 $d_{\min}$ 为600m，$d_{\max}$ 为2 500m。采用文中方法逐个布设站点，共形成了四个站点分布方案。其中：方案一站点个数为24个，方案三和方案四均为25个，方案二26个。根据地铁二号线的客流量预测结果[7]，取站点吸引半径市中心区为600m，郊区为800m，α 为常数（比较时可不予考虑）。采用本文提出的站点覆盖量的计算模型，分别估算每个备选站点的出行覆盖量。预测得远期规划年各备选站点的覆盖出行量估算结果如表1所示。

远期规划年各备选站点的覆盖量(单位:人次)　表1

备选站名	覆盖量	备选站名	覆盖量	备选站名	覆盖量	备选站名	覆盖量
陈家堡	38 848	尤家庄	440 075	西华门	554 338	长延堡	230 233
草　滩	60 326	岗家寨	452 105	钟　楼	542 004	三爻村	200 431
东兴隆	87 246	南康村	464 671	南　门	492 753	凤栖路	172 176
北客站	361 918	方新村	478 929	南稍门	467 311	友谊街	117 895
麻家村	249 287	龙首村	509 627	草场坡	458 837	韦　曲	77 689
城运村	297 731	北　关	550 694	小　寨	489 654		
张家堡	374 420	北大街	571 494	八里村	274 924		

根据表1计算站点个数相同方案的线路出行覆盖量,方案三小于方案四,为此,淘汰方案三;然后将方案一、二、四进行综合评价,得到最佳方案为方案一。

5　结论

轨道站点的实际布设要考虑众多影响因素,站间距是决定站点布设位置的重要依据,本文以最小、最大站间距为约束形成多种站点分布方案,进而通过线路覆盖量最大和综合评价相结合选取最优方案,避免了单纯以主观臆断来决定站点位置的情况,形成了一种新的轨道站点布设方法,具有较强的可操作性。由于时间有限,有些细节仍需继续完善,例如考虑客流出行的机动性以及吸引强度等其他相关因素,站点吸引模型中有些参数可能会发生一些变化,其确定方法还有待进一步研究。

参考文献

[1] 王炜,杨新苗,陈学武,等.城市公共交通系统规划方法与管理技术[M].北京:科学出版社,2002.

[2] 覃矞.轨道交通枢纽规划与设计理论研究[D].上海:同济大学交通运输工程学院,2002.

[3] Julian Ross. Railway stations: planning, design, and management [M]. Oxford, Boston, Architectural Press, 2000.

[4] 孙壮志.城市轨道交通网络规划若干理论问题研究[D].北京:北方交通大学博士学位论文,2002.

[5] 魏金丽.城市轨道交通线路站点布设研究[D],西安:长安大学,2006.

[6] 胡刚.城市公共交通网络及站点优化技术研究[D].南京:东南大学博士学位论文,2003.

[7] 西安市地铁二号线客流研究报告(终稿)[Z].西安:长安大学,2005.

宁波城市轨道交通线网规划及近期建设规划

叶俊能
（宁波市轨道交通工程建设指挥部　宁波　315010）

摘　要　宁波城市轨道交通线网由6条线组成，全长247.5km，其中骨干线3条，辅助线3条。近期建设规划由1号线一期工程、2号线一期工程、1号线二期工程组成，全长72.1km。从线路走向、运营方案、技术标准、施工方法、车辆基地和设备国产化等方面论证近期建设规划的可实施性。

关键词　城市轨道交通　线网规划　建设规划

1　引言

自20世纪80年代以后，国内城市轨道交通得到了迅猛发展。北京、上海、广州、南京、武汉、西安、沈阳、深圳、成都、天津、重庆、杭州、苏州、哈尔滨、长春15个城市的轨道交通均列入了第一批获得国务院的批准。国务院第二批地铁报批城市有9个，分别是宁波、无锡、郑州、青岛、长沙、福州、东莞、昆明、大连、南宁。宁波于2008年8月在第二批报批城市中第一个获得了国务院批准。

2　宁波轨道交通线网规划

2.1　线网规划概况

2003年8月编制完成新版的《宁波市城市快速轨道交通线网规划》，2004年9月完成了《宁波市城市快速轨道交通线网控制性详细规划》，分别对线网中每条线路的用地进行了控制，同时对沿线土地利用进行了大规模调整，为轨道交通的顺利实施和运营效益的发挥提供了保证。

线网规划范围为宁波市海曙、江东、江北、鄞州、镇海和北仑六区行政区域所辖范围2 560km^2；重点研究范围为中心城（三江片、镇海片、北仑片城市控制区及其围合的范围）约500km^2。同时，以线网骨干线路延伸，辐射范围覆盖包含余姚、慈溪地区及奉化组团的整个北部都市区。

2.2　线路走向

规划线网由6条线组成放射式线网。线网中骨干线3条，辅助填充线3条，各线均两两相交。全长247.5km（主城区内全长177.4km），主城区内线网密度达到0.388km/km^2，核心区内线网密度达到1.193km/km^2。全线网共设置换乘站19座[1]，各条线路情况如下。

1号线：东西向的基本骨干线。西起高桥镇，贯穿三江片，东至北仑区，线路全长44.6km。途经望春路、中山西路、中山东路、宝幢站、邬隘货站、北仑钱塘江路、黄山路；该线通过高桥地区、望春桥地区、汽车西站、天一家园、大卿桥、西门口居住区、市政府、天一广场、三江口商业中心、市六医院、东部新城中心区、北仑中心区等大型客流集散点，主要解决东西向城市商业发展轴的客流。

2号线：西南—东北方向的基本骨干线。线路西南起古林镇，沿甬江、奉化江城市发展水轴布置，贯穿三江片，经过镇海片，并连接北仑片，线路全长49.9km。

3 号线:南北方向的基本骨干线。北起懈浦,南至姜山,线路全长 29.9km。主要加强城市南北向的联系,照顾南北向城市发展公建轴的客流。

4 号线:西北—东南走向的内部填充线。北起慈城,贯穿三江片中心城区、鄞县工业区、南部高教区,南至东钱湖休闲度假区,线路总长 40.7km。

5 号线:联系东部新城与鄞县的内部填充线。北起贵驷镇,南至石碶,线路总长 44.3km,其中支线长 10km。

6 号线:东西方向的内部填充线。西起集仕港,沿通途路经核心区直达江东科技园区,并延伸至小港与 2 号线交会,线路全长 38.3km,其中支线长 5.6km。

线网详细特征见图 1。

3 宁波轨道交通近期建设规划

2005 年 12 月,《宁波市轨道交通建设规划》编制完成并上报国家发改委。2006 年 4 月 4 日至 6 日,受国家发改委的委托,中国国际工程咨询公司召开《宁波市城市快速轨道交通建设规划》评估会。依据评审意见,2006 年 6 月编制完成了《宁波市城市快速轨道交通建设规划补充报告》(2006 ~ 2015),2006 年底完成《宁波市城市快速轨道交通建设规划》修编。

根据线网规划,1 号线和 2 号线,均为联系三江片区和边缘组团的线路,两条线路三江片主城区段的客流断面与向镇海片区、北仑片区延伸的线路客流断面在两极上存在较大差异。因此,在建设时选择将线路分段实施。主线为一期工程先实施,延伸线作为二期工程在一期工程建成后实施[2]。

3.1 线路走向和车站分布

1)1 号线一期工程

1 号线一期工程起于宁波市西部的高桥镇,沿望春路西延伸线与后塘河之间规划的绿化带向东南方向高架敷设,经过芦港、徐家漕,至望春桥地区时线路转入地下,沿望春路路中一直向东。线路过机场公路后进入中山西路,经过汽车西站、大卿桥、西门口、鼓楼等区块,过解放路后沿中山东路一直向东,经过市政府、天一广场、江东区政府、樱花公园,过世纪大道后,线路向北迂回进入宁穿公路。而后线路一直沿宁穿公路向东延伸,过盛莫路后,逐渐由地下敷设过渡到地面敷设,在天童庄附近设 1 号线主线的终点站东货站。同时预留向东继续延伸的条件。

线路全长 21.3km,其中高架线 6.9km,地下线 14.4km。在高桥镇西侧设石头路停车场,东货站站东南侧设天童庄车辆综合基地一座。共设车站 19 座,其中高架站 5 座,地下站 14 座。最大站间距 1 900m,最小站间距 800m,平均站间距 1 155.6m。

2) 2 号线一期工程

2 号线在线网中为西南—东北方向的基本骨干线。线路沿甬江、奉化江城市发展水轴布置,贯穿三江片,经镇海直至北仑,主要解决城市西南—东北方向沿城市水轴的商业客流及对外交通枢纽的交通需求。2 号线同样依据客流断面的量级差异,选择将线路分段实施。一期工程先实施三江片区段线路,按照客流需求和城市对内对外交通衔接要求,选择机场至东外环段为近期建设线路。在 2015 年前计划实施 2 号线主城区栎社机场至东外环区段。

2 号线一期工程西起栎社机场西部,经栎社机场,跨过机场公路后沿该路东侧一直向北延伸,经过石碶镇、藕池新村、段塘客运中心站,至气象路后线路转向东,经过南雅小区,沿宝善路、南站路进入火车南站广场。而后线路迂回向北,经过三支街进入解放南路,并沿解放南路向北敷设,过中山东路后进入解放北路,经过市政府,在解放桥北侧下穿姚江,进入大庆南路向北延伸。线路至环城北路时转向东,并沿环城北路、宁镇公路一直向东北方向延伸至东外环路外,并预留继续向东延伸的条件。

2 号线一期工程全长 27.5km,其中高架线 12.6km,地面线 1.1km,地下线 13.8km。在 2 号线与 5

图1 宁波市快速轨道交通线网规划示意图

号线交汇处的西端金房镇附近，在线网规划中设置5号线停车场。在近期建设中，暂提前使用这块用地作为2号线的停车场，并在东外环外，设置一座车辆段。共设车站17座，其中高架站9座，地面站1座，地下站7座。最大站间距4 240m，最小站间距700m，平均站间距1 688m。

3）1号线二期工程

1号线二期工程由东货站引出，沿329国道向东，采用地面或高架的敷设方式，经过五乡镇、铁路宝幢站，继续沿329国道（或规划铁路线位）向东北方向延伸，进入北仑区。线路经过邬隘、大碶镇，至泰山路线路右转，沿泰山路向东敷设，至长江路时设终点站。线路全长23.3km，其中高架线14.9km，地面线8.4km。

除1号线一期工程已建的天童庄综合维修基地外，在北仑通山村设停车场一座。共设车站7座，其中地面站1座，高架站6座。最大站间距5 460m，最小站间距1 640m，平均站间距3 304.3m。

3.2 运营方案

1）1号线一期工程

根据客流预测，1号线远景高峰小时客流断面将达3.3万人，拟采用大运量的地铁制式，B型车5辆编组，定员1 195人，高峰开行30对，单向运能可达到35 850人次/h。主线行车交路：大交路为高桥西站—东外环路站，长度20.8km，高峰开行列车10对；小交路为望春站—海晏路站，交路长度10.8公里，开行列车20对。开行总对数30对。

2）1号线二期工程

由于1号线二期工程线路与一期工程有着密不可分的关系，其运行交路必须与一期工程放在一起共同考虑。在线网运营交路规划中，初步确定全线采用贯通运行的大交路方式，在此指导下，对客流特征进一步分析，深化运营方案，提出了独立运行和贯通运行两个方案进行比较。经综合分析，选择分段独立运行方案，配置适合其运量等级的、与一期工程同等制式小编组列车，高峰小时开行间隔为2～3min，确保轨道交通提供较高的服务水平。同时，对二期工程与一期工程的衔接换乘点，在车站设计上采用平行同站台换乘的方式，提供既能换乘衔接又能贯通运营的灵活条件。

3）2号线一期工程

根据2号线全线的客流断面特征分析，与1号线相似，应该采用分段实施的建设安排。本次规划到2015年建设2号线一期工程（古林至镇海临江），根据客流资料2号线一期工程高峰小时客流断面达3.09万，拟采用大运量的地铁制式，B型车5辆编组，定员1 195人，高峰开行30对，单向运能可达到35 850人次/小时，可满足服务要求，并留有一定的运能储备，对于2015年以后建设的2号线二期线路，其运营方案也建议采用独立运行方式。

对于2号线一期工程，运行交路的设置如下。全线大交路：机场站—东外环站，交路长度27.5km，开行列车10对；小交路：石碶站—院士路站，交路长度17.9km，高峰小时开行列车20对。开行总对数30对。

3.3 主要技术标准

1）车辆

车辆规格：采用B型车，长19 000mm；宽2 800mm；高3 800mm；最高运行速度：80km/h；列车编组：1、2号线一期工程初期采用3辆编组；远期采用5辆编组。1号线二期采用与主线相同制式车辆，1～3辆编组。

2）土建工程

轨距：1 435mm；正线数目：双线；钢轨：正线及辅助线采用60kg/m钢轨；车场线采用50kg/m钢轨；扣件：弹性扣件；道岔：正线采用60kg/m钢轨9号道岔；车场线采用50kg/m钢轨7号道岔；平面最小曲线半径：正线R=300m；辅助线R=200m；车场线R=150m；最大坡度：正线30‰；辅助线35‰；道岔区5‰；车站站台有效长度：1、2号线主线均为100m，1号线东延伸线为60m；隧道及高架桥结构应满足强度、刚度、稳定性和耐久性的要求。

3）设备工程

采用城市电源110kv，集中供电方式；设SCADA系统，完成远距离监控；采用城市自来水管网供水，生产、生活和消防栓共享水源。雨水及消防废水排入市政排水系统；采用防灾自动报警系统；采用列车自动控制系统—ATC系统；采用公务通信系统、专用电话系统、无线通信系统、闭路电视系统、广播系统、时钟系统等，形成现代化的通信系统；地下车站设置空调系统。高架车站的公共区域及区间采用自然通风，设备与管理用房设置空调及通风系统；采用自动售检票系统，使用IC卡建立公共交通一卡通系统；车站设置上下行自动扶梯。

3.4 结构与施工方法

高架区间：结合宁波市地区的实际情况，区间标准梁可考虑采用预应力混凝土双线单箱单室简支箱梁，现浇施工。桥墩采用单柱墩，墩顶与墩身以圆弧过渡，这样梁与墩柱协调一致，较为美观。

高架车站：其结构形式首先应满足车站的功能布置要求，并结合当地的城市规划，地面道路及工程地质条件进行综合考虑后而定，高架车站可采用钢筋混凝土框架结构、桥梁式结构、框架＋桥梁式结构。

地下车站：在宁波地区推荐明挖和盖挖法作为地下车站的主要施工方法。

地下区间：地下区间隧道的施工方法以盾构暗挖法为主，局部有条件的浅埋地段采用明挖法施工。根据宁波市地质情况，盾构区间隧道大体都坐落在第四纪松散软弱土层中，且含水量丰富，推荐采用土压平衡式或泥水加压式盾构。

3.5 车站建筑

规划期内实施线路中1号线一期工程和2号线一期工程为地铁制式B型车5～6辆编组，车站有效站台长度为100～120m。1号线二期工程暂按地铁B型车3辆编组考虑，有效站台长度为60m。近期修建的线路中，相交换乘的车站为1、2号线中山路和解放路路口附近的市府站。2号线和4号线换乘站—火车南站由于线位为平行同站台换乘形式需要同步建设，故在近期建设时一并考虑。

3.6 车辆基地

根据宁波线网规划研究成果，从全网大架修资源共享考虑配置车辆基地方案，结合建设线路修建顺序和现况土地资源条件，确定近期建设线路的车辆基地设置情况如表1所示。

场段功能定位一览表　　表1

车场名称	位　置	功能定位
天童庄综合基地	1/中部	1、2、3号线大架修厂、1号线定修段
石头路停车场	1/西端	1号线停车场
通山村停车场	1/东端	1号线停车场
东外环车辆段	2/中端	2号线定修段
金房停车场	2/中部	2号线临时停车场（远期为5号线停车场）

3.7 车辆及机电设备国产化

通过分析国内目前的车辆及机电设备国产化情况，结合宁波市的轨道交通发展要求，初步确定主要设备国产化情况如表2所示。

轨道交通设备国产化率统计表　表2

序号	名　称	国产化率	序号	名　称	国产化率
1	车 辆	71%	7	自动售检票(AFC)	30%
2	信 号	56%	8	自动扶梯及电梯	100%
3	供 电	81%	9	环境监控(BAS)	100%
4	通 信	80%	10	防灾报警(FAS)	100%
5	通风与空调	100%	11	车辆段及综合维修基地	86%
6	给排水及消防	100%	12	合计	76%

4　结语

(1)宁波城市轨道交通线网由6条线组成,全长247.5km,其中骨干线3条,辅助线3条,形成以主城区为核心,"跨三江、连三片、沿三轴"的三主三辅的轨道交通线网方案,总体规模适当,构架基本合理,骨干线网稳定、可实施。

(2)宁波城市轨道交通近期建设规划由1号线一期工程、2号线一期工程、1号线二期工程组成,总规划72.1km,建设项目和时序基本可行。

参考文献

[1] 北京中城捷工程咨询有限责任公司,宁波市规划设计研究院. 宁波市城市快速轨道交通线网规划[R], 2003.

[2] 宁波市人民政府. 宁波市城市快速轨道交通建设规划[R], 2006.

宁波市轨道交通一号线一期工程岩土工程探讨

刘千斌[1]　叶俊能[2]
（1. 宁波大学建筑工程与环境学院　宁波　315211
2. 宁波市轨道交通工程建设指挥部　宁波　315010）

摘　要　宁波市轨道交通一号线一期工程沿线的地质环境、水文环境及周边环境复杂，涉及的岩土工程问题有较大的差异。针对不同的结构形式，对沿线高架段和地下段不同地质条件进行分段评价。重点针对地下车站和地下区间不同结构形式，进行岩土工程问题探讨，为宁波市轨道交通一号线一期工程的勘察设计和施工提供参考。

关键词　城市轨道交通　工程地质勘察　岩土工程问题

1　引言

宁波市轨道交通一号线为线网规划中的东西向主干线（图1）。该线路将形成西连高桥镇、东连北仑中心区，贯穿海曙老城区、三江口、江东新城区以及规划的东部新中心的交通骨干线，主要解决城市东西向客流并满足商业发展轴的客流需求[1]。根据建设规划安排，一号线由两期工程组成，即一期工程（高桥西站至东外环路站）、二期工程（东外环路站至长江路站）。

一号线一期工程（图2）起于市区西部的高桥镇，沿望春路与后塘河之间规划的绿化带以高架线向东南方向延伸，经芦港、徐家漕，至机场公路西侧转入地下，进入望春路站。线路过机场公路后进入中山西路，经过汽车西站、大卿桥、西门口、鼓楼、天一广场等区块，过江厦桥后沿中山东路一直向东，经过樱花公园，过世纪大道后，线路向北迂回进入宁穿公路，而后线路一直沿宁穿公路向东延伸，经海晏路、院士路、盛莫路后，到达东外环站。一期工程线路全长约21km，设车站20座，其中：地下站15座，高架站5座。平均站间距：1 106m，最小站间距：662m，最大站间距：1 541m。设石路头停车场一座，天童庄车辆综合基地一座，控制中心1个。

2　地形地貌及水文特征

宁波市地处东海之滨，杭州湾南岸，属上海经济区南翼。市区范围包括宁波平原大部和大碶平原，东、西、南三面环山。平原区地势低平，河渠纵横，海拔仅1～3m（黄海高程，下同），新垦滩涂低于1m，地貌类型较单一，属滨海淤积型平原。山区以侵蚀剥海拔300～500m的高丘陵分布较广，最高峰太白山标高656.9m，坡度20°～40°，风化层厚度一般小于3m；海拔300m以下的低丘分布于山区边缘，或呈孤山、残丘散布于平原之中，坡度10°～30°，风化层厚度一般2～5m，局部达10余米[2]，蚀丘陵为主。

区内最大的河流为甬江，属感潮河，年径流量约40亿m^3，江水位主要受潮汐控制。据宁波潮位站1951～1984年的观测资料，历年最高潮位2.98m，高出市区平均地面，平均高潮位1.15m，历年最低潮位－1.72m，平均低潮位0.51m，历年最大潮差3.62m，平均潮差1.66m。海岸带自甬江口以西属缓慢淤涨的河口口外岸滩，近几十年来岸滩外涨速度10m/年左右。甬江口以东濒临金塘水道，岸滩伸展受阻，属

北仑片
北仑
小港
镇海
森林公园
科技园区
高教园区北区
骆驼镇
行政 商贸 会展中心
鄞县工业区
高教园区南区
姜山北立交
机电工业园区
江北工业区
鄞西工业区
高桥镇
三江片
机场工业区
古林镇
集仕港
高桥立交
图 例
1 号线
2 号线
3 号线
4 号线
天童风景名胜区

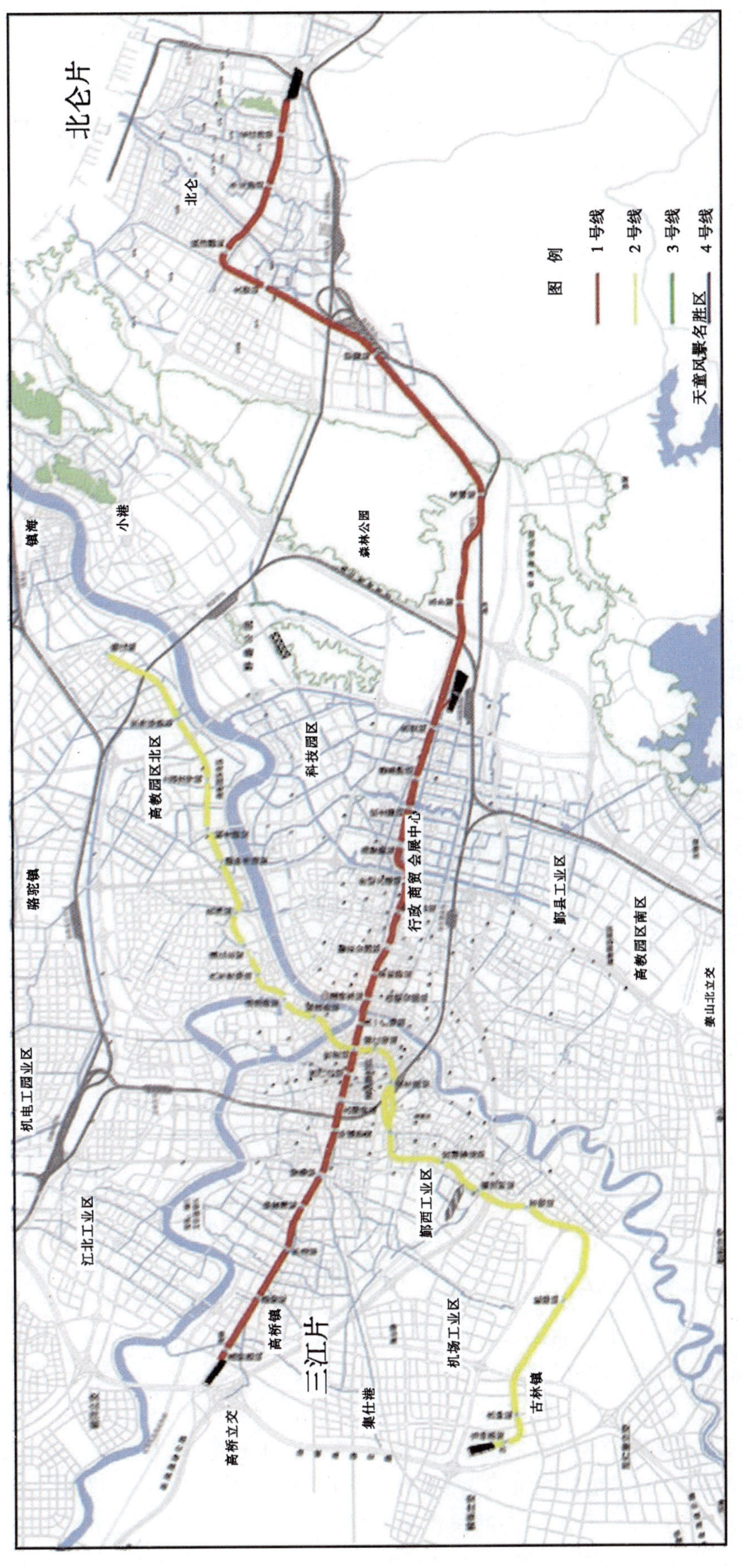

图 1 一号线全线示意图

于较稳定的淤泥质岸滩，目前基本处于动态平衡，近岸边稍有淤积，深水区略有刷深，地层物理力学性质指标如表1所示。

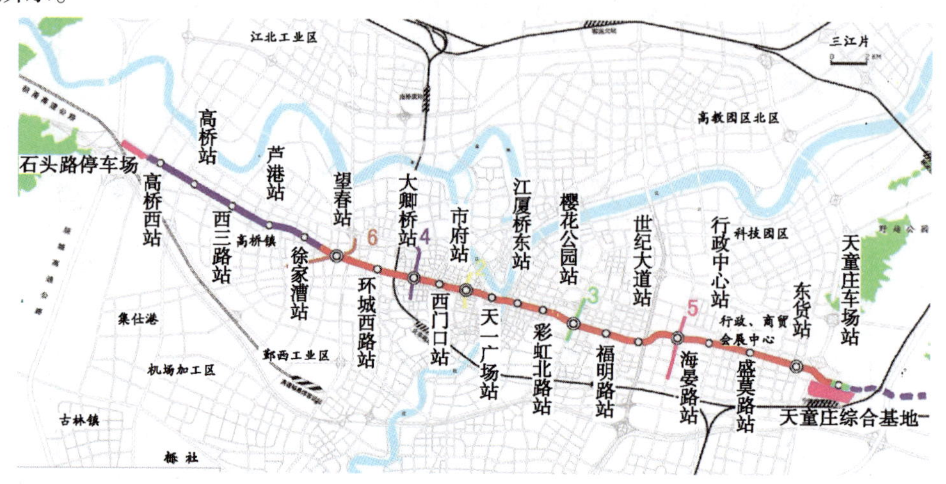

图2　一号线一期工程线路示意图

地层物理力学性质指标统计表

表1

层号	岩土名称	天然含水量 W (%)	天然重度 ρ (kN/m^3)	孔隙比 e_o	液限 W_L(%)	塑性指数 I_p	液性指数 I_L	压缩系数 a_{1-2} (MPa^{-1})	压缩模量 E_{s1-2} (MPa)	直剪固快	
										内摩擦角 ϕ(°)	内聚力 c(kPa)
①	黏土(硬壳层)	33.6	18.9	0.943	41.4	18.6	0.54	0.46	4.85	15.5	33
②	淤泥质亚黏土	44.9	17.5	1.275	38.4	16.6	1.40	0.91	2.83	10.7	17
③	淤泥质亚黏土	38.6	18.1	1.102	37.5	16.0	1.06	0.62	3.79	14.0	20
$③_1$	粉砂(含黏性土粗砂)	25.0	19.8	0.703	30.4	—	—	0.19	10.19	31.2	10
$④_1$	亚黏土	29.4	19.3	0.829	36.7	15.8	0.54	0.31	6.14	17.5	28
$④_2$	亚黏土	33.3	18.8	0.932	34.8	14.7	0.91	0.39	5.20	16.4	28
$⑥_1$	亚黏土	24.2	20.2	0.681	35.2	15.0	0.29	0.18	11.33	21.8	46
$⑥_3$	粉　砂	21.1	20.2	0.619	—	—	—	0.15	12.10	33.7	8
$⑦_1$	亚黏土	25.5	19.8	0.724	34.6	14.2	0.39	0.21	8.93	21.0	44
$⑦_2$	粉、细砂	21.0	20.3	0.614	—	—	—	0.13	12.16	35.3	5
⑧	黏　土	28.1	19.6	0.804	42.1	18.0	0.23	0.24	8.51	17.5	47

3　地质概况

3.1　工程地质

宁波平原下部以白垩系下统红色碎屑性为主(沉积岩)，大地构造隶属我国东部新华厦系巨性构造体系第二隆起带，华南加里东褶皱体系浙东南褶皱带，丽水—宁波隆起区的新昌—定海断窿带内。区内以断裂构造为主，节理裂隙较为发育。

宁波平原区第四系厚度50~110m，最厚达120余米，成因类型复杂。地层从中更新世至全新世一般均有发育，主要成因类型有河流相、河湖相及海相、滨海相等。总的特点是：

(1)地层成因：中更新统以陆相沉积为主，上更新统为海陆交互相沉积，全新统以海相为主沉积。

(2)地层粒度：自下而上变细，其中冲积及冲海积物的粒度变化最明显，中更新统冲积以砾砂为主，上更新统下组冲积以中粗砂含砾砂为主，上更新统上组下段冲积、冲海积以粉细砂为主。

(3)地层颜色:自下而上由灰绿、棕黄为主的杂色,到黄灰相间,到灰色为主序律变化;地层中砂性土的密实程度,自下而上由密实到松散递变;黏性土的塑性状态,自下而上由硬塑为主~软硬相间~软流塑为主变化。

各工程地质层地质特征如下。

①层:粉质黏土(硬壳层)、人工填土(mQ_4^3、mlQ),全区广泛分布。一般厚度1~1.5m,最厚可达3m左右,可塑,中~高压缩性,可作为一般工业民用建筑的天然地基。

②层:淤泥质粉质黏土(mQ_4^2),海相沉积,高压缩性灰色淤泥和淤泥质黏土粉质黏土,流塑,顶板埋深1~5m,厚度10~20m,是本区浅部软土层,是影响建筑物沉降变形的主要层位。

③层:粉质黏土、淤泥质粉质黏土(mQ_4^1),海相沉积,灰色,流~软塑状态,高压缩性,具鳞片状构造,平原区广泛分布。顶板埋深16~29m,厚度5~30m。具高压缩性、高灵敏度、透水性差、固结慢的特点,为本区浅部软土层,是影响建筑物沉降变形的主要层位。

③$_1$层:粉细砂、粉土($al-mQ_4^1$),冲海相沉积。灰、灰绿色,饱水,稍密~中密,中压缩性,厚层状,局部夹淤泥质粉质黏土、轻粉质黏土,薄层。主要分布于宁波市东北至海滨,顶板埋深10~24m,厚度5~25m,是当地一般建筑物较理想的桩基持力层。

④$_1$层:粉质黏土、黏土($al-lQ_3^{2-2}$),冲湖积。上部暗绿色粉质黏土、黏土,下部褐黄色粉质黏土、粉土,常见铁锰结核,又称黄色硬土层,可塑~硬塑状,属中~低压缩性土。底板平缓,顶板起伏,厚度变化大。一般顶板埋深10~20余米,厚度5~15m;局部埋藏较浅处仅7~9m;下游切割最深处可达40余米。厚度不足3m,而且常有突然缺失现象。该土层埋藏深度合适,物理力学性质好,适宜作重型、高层建筑物的桩基持力层。

④$_2$层:粉质黏土、黏土(mQ_3^{2-2}),为海积粉质黏土,粉质黏土呈灰、深灰色,软塑~软可塑状态,具中~高压缩性,为区内深部软土层。顶板埋深20~50m,厚度5~20m。

⑥$_1$层:粉质黏土($al-lQ_3^1$),湖相沉积。灰绿、黄绿色,可塑~硬塑状态,具中~低压缩性。顶板埋深45~50m,一般厚度4~7m。该层是区内物理力学性质最好的黏性土层。

⑥$_3$层:粉细砂、含砾砂、砂砾石(alQ_3^1),冲积、冲洪积层。分布较广。一般厚度10~20m,最薄处不足2m,甚至缺失。中密,低压缩性,承载力可满足重型、高层建筑物要求。

⑦$_1$层:粉质黏土($al-lQ_2^2$),湖相沉积。灰绿、黄绿色,可塑~硬塑,中~低压缩性,顶板埋深50~70m。

⑦$_2$层:砂砾石($al(pl)Q_2^2$),冲积、冲洪积层。褐黄色,中密~密实,顶板标高50~70m。

⑧层:粉质黏土夹碎砾石($al-plQ_2^1$),冲积、坡洪积层。中密~密实,中低~低压缩性,一般厚度2~8m,直接覆于基岩之上,埋藏较浅处可作为桩基持力层。

3.2 水文地质

本工程深基坑较多,了解场地水文地质条件概况十分重要。平原区孔隙潜水含水层为淤泥质粉质黏土,水位埋深0.3~2m,水量贫乏,几乎无水平迳流,渗透系数10^{-6}~10^{-8}cm/s。

平原区深部承压水可分为三个含水层:第一层顶板埋深40~50m左右,岩性为粉细砂,水质微咸~半咸,水量贫乏;第二层顶板埋深60m左右,岩性为砂砾石,含砾砂,水质微咸~半咸,水量中等~丰富,大矸平原较贫乏;第三层顶板埋深60~85m,岩性为砂砾石,水量中等~丰富,水质除以宁波为中心的170多km^{2}范围内为淡水外,均为微咸水、半咸水。

目前宁波市开采第二、三层承压水,主要用于工业冷却和空调降温;郊区开采第三层淡承压水供生活饮用和工业用水。

与工程相关的主要为场地浅部地下水,其属孔隙潜水,含水层介质为淤泥质土和粉质黏土,主要接受大气降水等入渗补给,水位随季节变幅较大,因其渗透性差,富水性差,故水量较贫乏。潜水位埋深一般0.2~2.3m。根据水质分析结果,场地内地下水对混凝土结构及混凝土结构中的钢筋一般无腐蚀性;

对钢结构具弱腐蚀性。

3.3 特殊土与不良地质

轨道交通一号线一期工程属重要建设项目，地质环境条件属中等复杂类型，根据地质灾害危险性评估分级表，其地质灾害危险性评估等级为一级。

3.3.1 软土

本工程沿线广泛分布有饱和软土，软土厚度大，达 30 ~ 40m，软土具有含水量高、孔隙比大、压缩性高、抗剪强度低、灵敏度高的特点，稍受外力作用就会发生扰动，且强度显著下降。在地震作用下可能会发生沉陷现象。这种土层，不仅盾构掘进中保持开挖面的稳定极为困难，而且会引发前期沉降及盾构通过后沉降长期不收敛，即沉降持续时间特别长。直接用作隧道围岩、地基持力层、基坑边坡危险性较大。

3.3.2 浅层沼气

场地局部地段可能存在浅层天然气，浅层天然气为可燃气体，总体气量较小，主要赋存于全新统下段冲海积层中（③层），对工程有一定影响，施工前宜先进行排气工作，并注意安全。

勘察过程中如发现沼气分布应根据规范要求查明其分布规律、分布范围、气压和流量等，并作出相应评价。

3.3.3 河岸稳定性

沿线河渠密布，属鄞东平原河网水系，河道纵横交错，水面率约为 8% ~ 10%。根据调查，该线路将多处穿越现状河流。河岸以土质河岸为主，局部为干砌片石护坡，现状稳定性较好，未见塌岸现象。河床下部为含腐殖质较高的淤泥或淤泥质黏土，土质较软、工程性质差，对基坑边坡稳定性不利。

3.3.4 地下障碍物

根据收集资料得知，线路大多沿现有道路行进，市区沿线建筑密集，沿线两侧及十字路口分布有许多市政管线，已有建（构）筑物的基础、桥桩及地下管线对本工程影响较大。

3.3.5 可液化地层

场地 20m 以内有砂土、粉土分布，即③层含黏性土粉砂、粉砂，本工程抗震设防烈度为 6 度，一般可不进行砂土液化判别和处理。但本工程建筑对液化沉陷较为敏感，可按抗震设防烈度 7 度的要求评价其在地震作用下的液化可能性。

3.3.6 明（暗）浜塘

除现有河浜外，因城市建设大量的河塘（浜）被填埋，浅部地层十分复杂。勘察前可查阅有关的河流历史图集或 20 世纪 70 年代以前的地形图，了解拟建场地有无暗塘（浜）的分布，同时也应进行现场调查核实。暗浜的填充物以杂填土为主，对基坑开挖及围护构成一定影响。

3.3.7 地面沉降

本线路穿越地面沉降中心区，累计地面沉降量最大约 400mm，2005 年江东和丰地面沉降率为 3.5mm/年。区域性的地面沉降随着近年地下水开采的限制，而逐渐趋缓，对建设工程的直接影响较小。但地下水开采后，随着黏土层孔隙水压力消散，土层产生不同程度的地面不均匀沉降现象，对基坑开挖和盾构施工带来了一定的影响。

4 沿线工程地质条件分段评价

线路正线起点桩号为 K0 +000，终点桩号为 K21 +000，全长 21km，其中 K0 +000 ~ K5 +400 段为高架线；K5 +400 ~ K21 +000 段为地下线。各段地层情况分析如下。

4.1 K0 +000 ~ K5 +400 段

该段处于滨海平原软土区。地表部分布较薄的硬壳层或人工填土；场地 35m 以内基本为海相软土

(高压缩性淤泥质土或软塑状粉质黏土);场地下部一般分布有强度较好、厚度较大的砂层和可~硬塑状粉质黏土层。

该段高架线,高架基础主要应采用桩基,场地下部存在有较好的桩基持力层(⑥$_3$ 层中密状为主的砂层、砂砾石层),厚度较大,分布一般较稳定。

4.2 K5+400~K15+800 段

该段线路处于宁波滨海平原软土区中部,主要沿市区中山路穿行。路基土表部分布有硬壳层和人工填土;场地 15~25m 以内主要为海相淤泥质软土,其中埋深 12~18m 范围以下局部存在 1~3m 厚冲海相粉、砂土,黏粒含量一般较高,透水性较差;场地 15~25m 以下分布有一层厚约 3~15m 的可~硬塑状粉质黏土(④$_1$ 层硬土层);场地中部分布有较厚(厚度 10~25m)的海相软土;场地下部则以性质较好、厚度较大的砂层和可~硬塑状粉质黏土层为主。

该段线路主要沿市区中山路穿行,设计为地下线,穿越地层主要为②、③层海相淤泥质软土,局部临近下伏硬土层。该段线路在软土中穿越,宜采用盾构施工,该段地基土中局部存在薄层冲海相粉、砂土,可能对施工有一定影响。

4.3 K15+800~K21+000 段

该段线路处于宁波滨海平原软土区东部,主要沿中山东路延伸段及宁穿路穿行。路基土表部分布有硬壳层和人工填土;场地 25~40m 范围主要为海相淤泥质软土,其中埋深 15~20m 范围以下局部存在 0.5~3m 厚冲海相粉、砂土;场地中部主要为可~硬塑状粉质黏土(④$_1$ 层硬土层)和④$_2$ 层海相软塑状粉质黏土;场地下部则以性质较好、厚度较大的砂层和可~硬塑状粉质黏土层为主。

该段线路主要沿中山东路延伸段及宁穿路穿行,穿越地层主要为②、③层海相淤泥质软土,局部穿越厚度较薄的冲海相粉、砂土(稍密状为主,黏粒含量一般较高)。该段轨道线路宜采用盾构施工,地基土中局部存在薄层冲海相粉、砂土,可能对施工有一定影响。

5 地下施工岩土工程问题分析

该线路地下区间多采用盾构法施工,地下车站采用明挖法施工。因两者施工工艺不同,涉及的岩土工程问题有差异,分述如下:

5.1 地下区间

(1)隧道区间轨面设计标高约为 -10.8~-20.5m,轨底埋深约为 -7.0~-23.5m。穿越地层主要为②、③层海相淤泥质软土,具有触变、流变特性,易造成开挖面失稳,易黏着盾构设备或造成管路堵塞,使盾构难以推进。

(2)场地 15~25m 以下分布有一层厚约 3~15m 的可~硬塑状粉质黏土(④$_1$ 层硬土层),开挖面进入软硬两种地层容易造成盾构在线路方向偏离。

(3)埋深 12~18m 范围以下局部存在 1~3m 厚冲海相粉、砂土,易产生流砂、坍塌等现象。

(4)全新统下段冲海积层③层底部可能分布有沼气,对工程有一定影响。

(5)拟建线路下穿河流较多,需注意地表水与地下水的水力联系,分析施工过程突水的可能。

(6)为控制隧道纵向不均匀沉降的影响,应注意盾构工作井、地铁车站、隧道区间连接处及隧道底部土层及土性特征突变处差异沉降。

(7)越江隧道江中与岸边覆土厚度急剧改变处,会产生较明显的差异沉降,设计中应按预估的沉降差设置适量的变形缝。

(8)隧道施工时应进行土体变形和地面沉降监测,并进行地面建筑物(构筑物)及地下管线等的变形监测工作。

5.2 地下车站

根据地下车站规模、深度及可能采用的设计施工方案，结合已有工程经验分析后认为，对地下车站除考虑基坑问题外，还应考虑桩基问题。

5.2.1 车站基坑

该线路共涉及15个地下车站、基坑深度约为10~17.5m，属一级基坑。基坑开挖范围内涉及的土层主要有①层、②层、③层，基底以下对支护结构有影响的土层主要有③层、④层、⑤层。

(1)埋深15~20m范围以下局部存在0.5~3m厚冲积海相粉、砂土，易产生流砂或涌沙等现象，易引起基坑失稳，围护桩或地墙施工时易坍塌，影响成槽、成桩质量。

(2)②层、③层为软弱黏性土，具有触变、流变特性，围护结构施工时易产生侧向蠕变缩颈现象，影响成槽成桩。

(3)基坑开挖深度较大，土体易产生回弹。

(4)微承压水③层水位埋深在1.0~2.0m左右，车站有产生基坑突涌可能。

5.2.2 车站桩基

地铁车站深基坑中柱下一般布桩。用途有：其一解决深基坑抗浮问题；其二严格控制立柱垂直方向变形(包括因承受立柱传递的竖向荷载引起的变形及深基坑开挖引起的立柱回弹)。

(1)场地25~40m范围主要为海相淤泥质软土；场地中部主要为可~硬塑状粉质黏土($④_1$层硬土层)和$④_2$层海相软塑状粉质黏土；场地下部性质较好、厚度较大的砂层和可~硬塑状粉质黏土层可作为良好的桩基持力层。

(2)桩长和桩径宜根据具体荷载而定，地铁车站桩基一般采用钻孔灌注桩方案，考虑线路部分车站环境相对比较空旷，故不排除采用预制桩的可能性。桩基施工应注意以下问题：

①预制桩施工应注意的问题：若采用预制桩，沿线场地埋深15~20m范围以下局部存在0.5~3m厚冲海相粉、砂土；场地中部主要为可~硬塑状粉质黏土($④_1$层硬土层)和$④_2$层海相软塑状粉质黏土，场地浅部沉桩有一定阻力；以⑤或⑦层作持力层，进入持力层一定深度，沉桩阻力也较大。故需选择桩身强度较高的桩，并配以适当的沉桩设备，沉桩是可行的。

②钻孔灌注桩施工应注意的问题：根据类似工程经验，钻孔灌注桩施工中如措施不当，易造成孔壁泥皮厚，孔底沉渣厚度大，单桩承载力达不到设计要求。建议采用的主要施工对策如下：合理控制泥浆配比，做好成孔后的清孔工作，控制泥皮厚度和孔底沉渣；孔底注浆，确保桩端承载力的发挥；对易漏浆的砂层中及时采取补浆措施。

6 结语

宁波轨道交通一号线一期工程为宁波市首个轨道交通工程，没有同类工程的岩土工程勘察经验。沿线由于结构形式，地下埋置深度，埋置方法，施工工艺，工程地质，水文地质环境不同，所涉及的岩土工程问题有较大差异，因此在编制初勘和详勘方案时，应按结合各段工程的不同结构特点和施工工艺，编制最佳的勘察方案，从而满足轨道交通设计和施工要求。

参考文献

[1] 宁波市人民政府. 宁波市城市快速轨道交通建设规划[R],2006.

[2] 浙江省工程勘察院. 宁波市城市快速轨道交通建设规划工程地质报告[R],2006.

四、轨道交通建设政策法规及技术标准研究

轨道交通标准对我国城市经济的影响

王元丰　刘明辉
（北京交通大学土木工程学院　北京　100044）

摘　要　城市轨道交通以其大运量、快捷、污染小、受其他交通模式干扰小、准时、不占用土地等优点得到各国城市政府的关注。目前，我国进入了轨道交通建设快速发展的时期，作为轨道交通体系的重要组成部分的标准将发挥重要的作用。通过分析了轨道交通标准存量随时间的发展关系，研究了轨道交通标准对上海轨道交通总收入和客运量的影响；并进一步研究了轨道交通标准对上海市产生的经济效益，分析了轨道交通标准对经济的贡献在上海 GDP 中所占有的比重；最后，提出了一些对于轨道交通标准有待研究的问题。

关键词　标准　轨道交通　客流量　经济

1　前言

目前，世界各发达国家十分重视技术标准的工作。经济全球化使标准的竞争已经成为国际经济和科技竞争的焦点。发达国家纷纷以技术标准，尤其是涉及国家安全、人身健康、环境保护的技术标准为依据，采用由技术法规、标准和合格评定程序设置的技术性贸易措施，保障本国的经济安全和人身安全。2001 年我国加入 WTO，标志着我国已经全面融入世界经济的大潮中，使工程建设标准在我国经济建设的地位凸显出来，同时也给工程建设标准化的发展提出的更高的要求。工程建设标准与国民经济的关系，是手段与目的关系，即通过工程建设标准化，提高效率、促进经济又好又快发展，对社会发展的影响更是多方面的。2002 年年初，全国科技工作会议确定了关于实施“人才、专利和技术标准”三大战略。为落实这一精神，科技部已将“重要技术标准研究”专项列为“十五”重大科技专项。在这种大环境下，开展对工程建设标准问题的研究是非常及时与必要的。尤其是标准评价指标体系的建立，将对工程建设标准的制定与完善、促进我国工程建设的发展有着十分重要的作用。

在我国，近 10 余座特大城市开通了轨道交通，48 座特大城市中的 30 座开展了轨道交通规划工作，近期规划线路 55 条，线路长度 1 700km，总投资约 6 000 亿元。而投资决策阶段的工作对整个项目造价的影响程度为 75% ~95%，而这个阶段的工作主要以标准为依据。标准不仅直接影响建设投资，而且在轨道交通运营阶段，标准对于提升管理水平、提高运营效率、节省发车时间、加强轨道交通安全、改善乘客舒适度等方面起重要作用。在地铁运营中，标准能够提高管理效率，达到“向管理要效益”的目的。

国内外学者对于轨道交通对国民经济的影响目前已经有一些研究，但是，对于轨道交通标准对经济的影响还是一片空白。本文基于标准经济学理论，将标准作用于宏观经济方法，引入到轨道交通行业，并分析了轨道交通标准对城市经济的影响。

2 轨道交通标准及标准存量研究

在标准经济学中,标准存量作为衡量标准经济作用的一个宏观经济要素出现。既有文献研究表明,标准存量对于经济的推动作用是明显的,利用标准存量对经济进行分析是可行的。

本文在搜集了国内轨道交通大量建设资料的基础上,统计了我国轨道交通的标准存量,如表1所示。这其中包含了轨道交通13个专业的基础、通用和专用标准,很多并不专属于轨道交通标准,但随着我国轨道交通建设的发展,越来越多的标准被引用到轨道交通中来(图1)。

我国轨道交通标准存量 表1

年	国内标准数量	国际标准数量	总量	年	国内标准数量	国际标准数量	总量
1957	1	—	1	1990	12	5	17
1960	—	1	1	1991	13	3	16
1968	—	2	2	1992	27	8	35
1969	—	2	2	1993	33	11	44
1975	3	1	4	1994	20	3	23
1977	2	—	2	1995	21	11	32
1978	1	—	1	1996	19	11	30
1979	3	—	3	1997	21	1	22
1980	1	—	1	1998	35	15	50
1981	1	—	1	1999	14	9	23
1982	5	—	5	2000	119	5	124
1983	7	3	10	2001	24	9	33
1984	3	1	4	2002	25	9	34
1985	2	2	4	2003	18	18	36
1986	6	3	9	2004	15	1	16
1987	22	1	23	2005	3	2	5
1988	13	—	13	2006	3	2	5
1989	16	6	22	总计	508	145	653

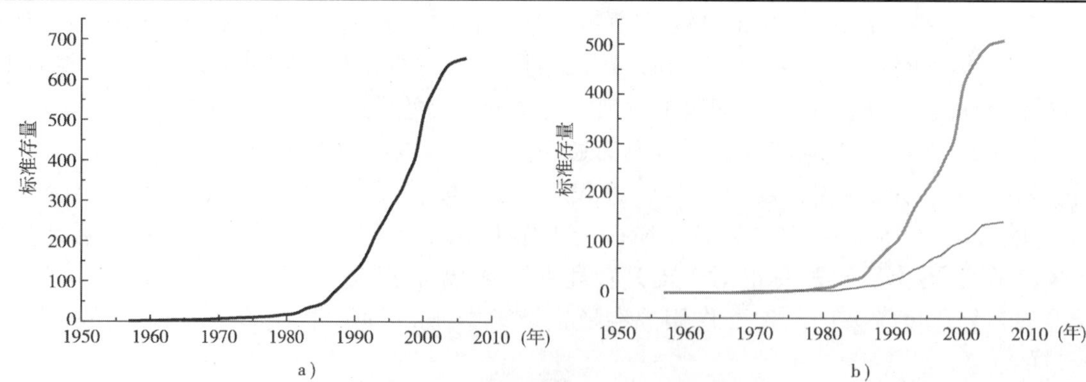

图1 轨道交通标准随时间的变化关系

(粗线为国内标准,细线为国外标准)

a)存量随时间变化;b)存量结构随时间变化

从图1a)中可以看出,我国轨道交通标准发展迅速,进入20世纪80年代后,标准以400%/年的平均速度在增长。从图1b)中可以看出,在我国地铁建设伊始,由于国内并无相关标准,因此较多地引用国外标准,标准存量中国外标准所占的比例较大,在20世纪80年代中,国外标准的比例占到轨道交通总标准的30%~40%;进入20世纪90年代,随着我国标准化工作的不断推进,我国自有标准量逐渐在总标准存量中占据主要地位,而国际标准存量一直保持在20%左右,这一比例也从另一个角度说明我国轨道交通标准与国际标准还有一定的差距。

3 我国主要城市轨道交通的主要经济参数研究

为了研究轨道交通标准对轨道交通经济的影响,拟选择上海的轨道交通作为实证分析的案例,选择上海的原因是因为上海市轨道交通建设时间较早,发展顺利,统计资料比较完善。表2为上海市轨道交通参数综合表,表3为上海市轨道交通概算投资表。

上海市轨道交通参数综合表 表2

年	运营车辆(节)	运营线路长度(km)	行驶里程(万列·km)	客运总量(万人次)	利润总额(万元)	年末从业人数(人)
1996	96	15.21	128.71	8 944	—	1 510
1997	96	20.06	175.84	11 174	—	1 531
1998	96	20.06	211.47	12 606	—	1 458
1999	96	20.06	223.90	10 921	—	1 643
2000	216	62.92	324.64	13 556	—	3 991
2001	216	62.92	538.99	28 270	3 407	3 991
2002	330	62.92	633.29	35 739	3 863	4 321
2003	445	108.65	813.18	40 604	2 658	7 703
2004	611	121.23	957.04	48 007	1 720	8 290
2005	695	147.78	1 141.66	59 406	2 300	7 411
2006	—	147.78	1 143	64 900	—	8 210

注:表中数据来自于上海市统计年鉴。

概 算 投 资 表3

年	年平均投资概算(万元)	年平均养护费用(万元)	年平均总投资(万元)
1996	8 912.82	15 198.08	24 110.9
1997	11 754.84	20 763.19	32 518.03
1998	11 754.84	24 970.38	36 725.22
1999	11 754.84	26 438.11	38 192.95
2000	29 024.98	38 333.49	67 358.47
2001	29 024.98	63 643.94	92 668.92
2002	29 024.98	74 778.88	103 803.9
2003	51 877.88	96 020.29	147 898.2
2004	56 546.06	11 3007.3	169 553.4
2005	66 398.39	13 4807.2	201 205.6

注:表中数据来自于对上海市各主要轨道交通线路概算投资的分析。

图 2 为轨道交通主要经济指标随时间变化的关系，从图 2a）、图 2b）的比较中可以看出，客运量基本与总里程的增长正相关，但并不完全一致，这说明，客运量受轨道交通总里程影响较大，同时，客运量还受其他因素影响，如轨道交通线网的成熟度、与地面交通的结合程度、票价等。从图 2c）中可以看出，轨道交通单车厢客运量呈一个逐年递增到达最高点后逐年递降的趋势，其中 2000 年的突变主要是由于 2000 年轨道交通运营里程从 20km 增长为 62km，增长 210%，而客运量存在一定的时间滞后，导致每节车厢当年的客运量突变。初期的单车客运量较低，说明轨道交通客流尚处于培育阶段，1998 年以后客流量开始成熟，同时也造成比较拥挤的现象，到 2002 年之后，这一现象基本得到缓解，单车客运量也开始降低，这也说明了上海市轨道交通的乘坐舒适程度在逐年提高。图 2 的曲线形式与图 2a）和图 2b）基本一致，说明在投资、总里程和客运量之间存在着比较高的相关度。

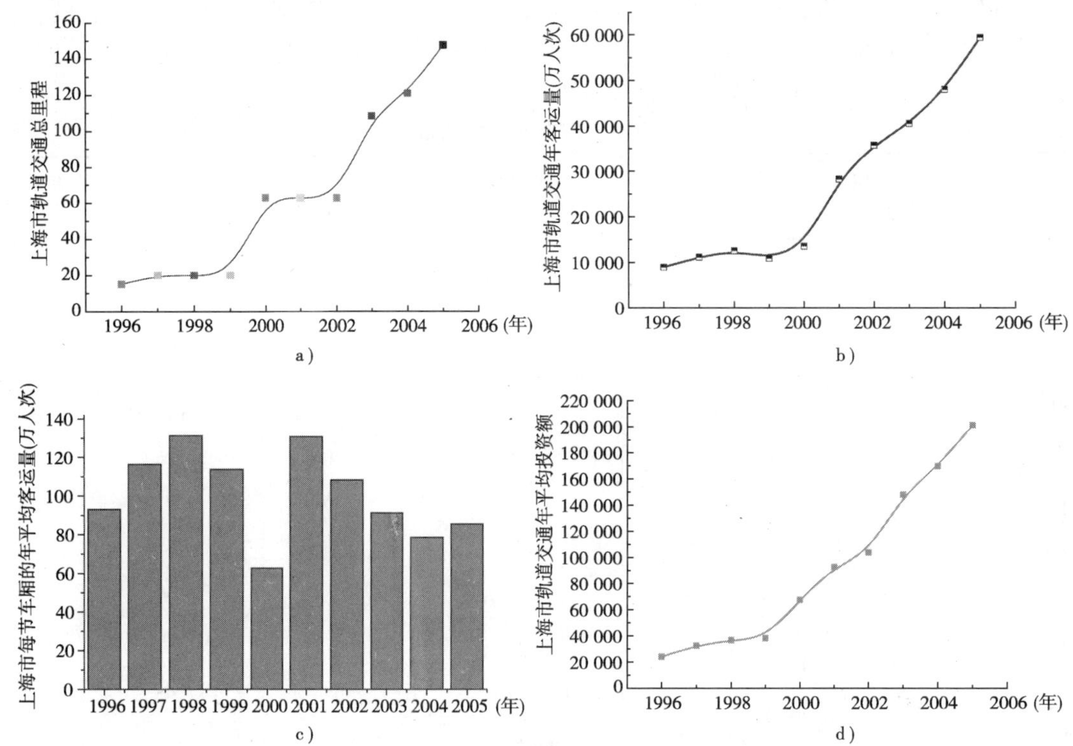

图 2　上海市轨道交通主要经济参数随时间变化的关系

a）总里程；b）年客运量；c）每节车厢年平均客运量；d）年平均投资额

图 3 为上海轨道交通年客运量、投资、从业人员与标准存量随时间的变化关系，从中可以看出，各条曲线的发展趋势是一致的，但标准的发展速度较为迅速。

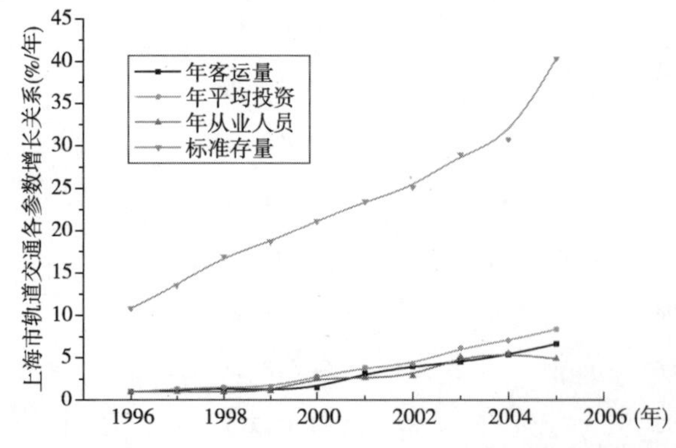

图 3　上海轨道交通年客运量、投资、从业人员与标准存量随时间的变化曲线

4 轨道交通标准存量对轨道交通经济参数影响的分析

4.1 标准存量对经济影响的理论分析

德国克努特·布尔德研究了德国标准对德国国民经济的促进作用,结果表明:在1961~1990年之间标准化对德国经济的增长的作用仅次于资本存量的增长,标准化贡献了德国经济增长的5.3%~28.8%。

英国贸易工业部(Department of Trade and Industry, DTI)在2005年对英国标准对国民经济的影响进行了测算,结果表明:从1948年到2003年,英国每年GDP增长为2.5%,这其中,资本和劳动力的贡献为1.5%,而各个领域的技术变革占另外的1%,标准在技术变革中的作用大概为1/4,也就是说,标准贡献了英国经济增长的10%。

为了定量化表示标准对经济的影响,克努特引入了标准函数的概念,标准函数为在某一时间所有正在作用标准的量。

标准函数为:

$$SCI(t) = \sum_{i=t-\infty}^{i=t} P(i) - \sum_{i=t-\infty}^{i=t} W(i) \tag{1}$$

式中:$SCI(t)$——时间 t 时刻的标准存量;

$P(i)$——第 i 年颁布的标准总量;

$W(i)$——第 i 年废除的标准总量。

投入产出函数:

$$Y(t) = F[k(t)l(t)] \tag{2}$$

可以写为如下形式:

$$Y(t) = A(t)F[k(t)l(t)] \tag{3}$$

式中:$k(t)$——资本投入;

$l(t)$——劳动力投入;

$A(t)$——考虑科技贡献对投入产出函数的影响,是独立于资本和劳动力的函数,$A(t)$表达式如下:

$$A(t) = A(Z(t)) \tag{4}$$

$$Z(t) = \exp(\lambda t)PAT(t)^{\gamma}LEX(t)^{\delta}STD(t)^{\varepsilon}$$

式中:$PAT(t)$——国内创新函数,由国内专利数量表示;

$STD(t)$——技术传播程度函数,由国内标准数量表示;

$LEX(t)$——国外技术引进函数,由国外引进的专利、技术转让、版权等表示;

$\exp(\lambda t)$——$Z(t)$的曲线形式。

将$A(t)$代入,并对投入产出函数取对数,得到:

$$y(t) = a + \alpha k(t) + \beta l(t) + \gamma pat(t) + \delta lex(t) + \varepsilon std(t) + \lambda t + u(t) \tag{5}$$

式中:$u(t)$——误差修正项。

但是,由于数据的匮乏,因此无法在两类专利和标准这样的多参数拟合中得到令人满意的结果,因此,在DTI的分析中,将两类专利从公式中去除,只考虑标准的作用。在理论上,任何市场经济的发展都需要标准的参与,换言之,标准是作为一种最普遍的技术行为影响市场,其影响力要比两类专利大得多。

因此,公式修正如下:

$$y(t) = a + \alpha k(t) + \beta l(t) + \varepsilon std(t) + \lambda t + u(t) \tag{6}$$

在 cobb－douglas 函数中，如果做出“规模效益不变”的假定，即随着生产规模的扩大，生产出单位产值所需的成本不变，$\alpha+\beta=1$，因此，方程两边各减去 $l(t)$，得到：

$$y(t)-l(t)=a+\alpha(k(t)-l(t))+\varepsilon std(t)+\lambda t+u(t) \tag{7}$$

在这里，$y(t)-l(t)$ 为劳动生产率，而 $k(t)-l(t)$ 为资本劳动比率；劳动生产率、资本劳动比率都可以根据历年的统计数据得到，而 $std(t)$ 也可以通过标准存量得到。因此，参数 a 为(常数)、λ(时间因素)、α(资本劳动比因子)、ε(标准存量因子)。

4.2 轨道交通标准存量对轨道交通运营的主要经济参数影响的分析

轨道交通标准不同于整体标准体系，其产出不能进行准确计算，数据获取困难，因此，本文进行如下假设：

(1)在公共交通领域，假设上海市对轨道交通的需求占主导地位，供低于求。

(2)客运量的提高的主要原因是由于运营线路的增长，即对轨道交通的不断投资；其次是轨道交通从业人员的增长；第三方面即由于先进技术和标准的采用使得列车编组的密度增加，乘客等候时间变短等原因造成的运量提高。

(3)轨道交通的投入为其运营成本、劳动力投入和先进技术的采用(标准作用)。

(4)票务收入以及广告、第三产业收入占轨道交通系统的产出。通过对上海申通地铁集团 2000～2006 年年度财务报表的分析，广告、三产收入约占轨道交通系统产出的 20% 左右。

基于以上假设，轨道交通客运量的投入产出分析模型：

$$Y(t)=F[K(t)L(t)] \tag{8}$$

式中：$K(t)$——轨道交通正常运营的资金投入。

$L(t)$——由于从业人员数量的增加使得轨道交通的效率提高。

标准在这一函数所起到的作用认为是像 DTI 的分析一样，与资金和劳动力独立的科技贡献项。参考 DTI 的简化公式，轨道交通客运量投入产出函数为：

$$y(t)-l(t)=a+\alpha[k(t)-l(t)]+\varepsilon std(t)+\lambda t \tag{9}$$

通过对上海市轨道交通投入产出分析，采用 SPSS15.0 对公式进行非线性回归，得到标准化各参数值为：

$$\alpha=0.546;\varepsilon=0.014;\lambda=0.441$$

在我国，劳动生产率的增长为 3.19%/年，按标准的年增长率为 30% 计算，对劳动生产率增长的影响为：0.42%。即标准对劳动生产率增长的影响为每年 13.17%。对比英国 DTI 计算结果，标准对劳动生产率增长的影响为 13%/年，可以说明计算结果较为符合。

计算标准对轨道交通总产出的影响：

$$\frac{Y(t)}{Y_1(t)}=1.3^{0.014}=1.003\ 68$$

轨道交通标准的影响是轨道交通总收入的 0.368%，轨道交通标准对客流量的影响也近似为 0.368%。

5 轨道交通标准存量影响轨道交通运营造成的社会经济的影响分析

对轨道交通的投资主要基于其巨大的外部效益性而进行的。而其外部效益性则体现在轨道交通的巨大产出：客流量。通过对轨道交通运营直接产生的经济效益，包括内部效益、公交替代效益、乘客节省时间价值和沿线房地产升值等方面的分析，并结合标准对轨道交通产出的贡献，得到轨道交通标准的增长带动的轨道交通的社会经济效益，如表 4 所示。

标准对轨道交通运营影响的综合经济效益分析　　表 4

编号	效益	类型	总节约(万元)	编号	效益	类型	总节约(万元)
1	票价影响	直接	863.69	6	节约道路及停车场建设	间接	121.50
2	出行时间节约	间接	5 864.00	7	节约土地	间接	13 180.60
3	安全	间接	1.45	8	提高社会劳动生产率	间接	1 213.30
4	机动车购置节约	间接	1 392.00	9	节约能源	间接	591.00
5	节约人员成本	间接	3 000.00	10	减少 CO_2 排放	间接	11.80
						总计	26 239.34

从表 4 中可以看出,2006 年轨道交通标准贡献的对轨道交通运营影响的综合经济效益为 2.6 亿元,占 2006 年上海市 GDP 总量的 0.028%,充分体现了标准化经济的重要作用。

6 结论与展望

本文采用标准经济学理论,在对轨道交通标准存量及上海市的轨道交通经济参数进行详细分析的基础上,研究了轨道交通标准对上海市轨道交通运营收入及客运量的影响;并在此基础上,全面分析了轨道交通标准的社会经济效益。结果表明,轨道交通标准具有明显的社会经济效益,在大城市的发展中将起到十分重要的作用。轨道交通标准及标准体系的建立和不断完善是我国轨道交通建设中的一项长期而重要的问题。

轨道交通所形成的社会经济效益是十分广泛的,除了本文提到的较易量化的社会经济效益以外,还包括其他很多难以量化的社会效益。如轨道交通体系建设带动沿线地面、空间、地下交通和其他经济项目成片开发的效益;沿线企业利用轨道交通体系效益的外溢性所产生的间接微观经济效益;改善城市交通结构,吸引大量客流,增加城市活力的效益;减少城市交通噪声,提高居民生活质量,增加就业机会等方面效益。作为轨道交通建设的一个重要组成部分,标准,也将产生更大的作用,从而创造更多的社会效益。

7 致谢

本文研究得到了中国住房和城乡建设部标准定额研究所的资助,在此向资助单位表示感谢!

参考文献

[1] 克努特,布尔德.标准经济学——理论、证据与政策[M].北京:中国标准出版社,2006.

[2] The Economics of Standardisation, DTI, 2005.

[3] Adams,M., Norms, standards, rights, European Journal of Political Econonly, 1996(12):363-375.

[4] Anderton,B. Innovation, product quality variety, and trade performance: anempirical analysis fo Germany and the UK, Oxford Economic Papers, 1999(51):152-167.

[5] Tassey,G. Standardization in technology-based markets, Research Policy, 2000, 29(4),587-602.

[6] 蒋玉珍,张伟瑾.城市轨道交通与城市经济发展.城市轨道交通研究,2002(4):12-18.

[7] 陈佐.城市轨道交通对生态环境的影响.中国铁道科学,2001(6):126-132.

[8] 刘永学.城市常规公共交通发展水平综合评价指标体系研究.内蒙古科技与经济,2006(13):29-30.

[9] 周仁.北京和上海商品房价格决定因素对比分析.价格理论与实践,2006:43-44.

[10] 杨新华.城市轨道交通项目直接经济效益评估与实证研究.交通科技与经济,2006,33(2):100-105.

中国城市轨道交通发展调查问卷分析

冯爱军[1] 陆 明[2] 王文江[1] 王亚红[2]
(1. 北京城建设计研究总院 2. 北京交通大学)

摘 要 目前我国城市轨道交通的建设进入到快速发展的阶段,据统计,截止到2007年6月,全国运营线路总里程达到585km,已批复15个城市的建设线路约1 700km,总投资6 000多亿,同时有另外十余个城市拟规划建设城市轨道交通项目。为配合国家"十一五"科技支撑计划项目"新型城市轨道交通技术"的研究,中国土木工程学会城市轨道交通技术推广委员会于2007年4月组织进行了一次全国范围的问卷调查。调查问卷主要围绕促进城市轨道交通可持续发展的环境、社会、经济三个主要方面展开,现将调查问卷统计分析结果发布,供下一步课题研究及开展相关工作时参考。

1 调查问卷设计

调查问卷共设计21个问题,涉及我国城市轨道交通建设全过程的规划设计、建设运营的管理政策措施、投融资和经济性的相关内容。其中管理政策类13个问题,规划技术类2个,经济类6个,主要为了了解我国城市轨道交通在国民经济和城市经济发展中的作用及存在的问题,对今后可持续发展的建议等。

调查问卷关注以下主要内容:我国城市轨道交通项目审批中存在的主要问题;确定我国城市轨道交通建设顺序与建设时机的主要依据;我国城市轨道交通健康发展最需要出台的政策;适宜的票价水平和政策;一些运营线路的客流强度低的症结;我国城市轨道交通工程的经济定位;城市轨道交通投融资政策;城市轨道交通的财务效益评价指标;政府支持城市轨道交通发展的优惠政策;城市轨道交通的工程造价;城市轨道交通工程的特许经营;城市轨道交通建设的管理体制;新型城市轨道交通系统;城市轨道交通建设中的技术创新;如何防范投融资风险等。

问卷发放对象为业内专家、城市轨道交通管理、设计、施工、运营等相关单位的管理和技术人员,共发放问卷80份,收回50份,回收率为62.5%。

通过统计分析可以发现,大家一致认同我国城市轨道交通建设40年所取得的成就巨大,对国民经济发展和居民生活起到重要影响。同时,发展过程中也存在一些应尽快解决和应引起思考的问题。

2 我国城市轨道交通40年的建设成就显著

2.1 运营线路初具规模,解决居民出行问题

我国自1965年北京地铁一期工程建设开始,到目前全国多个城市多条线的同步建设,风雨40年,截止2006年底,全国已开通城市轨道交通的城市有北京、上海、天津、广州、长春、大连、重庆、武汉、深圳、南京10城市的23条线,线路总长585km。2006年全年运送旅客逾18亿人次。

2.2 行业初具规模

目前,通过国家发改委审批有15个城市在进行城市轨道交通建设。依照城市轨道交通全寿命周期

的各阶段,参与的单位除各地政府主管部门外,包括投资、建设、运营管理、规划、设计、施工、设备生产供应等企事业单位。城市轨道交通的产业化初具规模,形成了几个特色产业基地,如江苏省城市轨道交通产业基地基本形成,除满足国内市场需求外,还逐步拓展到海外市场。重庆将花5年时间打造轻轨设备产业链,上海的城市轨道交通产业也初具规模。

2.3 人才积累

40年的发展、近20年的建设积累以及8年的高速发展进程,为行业积累了一批老专家和中青年骨干。

2.4 技术积累

40年的发展,在设计、施工、运营等方面积累了很多经验。在评选的"城市轨道交通专项技术"中,有综合类技术9项,土建类技术11项,运营与设备技术13项。有些技术如前期投融资、安全远程监控预警技术、土建施工技术等都已达到国际先进水平。在新型交通系统方面,由单一的传统轮轨模式发展成多种制式并存,目前已在建和准备实施的制式已达6种:大运量地铁、中运量轻轨、跨座式单轨、城际快速铁路、磁悬浮、直线电机系统等,形成了建设和运营的自有技术体系系列。

2.5 城市轨道交通作为公共交通的骨干,其发展对国民经济和居民生活产生重大影响

1)促进我国大城市发展,引道城市布局调整

城市轨道交通沿线特别是城市轨道交通车站附近的房地产被极大地激活,城市轨道交通对城市人口产生出巨大的吸引力,大量人口逐步向城市轨道交通站点集聚。

2)节约土地资源

在动态情况下,平均每位旅客占用的道路面积:轻轨和城市铁路为0.2m^2,公共电汽车、私人小汽车、摩托车、自行车分别是它的4.6倍、115倍、100倍和50倍。城市轨道交通使得以上住宅、办公、商业用地的内部凝聚力大大增加,它为各个中心之间的相互交流提供了便利的条件。

3)环境友好

城市轨道交通对大气污染的影响程度远远低于其他交通方式,发展城市轨道交通对我国环境保护战略的实施具有积极意义。

4)节约能源

"十一五"规划提出,"十一五"期间单位国内生产总值能耗要比"十五"期末降低20%左右,城市交通节能任务十分艰巨。据统计,每百公里的人均能耗,地铁是小汽车的5%。城市轨道交通是一种节约能源的交通方式,符合我国调整能源结构,节约能源的战略。

5)解决居民出行,缓解大城市交通压力

6)促进产业发展、技术创新

城市轨道交通建设对相关产业带动作用和拉动内需的作用也非常明显,在城市轨道交通工程投资中,土建工程一般可占到40%左右,巨大的工程投资为工程施工企业带来巨大的市场。机电设备一般占工程总造价的40%左右,为机电设备制造厂商带来了新的市场。在设备国产化政策引导下,我国企业在车辆、通信信号、牵引供电系统、环境控制、自动售检票系统、信息服务等领域已有了较快的发展。

7) 促进经济发展

城市轨道交通的影响不仅是出行,同时还是房地产、商业飞速发展的助推手,城市轨道交通提升了建成区域的价值。

3 可持续发展应着力解决的问题——问卷调查结果分析

本文对调查问卷的21个问题进行分类统计,归纳出以下几个问题:

3.1 城市轨道交通项目审批中存在的主要问题

调查问卷问题为意见收集类调研,调查得出存在的主要问题依次是:
①审批周期长;
②审批程序复杂;
③缺乏规范的审批标准;
④审批对城市整体规划、城市实际需求、城市的可持续发展考虑得不充分;
⑤审批过程中领导主观意识比较浓,专家意见没有得到充分重视;
⑥审批执行不力,工程已经建设完成,项目还没有审批完成,或批了不建的现象比较多。
建议对策:重视专家意见,制定规范合理的审批流程和审批标准。

3.2 确定城市轨道交通建设顺序与建设时机的主要依据

本题为多因素排序选择,经统计根据调查对象选择比例和重要性比例如图1所示。

调查结果及建议对策:可见,满足客流需求是确定我国城市轨道交通建设顺序与建设时机的最主要的依据,因此应在充分调查分析客流需求的基础上,以满足出行要求为首要目标,结合城市总体规划来确定城市轨道交通的建设顺序与建设时机。

3.3 城市轨道交通建设最需要出台的政策

本题为收集意见类调研,调查得出最需出台的政策为:
①行业技术标准体系;
②政府监管体系的建立;
③根据国情,参考国内外成功经验,制定投融资相关政策;
④运营模式选择相关的规定、政策;
⑤土地征用、沿线商业开发相关政策;
⑥设备国产化相关政策;
⑦专业技术、管理人才培养机制。

3.4 城市轨道交通某些运营线路的客流强度低的原因

本题为多因素排序选择,经统计调查对象选择比例和重要性比例如图2所示。

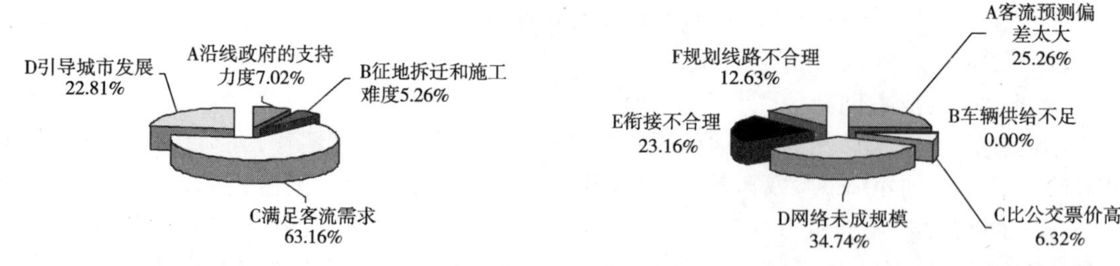

图1 建设顺序与建设时机的主要依据

图2 某些运营线路的客流强度低的原因

调查结果及建议对策:被调查者认为我国城市轨道交通某些运营线路的客流强度低的最主要原因是城市轨道交通网络未成规模,其次是客流预测偏差大和城市轨道交通与其他交通方式衔接不合理,因此应尽快形成轨道交通网络,科学地预测客流,合理规划,方便乘客换乘。

3.5 城市轨道交通工程的经济定位

本题为单项选择题,根据调查对象的选择比例如图3所示。

调查结果：绝大部分被调查者认为我国城市轨道交通工程是公共产品或半公共产品。

3.6 城市轨道交通工程的融资来源及风险规避

多数专家坚持建设资金来源应该以政府出资和银行贷款为主，可以在此前提下考虑引进其他资本；同时许多专家都强调认真解剖学习香港地铁案例，根据国情吸取其中可以借鉴的成功经验。关于投融资的建议：

①以政府投资为主；

②完善相关法律、法规体系的建设；

③学习香港地铁经验，尝试一体化运作模式；

④尝试其他投融资模式。

防范投融资风险的建议：

①切实加强城市轨道交通项目的审批，只有在城市有足够的财政承受能力的前提下，才能批准项目建设，防止建设过程中出现资金不足的现象发生；

②量力而行，注意建设发展节奏；

③避免各城市在建设标准上的互相攀比，制定建设标准；

④加强监管，形成有效的监管、担保和保障制度，运用风险管理的方法和模式进行项目管理，建设科学、合理、专业的管理机制；

⑤全程线网规划、适时投入建设，政府政策支持，建设运营严格管理；

⑥应对线网规划给予高度重视，同时充分发挥社会各方面积极力量，政府做好各方面协调工作，尽可能利用因地铁建设衍生的一切资源和利润，积极探索城轨项目投融资商业化经营模式，拓展资金来源渠道。

3.7 城市轨道交通的财务效益评价的指标

根据调查对象的选择比例如图 4 所示。

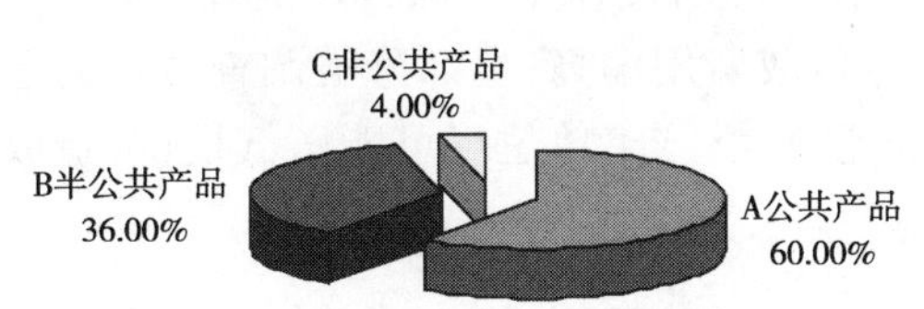

图 3　城市轨道交通工程的经济定位

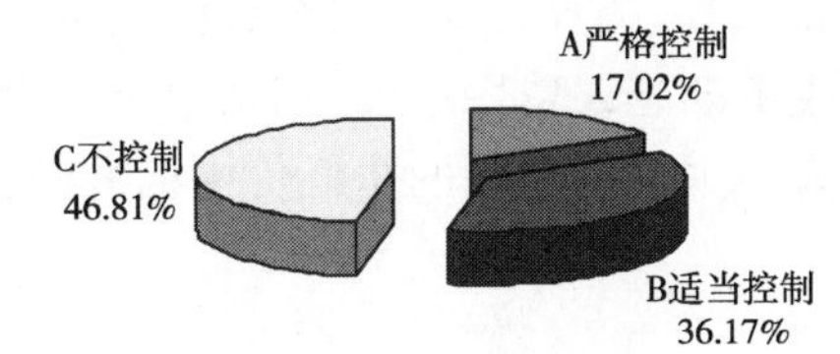

图 4　怎么看待财务效益评价的指标情况

调查结果及建议对策：绝大部分被调查者认为在国内城市轨道交通工程可行性研究报告审批中应以经济效益评价为主，但也有 36.17% 的被调查者认为应适当控制财务指标。

3.8 城市轨道交通适宜的票价水平

城市轨道交通票价作为其客流吸引的一个重要的、较敏感的指标，对于适宜的票价水平，调查对象的选择比例如图 5 所示。

调查结果及建议对策：56% 的被调查者认为票价水平应保持在公交票价 1.5 ~3 倍水平范围内，在发挥大容量快速疏散功能的同时，适当体现城市轨道交通比传统公交带来的快捷服务优势。

3.9 政府支持城市轨道交通工程发展的优惠政策

政府支持城市轨道交通工程发展，应提供进一步的政策优惠，经统计根据调查对象选择比例和重要性比例如图 6 所示。

调查结果及建议对策：可见调查对象认为“给予一定城市轨道交通工程沿线物业开发权”是政府支持城市轨道交通工程发展，首先可以进一步提供的政策优惠。

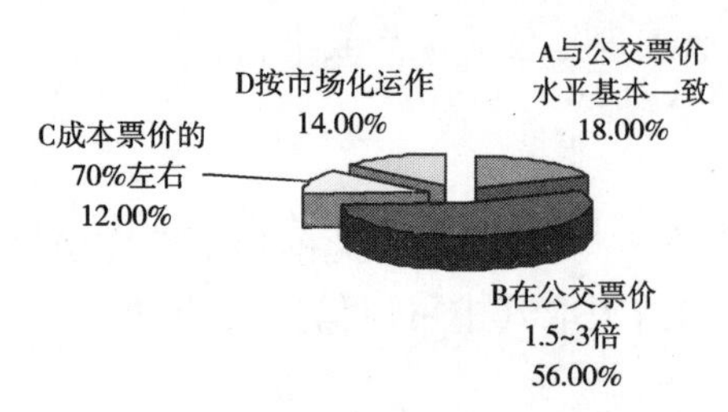

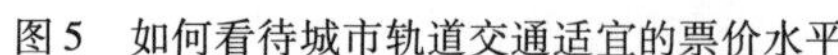
图 5　如何看待城市轨道交通适宜的票价水平

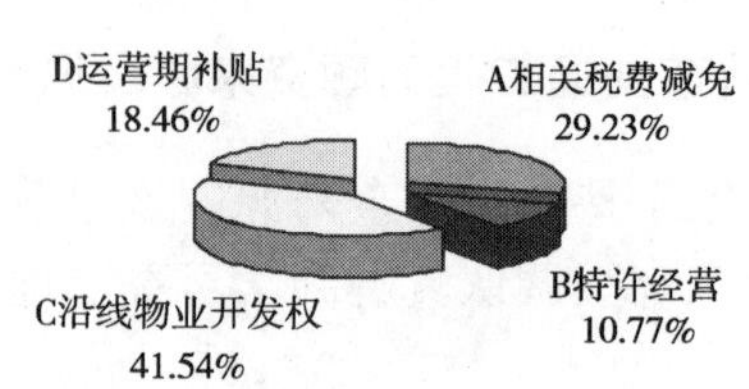

图 6　应提供哪些优惠政策

3.10　地方政府为支持城市轨道交通工程发展出台的政策和文件

本题为收集意见类调研，调查得出的各城市出台并准备出台的政策和文件如下。

上海：上海市政府是国内支持地铁建设力度最大的城市，尤其是在征地拆迁方面力度很大。提出优先发展公共交通，出台《上海市轨道交通管理条例》。

深圳：准备出台 AFC 技术标准；导向标志的技术标准。

广州：地方税费方面给予一定优惠，例如免收市政配套设施费、弃土费减半等。出台《地铁经营管理办法》。

北京：发布《北京市轨道交通运营管理办法》。

重庆：出台《重庆市轨道交通管理办法》。

南京：市政府已将城市轨道交通设备制造作为市十大支柱产业优先发展。

3.11　城市轨道交通工程造价水平

本题为单项选择题，根据调查对象的选择比例如图 7 所示。

调查结果及建议对策：大部分调查对象认为目前的城市轨道交通工程造价水平偏高或基本适当，认为造价偏高的被调查者认为目前我国城市轨道交通建设前期规划设计工作做得不到位，经常变更修改设计，造成工期延误费用增加，车站建筑过大、装修豪华等造成费用偏高；少部分被调查者认为造价水平偏低，因为我国目前采用的是低价中标的政策，由于市场竞争大，施工单位尽可能压低报价，造成工程质量下降。

3.12　控制城市轨道交通工程造价的措施

本题为多因素排序选择，经统计根据调查对象选择比例和重要性比例如图 8 所示。

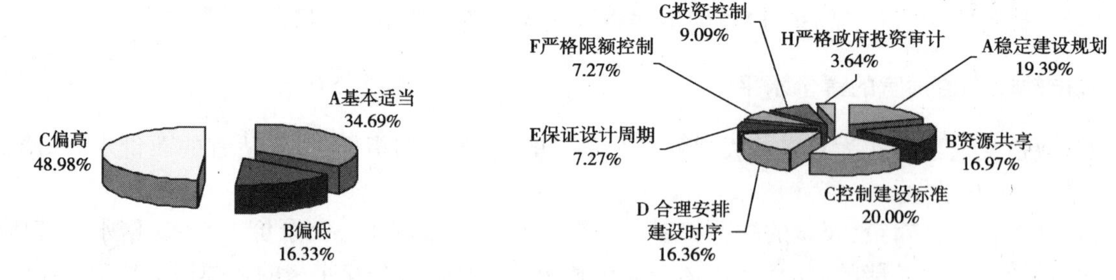

图 7　如何认识目前城市轨道交通工程造价水平

图 8　政府应抓好哪些工作

调查结果及建议对策：调查对象认为上述几项都应该是政府在控制城市轨道交通工程造价方面，应重点抓好的工作，比较而言“合理控制城市轨道交通工程建设标准”被认为是最应该重点抓好的工作。

3.13　城市轨道交通工程的特许经营

本题为单项选择，根据调查对象的选择比例如图 9 所示。

调查结果及建议对策：绝大部分调查对象认为城市轨道交通工程的特许经营应根据各城市的实际情况来决定，而不应该简单地支持或是反对。

3.14 城市轨道交通建设中存在的问题

本题为多因素排序选择，经统计根据调查对象选择比例和重要性比例如图 10 所示。

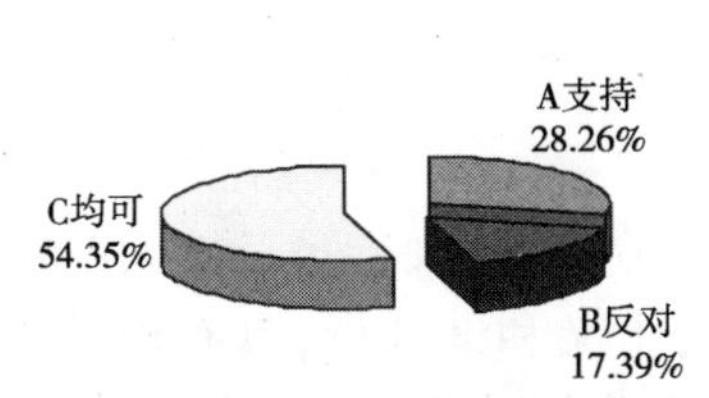

图 9 如何看待城市轨道交通的特许经营权

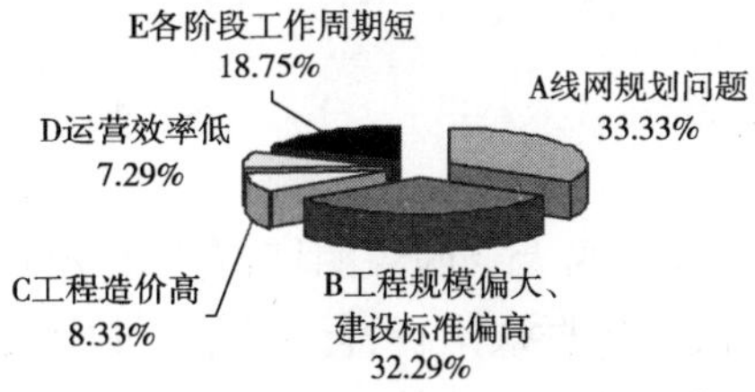

图 10 城市轨道交通建设中存在的问题

调查结果及建议对策：可见上述几项都是我国目前城市轨道交通中存在的问题，相比而言，被调查者认为“工程规模偏大、建设标准偏高”、“各阶段工作周期短”和“线网规划问题”这几项问题更突出。专家建议应合理规划，控制建设规模、标准和建设速度，分期建设，确保科学合理的建设工期以保证工程质量和工程安全，降低造价，各城市不应相互攀比，尤其装修不要过度豪华，提高运营效率。

3.15 城市轨道交通建设的管理体制

本题为单项选择，根据调查对象的选择比例如图 11 所示。

调查结果及建议对策：可见 80% 以上的调查对象认为我国城市轨道交通建设的管理体制应采取投资、建设、运营统一管理制。

大部分专家都认为在轨道交通建设管理中需要引入专业的管理公司进行项目管理工作。

3.16 新型城市轨道交通系统的应用前景

本题为单项选择，根据调查对象的选择比例如图 12 所示。

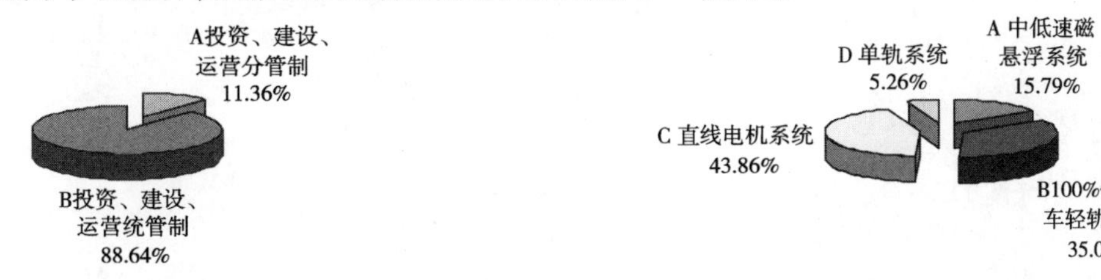

图 11 城市轨道交通管理体制

图 12 您认为以下哪种新型城市轨道交通系统有应用前景，并感兴趣

调查结果及建议对策：大部分调查对象认为“100% 低地板车轻轨系统”和“直线电机系统”有应用前景，并感兴趣，而对“单轨系统”感兴趣的人较少。

3.17 国外地铁咨询公司的作用

本题为意见收集类调研，调查得出的主要意见是：

①参考作用；

②特殊技术问题的咨询；

③引进先进技术和科学的管理经验；

④线网整体规划的咨询工作。

3.18 城市轨道交通的技术创新

本题为意见收集类调研，调查得出的主要建议是：

①建立鼓励创新的机制；

②专业化人才的培养；

③设备国产化的研究工作；

④创新应以解决实际问题为主，明确创新目的，避免浪费；

⑤在吸收国外先进经验的基础上创新，形成自主的知识产权。

4 结论

轨道交通作为为大众服务的城市公共交通的重要组成部分，以其大容量、准时快捷、安全高效的优势，对有效解决人民群众出行，促进城市健康发展，构建社会主义和谐社会，具有极其重要的作用。因此，通过问卷调查的方式清楚地了解业内人士对城市轨道交通发展的看法和建议非常有意义，也希望此项工作能对大家的工作有所帮助。

注：此论文为国家科技支撑计划“新型城市轨道交通技术”课题一：城市轨道交通技术发展和创新体系研究与示范（2006BAG02B01）的研究成果。

地铁勘察规范中基床系数测定方法的溯源、分析及建议

高大钊
（同济大学　上海四平路1239号　200092）

摘　要　对我国技术标准中关于基床系数的测定方法和工程应用的现状进行了归纳和分析，发现基床系数的应用和测定方法已经出现了多元化的现象，亟需加以必要的统一与规范化；查阅了Terzaghi和Vesic的两篇重要文献，了解了流传已久的一些方法的来源，澄清了一些重要的概念和思路。对我国技术标准中关于基床系数的应用与测定，提出了评价与建议，认为提供弹性地基梁板计算用的竖向基床系数应采用方形承压板载荷试验；水平向基床系数建议用桩的水平载荷试验的方法测定而不用平板载荷试验；用于控制填土质量标准的指标K_{30}可以采用圆形承压板的载荷试验测定，其术语称为地基系数K_{30}；而用室内试验测定基床系数的方法不宜在工程勘察中推广应用。

关键词　基床系数　载荷试验　弹性地基梁板　填土质量控制　桩的横向抗力

1　问题的提出

国标《地下铁道、轻轨交通岩土工程勘察规范》(GB 50307—1999)[1]规定了基床系数K_{30}的几种测定方法，包括压板直径为30cm的载荷试验、三轴压缩试验和固结试验。国标《地铁设计规范》(GB 50157—2003)[2]将基床系数应用于三个方面：①板墙式围护结构按竖向弹性地基梁模型计算；②明挖结构按底板支承在弹性地基上的结构物计算；③路基土采用地基系数K_{30}控制压实标准。

自1867年Winkler提出基床系数的概念以后，首先在弹性地基上的梁板计算中得到广泛的应用，后来又应用于承受横向荷载的结构物的内力分析，基床系数作为一种计算参数，得到了工程师的重视。关于基床系数的测定，自1955年Terzaghi的文献[3]发表以来，采用1平方英尺面积的方形承压板载荷试验用于测定竖向基床系数，用桩的水平载荷试验测定水平向基床系数已经成为人们约定俗成的认识，但在我国的勘察规范中过去却少有规定。

自世纪之交开始，《地下铁道、轻轨交通岩土工程勘察规范》(GB 50307—1999)规定了在勘察阶段用圆形承压板载荷试验测定K_{30}的方法测定竖向的和水平向的基床系数，同时还规定了可以用室内三轴压缩试验和固结试验的方法测定。

人们不能不注意到，这些规定在基本概念、测定标准和工程应用方面所产生的一些影响，这些影响也可以从后继的一些规范的编制和一些研究报道中反映出来。因此，有必要对这个问题加以追溯和分析，对勘察规范如何规定基床系数的测定方法提出建议。

2　我国有关技术标准对基床系数测定方法的一些规定

我国早期的勘察规范对基床系数的测定方法很少有具体的规定，仅桩基规范规定了用桩的水平载荷试验方法测定水平基床系数。1999年，《地下铁道、轻轨交通岩土工程勘察规范》(GB 50307—1999)首次在我国的勘察规范中对基床系数的各种测定方法作了非常具体的规定，包括下列4个条文和有关

的条文说明：

10.3.1 条　基床系数在现场测定时宜采用 K_{30} 方法，采用直径 30cm 的荷载板垂直或水平加载试验，可直接测定地基土的水平基床系数 K_x 和垂直基床系数 K_v。

10.3.2 条　在室内宜采用三轴试验或固结试验的方法测定地基土的基床系数 K。

10.3.3 条　在初步勘察阶段可根据地基土的分类、密实度，按照本规范附录选用。

10.3.4 条　在详细勘察阶段应通过试验方法确定。

在这本规范的条文说明中给出了基床系数随基础宽度 B 增加而减小的计算公式：

黏性土：
$$K = K_1\left(\frac{0.305}{B}\right) \tag{1}$$

砂　土：
$$K = K_1\left(\frac{B+0.305}{2B}\right)^2 \tag{2}$$

式中：K_1——标准基床系数或 K_{30} 值。

在此以后，国标《岩土工程勘察规范》[4]、行业标准《高层建筑岩土工程勘察规程》[5]和上海市工程建设规范《岩土工程勘察规范》[6]对基床系数的测定都相继作出了具体的规定。但这些规范的规定之间却出现一些矛盾和分歧，主要表现在下列 4 个方面：

1）基床系数的测定方法分为三种

（1）由载荷试验测定竖向和水平向的基床系数；

（2）由桩的水平载荷试验测定水平向基床系数；

（3）由三轴试验或固结试验测定竖向和水平向的基床系数。

2）关于承压板的形状和尺寸的规定

（1）30cm（1ft）边长的方形承压板；

（2）30cm（1ft）直径的圆形承压板；

（3）方形和圆形承压板均可。

3）由载荷试验得出的基床系数的术语与符号

《岩土工程勘察规范》和《高层建筑岩土工程勘察规程》都采用相同的基准基床系数的术语和符号 K_v，但承压板的形状是不同的。其他几本标准的术语都不统一，符号也不一致。

4）关于按基础尺寸换算的基床系数

《岩土工程勘察规范》对此没有作出任何规定；《地下铁道、轻轨交通岩土工程勘察规范》和《高层建筑岩土工程勘察规程》给出了相同的换算公式，其来源都是引用 Terzaghi 的公式；而上海市工程建设规范《岩土工程勘察规范》还给出了将非标准尺寸的承压板试验结果换算为标准承压板条件下的“标准基床反力系数”K_{v1} 和再换算为实际基础尺寸的“地基土的基床反力系数”K_s，K_s 的术语与符号均与其他的规范之间存在差异。

5）各种勘察规范用载荷试验测定基床系数的不同规定见表 1。

各本勘察规范对基床系数的规定　　表 1

规范名称 / 项目	《地下铁道、轻轨交通岩土工程勘察规范》	《岩土工程勘察规范》	《高层建筑岩土工程勘察规程》	上海市工程建设规范《岩土工程勘察规范》
载荷试验承压板形状和尺寸	圆形，直径 30cm	方形，边长 30cm	圆形，直径 30cm	方、圆均可
由载荷试验得出的基床系数的术语与符号	K_{30} 或 K_1	基准基床系数 K_v	基准基床系数 K_v	载荷试验基床反力系数 K_v
换算得到的基床系数的术语与符号	K		修正后的基床系数 K_{v1}	标准基床反力系数 K_{v1} 地基土的基床反力系数 K_s

3 我国有关技术标准关于基床系数工程应用的规定

关于基床系数的工程应用,最早是在讨论弹性地基梁板的计算时提出来的,一般是采用经验系数;对于承受横向荷载的桩或支挡结构物,计算横向抗力时需要考虑结构与地基土的共同作用,提出了用桩的水平载荷试验测定水平基床系数的方法,并根据这种方法积累了经验数据。

从1999年开始,铁路系统的规范提出了采用基床系数评价路基填土压实质量的方法,最初出现在《铁路路基设计规范》(TB 10001—99)中。

《铁路路基设计规范》[7]有三个不同年代的版本。在85版的《铁路路基设计规范》中还没有对地基系数 K_{30} 作出任何规定。《铁路路基设计规范》(TB 10001—99)将地基系数 K_{30} 作为对基床土的压实度控制指标提出来的,在条文中规定:"对细粒土和黏砂、粉砂采用压实系数 K 或地基系数 K_{30} 作为控制指标;对粗粒土(黏砂、粉砂除外)应采用相对密度或地基系数 K_{30} 作为控制指标,对碎石类土和块石类混合料应采用地基系数 K_{30} 作为控制指标。K_{30} 为30cm直径荷载板试验得出的地基系数,一般取下沉量为0.125cm的荷载强度。"

《铁路桥涵地基与基础设计规范》[8]和《公路桥涵地基与基础设计规范》[9]对墩台基础考虑土的弹性抗力的计算中,都规定了对地基系数的比例系数 m 的值应采用试验实测值,无实测资料时,查用经验值。这两本规范都并没有规定测定比例系数 m 值的方法。

综合上述几本规范的规定,基床系数的工程应用方面的比较见表2。

几本全国性规范对基床系数工程应用的规定 表2

	竖向基床系数用于弹性地基梁、板计算	水平向基床系数用于桩或墩台基础的横向受力计算	K_{30}用于路基土压实控制
《建筑地基基础设计规范》[10]	有规定		
《建筑桩基技术规范》[11]		有规定	
《铁路路基设计规范》[7]			有规定
《铁路桥涵地基与基础设计规范》[8]		有规定	
《地铁设计规范》[2]	有规定	有规定	有规定
《公路路基设计规范》[12]			
《公路桥涵地基与基础设计规范》[9]		有规定	

4 我国对基床系数研究的若干文献报道

我国对基床系数测定的研究报道并不很多,下面主要引用20世纪的1份研究报道和最近几年的2份研究报道。

4.1 徐和、徐敏若、郑春生的研究(1982)[13]

20世纪70年代后期,在唐念慈教授领导下,进行了单桩横向承载力试验研究。由四根灌注桩水平载荷试验的实测桩头位移反算的地基系数 m 值如表3所示。从实测结果可以看出,地基系数的大小不仅与土质有关,而且与桩的刚度、桩头位移等有关。地基系数随桩头位移或荷载的增大而减小,随桩的刚度增加而增大。

由实测桩头位移反算的地基系数 m 值　　表 3

桩号	6		3		2		11	
桩径	0.60m		0.60m		0.60m		0.45m	
配筋率	0.57		1.70		0.71		1.01	
位移 荷载(kN)	y_0 (mm)	m (kN/m^4)	y_0 (mm)	m (kN/m^4)	y_0 (mm)	m (kN/m^4)	y_0 (mm)	m (kN/m^4)
10	0.842	8 960	0.304	38 960	0.707	11 470	0.808	13 000
20	1.480	11 100	0.598	48 250	1.390	11 830	1.350	17 540
30	1.970	13 560	1.132	32 750	2.235	10 530	2.940	9 430
40	3.172	9 890	1.683	27 320	3.470	8 180	4.640	7 110
50	4.830	7 120	2.410	21 730	4.468	7 780	7.920	4 230
60	6.693	5 600	3.585	15 230	5.980	6 700	10.340	3 680
70	10.273	3 540	4.450	13 730	7.529	5 720		

4.2　周宏磊、张在明的研究(2004)[14]

在“基床系数的试验方法与取值”一文中,作者提出了一种在考虑 $p \sim s$ 曲线非线性特征条件下将不同尺寸载荷板的试验结果化为标准的基床系数的方法,讨论了载荷试验下沉量取值对换算结果的影响,建立了不同土类室内压缩模量与基床系数之间的数值关系。

作者考虑载荷试验压力－变形的非线性特征,提出了将 50cm×50cm 承压板的试验结果换算为标准尺寸 30cm×30cm 条件下的基床系数的方法,还研究了不同下沉量对两者关系的影响。

按照《地下铁道、轻轨交通岩土工程勘察规范》的方法,作者推导出基床系数近似为 50 倍 E_{s1-2} 的结果。但根据北京地区实际资料统计的结果,基床系数与压缩模量的比值随压缩模量的增大而减小,压缩模量为 5MPa 时,比值为 6～7,当压缩模量增大到 20MPa 时,比值减小到 3 左右。与上述推导得到的比值 50 相差甚远。

4.3　牛军贤、董忠级的研究(2008)[15]

作者按照《地下铁道、轻轨交通岩土工程勘察规范》规定的方法,对饱和黄土进行了室内三轴试验研究。

作者对试样恢复到原始应力状态后,进行三轴压缩试验,按不同应力路径控制围压增量,得到轴向应力增量与试样高度变化量之间的关系曲线,将此曲线初始线性段的斜率定义为基床系数。试验结果表明,当应力路径 $n=0.2$ 时,线性关系比较好,而 $n=0.1$ 为软化型曲线,$n=0.3$ 为硬化型曲线,故采用 $n=0.2$ 的试验结果计算基床系数。

为与室内试验结果进行对比,还在不同深度处做了 K_{30} 载荷试验以测定垂直基床系数和水平基床系数,其结果见表 4。

载荷试验测定基床系数的结果　　表 4

编　号	深度 m	垂直基床系数 MPa/m	水平基床系数 MPa/m
1	10.0	272	84
2	13.0	169	132
3	17.0	170	123
4	20.0	125	119
5	17.0	208	193
6	20.0	195	176

5 Terzaghi 和 Vesic 对基床系数的论述

在讨论基床系数问题时，许多文献都引用 Terzaghi 和 Vesic 的两篇比较经典的文献。

5.1 Terzaghi 的文献(1955)[3]

这篇文献的篇幅很大，涉及面比较宽，下面仅摘引与本文主题关系比较密切的一些内容。

5.1.1 基床系数的两个基本假定

(1)接触压力和相应的位移的比值 k 与压力的大小无关(线性的假定)；

(2)在接触压力作用的地基表面范围内，每点的竖向基床系数都是相等的(与位置无关的假定)；而水平向的基床系数则与土的类别有关，对于硬黏性土，接触面积范围内每一点的基床系数都是相等的；对于无黏性土，基床系数随深度呈比例增大，比例系数为 m，在接触面积范围内每一点的 m 值都相等。

5.1.2 历史的回顾

Terzaghi 回顾了自 1867 年 Winkler 将基床反应的概念引入应用力学以后的推广应用情况。认为那段时间内比较多的注意力集中于将弹性地基四阶微分方程的解用于连续基础、筏板基础和桩的弯矩计算的理论方面，而假定基床系数是已知的。虽然 Hayashi (1921)提出了用载荷试验方法确定基床系数，但他并没有注意到荷载试验的结果取决于承压板的尺寸。Hetdnyi(1946)关于弹性地基梁板的著作中也没有讨论影响基床系数的因素。这种情况导致了工程师们产生一种错误的倾向，认为基床系数完全取决于土的性质。也即认为对于任何给定的地基土，基床系数具有确定的数值。

5.1.3 误差分析

对于作用面积的尺寸对基床系数的影响，在许多情况下被非常轻率地忽略了，因此基床系数理论用于解决工程问题时的误差常常是非常大的。

上述这些假定与实际情况是有偏离的，集中荷载作用下刚性承压板下各点的位移是相同的，但接触压力的分布是不均匀的；在柔性承压板上作用着均布荷载，基底压力分布是均匀的，但各点的位移是不相等的。均匀分布的假定与实际分布之间的差别，说明由于假定 B 会引起的误差。

如果地基土是硬黏性土，在荷载作用点下的弯矩大于按照假定(2)计算的结果，而对于砂土地基，其值小于计算的结果。

但研究误差对梁的弯矩计算结果的影响，发现采用经验数据计算的弯矩与实际弯矩之间的误差不超过 5%。

对基床系数确定方法的精细化证明并不是必需的，因为计算结果中的误差比确定基床系数的误差小得多。

5.1.4 测定方法

为了得到工程问题所需的基床系数，可以依据观察资料为基础，也能从结构物的地基上所做的载荷试验得到。

为梁板计算而估计的基床系数 k_s，选择了宽为 1 英尺的方形承压板进行试验以求得 k_{s1}，需要时可以对场地的几个试验结果加以平均。

对于埋入土中的桩，水平向的基床系数的测定，Terzaghi 建议在桩顶施加水平荷载，并测定桩身的应变，即可估算水平向的基床系数；Terzaghi 还建议了建立在砂土的压缩模量随深度线性增大假定基础上的估算水平向基床系数的方法。

5.1.5 关于承压板尺寸的影响

关于承压板宽度对基床系数的影响，Terzaghi 是用压力泡原理进行分析的，标准试验的承压板面积为 1 平方英尺，得到的基床系数用表示 k_{s1}，设基础的宽度为 B，在假定黏性土的变形特性与深度无关的条件下，其基床系数由下式计算：

$$k_s = \frac{1}{B} k_{s1} \tag{3}$$

对于砂土，Terzaghi 认为其变形模量随深度线性增加，在这样的假定条件下得到如下的公式：

$$k_s = k_{s1} \left(\frac{B+1}{2B} \right)^2 \tag{4}$$

5.1.6　基床系数的适用性

Terzaghi 认为，他这篇文章包含了弹性地基基床系数数值的应用以及接触面积尺寸影响两方面的内容。如果按照他在文章中提出的规则求得基床系数，用以计算的基础或筏板的应力和弯矩将是相当可靠的。然而 Terzaghi 指出，基床系数理论不能应用于计算沉降和位移。

基床系数理论的基本方程基于接触应力和位移之间的简化假定而得到，然而只要确定基床系数时反映了土的弹性性质又反映了接触面积尺寸的影响，则这一假定所产生的误差已完全包含在设计所采用的安全系数中。

1937 年，Biot 对于完全弹性地基上的承载梁，论证了基床系数不仅取决于梁的宽度，而且在某种程度上还取决于梁的抗弯刚度。

Bowles 认为在结构单元和土的相互作用中，结构的抗弯刚度 EI 起了控制作用，因此基床系数的数值就变为不那么重要的了。基床系数的数值增大 100% ~ 200%，而产生的结构的性状仅变化 10 % ~20%。

5.2　Vesic 的文献（1961）[16]

用三轴试验测定基床系数的方法主要来源于 Vesic 这篇文献的报道，因此，了解其具体内容是非常必要的。

5.2.1　理论的关系

Vesic 认为"Winkler 假定"特别适用于分析无限长梁，将具有刚度为 $E_b I$，宽度为 $B=2b$ 的无限长梁设置在具有杨氏模量 E_s 和泊松比 v_s 的弹性地基上，用基床系数 k 分析其弯矩具有足够的精度。基床系数可以表达为：

$$kB = 0.65 \left[\frac{E_s B^4}{E_b I} \right]^{1/12} \frac{E_s}{1-v_s^2} \tag{5}$$

对于宽度为 B 的方形板的载荷试验，基床系数和杨氏模量之间存在如下的理论关系：

$$\frac{E_s}{1-v^2} = \omega \frac{pB}{s} = \omega kB \tag{6}$$

ω 取决于承压板的形状和刚度。

5.2.2　验证试验的结果

Vesic 对基床系数的测定做了各种类型的试验进行验证，包括边长为 24 英寸的方形承压板、直径为 18 英寸的圆形承压板、直径为 4 英寸的三轴试验以及大尺寸的钢梁的模型验证试验。

特别是大尺寸梁的模型试验更值得关注，试验钢梁的长度为 72 英寸（1.8m），宽度 8 英寸（20cm），厚度 1 英寸（2.5cm），试验是在 12 英尺（3.6m）深的试验槽中进行的，基床土的厚度为 60 英寸（1.5m），土的塑性指数 8，粉粒含量 37%，黏粒含量 3%，孔隙比 1.16，含水量 26.8%。在梁的中部用油压千斤顶施加集中荷载，用 26 个应变计量测由弯矩产生的应变，14 个百分表量测梁的位移。

Vesic 验证试验的结果见表 5，说明得到的杨氏模量是比较接近的。需要说明的是这些试验都是在试验槽中完成的，针对同一种材料。

Vesic 所做的三轴试验，试样直径为 4 英寸，即 10cm 直径的大尺寸试样，其结果与原位试验的结果比较接近。

Vesic 验证试验的结果　　表 5

试验规格	压力范围(Ib/in²)	$\frac{E_s}{1-v^2}$(Ib/in²)
24in(0.60m)边长的方形板	0～28（197kPa）	1 110(7.82MPa)
18in(0.45m)直径的圆形板	0～25（176kPa）	1 360(9.58MPa)
8in(0.20m)宽的梁	0～14.3（100kPa）	1 160(8.17MPa)
4in(0.10m)直径的三轴试验	侧压力 15 Ib/in²(105kPa)	1 175(8.27MPa)
	侧压力 30 Ib/in²(210kPa)	1 200(8.45MPa)
	侧压力 60 Ib/in²(420kPa)	1 420(10.00MPa)

6　分析和建议

根据对历史的和当今的文献资料的追溯，对基床系数的性质、定义、工程应用和测定方法，提出笔者的一些分析和建议，供有关方面参考。

6.1　基床系数的定义和性质

根据国内外文献资料，基床系数或地基系数，其定义为在标准试验条件下压板与地基的接触压力 p 与承压板位移 s 的比值。基床系数按其压力的作用方向，分为竖向基床系数和水平基床系数两种。

基床系数并不是土的性质指标，而是与试验承压板尺寸和刚度密切相关的计算参数。

6.2　不同工程用途的基床系数建议采用不同的术语

鉴于基床系数的术语使用上的不统一，建议加以规范化，根据基床系数的使用目的和试验条件，给以不同的术语和符号。

6.2.1　弹性地基梁板的计算

弹性地基梁板计算所用的计算参数，建议称为竖向基床系数 K_v。由标准承压板试验得到的基床系数称为基准基床系数 K_{V1}。

6.2.2　桩和挡土结构物在横向荷载作用下的内力与变形计算

桩和挡土结构物内力和变形计算所用的计算参数，建议称为水平向基床系数 K_H。

6.2.3　路基土的压实控制标准

路基土压实质量控制所用的压实标准指标，建议称为地基系数 K_{30}

6.3　基床系数的测定方法

6.3.1　竖向基床系数

竖向基床系数的测定，建议用平板载荷试验的方法，承压板形状为方形，边长 30.5cm(1ft²)。鉴于基础尺寸的换算都是以宽度为标准的，因此不宜采用圆形的承压板试验。

6.3.2　水平基床系数及其比例系数

水平基床系数的测定，建议采用桩的水平载荷试验的方法，这种方法已经成熟，可以得到各种条件下的水平基床系数或水平基床系数的比例系数 m 值。

鉴于用平板载荷试验方法测定的水平向基床系数无法反映桩的刚度对基床系数的影响，也无法反映承压板以下土体对抗力的影响，故建议不采用平板载荷试验测定水平向基床系数。

6.3.3　地基系数 K_{30}

地基系数 K_{30} 的测定，建议用直径为 30cm 的圆形承压板的载荷试验，取与 0.125cm 变形相对应的

接触压力计算 K_{30}，并成为一种专门的标准，不要和弹性地基梁板的计算参数相混淆。

6.3.4　关于三轴试验的讨论

从理论上说，三轴试验测定的初始模量和载荷试验测定的变形模量是完全一致的，但在计算均质地基的沉降时，几乎没有报道可以将这两个模量作为等效的指标替代使用。

在研究的层面上，比较这两种试验的结果一致性如何，是很有价值的工作，Vesic 所报道的也正是这样一种研究成果，而且为了减小原位试验与室内试验条件的差别，他采用了大尺寸试样的三轴试验。

在工程勘察的层面上，要做这样大尺寸试样的三轴试验几乎是不可能的。如果需要为弹性地基梁板计算提供基床系数，完全可以做平板载荷试验测定；如果是为路基填土质量控制提供指标，那就可以在碾压以后的填土面上直接做原位的 K_{30} 试验，不必取样试验。

对于桩基勘察，是否需要提供水平向基床系数？由于基床系数并不唯一取决于土的性质，而是结构物与土相互作用的结果。在勘察阶段，桩基方案商未确定，用什么桩还有待论证，因此在勘察阶段要求测定水平基床系数是不恰当的。用三轴试验测定水平向基床系数的合理性比竖向基床系数更差，因此不宜要求在工程勘察中提供这种参数。

6.3.5　关于固结试验的讨论

固结试验得到的压缩模量和载荷试验得到的变形模量之间在理论上也存在着转换的关系，但实际资料表明，两者的实测数据之间的关系与理论关系正好相反。这种理论关系比变形模量与基床系数之间的关系的可信程度更差，因此也不能依此作为试验数据之间互换的理论依据。

固结试验得到的压缩曲线具有明显的非线性特征，压缩模量的取值与压力段的位置及大小有关，要找到基床系数与压缩模量之间具有工程实用价值的经验关系是不现实的，文献[14]的研究结果已经说明了这个问题。

6.3.6　特殊条件下基床系数测定方法的研究

近年来，由于地下空间的开发利用，基础和地下工程的埋置深度呈现向深层发展的趋势。对于深埋的结构物作弹性地基梁板计算时，深层土的应力水平对基床系数的影响如何，对深层土如何测定其基床系数，都是有待研究的问题。

参考文献

[1] 中华人民共和国国家标准. GB 50307—1999　地下铁道、轻轨交通岩土工程勘察规范. 北京：中国计划出版社，2000.

[2] 中华人民共和国国家标准. GB 50157—2003　地铁设计规范. 北京：中国计划出版社，2003.

[3] Terzaghi K. ，Evaluation of coefficient of subgrade reaction. Geotechnique. No. 4，1955，p297-326.

[4] 中华人民共和国国家标准. GB 50021—2001　岩土工程勘察规范. 北京：中国建筑工业出版社，2002.

[5] 中华人民共和国行业标准. JGJ 72—2004　高层建筑岩土工程勘察规程. 北京：中国建筑工业出版社，2004.

[6] 上海市工程建设规范. DGJ 08-37—2002　岩土工程勘察规范. 上海，2002.

[7] 中华人民共和国行业标准. TB 10001—2005　铁路路基设计规范. 北京：中国铁道出版社，2005.

[8] 中华人民共和国行业标准. TB 10002.5—2005　铁路桥涵地基与基础设计规范. 北京：中国铁道出版社，2005.

[9] 中华人民共和国行业标准. JTJ 024—85　公路桥涵地基与基础设计规范. 北京：人民交通出版社，1985.

[10] 中华人民共和国国家标准. GB 50007—2002　建筑地基基础设计规范. 北京：中国建筑工业出版社，2002.

[11] 中华人民共和国行业标准. JGJ 94—94　建筑桩基技术规范. 北京：中国建筑工业出版社，1995.

[12] 中华人民共和国行业标准. JTG D30—2004 公路路基设计规范. 北京:人民交通出版社,1996.

[13] 徐和,徐敏若,郑春生. 单桩横向承载力试验研究. 岩土工程学报,1982,Vol. 4 No. 3.

[14] 周宏磊,张在明. 基床系数的试验与取值. 工程勘察,2004. 2,p11.

[15] 牛军贤,董忠级. 饱和黄土基床系数室内试验研究. 工程勘察,2008. 3.

[16] Vesic A. S. ,Beams on Plastic Subgrade and the Winkler's Hypothesis. Proc. 5th Inter. Conf. on Soil Mechanics and Foundation Engineering. vol. I. 1961.

对“基床系数测定方法溯源(初稿)”的几点意见

张旷成
(深圳市勘察测绘院 518028)

编者按 本文所论及的高大钊教授的文章见本书第155至163页。该文曾以初稿征求有关几位专家的意见,在此基础上修改成稿。在收到张旷成大师意见时,高大钊教授的论文已定稿付排。为了反映张大师提出的这些见解,以进一步开展对基床系数问题的学术讨论,经征得张大师的同意,现将这份稿件同时发表于此。

高大钊教授的这篇文章写得非常及时,论述全面,溯源清晰,分析建议基本合理、可行。我说“及时”主要在于目前对“基床系数”的定义、用途、标准试验方法、经验值等都不尽一致,正如您文章提要所言,“极需加以必要的统一与规范化”。下面提出一些意见和建议,修改论文时仅供参考:

1. 既然是“基床系数溯源”,我认为似乎应首先提到Winkler和Winkler假定。

行业标准《建筑岩土工程勘察基本术语标准》(JGJ 84—92)在土工计算一节有基床反力系数(温克尔系数)的条目:“弹性半空间地基上某点所受的法向压力与相应位移的比值,又称温克尔系数”[Coefficient of subgrade reaction (Winkler's coefficient)]。在国家标准《岩土工程基本术语标准》(GB/T 50279—98)分析与计算一节有此条目:“温克尔假定(Winkler's assumption;捷克工程师温克尔提出的地基表面任何一点的压力强度与该点沉降成正比,其比例系数称地基反力系数的假定”;李国豪主编的《土木建筑工程词典》(1991年11月上海辞书出版社出版)其中土力学与基础工程部分由叶书麟、朱小林、张守华主编,该词典399页有基床系数条目,但内容见“质—弹—阻”词条,在后者有如下解释:“将基础视为有质量的刚体,将地基视为无质量的弹簧,并起阻尼器的作用。简称质—弹—阻体系。由于将地基视为无质量的弹簧,在实际设计中可根据温克尔假设:作用在地基上任何一点的单位压力(p_z)的法向压力与该点的局部位移(z)成正比,即$p_z = k_1 z$,式中k_1为比例系数(称为基床系数)。这种假设,诚如许多彼此互不相接的弹簧在受压时的情形。因此,这种计算模型又称为弹簧理论。这种理论优点是简单,而且容易获得闭合形式的解;缺点是没有提供集总质量、弹簧和阻尼器的代表数值,特别是土的物理和力学性质以及基础尺寸对上列数值的影响,……”。我建议上述基床系数的定义宜反映在本文1.问题的提出之中,有了基床系数的定义,才好规范其测定方法。至于叫“基床系数”还是叫“基床反力系数”,请酌,我倾向于后者。

2. 关于基床系数是土的一种工程性质指标,还是一种依赖于承压板尺寸的计算参数?

根据上述基床系数的定义,基床系数可表达为$k_V = \frac{p}{s}$,由于假设试验土体为弹性半空间体或弹簧,故其在比例界限内,压力强度p与沉降(位移)s的比值是一定值,在$p \sim s$曲线上是一条直线,故对标准承压板下它代表土的特性。但由于在相同压力下,基础愈宽,影响深度愈大,沉降愈大,因而同一均质地基中,由于基础尺寸不同,k_V值不同,不是一个定值。因而基床系数可以看成为与土性和基础底板尺寸密切相关的计算参数。它犹如某一土层的地基承载力要进行深宽修正一样并非一个定值。

3. 关于水平(或横向)基床系数的测定是否可直接采用桩的载荷试验的方法

(1)《上海地基基础设计规范》(DGJ 08-11—1999)第10.3.10条第3款,基坑开挖面以下水平弹簧支座的弹簧刚度K_H、K_V(图1),表达式为:

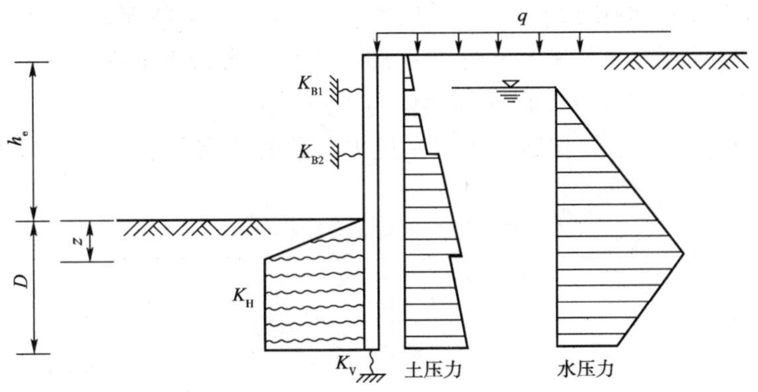

图1 此图引自上海地基基础设计规范165页

$$K_H = k_H\ b\ h$$

$$K_V = k_V\ b\ h$$

式中:k_H、k_V——地基土的水平向和竖向基床系数(kN/m³)。

水平向基床系数沿深度的变化,对开挖面以下三角形分布区取 $k_H = m \cdot z$,m 为水平向基床系数沿深度增大的比例系数,此即为 m 值的来历。

上海规范只给出了 k_H、k_V 和 m 的经验值,没有规定其测定方法。

(2)《建筑桩基技术规范》(JGJ 94—94)的规定是:桩的水平变形系数 α 和地基土水平抗力系数的比例系数 m 按下式表达:

桩的水平变形系数 $\alpha = \sqrt[5]{\dfrac{mb_0}{EI}}$(单位为1/m)

$$m = \left(\frac{\dfrac{H_{cr}}{X_{cr}} v_x}{b_0 (EI)^{2/3}} \right)^{5/3} \quad \text{(此式见 JGJ 94—94 附录 E)}$$

m 值通过单桩水平静载荷试验确定。因在《建筑基桩检测技术规范》(JGJ 106—2003)中已列入了单桩水平静载荷试验的方法,故在《建筑桩基技术规范》(JGJ 94—2008)中没有再列入。该试验是将水平循环荷载施加于桩顶而求得,它是代表基坑底面以下 $2(d+1)$ 深度内各土层的综合值。上海规范规定取开挖面以下3~5m,从图1可以看出,从基坑底面算起,z 深度范围内,水平基床系数 $k_H = m \cdot z$,即基坑底面处 k_H 为0,基坑底面下 z 深度处为 k_H。

(3)上述两本规范所规定的 m 值的物理意义和测试方法完全是针对桩的,它与桩的刚度EI有密切关系,并非将水平荷载施加于标准承压板上;m 式中的 X_{cr} 为单桩水平临界荷载对应的位移,并非水平荷载作用下,标准承压板的位移。

(4)由此,我认为地基土水平基床系数的标准试验方法仍宜规定采用与竖向基床系数相同的标准承压板测试求得,只是将作用于承压板上的法向力改为水平方向施加,不能用单桩水平载荷试验代替。此外,勘察时要求提供水平基床系数,不能采用桩的水平载荷试验方法,只能用横向载荷试验的标准方法。

4. 关于竖向基床系数标准试验时,承压板是用方形还是圆形?

在修编《高层建筑岩土工程勘察规范》(JGJ 72—90)时,我曾考察过这个问题。国家标准《岩土工程勘察规范》(GB 50021—2001)在10.2载荷试验一节的10.2.3条第3款规定载荷试验宜采用圆形刚性承压板,其条文说明的解释是:圆形板符合对称的弹性理论解,方形板则成为三维复杂问题。当然,在该规范10.2.6条又规定基准基床系数可根据承压板边长为30cm的平板载荷试验,按 $k_V = \dfrac{p}{s}$ 计算;铁路路基规范、地铁规范都规定采用圆形板;行业标准《公路路基路面现场测试规程》(JTJ 095—95)8.3节中,承压板测定土基回弹模量试验方法规定为刚性承压板,板厚20mm,直径为30cm;国家标准《建筑地基基础设计规范》(GB 5007—2002)附录H岩基载荷试验要点,亦是规定为圆形刚性承压板,直径为300mm。根据这些规范的规定,为了统一和标准化,在《高层建筑岩土工程勘察规范》(JGJ 72—2004)中把基床系数的承压板亦定为圆形。目前,我仍然认为用圆形为宜。

5. 现行标准中规定的基床系数和地基土水平抗力系数的比例系数 m 差异较大(表1,表2),有待根据实测资料进一步修订。

竖向基床系数 k_V(MN/m^3) 表1

土类及状态	上海规范	地铁规范	土类及状态	上海规范	地铁规范
软塑黏性土	10~20	8~15	松散砂土	10~15	5~10
可塑黏性土	20~40	15~35	稍密砂土	15~20	10~15
硬塑黏性土	40~100	35~70	中密砂土	20~25	15~25
坚硬黏性土		70~90	密实砂土	25~40	25~40

水平抗力系数的比例系数 m(MN/m^4) 表2

土类及状态	上海规范	桩基规范		铁路桥涵规范
		预制桩、钢桩	灌注桩	
软塑黏性土、松散砂	2.0~4.0	4.5~6.0	6~14	5~10
可塑黏性土、稍密砂	4.0~6.0	6.0~10.0	14~35	
硬塑黏性土、中密砂	6.0~10.0	10.0~22.0	35~100	10~20

这两个表是正式列入规范正文和附录中的,不包括条文说明中引用的数值,从以上两本规范的数值看,差异还是比较大的。另从各规范中,似只有上海地基规范列有水平向基床系数,但没有测试方法的规定。从目前来看,我感到非常有必要强调水平、竖向基床系数和 m 值的实测。要进行实测就必须统一测试标准,尤其是水平(横向)基床系数的测试方法和标准。

五、轨道交通风险管控与工程安全

上海轨道交通建设动态风险管控研究

黄宏伟　宁张伟

（同济大学土木工程学院，教育部岩土与地下工程重点实验室　上海　200092）

摘　要　面对上海轨道交通网络建设期的风险特征，需要在工程建设风险管理中，运用动态风险管理理论。动态风险管理是一个循环的过程，主要包括：基于动态风险理念的风险循环跟踪管理，基于监测数据的动态风险分析，基于事故故障登记的动态风险分析等几种类型。上海在当前的轨道交通建设中，在施工现场建立风险预告和通知机制，并以部分在建线路为试点将保险公司及其委托的风险咨询单位纳入整个动态风险管理体系中来，实行风险动态查勘与管理，将各工点存在的风险点以及风险管理情况予以动态反馈，在重大风险的管控中，取得了初步的成效。

关键词　上海轨道交通　动态风险管理　风险循环跟踪　风险动态查勘

1　引言

为配合上海 2010 世界博览会的召开，从现在到 2010 年，需要修建大约 170km 里程的轨道交通，约 116 个车站和 98 台盾构在现阶段同时施工。到 2010 年上海的轨道交通规模将与伦敦、纽约这样的世界级大城市基本相当，成为世界上为数不多的拥有长度超过 400km 的轨道交通网络的城市之一。可以预见，在如此短的时间内修建如此庞大的轨道交通网络，势必会给政府、业主、设计、施工和管理等各参建单位带来许多潜在的风险，例如：网络线路规划风险、大型换乘枢纽的建设风险、线路交互穿越工程建设风险、管理与技术人员“稀释”风险等。最为关键的是在施工阶段，一旦发生事故甚至可能牵一发而动全身，对相邻线路的建设和运营都会造成巨大的不良影响。随着工程建设的进展，其建设风险大小甚至风险性质都有可能发生较大的变化。同时由于多线并行施工，各线之间的相互影响具有高风险。国外近年来，在隧道及地下工程中，也开展了动态风险的管理与控制研究。英国隧道保险规范规定在施工阶段需要进行二次风险评估；荷兰在施工阶段开展动态风险管控为企业和施工单位节约至少 10% 的经济造价；我国在上海长江隧道施工中，也率先开展动态风险的施工管理。

为此，面对上海轨道交通网络建设期的风险特征，需要在工程建设风险管理中，运用动态风险管理理论，不断跟踪风险，采取措施消除或减少相应的风险源；对于无法避免和消除的风险，根据其特点，预先拟定相应的措施，使其最大程度地降低至最低水平。

2　动态风险管理基本原理

与常规风险管理相比，动态风险管理除了包括风险定义、风险辨识、风险估计、风险评价和风险决策之外，还包括风险跟踪，共六个阶段，如图 1 所示。从图中可以看出，这是一个循环的动态管理体系，其中风险跟踪是动态风险管理的主要特点。风险跟踪是指对风险的发展情况进行跟踪观察，督促风险规避措施的实施,及时发现和处理尚未辨识的风险。

动态风险管理是一个循环的过程,主要包括基于动态风险理念的风险循环跟踪管理、基于事故故障登记的动态风险分析、基于监测数据的动态风险分析、等几种类型。

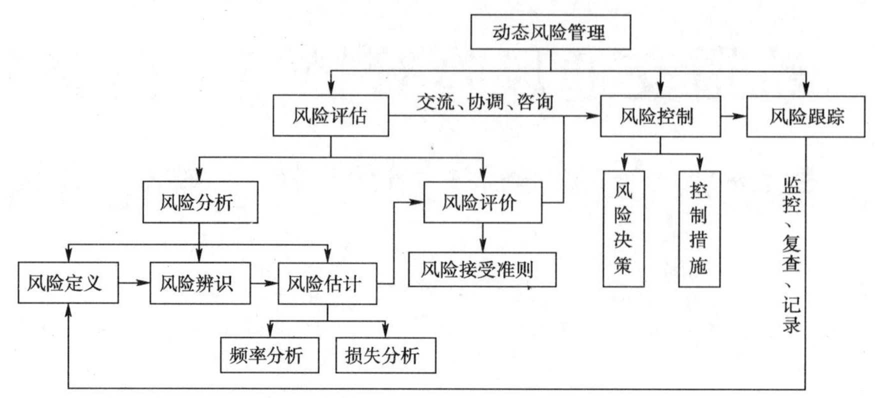

图1　动态风险管理流程

2.1　基于动态风险理念的风险循环跟踪管理

动态风险管理流程是一个循环的过程,完成工可阶段风险管理流程后,随着工程的进展进行风险跟踪,风险再辨识,再评估和再决策,如此循环,用以对工程建设的风险进行动态管理。

2.2　基于事故故障登记的动态风险分析

工程事故及故障登记和分析的方法简单实用,是动态风险积累和辨识的重要途径。在实际操作中,可以表格形式记载每一项事故及故障信息,并及时反馈到建设单位以及相关的风险管理咨询单位,并根据分析和统计,可以得到各类事故的发生规律及概率损失情况,以预测日后风险发展情况,指导工程施工推进和工程决策。

2.3　基于监测数据的动态风险分析

监测数据是工程安全状态的一种综合反映,每个监测项目都可能表征一项或几项风险事故。针对风险因素进行分析整理,结合具体工程风险控制措施,关注监测数据的不正常变化,进而控制风险事故的发生。在建设中,具体的操作流程如下:

(1)建立风险因素—监测项目—风险事故关系,确定导致每个监测项目数值超标的影响因素,以及可能带来的风险事故关系;

(2)根据以往工程经验,整理出各风险因素引起监测项目数据变化曲线图,用以根据监测所得数据变化曲线,得到影响隧道监测项目数据变化的主要风险因素;

(3)将风险因素—监测项目—风险事故关系,转化为风险因素—风险事故关系的常规风险分析方法来研究动态风险。

3　上海轨道交通建设工程动态风险管理的应用

3.1　建立风险预告和通告

根据工可阶段的风险评估结果,在每个单项工程建设之前,工程建设单位以风险预告的形式,将其中的主要风险点预告施工单位。施工单位提交专门的风险处置方案,上报工程建设单位,审批通过后方可施工。施工现场风险通告是工程风险管理中非常重要的一环,施工单位在工程现场设置风险宣传牌,对各个阶段的风险点和注意事项进行宣传和教育。

图2为上海轨道交通7号线某区间隧道沿线风险告示图。可以看到,该图将盾构隧道区间沿线所要穿越的重要保护建筑等风险点在隧道平面图上以图示表示出,并对每个风险点的特征、对应环号、预计穿越日期、控制推进参数等进行了描述。

此外更为重要的是,在现场应加紧动态风险的宣传和通告。一般来说,每日风险宣传和通告内容包括:(1)主要的风险事故;(2)风险责任人;(3)风险致险因子;(4)建设人员注意事项;(5)事故预兆;(6)风险规避措施;(7)风险事故预案。图3为上海轨道7号线某标段盾构推进危险风险源告示牌。

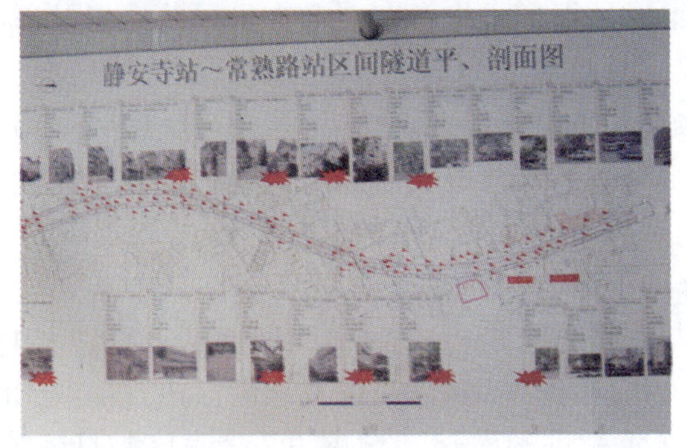

图2　上海轨道交通7号线某区间隧道沿线风险告示图

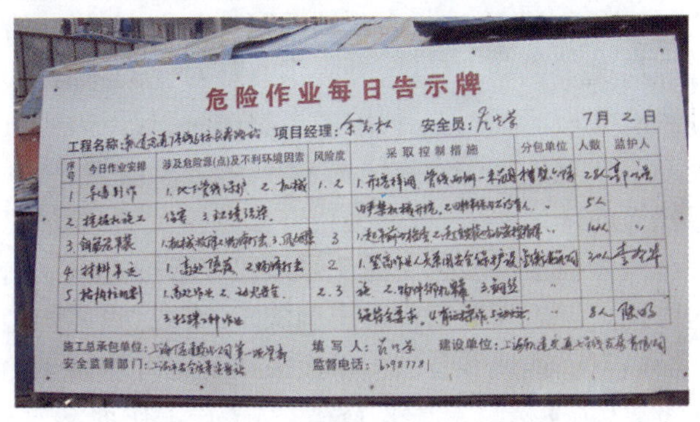

图3　上海轨道7号线某标段盾构推进危险风险源告示牌

3.2　风险动态查勘与管理

现场应安排风险查勘人员(或风险管理小组成员),对风险的发展情况进行动态查勘,检查工程总体风险水平的变化、重大风险的发展趋势、督促风险规避措施的实施情况,及时发现和处理尚未辨识到的风险。具体实施流程见图4。

在实施过程中应密切跟踪风险,实时观察已辨识风险和其他突发风险,记录和查询风险发展状况、施工单位的风险管理状况以及对风险管理建议措施的执行反馈情况等。具体的风险跟踪内容见图5。

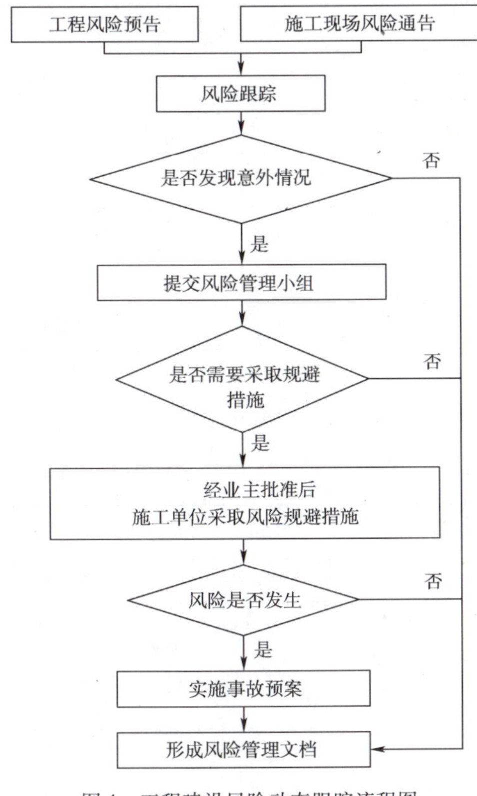

图4　工程建设风险动态跟踪流程图

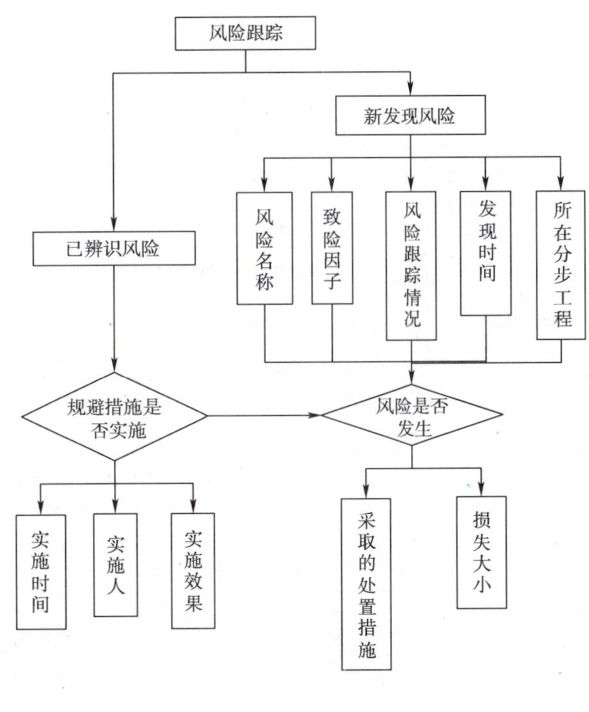

图5　风险跟踪内容

在上海轨道交通建设过程中，除了监理单位在建设现场跟踪监督外，还以部分在建线路为试点，将保险公司及其委托的风险咨询单位纳入了整个动态风险管理体系中来。由中国人民财产保险股份有限公司、中国太平洋财产保险股份有限公司、中国平安财产保险股份有限公司、大众保险股份有限公司等组成的共保体委托同济大学等风险管理咨询单位，以保单规定的应尽义务之外的附加增值服务的形式，为轨道交通在施工期间实行动态风险查勘工作。

风险管理咨询单位组织风险查勘小组定期到施工现场进行动态风险查勘工作，在关键节点的施工期间，加密查勘频率。在现场勘察的基础上，风险查勘小组以月报形式将各工点存在的风险点以及风险管理情况予以动态反馈，并提供有针对性的风险处理建议。月报主要内容包括：当月工程进展情况，当月风险管理情况汇总，风险隐患整改情况，风险管理情况建议，下月风险管理查勘重点等。从风险动态查勘工作近一年的实施情况来看，各方反应良好，一方面对当前上海轨道交通施工风险的动态管控发挥了积极的作用，另一方面为轨道交通施工期的风险分析积累了丰富的第一手数据与资料。

例如在上海轨道交通 7 号线风井盾构进出洞前后，查勘小组的风险动态查勘工作在其中起到积极的作用。针对风井盾构进出洞施工，事先进行的风险评估结果见表 1。从表中可以看到各项风险均在三级以下。该风井是国内首次采用气压沉箱施工的地铁风井，根据现场监测，以及加固区出现的漏水喷气事故，2008 年 1 ~2 月，盾构进洞的“工作面漏水漏浆”、“盾构进洞引起基坑塌方”、“洞口密封失效”等风险由盾构进洞一般的三级风险升级为四级风险，见表 2。查勘小组在风险月报中提出了一定的风险处理建议措施，同时施工单位反应迅速，措施到位，将该事故的影响得到有效控制。由于施工方及时采取了措施，在 2008 年 3 月，以上风险恢复为三级，见表 3，在后续施工过程中，查勘小组密切关注该风险的发展状况，各方紧密配合，使盾构于 2008 年 4 月顺利进洞。

2007 年 12 月风井盾构进洞风险评估表　　表 1

分部工程	风险事故	发生概率	后果损失	风险等级
盾构进洞	工作面漏水漏浆	C	3	三级
	盾构进洞引起基坑塌方	B	4	三级
	洞口密封失效	C	3	三级
	辅助设施损坏	C	2	二级
	无法正常进洞	B	3	三级

2008 年 1 月 -2 月风井盾构进洞风险评估表　　表 2

分部工程	风险事故	发生概率	后果损失	风险等级
盾构进洞	工作面漏水漏浆	E	3	四级
	盾构进洞引起基坑塌方	D	4	四级
	洞口密封失效	D	3	四级
	辅助设施损坏	C	2	二级
	无法正常进洞	C	3	三级

2008 年 3 月风井盾构进洞风险评估表　　表 3

分部工程	风险事故	发生概率	后果损失	风险等级
盾构进洞	工作面漏水漏浆	C	3	三级
	盾构进洞引起基坑塌方	B	4	三级
	洞口密封失效	C	3	三级
	辅助设施损坏	C	2	二级
	无法正常进洞	B	3	三级

4 结论

目前轨道交通建设的动态风险管理理论尚处于探索阶段,相比于工可阶段,施工阶段更需要动态风险管理。研究表明:

(1)鼓励保险公司及其委托的风险查勘单位参与风险动态管理过程,对动态风险管理形成有效的第三方制衡机制。

(2)将风险预告、通告落到实处,对动态查勘中提出的风险建议措施及时反馈,避免流于形式,使前期的风险辨识评估成果及风险动态查勘充分发挥作用。

(3)进一步加强"风险因素—监测数据—风险事故"的现场动态风险管理研究,挖掘监测数据变化所反映的工程动态风险变化趋势,通过对施工工程经验和案例的总结,完善动态风险信息数据库。

参考文献

[1] 彭铭.盾构隧道施工动态风险管理软件开发研究[D].上海:同济大学,2008.

[2] 中国土木工程学会.地铁及地下工程建设风险管理指南[S].北京:中国建筑工业出版社,2007.

[3] M. H. Faber. Risk and Safety in Civil Engineering [M]. Swiss Federal Institute of Technology, Switzerland, 2001.

[4] J H M Tah, V. Carr. Towards a framework for project risk knowledge management in the construction supply chain[J]. Advance in Engineering Software,2001(32):835-846.

[5] 隧道工程的施工监控与预警、报警系统及风险管理系统研究[R].同济大学,2006.

地铁工程之风险管理

黄南辉[1] 吴沛轸[2] 陈鸿涛[2]
(1. 国际亚新工程顾问有限公司 台北市 2. 台北市政府捷运工程局 台北市)

摘 要 由于建筑物密集、管线密布,在都会区进行地下工程风险相当高,必须妥善管理,以降低事故发生的几率以及因事故发生所致损失。对可能发生的事故,可先考虑先天因素,藉由分类及分级求得发生事故的几率,再考虑防范措施的可靠度,将所得几率作适当调降。至于因事故所引起的损失,应考虑在事故影响范围内建筑物及公共设施之损坏以及对交通的影响。以隧道洞门破除引起漏水漏砂事故为例,先天因素包括地下水水压、不透水层厚度。防范措施包括地盘改良以固化土壤、加装挡水结构、冰冻固结地下水以及降水,其可靠度各不相同,事故发生几率的调降幅度亦各不相同。

关键词 地铁工程 岩土工程 风险管理

1 前言

风险管理包括风险辨识、风险评估及风险处置三步骤。经过长年的推动,地铁工程的风险辨识及风险处理都有长足进步,但风险评估这一项却无甚进展,主要是缺乏将风险量化的准则。莫若楫等根据国际隧道协会(ITA: International Tunnelling Association)在2004年出版《隧道风险管理准则》(Guidelines for tunnelling risk management)一书[1],所建议的地铁工程灾害分类及分级系统[2,3]足资借鉴。

对尚未发生的事故,要评估其发生的几率及可能发生的损失的确不容易。在许多保险业,如人寿险、交通意外险、火灾险等有长期的统计资料作为基础,可以合理地估算风险。但针对地铁工程,并无足够的资料作为统计分析的基础。这也是地铁工程的风险评估停滞不前、无法推展的主因。但与其等待到有朝一日资料齐全后才推动,不妨将问题简化到可以掌握的范围内,并依据现有的资料,建立分析模式,经过实践与验证,逐步修正,力求精进,也就是"先求有、再求好"之意。

在敲除地铁隧道与车站接口处的连续壁(地下连续墙)时,如果地质条件不利,很容易发生涌水、涌砂的现象,严重的话,会造成附近建筑物坍塌、维生管线破坏、交通瘫痪等后果。在地质软弱的都会区,此类事故居地铁工程灾变之首。为防止此类灾变的发生,在过去一般是以土壤加固(地盘改良)的方法降低发生事故的几率。因为此类事故发生过于频繁,近年来有多种新的工法相当成功地阻止其发生。土壤加固之方法不一,新工法更是各异其趣,其成本及效益也大不相同,要权衡这些防范措施的经济效益,必须先估算发生事故的几率以及一旦事故发生,其可能造成的损失。

本文以莫若楫等[2,3]所建议的分类及分级为蓝本,就所谓在镜面(隧道与车站接口洞门)破除连续壁(地下连续墙)时所可能造成的事故,从设计者的角度,试图发展量化其风险的方法。

2 事故后果之分类及分级

要落实风险管理,必须要能将风险量化,否则流于空谈。一般而言,风险定义为:

风险 = 事故后果的损失 × 发生事故的几率

所以有必要将事故发生之几率以及因事故发生所引起的后果及损失分别予以量化,再综合考虑。

莫若楫等[2,3]参考《隧道风险管理准则》[1]，建议表1～表7作为地下工程风险评估的基础。其中表1、表2及表6为国际隧道协会之原始建议，其余诸表为莫若楫等所作之补充。

人员伤亡分级标准[1] 表1

分级	工作人员或救灾人员伤亡	第三方人员伤亡
灾难性	死亡＞10	死亡＞1，重伤＞10
极严重	1＜死亡≤10，重伤＞10	1死亡，1＜重伤≤10
严重	1死亡，1＜重伤≤10	1重伤，1＜轻伤≤10
重大	1重伤，1＜轻伤≤10	1轻伤
轻微	1轻伤	

经济损失分级标准[1] 表2

分级	第三方经济损失（百万欧元）	整体经济损失（百万欧元）
灾难性	＞3	＞30
极严重	0.3～3	3～30
严重	0.03～0.3	0.3～3
重大	0.003～0.03	0.03～0.3
轻微	＜0.003	＜0.03

经济损失分级补充建议（一）[2,3] 表3

标的物	分级	说明
建筑物	灾难性	1栋10层以上楼房破坏 2栋以上5～10层楼房破坏
	极严重	1栋5～10层以上楼房破坏 2栋以上2～5层楼房破坏 数栋5层以上楼房严重受损
	严重	1栋2～5层以上楼房破坏 2栋以上平房破坏 1栋豪华建筑物破坏 数栋2～5层楼房严重受损
	重大	1栋平房破坏 数栋平房严重受损
	轻微	平房、店铺、临时结构、工厂受损
公共设施	灾难性	非常重要维生管线或设施破坏
	极严重	非常重要维生管线或设施严重受损 重要维生管线或设施破坏
	严重	非常重要维生管线或设施轻微受损 重要维生管线或设施严重受损
	重大	重要维生管线或设施轻微受损 次要维生管线或设施严重受损
	轻微	次要维生管线或设施轻微受损

注：设施之重要性依表4分级，受损程度依表5分级。

公共设施重要性分级标准[2,3] 表4

分级	定义
非常重要	10 000人以上受影响
重要	1 000～10 000人受影响
次要	1 000人以下受影响

公共设施损害分级标准[2,3] 表5

分级	定义
破坏	需要1个月以上才能修复
严重受损	需要1星期至1个月才能修复
轻微受损	不需1星期即可修复

工期宕延分级标准[1] 表6

分级	工期宕延（月）
灾难性	＞24
极严重	6～24
严重	2～6
重大	0.5～2
轻微	＜0.5

交通影响分级标准[2,3] 表7

	干道全线封闭（注）	高速公路或地铁封闭一线
灾难性	＞3个月	＞1个月
极严重	1～3个月	1星期～1个月
严重	1星期～1个月	1d～1星期
重大	1d～1星期	＜1d
轻微	＜1d	

注：如只是部分车道封闭，降一级；次级道路亦降一级。

应说明的是,依国际隧道协会之原意,该准则只适用于经费超过 10 亿欧元(1 欧元 =10 元人民币 =46台币),工期在 5 ~7 年的大型工程。虽然一般而言,一条地铁路线的工程费可以达到这个金额,但单一施工标不见得能满足该条件。以台北捷运(台北地铁)的地下段而言,一个土木建筑施工标,包含 1 ~3 个车站以及 1 ~3 段隧道,金额约在 6 千万至 2 亿欧元之间,未达该准则所定之规模。即使如此,笔者认为不必拘泥于这个限制,仍可以单一施工标为分析对象。

在敲除连续壁的作业中,人员伤亡的可能性几乎没有,所以这一项可以不予考虑。工期宕延是指该施工标因事故而拖延的完工时程。在设计阶段,施工时程尚未确定,所以工期的宕延也难予考虑。若在施工阶段,事故的发生会严重影响完工时程的话,则应将其纳入考虑,重新评估其损失。

至于经济损失,在事故发生后,除非是当事人,通常很难分清业主、承包商以及保险公司所负担的金额,在这种情况下,只能考虑整体经济损失,而无法计较如何分担。整体经济损失理应将第三方经济损失合并计算。表 2 为国际隧道协会之原始建议,因为该表仅表示经济损失之级距,其实用价值不大。莫若楫等比照表 2,建议将表 3 作为建筑物及公共设施损害之判定准则,表中“破坏”是指结构体已无法修复,完全失去其价值,而“严重受损”则指仍可修复使用。当然各地的物价并不相同,表 2 与表 3 不一定对等,因此建议两者之间以“地区系数”相关连。

至于公共设施,其经济损失不只是直接修复或重置的费用,应包括因这些设施受损(如断水、断电)所造成的社会成本(如商店停业或工厂停工的产销损失),所以是以其对民生的影响(参考表 4)及受损程度(参考表 5)为分级的考虑。在外国,很多与民生相关的设施(如电厂、水厂)属于私人企业所有,所以无论是公有或私有,其标准相同。

交通之顺畅与否攸关民生至巨。例如在 2004 年新加坡地铁环线的灾变,尼诰大道(系快速道路)因此封闭 7 个半月之久,不但严重影响经常使用该大道的用路人,也造成东部路网的严重壅塞。所以莫若楫等建议将对交通的影响单独列项纳入考虑,其分级如表 7 所示,其中干道是指 4 线以上的快速道路(expressway)。若只是部分车道封闭,其分级可降一级。次要道路(如市区街道)其分级亦可降一级。

3 事故后果的评估

在设计阶段,工区附近的建筑物、维生管线、公共设施以及道路都有调查资料。如今计算机科技相当进步,所有的数据都可以地理资讯(信息)系统存成资料库,每个物件都有相关属性,如建筑物的楼层、基础及结构形式,公共设施的重要性(参考表 4)等。道路可区分为干道、高速公路、地铁等。这些都是估算事故后果的基本资料。

要估算事故发生的后果要先假设事故一旦发生,可能受影响的范围。以本文所关注的镜面破除连续壁所引起的涌水涌砂灾变而言,建议以一个深度 D 为影响范围,就是说在距事故地点一个 D 之内的建筑物及公共设施都会受到影响,但因为受影响的程度会随距离增加而减少,建议以表 8 评估建筑物以及公共设施的受损程度。由于资料库中有每个建筑物及公共设施的位置及范围,可以很快地以程序(软件)判定某一标的物是否可能受损,以及受损程度。

建筑物可以栋为单位,也可以楼层为单位。在实际上,若以栋为单位,问题会变得相当复杂,不利于自动化电脑作业,更不利于风险管理制度之推动,因此建议以楼层为单位,并且将“严重受损”与“破坏”之转换系数定为 1:5,就是说 5 个楼层严重受损等于 1 个楼层破坏。如此的话,就可以很快地用电脑程序(软件)统计出有多少个楼层可能会因事故之发生而受破坏,然后再以表 9 判定该事故之严重性。在判定事故的严重性之后,原应以表 2 计算出建筑物的经济损失,但考虑到地区因素,以及应用的便利性,建议用表 10 取代之。要特地说明的是,建筑物的损失不只是结构的价值,而是包括所有因事故而衍生的有形及无形的损失,包括拆迁、居民安置以及社会成本等,而且内含工程本身的损失、公共设施的损失以及交通的影响也可以同样方法求得,三者相加即可得到事故的整体经济损失。

事故影响范围及损害程度 表8

与事故地点距离 L	标的物	损害程度	与事故地点距离 L	标的物	损害程度
$L < D/2$	维生管线及公共设施	破坏	$D/2 < L < D$	建筑物(基础及结构不良)	严重受损
	建筑物(基础及结构良好)	破坏		维生管线及公共设施	严重受损
	建筑物(基础及结构不良)	破坏		道路	严重受损
	道路	破坏			
$D/2 < L < D$	建筑物(基础及结构良好)	受损	$D < L$	不考虑	不考虑

注:D-事故可能发生之深度;L-标的物与事故发生处之距离。

经济损失分级补充建议(二) 表9

分级	定义	分级	定义
灾难性	10个以上楼层破坏	严重	2~5个楼层破坏
极严重	5~10个楼层破坏	重大	1~2个楼层破坏

注:1个楼层破坏相当于5个楼层严重受损

经济损失分级补充建议(三) 表10

分级	损失		分级	损失	
	新台币	人民币		新台币	人民币
灾难性	10亿	2亿	严重	1千万	2百万
极严重	1亿	2千万	重大	1百万	20万

以上将一个复杂万分的问题极度简化的做法,难免失之粗糙,但绝非无例可循。每次风灾过后,官方在两三天内即公布农作物的损害,并且订定补贴标准。其估算法也十分类似,甚至可能更为粗糙。其他如经济成长率的预估、作战伤亡的预估,物价指数之估算等,莫非如此,而其结果都能被接受,所以同样逻辑用之于地铁工程风险评估,应是“虽不满意、但可接受”。

4 事故发生几率的评估

事故的发生有先天因素及后天因素,俗谓“先天不良、加上后天失调”才会生变。也就是说即使先天条件不良,如果设计及施工得当,也不致产生事故。所以这三者环环相扣,必须综合考虑才能估算出事故发生的几率。以镜面(洞门)破除连续壁而致漏水漏砂为例,主要的先天因素包括:地下水水压、地质、破除面(开孔)直径,其中自然是以地下水水压为最重要,如果没有地下水,当然也就没有涌水涌砂的可能。如图1所示,地下水须要有一个不透水层来阻挡,否则必然会流进工作井内而道致漏水漏砂,所以这不透水层的厚度就是第二个重要因素。表11列出了在未采取任何防范措施的情况下,发生事故之几率。因为事故的发生机制相当复杂,要能精确地计算事故发生的几率是不可能的任务。

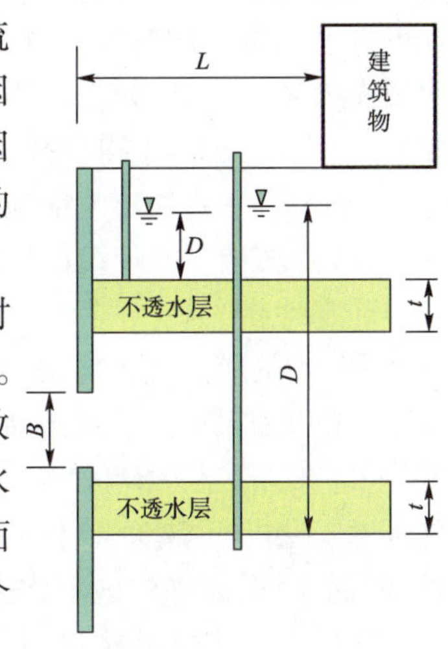

图1 镜面破除示意图

以表11得出的结果只能说是相对正确。至于表中的级距的确是有讨论的空间,可以经由分析以与安全系数相关联,也由专家们讨论以订定之。一旦订定就可以适用于所有的个案。至于破除面的直径 B,也会影响事故发生的几率,以及事故的严重性。如果只是开一个小孔的话,即使有涌水涌砂的情事发生,也很容易防止其恶化。但在地铁的隧道工程中,破除面的直径也就是潜盾(盾构)的直径,其变化不大,所以可以不将其视为一个因子。

在此要特地说明的是,表11要与表8一同解读。表11中“极可能”表示极可能发生表8所述损害,“极不可能”并不表示极不可能发生漏水漏砂情事,而是表示即使漏水漏砂,亦极不可能发生表8所述损害。事故发生几率的分级方式甚多,本文采用《隧道风险管理准则》之建议,如表12所示,并以各级距之对数中值为计算基础,将其与事故之可能损失相乘就可以算出发生事故的风险。如果风险的规模是无法接受的话,就必须采取防范措施以降低发生事故的几率。所以事故的后天因素就是防范措施的设计与施工。

镜面(洞门)破除事故之先天因素与几率　　表11

水头 D(m)	不透水层厚度 t(m)	事故发生几率	水头 D(m)	不透水层厚度 t(m)	事故发生几率
>20	<5	极可能	5~10	<5	偶尔
	5~10	可能		5~10	不太可能
	10~20	偶尔		10~20	极不可能
	>20	不太可能		>20	极不可能
10~20	<5	可能	<5	<5	不太可能
	5~10	偶尔		5~10	极太可能
	10~20	不太可能		10~20	极不可能
	>20	极太可能		>20	极不可能

事故发生几率分级[1]　　表12

分级	级　距	几何(对数)中值	说　明	分级	级　距	几何(对数)中值	说　明
1	< 0.000 3	0.000 1	极不可能(Very Unlikely)	4	0.03 ~ 0.3	0.1	可能(Likely)
2	0.000 3 ~ 0.003	0.001	不太可能(Unlikely)	5	> 0.3	1	极可能(Very Likely)
3	0.003 ~ 0.03	0.01	偶尔(Occasional)				

由于分析工具之进步以及经验累积,设计出错的几率非常小。如果有独立检核制度的话,更是不太可能有设计错误的事情,所以可以不考虑设计错误的风险,而事实上也不可能考虑设计错误的风险,因为难以辨识出其风险因子。绝大多数的事故是因施工不当或地质变异等不确定因素而致,而其风险与先天因素及所选用的工法有绝对的关联性。如果先天条件好,施工偶有不当,发生事故几率不会太大。即使先天条件不好,如果选用的工法出错的几率小,发生事故的几率也会小。所以建议以先天因素为主要考虑,先以表11求得事故发生的几率,再考虑所采防范措施的可靠度,将所得几率作适当调降。

表13列举数种防范措施及几率调降幅度。几率调降幅度是考虑工法本身的可靠度以及万一事故发生,应变之难易。传统的做法是以地盘改良(注浆)的方式将周遭土壤固化以形成不透水层。此工法的不确定性相当高,许多事故皆因地盘改良成效不佳所致,所以建议只调降一级。也就是说如果原来在没有采任何防范措施的情况下,发生事故的几率是“极可能”的话,在地盘改良后事故的几率可以调降为“可能”,如果原来发生事故的几率是“可能”的话,在地盘改良后发生事故的几率可以调降为“偶尔”。以冰冻工法或降水工法作为防范措施,最大的风险是电源中止及机器故障,这两者并不难掌握,所以说工法的可靠度相当得高,也容易应变,所以建议调降三级。如果原来发生事故的几率是“极可能”的话,在以冰冻将地下水固结或以降水工法解除水压之后,事故几率就可以调降为“不太可能”。如此做法的前提当然是这些作业的设计及施工都合乎水准,而且还要有完善的安全管理及应变制度,包括监测作业及预警系统。

洞门漏水漏砂之防范措施　　表 13

处理对象	施作方式	事故几率调整(参考表11及表12)
地盘改良(土壤加固)	高压灌浆	降一级
	低压灌浆	
结构体挡水	加装隔舱	降二级
	双重镜面	
	加装套管	
地下水处置	冰冻	降三级
	降水	
其他		

至于在洞口加装隔舱或其他挡水结构物,万一发生涌水及涌砂的事故时,可以防止情况恶化,有效地降低风险。此类工法的可靠度相当得高,应变容易,而且通常会搭配局部地盘改良、局部降水或其他防范措施,所以如采此类工法时,建议将事故几率调降两级。

5　事故风险与处置

从实务的观点而言,"极可能发生"相当于"一定会发生",所以其代表数值(表12)为1。无论其后果如何轻微,这一级事故都不被容许,必须采取防范措施以避免其发生。其他等级的事故是否能被容许要看其后果而定。例如,一个"可能"发生,而其后果是"极严重"的事故,由表12可得其几率为0.1,由表10可得其损失为1亿新台币或2千万人民币,所以其风险是1千万新台币或2百万人民币。要采何种防范措施将其风险降到可容许的范围就要考虑这些防范措施的成本与效益。至于何等规模的风险是被容许或不被容许,是业主或施工厂商的决定,不在本文讨论范围。

6　结语

在都会区进行地下工程的风险相当高,有效的风险管理可以减低事故的发生以及减少因发生事故所造成的损失。本文着眼于风险分析之制度化及自动化。藉将事故发生几率及可能蒙受的损失分别加以分类及分级,将问题简化至实务上可行之程度,但各类分级之级距及代表性数值有待专家们讨论、共同订定之。虽然本文所讨论的主题是因隧道镜面(洞门)破除连续壁而道致漏水漏砂之情事,其他形态事故的分析模式也可采同一思考逻辑发展。

参考文献

[1] ITA. Guidelines for tunnelling risk management, Tunnelling and Underground Space Technology 19. International Tunnelling Association, Working Group, 2004,(2): 217-237.

[2] 莫若楫,黄南辉. 地铁施工事故与风险管理. 都市快轨交通,2007,20(6):7-13.

[3] Moh, Z. C. and Hwang. R. N.. Lessons learned from recent MRT construction failures in Asia Pacific, Proc., Keynote Speech, 16th Southeast Asian Geotechnical Conference, Subang Jaya, Malaysia, 8 ~ 11 May, 2007:3-20.

地铁土建工程的安全风险管理

段绍纬　金　淮　杨秀仁
（北京安捷工程咨询有限公司　北京　100037）

摘　要　通过对国内外地铁工程事故经验的探讨，采用科学的、系统的和动态的风险管理体系，是将安全风险降低至可接受或合理程度的有效手段。地铁土建工程安全风险管理应该是贯穿工程建设全过程的一项工作，包括安全管理体系诊断与建立、安全风险辨识与评估、安全风险管理咨询、安全风险管理信息系统的建立、安全监控管理、工程保险管理等工作，这些都是值得推广和强化的安全风险管理措施。

关键词　地铁工程　安全风险管理　信息系统　安全监控　工程保险

1　前言

地铁系统已成为目前世界各大城市缓解与改善交通问题的主要方法，而很多大城市都发展在河流冲积平原或盆地，其地质上大都软弱、变化复杂，同时地铁工程是位于都会中心的线形建设，所遭遇的地质变化和工程环境复杂程度自然较一般工程高出甚多，且工程技术条件要求标准又高，需要大量有经验的专业工程师和素质优良的施工队伍投入工程建设，在工程经验技术与专业人力不足情况下，安全风险管控上将更显严峻。

这几年国内外地铁工程严重意外事故频发，包括上海4号线、广州6号线、新加坡环线、高雄橘线、北京10号线等均造成社会不良影响和经济上较大损失，引起政府和民众对地铁施工安全管理的强烈不满和关注。

莫若楫博士[1]在中国城市轨道交通建设与运营安全国际研讨会上，论述亚太地区地铁本世纪所发生重大土建工程事故，总结经验与教训为：地下水是罪魁祸首、地质改良的规范应修订、地质改良的质量是成败关键、不应迷信计算机分析结果、绝大多数的事故应该可以避免，同时结语中亦强调若有健全的风险管理制度及完善的风险管理体系，可避免大部分事故的发生。

在加速经济发展的国家政策下，中国大陆地区无论从地铁建设规模、建设速度和工程管理难度上来看，都是目前世界上其他各地难与比拟的，目前大陆地铁工程的整体形势是：建设规模大，专业风险管理人员十分缺乏，使得规避和控制工程建设风险，以及在系统、规范和科学的安全风险管理体系应用上经验相对不足。所幸政府主管部门、专家、学者与先行单位对此已大都有充分的共识与重视，正积极努力地探索和开展地铁工程风险管理相关的技术和管理措施，以便防患于未然，实现安全、快速推进地铁工程建设。

2　安全风险管理的对象及相关做法

地铁土建安全风险技术管理是贯穿工程建设全过程的一项工作，建设各阶段的风险管理环环相扣，前一阶段的风险管理影响下一阶段的风险管理的执行和成效。安全风险管理应考虑不同工程建设阶段的内容，并从工程建设参与各方的角度出发，进行各阶段的风险管理。

建设部①《地铁及地下工程建设风险管理指南》[2]指出，安全风险管理应贯彻于整个工程建设全过

① 建设部已更名为住房与城乡建设部。

程，一般按照工程进度可划分为五个阶段：规划阶段、工程可行性研究（工可）阶段、设计阶段、招投标阶段和施工阶段，并建议依各阶段管理或实施责任，由政府部门、建设单位或施工单位委托专业的风险管理咨询单位分别进行规划、工可和设计阶段的风险管理，并于施工阶段协助实施施工现场的风险查勘。

安全风险管理对各阶段的内容，就风险源辩识与分析上是由重而至轻，就风险评估与控制手段上，则是由宽广到具体。在工程规划阶段要能辨识工程的重大风险源，以进行风险分析与规避消除或降低风险为主，设计阶段以对设计方案与施工方法进行风险识别、评估与控制降低或转移风险为主，施工阶段则以风险管理和控制措施的实施为主，并进行施工风险动态跟踪与监控。

站在如何落实地铁土建工程建设各阶段安全风险管理的角度，针对各阶段安全风险管理的实际需求内容，并参考国内外相关执行情况，具体的做法与达成目标，概略归纳为以下几个主要方面。在实际参考应用时，可以配合工程建设现状与特性，也可以选取需要的组合，而各种做法彼此之间有相辅相成、相得益彰的效果。

(1)安全风险管理体系诊断与建立。

(2)安全风险辨识与评估。

(3)安全风险管理咨询。

(4)安全风险管理信息系统建立。

(5)安全监控管理。

(6)工程保险。

(7)其他方面安全风险管理的应用。

3　安全风险管理体系诊断与建立

诊断安全风险管理体系的目的，在于能进一步完善安全管理体系，制定安全风险管理制度。首先依据有关安全生产法规和标准的要求，结合政府相关规定和业主建设的工程特点，对地铁土建安全风险管理体系进行诊断和评估，并应用现代安全管理的原理和方法，采用适宜的系统安全分析方法分析问题，提出整改措施和建议，使安全生产管理体系具备较强的可操作性，能持续提高安全管理的水平，实现安全管理的系统化、科学化。主要工作内容如下：

(1)诊断与建立风险管理架构，明确参建各方职责。

(2)制定土建工程各阶段风险管理的目标、内容及管理程序。可分成以下各阶段：岩土工程勘察与工程环境调查阶段、方案设计阶段、初步设计阶段、施工图设计阶段、招投标阶段、施工阶段和工后阶段的安全风险管理。

广州市地下铁道总公司安全管理体系（建设类）评估项目，系对广州地铁总公司安全管理体系实施现状进行综合评估，主要评估内容包括安全管理组织体制、安全管理运行机制、安全生产责任制、安全管理制度、安全技术防范、安全教育培训、重大风险源及第三方监测，以及应急救援系统等。管理体系评估时以国家法律、行政法规及相关文件、地方法规，以及相关国际公约为依据，其目的在于提高地铁总公司的安全管理水平，发现和消除体系中的缺陷，降低安全管理风险，预防事故发生，同时系统地对规划、设计、建设与运营等全过程进行控制，为实现安全技术、安全管理的标准化和科学化创造条件。

《北京市轨道交通工程建设安全风险技术管理体系》[3]的建立，系因北京目前同时进行4～6条地铁新线的建设，大规模的工程建设大幅增加了工程安全风险，伴随着北京市政治和社会影响地位突出，建立、健全科学的安全风险管理体系和快捷、有效的基于网上办公的安全风险管理信息化平台，以满足工程建设和安全风险管理的需要，已势在必行。

北京市轨道交通建设管理公司在国家、行业和地方规范、规程基础上，结合北京市轨道交通工程建设的特点和经验，强化对风险源的安全管理，进一步规范、完善建设单位、相关各参建单位在安全风险技术管理方面的工作责任及工作内容。在施工前期，规范、完善各建设阶段技术论证程序及各阶段成果文件所应涵盖的安全风险技术管理内容。在施工过程中,以监控量测和安全状态评估为基础,规范、完善安全风险的预测、预控和处理程序。

4 安全风险辨识与评估

在规划阶段、设计阶段和施工阶段,有效地进行安全风险辨识、安全风险分析与评估,管控工程安全风险,将各阶段风险有效化解或降低至可以接受的程度,尤其是在规划和初步设计阶段,尽量将风险控制在源头。主要辨识与评估内容如下:

(1)评估和预测隧道穿越地质复杂地层,如断层、软硬夹层、溶洞、厚淤泥层、卵砾石层等的安全风险。

(2)对环境条件复杂的工程安全风险部位进行识别与评估,如对既有线路、周边建(构)筑物和管线的影响进行安全风险辨识与评估。

(3)对明挖深基坑、区间隧道设计安全风险因素和受力条件复杂的安全风险部位进行识别,核查设计方案的安全性。对于可能产生重大安全隐患和社会影响的工程,进行分析与计算验证;从安全风险技术管理角度为业主提供咨询和提出建议。

(4)对施工工艺及设备中的安全风险因素进行识别;对地质因素、环境因素、施工工艺及设备因素之间的相互作用、相互影响和施工工艺参数的合理性进行分析,评估施工方案的安全性;

(5)对重大土建安全风险工点、环境安全风险源的专项方案进行安全风险评估。

(6)对施工组织管理中的安全风险因素进行识别;对施工组织设计的有效性、合理性进行分析和评估。

广州地铁对在建线路土建工程进行了安全风险评估工作,评估范围包括在建5条线,其中3条为延长线部分的工点。评估工作主要内容包括:全面审视评估范围内的安全风险状况、辨识全线风险因子及潜在的风险事件、风险事件发生的概率和风险后果的评价、工点风险等级综合评价与风险控制建议,以及分析典型工点的监测资料,用于工点的分析评估和提供工程设计和信息化施工指道。该评估定出了17个风险等级为五级的重点工点,施工中加强了监控、分析、评估和预测、追踪管理,取得了良好效果。

5 安全风险管理咨询

安全风险管理咨询的主要做法为进行工程施工全过程的动态安全风险管理,对重大风险源的监控跟踪;综合监测资料和巡视结果,对土建施工的安全风险及时评估,提出风险管理建议或措施,避免或有效减少土建工程事故,尤其是重大事故的发生或后果影响,最终能有效减少因工程安全风险带来的质量、工期、经济、环境和政治影响,达到科学施工的目的。

新加坡在地铁施工发生严重事故后[4],陆路交通管理局(LTA)对新施工标,例如环线C854、C855和C856标,地下工程设计委由独立岩土工程师检核,施工中除委托民营咨询公司监理外,另聘请咨询公司提供合格的岩土工程师队伍支持陆路交通管理局,安全监测工作也由该局直接发包给独立的专业承包商。高雄捷运在发生许多事故后[4],于2005年12月开始对红线和橘线尚未施工完成有高风险性的车站和隧道,其中包括曾发生事故的O1车站和穿高雄港船渠的隧道,以及地下联络通道和竖井施工,委托咨询公司组织岩土工程顾问在内的专业队伍,到现场提供独立检核性质的监督服务,最后收到显著成效,圆满顺利完成任务。这也都说明了安全风险管理咨询角色在大项目地下工程中的重要性。

方案设计阶段着重于线位和站位的选择,将重大风险在前期消除或降低,到施工图设计阶段的重点则是对已辨识的风险进行控制,主要审查与临时工程相关的设计、施工计划及监测计划。

施工阶段可包括以下的主要工作内容:

(1)审查总体施工组织设计中的安全措施和专项施工方案。

(2)审查各施工单位提交的风险源清单。

(3)确保监测仪器安装及量测作业之质量。

(4)检查监测资料的正确性及管理监测数据库。

(5)对存在重大安全风险的分项工程进行专项安全风险评估。

(6)对重大风险源进行监控跟踪,对工程本身及周围环境的安全状况,及时做出判断和预测,并提出措施建议。

(7)如果监测资料有异常现象出现或巡视发现异常情况,督导追踪报警和后续处理情形。

(8)确保承包商执行建筑物保护计划及评估其成效。

(9)关注工程变更后可能导致新的技术风险和施工安全。

(10)定期对线路各工点实施全面风险普查,提交风险评估报告。

(11)评估承包商因地质不利因素所提出之赔偿要求。

(12)如果工地确实有状况发生,评估承包商的应变及补救措施。

广州地铁土建工程安全风险管理项目是一个进行中的实例,主要为广州地铁多条在建线路提供服务。对风险评估等级为五级的工点,负责现场安全风险管理工作,及时分析第三方监测数据和反馈分析结果,提出防范措施和处理建议,及时监督第三方监测的预警和预报工作,负责审查施工单位提交的风险源清单,编制在建工程风险分析评估报告。当发生因地铁施工引起周边建筑沉降、房屋开裂等纠纷而需建设行政主管部门或仲裁机关进行调解或仲裁时,协助提供作证的事实材料,并就具有通用性和重要应用价值的安全风险控制方法和标准开展必要的专题研究工作,以供在建土建工程和未来建设工程应用参考等。

广州项目在执行中除配合现场、异常情形和风险状态,发布快报或专题报告外,定期提出各线风险管理情况和建议,评估各线工点风险状态及分级,对风险管理的建议和控制措施的落实状况进行追踪,以及提出对下个月工点的风险预测,充分展现风险管理中的预警、评估、追踪和预测的风险管理功能。

6 安全风险管理信息系统建立

为了提高安全风险管理的工作效率,提高监测数据、工况与巡视等信息的传递和整合速度,需要对工程建设建立系统化和信息化管理平台。具备安全管理功能及技术信息整合利用功能的信息系统,能对大量资料提供迅速处理、预警并进行反馈利用,实现安全风险管理的信息化、网络化和标准化,提高安全保障能力,及时确保地铁建设的安全和顺利推进。同时为了及时有效控制工程建设中安全风险,能实时监控、风险评估、预警和预测的系统,更能有效及时掌握工程安全风险所在,评估和预测环境安全风险水平和趋势,提高对事故发生的预测和防控能力,使安全风险降到最低[5]。

安全风险管理系统的定制工作,可依实际状况配合地铁建设的规模与使用的对象,实现以下全部或部分的组合功能:

(1)监测数据的收集、报送、分析与预警,包括:

①各类监测项目量测数据通过客户端录入,实现网络远程上报,系统对数据有核查功能;

②监测仪器的分类编号及文件传输作业规范化;

③数据进行自动分析,对比分析、绘制变形、速率的动态曲线;

④数据处理上具有群组功能、对非正常影响数据具有修正功能,便于进行综合影响程度与机制分析;

⑤自动预警,短信提醒通知。

(2)施工工况与现场巡视情况的上报与查询。

(3)工程安全风险评估与综合判定专家系统。

(4)风险预警、报警。

(5)及时、自动通信。

(6)风险事务协同处理,记录各参建方处理情况,能对事件处理进行追溯。

(7)地理信息系统(GIS)技术对信息、数据进行空间管理与预警发布。

(8)工程文档管理。

(9)报表自动生成,资料自动归档。

(10)视频监控。

(11)用户考核。

(12)权限分配,保障信息安全性。

北京市轨道交通工程建设安全风险技术管理体系及信息化平台建设总体研究课题,是就配合北京市轨道交通工程建设安全风险技术管理体系建构的平台。目前在广州地铁土建工程中,安全风险管理项目部在推展所研发的土建工程安全风险管理信息系统,发展成可针对不同用户对象,纳入风险管理体系的信息平台,结合监测、巡视、工况等各项资料,分析评估并综合判定,以及跟踪管理,文档管理的平台。

7　安全监控管理

对土建工程施工阶段进行工程质量和安全管控与监控跟踪,所产生的大量监控量测资料和施工纪录,以及与各类信息的整合,是提供工程管控、预警和安全风险及时评估的依据。安全监控管理是预防与降低风险的一个极为重要的手段,在第三方监测及施工监测执行基础上,能保证地铁基坑、隧道结构和周边建(构)筑物在施工期间的安全与稳定,验证基坑开挖方案和监测数据的正确性,优化设计,实行信息化施工,并为业主提供处理工程合同纠纷的公正性监测数据。同时为使地铁工程监控量测设计标准化,并符合确保安全、技术先进、经济合理的原则,可针对性的进行安全监控管理有关工作,规范地铁工程施工监测的设计工作。

(1)地铁监控量测设计要求及招标管理办法。

(2)地铁监控量测设计,包括:

①确定工程影响区、监测范围及监测对象和监测项目;

②确定监控量测频率与周期;

③确定监控量测的精度和控制指标。

(3)地铁监控量测技术规定,包括:

①确定各工法监控量测的项目及规定;

②制定信息反馈与预警办法;

③制定地铁监控量测管理制度及办法;

④形成地铁监控量测技术与管理体系。

北京市建设委员会和北京市质量技术监督局联合发布了《地铁工程监控量测技术规程》[6],主要内容为浅埋暗挖法、盾构法、明挖及竖井施工监控量测项目及要求,监控量测管理及信息反馈等。北京市轨道交通建设管理有限公司在该规程指导下,以及依据国家有关的规范和规程,针对地铁工程监控量测设计及实施工作制定了一套科学、规范的监控量测设计方法体系——《北京地铁工程监控量测设计指南》[7],主要内容为工程影响分区及安全分级、监控量测范围、对象及项目、布点原则、频率及周期、精度及控制指标的规定等。北京市轨道交通建设管理有限公司在办理《北京市轨道交通建设安全风险技术管理体系》课题再形成了"监控量测控制指标资料汇编",为设计施工提供了很好的参考资料。福建省建设厅发布"建设工程施工重大危险源辨识与监控技术规程[8]",主要内容为施工重大危险源的辨识与评价、监控、信息管理、防治管理与应急救援等,都显示了各地对安全监测管理工作的重视与体现。

8 工程保险

工程保险是风险管理的重要组成部分，工程相关保险的目的在于转移工程风险，尤其是在发生重大意外事故后，能得到损失补偿，使财务稳定得到保障，工程能够顺利恢复进行。在国内外重大事故频发后，保险业者对承接地下工程的保单意愿降低，保费则大幅提高。从事保险业工作者应紧密结合工程，努力掌握隧道及地下工程的设计和施工技术；另一方面，从事技术管理和研究的工作者，也应努力掌握保险的有关理论。如何根据风险分析结果确定工程保险标的和合理保费，以取得最大的风险效益，是一个值得研究的课题[9]。在建设阶段引入风险辨识、分析、评价和决策的思路，通过对风险源的管理和能够切实转移主要风险的保险合同，不但能够保证工程质量与安全，还能够控制投资，提高建设单位的公共形象[10]。

工程建设中保险是风险管理的重要环节，建议保险业者有其代表在工地参与，获得相关安全讯息，例如开挖施工程序和监测资料，可以降低风险，保费也可因此降低[1]。通过对工程建设的风险管理，可以强化设计和施工风险的防范和控制，可以完善合理的保单内容，并经由保险合同转移设计施工风险，制造双赢。

9 其他方面风险管理的应用

地铁工程风险管理无论是采用高架或地下、地上或地面方式，可行性研究、初步设计、施工图设计或施工阶段，根据不同情况进行全过程的风险管理。除了前面谈到的方面外，其他如包括方案预评价、第三方监测、专项风险影响评估、工后风险管理、灾后评估、安全教育培训等都是建立在安全风险管理的应用上。

灾后评估亦是一个重要评估项目，例如在大地震后，在影响程度较大区域，有必要对地震灾后的地铁土建工程进行安全检查和风险评估。除了评估受地震影响或遭受损害的建（构）筑物外，其后续施工承担风险的能力及状态，特别是有关基坑的围护支撑体系、开挖作业及隧道暗挖作业，受到强烈地震的影响，原有的土层可能发生很大的位移，施工中的支撑也可能产生松动，灾后施工时如果未经有关专家进行专业检查和风险评估，恐怕会导致土层松动、产生崩塌等意外工程事故的安全风险。这不仅直接威胁施工人员的安全，亦可能降低施工质量，对未来运营、使用的社会大众可能发生更深远的影响，因此确实不可不慎重对待。

灾后评估，对于已经发生灾害事故或结构物有受损情形，经分析研究判断为危险者，立即采取应急处理措施。对于虽无灾害事故发生但具有较大潜在风险或隐患者，或有损伤但无立即危险者，进行检查和初步安全评估，一般可分阶段进行，检查方式可先组织或委托专业人员侧重于资料搜集、巡查、监测资料检查。以上为初步分析评估，若有必要时再进行详细调查和专项评估，使经费运用配合实际情况和需求。

10 结论与建议

为有效降低地铁工程安全风险，地铁工程将朝向实施全过程科学化、标准化、规范化、信息化的安全风险管理，能提高安全风险的预测、预判以及应急处理能力，并协助建设单位提高安全管理的水平。安全风险管理工作可包括安全管理体系诊断与建立、安全风险辨识与评估、安全风险管理咨询、安全风险管理信息系统建立、安全监控管理、工程保险管理等，这些都是值得推展和强化的安全风险管理措施。

11 致谢

承蒙亚新工程顾问公司莫若楫博士、北京安捷工程咨询公司吕培印博士、李俊伟博士、巴图副总经理、杨学意研究员和廖翌棋工程师提供相关资料和宝贵意见,在此谨致谢忱。

参考文献

[1] 莫若楫. 地铁工程施工事故与风险管理[A]. 中国城市轨道交通建设与运营安全国际研讨会[C]. 北京:2007.

[2] 建质[2007]254 号. 地铁及地下工程建设风险评估指南.

[3] 北京市轨道交通工程建设安全风险技术管理体系(试行).

[4] Moh Z. C. , Hwang R. N. Lessons learned from recent MRT construction failures in Asia Pacific[J]. Geotechnical Engineering, Journal of the Southeast Asian Geotechnical Society, 2007,38(3): 121-137.

[5] 宋敏华, 杨秀仁, 吕培印. 地铁建设环境安全风险评估预测信息系统的研判[A]. 全国地铁与地下工程技术风险管理研讨会[C]. 北京:2005.

[6] 北京市地方标准. DB 11/490—2007 地铁工程监控量测技术规程[C]. 北京,2007.

[7] 北京地铁工程监控量测设计指南[A]. 北京,2007.

[8] 福建省工程建设地方标准. DBJ 13-91—2007 建设工程施工重大危险源辨识与监控技术规程. 北京:中国建筑工业出版社,2008.

[9] 黄宏伟. 地铁建设环境安全风险评估预测信息系统的研判[A]. 全国地铁与地下工程技术风险管理研讨会[C]. 北京,2005.

[10] 宋春财, 杨慧林, 杨新. 地铁工程评估与保险[J]. 都市快轨交通, 2007,20(4):29-32.

地下工程风险管理之信息平台

徐中铭[1]　赖永丰[2]　苏鼎钧[1]　朱　旭[2]
(1. 亚新工程顾问股份有限公司　2. 台北市政府捷运工程局)

摘　要　地下工程不确定因素多,风险相对较高,为有效管理地下工程之施工风险,亟需利用一套可迅速整合各类信息的信息平台系统,期在最短的时间内提供最多的有效信息,以利工程师或风险管理者得以正确下达风险决策,使工程风险得以降低或控制。本研究以台北捷运为范例,建置一个完整的信息系统数据库。其主要功能及特色包括:(1)分阶分层实时且清楚地展现所有的数据及图绘;(2)累积的宝贵信息皆可轻而易举地关联整合;(3)实时自动关联周遭附近的地质、事件、讯息及监测信息,便于工程师进行最完整的综合分析;(4)在任何的时间点都可立即展现应有的信息,使工程师可迅速地取得最多的有效信息;(5)完整的回馈机制使经验的传承与共享更为实时、完整、轻松。

关键词　风险管理　整合性地理信息系统　图资数据库整合　捷运工程　地下工程

1　前言

随着都市的进步与发展需求,相关建设都已趋向地下化。由于地下工程之变异因素不易掌控,施工风险相对较高,尤其是捷运工程,其所经之处往往是人口密集及商业活动频繁的重要地区,施工不慎所导致的影响层面更广,因此对于施工中可能发生的意外事件,须能快速反映并提供适当的预防及抢救措施,有效地减少施工风险。为能有效地、有系统地管理地下工程之施工风险,需建立一完整的信息平台以整合各种相关数据,使得专业工程师可以迅速地掌握各项信息(例如:监测数据、周遭环境地质、地貌、建筑物、事件、管线、工程案例、图片、文件、会议、经验及回馈报告等),并在最短暂的时间内筛选出最多的有效信息,配合分析、演算、校对、处置等等功能,以期于安全管理上的黄金时间内作出最适当的风险决策。

2　信息平台功能及特色

地下工程风险管理是永无止境的,但工程资源却是有限的,因此本信息平台最重要的角色及功能,就是如何使风险管理工作得以经济地、有效地且正确地运作。综观地下工程风险管理的运作流程,首先须针对地下工程沿线施工进行全面性的了解,进而评估各施工区的最大风险参考值,并依此参考值的优先级投入适当的资源,进行周遭相关数据的收集与整合,相关数据包括基本信息、应变计划及各施工区的特殊信息等。此外,亦可进一步地配合实时的监测结果,对有异常之监测结果进行分析,经评估其施工风险时,再投入资源进行详细的数据分析与整合,以提供足够且正确的风险决策信息。因此,如何整合基本信息、如何使参与计划的工程师或管理决策者能迅速地了解该工程的环境信息与工事的来龙去脉、如何针对特殊信息的整合运算与展示,及如何整合类似经验的回馈记录等,都是本信息平台所必须具备的功能。

考虑系统信息的安全性、软件工具的普遍性、应用工具的扩充性及任务需求的使用性,本信息平台系建立在 Lotus Domino/Notes、Google Earth、MS Office 及 Web x.0 等环境下,以知识库的模式搭配各式工程应用系统的资源及功能,建立一套兼具检索、整合及运算各类资源的作业平台。所有收集到的信息将予以自动归类、群聚、关联、展现及演算,使工程师得以省下大量的时间,兼顾到评估、研讨与决策工作的完整性、迅速性及正确性,使在有限的时程下,将风险管理的决策质量达到优化。

此外,由于风险管理的工作永无止境,永远可以在既有的机制下使风险的损失再降低,所以本信息平台亦是永远持续成长的知识库整体作业环境,包括新的经验回馈、更详实的施工信息、更广泛的风险评估考虑以及更快速轻松的收集反应效能等,都是本信息平台可持续成长的方向。

本信息平台的建构原则及其主要功能与特色可归纳如下:

(1)分阶分层实时且清楚地展现所有的数据及图绘。

(2)累积的宝贵信息皆可轻而易举地关联整合。

(3)实时自动关联附近的地质、事件、讯息及监测信息,便于进行最完整的综合分析。

(4)在任何的时间点都可立即展现应有的信息,使工程师可迅速地取得最多的有效信息。

(5)完整的回馈机制使经验的传承与共享更为实时、完整、轻松。

3 执行内容与方法

本信息平台的作业内容主要为数据的整合与应用,数据整合功能包括下列类型:

3.1 监测数据的整合

本系统监测数据目前已包含了多条捷运线近50个工程标、四十余种监测仪器、数万组监测计的全程监测数据,这些监测数据都是多阶、多层、多群组的方式架构,可以一目了然地呈现与查询(见图1左图),以利现场工程师了解各种监测仪器之状况,亦可将各类仪器数据的历时曲线,以MS EXCEL电子表格导出与绘出(见图1右图),方便工程师自行做进一步的演算与分析。所有仪器数据都可以知识库的多面向、多层次检索模式与地理信息的图面检索模式交叉运用,并且完全共构于一个更大的整合系统之下,可以自动关联附近的地质数据、仪器、建筑物、地形、相关工程、相关事件与经验回馈资料等。

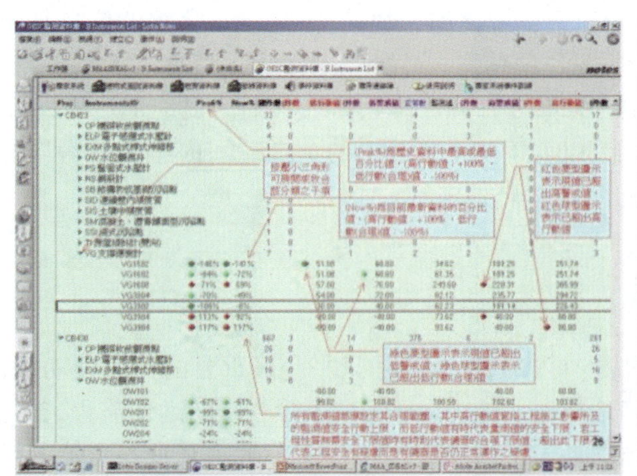

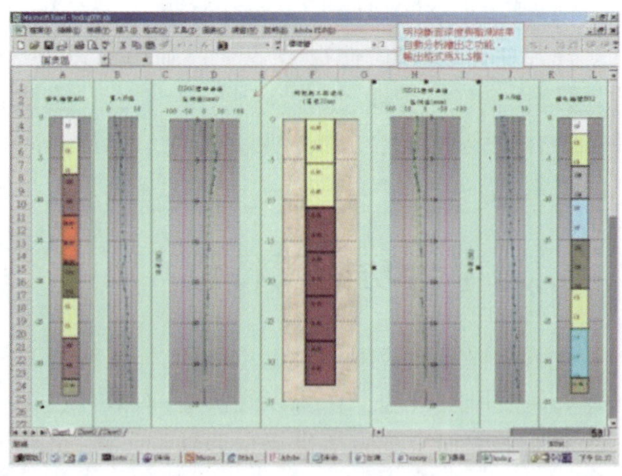

图1 监测数据整合示意图

此外,当前端衔接着自动监测仪器时,亦可在前端控制机的许可下针对各个监测仪器以URL指令方式,透过控制机下达变更监测周期或校正数据等的指令。

3.2 地理图资及工程图资的整合

本系统可以搭配Web的多种应用系统,诸如各式的最新电子地图、地质及地形数据、专业工程分析图资……可让工程师一目了然所有数据的关联。将数据利用Google Earth工具应用为例,图2左图为潜盾隧道环片位置及地质钻孔或监测仪器示意图；图2右图为潜盾隧道与邻近建物及监测仪器位置与地表沉陷槽的综合示意图（其中地表沉陷槽系经过垂直向放大以利显示）。本系统亦可随时自动调阅其他电子地图，由于各家电子地图采用不同的坐标系统，因此本系统提供自动以经纬度或坐标值链接至其他电子地图的功能，目前已可链接包括 TWD67、TWD97、WGS84 及经纬度等不同坐标系统的电子地图。

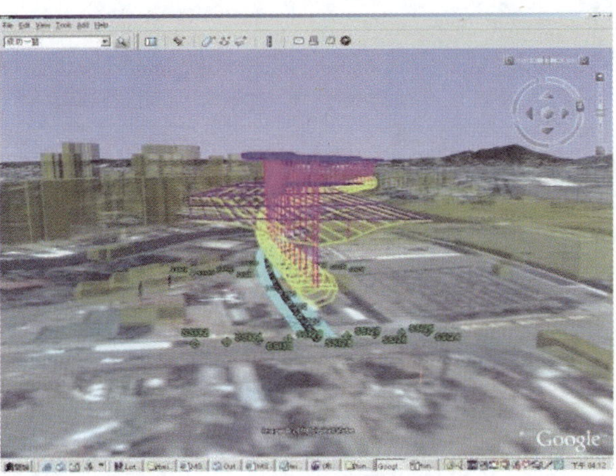

图2　地理图资及工程图资整合示意图

3.3　MIS 图资赋予坐标方位的整合

本系统 MIS 图资数据强调以搭配不同数据库的方式进行整合，已搜集了多个地质应用系统的基本数据进行自动关联、群聚分类，并可直接链接至原系统查看最新的钻孔柱状图、试验数据或属性分析等（如图3左图），期能确保随时参考到最新的各专业网站信息或最新的电子地图或都市计划图等。此外，由于并非所有的信息都有电子化图资（例如：电力、电话、自来水公司等并非已全面电子化，每一栋建筑物亦非都有电子化图文件），因此，本系统针对扫描文件、照片或任意影片等非电子化图资，提供建立方位坐标与关键词群的功能，以使该图资同样也可以达到自动群聚分类与链接参考的功能（见图3右图）。

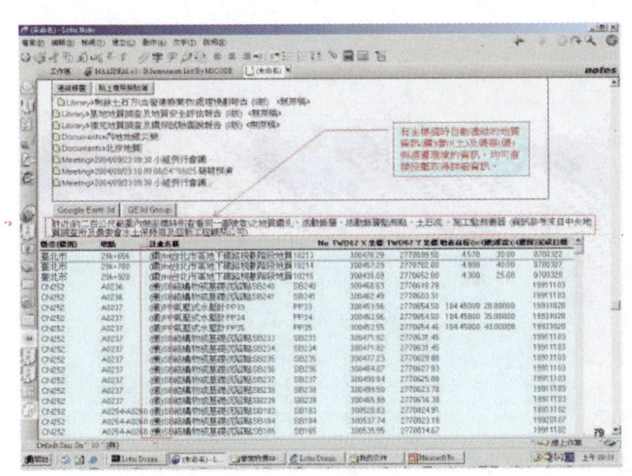
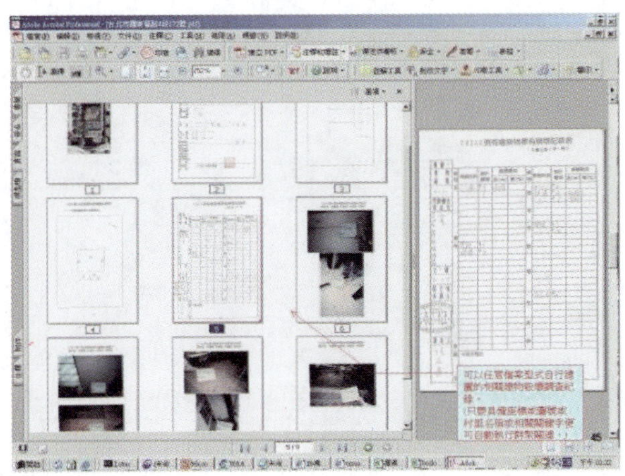

图3　MIS 图资整合示意图

3.4　所有图资与群组作业的整合

本系统中各相关文件均可依日期关联前后文顺序，迅速了解所有相关讯息及来龙去脉；所有任意格式的电子文件均可附加于本系统中，以利及时审阅（如图4左图）。此外，所有收发文或会议资料，均可依相关人员整理其关联性，使工程师可掌握所有历程文件，更迅速了解所有工程记录与信息（见图4右图）。

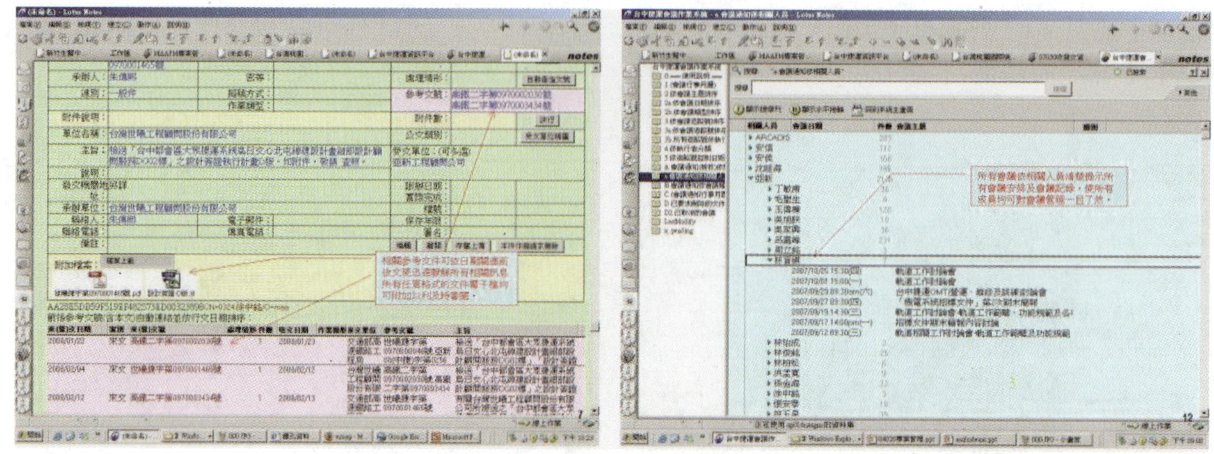

图4　所有图资与群组作业整合示意图

为使图资文件的关联方式具备使用弹性，所有图资文件，除了自动的关联功能外，亦可以半自动的方式建立其他相关文件的联结。以监测管控为例，当工程师发觉监测数据有异常趋势，或超过监测警戒值时，便可着手搜集既有基本信息以外的任何未来有可能用到的信息，并将之一一链接建立于本系统中，无论是从web搜集而得或是由系统内搜集而得，均可将连结建立于任一个图资文件中，使得所有的相关信息能迅速及有效的获得。

3.5　经验回馈数据的整合

本系统专家数据库中收纳了很多经验回馈的案例与技术信息，现场工程师经综合分析所需，可链接至专家数据库中搜寻相关事件的案例信息，以进行进一步评估，并拟定后续追踪行动事项。目前，本系统专家数据库已收集了各类范例，并依不同工程课题进行分类，计有地盘改良、冷冻工法、沉陷、涌水、空洞、渗流、滑动、灌浆、明挖、潜盾隧道……文件内容除专业简报说明文件外，另有报告书、施工计划、检讨研究报告、案例论文等（见图5）。

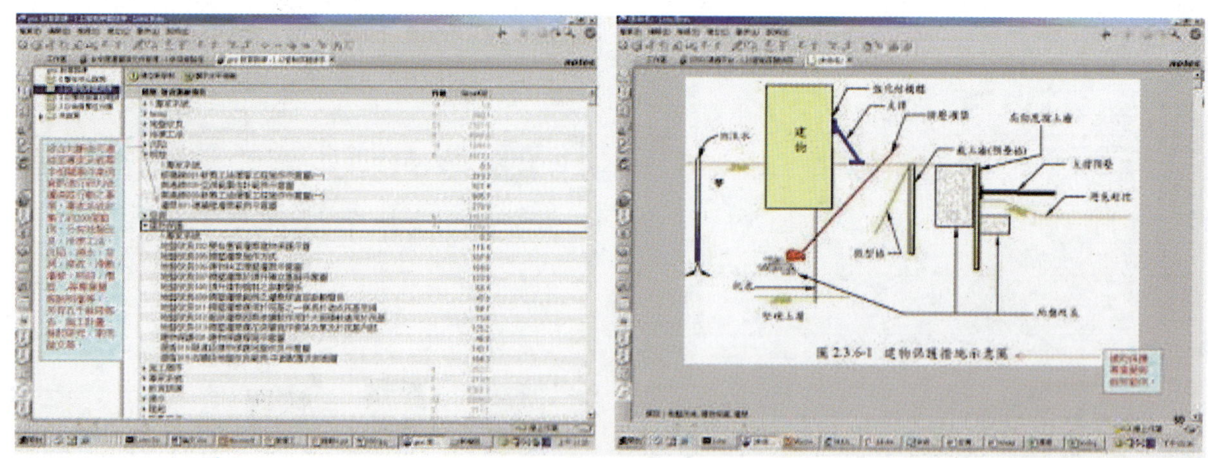

图5　经验回馈数据的整合示意图

3.6　风险评估的整合

本信息平台可直接链接台北市政府网站查询附近楼地板面积、楼层、基地坐标等信息，配合监测数据库中相关联的倾斜计监测值等数据，可作为工程沿线影响范围内建筑物风险值的概估，或意外事件发生时风险值的估算。图6左图显示台北市建筑物示意图，每一建筑物均有基地坐标及楼层，可依行政区、每一栋建筑物、工程沿线建筑物或工区影响范围内建筑物等方式，统计各楼层及总楼地板面积。该统计数据可用于估算施工区域影响范围内的建筑物楼地板面积及财产重建价值，作为风险评估的参考依据。

本系统配合 Google Earth 工具可将各栋建筑物的倾斜情形以不同颜色绘出，或是放大倾斜位移图示，利用 3D 空间的显示，使得工程师可更清楚的了解各栋建筑物间的倾斜程度与倾斜方位（见图 6 右图），进一步分析附近地层是否产生变化，亦更容易发现地底下可能潜藏的工程风险。

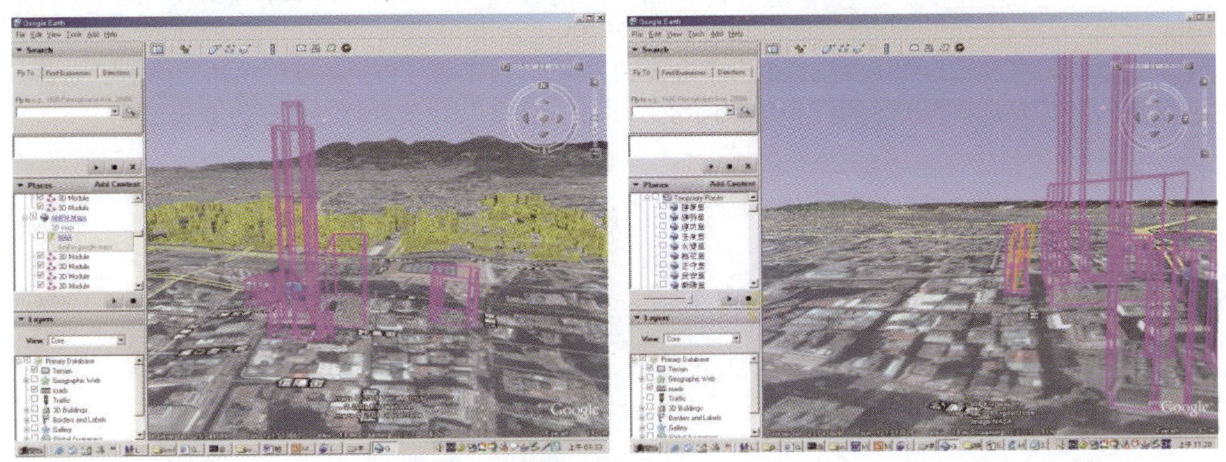

图 6　所有图资与群组作业整合示意图

3.7　信息平台入口及其他信息的整合

本信息平台亦可与相同架构的项目管理信息平台链接使用，包括契约管理、进度管理、质量管理、成本控制、估验计价、竣工验收、资产及设备管理等，故系统相互链接后，除技术性数据整合外，亦可延伸至计划管理的层次，使地下工程风险管理获致更完善的效果（见图 7）。

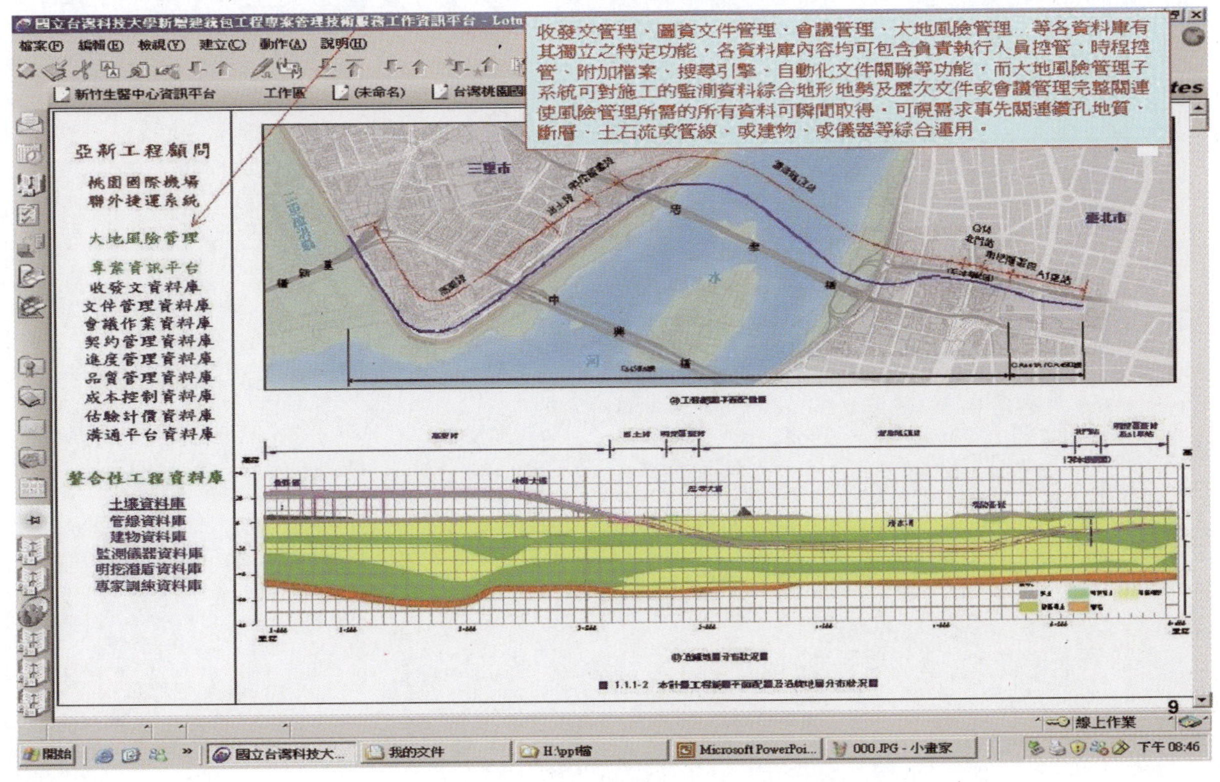

图 7　信息平台入口及其他信息整合示意图

4　结论

本信息平台的主要功能与特色包括:(1)分阶分层实时且清楚地展现所有的数据及图绘;(2)累积的宝贵信息皆可轻而易举地关联整合;(3)实时自动关联周遭附近的地质、事件、讯息及监测信息;(4)在任何的时间点都可立即展现应有的信息;(5)完整的经验回馈机制等,且能不受限制而持续的成长与扩充。

目前本信息平台之功能以基本数据的整合提供为主,针对工程分析及风险评估功能尚不够完备,今后信息平台的扩充将朝人工智能(AI)的方向努力,以利地下工程风险管理工作更为有效。

冻结法施工风险与控制对策

胡向东
(同济大学地下建筑与工程系　上海　200092)

摘　要　根据冻结法工艺特殊性、工序复杂性，冻土物理力学性质和冻土帷幕性状的变化性，分析冻结法施工中的冻结孔钻孔时水土喷涌、隧道管片损坏、冻土帷幕失效以及冻胀融沉等各种事故的原因，阐述冻结法各工序中的风险源，提出地质勘探、冻结方案设计和冻结孔钻孔、开挖砌筑等各施工阶段的风险控制措施。

关键词　冻结法　风险　盾构隧道　联络通道

1　引言

人工地层冻结工法(简称"冻结法")是利用人工制冷技术，通过埋设在地层中的冻结管带走地层中的热量，使地层中的水结冰，把天然岩土变成冻土，形成具有较高强度和稳定性的冻土帷幕，隔绝地下水与地下工程的联系，以便在冻土帷幕的保护下进行地下工程掘砌施工的特殊施工方法。

冻结法具有自身的特殊性，如钻孔工序的必要性、冻土性质和冻土帷幕性状的变化性、土体冻胀融沉的自然性。由于这些特性的存在，冻结法在冻结孔钻孔、冻结、开挖以及冻土解冻过程中都可能发生事故。因此，冻结法是一种风险很大的工法，稍有不慎便可酿成大祸。例如，圣彼得堡地铁1号线"森林"站与"英勇广场"站之间的区间隧道，穿越涅瓦河古河道，采用冻结法加固地层，但在隧道掘进时开挖了未冻区造成了隧道淹没的重大事故[1,2](后来由于种种原因，区间隧道在运营20年后的1995年再次淹没，被迫终止运行并报废)。再如，上海轨道交通4号线穿越黄浦江段，在用冻结法施工联络通道时，由于多种原因发生了双管隧道坍塌的严重事故[3,4]。

当前，冻结法在软土地区的地下工程建设中得到普遍应用。以上海轨道交通为例，地铁区间隧道的联络通道几乎全部采用冻结法施工，盾构始发和接收的地基加固也大量采用冻结法。然而，施工过程中不时有险情出现甚至事故发生。为避免冻结法施工事故，对冻结法施工风险和对策进行分析具有十分重要的意义。

人们对地下工程的施工风险作了大量研究，风险分析理论基本成熟[4,5]。风险分析的最重要环节是对风险事故原因的充分认识和风险源的深入调查。由于冻结法的特殊性，其风险源也具有一定的特殊性和隐蔽性。本文根据冻结法的特点分析冻结法可能出现的事故的原因，阐述各工序当中的风险源，并指出风险控制的措施，为深入的冻结法事故风险评估和冻结法施工安全控制提供参考。

2　冻结法施工事故原因分析

冻结法事故主要有如下类型：冻结孔钻孔事故、冻土帷幕事故、冻胀事故和融沉事故。对于盾构隧道连接通道，还可能有管片损坏事故。

2.1　冻结孔钻孔事故

在从地下空间向结构外围土体进行冻结孔施工时发生的孔口密封失效事故，可引起喷水、喷砂，严重时因地层损失过大导致地下结构变形破坏，造成地面建筑、地下构筑物和管线的破坏，甚至工程淹没的灾害，在冻结孔进入承压水地层时尤其危险。其主要原因是土层随钻孔循环浆液流失，或者是孔口密封装置失效。

2.2 管片损坏事故

有两种情况，钻孔对管片造成过大损伤和开挖时拆除部分管片使管片环丧失完整性导致管片的过大变形甚至失稳。

过密的冻结孔布置方案难免会切断过多的管片主筋、破坏结构的完整性，对管片造成过大损伤。开挖时拆除部分管片使管片环丧失完整性，造成隧道开口处出现较大应力集中，导致管片的过大变形甚至失稳。

2.3 冻土帷幕事故

在开挖砌筑阶段发生的冻土帷幕失稳事故，可导致透水、流砂，严重时地下结构变形破坏，甚至工程淹没的灾害。上覆土体大面积沉陷，造成地面建筑、地下构筑物和管线的破坏。

有诸多的因素可能导致冻土帷幕事故，主要可归纳为四个方面：冻土帷幕的几何缺陷、物理缺陷、冻土帷幕性状的判断失误和施工管理不当。

2.3.1 冻土帷幕的几何缺陷

冻土帷幕的几何缺陷指冻土帷幕几何尺寸或性状没有达到设计的要求，有如下几种情况：一、冻土帷幕自身没有形成设计的形状和厚度；二、已形成的冻土帷幕因某种不利因素而恶化；三、因地层缺陷无法形成预想的冻土帷幕。

(1)冻土帷幕形成不足

冻土帷幕自身形成不足的原因有冻结冷量不足、冻结管缺陷、冷量流失、地层冻结温度低和难冻地层。

冷量不足可以是设计制冷量不足、制冷设备效率不足、冻结器盐水流量不足等原因引起。制冷设备效率不足除了机器本身的问题外还可能是高温季节冷却水温度过高导致制冷效率下降。盐水流量不足的原因可能是盐水配给不合理，也可能是冻结器意外堵塞或冻结器内残留空气。

冻结管缺陷主要是冻结管间距过大或长度不足，一般由钻孔偏斜或设计不合理造成。

冷量流失一般由结构散热、地下水流速过大、地层中有高导热性的异物(金属、混凝土等)和异常热源(高温管道、温泉等)，其中结构散热是最为常见。结构散热可能导致冻土帷幕温度过高、冻土帷幕与结构之间的冻着(胶结)面积不足和两者之间的冻着强度不足。

地层冻结温度低指地层结冰的温度比预料的低，导致冻土帷幕厚度小于设计厚度。这种情况多发生于黏性土和含盐土层。

难冻地层指地层冻结发展速度过低，不能在计划时间内达到设计要求。

地层含有阻冻(不易冻结)异物，如早期泄漏的盐水、先前工程遗留的聚氨酯等。

(2)冻土帷幕恶化

已经形成的冻土帷幕在不利条件下会产生恶化，其常见形式为冻土帷幕温度升高，出现表面融化，引起强度减弱，有时出现冻土帷幕内部的融化，形成融洞。这些现象可能造成冻土帷幕承载能力不足，或者挖开融洞导致透水事故。

冻土帷幕恶化的主要原因有盐水泄漏、结构散热、冻土开挖面散热、异常热源和冷冻机异常停机等。

盐水在冻土中泄漏会引起冻土融化。盐水泄漏可由于冻结管缺陷(如接头焊缝质量)和冻结管断裂而发生。冻结管断裂的原因可以是：冻土帷幕变形过大、冻胀过大、开挖变形过大、开挖损伤和冻结孔成孔弯曲导致的冻结管变形应力过大。

结构散热主要是由于保温层失效、高温空气对流和表面冻结管(俗称“冷排管”)失效等因素。结构散热引起的冻土帷幕恶化不仅表现在冻土帷幕温度升高、体积减小,更具有危害性的是减小冻土帷幕与结构之间的冻着面积和降低两者之间的冻着强度。

冻土开挖面散热也是可能引起冻土帷幕恶化的一个因素。开挖面使冻土帷幕接触空气对流而温度升高,从而强度降低。当开挖面暴露时间过长时冻土帷幕较大程度恶化的可能性增大。

异常热源(如混凝土水化热、高温管道、温泉等)的热侵蚀也会引起冻土帷幕恶化。

冷冻机异常停机,供冷中断时间过长也必定恶化冻土帷幕。开挖工作完成后过早终止冻结也可能造成冻土帷幕过早开始融化。

(3)地层缺陷

假如冻土帷幕设计范围内及其附近存在沼气包、溶洞和暗浜等地层缺陷,或者地层因先期工程遭到过剧烈扰动,会在冻土帷幕中形成空洞或冰体,造成冻土帷幕缺陷,有时甚至是致命的缺陷(开挖时形成冻土帷幕“开窗”导致透水事故)。

2.3.2 冻土帷幕的物理缺陷

冻土帷幕的物理缺陷指冻土帷幕没有达到设计的强度和刚度。强度不足和刚度不足都可能导致冻土帷幕事故。

造成冻土帷幕强度和刚度不足的原因主要有冻土帷幕温度过高和低强度地层。冻土温度过高时无法达到设计强度,这是因为冻土的强度随温度的升高而下降。一些地层(如黏性土和含盐土)冻土本身的强度偏低,如果在设计冻土帷幕范围内意外出现这种地层,则会导致冻土帷幕强度无法达到设计指标。

造成冻土帷幕刚度不足的主要原因有冻土温度过高、开挖后冻土暴露时间过长、开挖体积过大、初衬失效和强蠕变地层等。

2.3.3 冻土帷幕性状的误判

冻土帷幕的性状是不断变化的,对冻土帷幕性状的判断和对冻土帷幕安全状态的评判准确与否将直接影响到施工决策的成败。有时候冻土帷幕事故是由对冻土帷幕性状的误判造成的。

冻土帷幕的性状指冻土帷幕的性能和状态,主要由冻土帷幕的温度场、特征面温度、平均温度、厚度、形状、强度场等参数的值及其变化规律来描述。这些参数主要通过测温数据,根据冻结管的空间位置,按照合理的温度场数学模型和物理力学性质模型计算而得。因此,冻土帷幕性状判断失误的原因可以是冻结管位置误差、测点位置误差、监测数据失真、数学模型不适应、冻土性能偏差、意外地层缺陷等。

(1)冻结管位置误差

冻结管空间位置资料是温度场计算的基本数据,其误差可以是冻结管成孔数据的测量失真、冻结管后期变形(可由钻孔地层损失过大、冻胀和开挖等因素引起)。当冻结管间距过大或长度不足而没有发现时,则可能导致误判。

(2)测温点位置误差

测温点空间位置资料也是温度场计算的基本数据,测温点布置在测温孔当中,所以其误差和冻结管一样,可以是测温孔成孔数据测量失真、测温孔后期变形引起。

(3)温度监测数据失真

温度监测数据失真必然会导致温度场计算结果失真。监测数据失真一般有测温传感器和监测系统故障、外界干扰等因素。

(4)温度场数学模型不适应

不同的冻结管布置形式有不同的温度场数学模型,冻结管布置形式复杂时往往需要几种温度场数学模型联合使用,因此数学模型选用得正确与否决定了温度场计算结果的正确与否,不合适的数学模型将导致温度场的误判。

(5)冻土性能偏差

冻土性能偏差是指冻土物理力学性质、热物理性质参数的不准确。冻土力学性质的偏差将导致冻土帷幕安全状态评估的结果。严格而言,冻土性能参数必须通过本工程土层的冻土性能试验研究确定,参照采用同类条件其他工程的试验数据一般会带来误差。需要特别注意两个因素:含水率和含盐量。

含水率是影响冻土性质的一个重要因素,而不同工程中即使相同土层也经常出现含水率较大的差异。

含盐量不但对冻土强度有影响,更主要的是对土层冻结温度有明显影响。含盐量越高,冻结温度越低,在相同温度下冻土帷幕的厚度就越小。若对较高含盐量土层缺乏认识而按无盐土层计算,则可能导致冻土帷幕性状的不利的误判。

(6)意外地层缺陷

冻结范围内及其附近如果存在地层缺陷(如气包、溶洞、暗浜和剧烈施工扰动等)或地层突变而不知,则将导致对冻土帷幕性状的严重误判。

2.3.4　施工管理失误

冻土帷幕事故的发生有时候是管理失误造成的。开挖时的严重超挖、出现事故征兆时的野蛮施工、缺乏可靠的紧急预案以及抢险失策等现象都是管理失误的表现。

2.4　冻胀事故

冻结过程中由于土体冻胀现象引起的冻结管断裂和地下结构变形破坏事故,前者有可能造成冻土帷幕薄弱区从而导致冻土帷幕失稳事故,后者可能影响到地下结构的使用寿命。

冻胀现象是自然规律。冻胀事故发生的原因主要有冻胀敏感性地层、冻结时间过长、冻土体积过大和冻胀控制措施不力。

冻胀敏感性地层是发生冻胀的必要条件,对地层的冻胀敏感性认识不足是冻胀超出预料的原因之一。冻结时间过长是冻胀过大的常见原因。冻结时间过长必将生产过大的冻土体积,导致绝对冻胀量就越大。

控制冻胀有一系列措施,这些措施执行不利也是冻胀发生的一个原因。

2.5　融沉事故

冻结工程完工后的冻土融沉,可能造成地下结构的不均匀沉降从而导致结构变形破坏,也可能造成地面建筑、地下构筑物和管线的破坏。

冻土的融沉也是自然规律。目前控制融沉主要通过冻土融后注浆来实现,因此注浆措施执行不力是发生融沉事故的主要原因。

采用冻土自然解冻、跟踪注浆的措施时,由于自然解冻时间相当长,工程中往往缺乏长期跟踪注浆的条件。采用强制解冻措施时,虽然可以大幅度缩短注浆周期,但工程中往往缺乏足够的解冻进程监测数据,使得注浆不能保证准确到位。

另一方面,由于种种条件的限制,注浆管难以布置到最佳位置,从而不能保证对整个冻结区域进行注浆充分的注浆。

3　冻结法风险源及其对策

冻结法的安全保障依赖于详细准确的地质资料、正确的冻结方案设计、可靠的冻结系统施工工艺、正常的冻结系统运转、符合设计要求的冻土帷幕性状(厚度、温度和强度等参数)、有效的冻胀抑制及已有结构保护的手段、合理的开挖砌筑工序、严格的地层融沉控制措施以及准确可靠的冻结法信息化施工监控系统,任何一个环节的疏漏都可能导致事故甚至灾害。未知的地层缺陷、异常的地下水和热源都可能使得常规的冻结方案失效;冻结方案正确与否决定了设想的冻土帷幕性状、尺寸和强度能否实现;冻结孔钻进工艺是否可靠决定了钻孔事故能否得以防治;冻结系统的非正常运转可能形成冻土帷幕薄弱环节;开挖砌筑工序在时间和空间上的不合理性可能引起冻土帷幕性状的恶化、形成冻土帷幕薄弱环节、发生冻土帷幕过大的变形,最终导致严重后果;准确性和可靠性不够的监测系统无法发现冻土帷幕的薄弱部位,可能任事故隐患存在并发展而不知,最终酿成大祸。可见,冻结法是一种高风险的工法,必须要有严密的风险对策来保障。

冻结法的地质勘探、冻结方案设计、冻结孔钻进、冻结系统运转、冻土帷幕性状判断、冻胀抑制与已有结构保护手段、开挖砌筑工序安排、停冻时机掌握、冻结系统拆除等各个环节,均存在一定的风险源。

3.1 地质条件风险

地层中存在的对热传导有不利影响的因素和对冻土力学性能有不利影响的因素均为冻结法的地质条件风险源。工程地质条件中有:对冻结不利的地层类型,局部异常的地层性质、构造,土层中的异常物体。水文地质条件中有:地下水流速流向、水质(含盐)、水温(温泉)、承压水等。

冻结法地质条件风险的对策是:做好详细准确的地质勘探,并做好各种土层的冻土物理力学性能试验和必要的水质化验。

3.2 冻结方案设计风险

冻结方案设计风险存在于设计依据(冻土物理力学性能)的可靠性,冻结系统参数计算的准确性,以及冻土帷幕结构参数计算的合理性等方面。

冻土物理力学性能是设计的基本依据,其不可靠性将导致冻结方案设计的失误。

不准确的冻结系统参数计算,可能导致两种相反的结果。第一,供冷量不足,不能在预计时间内形成预想的冻土帷幕性状,不能达到设计的冻土帷幕温度,导致冻土帷幕的厚度或强度不足。第二,供冷过量,导致冻结强度过大引起冻胀危害。

控制冻结方案设计风险的对策是获得可靠的冻土物理力学性能参数,全面考虑各种不利因素进行冻结系统各种参数的精心设计并正确选择冻结设备,正确估计荷载并采用合理的力学模型进行准确计算以获得安全的冻土帷幕结构参数。

3.3 冻结孔钻孔施工风险

从地下空间向结构外围土体进行冻结孔钻孔施工风险源,在于钻孔循环浆液携砂量失控和孔口密封管失效。

冻结孔钻孔施工风险控制对策是:采用有效措施控制钻孔循环浆液携砂量,比如从孔口密封管旁通阀提供与地层埋深相当的压力以平衡水土压力,同时应严密监视排砂量,当地层损失过大时应利用冻结管进行地层补偿注浆;确保孔口密封管与结构之间的牢固连接,以防孔口密封管脱离结构导致突发性喷砂,这一点对于结构下方的冻结管尤其重要。

3.4 冻结系统运转风险

制冷设备完好状态不佳、电力供应不足、制冷效率不足、冷媒剂流量流速不足或过足、冻结管密封状态不佳均为冻结系统运转可能导致事故的风险源。

冻结系统运转风险控制对策是:保证制冷设备的完好状态,重要工程要有备用设备;保证充足的电力供应;保证冷却水在正常温度内;冷媒剂流量流速严格控制,通过盐水去回路温度监测和其他监控手段,定期排放冻结器内残留空气,出现异常情况时要及时调整;确保冻结孔钻孔质量和冻结管接头密封性,尽量减少冻结管接头,冻结器安装后要进行耐压试验,运转期间严密监测盐水箱水位,以便及时发现盐水泄漏现象。

3.5 冻土帷幕性状判断风险

冻土帷幕性状判断失误的风险源主要存在于:冻结管空间位置资料不准确、测温点布置方案不合理、测温点空间位置资料不准确、土体温度和冷媒剂温度监测数据不可靠、冻土物理力学性质不明、温度场数学模型不正确、散热边界的考虑不充分。

冻土帷幕性状判断失误风险的控制对策是：确保准确的冻结管空间位置资料，做好冻结孔成孔测量，充分考虑可能出现的冻结管后期变形；制订合理的测温点布置方案并掌握准确的测温点空间位置资料，要考虑可能出现的测温管后期变形，注意可能出现的测温线缆在测温孔中的位置变化，以确保可靠的监测数据；保证监测系统运转正常，对系统故障要及时排除；事先进行冻土物理力学性质试验，查明各种参数；根据冻结管布置形式选用正确的温度场数学模型以及有关的参数和系数；充分考虑结构散热边界对冻土帷幕性状的不利影响。

3.6 冻胀作用风险

冻胀作用风险源主要存在于冻结时间过长、冻土体积过大和冻胀控制措施不力。

冻胀作用风险的控制对策是：对地层冻胀敏感性要事先通过冻胀试验确定；避免积极冻结时间过长，根据冻土帷幕性状监测判断结果，一旦达到设计要求应尽快开始开挖砌筑工序，开挖砌筑期间进行维护冻结，避免维护冻结期中供冷过足；控制冻胀措施要落实到位；另一方面，对可能发生过大变形的结构加以保护，例如在隧道内架设预应力支架限制管片因冻胀引起的变形。

3.7 盾构隧道联络通道开挖砌筑风险

开挖砌筑阶段的风险源存在于过早开挖导致渗漏水、管片开口后变形过大甚至失稳、开挖后冻土帷幕变形过大、喇叭口部位保温措施失效、初期支护不得力，最不利情况可能导致冻土帷幕透水。

开挖砌筑阶段的风险控制对策是：严格把握开挖条件，必须在所有开挖条件均符合设计要求时方可拆除管片；拆管片前对开口周围进行管片加固；开挖过程中严禁超挖，及时支护并保证其质量，尽可能缩短冻土暴露时间；由于开挖增加了喇叭口部位冻土帷幕的散热面积，必须严密监视该部位的冻土帷幕状态，必要时要加强保温措施。

同时，必须做好冻土帷幕透水事故的应急方案，在通道与隧道连接处安装密封、牢固的防护门，在万一发生透水事故时关闭防护门，以确保隧道的安全。

3.8 冻结系统撤除风险

冻结系统撤除这一工序中，撤除的时间过早、冻结管孔口密封管割除的时间过迟和封孔不严，都是这一阶段的风险源。

冻结系统撤除工序中的风险控制对策是：严格把握冷冻机停止冻结的时间，必须保证现浇混凝土达到一定强度后方可停机；冷冻机停机后，应当尽快按设计进行冻结管的割除工作，严格遵照施工组织措施施工。

4 结语

地下工程特别是盾构隧道连接通道的冻结法施工是一项高风险的工作，在施工的每一个环节，特别是在开挖砌筑阶段，必须根据冻结法的特殊性，密切监视风险因素的发展和变化，及时发现事故征兆，在第一时间采取必要的、可靠的措施，把事故消灭在萌芽状态，确保工程的安全。

参考文献

[1] Власов С Н, Маковский Л В, Меркин В Е. Авария на Санкт-Петербургском метрополитене в 1995 г. [A]. в кн. Авариинные Ситуаци ипри Строительстве и Эксплуатации Транспортных Тоннелей и Метрополитенов[M]. Москва: Информационно-издательский центр《ТИМР》, 1997: 146-150.

（伏拉索夫 C H，马柯夫斯基 Л B，米耶尔金 B E. 圣彼得堡地铁 1995 年的事故[A]. 交通隧道与地铁施工期及运营期的事故状况[M]. 莫斯科：ТИМР 信息出版中心，1997：146-150.）

[2] Ryumin A N. On Hydrogeomechanical Causes of Accident in the Subway of Saint Petersburg[J]. Journal of Mining Science，2004，40(1)：11-23.

[3] 余暄平，朱卫杰. 上海轨道交通 4 号线施工中流砂事故的修复工程[J]. 中国市政工程，2008(1)：64-67，97.

[4] 白云，汤竞. 软土地下工程的风险管理[J]. 地下空间与工程学报，2006，2(1)：21-27.

[5] 胡群芳，黄宏伟. 隧道及地下工程风险接受准则计算模型研究[J]. 地下空间与工程学报，2006，2(1)：60-64.

电力管线下穿既有地铁区间结构安全性的数值模拟分析

彭　华　刘志涛
（北京交通大学土木建筑工程学院　北京　100044）

摘　要　在危险地段施工前对工程的风险评估是极其重要的。为了减少隧道施工可能造成的地铁区间结构设施的损害和对列车运营的影响，通过 Ansys 软件对盾构下穿和暗挖隧道下穿地铁两种施工方案进行详细的三维模拟计算分析，选择出了较佳的施工方法和工艺，以确保施工时地铁区间结构和地铁运营的安全。

关键词　穿越　既有线　盾构　暗挖　Ansys

1　项目背景

为给某建筑物提供电源，需要将既有电力井室中的电力隧道引至此建筑物。因工程场地不具备明挖直埋条件，因此拟建一条地下隧道，将既有电力井室与建筑物连通，由此实现电力隧道的通行。本工程地铁结构顶与加强层底之间的距离仅有2.5m，该部分土体作为人防分散层，最小厚度为1.0m，剩下的可供空间仅有1.5m，因此只能考虑从地铁结构下方穿越的方案，根据方案设计资料，可能采用的施工方案有两个，方案一为盾构下穿地铁，方案二为暗挖隧道下穿地铁，具体内容如下。

方案一：盾构隧道下穿地铁

暗挖隧道长约58m，盾构隧道总长87m。为避免隧道斜向下穿地铁区间风道及区间隧道，同时考虑到盾构工作井的场地位置，隧道自既有电力井室接出后转向西，下穿地铁区间风道后设置一座检查井，之后隧道转向南，避开地铁变形缝垂直下穿地铁至建筑物，并在此设置一座检查井。

盾构外部尺寸为3.5m，衬砌厚度为0.25m，距离地铁底板底部为5m，此处盾构顶部埋深为14.325m。

东西向电力隧道采用矿山法施工，为矩形断面，净宽2m，净高2.1m，施工方向自西向东。南北向隧道为盾构法施工，为圆形断面，内径3m，施工方向自南向北，见图1、图2。

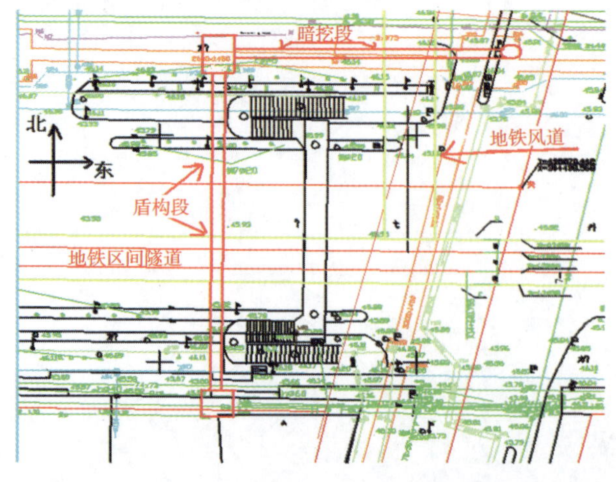

图1　既有地铁结构与新建电力隧道平面关系图

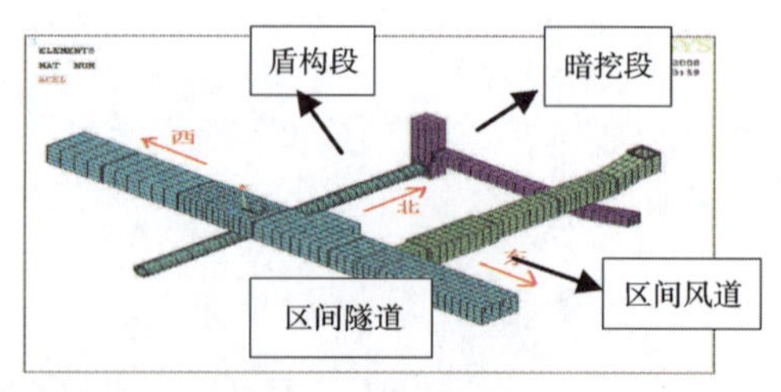

图2　既有地铁结构与新建电力隧道关系图

方案二:暗挖隧道下穿地铁

采用暗挖法施工时隧道长约143m。因下穿地铁,地铁隧道在纵段上呈反“人”字坡形式,自既有电力井室接出后先以8.08%的坡度下降,之后以0.5%的坡度下穿地铁,下穿隧道顶部紧贴地铁底板垫层(距地铁结构底板20cm),之后以6.94%的坡度上升到某建筑物的检查井。

隧道采取矩形断面,结构底板高程33.648m,标准段宽3m,高3.1m,净宽2m,净高2.1m;下穿段宽3.4m,高3.5m,净宽2m,净高2.1m;顶部埋深约9.144m,下穿地铁隧道时需要对两侧土体侧壁进行注浆加固。隧道纵断面见图3。

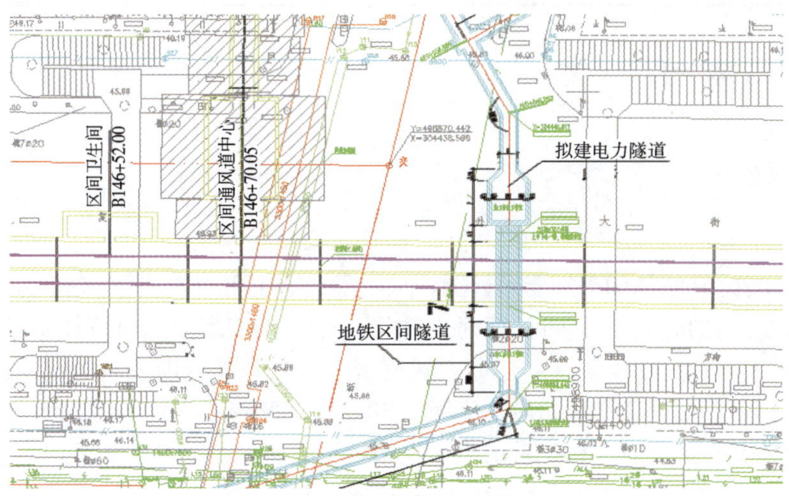

图3 暗挖下穿隧道平面关系图

2 计算方法概述

用于地下结构理论计算的力学模型可归纳为两种:(1)连续介质模型,即地层—结构模型;(2)作用—反作用模型,即荷载—结构模型。具体到本工程,考虑到施工引起的沉降与地层关系密切,因此采用地层—结构模型进行分析。

本次计算选用在地下工程中得到广泛应用的Ansys软件。计算模型采用三维地层—结构模型进行模拟,模型两侧都各取约两个区段,近40m,向上取至地面,向下取至既有线底板以下14m,前后沿既有线方向取100m,一号线结构采用壳单元shell63模拟,结构的不同厚度处附上不同的实常数。土体采用实体单元模拟,不同的土层采用不同的材料模拟(参数来自地质勘察报告),土层采用弹塑性DP模型模拟,隧道结构采用弹性模型模拟,材料为C30混凝土。

本场区施工范围内土层分布较为稳定,自上而下依次为人工填土、第四纪全新世冲洪积地层、第四纪晚更新世冲洪积地层、第三系基岩。隧道穿越地层主要为粉质黏土、粉土、中粗砂、圆砾卵石层。隧道结构底板位于卵石⑦层上(盾构法);隧道结构底板位于圆砾卵石⑤层上(暗挖法)。地层层序自上而下依次如下表1所示。

各土层主要物理力学性质综合一览表　　表1

地层岩性	天然密度ρ (g/cm^3)	压缩模量(MPa)		黏聚力c (kPa)	内摩擦角φ (°)	渗透系数 (m/d)
		$P_0 \sim P_0+100$	$P_0 \sim P_0+200$			
粉土填土①层	1.65	—	—	—	—	—
粉土③层	1.91	15	18	20	25	0.5
粉土④层	1.96	12	15	20	25	0.5
圆砾卵石⑤层	2.10	50	60	0	40	150

续上表

地层岩性	天然密度 ρ (g/cm^3)	压缩模量(MPa)		黏聚力 c (kPa)	内摩擦角 φ (°)	渗透系数 (m/d)
		$P_0 \sim P_0+100$	$P_0 \sim P_0+200$			
粉质黏土⑥层	2.00	15	17	28	20	0.05
卵石⑦层	2.15	70	80	0	45	250
粉质黏土⑧层	2.30	19.9	21.2	82.1	18.4	0.05
砾岩⑨层	2.50	—	—	—	—	1.00

3 计算假定与模型

3.1 方案一:盾构下穿

3.1.1 变形预测

图4为对应于既有地铁结构的附加变形云图。从变形云图上可以看出,对应于方案一,新建电力隧道盾构部分与既有地铁结构的竖向距离较远,区间隧道沉降变形绝对值较小,沉降变形的最大值为1.16mm,变形缝差异沉降的最大值约为0.2mm。新建电力隧道暗挖部分与既有地铁风道结构的竖向距离较近,风道结构沉降变形绝对值较大,沉降变形的最大值为2.38mm,变形缝差异沉降的最大值约为0.5mm。既有地铁的附加水平位移较小,最大值为0.25mm,发生在暗挖隧道爬坡段对应位置处(风道结构侧墙)。

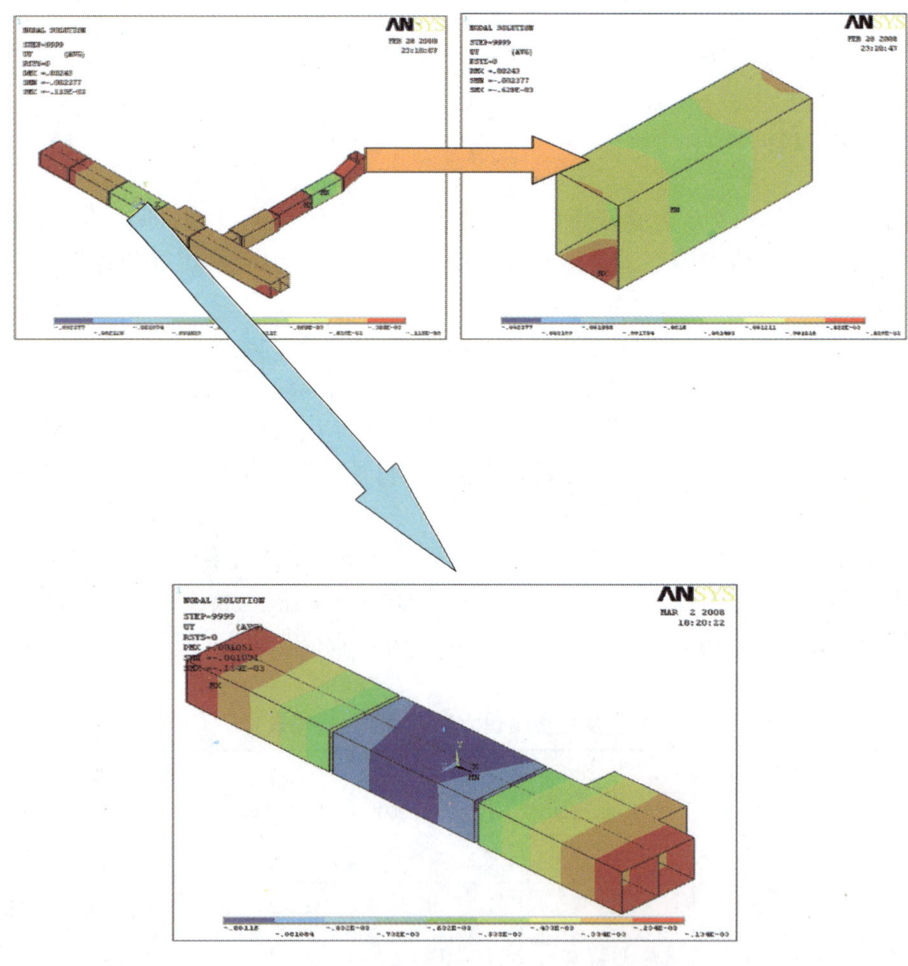

图4 地铁结构竖直变形云图

为更加清楚地了解附加变形的分布情况，并为施工期间的监控量测提供控制标准，在既有地铁结构选取以下典型截面，选取既有地铁结构典型截面参见图5和图11。图6～图10及图12～图15分别为既有地铁结构区间隧道及区间风道典型截面的附加变形曲线。

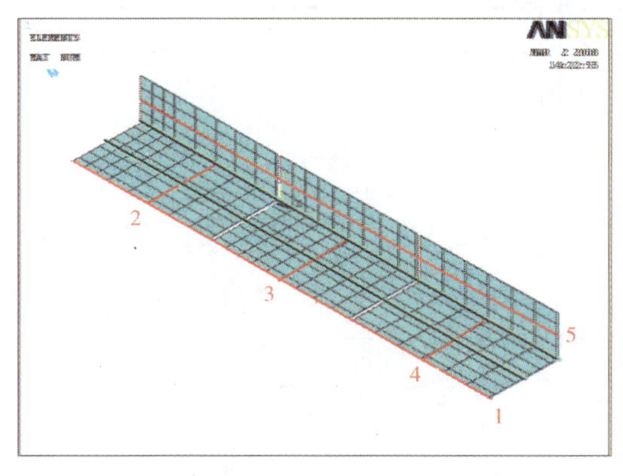

图5　既有地铁结构典型截面示意图

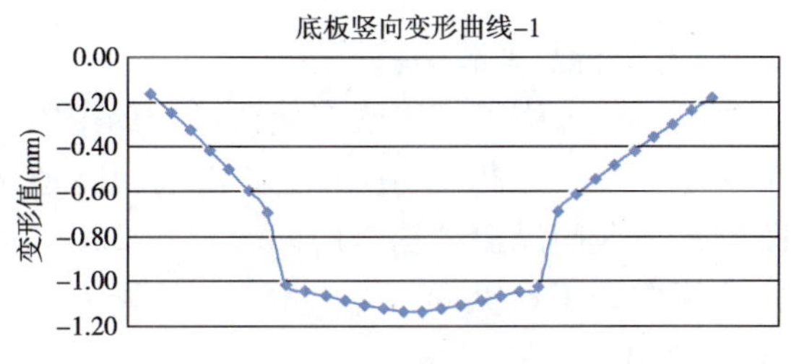

图6　典型截面1处沉降曲线

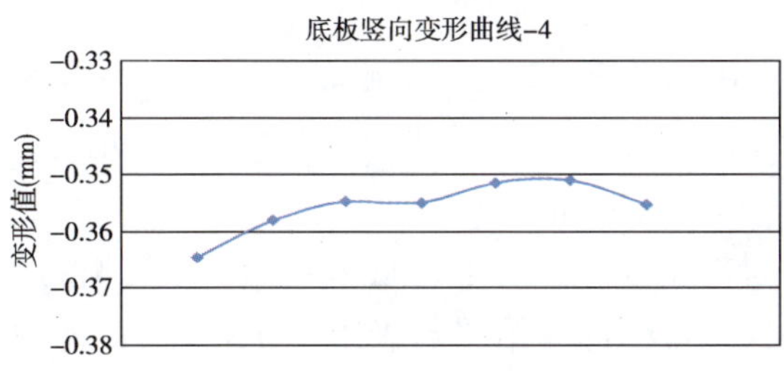

图7　典型截面2处沉降曲线

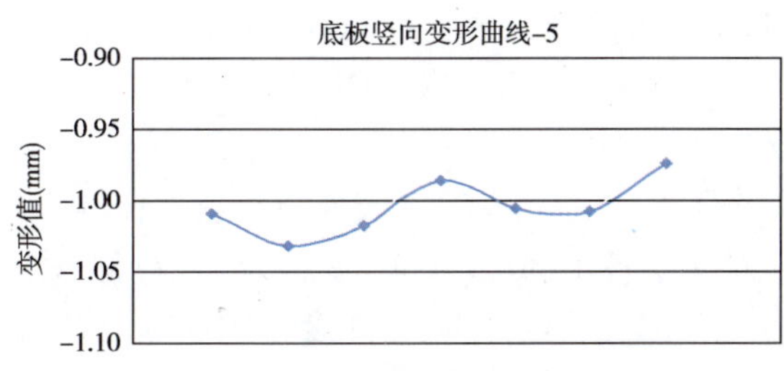

图8　典型截面3处沉降曲线

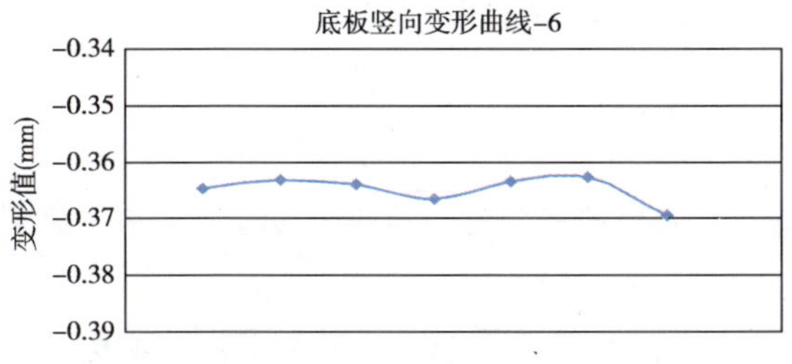

图9　典型截面4处沉降曲线

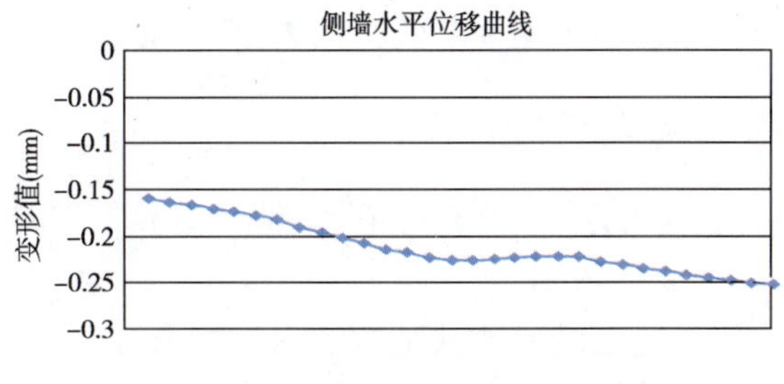

图10　典型截面5处水平位移曲线

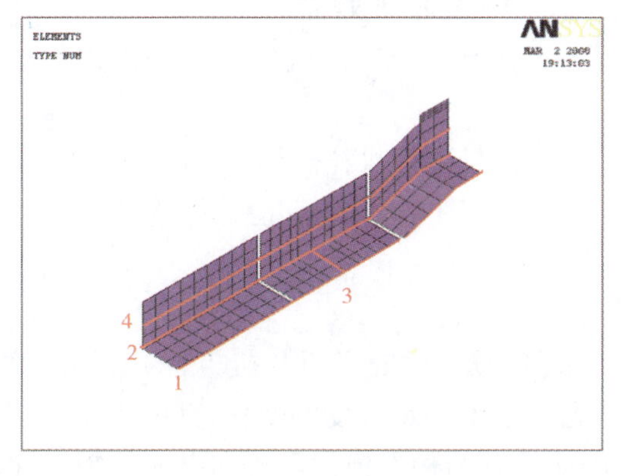

图11　区间风道结构典型截面示意图

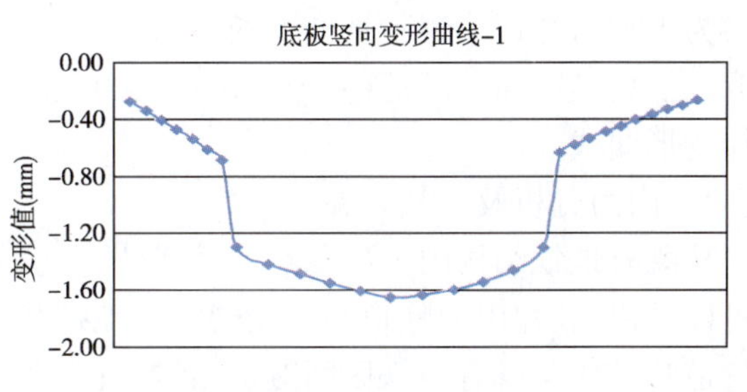

图12　典型截面1处沉降曲线

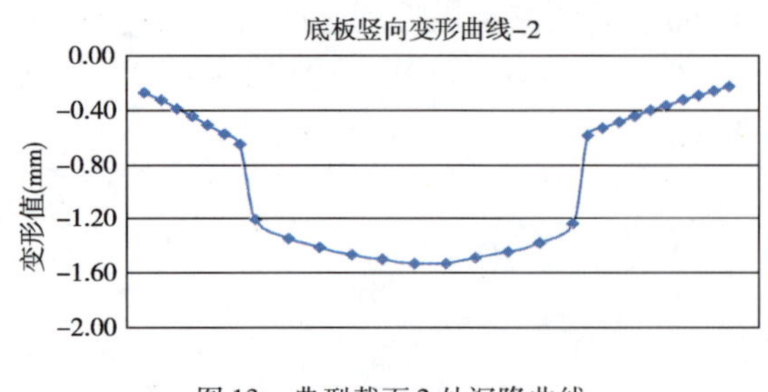

图 13　典型截面 2 处沉降曲线

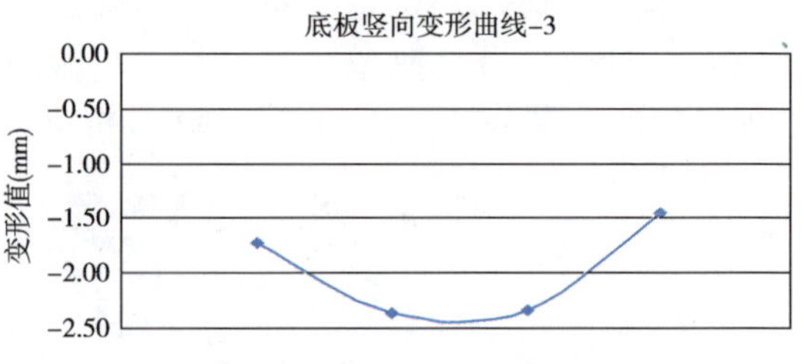

图 14　典型截面 3 处沉降曲线

3.1.2　内力分析及承载力验算

新建电力隧道施工使得既有地铁结构的内力状态发生了一定程度的变化，其中由于新建电力隧道暗挖段与既有地铁区间风道结构竖向间距只有 20cm，此位置结构的横向弯矩和纵向弯矩变化较大，最大变化值分别为 30kN·m 和 27kN·m。

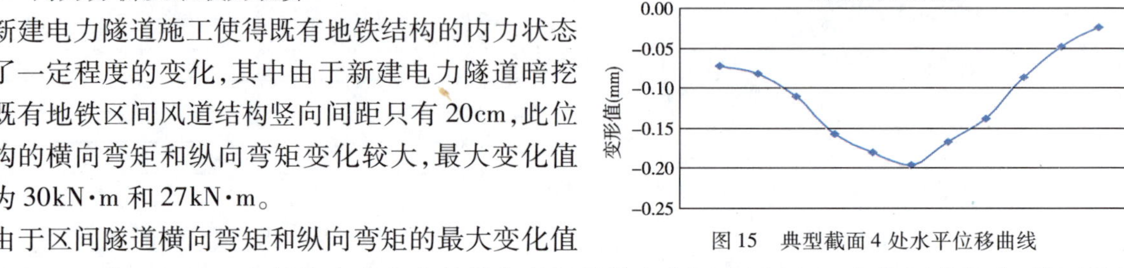

图 15　典型截面 4 处水平位移曲线

由于区间隧道横向弯矩和纵向弯矩的最大变化值约为 12kN·m 和 11kN·m，与最终应力状态的横向弯矩及纵向弯矩水平相比，变化幅度较小，故不需核算内力，结构安全应按变形控制。

通过对受新建电力隧道施工影响较大的风道结构进行内力核算，可以得出风道的横向极限承载力最小位置分别位于顶板和底板的左、右位置与墙中。顶板左、右为 547kN·m，底板左、右为 481kN·m，墙中为 274kN·m。风道的纵向极限承载力在墙中位置最小，为 180kN·m。

对应于各个部位（顶板、底板及侧墙）的弯矩云图，针对弯矩变化较大的区域，也就是各个部位最危险的区域进行重点分析，按强度控制计算出各部位的极限弯矩，将计算结果与极限弯矩相比对，得到各个部位安全性评估的结果，发现风道结构横向弯矩附加安全系数全部大于 2.2，纵向弯矩附加安全系数全部大于 1.69，故认为既有地铁结构是安全的。

根据内力核算结果，顶底板及其侧墙的内力均满足结构承载力要求，因此，可以得出如下的结论：既有地铁结构在预测变形的范围内是安全的。

3.2　方案二：暗挖下穿

图 16 为方案二暗挖隧道下穿既有地铁结构的模型示意图及既有地铁结构与新建电力隧道关系示意图。

3.2.1　变形预测

从对应于既有地铁结构的附加变形云图上可以看出，对应于方案二，新建电力隧道暗挖部分与既有地铁区间结构的竖向距离较近，竖向间距仅为 20cm，区间结构沉降变形绝对值较大，沉降变形的最大值为 3.18mm，变形缝差异沉降的最大值约为 1.5mm，并且由于在一侧有扩大断面的注浆室，为不对称结构，导致既有地铁结构的附加水平位移较方案一有所增大，最大值为 0.75mm；区间风道结构附加变形几乎为零。

为更加清楚地了解附加变形的分布情况，并为施工期间的监控量测提供控制标准，在既有地铁结构选取以下典型截面，选取既有地铁结构典型截面参见图 17。图 18 ~ 图 22 为既有地铁结构典型截面的附加变形曲线。

3.2.2　内力分析及承载力验算

从既有地铁结构内力（包括：水平轴力、竖直轴力、剪力、纵向弯矩、横向弯矩及扭矩）的变化差值云图可以看出，新建电力隧道施工使得既有地铁结构的内力状态发生了一定程度的变化，其中由于新建电力隧道暗挖段与既有地铁区间隧道结构竖向间距只有 20cm，此位置结构的横向弯矩和纵向弯矩变化较大，最大变化值分别为 35kN·m 和 50kN·m。

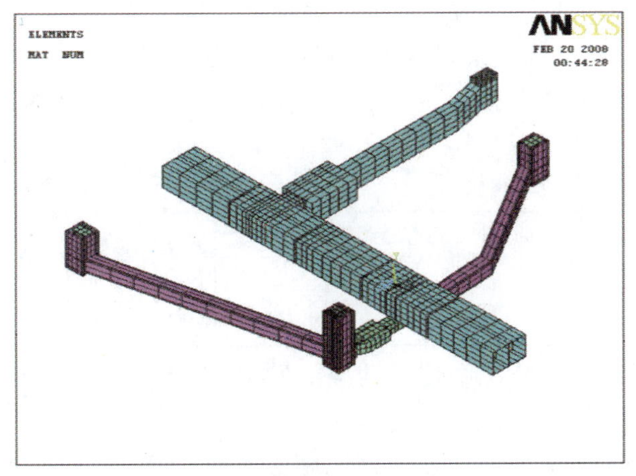

图 16 暗挖隧道与地铁正交的三维关系图

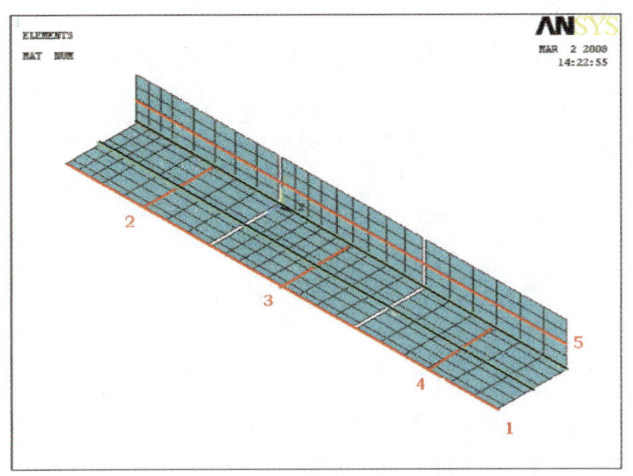

图 17 既有地铁结构典型截面示意图

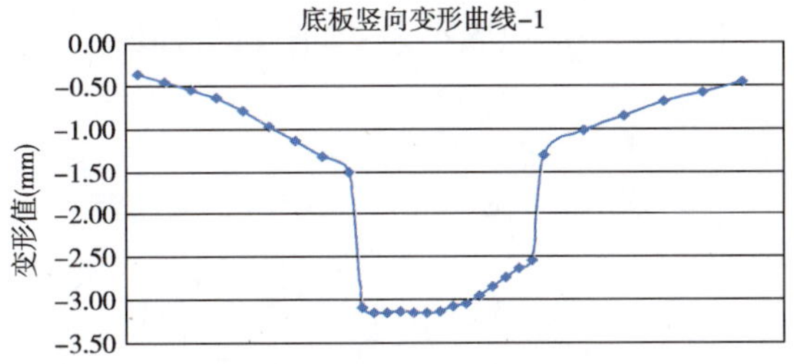

图 18 典型截面 1 处沉降曲线

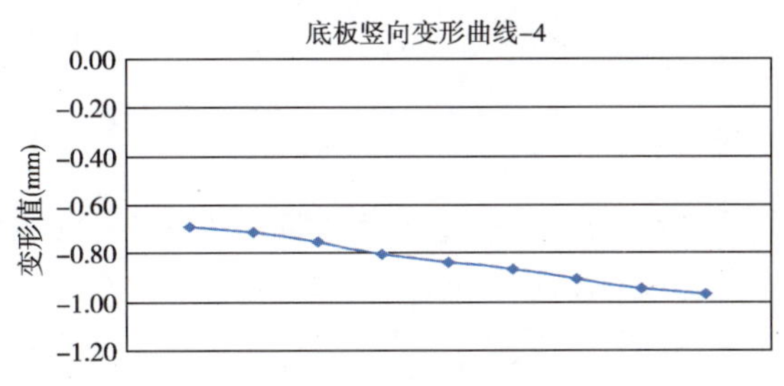

图 19 典型截面 2 处沉降曲线

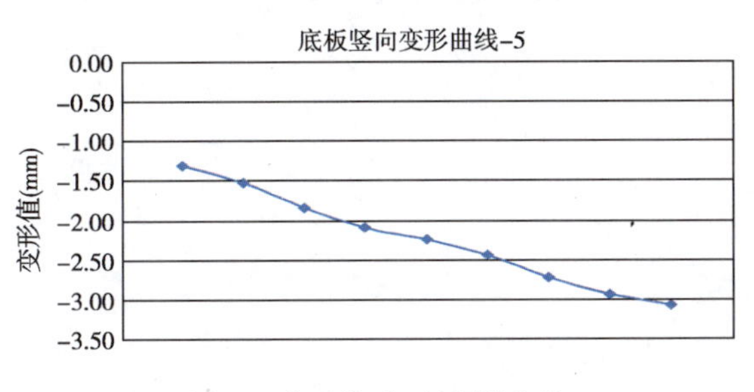

图 20 典型截面 3 处沉降曲线

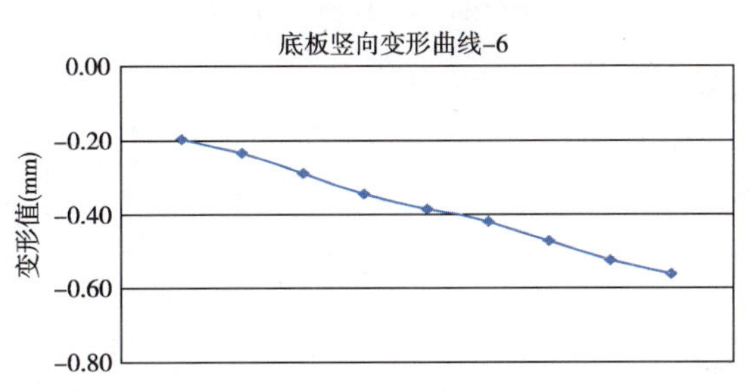

图 21 典型截面 4 处沉降曲线

对应于各个部位(顶板、底板及侧墙)的弯矩云图,针对弯矩变化较大的区域,也就是各个部位最危险的区域进行重点分析,按强度控制计算出各部位的极限弯矩,将计算结果与极限弯矩相比对,得到区间结构横向弯矩附加安全系数全部大于 1.5,纵向弯矩附加安全系数全部大于 1.6,故认为既有地铁结构是安全的。

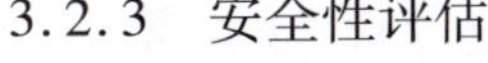

3.2.3 安全性评估

根据内力核算结果,可以看出在横截面最不利位置上,顶底板及其侧墙的内力均满足结构承载力要求,因此,可以得出如下的结论:此区间与地铁一号线结构正交处的横断面在预测沉降的范围内是安全的。

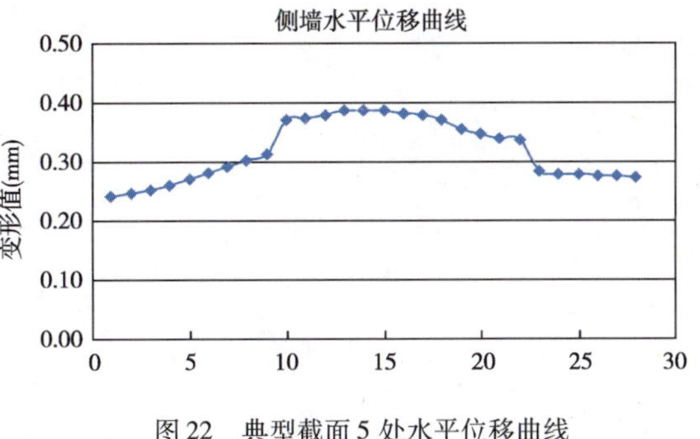

图 22 典型截面 5 处水平位移曲线

4 方案比较

严格控制地铁结构变形、确保地铁的安全运营和运力满足要求是本工程的重中之重,因此对上述两个穿越方案,施工过程中对地铁结构的影响程度及其可控程度是方案取舍的关键。

一般说来,方案一:盾构法比暗挖法更容易控制地铁结构的沉降变形,盾构法需要暗挖法穿越地铁风道结构和盾构法穿越地铁区间结构各一次,虽然对风道变形大些,但不影响使用;方案二:暗挖法对地铁结构变形影响最大,工程风险大。如表2所示。

不同方案对地铁结构变形影响表 表2

	区间结构底板下沉值(mm)	结构水平变形值(mm)	沉降缝差异值(mm)	风道下沉值(mm)
方案一:盾构	1.16	0.25	0.25	2.38
方案二:暗挖	3.18	0.75	1.5	0

方案一:盾构法对地铁结构有影响,但也不是很大,考虑施工中特殊情况的发生,需要对列车限速,但可以适当提高限速值,如经牵引计算不影响运力时,可取60km/h。

方案二:暗挖法对地铁结构变形影响最大,超出了3mm,并且是基于理想施工条件,为确保安全,必须严格限速,建议不大于25km/h,肯定会影响地铁运力。

从对地铁结构影响、对地铁列车运营影响和施工风险大小角度考虑,推荐方案一:盾构方案;方案一不可行时,才考虑方案二:暗挖方案,但要确保施工质量(主要是注浆加固土体)和限速目标值。

参考文献

[1] 王梦恕,等.北京地铁浅埋暗挖法施工[J].岩石力学与工程学报,1989.

[2] 姚海波.大断面隧道浅埋暗挖法下穿既有地铁构筑物施工技术研究[D].北京:北京交通大学,2005.

[3] 夏明耀,曾进伦.地下工程设计施工手册.北京:中国建筑工业出版社,1999.

[4] 高亚彬,罗富荣.新建地铁穿越既有轨道交通线路施工的风险控制[J].地质装备,2006,7(3):28-30.

基于复杂系统的城轨交通信号系统安全性研究

贺　鹏[1]　刘金叶[2]
（1. 上海工程技术大学城市轨道交通学院　上海　201620
2. 上海轨道交通维护保障中心　上海　200233）

摘　要　城市轨道交通信号系统是保证城轨交通运行安全和效率的重要系统，讨论了城轨交通信号系统本身的安全性问题，整个系统及构成系统的每个部件都要遵从故障导向安全准则。城市轨道交通信号系统具有明显的层次结构，组成种类繁多，各部分之间的关联复杂，与人及环境进行物质、能量、信息的交换，是一个开放的复杂大系统。提出了分析信号系统安全性的一种新的视角，即用开放的复杂系统理论对其进行分析，依据该理论提出了分析提高城轨交通信号系统安全性的综合集成方法和实践该方法的体制和机制。

关键词　城市轨道交通　信号系统　ATC　安全性　开放的复杂系统

1　引言：城轨交通的安全性

城市轨道交通系统作为大容量公共交通工具，其安全性直接关系到广大乘客的生命安全，一旦发生致命故障，往往会给人民生命和国家财产带来巨大损失，另外还使线路阻塞、运输中断，给国民经济带来重大影响。为保证系统安全、高效地运行，需要有一套安全可靠的信号系统，即信号系统功能是保证行车安全，先进的信号系统使得人为的疏忽、设备的故障而产生的事故率降至最低。因此如何保证信号系统本身的可靠性、安全性就显得尤其关键和重要。

城市轨道交通安全性是指城市轨道交通系统保持完整稳定状态的能力，可靠性是指城市轨道交通系统性能保证与可信赖的能力。当某个系统的可靠性下降，则容易出现故障，当故障出现后，可能会导致事故的发生，即系统安全性下降。分析原因，其安全问题一类是由系统内部引起的，包括系统硬件设备质量缺陷或故障、系统软件或管理制度缺陷、设备违规操作或操作失误等，另一类是由外部原因造成的系统问题，如恐怖袭击、客流失控等。

安全始终是信号技术 ATC（Automatic Train Control）发展的主旋律。其安全概念已经由故障-安全技术，安全计算机，发展到安全苛求系统，即不再局限于某项安全技术，而是从安全系统的角度来研究信号系统的安全标准、设计开法方法、安全评估体系等[1,2]。

从 20 世纪 70 年代，系统科学转向以复杂性为研究对象，试图建立关于复杂系统的一般理论，如美国的圣菲研究所（Santa Fe Institute），欧洲大陆的自组织理论、英国的复杂性论坛、中国的钱学森等提出的开放的复杂巨系统理论等。本文讨论城轨交通信号系统安全性问题，尝试用钱学森教授的开放的复杂巨系统 OCGS（Open Complex Giant System）理论对该问题进行探讨，并提出提高系统安全性的方法。

2　城市轨道交通信号系统构成

城市轨道交通信号系统通常由正线（含试车线）的 ATC 系统和车辆段的信号控制系统两大部分组成。正线 ATC 系统一般包括列车自动防护 ATP（Automatic Train Protection）、列车自动监控 ATS（Automatic Train Supervision)、列车自动运行 ATO(Automatic Train Operation)三个子系统,用于列车进路控制、列车间隔控制、调度指挥、信息管理。车辆段均独立采用联锁设备,用以实现车辆段的进路控制,并通过车辆段 ATS 分机与控制中心交换信息。城市轨道交通信号系统组成框图见图 1[3]。

ATC 设备按地域可分为 3 个部分:控制中心设备、车站及轨旁设备、车载设备等。控制中心设备属于 ATS 系统,主要包括中心计算机系统、综合显示屏、调度员和主任调度员工作站、运行图工作站、培训/模拟工作站、维护工作站、绘图仪和打印机、电源等。车站和轨旁设备包括:联锁设备、ATP/ATO 系统室内外设备、ATS 分机、电源设备、操作和维护终端、紧急关闭按钮、信号机及发车表示器/倒计时牌、转辙机等。车载设备包括车载 ATP/ATO 设备。按地域一种 ATC 系统功能细分框图见图 2[3]。

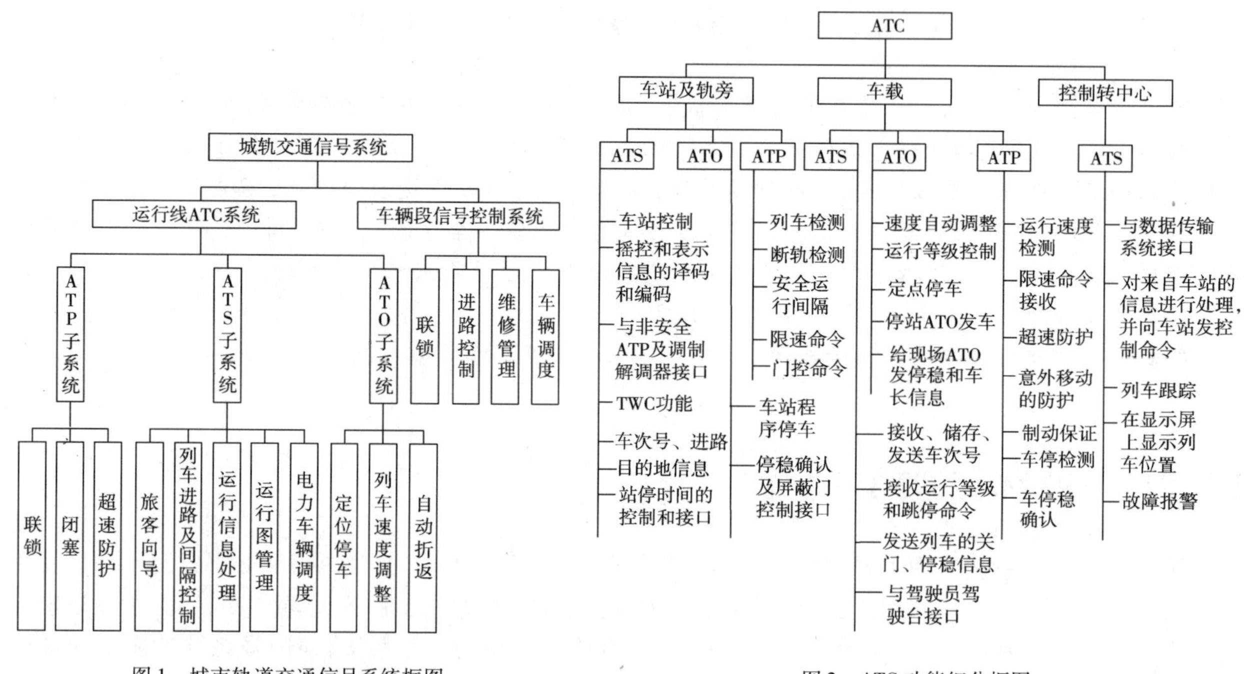

图 1　城市轨道交通信号系统框图

图 2　ATC 功能细分框图

3　城市轨道交通信号系统的安全性

信号系统用来保护列车运行安全,关系到成千上万乘客的生命和财产安全,需要专门考虑在系统出现故障或操作人员不慎进行错误操作的情况下,系统仍能最大限度地维护乘客安全。

城市轨道交通信号系统设计应从体系结构、关键设备、传输通道、信息传输等方面保证系统的可靠性与安全性。对于设备和系统,要满足信号系统的基本安全原则即故障导向安全原则,亦称 F-S(Fail-Safe)原则。《地铁设计规范》(GB 50157—2003)中 16.1.3 规定:涉及行车安全的设备和电路必须符合故障-安全的原则。安全系统必须经安全检测、认证并批准后方可采用。

传统的信号系统的逻辑和执行单元由安全型继电器构成。现在城轨交通信号设备进入了计算机化的发展时期。为了构造一个故障-安全的计算机系统,必须解决以下几个问题:(1)城市轨道交通信号系统必须采用安全型计算机,即在故障情况下能够防止出现危及人身安全和重大装备损失的计算机,以实现数据处理过程的故障-安全。(2)在输入/输出接口实现数据采集和驱动过程故障-安全。(3)数据信息传输过程的故障-安全。采用固定闭塞的信号系统,其数据信息传输一般采用封闭的专网传输方式;采用移动闭塞的信号系统,由于其开放的通信系统需要应对干扰和入侵的挑战,因此对其数据信息传输系统的可靠、安全提出了更高的要求。其数据通信系统 DCS 的干扰防护机制有三个,通过设置载波感应级别忽略干扰,通过正确的跳频序列避免干扰,通过干扰中的竞争来防护干扰。

同时,把故障-安全原则和计算机技术结合起来,形成一些新的安全方法和技术:(1)容错技术,即采用外加资源的冗余技术使系统在出现某些硬件故障或软件故障时,仍能正确执行规定的程序或实现规定的功能。(2)故障检测与诊断技术,及时发现系统中出现的故障,避免输出错误信号,以便及时修复。(3)多重化技术,即利用多套软件和硬件实现数据比较,正确性检查以及危险侧输出信息的运算,来保证故障-安全。

目前国内还没有成熟的轨道交通信号系统产品和轨道交通信号系统权威的安全认证机构及体系。所以国内的轨道交通信号产品多为进口,且沿用相关的国际标准进行安全认证。产品的设计标准主要包括:

(1)IEC61508:国际标准《电气/电子/可编程电子安全相关系统的功能安全》。该标准是进行轨道交通安全评估和论证的重要参考标准。其中安全生命周期是指从方案的确定阶段开始,到所有的电气、电子、可编程电子安全相关系统、其他技术的安全相关系统所必须的活动。图3是IEC61508描述的系统安全生命周期流程图[5]。

(2)EN50126:铁路应用:可靠性、可用性、可维护性以及安全性(RAMS)的技术规范和说明。

(3)EN50128:铁路应用:用于铁路控制和防护的软件。

(4)EN50129:铁路应用:安全相关电子系统。

自动化系统的安全性按照IEC61508标准的概念,总体分为内在安全性和功能安全性,自动化系统主要是依靠功能的实现来保证系统安全。IEC61508规定了通过对危险的定量评估来确定功能安全的水平。功能安全水平在IEC标准中,称为安全综合水平(Safety Integrity Level,SIL),系统失效率达10^{-6}到10^{-7}功能安全水平SIL为2级,系统失效率达10^{-8}到10^{-9}功能安全水平SIL为4级,SIL在2级以上,即失效率超过每小时百万分之一,称为安全系统。城市轨道交通的信号系统属于安全系统。在联锁和ATP系统中,有的系统SIL达到4级以上。

(5)EN50159.1:铁路应用:通信、信号和过程控制系统。

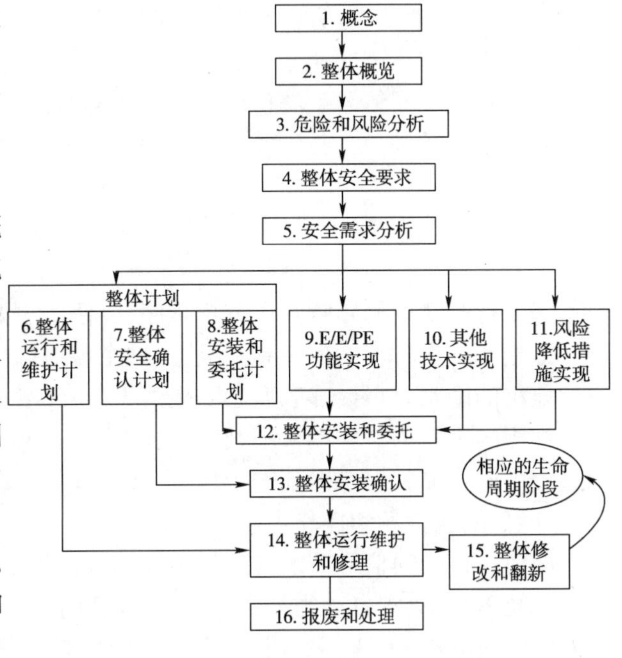

图注:E/E/PE指电气/电子/可编程电子。

图3　系统安全生命周期流程图

(6)EN50159.2:铁路应用:通信、信号和处理系统。

国际通行的方法都要求信号系统上道使用必须有安全评估和认证,通过安全评估可以系统地从计划、设计、制造、运行等全过程中考虑信号系统的安全技术和安全管理问题,发现系统开发过程中固有的或潜在的危险因素,搞清引起系统灾害的工程技术现状,论证由设计、工艺、材料和设备更新等方面的技术措施的合理性学习。

4　基于开放的复杂系统的信号系统安全性研究

在城市轨道交通中,信号系统作为一个重要组成部分,越来越向集成化、自动化方向发展,由本文第1部分可知,其本身的组成具有层次结构,种类繁多,各部分之间的关联复杂,信号系统与人及环境进行物质、能量、信息的交换,因此城市轨道交通信号系统是一个开放的复杂巨系统,它具有一切开放的复杂巨系统的特征:

(1)系统结构具有相互紧密联系的层次和系列。城轨交通信号系统具有多个层次,大系统套小系统,既有纵向树状结构,也有横向链状结构和网络结构。各子系统之间既有统一性,又有非均质性。层次性是对复杂系统认识的基本要求。

(2)系统的作用大于系统各部分简单的总和。城轨交通信号系统整体作用十分明显,ATC如此,其子系统ATP、ATS、ATO相对于更低的层次,也是具有显著的整体作用,即1+1+1>3。

(3)系统和旁系统、更大的系统进行各种交换。城轨交通信号系统各子系统,如ATP、ATS、ATO之间有信息交换,信号系统与旁系统如车辆之间有信息交换,与人、环境和物质、能量和信息的交换,它们相互作用,相互影响,且具有不同的强度。

(4)系统的复杂性。城轨交通信号系统是一个复杂系统,因此不能简单化地对待该系统,不能单纯用还原论方法处理它,而应与整体论方法结合,即用系统论方法处理。

信号系统自身的安全性在前面章节中已阐述,鉴于信号系统是开放的复杂系统,在此基础上来研究城市轨道交通信号系统,有利于在更高的层次上来研究系统,如城市轨道交通系统基本要素:设备类,包括信号系统、车辆、线路、车站、车辆段、环境系统等;人员类,包括乘客和系统内部的职工;技术和管理类,包括各种作业技术、方法和管理制度。我们用开放的复杂巨系统来分析城市轨道交通信号系统,进而可以分析城市轨道交通系统、城市综合交通系统、城市社会、经济大系统。

城市轨道交通信号系统作为一个开放复杂巨系统,其安全水平决定于城市轨道交通信号系统设备设施安全水平、城轨交通运营相关人员安全水平、城轨交通信号系统管理的安全水平和外界环境的相关水平。

安全的保障都是人、机、环境共同作用的结果。任何一个极小的错误都会导致不安全的事故发生。导致不安全行车行为的因素是属于人、机、环境的。给出属于人、机、环境的具体因素,并就每一种因素对不安全行车造成的影响给予分析排序,以便于更好地防止行车事故的发生。

造成不安全行车的因素有三类:人占主导地位的因素,检测和维修失误、操作失误和故意破坏;机占主导地位的因素,自身缺陷、偶然和损失失效;环境如自然灾害占主导地位的因素。

在影响安全的各种因素中,经过比较[2],发现偶然和损失性失效的权重最大,说明了提高硬件在使用过程中的可靠程度是保证安全最重要的手段。其次是维修和检测失误,硬件的自身缺陷,最后依次为自然环境、故意破坏和操作失误。

城市轨道交通信号系统与其他系统的接口越来越多,主要包括:电力监控系统SCADA,环境与设备监控系统BAS,火灾自动报警系统FAS,屏蔽门/安全门系统PSD/SD,防淹门FG,门禁系统ACS,广播系统PA,闭路电视CCTV,乘客信息系统PIS,时钟系统CLK等。在更高的层次上,城市轨道交通ATC系统和智能运输系统ITS中与其他交通运输信息的交互包括:公共交通、高速公路、民航、水运、客运专线、铁路、旅游专线等。如何完善信号系统与其他系统的接口设计,也是关系到信号系统安全性的重要问题。除了通信信号,还应对车站、隧道、线路、车辆、机电设备、供电、环境和设备监控、防灾与报警等硬设备,以及开放的软件,如车站周边环境、外界环境和安全管理等单元进行安全评价,这就构成了一个开放的复杂巨系统。

处理开放的复杂巨系统的方法论为"从定性到定量的综合集成方法"(Metasyntheses),其实践形式为"从定性到定量的综合集成研讨体系"(CWME,Cyberspace for Workshop of Metasyntheses Engineering),以上两者简称为综合集成方法。综合集成方法的实质是把专家体系、信息与知识体系以及计算机体系有机结合起来,构成一个高度智能化的人-机结合体系,这个体系具有综合优势、整体优势和智能优势,它能把人的思维、思维的成果、人的经验、知识、智慧以及各种情报、资料和信息统统集成起来,从多方面的定性认识上升到定量认识。综合集成方法的运用是专家体系的合作以及专家体系与机器体系合作的研究方式与工作方式。即是通过以下三个步骤循环往复、逐次逼近的:(1)定性综合集成;(2)定性、定量相结合综合集成;(3)从定性到定量综合集成。

对城市轨道交通信号系统安全性研究,从细节向综合化整体化方向发展,综合集成方法是可以发挥作用的。这套方法论是从整体上研究和解决城市轨道交通信号系统安全性、进而城市轨道交通安全性的方法,它对城市轨道交通信号系统不同层次、不同领域的可靠性、安全性信息和知识进行综合集成,达到对城轨信号系统整体安全性的定量认识。实践这种综合集成方法需要总体设计这样的实体机构,这样就有了完成城市轨道交通信号系统安全性综合集成设计所需要的体制和机制。

5 结束语

城市轨道交通信号系统属于大型复杂实时协作系统,需要高可靠性的保障,要保证系统能快速、准确、可靠、持久的运行,就需要系统具有容错和冗余能力。用研究复杂系统的方法,在系统寿命周期的各个阶段去发现、排除或控制系统中存在的险情或不安全因素,以满足安全性要求。

用开放的复杂巨系统的方法对城市轨道交通信号系统作进一步的可靠性和安全性分析,将为日后该系统的国产化提供良好的理论基础和理论依据。在城市轨道交通信号系统国产化研制的过程中,充分考虑到系统的安全性,并对系统进行可靠性的综合分析,在此基础上进行全局优化,建立科学的可靠性计划和管理体系。系统的可靠性得到提高,那么行车的安全性会得到很大的保障,行车的效率也会大幅度提升,并且通过对系统的可靠性分析,找出其薄弱的环节,将极大地提高检修水平,节省大量的人力、物力。

参考文献

[1] 燕飞,唐涛.轨道交通信号系统安全技术的发展和研究现状[J].中国安全科学学报,2005,15(6):94-100.

[2] 张文晰.城市轨道交通 ATP 安全可靠性分析及安全措施[D].成都:西南交通大学,2007.

[3] 林瑜筠.城市轨道交通信号[M].北京:中国铁道出版社,2008.

[4] CENELEC PrEN50129—1999. Railway Applications: Safety Related Electronic Systems For Signalling [S],1999.

[5] 唐涛,燕飞,郜春海.轨道交通信号系统安全评估与认证体系研究[J].都市快轨交通,2004,17(1):28-32.

[6] 钱学森,于景元,戴汝为.一个科学新领域——开放的复杂巨系统及其方法论[J].自然杂志,1990,13(1):3-10.

[7] 周干峙.城市及其区域——一个典型的开放的复杂巨系统[J].交通运输系统工程与信息,2002,2(1):7-9.

[8] 于景元.关于综合集成的研究——方法、理论、技术、工程[J].交通运输系统工程与信息,2005,5(1):3-10.

[9] 郭宝柱.大型复杂技术项目的系统观点与系统工程方法[J].中国工程科学,2008,10(3):25-30.

六、隧道施工控制与变形分析

数字化技术在城市隧道施工安全控制中的应用研究

朱合华[1]　高晓庆[2]　李晓军[1]　陆晓龙[2]　董文澎[1]　丁文其[1]
(1. 同济大学岩土及地下工程教育部重点实验室、土木工程学院地下建筑与工程系　上海　200092
2. 上海市电力公司电网建设公司　上海　200002)

摘　要　数字化隧道是信息技术在隧道工程中综合应用的体现,它是利用 GIS 技术、数据库技术、网络技术与可视化技术,对隧道建设中的勘察、设计、施工、监测和安全控制等多个方面的数据进行集中高效地管理,在此基础上构建工程三维可视化模型,达到数据的可视化管理,进一步对工程数据加工分析,实现数据的高效利用并建立工程智能分析和决策系统,最终实现工程全生命周期信息的高效管理,建成数字化的隧道工程。本文提出采用数字化隧道的概念,结合城市隧道施工监测技术与施工微扰动控制技术,以城市隧道施工安全控制为目的,建立城市隧道数字化施工与安全控制系统。本文以正在建设的上海市重大工程——北京西路—华夏西路电力电缆隧道工程为工程背景,进行了数字化技术应用研究,目的是为该隧道工程施工安全提供保障和服务。该应用研究对其他类似工程也有着积极的借鉴意义。

关键词　隧道　数字化　施工安全控制　施工监测　施工微扰动

1　引言

城市隧道的施工对地层扰动影响的控制越来越严格,主要基于两个方面:一是地表及深层位移的控制,目的是保护地表和深层临近建(构)筑物的正常使用;另一方面是隧道施工本身的安全性问题。前者在很多条件下是极其苛刻的,如穿越运营中的地铁隧道,变形要求控制在毫米级;后者在灵敏度极高或风险较大的高水压、砂性地层中,施工扰动轻者会导致轴线偏离、隧道渗水、上浮等,过大的扰动则会导致隧道开挖面的失稳、冒顶事故等。尽管盾构法是一种对软弱地层扰动较小的隧道施工工法,但在要求极为苛刻的条件下,扰动有进一步缩小的必要,这就要求对盾构施工的各项参数进行精细的控制,由于微扰动条件下土的力学行为不同,导致地层位移的发展规律不同,从而对施工条件的要求与常规条件下有很大的不同,因此,采用微扰动施工进行施工安全控制就非常必要。

20 世纪 90 年代以来,随着信息技术的不断进步,地下工程领域的数字化研究也蓬勃发展,越来越多的信息化、数字化技术被运用到地下工程中来。侯学渊等(1990)、周文波(1993)以上海软土隧道施工的经验为基础,研制开发了面向盾构掘进对周围环境影响和防治的专家系统。朱合华(1998)最早提出了数字地层的概念,指出数字地层是利用计算机技术,将原始地层信息与施工扰动地层信息,用数字化的方法直观的方法表现出来。Yoo 等(2006)基于地理信息系统软 ArcGIS 开发了一个隧道风险管理系统,用于隧道施工中对周围环境的影响进行评估,予以指道施工。李晓军等(2006)提出了地下工程数字化的概念,即以数字地层为依托,以信息化手段对地下工程建设过程中的勘测、设计、施工及监测数据经行集中高效的管理，为地下工程的建设、管理、运营、维护与防灾提供信息共享和分析平台，最终实现一个地下工程全生命周期的数字化博物馆。朱合华等(2007)从信息化技术在岩土及地下工程的研究现状与趋势出发，系统完整地提出了数字地下空间与工程的概念，即为地下空间与工程提供开放的信息组织方法和信息发布框架，建立完整的数据标准，研究数据处理方法，并提供可视化手段及相关软件。本文采用数字化隧道的概念，结合城市隧道施工监测技术与施工微扰动控制技术，以城市隧道施工安全控制为目的，建立城市隧道数字化施工与安全控制系统。

2 数字化隧道

数字化隧道是地下工程数字化技术在隧道工程中的具体应用，它是利用 GIS 技术、数据库技术、网络技术与可视化技术，对隧道建设中的勘察、设计、施工、监测和安全控制等多个方面的数据进行集中高效地管理，此基础上构建工程三维可视化模型，达到数据的可视化管理，进一步对工程数据加工分析，实现数据的高效利用并建立工程智能分析和决策系统，最终实现工程全生命周期信息的高效管理，建成数字化的隧道工程。在隧道施工阶段，突出基于施工监测的微扰动安全控制功能；在隧道运营阶段，突出基于远程监控的健康诊断功能。本文主要研究数字化隧道在施工阶段的应用。

2.1 数字化隧道平台设计

数字化隧道工程信息平台采用客户机与服务器(Client/Server)模式。服务器是整个系统的数据提供者，其目标是建立一个面向客户的统一的数据资源，并实现各种专业应用分析。系统通过网络技术向客户端提供一个虚拟可视化平台，根据不同的用户提供相应的分析功能。平台整体设计如图 1 所示。

2.2 三维建模

数字化隧道需要建立地层、周边环境、地下管线、地下构筑物和隧道本身的三维数字化模型。数字地层是数字化隧道的依托，隧道三维模型是设计、监测、施工等数据和属性的依附体，周边环境、地下管线和地下构筑物是隧道微扰动施工控制的约束及重点保护对象。

(1)数字地层建模

隧道工程首先在地质勘察的信息基础上进行设计，传统的地质信息是以二维的形式描述的，在运用和分析时都有很大的不便。三维数字地层建模成了当前地质、岩土领域内迫切需要解决的核心技术，有关学者在这方面做了大量的研究，得出了以体模型、面模型和混合模型为主的三大类数据模型，混合数据模型充分运用了前两者的优点，是目前的主要研究方向。根据城市地层地质构造和获取勘察信息的手段的特点，基于钻孔的二分拓扑数据结构以及基于钻孔数据的地层数据模型和建模方法有很大的优越性，其总体思路是根据钻孔的平面位置用所有钻孔的平面点集实现二维 DT 构网，找出钻孔之间的连接关系，然后根据连接关系沿深度方向生成三棱柱体形成地层实体，在城市隧道建设中已经取得了积极的效果。

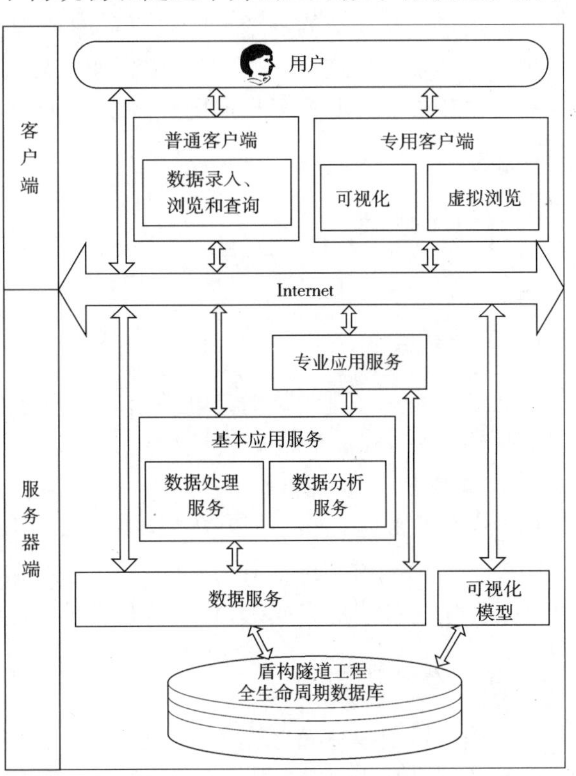

图 1　盾构隧道数字化平台架构

(2)三维隧道建模

三维隧道建模是针对城市盾构隧道在图形平台的基础上所进行的专业化建模功能的开发,包括横断面、纵断面、隧道体及其附件模型的开发。其总体思路是仿真模拟盾构隧道施工掘进和管片拼装过程。隧道轴线有直线和曲线(平缓和曲线和圆曲线、竖缓和曲线和圆曲线),盾构从一端工作竖井沿着隧道轴线向另一端工作竖井掘进,在盾构掘进一个管片长度,就在盾尾处拼装一段管片,拼装成环的管片直接成为隧道的最终衬砌。

(3)周边环境建模

对隧道轴线上方的道路、高架、建筑物及隧道穿越的地铁、地下管网等各种设施进行建模,并根据微扰动施工控制基准,进行分级管理,以模拟隧道的施工环境。

2.3 数据查询与分析

空间查询与空间分析是GIS系统分析数据的手段,是在数据模型的基础上,对现有数据进行深层次上的加工与处理,从中提出新的有用的信息,并找出它们之间的内在规律和联系,从而为专业应用与决策提供工具和手段。空间查询是各种GIS系统最基本的功能,主要包括空间几何查询、定位查询、关系查询、SQL查询等,基于SQL的模糊查询技术使查询能力大大加强。空间分析是指分析、模拟、预测和调控空间过程的一系列理论和技术。传统GIS系统空间分析主要有叠置分析、缓冲区分析、路径分析等;对于隧道工程,其中的一些方法还需要修改和拓展的同时,还需要研究一些新的分析方法,如地质切片分析、施工过程相关分析、空间碰撞分析、三维缓冲区分析。数据挖掘中的统计法、归纳法、聚类分析法以及演绎式、猜想证实式、反馈修正式等知识发现方法的综合利用来对隧道施工进行安全控制。此外还需根据具体工程制定相应的微扰动施工控制标准体系,空间查询、空间分析、数据挖掘等数据分析方法需与此指标体系结合。

2.4 三维可视化

以图形方式来展示数据与信息,可以极大地增强和提高我们对信息的获取和理解,因此工程的可视化展示是数字化系统的一个重要内容。虚拟现实(VR)技术是通过计算机营造一个更加形象、逼真和实时交互的虚拟环境,把工程三维模型和工程属性数据以虚拟现实平台统一管理显示,可以取得较为理想的可视化效果。此外可根据用户需求,进行各类专题图的显示和交互,并输出各类专题图、各类统计图、报表等。

3 工程应用

3.1 工程背景

北京西路—华夏西路电力电缆隧道工程是上海市重大建设工程,线路全长约15.05km,其中盾构法隧道长约8.83km,顶管法隧道长约6.22km,共设14座工作井,工程总平面图见图2。该电力电缆隧道工程穿越闹市区、黄浦江防汛墙;横向交叉轨道交通线(包括规划的)共10条,穿越12次,最大距离4.7m,最小距离仅1.5m;与高架道路近距离并行约3.6km,与高架桥墩基最小净距离2m左右;本工程可用“上串下跳,举步维艰”来形容,这些情况给本工程施工带来极大的安全风险和技术难题。为此,建立基于数字化技术的集成的、高效的和系统的电力隧道施工控制平台将有极大的现实意义。

3.2 电力隧道数字化

利用三维建模技术,建立该电力隧道的三维数字化模型,实现工程的三维可视化,并为工程的数据管理与数据分析提供基础。数字化模型包括地层、周边环境、地下构筑物和隧道本身的三维数字化模型。首先从勘测资料中提取出钻孔数据标准化后存入数据库,图形平台从数据库提取数据生成三维钻孔柱状图（见图3），在此基础上生成数字地层，并对数据地层进行断面切片分析（见图4）。然后依据平面图，在图形平台制作周边建筑环境，并在网络平台上实现虚拟化显示（见图5）。最后根据施工进度，实时进行隧道建模仿真（见图6）和对隧道附属设施进行可视化建模（见图7）。

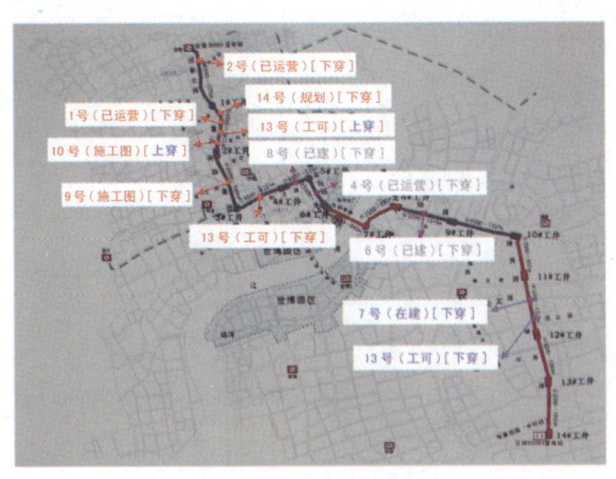

图2 工程总平面图

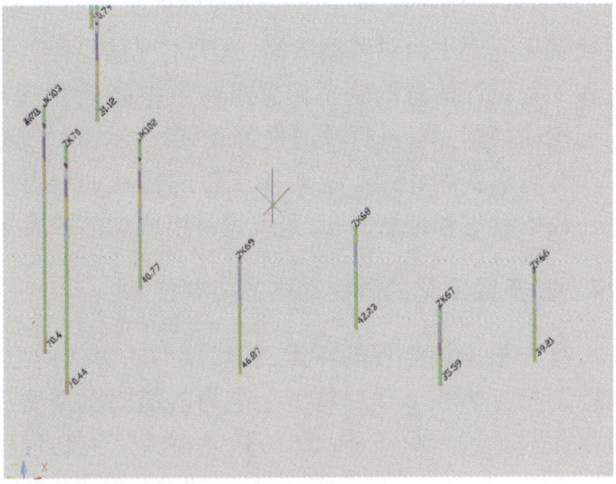

图3 钻孔三维数字化

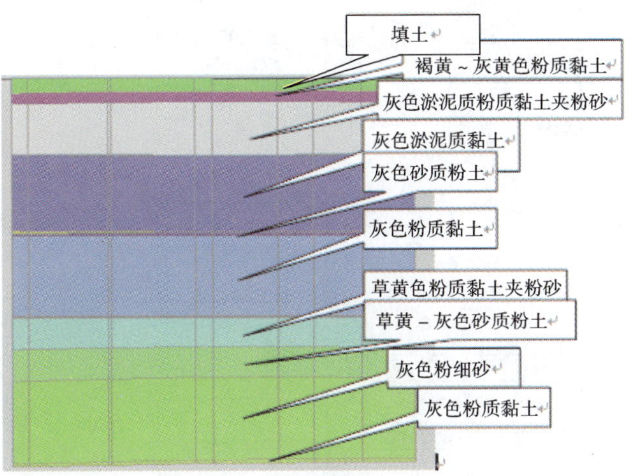

图4 数字化地层

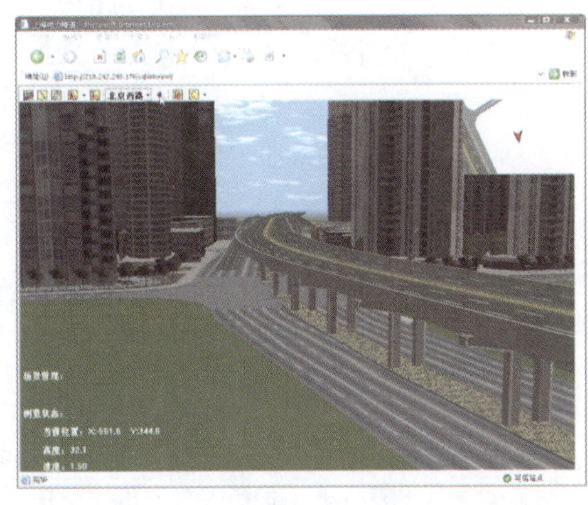

图5 地表建筑物三维模拟仿真

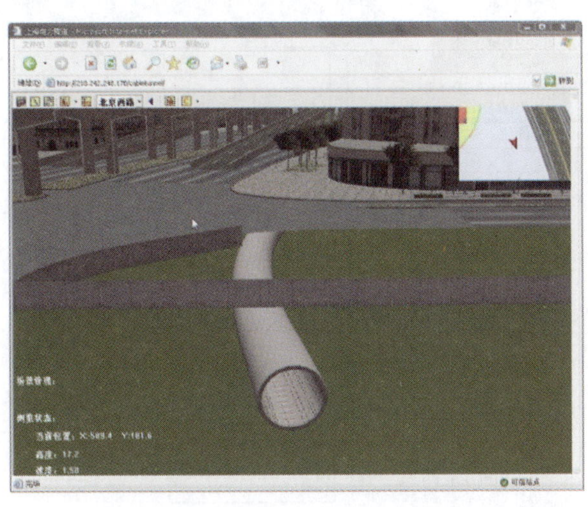

图6 盾构隧道施工仿真模拟

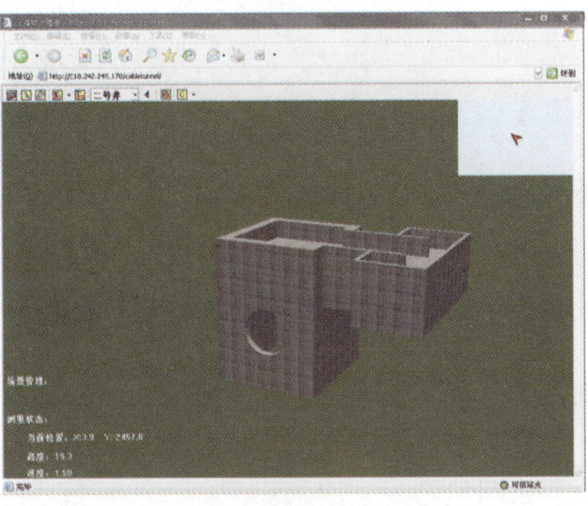

图7 电力隧道2号工作井

3.3 基于数字化的远程监测技术

实时监测是保证施工安全的重要手段，它直接反映岩土介质与地下空间支护结构的变形与受力情况，对于其作用机制与变化规律的分析研究非常重要。利用数字化隧道平台对监测数据、施工工况信息、工程地质信息和工程设计信息的施工信息进行集中高效管理与分析，根据扰动控制标准进行预测报警、图形显示，对于施工安全管理有着重要的作用。针对该工程的特点，利用网络技术进行收据收集和信息发布，系统设计组成如图8所示。

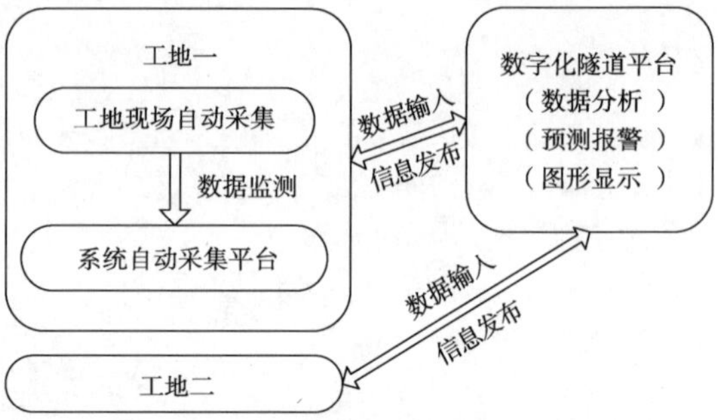

工地一
工地现场自动采集
数据监测
系统自动采集平台
数据输入
信息发布
数字化隧道平台
（数据分析）
（预测报警）
（图形显示）
数据输入
信息发布
工地二

图8　数字化隧道监测系统组成示意图

3.4 基于数字化的微扰动施工控制技术

首先根据该工程的特点，需建立不同保护对象的微扰动控制指标体系。然后将整个电力隧道周围需要保护的建（构）筑物进行分类（见图9），在此基础上对数字化对象进行分级（见图10），并在施工控制过程中进行分阶段控制。

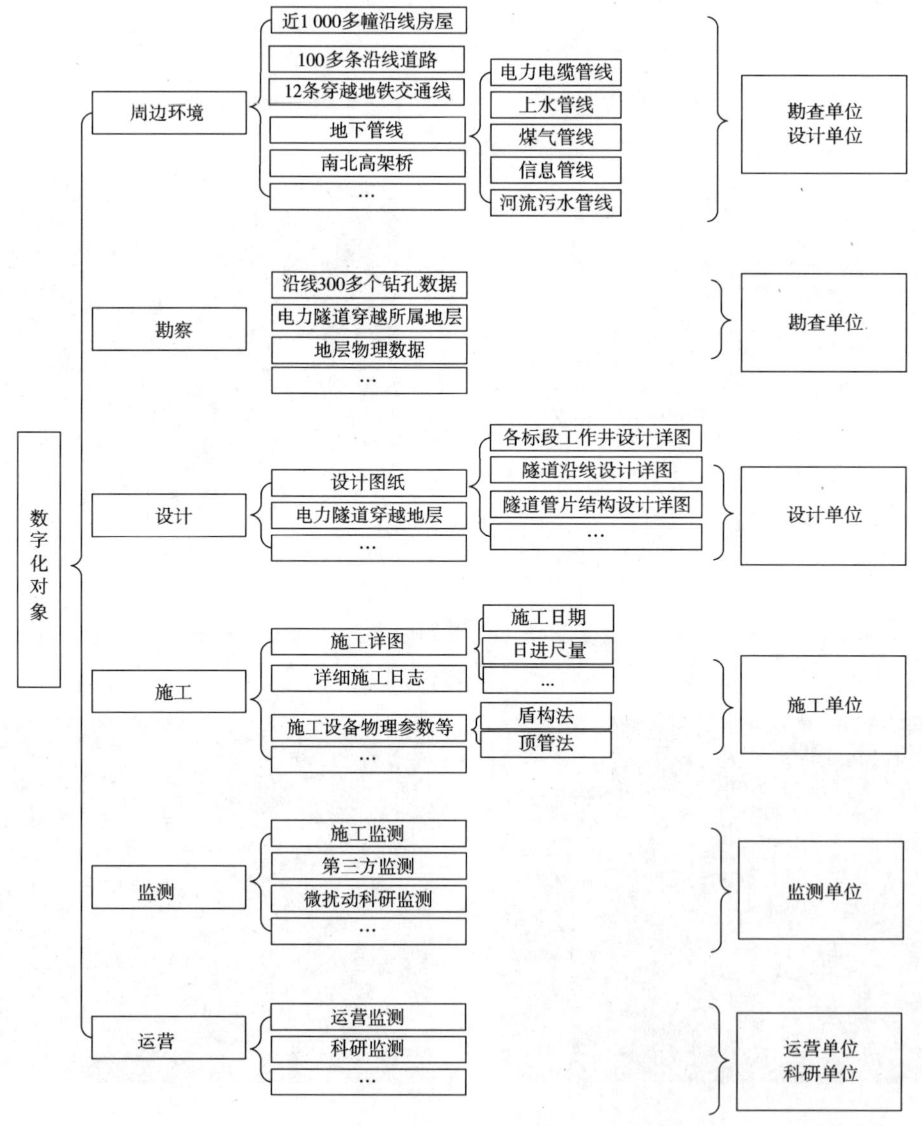

图9　数字化对象及数据采集的分类

4 结论

本文提出采用数字化隧道的概念,结合城市隧道施工监测技术与施工微扰动控制技术,以城市隧道施工安全控制为目的,建立城市隧道数字化施工与安全控制系统。数字化隧道的概念是一系列数字化技术的有机集成,本文较为详细地叙述了数字化隧道的总体设计、三维建模、数据分析及可视化等内容,其中数据分析需以扰动控制指标为基础,为施工安全提供准确信息。

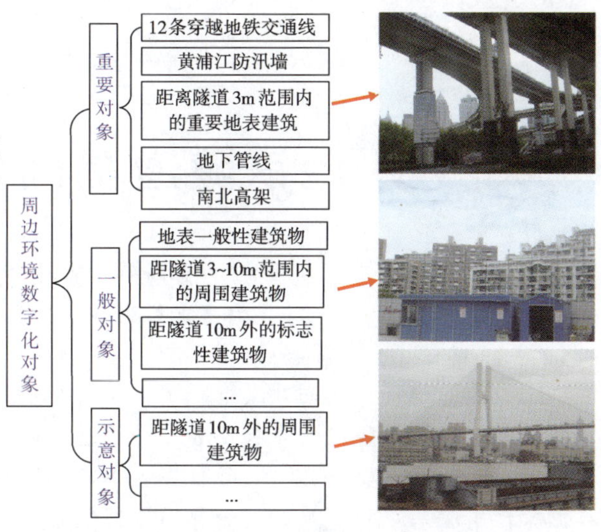

图10 周边环境数字化等级分类

本文以正在建设的上海市重大工程——北京西路—华夏西路电力电缆隧道工程为工程背景,进行了数字化技术应用研究,目的是为该隧道工程施工安全提供保障和服务。研究使隧道这一涉及多个部门、具有海量数据和大量不确定性因素的工程全方位的可视化,对工程有着很大的实用价值,与具体问题的深入结合是该技术下一步重点研究方向。该应用研究对其他类似工程也有着积极的借鉴意义。

参考文献

[1] 朱合华.从数字地球到数字地层——岩土工程发展新思维[J].岩土工程界,1998(12):15-17.

[2] 侯学渊,廖少明.盾构隧道沉降预估[J].地下工程与隧道,1993(4):24-32.

[3] 周文波.盾构施工地表沉陷测量和地面沉降预测软件的编制.计算机应用,1992(3):33-39.

[4] 朱合华,郑国平,张芳.城市地下空间信息系统及其关键技术研究[J].地下空间,2004,24(5):589-595.

[5] 周文波,等.盾构隧道信息化施工智能管理系统设计及应用[J].岩石力学与工程学报,2004(7):5122-5127.

[6] 朱合华,王长虹,李晓军,等.数字化地下空间和工程数据库模型建设[J].岩土工程学报,2007(7):1098-1192.

[7] 李晓军,朱合华,等.地下工程数字化的概念及其初步应用[J].岩石力学与工程学报,2006(10):1975-1980.

[8] 朱合华,李晓军.数字地下空间与工程[J].岩石力学与工程学报,2007(11):2277-2288.

[9] 朱合华,郑国平,吴江斌,等.基于钻孔信息的地层数据模型研究[J].同济大学学报,2003,31(5):535-539.

[10] 郑路,朱合华,李晓军.上海长江隧道工程的数字化研究[J].现代隧道技术,2006 年增刊:44-48.

[11] YOOC,JEONYW,CHOIBS. IT-basedtunnelling risk management system(IT-TURISK)-development and implementation[J]. Tunnelling and Underground Space Technology,2006,21(2):190-202.

地铁隧道基础变形分析与计算

梅国雄　宋林辉　梅　岭　宰金珉
（南京工业大学土木工程学院　南京　210009）

摘　要　地下空间的开发带来了大量的补偿基础，同时也带来了新的岩土技术难题，对结构荷载已完全被开挖土重所替代的等补偿和超补偿基础而言，理论上基础将不会出现工后沉降，但大量实测数据表明，等补偿甚至超补偿基础，往往在竣工后均出现沉降变形，南京地铁隧道基础便是典型实例。为此，本文探讨了深基础与浅基础间的异同点，并推导出考虑埋深的坑底土体应力计算方法，然后围绕基础的整个施工过程，详细分析了开挖卸荷和施工找平对基底变形的影响，发现找平过程中多挖了与隆起量体积相等的土体，而该缺失的土体将导致基础后期的发生沉降变形，据此思路计算地铁隧道基础的变形量，并与工程实测数据进行对比，结果表明两者吻合较好，可为今后类似工程的分析提供参考。

关键词　隧道基础　埋深效应　施工找平　固结　沉降变形

随着对地下空间开发利用的逐步重视，诸多大中城市都将地铁交通建设提上了议事日程。由于上部荷载较小，地铁隧道基础一般均表现为补偿基础。所谓补偿基础[1]是指当基础埋深 D 较大时，其相应于基础深度处土的有效自重应力 P_d 与水压力 P_w 之和 P_c 在数值上比较可观，往往可以全部甚至超量抵消建筑物的基底压力，成为等补偿和超补偿基础。理论上，对等补偿基础而言，基底附加应力为零，地基将不发生任何变形，也不存在承载力问题。但问题远非如此简单，在实际工程中，等补偿甚至超补偿基础经常会出现较大沉降。本文将要分析的南京地铁1号线隧道基础便是其中的典型实例。

1　工程概况

南京地铁1号线之西延线位于长江漫滩饱和软黏土地基中，其中的奥体中心站为浅埋车站，基坑开挖深度为9.6m，车站前、后段设有折返线，总长612.0m，站后折返线长度为270.0m、宽12.0m，车站长度为176m、宽40.0m，站前段长度为166.0m、宽12.0m，如图1所示，整个基坑采用明挖顺作法。

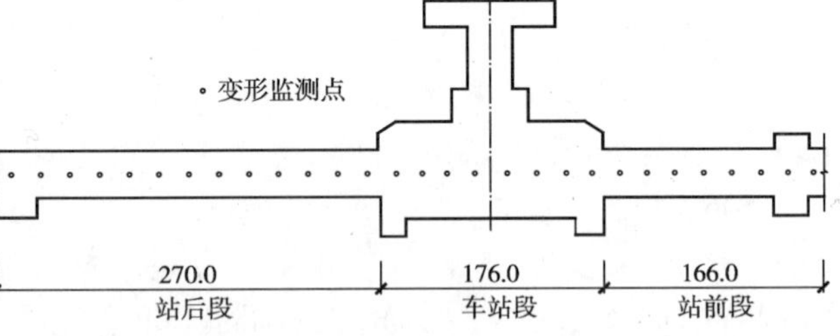

图1　地铁基坑平面布置图（尺寸单位：m）

通过计算地铁结构荷载和填土重量，可判断该基础为等补偿基础。沿线分布的土层主要为杂填土、淤泥质填土、淤泥质粉质黏土、粉质黏土、粉土淤泥质粉质黏土局部夹粉砂，土体参数如表1所示。

土层的主要参数表　　表1

层号	γ(kN/m^3)	e	E_{s1-2}(MPa)	v	k_v(10^{-6}cm/s)	k_h(10^{-6}cm/s)
①-1	18.9	0.898	—	—	—	—
①-2	17.2	1.369	—	—	—	—
②-1	19.1	0.940	4.826	0.350	—	—

续上表

层号	γ(kN/m^3)	e	E_{s1-2}(MPa)	v	k_v(10^{-6}cm/s)	k_h(10^{-6}cm/s)
②-2	17.9	1.160	3.001	0.339	3.12	6.68
②-3	18.7	0.949	5.496	0.300	3.40	6.05
②-4	18.9	0.854	9.531	0.280	5.12	7.58
②-5	18.7	0.863	11.666	0.277	10.4	24.9
②-6	18.9	0.815	14.375	0.249	326	292
②-7	18.1	1.043	3.520	—	1.59	2.92
②-8	19.1	0.785	10.555	—	896	659

工程于2002年11月8日开工建设,2003年8月10日结构施工完成,总体的施工工序是车站和站后段同时进行土方开挖,车站段及时进行底板浇筑,站后段由于施工组织协调比较拖后浇筑底板,然后进行站前段的土方开挖,以及车站段和站后段的侧墙结构施工,最后进行站前段的底板浇筑和侧墙施工,并进行结构上部土方回填,三个站段的具体施工进度如表2所示。

施 工 进 度 表 表2

站　段	土方开挖		底板浇筑		结构施工	
	开工日期	历时(d)	开工日期	历时(d)	开工日期	历时(d)
车站	2003-02-11	18	2003-03-01	21	2003-03-10	30
站前	2003-05-01	30	2003-05-31	36	2003-06-03	46
站后	2003-02-11	54	2003-03-20	64	2003-05-15	94

2　变形实测数据

铺设轨道后开始进行底板变形观测,时间自2003年8月4日起至2004年8月4日止,共观测12次,后期施工使绝大多数监测点损坏导致无法测试,由图2可见,变形观测点沿隧道纵向布置,且位于基坑的中轴线上。

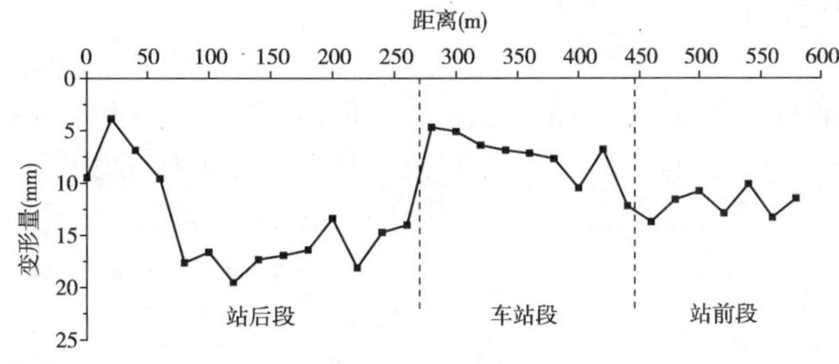

图2　底板变形实测数据

实测得到的数据如图2所示,可见,三段的变形均为沉降变形,且站后段的变形最大,站前段次之,车站段最小。

由上述工程概况和实测数据可以发现两个反映此类基础变形特点的问题:

①该段基础为等补偿基础,理论上将不出现变形,但出现的却是沉降变形;

②三个区段的基坑除了施工时间不同外,所在的场地地质基本一致,开挖深度一样,施工单位也一样,但开挖后基坑出现的变形量却不同。

上述两个问题也是类似工程的典型问题,下面就对此展开具体分析与计算。

3 坑底土体的变形分析

坑底土体的变形主要取决于土体中的应力和模量两方面，就此进行分析。

3.1 开挖引起的坑底土体应力计算

基坑开挖对于基坑底面来说相当于一个卸载过程，如设挖出的土体平均重度为γ，开挖深度为h，则相当于在基坑底土上卸去γh的荷载。卸荷后，基底以下一定范围内将产生回弹应力。

此情况下的回弹应力计算与常规基础的不同，需要考虑基础的埋深[2]和基坑周边土体对基底土体变形的限制作用[3,4]，如图3所示。具体计算可采用弹性半空间体内局部作用均布荷载的情况进行，对于基础角点处的应力计算式[5]如下：

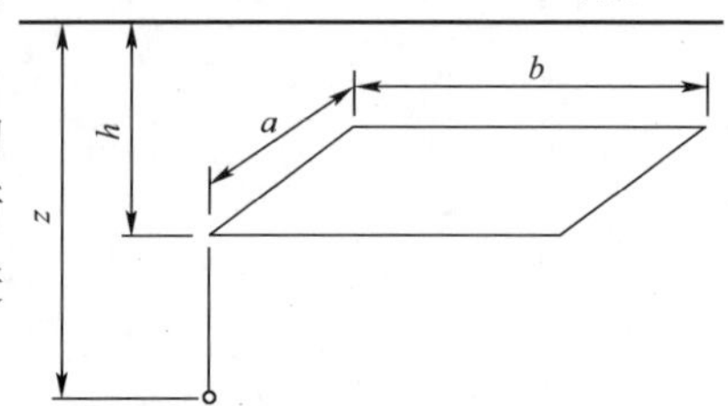

图3 基坑开挖应力计算示意图

$$\sigma_z = -\gamma \cdot h \cdot I \tag{1}$$

$$I = \frac{1}{4\pi(1-v)}\Bigg[(1-v)\left(\arctan\frac{ab}{(z-h)R_1} + \arctan\frac{ab}{(z+h)R_2}\right) + \frac{(z-h)aR_1}{2br_1^2} - \frac{a(z-h)^3}{2br_3^2R_1}$$
$$+ \frac{\{(3-4v)z(z+h)-h(5z-h)\}aR_2}{2(z+h)br_2^2} - \frac{\{(3-4v)z(z+h)^2-h(z+h)(5z-h)\}a}{2br_4^2R_2}$$
$$+ \frac{2hz(z+h)aR_2^3}{b^3r_2^4} + \frac{3hzaR_2r_5^2}{(z+h)b^3r_2^2} - \frac{hz(z+h)^3a}{br_4^2R_2}\cdot\left\{\frac{2b^2-(z+h)^2}{b^2} - \frac{a^2}{R_2^2}\right\}\Bigg]$$

$$R_1^2 = a^2 + b^2 + (z-h)^2$$
$$R_2^2 = a^2 + b^2 + (z+h)^2$$
$$r_1^2 = a^2 + (z-h)^2$$
$$r_2^2 = a^2 + (z+h)^2$$
$$r_3^2 = b^2 + (z-h)^2$$
$$r_4^2 = b^2 + (z+h)^2$$
$$r_5^2 = b^2 - (z+h)^2$$

式中：γ——被开挖土体的重度；

v——土体的泊松比。

对于基底任意一点的应力计算可采用角点法进行。假设基础矩形区域的长度和宽度分别为10.0m和8.0m，基础埋深7.0m，则根据角点法可计算区域内任意点处的回弹应力系数I的值。

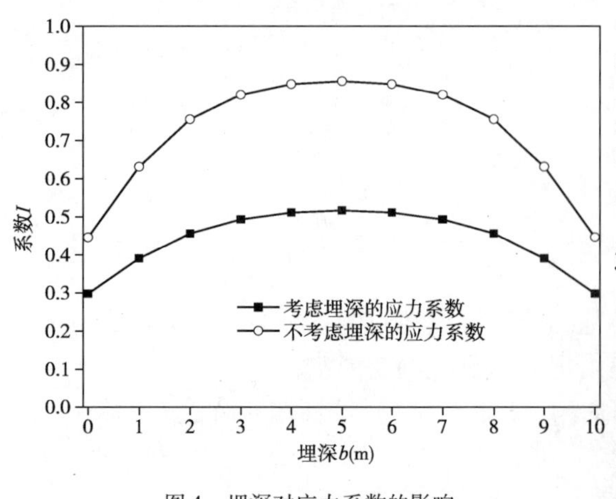

图4 埋深对应力系数的影响

图4表示的是考虑埋深和不考虑埋深情况下的基础底面下3.0m深度处(深度10.0m)、沿长边分布的应力系数，可见不考虑埋深效应得到的应力系数最大值是考虑埋深的2倍。由此可见，基础埋深能够反映侧向土体对深基础下部土体变形的限制作用。

3.2 基础变形计算方法

按照现有的理论方法，将前述得到的回弹应力加上结构荷载再除以压缩模量便可得到基础的变形量，对等补偿基础而言，由于附加应力为零，得到的变形量也为零，而超补偿基础由于附加应力为负值(回弹应力)，则得到的变形量为回弹隆起。但是，现有的实测结果均显示等补偿基础竣工后的变形为沉降变形，与理论分析结果不符。

众所周知，目前的变形计算是将坑底视为刚性体，认为开挖卸荷后土体不隆起，施工加载后，土体按超固结情况考虑。然而，在实际基础施工过程中需要进行找平，以确保地基表面的平整，这就使得开挖卸荷时隆起且超出基坑底面的土体被挖除了。若此时加载与开挖前相同的荷载，则由于缺失了被开挖土体的体积，坑底表面将向下凹陷成“锅底形”。

具体分析过程如图5、图6所示，图5是基础施工的整个的过程，主要经历了基坑开挖、施工找平和结构加载三个过程。假设在每个过程中都将挖除的土体回弹至基坑中，如图6所示，如果在开挖阶段回填，则坑底将不产生任何变形；施工找平阶段，将开挖时隆起的土体挖除，则回填等量的土体后，坑底将产生与隆起量相等的沉降量；因此，对于进行施工找平后，施加结构荷载的等补偿基础而言，坑底也将产生与开挖时隆起相等的沉降量。

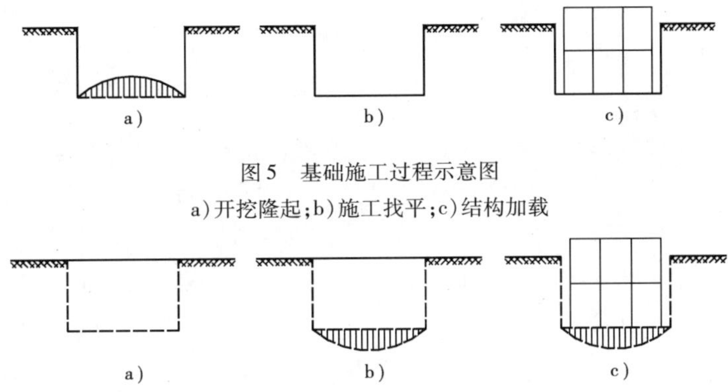

图5　基础施工过程示意图

a）开挖隆起；b）施工找平；c）结构加载

图6　不同施工过程中等量回填引起的变形

a）零变形；b）沉降变形；c）沉降变形

综上所述，等补偿基础的变形分析需要考虑施工过程中因找平多挖除的隆起土体，且竣工后的沉降量即等于开挖时的隆起量。

目前的基础变形计算主要有分层总和法[6]、残余应力法[7]以及复变函数法[1]等，其中的分层总和法是使用最广泛的，在此，可运用分层总和法的思路，考虑找平挖除的土体隆起量，以解决等补偿基础的沉降计算问题，具体分析如下：

对于坑底土体单元而言，开挖前其承受上层土体的自重。从图7所示的压缩曲线上看，可视为位于 A 点处，开挖时土体相当于卸载过程，开挖完成后卸载至 C 点，这个过程坑底将产生回弹隆起，具体的隆起量等于卸除土重除以土体的回弹模量，但该部分隆起的土体将因找平而被挖除，等量的结构荷载施加后，土体的应力状态虽然又回到了 B 点，但缺失了找平多挖的土体，此即为基础的沉降量。

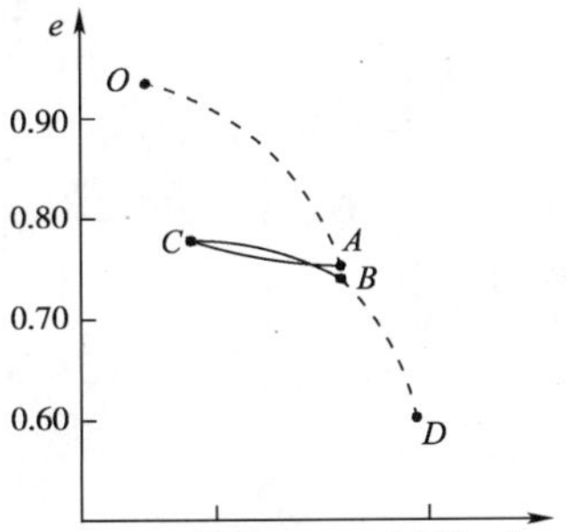

图7　土体的压缩曲线

计算的方法有经验估算法和分层总和法两种，具体如下：

（1）经验估算法

根据多年的软土地区基坑开挖经验，坑底土体的隆起量一般为 $H/100$（H 为基坑开挖深度）。

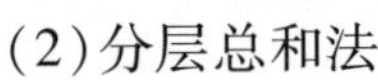

（2）分层总和法

分层总和法是引用该方法的思想，其中的应力采用的是前述计算得到的，具体计算公式如下：

$$s=\sum_{i=1}^{n}\frac{\sigma_z}{E_{ci}}h_i \tag{2}$$

式中：s——地基的变形量；

n——变形计算深度范围内划分的土层数；

σ_z——采用弹性半空间体内局部作用均布荷载计算方法得到的基础底面处附加应力；

E_{ci}——基础底面下第 i 层土的回弹模量；

h_i——基础底面至第 i 层土层的厚度。

值得说明的是，上述计算得到的沉降量是最终沉降量，然而回弹隆起和沉降变形都与时间有关系，即变形量的发生需要一个过程，这便是土体的固结影响。

最简单的，通过一维固结理论中的固结度能够得到土体变形随时间的变化过程，即：

$$s_t = U_t \cdot s \tag{3}$$

式中：s_t——某段时间内的土体变形量；

s——土体的最终变形量，可通过式(2)计算得到；

U_t——土体的固结度。

若涉及三维问题，则需要采用比奥固结理论，梅国雄[8]将有限层与Biot固结理论结合起来，得到固结有限层理论。

4 隧道基础变形计算结果

计算时为简便起见，荷载区域均采用600m×12m的矩形，相当于条形深基础变形计算方法进行计算，并与常规的浅基础变形计算方法和实测数据进行对，计算结果如图8所示。由图可见，深基础方法计算得到的沉降变形量除起点处因受边界条件影响为20mm外，其余点均在39mm左右；而按浅基础计算的变形量，由于未考虑深基础效应，变形量大多在53mm左右。不过，总的看来，三个区段的基坑变形量基本上相等，与实测数据不符合。

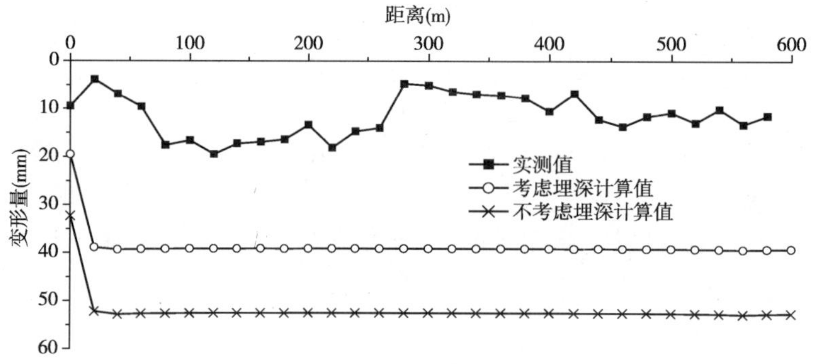

图8 底板变形计算值

由前所述，三个区段的基坑除开挖施工时间不同外，其他条件都相同，因此，可从固结的角度来分析上述沉降变形量。站前、站后和车站段的开挖施工时间依次为0.1年、0.18年和0.05年，按照一维太沙基固结理论可计算得到三个区段在其开挖施工期间内的固结度，而后计算得到各自的沉降变形量，如图9所示。由图可见，由于开挖施工时间的差异，导致了坑底土体在开挖期间不同的回弹量，相应的被找平挖除的土体体积也不同，因此引起的工后变形量也不一致，图中计算值与实测值在趋势上十分吻合，在变形量上也基本相符。

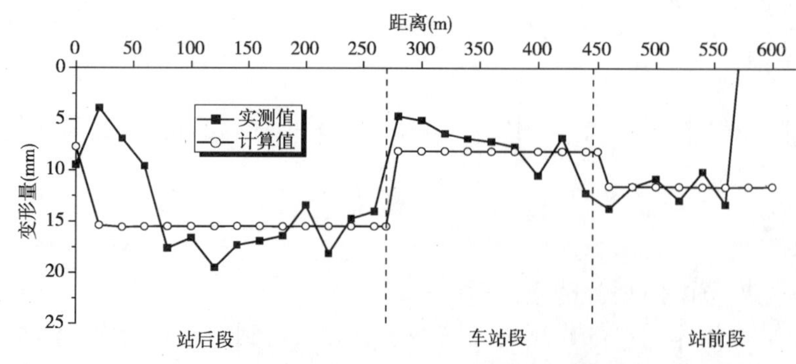

图9 考虑固结的底板变形计算值

5 结论

补偿基础的变形计算较常规的独立基础、条基础、桩基础等的沉降计算有所不同,需要考虑埋深效应和开挖回弹隆起对变形的影响,本文据此提出的考虑埋深和坑底隆起的计算方法,在经过实例计算验证后,有一定的合理性。当然基础的沉降分析是一个复杂的课题,目前还很难对此进行精确的分析,该计算方法还有待进一步的工程验证,以不断地完善。

参考文献

[1] 宰金珉,宰金璋.高层建筑基础分析与设计[M].北京:中国建筑工业出版社,1993.

[2] Gazetas G, Tassoulas J L, Dobry R, et al. Elastic settlement of arbitrarily shaped foundations embedded in half-space[J]. Geotechnique, 1985(35):339-346.

[3] Eden S M. Influence of shape and embedment on dynamic foundation response[D]. University of Massachusetts, 1974.

[4] Gazettas G, Stokoe K H. Free vibration of embedded foundation: theory versus experiment[J]. J Geotech. Eng, 1991, 117(9):1363-1381.

[5] H G Poulos, E H Davis. Elastic solutions for soil and rock mechanics[M]. New York: JOHN WILEY & SONS, INC, 1974.

[6] 钱力航.高层建筑箱形与筏形基础的设计计算[M].北京:中国建筑工业出版社,2003.

[7] 刘国彬,侯学渊.软土基坑隆起变形的残余应力分析法[J].地下工程与隧道,1996,33(4):61-67.

[8] 梅国雄,宰金珉.固结有限层理论与应用[M].北京:科学出版社,2006.

南京长江隧道超大直径盾构掘进施工参数控制

陈　健[1,2]

(1. 中国地质大学(武汉)　武汉　430074　2. 中铁十四局集团有限公司　济南　250014)

摘　要　本文针对南京长江隧道超浅始发,长距离穿越粉细砂、砾砂、卵砾石混合地层,江中超浅覆土等复杂的地质条件,通过对已掘进地段的盾构掘进施工参数设定与控制、泥水管理、同步注浆等进行了较为系统的总结,为同类工程施工提供一定的借鉴。

关键词　大直径泥水盾构　掘进　参数　控制

1　工程地质概况

南京长江隧道位于南京长江大桥与长江三桥之间,连接河西新城区—梅子洲—浦口区,是南京市规划的重要过江通道工程,其工程地质剖面图及衬砌结构横断面图分别见图1和图2。本工程采用“左汊隧道+右汊桥梁”方案,左汊隧道全长3 905.030m,按两线双向6车道快速通道规模建设,盾构段长3 022m,采用两台超大直径混合式泥水盾构掘进机施工,盾构开挖直径为14.96m,管片环外径为14.5m,内径为13.3m,壁厚0.6m,环宽2m,混凝土设计强度等级为C60。

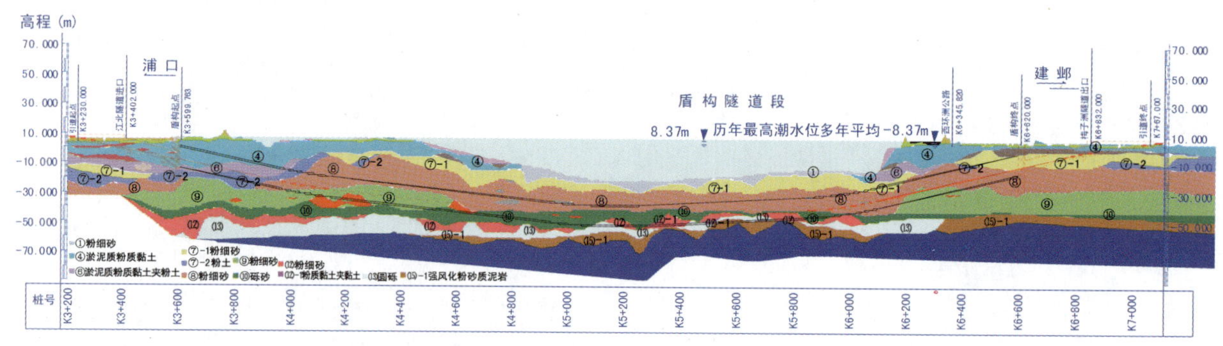

图1　南京长江隧道工程地质剖面图

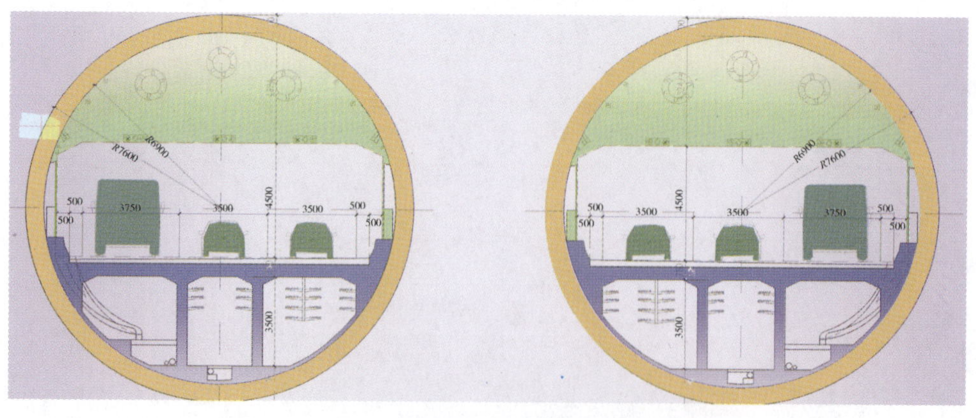

图2　隧道衬砌结构横断面图

南京长江隧道在当前同类型盾构隧道中属于世界上第二大直径隧道，同时又是世界上同类型地质条件最为复杂的超大直径盾构隧道，工程地质特点如下：

(1)超浅覆土始发：由于受线路控制影响，盾构始发段覆土厚度为5.5m，仅有0.37D，属于超浅埋，在国内盾构超浅覆土始发施工中尚属首例，施工技术难度和施工风险非常大。

(2)两次穿越大堤：根据线路设计，盾构机需两次穿越长江大堤，浦口岸穿越地层为⑥层淤泥质粉质黏土夹粉土，梅子洲穿越地层为透水的⑦-1粉细砂层，由于长江大堤防洪等级高，地表沉降控制要求严，且覆土厚度变化明显，盾构掘进施工技术参数控制难度极大。

(3)长距离穿越粉细砂、砾砂和卵砾石混合地层：本盾构从K4+750~K6+000段长1250m长距离穿越透水的⑧层粉细砂和强透水的⑩层砾砂层，其中K5+080~K5+740段还穿越0~3.9m厚强透水的⒀卵砾层和强风化钙质泥岩地层，同类型盾构机在江中长距离穿越这种特殊的混合地层，在当今世界上尚属首例。由于掌子面岩性差异、上下软硬不均，掘进参数控制极为复杂，稍有不慎，极易出现塌方冒顶、浆液漏失，开挖舱阻塞、刀具损坏等风险，掘进控制技术难度大，施工风险高。

(4)江底冲槽施工风险大：隧道在K5+970~K6+115长145m的江中冲槽地段隧道覆盖层厚度均小于14m，不足1D，尤其是K6+075~K6+105段覆盖层厚度仅为10m，仅有0.7D，且上部水深达29m，隧道覆土为⑦-1宜液化粉细砂层为主，掘进断面为透水的⑧层粉细砂。盾构机在掘进过程中，极易发生掌子面失稳、地层隆陷、透水冒浆和地层液化，施工技术难度和工程风险极大，在同类型盾构隧道施工中属于世界级技术难题。

2 Φ14.96m泥水盾构简介

本盾构机为德国海瑞克公司生产的混合式泥水盾构，其工作原理是利用专用管道将泥水注入到泥水舱，再通过气压舱的压力调整使泥水在开挖面上形成泥膜来保持掌子面的稳定，同时泥水将切削下来的土体颗粒形成高浓度泥浆输送到地面，最后通过泥水分离设备将泥浆进行分离后再送回开挖面，这样反复循环(见图3)。其工作参数见表1。

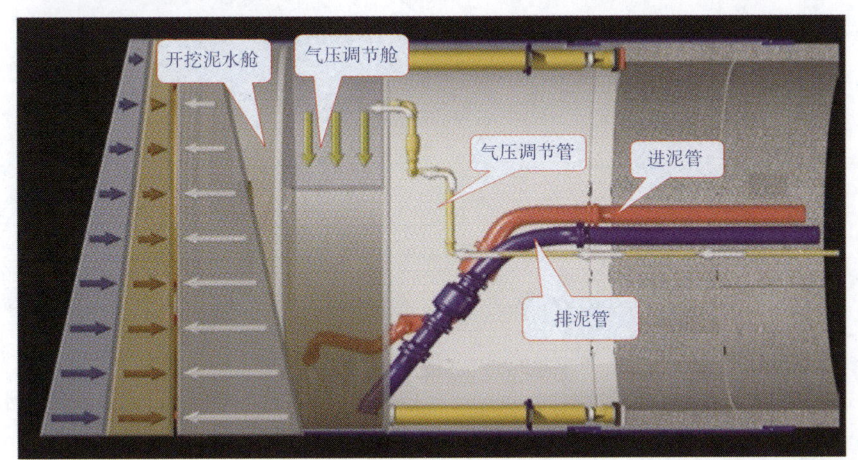

图3 混合式泥水盾构结构原理图

14.96m泥水盾构工作参数一览表 表1

名　称	工作参数	备　注	名　称	工作参数	备　注
开挖直径(m)	14.96		最大推进速度(mm/min)	4.5	
盾构机总长度(m)	135	包括后配套	刀具数量(把)	233	
最小转弯半径(m)	750		盾尾密封(道)	3+1	密封刷+弹簧钢板
主驱动类型	中心回转式		工作压力(Bar)	7.5	

续上表

名　称	工作参数	备　注	名　称	工作参数	备　注
总驱动功率(kW)	3 750		主驱动类型	中心回转式	
电机数量(个)	15		驱动电机(个)	15	每个 250kW
最高扭矩(kN·m)	39 945		泥浆管径	DN500	进出两道
转速(r/min)	0～1.6		进浆流量(m^3/h)	2500	
最大推力(kN)	198 000		出浆流量(m^3/h)	2800	

注:1 Bar = 10^5 Pa。

3　盾构掘进参数控制与调整

由于南京长江隧道水域长度长达 2 500m,占盾构段总长度的 82% 以上,且地质条件复杂多变,当盾构机进入江中后,无法采用现有手段对江底掘进断面进行实时精确监测,掘进施工参数设定、控制、监测与修正,盾构掘进施工中的关键控制技术。

3.1　气压仓压力设定与控制

根据国际上泥水盾构的施工经验,本隧道切口水压的上、下限值设定值采用静止土压力和主动土压力进行控制,并按不同地质段落,分别采用水土合算和水土分算的方法进行计算,同时根据工程地质特点及刀盘对掌子面的支撑作用,结合地表监测数据,对压力参数值进行适当修正选取。

3.1.1　理论计算[1]

(1)淤泥质黏土地段(K3 + 600 ~ K3 + 850)(采用水土合算方式,见图 4)

①泥水压力上限值:

$$p_{上} = p_1 + p_2 + p_3 = k_0[\gamma \times (H - h) + \gamma_{sat} \times h] + 20 \tag{1}$$

②泥水压力下限值:

$$p_{下} = p_1 + p_2 + p_3 = k_a[\gamma \times (H - h) + \gamma_{sat} \times h] + 20 \tag{2}$$

(2)其他透水层地段(K3 + 850 ~ K6 + 620)(采用水土分算方式,见图 5)

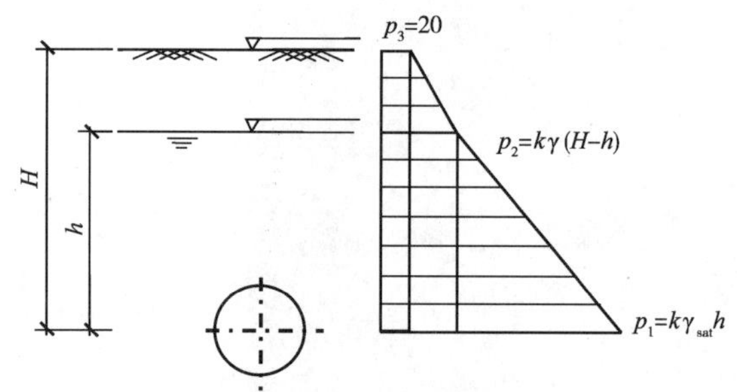

图 4　泥水压力计算示意图(水土合算)

图 5　泥水压力计算示意图(水土分算)

①泥水压力上限值:

$$p_{上} = p_1 + p_2 + p_3 = \gamma_w(h_w + h) + k_0\gamma' h + 20 \tag{3}$$

②泥水压力下限值:

$$p_{下} = p_1 + p_2 + p_3 = \gamma_w(h_w + h) + k_a\gamma' h + 20 \tag{4}$$

式中:$p_{上}$——泥水压力上限值(kPa);

$p_{下}$——泥水压力上限值(kPa);

p_1——地下水位以下水土压力(kPa);

p_2——地下水位以下水土压力(kPa);

p_3——变动土压力,一般取 20kPa;

H——地表至隧道中心线埋深(m);

h——地下水位至隧道中心线埋深(m);

k——侧压力系数;

k_0——静止土压力系数,$k_0 = 1 - \sin\varphi'$,φ'为有效内摩擦角;

k_a——主动土压力系数,对于黏性土:$k_a = \tan^2(45° - \varphi/2)2c/rh \times \tan(45° - \varphi/2)$,$c$ 为土的凝聚力(kPa),φ 为土的内摩擦角;对于无黏性土:$k_a = \tan^2(45° - \varphi/2)$;

γ_{sat}——水的饱和重度(kN/m³);

γ——土的重度(kN/m³);

γ_w——水的重度(kN/m³);

γ'——土的浮重度(kN/m³);

h_w——地上水位至江底深度(m)。

盾构机掘进时的切口泥水压力设定介于理论计算值上下限之间,并根据地表建构筑物的沉降情况和地质条件适当取值或调整。

3.1.2 施工监测与泥水压力调整

为了准确验证计算切口压力设定的准确与否,以便修正计算参数,掘进施工中选取 K3 +670 ~ +710 鱼塘浅覆土地段进行详细沉降监测控制,沉降监测断面及监测点布置示意见图 6。

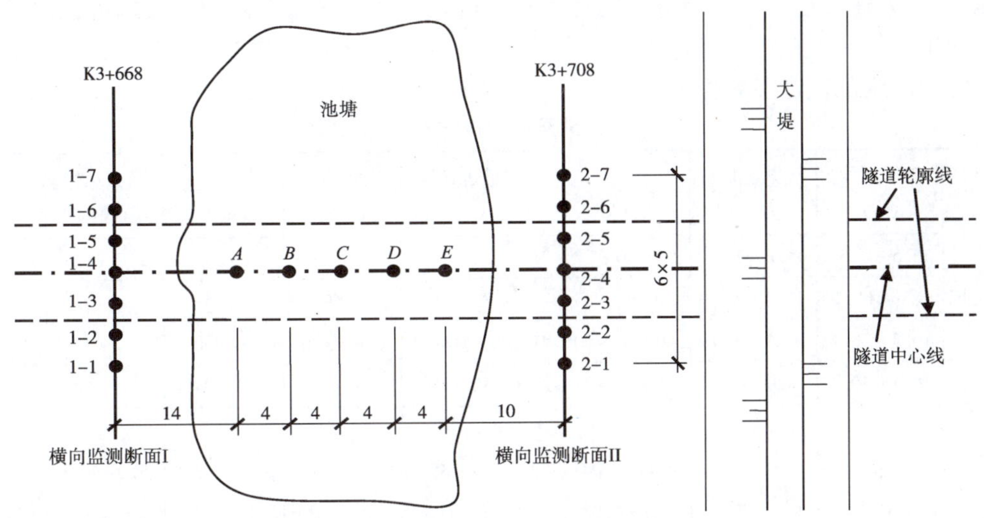

图 6 沉降监测孔布置示意图(尺寸单位:m)

K3 +668 横向监测断面 I 和纵向监测点 A、B 是以计算最小泥水压力减小 0.2Bar(即 2×10^4Pa)设定泥水压力,地表沉降变化见图 7 和图 8;监测点 C 是以盾构机正常计算压力进行设定的监测情况见图 8;监测点 D、E 和横向监测断面Ⅱ是以计算最大压力值增加 0.2Bar(即 2×10^4Pa)设定,其沉降情况详见图 9。

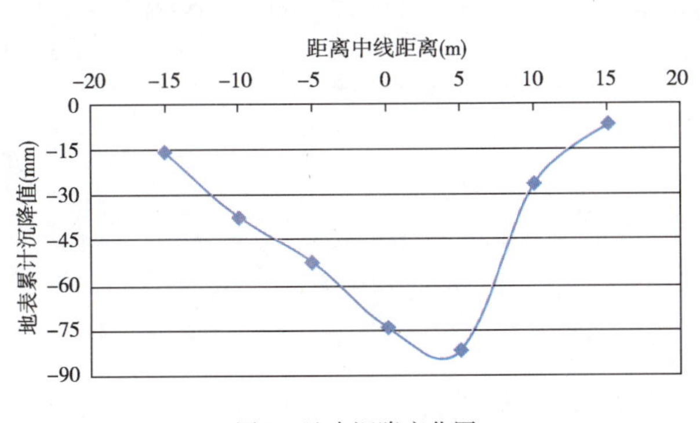

图 7 地表沉降变化图

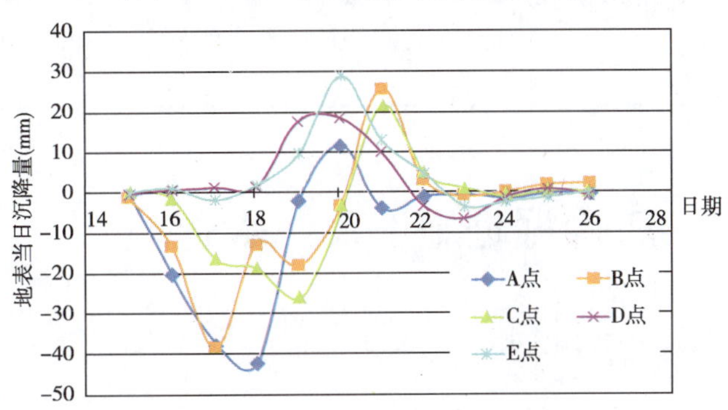

图 8 纵向监测断面各点地表日沉降量变化曲线

根据监测数据图显示：当压力设定小于计算下限值0.2Bar(2×10^4Pa)以下，虽然在淤泥质黏土中能保持掌子面平衡，但对于其他透水地层由于地面沉降量较大，极易引起地表塌陷和开挖面失稳的风险；当压力设定大于计算上限值0.2Bar(2×10^4Pa)以上时，由于地表隆起量较大，容易造成冒顶风险；因此对于地表沉降要求严格的地段宜调整为上限值设定为宜；对于浅覆土且不受沉降要求的地段，为防止压力过高或波动引起地面冒浆，压力参数调整为下限值控制为宜。

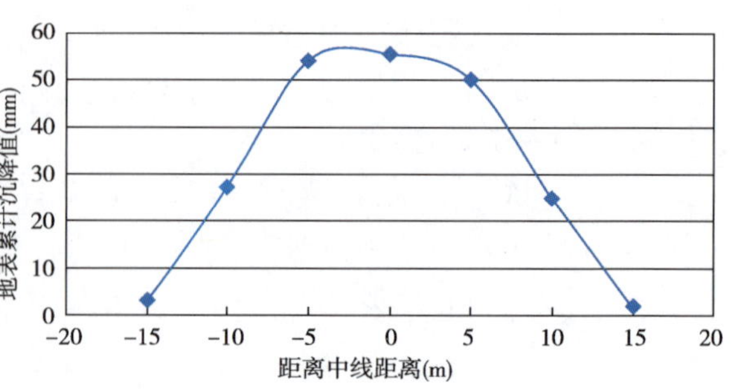

图9　K3+708监测断面各点地表累积沉降量曲线

3.2　推进速度与推力

根据本盾构机的设计性能，正常掘进速度应设定为30～40mm/min；在盾构机通过砾砂、圆砾地层时，掘进速度应控制在25～30mm/min。一般情况下，推力随着泥水压力的大小和推进速度的快慢而增大，正常情况下按照本隧道地质特点，盾构掘进总推力最大不宜超过额定总推力的70%进行控制。

3.3　刀盘转速与扭矩控制

掘进施工中，刀盘转速选择要结合不同地层的软硬程度和盾构机设计的最大掘进扭矩综合考虑，根据海瑞克设计生产的盾构机性能参数和本项目地质水文特点，依据盾构试掘进的掘进经验指标，该盾构在不同地质的地段施工掘进参数控制见表2。

各地层盾构掘进参数　　表2

地层段落	隧道埋深(m)	气垫仓泥水压力(Bar)	推力(kN)	推进速度(mm/min)	转速(r/min)	锥入度(mm/r)	扭矩(MN·m)	备　注
始发加固段	5.5～8.6	1.2～1.8	25 000～30 000	10～30	0.8～1.0	10～37.5	2.0～5.0	
非加固浅覆土	8.6～11.2	1.8～2.4	30 000～45 000	30～40	0.7～0.9	33.3～57.1	1.8～3.0	
长江大堤	10.5～16.4	2.4～3.0	40 000～50 000	30～40	0.8～1.0	30～50	2.0～3.0	
粉细沙层	16.4～30.1	3.0～4.9	45 000～95 000	30～40	0.9～1.1	27.3～44.5	3.0～6.0	
粉细沙、砾砂混合地层	15.1～27.6	4.0～5.8	6 000～100 000	25～35	1.0～1.2	20.8～35.0	5.0～8.0	按常年水位计算，需根据实测调整
粉细沙、砾砂及卵石混合地层	15.2～17.5	4.0～5.6	6 000～100 000	25～30	1.0～1.3	19.0～30	7.0～10.0	按常年水位计算，需根据实测调整
江中浅覆土地层	14.6～10	4.5～5.1	60 000～90 000	20～25	0.7～0.9	22.2～35.7	3.0～6.0	按常年水位计算，需根据实测调整

注：1 Bar = 10^5Pa。

4　盾构掘进施工及泥水管理

4.1　盾构掘进控制

为了使盾构机保持良好的掘进姿态，施工中需进行动态的现场掘进管理，具体内容如下：

推进过程中，严格控制推进方向，并将施工实测数据与计算结果及时校核调整。为了控制掘进姿态,要求每环掘进过程中,盾构姿态要保持平稳,尤其是竖向方向高度:盾尾保持在 +5 ~ +20mm 范围,盾构机前段保持在 +10 ~ +30mm,竖向抬头趋势尽量控制在 +1 ~ +3mm/m。严禁在每环掘进过程中出现“上串下跳”现象。同时控制好盾尾间隙,均衡盾构机掘进姿态与管片拼环姿态的一致性。

4.2 泥水管理

泥水管理是泥水盾构掘进施工中一项关键技术控制工作,它包括泥浆指标设定、泥浆配制和泥水分离等。

4.2.1 泥浆配制与指标控制

为了应对本隧道穿越的复杂地质条件,同时考虑解决开挖面泥膜形成、环流系统携砂、泥水分离等问题,按照不同地质地段的泥浆性能指标要求,在本工程中优先选用复合型高分子聚合材料配制高质量泥浆的方法进行调配。具体如下:

(1)④、⑥号地层

主要成分为淤泥质粉质黏土,>0.075mm 颗粒占整地层颗粒的 90% 左右,对于这种地层,泥浆的配制主要依赖地层的自造浆功能,施工中泥浆相对密度容易升高,泥浆相对密度的降低可通过弃浆加水稀释实现。泥浆性质,相对密度控制在 1.15 ~1.2 之间,黏度控制在 17 ~18s,析水量控制在 5% 以下,pH 值为 9 –10。

(2)⑦、⑧、⑨、⑫号地层

主要成分为粉细砂,渗透系数大,这种地层粉黏颗粒含量少,自成膜能力弱,泥浆性能易裂化,本地层泥浆配制采用华北油田生产的 NSHS-1 和 NSHS-3 高分子多元聚合材料调制实现。泥浆性质:相对密度为 1.2 ~1.25 之间,黏度为 20 ~25s,含砂量为 15 ~25% ,析水量在 5% 以下,pH 值为 9 ~10。

(3)⑩、⑬号地层

主要成分为砾砂,为强透水地层,这种地层粉黏粒颗粒少,地层颗粒间孔隙较大,泥膜形成困难。本类地层泥浆的配制通过使用华北油田生产的 NSHS-1、NSHS-2 和 NSHS-3 高分子堵漏聚合材料来调配。泥浆性质:相对密度控制在 1.23 ~1.28 之间,黏度控制在 25 ~32s,含砂量控制在 15% ~25% ,析水量小于 5% ,pH 值为 9 ~10。

4.2.2 泥水分离

根据盾构机掘进能力,左右线盾构机各用一套黑旋风 ZX-3000B 泥浆处理系统进行泥浆处理,处理能力为 3 000kg/h,采用二级分离方法进行泥水分离。泥水分离的碴土采用泥浆泵泵送和汽车运输两种方式集中弃置。

5 同步注浆控制

同步注浆是盾构掘进施工中另一关键施工环节。在盾构掘进过程中,通过同步注浆作业实现对开挖土体与管片之间空腔的有效填充和置换,抑制地层沉降,控制管片变形和上浮,防止管片和盾尾渗漏水,保护管片防水和盾尾密封,见图 10。

5.1 浆液配制

本工程同步注浆浆液根据工程地质特点,结合惰性浆液的优点有效地采用了慢—硬性浆液配制方法进行配制。性能指标如下:浆液初凝时间 12 ~24h;固结体强度:28d 抗压强度不小于 0.5MPa(大于强风化岩天然抗压强度);浆液结石率 >95% ;浆液坍落度为 18 ~22cm 或 22 ~26cm(根据不同地层调整选取);浆液扩散度控制在 40 ~45cm;密度为 1 920kg/m^3。

同步注浆所用砂浆根据试配及现场注浆试验验证,其配合比为:水泥: 粉煤灰: 砂: 膨润土: 外加剂: 水 =1:4:24.6:1.60:0.06:8.8。

5.2 注浆压力设定

本盾构沿盾尾圆周共设 6 根同步注浆管,分布见图 11;上、中、下三排注浆管的注浆压力计算如下:

同步注浆压力最小值 =［注浆孔所在点水土压力 + 管道中的压力损失 +0.2Bar(即 2×10^4Pa)］×1.0

同步注浆压力最大值 =［注浆孔所在点水土压力 + 管道中的压力损失 +0.2Bar(即 2×10^4Pa)］×1.25

其中：管道中的压力损失在盾构机现场组装时已通过注浆试验测定，实际测定损失值为 0.8～1.5Bar(1 Bar = 10^5Pa。

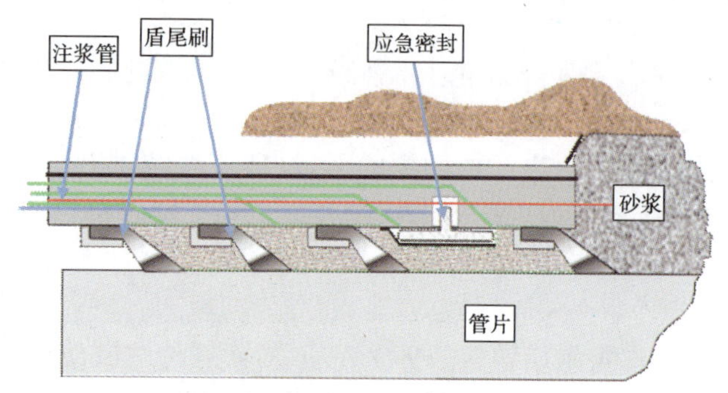

图 10　同步注浆作业效果图

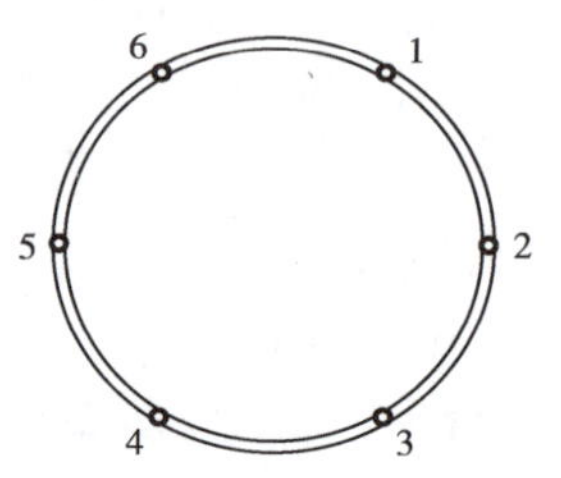

图 11　注浆孔布置图

5.3　注浆量控制

注浆量采取理论注浆量和注浆压力双重指标控制。不同地层实际注浆量控制见表 3.

不同地层注浆量控制参数　　表 3

项　目	充盈系数(%)	实际控制注浆量(m^3)	项　目	充盈系数(%)	实际控制注浆量(m^3)
淤泥质粉质黏土	130～150	13.8～16.0	粉细砂与砂砾	190～210	20.2～22.3
淤泥质黏土、粉细砂	150～180	16.0～19.2	粉细砂、砂砾及卵石层	200～220	21.3～13.4
粉细砂	180～200	19.2～21.3			

盾构掘进过程中，根据实际推进速度和千斤顶行程及时调整注浆流量，正常情况下，压力明显升高且大于设定注浆压力时，要适当减小注浆流量，否则加大注浆流量，确保管片与土体之间空隙填充密实。

5.4　注浆效果检测

为了及时地验证注浆参数的合理性和管片背后填充的密实性，管片环脱出盾尾且同步注浆固结超过 7 天以上，采用美国 GSSI 公司生产的 Sir-3000 型地质雷达对成型隧道管片背后同步注浆效果进行检测，通过对 LK3 +642～LK3 +654 段拱顶管片的检测显示(见图 12)，注浆填充密实，无空洞，注浆参数设定合理；否则及时调整前方注浆参数，同时对后方注浆不密实部位利用管片预留的二次注浆孔采用双液注浆方式进行二次注浆加固。

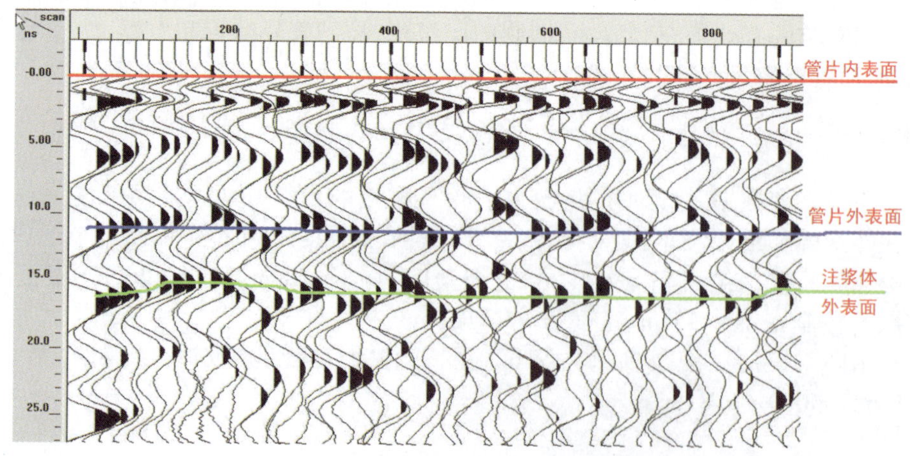

LK3 +642～LK3 +654 段拱顶测线

图 12　盾构隧道壁后注浆雷达扫描图

6 结语

通过本隧道目前已施工地段,在超大型泥水盾构掘进施工中有以下几点体会:

(1)泥水压力的设定与控制尽量采用气仓压力控制,切口水压校核的方式平稳推进,严禁出现较大的压力浮动,推进过程中的压力浮动值控制在 -10 ~ +10kPa;理论计算要通过地表监测进行修正。

(2)掘进过程中要严格控制掘进姿态和管片拼装姿态,保持盾尾间隙的均匀性,避免盾尾间隙出现较大偏差。

(3)在浅覆土施工中必须保持不间断匀速平稳推进,严格控制切口压力、压力波动和泥水偏差流量,严禁长时间停机。

(4)同步注浆要采取注浆压力和理论注入量双向控制,并随推进速度及时调整注浆流量,确保管片背后注浆饱满密实。浆液流动性能最好以坍落度和扩散度来控制,严禁出现离析、大量泌水等。

参考文献

张凤祥,朱合华,傅德明.盾构隧道[M].北京:人民交通出版社,2004.

盾构法隧道施工综合管理信息系统软件研制与开发

朱忠隆[1] 张庆贺[2] 胡向东[2] 齐 涛[2]
(1. 上海市政工程设计研究总院 上海 200092 2. 同济大学 上海 200092)

摘 要 将信息技术引入到传统的土木工程学科是科学研究和生产研发的永恒主题。本研发团队通过多年的学术积累和工程实践开发了一套能够服务于盾构法隧道施工管理的软件系统,该软件系统能够提供盾构施工的数据库管理、风险管理、变形预测以及参数控制等功能,并在国内多个盾构法隧道工程中得到应用、充实和完善。

关键词 盾构法隧道 管理信息系统 软件

1 引言

随着科学技术的进步,盾构机型变得越来越复杂,并向巨型化、分散化方向发展,有鉴于此,为保证盾构系统能够适用各类环境下的施工管理,配备功能齐全的辅助软件管理系统不仅必要,而且也是盾构施工管理的重要组成部分[1]。

研制和开发盾构法隧道施工综合管理信息系统是同济大学地下建筑与工程系多年来学术研究和工程实践的一项重要成果,该软件系统面向的对象是盾构法隧道施工环境系统,涵盖了数据库系统、风险管理、沉降(变形)预测、参数(变形)控制等4个子系统和模块,限于篇幅,本文仅介绍了其中3个子系统和模块。

2 主控程序的功能模块[2]

盾构施工智能控制系统软件包括数据库、地面沉降仿真预测、施工参数控制等主要模块。另外,系统配备工具等辅助模块。系统软件包涵盖以上主要模块以及若干辅助模块(图1)。

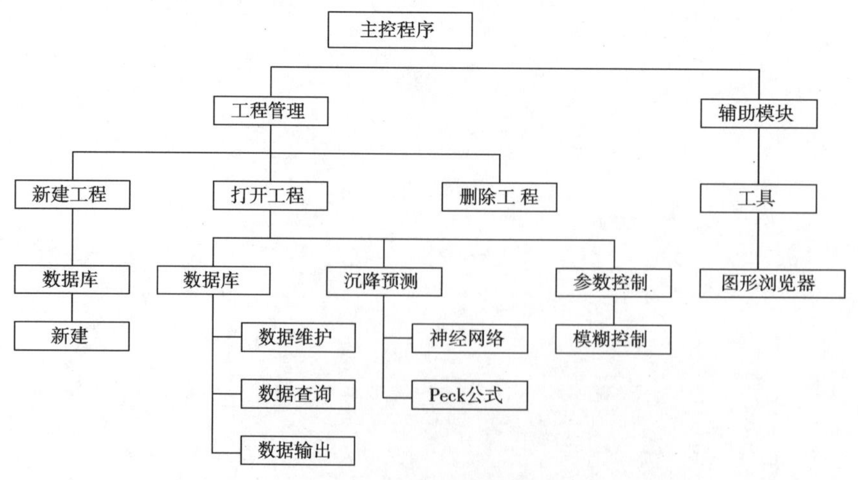

图1 主控程序功能框图

辅助模块主要包括工具模块,其中包含图形浏览器。图形浏览器具有一些简单的图形操作功能,可对系统内部的一些图形以及图形文件进行浏览、拷贝等操作。图形浏览器的启动通过主控程序菜单"工具|图形浏览器"驱动。

3 数据库系统[2]

数据库系统各模块的数据输入输出均由集中的数据库系统统一管理,各模块之间的联系通过数据库完成。

数据库包含以下数据:地质参数、隧道参数、盾构参数、施工参数、地面沉降监测数据以及隧道成形指标等。数据库的主要功能是:集中管理总系统的所有数据;同各子系统进行可靠的数据通信;提供方便、快捷、全面的数据查询;对重要参数作出超限报警。

本系统用 Delphi 语言写成。数据库用 BDE(Borland Database Engine)数据库引擎驱动,采用以 Paradox 为主的数据库格式。

3.1 数据库内容

数据库包含了盾构隧道施工有关的大部分参数,主要由以下数据组成:地质参数、隧道参数、盾构参数、施工参数、沉降监测数据(包括隧道沿线地面沉降和构筑物、管线沉降)以及隧道成形指标等(图2)。

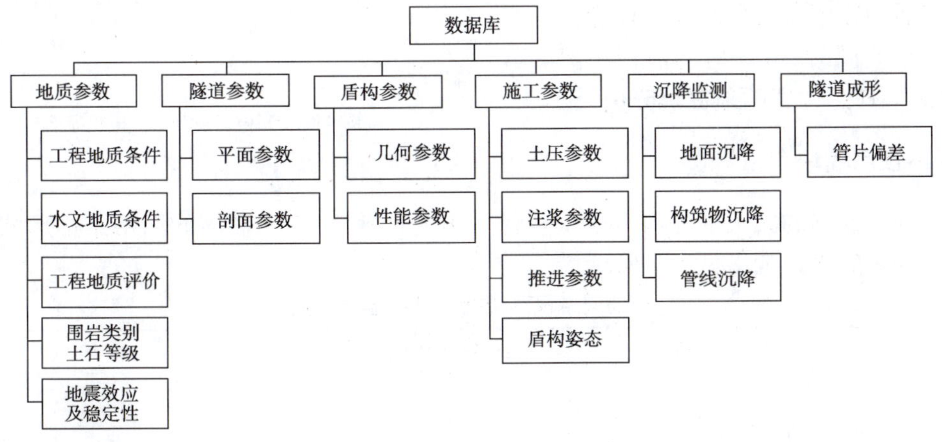

图2 数据库的主要组成部分

3.2 数据库的维护

数据库的维护是指对数据库进行数据元素(记录)、数据项(字段)乃至整个数据文件的修改、增加、删除等工作,还包括对数据文件结构的改造。数据库的维护包括两部分内容:一是对批量建立的数据库的维护;二是对动态建立的数据库的维护。根据被维护数据的不同,程序设计了不同的专用窗口(数据维护器)。

数据库维护的工作由主控程序的数据库菜单(数据库/数据库维护)驱动。

3.3 数据库的查询

数据库的查询通过菜单驱动(见图3)由各种专用查询器完成。根据数据的性质采用3种查询方式:静态查询、静态链接查询和动态查询。

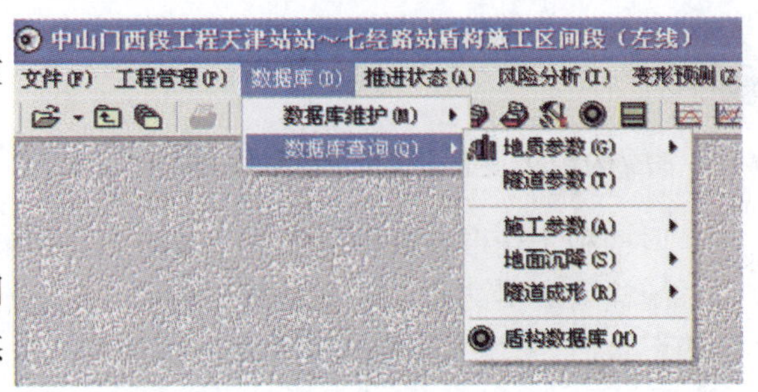

图3 数据库查询的菜单驱动

数据库查询系统最大限度地使用了动态连接和数据

可视化技术,不仅使得查询操作极为简单(可全部通过鼠标完成)而且使得查询结果相当全面和易读。

4 施工变形预测与智能控制

4.1 Peck 公式预测沉降模块[3]

Peck 公式预测沉降模块使用了横向分布的地面沉降估算公式和沿纵向隧道轴线地面沉降估算公式[4]。其操作界面如图 4,当盾构推进至某一里程,输入查询点里程(m)和查询点距离隧道中心线水平距离(m),得到查询点断面的土的内摩擦角(°)和地表至隧道中心距离(m),根据相关计算公式可得沉降槽宽度系数 i(m),由已知监测点沉降数据(从数据库中调用),可反分析求出纵向隧道轴线地面沉降估算公司中的两个地层损失量 V_{l1} 和 V_{l2},并可计算得到轴线上任意位置的沉降值,代入横向地面沉降估算公式可求出 V_l,从而可以得出盾构在该位置处时横向任意位置的地面沉降值。同时,输入盾构前行距离(m),可预测纵向任意位置的地面沉降值。

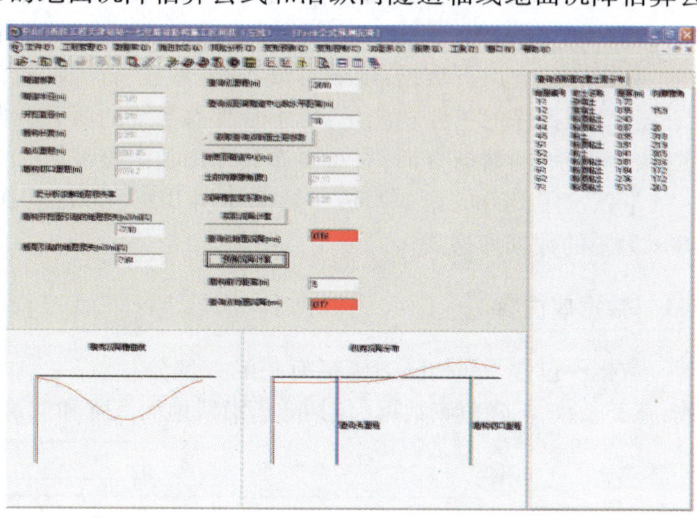

图 4 Peck 公式预测沉降模块界面

4.2 神经网络预测模块[5]

盾构施工变形预测的人工神经网络模型选择了由 8 个输入、2 个输出的网络结构形式。其中输入与输出层结点变量的物理意义见表 1 所示。

神经网络预测模型的输入输出变量　　表 1

输入变量	物 理 意 义	输出变量	物 理 意 义
X1	盾构前方 15m 的地表变形值	PF	盾构前方 20m 监测点发生的最大隆起值
DX1	盾构前方 15m 的地表变形值的变化量		
X2	盾构前方 5m 的地表变形值		
DX2	盾构前方 5m 的地表变形值的变化量		
X3	盾构正上方的地表变形值	PB	盾构前方 20m 监测点发生的最大沉降值
DX3	盾构正上方的地表变形值的变化量		
X4	盾构尾部后方的地表变形值		
DX4	盾构尾部后方的地表变形值的变化量		

考虑到软件的实用性,该软件尽量简化操作界面,许多参数在软件研制时设置了缺省值,操作界面如图 5 所示。

4.3 盾构施工变形模糊控制系统模块[5]

盾构施工变形模糊控制系统主要根据盾构隧道施工的实测数据进行盾构施工参数的模糊控制。作为系统输入的实测数据包括两部分内容:一部分是地表变形监测值,即变形量;另一部分是盾构施工参数的记录值,采用了两个施工参数——盾构土舱压力设定值与同步注浆量。模糊控制输出的两个施工参数为盾构土舱压力设定值与同步注浆量。

盾构施工变形模糊控制系统输入数据为地表控制监测关键点位的变形值 S 及其变化值 dS 和盾构

土舱压力设定值 P 与同步注浆量 V。根据系统的结构设计，关键点位有 4 个：盾构前方地表隆起最大处的监测点位(1)及其前方的最近一个监测点位(2)，盾尾前(3)后(4)各一个监测点位。这样，在某一时刻具体的系统输入数据为这 4 个关键点位上的地表变形值 S_1、S_2、S_3、S_4 及其变化值 dS_1、dS_2、dS_3、dS_4，以及该时刻的盾构土舱压力设定值 P 与同步注浆量 V。

盾构施工变形模糊控制系统模块的启动通过主控程序菜单“参数控制|模糊控制”驱动。启动后的界面如图 6 所示。

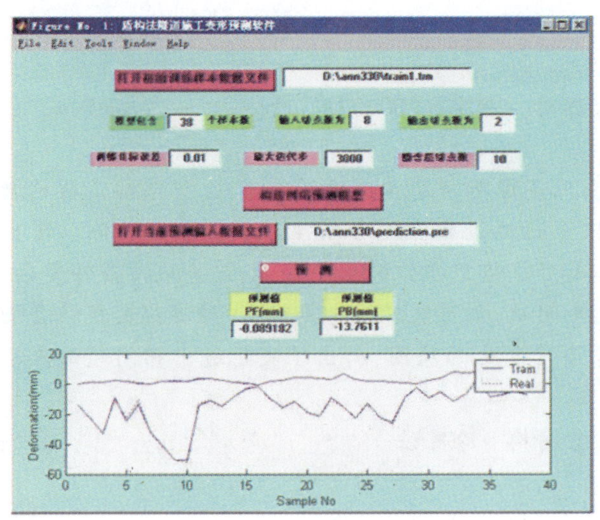

图 5　变形预测程序主界面

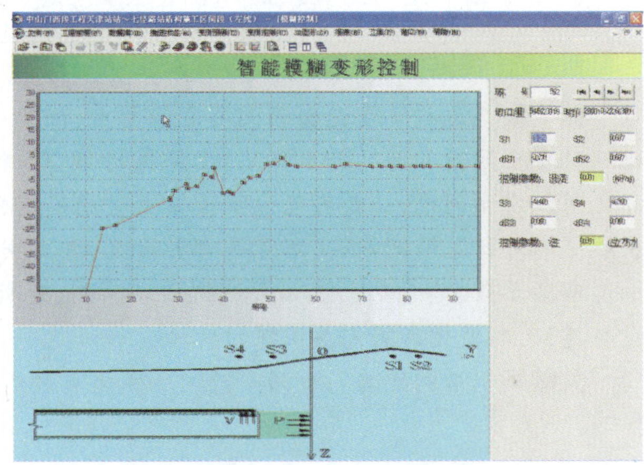

图 6　盾构施工变形模糊控制系统模块界面

本主控界面有两个图形显示界面，其中左上方图形显示界面为地表纵向变形值动态显示图，与工程数据库实现直接动态链接。

本主控界面完全实时与工程数据库直接链接，完全可以实现自动控制，用户只用切换到当前界面，可以实时观察到盾构实时控制参数的情况，无需用户操作或输入任何数据。

5　结语

经过数年的开发努力，本软件的各主要模块已基本研制和开发完成，近期软件已增加风险管理模块以及变形随机预测模块，该软件已在天津市地铁九号线工程(天津站站～七经路站盾构施工区间段)现场投入测试和调试，研制和开发人员也将对软件进行不断地丰富和完善，以满足日益复杂环境下的盾构法隧道施工建设管理。

6　致谢

本项工作是在同济大学孙钧院士学术梯队各主要成员共同合作的成果结晶，特此感谢各位成员长期努力。

参考文献

[1] 孙钧，等. 城市环境土工学[M]. 上海：上海科学技术出版社，2005.
[2] 胡向东. 盾构隧道施工多媒体监控与仿真系统主控程序与数据库系统[D]. 上海：同济大学，2002.
[3] 齐涛. 盾构施工智能控制系统软件编制初步报告[R]. 同济大学地下建筑与工程系，2008.
[4] 刘建航，侯学渊. 盾构法隧道[M]. 北京：中国铁道出版社，1991.
[5] 朱忠隆. 软土盾构法隧道施工变形的数值解析与智能方法研究[D]. 上海：同济大学，2002.

由地铁 X 号线盾构隧道进出洞问题引出的几点思考

宋敏生

（上海市工程建设咨询监理公司　上海　200433）

摘　要　盾构隧道进出洞问题看似简单，许多人对此不像对待盾构掘进那样重视，可实际上盾构进出洞时发生问题的情况并不鲜见，上海 X 号线 XB 标段下行线进出洞时都发生了问题就是一例。进出洞之所以发生问题，一是可能方案选择上考虑不周；二是可能施工操作时出了偏差；三是地质条件复杂、出现了不可预见情况等等，不管是哪种情况，进出洞发生问题，都可能延误工期、造成经济损失或社会影响。有鉴于此，笔者以地铁 X 号线进出洞为例，分析了事情发生的原因，引出了关于进出洞问题四点思考与建议，与诸位行家们共同探讨。

关键词　盾构隧道　出洞　进洞　掘进参数　后靠结构　冷冻法

1　引言

1.1　隧道出洞时盾构机与后靠结构发生情况

2007 年 7 月，上海地铁 X 号线 XB 标穿越黄浦江段开始出洞，其区间盾构隧道下行线开始穿墙出洞。里程为 K20＋720。此时，盾构机（Φ6 340mm × 8 581mm）早已安装就位，出洞前的一切准备工作也已就绪。但就在刚刚开始出掘进时发生了问题：盾构机顺时针旋转 7°多，导致负环管片（－5 ~ －9 环）右下角处明显碎裂；盾尾密封在 3 ~ 9 点的大半个圆圈范围内（如果把盾构机当成一个时钟，面向掘进方向，在 3 ~ 9 点范围内，即左右及下半部范围内）因盾构机与管片相对旋转而受挫损坏。

1.2　盾构进洞时接收井发生大量涌水涌泥

整整半年之后，2008 年 1 月，同一根盾构隧道到达浦东风井外墙边，里程为 K21＋840，进洞施工方案为冻结法加固，此时，人工冻结时间已达 34 天，据悉，土体冻结温度－10℃左右。但在盾构进洞前又强制解冻，方可拔出冷冻管以备盾构机穿越。当盾构机穿越已解冻土层到达封板前仅 18cm 时，又一次发生了问题：洞口处大量泥砂从已被凿开的探孔中随高压水流涌进接收井（风井）内，预计土方量达 100 多立方米。施工单位当即向风井内回填土方 3 600m^3、灌水 2 000m^3，以稳住流砂，停工等待处理。经测量，盾构隧道下沉 61mm。施工单位采取了内外注浆加固与隧道整体性内加固等措施，以确保隧道工程的安全。

1.3　盾构进出洞问题值得关注

同一工程同一条隧道，其进出洞都发生了问题，说明了盾构进出洞技术还不能讲已完全过关。进出洞问题并非像人们所想象的那么简单，许多人可能对此并不像重视盾构掘进那样重视进出洞，从而进行深入研究并找到解决这些问题的有效办法。何况地下工程具有的特殊性、复杂性、不可预见性等特点，稍有不慎就有可能发生意外。由此而造成的工期延误、经济损失与不良社会影响就不言而喻了。

在这种情况下,笔者认为有必要对盾构隧道进出洞问题进行再认识,有必要呼吁设计、施工等有关单位都来重视这一问题。大家知道,盾构隧道(包括顶管)每一个段区间都要进洞、出洞,都存在进出洞的问题与风险。别处姑且不论,仅 X 号线 XB 标就有进出洞 12 次之多,上海地铁其他标段,连同大直径顶管工程的进出洞就更多了,因次,进出洞问题普遍存在。解决这一问题实具普遍意义,不仅对上海,就是对地质与环境条件相近的其他地区也有一定的借鉴价值。

2 原因分析

2.1 出洞时

2007 年 7 月 X 号线 XB 标下行线出洞时发生问题后,有关方面对此进行了原因分析。有人认为盾构机“遇见了大石头等不明障碍物”,也有人认为是“盾构刀盘遇到了未割除的钢筋”等等,不一而足。但这些观点并不为包括笔者在内的大多数知情者所认同。以笔者之见,X 号线 XB 标下行线出洞时之所以发生那样的问题,分析下来主要有以下两个原因:

第一,实际施工参数不当,切削转速过快,掘进顶力过大。

据出洞施工方案所述,出洞时设定的掘进顶力 $F=1\ 200t$,(平均正面推力 $R=380\mathrm{kN/m^2}$),设定掘进速度为 1.0cm/min,但实际参数是多少尚不得而知。不过,从其施工后果来看恐怕与此有较大出入。我们只能从已有结果来分析判断。其设定或实际采用的施工参数可能与正确的参数值存在一定的差异。比如:

(1)掘进推力。按常规,刚刚出洞时由于洞外土体已经加固,其 $q_u\approx0.5\sim0.8\mathrm{MPa}$,能够自立,土压力很小,勿需按常规土压设定掘进参数。设定的掘进推力 1 200t 显然偏大,此时推力的大小完全取决于掘进速度。本工程施组中设定的掘进速度为 1.0cm/min,是比较正确的选择,如果更小些则最好,而实际操作时可能超过原设定值,瞬间施加的推力过猛,造成后座反力过大,负环受力不均,局部压应力超过管片受压极限强度而破坏。

(2)刀盘转速。按常规,对于切削已加固的土体,除了进刀量小之外,还要求刀盘切削转速要慢。大家知道,在同样切削力矩条件下,切削转速(角速度)越小,其所需功率也越小,反之,在相同输出功率条件下,转速越小,其扭矩就越大。本工程选用的盾构机,刀盘采用的是液压马达无级调速,可从 0 ~ 1.0r/min正反转任意调速,最大输出扭矩为 $504\times10^4\mathrm{N\cdot m}$。当盾构机出洞时,刀盘刚贴紧加固土体,完全应当在低转速条件下缓慢启动刀盘、切削土体(比如 0.2 ~ 0.4r/min,比最大转速低 1/5 ~ 2/5)其所需扭矩就小得多。如果不是这样,而是盲目地加大刀盘转速,不仅造成过大的刀盘扭矩(盾构机无力平衡而发生旋转),而且为了维持这一转矩,相应地也需加大顶推力,这就人为地加剧了后靠管片的损坏与后靠钢结构变形。

第二,后靠结构设计不当,左右两侧后靠受力不均。

根据施工单位提供的后靠专项施工方案,盾构机出洞时顶推反力由一套后靠设施来承担,反力按 1 200t计算,后靠设施由负环管片、Π 形钢构件、$\phi609$ 纵梁钢管以及 H 形钢后座等组成。出洞反力通过上述传力结构,最后传至端头井中的钢筋混凝土结构之上。这一套后靠设计本来不存在什么问题,多年来地铁区间隧道盾构几乎都是采用了这一方案,很少发生过问题,为什么在本工程中就发生了呢?原来下行线的后靠单边是空的,无支承可依。

端头井的结构设计是这样的:下行线左侧后靠有转角地下连续墙,可直接承受反力,而右侧在后靠范围内只有上下两层楼板,净空约 6.0m。在这种情况下,后靠右侧 H 形钢立柱之上下两端分别作用在楼层与底板之上,就可看作一个简支梁结构,但在这一简支梁的跨中设置一道斜撑,也可简化成两跨连续梁进行计算。而另一侧(左侧)的 H 形钢则直接贴紧 Z 形地下连续墙的转角处,后座十分可靠。这一后靠体系已是先天不足,左右失衡,正像人的左右两条腿,一软一硬受力严重不均。当盾构向前掘进时其反力通过上述一系列传力结构,最后作用在后靠右侧 H 形钢时,由于支承条件比左侧弱许多,右侧后靠变形较大(经计算约为 25mm,在假定分担反力 600t 的条件下)而钢筋混凝土管片则无法适应如此大的变形,应力相当集中,受力迅速恶化,导致负环右侧管片混凝土碎裂。

2.2 进洞时

2008 年 1 月,X 号线 XB 标下行线进洞时也发生问题,对于问题的原因,人们的看法也不尽相同。有很多人认为是由于接收井(风井)为沉箱结构,沉箱在下沉时残留在井外土体内的高压气体混入地下水中导致高压水气流带着泥砂从探孔中喷发出来,从而导致大量泥砂涌入井内。对此说法笔者并不赞同,理由是:第一,气压沉箱在下沉过程中,工作室内的气压压力应与箱外地下水水头高持平或者略低,不可能高于箱外水头压力,否则,箱内气压将会外溢,工作室内气压将会波动,影响沉箱下沉,如果此时工作室内有作业人员,就有可能危及他们的健康和安全。因此,施工单位必将竭力避免此类情况发生。第二,即使发生高压空气外漏,这些压力高于箱外地下水水头压力的压缩空气,必然随即上浮,最后溢出地面弥散到空气中,不可能残留在地下水中。况且,进洞时气压沉箱已下沉封底完两个多月,即便是存在少量气体也早已散失殆尽,怎么还会随高压水喷出呢?

以笔者之见,发生洞口大量涌砂的主要原因是:

首先,洞口土体加固采用的冷冻法施工方案不妥,至少在这里并不适用。最主要的问题在于土体冷冻后必须强制解冻之故,而原本已冻结的土体温度也仅仅 -10℃左右,当被强制解冻后,在盾构机机身范围内的土体,尤其是盾构机下部的土体经强制解冻后与原天然状态几乎没什么两样,如此以来,在地下水压力下发生大量涌砂,则是一个不足为奇的必然后果。

其次,冻结温度较高(仅 -10℃)、冻结时间较短(仅 34 天),如果冻结温度再低一些(比如 -20℃以下)、冻结时间再长一些(比如 60 天或者更长),那么,当加热强制解冻、冷冻管拔出后,由于四周冷冻土温度较低,四周土与解冻土之间仍存在较大温差,只要有足够的时间,在温度梯度的作用下,已融解的土体仍会重新冻结。此时,再开启刀盘掘进(即切削冻土掘进),就可以非常有把握地实现安全进洞,那种大量泥砂涌进井内的险情也就不会发生了。

事实上,有关方面后来采取的液氮冷冻方案、成功地把下行线盾构机推入风井,就是因为改进了冷冻工艺、延长了冷冻时间、降低了冷冻温度之故。

3 几点思考

地铁 X 号线 XB 标盾构隧道进出洞发生的问题,值得有关设计、施工人员与监理工程师们认真思考——问题是如何发生的?怎样认识盾构隧道进出洞时的环境条件及其对进出洞所带来的影响?采取何种对对策才能确保进出洞的安全?等等。下面,笔者仅就上述问题提出几点想法,也算是对盾构隧道进出洞问题思考的点滴心得。

3.1 应按具体环境条件、地质条件等制订并细化盾构隧道进出洞的施工技术方案

人们一定要因地制宜地选择合理的、切合当地条件的施工技术措施与相应对策。这些具体条件有:土层特点、地下水;四周有无地下管线或其他建筑物;发送井(工作井)和接收井工程结构条件;隧道埋深;后靠结构;以及施工条件、工程造价、工期因素等等;目前,通常采用的进洞出洞口土体加固、深井降水、人工冻结技术、水下切割玻璃纤维筋技术、钢封门封拆、人工破碎或静态爆破等等都得到较好的运用。这是十分关键的第一步。只有这一步走对了,才有可能确保进出洞的正常进行。

3.2 快速穿洞、慢速推进、有快有慢、快慢相济,应是穿墙进出洞的一般原则

这里所讲的快与慢是指穿墙进出洞时两种不同的节奏。从整体上讲要快,争取时间,达到以最短的

时段完成盾构机头的穿墙进出洞工作。因为进出洞是具高风险的一项工作,越快越有利于墙外土体稳定,减少或避免穿墙可能引起的坍方、流砂或压力水流。所以从总体上讲应该快,为达此目的,必须在穿墙的结构设计,施工方案上做到优化,这样,才能做到整体上快,最好用 1 ~2 天即可完成穿墙进出洞工作。

另一方面,在具体进行穿墙进出洞时又必须遵循慢速推进的原则,不可操之过急。这是由于穿墙进出洞处一般都进行了土体加固,而已加固的土体强度总在 0.8 ~1.0MPa,比天然原状土几乎提高了 10 倍。在这一情况下,当盾构机头顶入并切削这部分土体时,所必需的扭矩要比切削原状土要大得多。如果此时选择的掘进参数不当,比如顶力过大(远大于正面土压力),掘进速度进快(远大于设定的 0.5 ~1.0cm/min),那么,刀盘切削时所必需的大扭矩则无反力矩相平衡(在出洞前,机身没有入土,管四周无土体摩擦形成反力矩)随之便会发生整个机头的旋转,就有可能导致严重后果。

此时,如果采取慢速推进(0.5 ~1.0cm/min),小推力控制(300 ~400t),小扭矩切削(比如按 0.2 ~0.3r/min 控制时)则不致发生盾构机旋转、盾尾密封损坏、后靠负环管片局部碎裂这样严重的事故。

3.3 人工冻结法并不是盾构机进出洞设计与施工方案的首选

在地铁 X 号线 XB 标进出洞施工方案设计中选用了人工冻结法。此法在风井进洞时并不顺利,走了一段弯路。这并不说明冻结法技术有问题,冻结法在我国至少有 50 年的历史,其施工工艺已很成熟。但冻结法成本高、工期长则是公认的事实。在 X 号线 XB 标具体条件下,选择人工冻结法不一定最合理,其实,可供选择的进洞方案很多,比如三轴搅拌桩、高压旋喷桩、深井降水等等,都是行之有效的处理方案。

3.4 探索几种结构合理、安全可靠、经济简便的进出洞穿墙结构方案是有关各方急需研发与解决的重要课题

综上所述,盾构掘进(含顶管施工)的穿墙进出洞问题已经成为地下管线、向隧道施工中绕不过去的施工技术问题之一。从过去若干年施工实际来看,这一问题发生事故的比例很高,有的则造成重大经济损失和社会影响。令人遗憾的是,至今还未看到比较完善的进出洞设计与施工方案出台。究其原因,很可能与它们边缘性质有关,因为此类问题既是设计方面,又是施工方面都必须考虑与解决的问题。最有效的办法是把有关各方结合起来,提出若干个方案(当然要依不同的工程、地质、环境条件)通过实践加以解决。

笔者以自己多年从事地下工程之经验,对此问题作过一定的考虑,初步设计了几种墙体结构条件下的进出洞施工方案,比如当出发井或接收井分别为地下连续墙结构、沉井沉箱结构、SMW 工法井、钢板桩等条件下比较适合的进出洞方案,因篇幅所限,难以在此一一赘述。以后有机会再同大家交流,本人愿与有志于此类问题探索的同行们共同探讨。

海底隧道渗流场的注浆控制因素影响分析

吴金刚[1] 谭忠盛[2] 毕 强[1] 代忠梅[2]
(1. 北京市市政工程设计研究总院第一设计所 北京 100088
2. 北京交通大学土木建筑工程学院 北京 100044)

摘 要 在进行暗挖海底隧道支护结构设计时,合理确定水压力值是海底隧道支护结构设计的关键。本文讨论了海底隧道的注浆控制因素对渗流场的影响。分别考虑了注浆层的厚度、注浆层的渗透系数和隧道的排水量与衬砌作用水压力的关系,并通过对厦门翔安海底隧道的数值模拟分析给出了它们之间的关系曲线。文中分别考虑了施工期与运营期的隧道渗流场,其中,施工期海底隧道为全排水,而运营期隧道为限量排水。经分析,认为注浆层的渗透系数为控制衬砌背后水压力的主要因素。

关键词 海底隧道 渗流场 注浆

1 概述

在进行暗挖海底隧道支护结构设计时,合理确定水压力值是海底隧道支护结构设计的关键[1,2],目前国内铁路隧道设计规范和公路隧道设计规范在确定衬砌结构外水荷载时,从对地下水"以排为主"的原则出发,而不考虑水压力的作用。而有的工程则干脆参照水工隧道设计规范和经验,根据开挖后地下水渗入情况,采用折减系数法对地下水位进行相应的折减来计算隧道衬砌的外水压。

国内外的隧道工程中,对地下水的处理方式可以分为全封堵和排道方式两种类型[3],其中,前者不设置衬砌背后的地下水排道系统,当然,不少隧道内仍然有排水沟以排除隧道营运过程中产生的水以及因施工不良而引起的局部渗漏水,衬砌结构要承受同地下水位相应的水压力;后者则在衬砌背后设置包括盲管,透水填层等地下水排道系统。两种方式相比,全封堵方式由于衬砌要承受同地下水水头基本相当的水压力。因此当隧道埋置较大,地下水水头较高的隧道一般都不采用全封堵方式。例如,日本的海底隧道(青函隧道),海水深140m,埋深100m,水头总高度240m,采用排道方案,在衬砌背后设置排水盲管及透水填层。根据国外的情况,采用全封堵方式的隧道,地下水位一般小于30m,从技术上可以将60m作为临界值(Jan Dirk Chabot, Ambeg Ingeniearbiiro AG, Regensdorf-Wattler)。采用排道方案的最大优点是可以基本上不考虑(不是完全不考虑)衬砌的水压力荷载(现行铁路和公路设计规范均不考虑水压力),从而可以使得衬砌结构经济合理,采用排道方案要考虑的问题是排道系统的防阻塞,以及地下水排放量的控制。但对于较高水头的暗挖海底隧道结构的防排水技术而言,目前国内铁路隧道设计规范和公路隧道设计规范都没有明确说明。

但对于具有稳定高水头的海底隧道,如何确定作用在衬砌结构上的水压力,并不是一个简单的问题,同时,若隧道排放量相对比较大时,海底隧道不允许采取"以排为主"的处理方式,只能用"全封堵"方式或对隧道周边地层进行注浆以达到减小隧道排放量的目的[3]。

2 渗流场注浆控制因素

研究表明[4,5],当衬砌采用全封堵防水,无论是采用围岩注浆或围岩渗透系数很小,都不能降低作用在衬砌背后的水压力，在计算水压力时，必须采用同地下水位相应的量值，不能折减；在一定水头，限量排水条件下，渗流场的控制因素主要有：围岩、注浆层的渗透系数、注浆层厚度和隧道控制排水量的大小等，由于这些因素的不确定性，使得渗流场的研究变得困难。

2.1 注浆层厚度

试验验证，在保持衬砌排水的情况下，随着注浆层厚度的增加，衬砌上水压减小；并且注浆层在发挥对水压的折减作用时，注浆厚度存在一最优值，当注浆厚度达到一定值后，尽管随厚度增加，衬砌水压也会降低，但降低的不明显，因此海底隧道设计与施工中要选择合适的注浆层厚度，以达到好的堵水效果。

2.2 注浆层渗透系数

随着注浆层渗透系数的降低，衬砌上水压明显降低，要使衬砌上水压降低到某一值，采用较高的注浆水平可以大大减少地下水排放量，减少地表失水，对保护环境也是非常有利的。

因此，对于限量排放的海底隧道来说，采用较高的注浆水平是减小衬砌背后水压力和隧道涌水量的主要手段。

2.3 限定排水量

随着衬砌排水量的增加，衬砌上的水压和其他位置上水压都会减小。如果不排水，任何注浆都不能达到减压的目的，只有在保证衬砌排水的情况下，才能达到减小水压的目的，而且排水量越大，水压降低越多。

3 数值分析

3.1 有限元计算原理

对于在区域 Ω 内具有不连续的、二阶可微的水头 H，其有限元方程如下[6]

$$[K]^e\{H\}^e + \{F\}^e = 0 \tag{1}$$

$$[K_{ij}^3] = \iiint_{\Omega} \left\{k_x \frac{\partial N_i}{\partial x}\frac{\partial N_j}{\partial x} + k_y \frac{\partial N_i}{\partial y}\frac{\partial N_j}{\partial y} + k_z \frac{\partial N_i}{\partial z}\frac{\partial N_j}{\partial z}\right\}\mathrm{d}x\mathrm{d}y\mathrm{d}z \tag{2}$$

$$F_i^e = \iiint_{\Omega} QN_i\mathrm{d}x\mathrm{d}y\mathrm{d}z + \iint_{\Delta R} qN_i\mathrm{d}s \tag{3}$$

式中：N——形函数矩阵；

k_x,k_y,k_z——不同方向的渗透系数；

q——边界流量；

Q——Ω 内流量。

计算时可采用两类边界条件，即

第一类边界条件（水头边界）：

$$H = H_B \tag{4}$$

第二类边界条件（流量边界）：

$$k_x \frac{\partial H}{\partial x}lx + k_y \frac{\partial H}{\partial y}ly + k_z \frac{\partial H}{\partial z}lz = -q \tag{5}$$

如果无流量通过此边界法向 n，则沿 n 方向的水头没有变化；又如果 $k_x = k_y = k_z$，而 $q = 0$，则上式可简化为

$$\frac{\partial H}{\partial n} = 0 \tag{6}$$

联立式(1)和边界条件(4)、(5)可以求得各节点的水头。

渗流分析的目的在于分析隧道区域渗流场的分布,计算衬砌上作用的水压力和排水管排量。

3.2 厦门海底隧道的渗流场数值分析

厦门翔安隧道是我国采用钻爆法第一条海底公路隧道,是一项规模宏大的跨海工程(见图1、图2)。该隧道是连接厦门市本岛和翔安区陆地的重要通道,兼具高速公路和城市道路双重功能。该隧道采用三孔形式,两侧为行车主洞,中间为服务隧道,行车主洞为双向六车道。隧道全长约5 950m,跨越海域总长约4 200m,计算行车速度80km/h,行车隧道建筑限界净高5.0m,净宽13.5m,采用钻爆暗挖法修建。

陆域地下水分为松散岩类孔隙水、风化基岩孔隙裂隙水、基岩裂隙水三种,均为潜水。渗透性较差,属于弱或微含水层。地下水主要受大气降水的补给。地下水对钢筋混凝土结构中的钢筋无腐蚀性、对钢结构具弱腐蚀性。

海域地下水分为松散岩类孔隙水、风化基岩孔隙裂隙水及基岩裂隙水三种,总体上富水性弱,渗透性较差,为弱或微含水层。地下水主要受海水的垂直入渗补给。地下水对钢筋混凝土结构中钢筋具弱腐蚀性,对钢结构具中等腐蚀性。

图1 厦门海底隧道纵断面图

3.2.1 隧道施工阶段计算

(1)模型参数和边界条件

采用日本软脑公司开发的3*D-flow*渗流三维分析软件对隧道施工阶段的涌水量进行了模拟计算,有限元网格划分如图3所示,共划分64 160个单元,总节点数为69 977个节点。

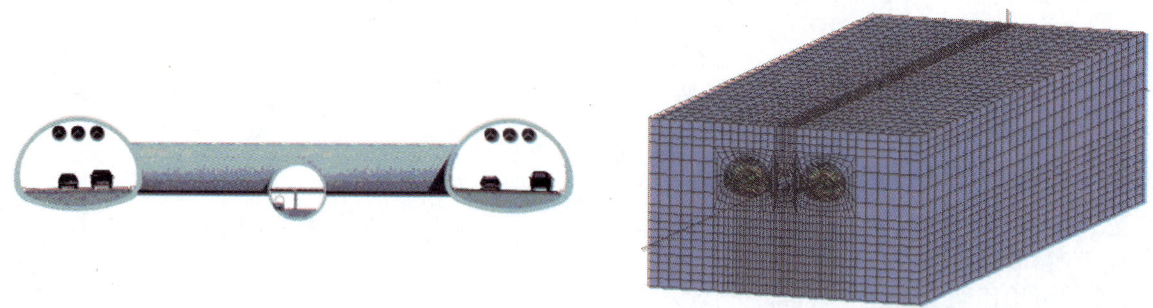

图2 厦门海底隧道的横断面图

图3 隧道地下水渗流分析网格划分图

模型采用砂岩分析;模型总长度为450m,其中第一个150m为未开挖地段,第二个150m为隧道毛洞段,未做支护和注浆;第三个150m开挖部分全部施作了初期支护(注浆或不注浆),但二衬未做。模型考虑了隧道施工对渗流场的影响,通过设置注浆层参数和排水量的大小,得到隧道的排水量、水压力和注浆层参数的关系曲线。由于施工中未设防水板,不考虑二衬与排水盲管的作用,因此将隧道设置成全断面排水,并且掌子面也作为排水面处理。

模型自隧道轴线向上取了120m的计算范围,即取到地表,地下水位线位于地表面以下5m,模型上表面设定为自由面;向下取了80m,认为是不透水边界,向两侧分别取100m,认为是等水头边界。考虑到海底隧道的特点，模型的前后、左右和上下边界都定义为等水头边界，水头高度取 65m；中间的服务隧道采用全封堵方案。计算参数主要是渗透系数，取参数如表 1 所示。

模型计算材料参数取值 表 1

材料名称	全风化层	注浆层	初衬
渗透系数 K(m/s)	2×10^{-6}	$2\times10^{-8}\sim4\times10^{-7}$	1×10^{-7}

边界条件：

①上下、左右和前后表面设为为定水头补水边界：各点的水头为等水头，$H=115$m；

②底面为不透水边界：法向流速为 0，流量为 0；

③排水边界设置：将毛洞内表面、初衬内表面和掌子面设置为浸出面，全排水。

(2)计算结果与分析

调整了注浆层的渗透系数和注浆层的厚度，分别计算了注浆层渗透系数比围岩减小 5、10、20、50 和 100 倍与注浆层厚度为 3m、5m、7m 和 9m 时的隧道渗流场，得到了不同注浆水平条件下的涌水量和渗流场分布，如图 4 所示。

①注浆层厚度对渗流场的影响。计算了注浆层厚度为 3m、5m、7m 和 9m 与不设注浆层时的渗流场，设置注浆层渗透系数为 2×10^{-7}m/s，计算结果见表 2 和图 5。

涌水量与注浆层厚度关系 表 2

注浆层厚度(m)	0	3	5	7	9
涌水量[$\times10^{-4}m^3/(s\cdot m)$]	5.4	2.4	1.9	1.6	1.4

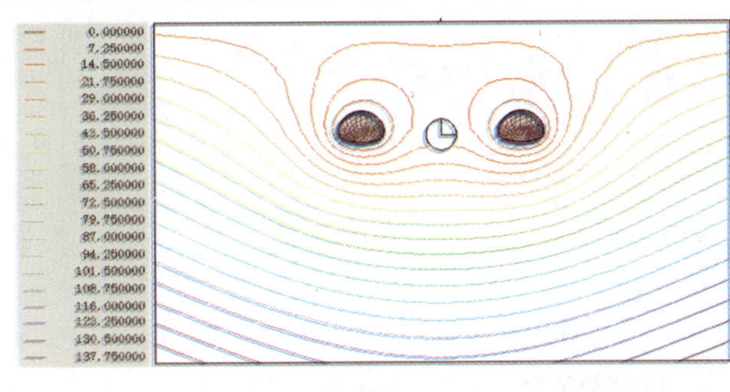

图 4 海底隧道施工期渗流场总体分布

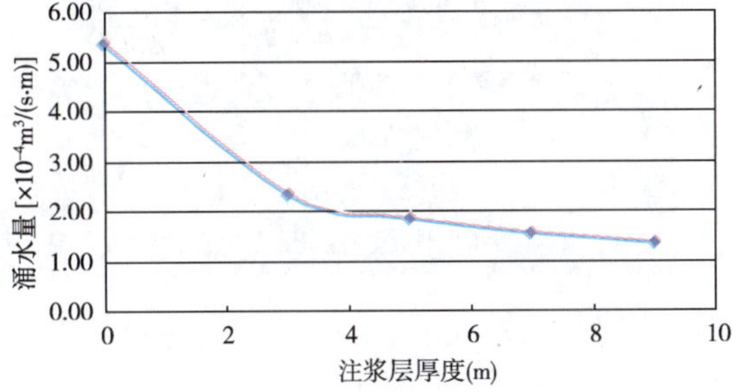

图 5 涌水量与注浆层厚度的关系曲线

②注浆效果对渗流场的影响。计算了注浆层渗透系数比围岩分别降低 5、10、20、50 和 100 倍时的渗流场，设置注浆层厚度为 5m。计算结果见表 3 和图 6。

涌水量与注浆层渗透系数的关系 表 3

效果	5	10	20	50	100
涌水量[$\times10^{-4}m^3/(s\cdot m)$]	2.9	2.4	1.1	0.49	0.26

3.2.2 隧道运营阶段计算

(1)模型参数和边界条件

采用 3D-flow 软件对隧道运营阶段的涌水量和地下水位的降深进行了数值分析，有限元网格划分如图 24 所示，共划分 8 020 个单元，总节点数为10 242个节点，见图 7。

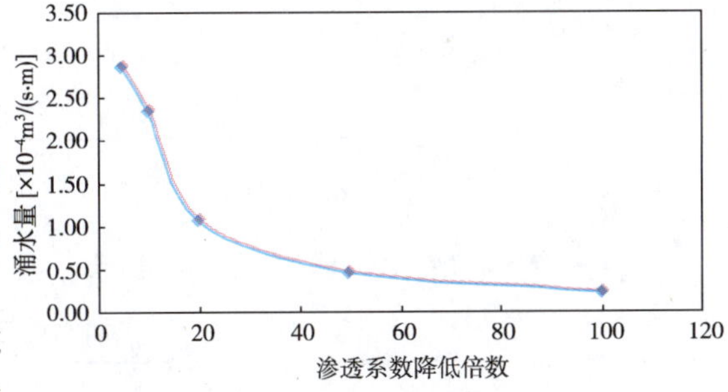

图 6 涌水量和注浆层渗透系数的关系曲线

模型总长度为 10m，二次衬砌已经施作完毕。考虑到防水板的作用，将二衬的渗透系数调整到最低，取为 1×10^{-12}m/s。设置排水口，排水口与环向盲管连接，考虑到纵向盲管的作用，将盲管系统设置为水流畅通区域，其渗透系数取为 1×10^{-3}m/s。其余材料参数与施工阶段模型相同。通过调整排水口的流量，得到地下水位线的变化曲线。隧道渗流场计算模型见图 7。

模型排水边界改为设置的排水口排水，其余边界同施工阶段模型。

边界条件：

①上下、左右表面设为为定水头补水边界：各点的水头为等水头，$H=115$m；

②前后表面为自由边界：法向无渗流通过；

③底面为不透水边界：法向流速为 0，流量为 0；

④排水边界设置：将排水口内表面设置为定流量边界，通过设置不同排水量，计算渗流场分布。

(2)计算结果与分析

调整了注浆层的渗透系数、注浆层的厚度和排水口的排水量，分别计算了注浆层渗透系数比围岩减小 5、10、20、50 和 100 倍、注浆层厚度为 3m、5m、7m 和 9m 时全排水与限定排水量分别为 3.8×10^{-3}m³/(s·m)、2.85×10^{-3}m³/(s·m)、1.9×10^{-3}m³/(s·m)、9.5×10^{-4}m³/(s·m)和 4.7×10^{-4}m³/(s·m)时的隧道渗流场，得到了不同注浆条件、不同排水条件下的涌水量和渗流场分布，见图 8。

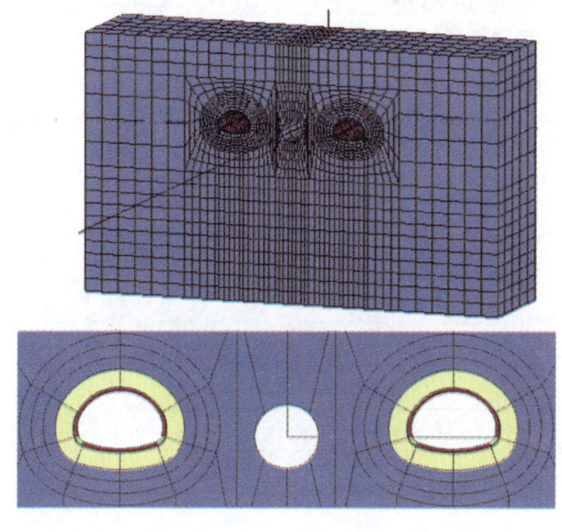

图 7 隧道地下水渗流分析网格划分图

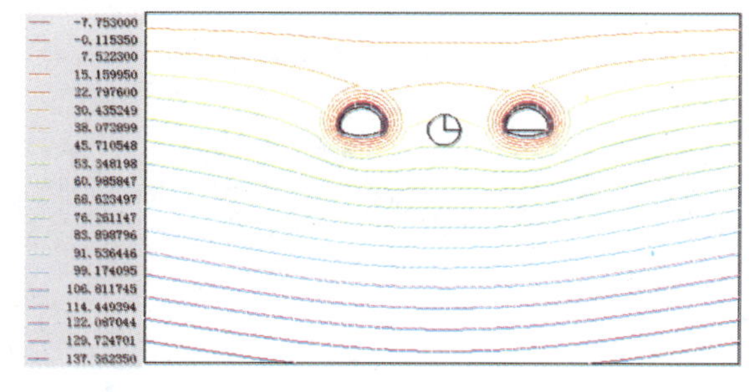

图 8 海底隧道运营期渗流场分布

①注浆层厚度对运营期渗流场的影响。计算了注浆层厚度为 3m、5m、7m 和 9m 与不设注浆层时的渗流场，设置注浆层渗透系数为 2×10^{-7}m/s。计算结果见表 4 和图 9。

②注浆效果对渗流场的影响。计算了注浆层渗透系数比围岩分别降低 5、10、20、50 和 100 倍时的渗流场，设置注浆层厚度为 5m。计算结果见表 5 和图 10。

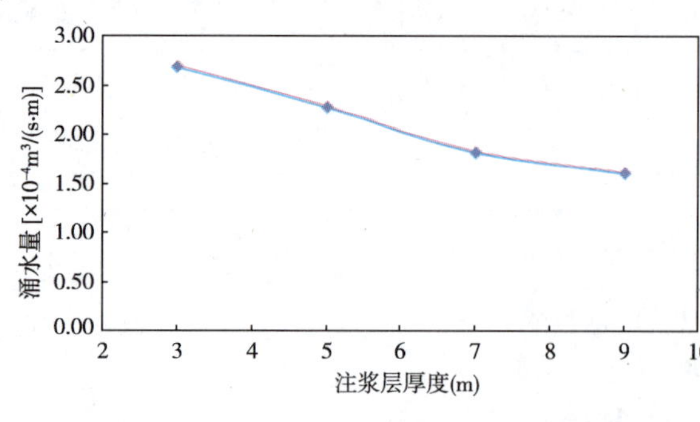

图 9 涌水量与注浆层厚度的关系曲线

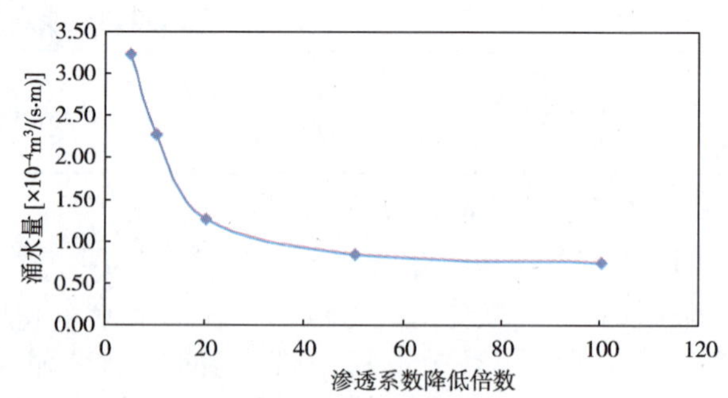

图 10 涌水量和注浆层渗透系数的关系曲线

涌水量与注浆层厚度关系 表 4

厚度(m)	3	5	7	9	—
涌水量[$\times10^{-4}$m³/(s·m)]	2.7	2.3	1.84	1.63	—

涌水量与注浆层渗透系数的关系　　表5

渗透系数降低倍数	5	10	20	50	100
涌水量[$\times10^{-4}m^3/(s\cdot m)$]	3.26	2.3	1.28	0.856	0.766

由计算结果知：涌水量随着注浆层渗透系数的减小而降低，当注浆层渗透系数为围岩渗透系数的1/20左右时，涌水量减小的最为明显。

③限定排水量对渗流场的影响。对运营隧道不同排水条件，分别计算了排水量为 $2.3\times10^{-4}m^3/(s\cdot m)$、$1.725\times10^{-4}m^3/(s\cdot m)$、$1.15\times10^{-4}m^3/(s\cdot m)$、$5.75\times10^{-5}m^3/(s\cdot m)$ 和 $2.875\times10^{-5}m^3/(s\cdot m)$ 时的渗流场，设置注浆层厚度为5m，渗透系数取 $2\times10^{-7}m/s$，即取比围岩降低10倍。计算结果见表6和图11。

衬砌作用水头和排水量的关系　　表6

排水量[$\times10^{-5}m^3/(s\cdot m)$]	23	17.3	11.5	5.75	2.88
衬砌作用水头(m)	0	23	25	39	40

由计算知，衬砌上作用的水压力随着排水量的增加而降低，排水量过小和过大都对衬砌水压力的折减不明显。

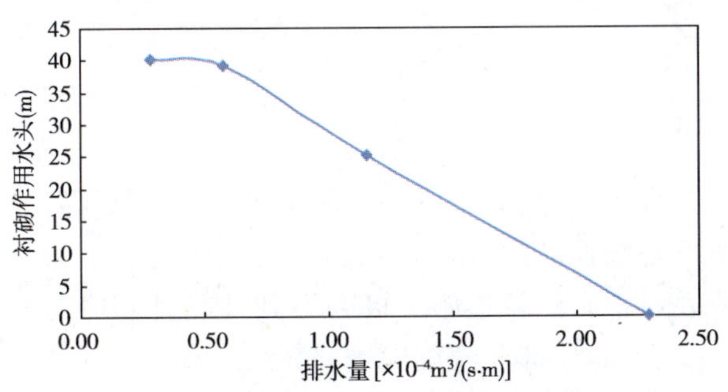

图11　衬砌作用水头和排水量的关系曲线

4　结语

(1)经分析，注浆层的渗透系数控制，即注浆水平为控制水压力的主要因素，比较高的注浆水平可以大幅度的减小衬砌上作用的水压力。

(2)施工阶段隧道全断面排水，隧道涌水量随注浆层厚度的增大、注浆层渗透系数的减小而减小。

(3)运营阶段的衬砌背后水压随着注浆层厚度的增加、注浆层渗透系数的减小和隧道排水量的增大而减小。

参考文献

[1] 傅德明．世界三大海底隧道工程．上海隧道施工技术研究所科技情报室，1999．

[2] 张有天．岩石隧道衬砌外水压力问题的讨论[J]．现代隧道技术，2003(3)．

[3] 王秀英．岩溶隧道堵水限排衬砌外水压力及结构设计研究[D]．北京：北京交通大学，2005．

[4] In-Mo Lee，Seok-Woo Nam. The study of seepage force acting on the tunnel lining and tunnel face in shallow tunnels. Tunnelling and Underground Space Technology，2001(16)：31-40．

[5] 王建宇．对隧道工程技术若干问题的质疑[J]．现代隧道技术，2002 增刊：11-17．

[6] 张振刚，谭忠盛，等．水封式 LPG 地下储库渗流场三维分析[J]．岩土工程学报，2003，3(25)：331-335．

膨胀土地层中盾构管片内力探讨

周伟天　何　川　晏启祥　郭　磊
（西南交通大学隧道与地下工程系　成都　610031）

摘　要　以成都地铁2号线穿越膨胀土地层盾构隧道为研究对象，对所处的五种膨胀土分布形式中的管片环进行研究。采用考虑结构与地层相互作用的梁-弹簧模型进行理论计算，探讨了膨胀土地层中采用梁-弹簧模型的管片内力计算模式，计算了不同的膨胀土分布形式对管片变形、内力等的分布和变化规律的影响，得出了对实际工程有现实意义的结论，可为类似工程的设计与施工提供参考。

关键词　膨胀土　管片　梁-弹簧模型

1　引言

膨胀土是一种吸水膨胀、失水收缩、具有较大往复胀缩变形的特殊黏土，主要矿物成分为强亲水性的蒙脱石和伊利石，天然状态下一般强度高、压缩性低，易被误认为是工程性质良好的土[1]。膨胀土本身的遇水膨胀，失水收缩的特性对膨胀土隧道施工极为不利，围岩因开挖而产生变形，或者因浸水而膨胀，或因风化而开裂等现象，使隧道的顶部及两侧向内挤入，底部鼓起，随着时间的增长导致围岩失稳，支撑、衬砌变形和破坏，特别在地下水发育、地表降水渗透的条件下，隧道土体极易失稳，具体表现在收敛急剧扩展、拱顶下沉加大，甚至坍塌。因而膨胀土围岩隧道施工中，必须通过隧道衬砌的环向闭合受力来遏止围岩变形，进而保证施工安全。同时加强隧道地表排水处理，将地表水引至隧道影响范围外；缩短开挖面与仰拱施工之间的间距，尽快使隧道形成环向受力。

采用盾构穿越膨胀土地层有利有弊，优点：①膨胀性围岩隧道除拱部承受很大围岩压力外，边墙和底部也承受很大的膨胀压力，盾构法隧道保证了衬砌断面为圆形，能适应膨胀压力的出现。②盾构法施工仰拱施工及时，能尽早形成闭合结构可以立即发挥衬砌的整体承载能力，控制边墙变形和防止底鼓现象。缺点：①盾构法隧道为一次性衬砌，且刚度较大，无法做到先柔后刚，先让后顶，分层支护；而复合式衬砌则能刚柔并济，选择在合适的时机施做二次衬砌，使衬砌受力较小。②盾构法隧道防水性能良好，且不设引水管或盲沟引水至洞内排水，地下水易渗流至底部，造成底鼓。

2　工程概况

成都地铁2号线一期工程钢管厂站以东大部分线路覆盖层上部发育厚1～17m的黏性土，经勘察取样试验，部分黏性土自由膨胀率$F_s=40\%\sim47\%$，本区黏性土具弱-中等膨胀性。由全线总体考虑，此膨胀土段仍采用盾构法施工。据成都2号线QJ标地质勘察报告，成都市大气影响急剧深度为1.35m，大气影响深度为3.0m，鉴于区间隧道建成以后可能沿区间隧道外沿形成纵向汇水通道的可能设想，假定计算过程中沿隧道走向外沿3.0m的区域内的膨胀土发生遇水膨胀情况。鉴于膨胀地层后期分布厚度大小的不确定性，根据盾构穿越膨胀土地层，按以下几种膨胀土分布方式计算，见图1。M_00，无膨胀土；M_01，衬砌下部90°范围内分布有膨胀土；M_02，衬砌下部180°范围内分布有膨胀土；M_03，衬砌下部270°范围内分布有膨胀土；M_04，衬砌周围全部分布膨胀土。

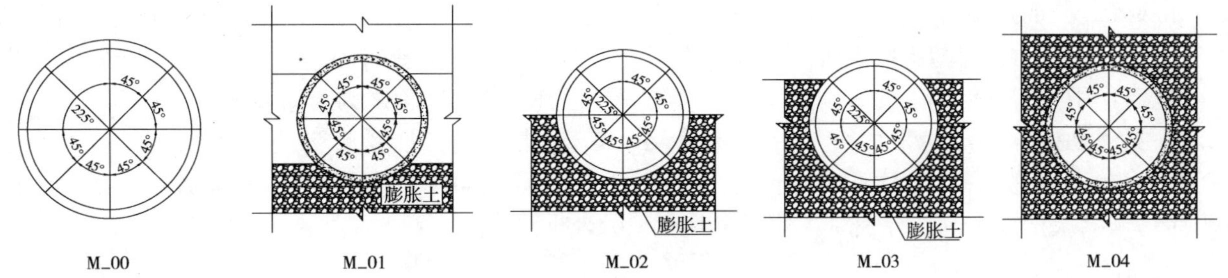

图1　膨胀土分布方式

盾构隧道内径为 5 400mm，采用厚度为 30cm 的 C50 钢筋混凝土平板型管片，则管片外径为 6 000mm。采用 6 分块方案，即一环分成 6 块，如图 2 所示。一环管片由 1 块封顶块管片（F）圆心角为 15°，标准块管片 3 块（分别为 B_1、B_2、B_3）圆心角均为 72°。邻接块管片左右各 1 块（分别为 L_1、L_2）圆心角均为 64.5°，纵向接头为 10 处，按 36°等角度布置。管片幅宽 1.5m，管片螺栓为 M24 型弯螺栓，螺栓材料为 5.6 级钢。管片采用错缝拼装，前后环分别为左偏 18°，右偏 18°。

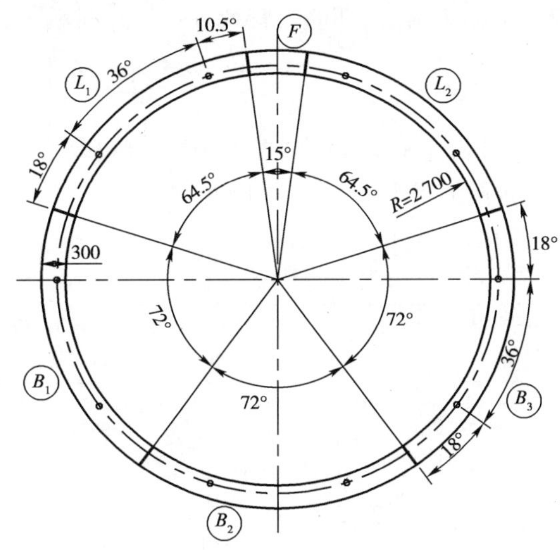

图2　管片分块图（尺寸单位：mm）

3　有限元数值模拟概况

3.1　梁-弹簧模型

计算采用梁-弹簧模型，见图 3。用弹簧模拟接头，梁模拟管片。目前弹簧系数主要是根据接头受力试验确定，且大都把弹簧系数看成常数。但实际上，接头的力学性能是很复杂的，各种弹簧的系数是变化的。如接头的抗弯刚度系数，除了和接头构造、螺栓的预紧力有关外，还和接头部位的轴力、弯矩等多项因素有关。在一环管片衬砌内，具体考虑环向接头的位置和接头的刚度，用梁单元模拟管片的实际状况，用接头抗弯刚度 K 来体现环向接头的实际抗弯刚度。对于纵向接头，其径向抗剪刚度 K_r 和切向抗剪刚度 K_t 按偏于安全方面考虑均取为无穷大，即认为各环管片在纵向接头处不产生错动。

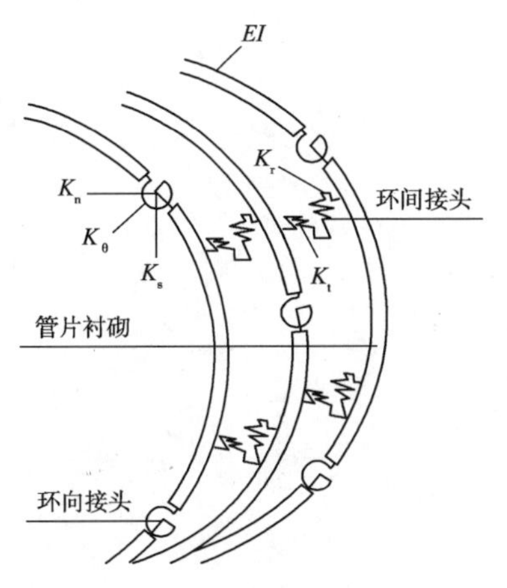

图3　梁—弹簧计算模型图

3.2　膨胀土接触压力

《岩土工程基本术语标准》（GB/T 50279—98）中关于膨胀力

(swelling force)的定义为土体在不允许侧向变形下充分吸水,使其保持不发生竖向膨胀所需施加的最大压力值。膨胀力是伴随膨胀土吸水膨胀受限而产生的。依据上述膨胀力的定义,显然由于膨胀土膨胀效应而作用于实际结构上的力与膨胀力不可画等号,为便于区分,称之为膨胀接触压力[2]。

根据地勘报告,泥岩膨胀力按500kPa取值,由ANSYS模拟管片所受膨胀接触压力结果[2],膨胀土接触压力分布为抛物线形,计算中偏于安全取为均匀分布,方向垂直于管片外表面,膨胀接触压力为100kPa(抛物线中最大值),分别对各膨胀土分布工况进行计算。

3.3 计算参数

考虑到本次计算分析的盾构隧道主要穿过膨胀土层,以最不利荷载考虑,选择最大埋深为20m的位置作为计算断面,地下水位为地面以下8m左右。按照日本盾构设计规范,有效土柱高度为$2D$荷载直接作用到隧道结构上,按水土合算的模式进行计算。土的重度为20kN/m^3,基床系数150MPa,侧压系数为0.35。由于管片间的连接螺栓采用的是弯螺栓,参照国内外相关的试验研究成果,取管片环向接头正弯曲(管片内侧受拉)抗弯刚度K_θ^+为$5\times10^4\text{kN·m/rad}$,负弯曲(管片外侧受拉)抗弯刚度$K_\theta^-$为$3\times10^4\text{kN·m/rad}$,从安全角度出发,取管片剪切弹簧系数为无穷大,即假设管片及管片环间不产生相对滑移和错动。

3.4 计算结果

根据不同的膨胀土分布方式,进行了管片衬砌结构的内力和和变形分析,其计算结果见表1和图4。由于篇幅所限,图4仅列出2种膨胀土分布形式予以对比。表2中值均为每环管片($B=1.5\text{m}$)的实际内力值,正弯矩代表管片内侧受拉,负弯矩代表管片外侧受拉。

变形及内力值　　表1

膨胀土分布形式	单点最大变形量(mm)	最大正弯矩(kN·m)	最大正弯矩对应轴力(kN)	最大负弯矩(kN·m)	最大负弯矩对应轴力(kN)	最大正剪力(kN)	最大负剪力(kN)
M_00	2.3	92.6	633	-71.8	1 215	124.8	-118.2
M_01	4.3	157.0	984	-143.5	1 709	245.3	-167.3
M_02	4.2	138.6	1 035	-135.2	1 738	206.6	-208.8
M_03	3.2	117.1	957	-98.1	1 529	163.8	-130.0
M_04	2.4	103.8	942	-78.8	1 424	141.4	-136.7

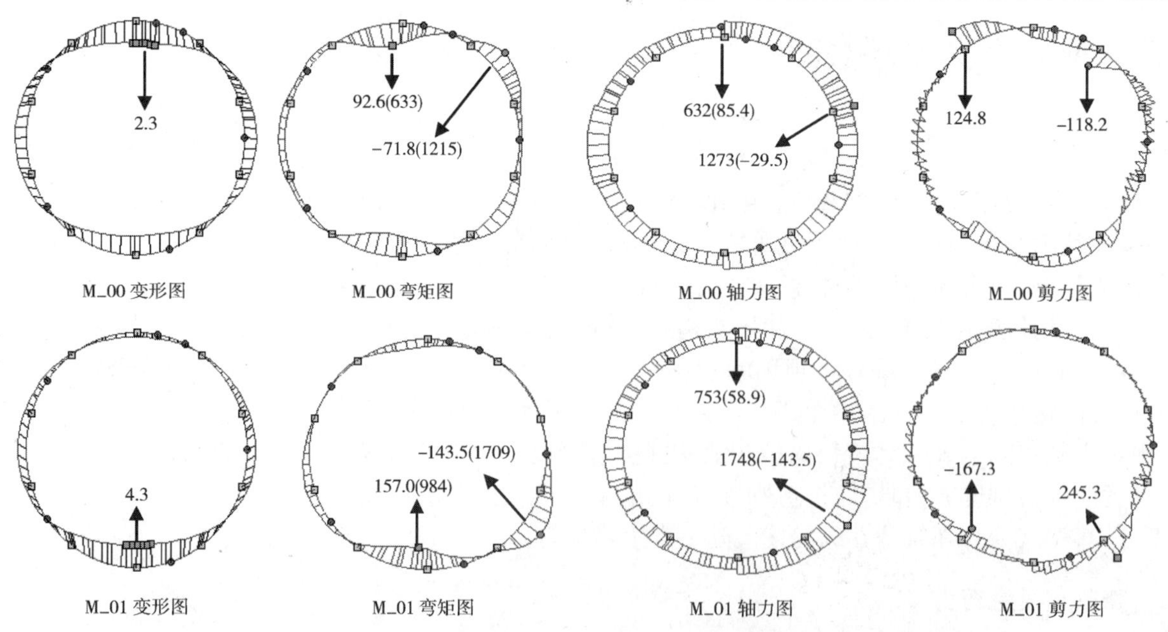

图4　不同膨胀土分布形式下计算结果图

4 结论

(1)无论盾构穿越的膨胀土分布如何,其管片变形及内力相对无膨胀土时均有所增加,且最大弯矩均出现在仰拱,膨胀土遇水膨胀时所产生的对管片膨胀接触压力会降低管片安全性,仰拱受影响最大。

(2)从表2可以看出,在以上膨胀土的几种分布形式中,M_01为最不利分布方式,即当膨胀土位于衬砌下部90°范围内,管片变形最大,内力最大。原因是隧道仰拱一般内力较大,附加的膨胀接触压力加剧了此处变形。M_04为相对最有利分布方式,即当盾构管片四周全部分布有膨胀土时,管片受力均匀,此时管片变形最小,内力最小。

(3)在荷载-结构模型中对管片内力影响最大的两个参数是侧压力系数和地基抗力系数,在膨胀土地层中侧压力是否由静止土压力转变成被动土压力,膨胀土吸水膨胀后对地基抗力系数的影响如何等,仍有待进一步研究。

参考文献

[1] 顾行文.膨胀土与结构物相互作用的研究[D].南京:南京水利科学研究院.

[2] 中国中铁二院工程集团有限责任公司,西南交通大学建筑设计院.成都地铁2号线区间标段初步设计.

[3] 朱合华,崔茂玉,杨金松.盾构衬砌管片的设计模型荷载分布的研究[J].岩土工程学报,2002,22(2):190-194.

[4] 曾东洋,何川.盾构隧道管片接头抗弯刚度的数值模拟研究[J].西南交通大学学报,2004,39(6):744-748.

[5] 李围,何川.9块等分管片设计及其工程应用研究[J].现代隧道技术,2005,42(3):31-36.

地铁施工引起地面沉降预测方法及实例分析

杨宇友[1]　董宝辉[2]　张钦喜[1]　李　聪[1]　刘　艳[1]
(1. 北京工业大学城市与工程安全减灾省部共建教育部重点实验室　北京　100124
2. 河北能源工程建设有限公司　石家庄　050031)

摘　要　本文对解析法、经验公式法、数值模拟方法等进行分析,重点研究了考虑地下水作用的流固耦合数学模型,并分别应用 FLAC 程序和 peck 公式进行了工程实例计算,并将结果与工程实测曲线进行了比较,初步验证了流固耦合模型正确性。

关键词　地面沉降　预测方法　流固耦合

1　引言

地铁隧道施工引发地表沉降,主要是由于施工引起的地层损失和施工扰动土体及地下水流失导致的土体固结所造成。一方面,隧道开挖造成地层损失,周围土体在弥补地层损失的过程中发生地层移动,引起地表沉降。另一方面,隧道施工扰动土体、造成地下水流失,破坏原始水土平衡,引起周围土体内部孔隙水压力的变化,使地层发生排水固结引起地表沉降,而且土体的蠕变也可能导致地表发生一定的沉降[1]。因此,无论采取何种隧道施工方法,都将不可避免地引起或多或少的地表沉降。地表沉降到一定的程度,将影响地面建筑物的安全和地下管线的正常使用。而地铁线路一般都会穿过人口密集、地上建筑物林立、地下管网密布的市中心繁华地段,该区段对施工产生的地表位移和变形的要求都很高,施工方法的选择如稍有失误,将会造成不可估量的损失。由于人们环保意识的不断增强,在城市隧道施工引起的地表沉降及其对周围环境影响问题备受关注,使沉降影响的预测工作显得更加必要。

隧道引起的地层移动的计算方法大致分为五类:解析法、经验公式法、数值模拟方法、相似材料物理模拟方法、随机介质理论等,本文重点分析前三种方法。

2　地面沉降预测常用的方法

2.1　典型的解析方法

Sagaseta(1987)[2]所提出的一个弹性半空间中不可压缩土(泊松比为 0.5)中的闭合解是这类问题的一个代表性方法。他给出了弹性各向同性均质体在靠近地表情况下,产生地层损失情况下的应变解。在分析中,顶部自由地表的存在的影响采用“虚像技术”考虑。

Verruijt 和 Booker(1996)[3]修正了 Sagaseta 的方法,考虑了泊松比和隧道的椭圆化变形的影响。得到的竖向位移为:

$$U_z=\frac{2\varepsilon R^2}{m}\left[\frac{(m+1)z_2}{r_2^2}-\frac{mz(x^2-z_2^2)}{r_2^4}-2\delta R^2 h\frac{x^2-z_2^2}{r_2^4}+\frac{m}{m+1}\frac{2zz_2(3x^2-z_2^2)}{r_2^6}\right]$$

$$z_1=z-H$$

$$z_2=z+H$$

$$r_1^2 = x^2 + z_1^2$$
$$r_2^2 = x^2 + z_x^2$$
$$m = 1/(1 - 2v)$$
$$k = v(1 - v)$$

式中：ε——均匀径向地层损失；

δ——由于隧道衬砌变形而引起的长期（椭圆化）变形；

R——隧道半径；

H——隧道埋深；

v——土的泊松比。

Bobet(2001)[4]对于在饱和土层中进行浅埋隧道开挖采用解析法进行了分析。在分析中采用以下假定：(1)隧道为圆形断面；(2)平面应变问题（考虑与隧道轴线垂直的横断面）；(3)围岩和衬砌的界面不存在摩擦力；(4)埋深与半径之比大于1.5；(5)均匀各向同性地层；(6)地层为多孔弹性介质，衬砌弹性；(7)衬砌厚度远小于隧道直径；(8)不排水条件。在上述假设的基础上，引入连续方程、边界条件以及应变兼容方程，得到饱和土层中隧道开挖引起的地层的瞬时变形计算公式：

$$U_r = \frac{1+v}{E}\left[-\frac{a_0}{r} + \left(\frac{c'_1}{r^2} + \frac{1}{2}c_1 \ln r\right)\sin\theta + \left(2\frac{a'_2}{r^3} + 2\frac{b'_2}{r}\right)\cos 2\theta + \left(3\frac{c'_3}{r^4} + 3\frac{d'_3}{r^2}\right)\sin 3\theta\right]$$

$$U_\theta = \frac{1+v}{E}\left\{-\left[\frac{c'_1}{r^2} + \frac{1}{2}c_1(1 + \ln r)\right]\cos\theta + 2\frac{a'_2}{r^3}\sin 2\theta - \left[3\frac{c'_3}{r^4} + \frac{d'_3}{r^2}\right]\cos 3\theta\right\}$$

其中，a_0、c_1、c'_1、a'_2、b'_2、c'_3、d'_3分别为与隧道几何特征、地层、衬砌力学参数、变形特征参数以及施工间隙系数有关的量。

Chou 和 Bobet(2002)[5]根据上述公式，计算了世界各地 28 条隧道的变形，所涉及的地层均为地下水位以下的软黏土或硬黏土。计算结果与实测进行了比较，二者的基本趋势大致一致。

相对于其他方法，解析法的研究成果相对较少，这主要是由于问题本身的极端复杂性决定的。只有在对问题本身进行了足够的近似简化假定以后，才有可能得到解析解（就像上面所讨论的各种方法那样）。因此一般只能考虑一些理想化的问题，针对比较简单的边界条件和初始条件得到解答。从上述各学者提出的方法来看，无一例外均将地层假定为均匀、各向同性、轴对称的平面应变问题，无法考虑更为复杂的地层条件，更无法考虑施工条件，因此只具有理论上的参考意义。

2.2 经验方法

2.2.1 Peck 方法

1969 年，在当时大量隧道开挖施工引起的地表沉降观测资料的基础上，著名学者 Peck 提出了地层体积损失（VolumeLoss）的概念和估算隧道开挖地表下沉的实用方法，即 Peck 公式。此后，Peck 本人及其他不少学者和工程技术人员做了大量工作，使之成为目前应用最为广泛的预计隧道施工地表沉降的方法。经过三十多年工程实践的验证，Peck 方法目前已经成为一个经典公式，很多其他的经验方法都是在这一方法的基础上提出的修正方法。

$$s = s_{\max}\exp\left(\frac{-y^2}{2i^2}\right)$$

式中：$s_{\max}$——在曲线的对称点处（一般是隧道中心线的正上方）所发生的最大沉降；

i——从隧道中心线到沉降曲线的拐点处的水平距离。

2.2.2 其他经验方法[6]

Fujita(1982)做出了在软弱地层中隧道工程不同施工方法对地层影响有何差别的研究，提出了基于盾构形式、地层条件、辅助工法、隧道直径及埋深等因素有关的最大沉降量预测值。

Attewell(1986)与 Rankin(1988)总结了当时广泛使用的经验方法，在此研究的基础上推广至三维情况来估算周围管线及建筑物的变形。

Y. S. Fang 等(1992)在实测了台北污水管道施工中的地面沉降后,得出沉降的极大部分发生在盾构通过后的前 4 天内,而最终的沉降槽形状类似于 Peck 提出的曲线。

Mair 等(1993)把经验法延伸到计算地下土体沉降,通过实地测量和离心模型试验,探讨了黏土中隧道施工引起的地表沉降槽宽度与最大沉降量随深度的变化。

经验方法的局限性在于,由于各种方法缺乏理论依据,因此一般仅仅适用于经验所获得的局部地区,对于其他地区(工程地质条件或施工技术差异较大),在应用前应对其适用性进行考察。另外,经验方法所提出的成果往往局限于只能得到地表沉降,而不能像下面所讨论的解析法、数值法等那样,可以全面分析得到整个分析域的地层变形、应力、应变等。

2.3 数值模拟方法

数值方法当今被人们公认是一种求解工程中所遇到的各种问题的最有效的通用方法。伴随着岩土工程数值方法和计算机技术的发展,采用这种方法进行隧道施工变形的计算分析越来越广泛。

在预测隧道引起的地层位移和地表沉降这个课题中,数值方法和上述经验法相比,其优点在于可以考虑各种各样的地质条件、分阶段开挖、施工特点、支护的时间以及支护的特性等等。因此国内外很多学者都采用这种方法进行了相关研究,并有大量的文献报道。

3 运用 $FLAC^{3D}$ 流固耦合程序来研究地面沉降问题

$FLAC^{3D}$采用差分原理,运用动态松弛方程,不必生成刚度矩阵及求解大型方程组就可以模拟开挖和支护及流固耦合计算。在模拟岩体的流固耦合机理时,将岩体视作多孔介质,流体在孔隙介质中的流动依据 Darcy 定律,同时满足 Biot 方程,几个关键方程如下[7]:

3.1 平衡方程

对于小变形,流体质点平衡方为:

$$-q_i + q_v = \partial\xi / \partial t$$

式中:q_i——流体单位消散矢量(m/s),$i=1,2,3$;

q_v——被测体积的流体源强度(1/s);

ξ——单位体积孔隙介质的流体体积变化量。

$$\frac{\partial \xi}{\partial t} = \frac{1}{M}\frac{\partial P}{\partial t} + \alpha\frac{\partial \varepsilon}{\partial t} - \beta\frac{\partial T}{\partial t}$$

式中:M——Biot 模量(N/m^2);

P——孔隙压力;

α——Biot 系数;

ε——体积应变;

T——温度;

β——考虑流体和颗粒的热膨胀系数(1/℃)。

3.2 运动方程

流体的运动用 Darcy 定律来描述,对于均质、各向同性固体和流体密度是常数的情况,有如下方程:

$$q_i = -k[P - \rho_f x_j g_i]$$

式中:k——介质的渗透系数(m/s);

ρ_f——流体密度(kg/m^3);

x_j——3 个方向上的距离梯度；

g_i——重力加速度的 3 个分量(m/s^2)，$i=1,2,3$。

3.3 本构方程

体积应变的改变引起流体孔隙压力的变化，反过来，孔隙压力的变化也会导致体积应变的发生。孔隙介质本构方程的增量形式为：

$$\Delta\sigma_{ij}+\alpha\Delta P\delta_{ij}=H_{ij}(\sigma_{ij},\Delta\varepsilon_{ij})$$

式中：$\Delta\sigma_{ij}$——应力增量；

ΔP——孔隙水压力增量；

δ_{ij}——克朗纳克尔系数，$\delta_{ij}=\begin{cases}1, i=j\\0, i\neq j\end{cases}$；

H_{ij}——给定函数；

σ_{ij}——应力强度；

ε_{ij}——总应变。

3.4 相容方程

应变率和速度梯度之间的关系为：

$$\varepsilon_{ij}=(v_{i,j}+v_{j,i})/2$$

式中：$v_{i,j}$——介质中某点的速度，i、j 代表方向。

3.5 边界条件

计算中程序默认不透水边界。

4 工程实例分析

4.1 工程概况及建模

北京地铁 10 号线某区间隧道，位于交通流量大的城市主干道下，采用矿山法施工。从工程地质及水文地质条件来看，本区段隧道穿越的地层主要为粉质黏土层、粉土层，局部为砂砾石层，隧道施工范围处在饱和的层间潜水含水层中。为了确保掌子面的稳定，需要在隧道拱部进行小道管注浆加固，并需进行施工降水，这就要求地面必须有打设降水井的条件，且应考虑由降水引起的地面沉降对沿线建筑物的影响。拟建区间沿线建筑物较少，具有打设降水井的条件。根据实测的工程地质和水文地质资料，对相邻的地层进行合并，合并后地层的主要参数见表 1，并建立了如图 1 所示的模型。

地 层 参 数 表 1

土层编号	深度(m)	泊松比	弹性模量 E(MPa)	黏聚力 c(kPa)	内摩擦角 φ(°)	天然重度($kN\cdot m^{-3}$)	渗透系数 K($cm\cdot s^{-1}$)
①	0~7.2	0.25	5.4	30	15	18.9	3.5×10^{-3}
②	7.2~24	0.28	30	20	25	20	1.0×10^{-3}
③	24~40	0.22	90	0	36	24	3.5×10^{-1}

4.2 数值计算及分析

模型求解分为两种情况，即不考虑地下水作用和考虑地下水流固耦合作用，具体如图 2、图 3 所示。

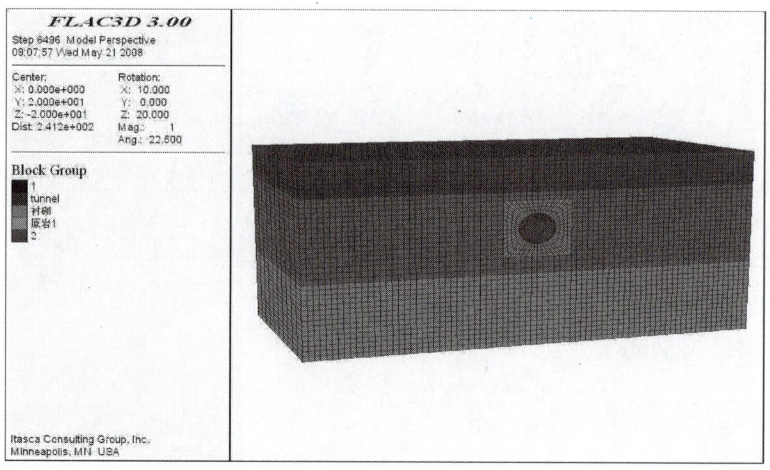

图1　隧道模型

图2　不考虑地下水作用时，地面沉降图

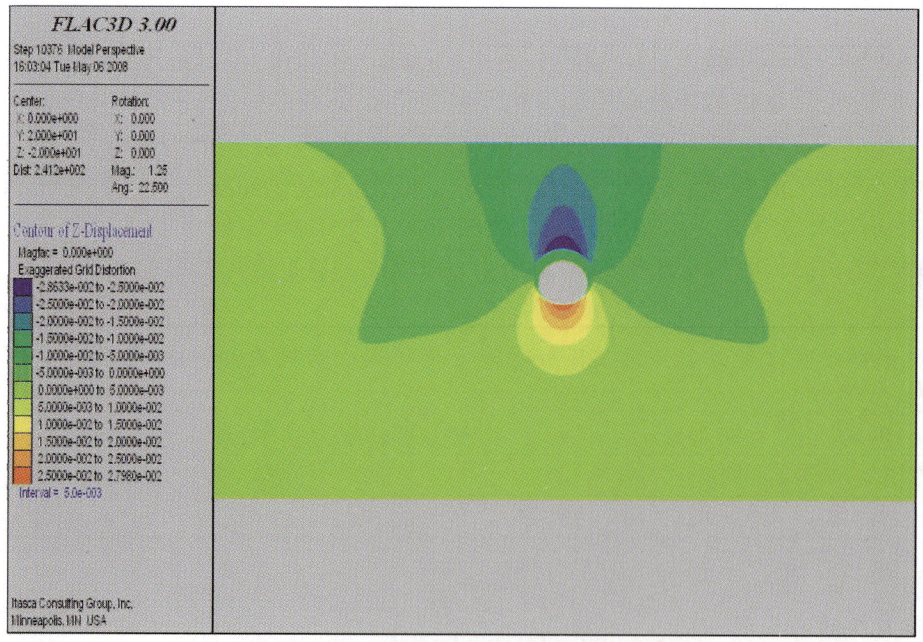

图3　流固耦合模型时，地面沉降图

把分别应用peck公式、不考虑地下水作用模型以及流固耦合模型计算得到的地面沉降值与现场量测值进行比较,如图4所示。

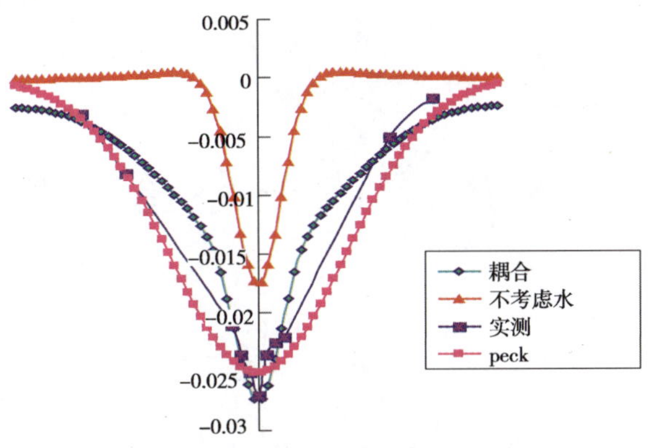

图4 不同方法计算得到的地面沉降曲线

peck公式计算得到的地表最大沉降值为23mm,与实际测量最大地表沉降27mm是比较接近的,误差还是可以接受的,从而可以验证peck公式适用于本文模拟的工程。在不考虑地下水作用的情况下,计算得到的最大地表沉降约17mm,与实际测量最大地表沉降27mm相比是较小的,这个结果是符合理论和实际的。运用流固耦合模型计算得到的地表最大沉降约为28mm,比实际测量值要大。随着不断地抽水,自由水面连续下降。同时,随着地下水位的下降和地下水的渗透力作用,孔隙水压力逐渐转化成土颗粒骨架的有效应力,导致土层固结,从而引起地表沉降,地表的变形呈对称分布,地表曲率变化明显,地表沉降明显增加。

综合上述,流固耦合模型与实测曲线的形态都能够较好的吻合,采用流固耦合模型计算结果最大值与实际观测最大值更为接近。在类似的工程条件背景下,建议采用流固耦合模型。

5 结语

在当前的地铁隧道设计和施工中,浅埋暗挖法和盾构法大量的被应用到实际工程中。对于工程地质条件较好的北京来说,实施降水后大都不再考虑地下水的影响,即使考虑地下水的作用,大都把岩土体作为饱和土来处理,相对于不考虑地下水的作用,饱和流固耦合理论已经取得了很大的进步,但没有考虑非饱和土的吸湿和干湿过程变化带来的影响以及其造成的孔隙压力场的改变。非饱和土的流固耦合问题是非常复杂的,也是笔者一直在学习和研究的课题,限于篇幅,不再详述。

参考文献

[1] 富海鹰.地铁隧道非降水施工引起的地表沉降的研究[D].成都:西南交通大学,2006.

[2] Sagaseta, C. (1987) Analysis of undrained soil deformation due to ground loss. Geotechnique. Vol. 37. No. 3. 301-320.

[3] 韩煊.隧道施工引起的地层位移及建筑物变形预测的实用方法研究[D].西安西安理工大学,2007.

[4] Bobet. (2001) Analytical solutions for shallow tunnels in saturated ground. ASCE J. Eng. Mech. 127(12): 1258—1266.

[5] Chou, W. I., and Bobet, A. (2002) Predictions of ground deformations in shallow tunnels in clay. Tunnelling and underground space technology. Vol. 17. No. 1. 3-19.

[6] 段光杰.地铁隧道施工扰动对地表沉降和管线变形的影响的理论和方法研究[D].北京:中国地质大学(北京),2002.

[7] 刘波,叶圣国,陶龙光,等.地铁盾构施工引起邻近基础沉降的FLAC元数值模拟.煤炭科学技术,2002(10):9-11.

探地雷达在隧道衬砌质量检测中的应用研究

吴宝杰　杨　桦
（浙江省建筑科学设计研究院地下工程研究中心　杭州　310012）

摘　要　简要介绍了探地雷达在隧道衬砌质量检测的技术，数据采集过程中的测线布置和参数设置，以及实际应用效果，得到衬砌正常剖面、脱空、钢拱架、围岩空洞、回填不密实的典型雷达图像。

关键词　探地雷达　衬砌质量　雷达图像

1　引言

近几年来，随着国家加强对基础设施建设的投入，我国交通建设事业取得了快速的发展。目前，我国已经成为世界上隧道工程数量最多、发展最快的国家。由于受地质情况和施工过程中诸多因素的影响，隧道容易出现衬砌开裂、渗漏，衬砌混凝土厚度不足、空洞、强度不够，衬砌脱空、回填不密实，钢筋网、钢拱架错断变形等工程质量问题，这些工程质量问题如果得不到及时处治，必然会影响隧道的正常运营和隧道衬砌的耐久性。

因此，及时准确地发现在建隧道质量问题，为及时有效地对隧道进行加固和修复提供依据，是工程检测技术人员必须面临的一个课题。传统的隧道衬砌检测方法，如开孔或开槽取样检测，不仅效率低、代表性差、偶然性大，而且破坏了衬砌的整体性。作为非开挖岩土工程探测技术，探地雷达技术在隧道衬砌质量检测中具有快速、无损、连续检测，并实时显示检测剖面等优点，能及时、快速地发现衬砌混凝土的质量问题，为保证工程质量及其评价提供了依据。

2　探地雷达技术

在隧道衬砌质量检测中，探地雷达是用高频电磁波以宽频短脉冲形式，由发射天线向混凝土中发射，当遇到电性差异的目标体时，电磁波便发生反射，由接收天线所接收。电磁波反射信号的强度主要取决于上、下介质的电性差异，电性差异越大，反射信号越强，反之反射信号越差。对隧道混凝土介质而言，电磁波由空气进入二衬的混凝土层，会出现强反射；同样，当电磁波由二衬传播至初衬，继而由初衬传播到岩层时，如果交界面处贴合不好，或存在脱空等施工质量时，由于不同介质的介电常数差异，亦会导致所采集的雷达记录上相位和幅度的变化，由此可确定衬砌厚度和发现施工缺陷。当衬砌内部存在着如裂缝、空洞、混凝土胶结较差等质量问题时，由于这些部位与周围完整混凝土之间也存在较大的电性差异，也会使雷达信号产生较强的反射。因此，根据接收到的反射波旅行时间、幅度和波形等信息，可探测隧道衬砌层结构与缺陷。

目标体到测线的垂直距离为：

$$d=\sqrt{\left(\frac{vT}{2}\right)^2-\left(\frac{X}{2}\right)^2}$$

式中：d——目标体到测线的垂直距离（m）；

v——电磁波在介质中的传播速度（m/ns）；

T——记录的反射电磁波双程走时(ns);

X——发射天线与接收天线之间的距离(m)。

$$v=\frac{C}{\sqrt{\varepsilon}}$$

式中:C——光速(0.3m/ns);

ε——介质介电常数,可以利用经验数据或测定获得。

3 数据采集

衬砌质量检测一般在拱顶、拱腰和边墙位置共布置5条测线,见图1。天线沿测线紧贴隧道衬砌表面以里程触发方式进行野外实测,对怀疑地段进行复测,以确保资料完整、可靠,另外测线应穿过标定点、避开障碍物或干扰区,以提高数据采集的质量。

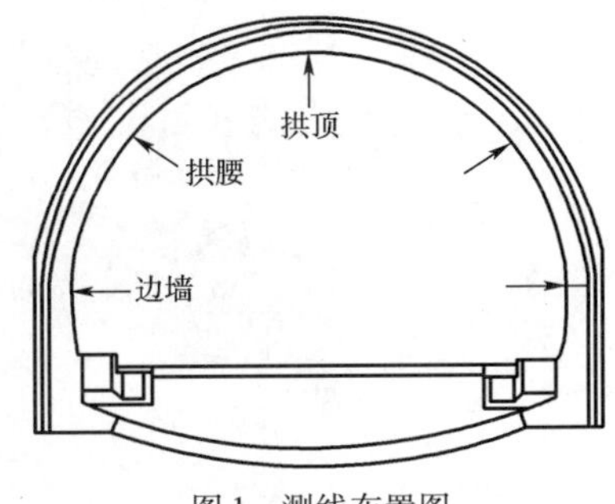

图1 测线布置图

现场检测采用加拿大探头与软件公司生产的 pulseEKKO PRO 型探地雷达,结合场地环境、探测深度和分辨率,选择中心频率为500MHz 和1 000MHz 的屏蔽天线,两者优化组合,尽可能地满足探测深度和分辨率的要求,提高解释精度,采集参数设置见表1。

采集参数设置　　表1

中心频率(MHz)	时窗(ns)	步距(m)	天线距离(m)	采样间隔(ns)
500	35	0.02	0.25	0.2
1 000	30	0.01	0.15	0.1

4 成果解释

隧道衬砌作为永久性的重要结构物,应有相当的可靠性。为使其能够长期、安全地使用,要求围岩与初期支护之间、初期支护与二次衬砌之间密实,并具有抗渗、抗侵蚀、抗病害的功能。隧道衬砌质量评价一般可以按照表2所列的7种类型进行划分。

隧道衬砌质量分类[2]　　表2

序号	质量分类	评价标准
1	合格	隧道开挖断面符合设计要求,衬砌混凝土厚度达到设计标准,初期支护、二衬混凝土以及围岩之间结合紧密
2	脱空	衬砌混凝土和围岩以及初期支护、二衬混凝土之间存在空隙
3	欠厚	衬砌混凝土厚度小于设计标准
4	不密实	疏松状混凝土区域;砂浆不饱满,存在空隙
5	欠挖	隧道开挖面未达到设计标准
6	钢支撑缺陷	钢筋格栅、钢拱架错断变形或数量少于设计标准
7	灾害地质	围岩中存在的隐伏空洞以及较大的裂隙

经过对原始采集数据处理、分析与计算,得出探地雷达隧道衬砌检测的成果图。图2~图6是隧道衬砌质量检测的典型剖面图。

4.1 衬砌正常

隧道工程中的二衬与初衬间存在界面,通过界面可判定二衬的厚度是否达到设计厚度的要求,而测定衬砌厚度是隧道工程质量检测中的基本内容之一，从图2可知，二衬厚度为60cm。

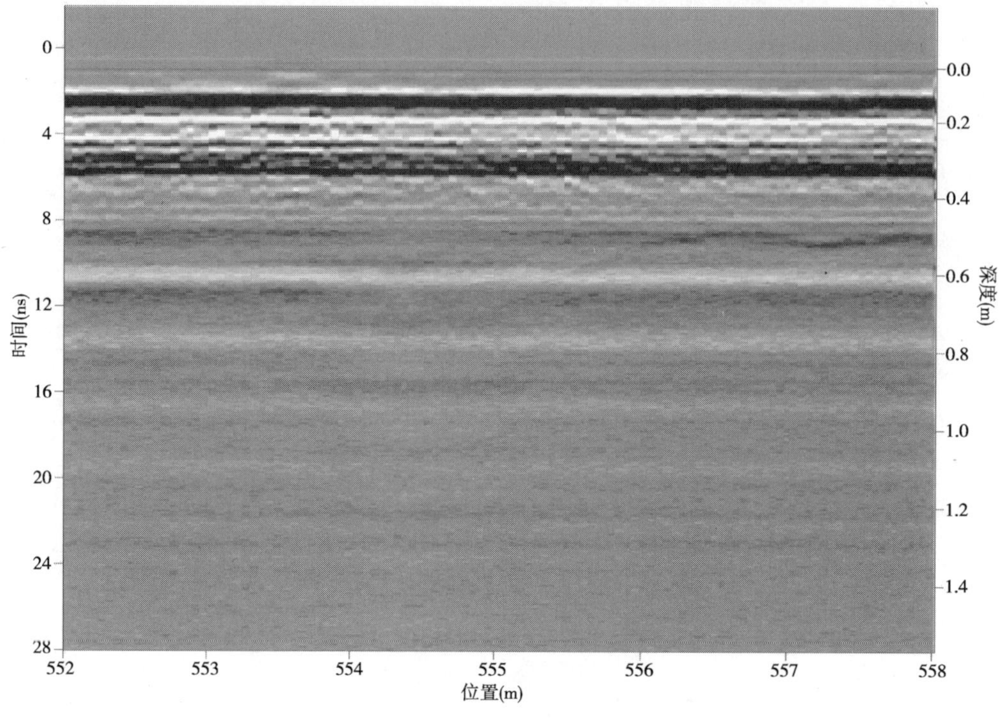

图2　衬砌正常剖面图(1 000MHz)

4.2　衬砌脱空

脱空是隧道初衬与围岩间以及初衬与二衬间形成的脱离区或空间，多出现于拱顶及拱腰部位，沿雷达测线方向长度较长，且厚度不等，在雷达剖面图上表现为成层状的强反射信号特征。从图3可知，二衬厚度60cm，在二衬与初衬之间存在楔形状脱空。

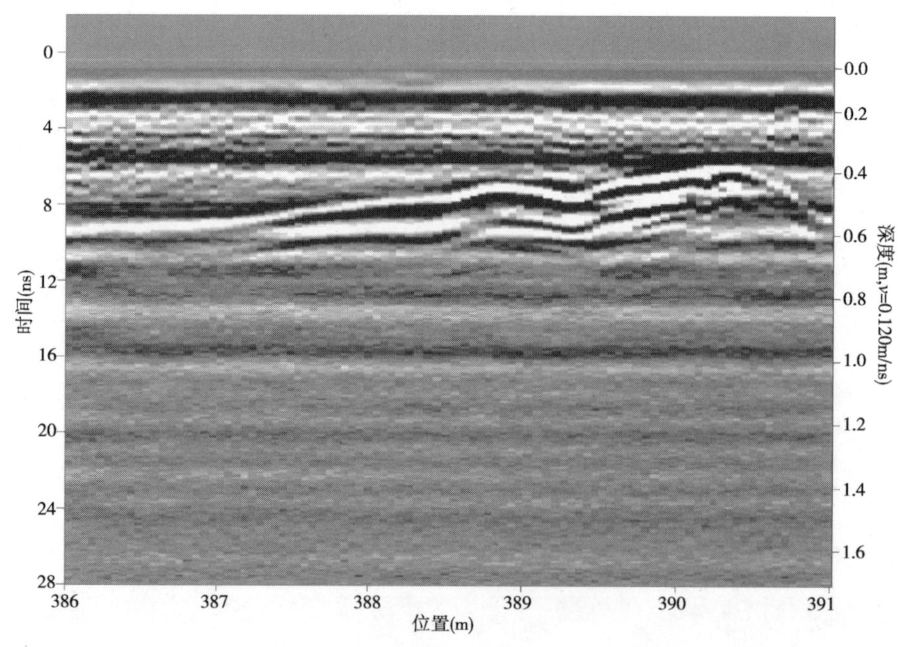

图3　衬砌脱空剖面(1 000MHz)

4.3 钢拱架

衬砌内钢支撑是承载的主要结构,钢支撑的铺设必须满足设计要求,才能达到设计承载力。钢拱架异常为清晰的弧形强反射异常,从图中可判识钢拱架的间距、根数和埋深。图4可见一排钢拱。

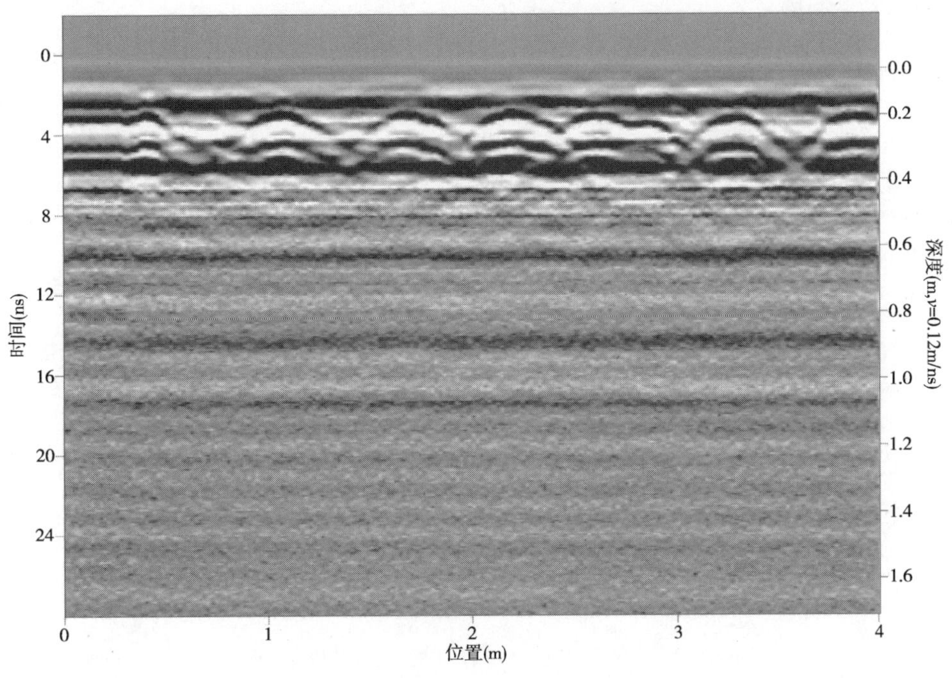

图4 钢拱架剖面(1 000MHz)

4.4 围岩空洞

围岩中存在的隐伏空洞对衬砌质量的影响较大,往往是地下水汇集的地方,在雷达剖面上表现为较强反射,反射同相轴呈绕射弧形,见图5。

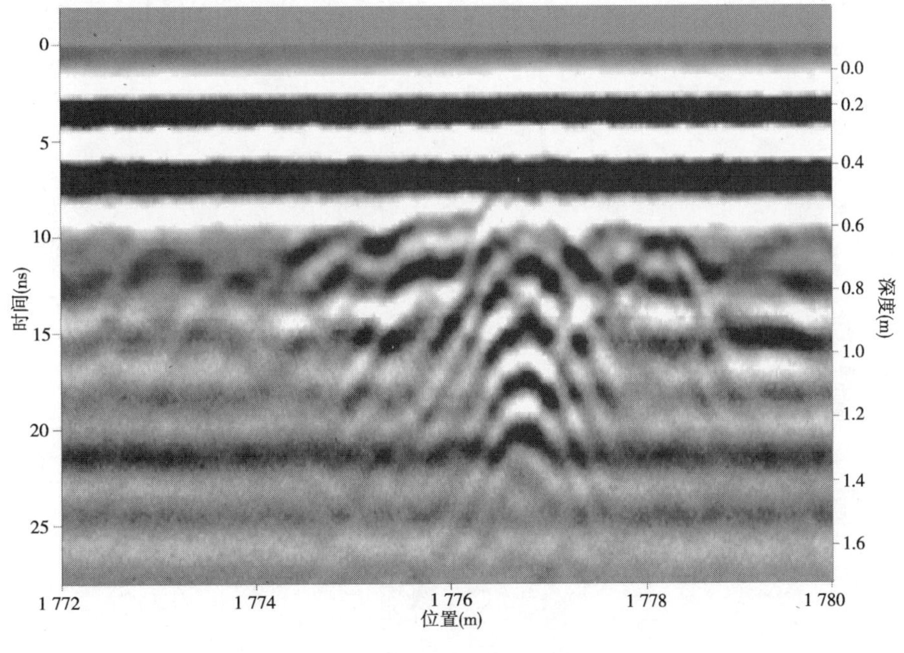

图5 围岩空洞剖面(500MHz)

4.5 回填不密实

回填物之间、回填物与衬砌、围岩之间空隙较大,形成回填不密实区。不密实区介质通常不均匀,与周围的介质之间存在一定的差异,在图像上表现为同相轴不连续,波形较乱、不规则,见图6,从图中还可见围岩中存在较大裂隙。

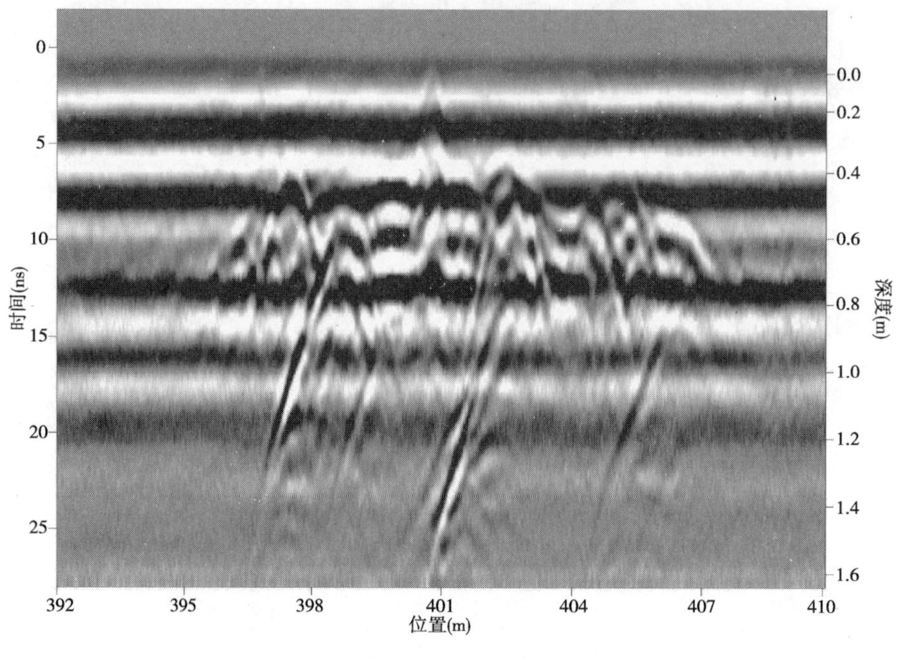

图6 回填不密实剖面(500MHz)

5 结语

探地雷达在隧道衬砌质量检测中具有很好的应用价值,具有数据采集快速、图像直观、无损性等突出优点。在实际应用过程中,得知对于隧道衬砌质量检测,采用 pulseEKKO PRO 探地雷达 1 000MHz 和 500MHz 的屏蔽天线可以取得良好的效果。

参考文献

[1] A. P. Annan. Ground Penetrating Radar Applications Principles, Procedures & Applications[M]. Sensors & Software Inc,2003,35-54.

[2] 薄会申. 铁路隧道衬砌质量检测与评价地质雷达技术实用手册[M]. 北京:地质出版社,2006.

[3] 陈洪凯,李明. 公路隧道健康诊断与控制综述[J]. 重庆交通学院学报,2006,25(4):4-8.

[4] 李大兴.探地雷达方法与应用[M].北京:地质出版社,1994.

[5] 李二兵,谭跃虎,段建立. 地质雷达在隧道工程检测中的应用[J]. 地下空间与工程学报,2006,2(2): 267-270.

[6] 汪兴旺,李建华. 探地雷达技术在隧道衬砌质量检测中的应用[J]. 成都理工大学学报(自然科学版),2007,34(3):354-358.

成都地铁1号线盾构设备改进探讨

华 科 何 川
(西南交通大学土木工程学院 成都 610031)

摘 要 成都地铁面临的富水砂卵石地层区间盾构施工技术已经成为世界公认的难点。面对极其复杂特殊的地层条件,1号线一期工程安全地通过了各种困难地段,例如:下穿经委大楼、天府隧道、火车南站股道等。同时也看到施工中仍然存在一些问题,如:刀具刀盘磨耗比预期的严重、刀具更换频繁、常规换刀加固措施效果不够明显,盾构换刀风险较大、含透镜体粉细砂层中刀盘结泥饼问题突出,严重制约施工进度,盾构设备急待优化改进。在此背景下,作者搜集了大量设备配置及现场施工参数的相关资料,归纳总结出盾构施工中的突出问题,找到了盾构设备的改进依据,并提出了相应的改进建议。

关键词 盾构隧道 地铁 盾构设备 开口率

1 成都地铁1号线盾构设备改进背景

1.1 成都地铁1号线盾构设备配置现状

针对成都地层"三高"(地下水位高、卵石含量高、卵石强度高)的特点,地铁1号线采用了7台加泥式土压平衡盾构机和1台泥水平衡盾构机,其配置示意图见表1。8台盾构机的配置有以下特点:盾构机的刀盘开口率普遍较小;土压式盾构机的出碴系统都采用的是轴式螺旋输送机;刀盘上的刀具配置普遍采用了以破碎硬岩为主的滚刀,并且数量占较大比例。选择开口率小的盾构机,目的是更好保持开挖面的稳定,从而防止地层的塌陷,刀盘配置大量的硬岩刀具,目的是更好的破碎大粒径砂卵石。

成都地铁1号线各标段盾构设备配置示意图 表1

标段	1标、2标、3标	4标	
刀盘示意图			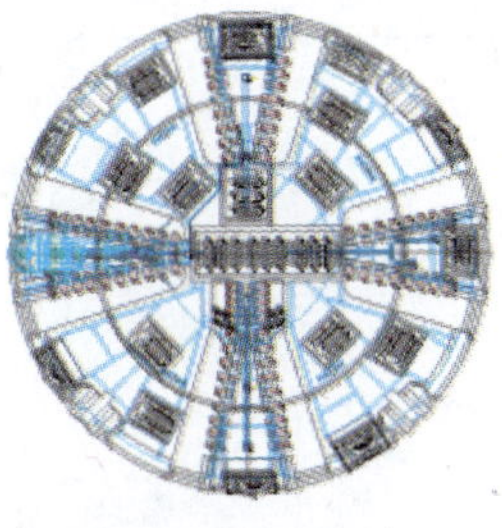
出碴系统示意图			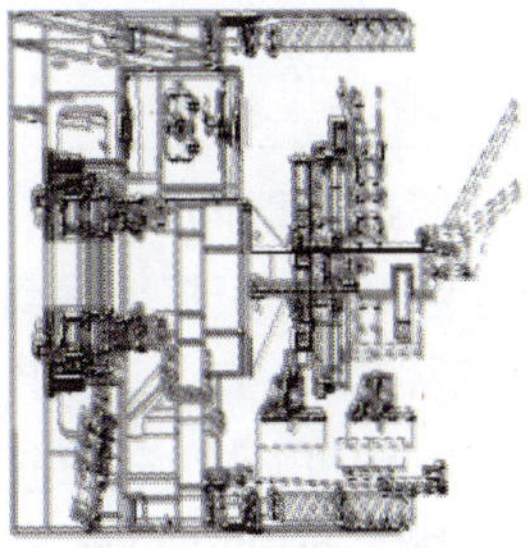

1.2 成都地铁1号线盾构施工中存在的突出问题

地铁1号线盾构选型之初，高度重视了三方面问题：盾构机应具备处理大粒径卵石和漂石的能力；要具有能够在砂砾石地层中长距离掘进的能力；要具有处理高地下水的能力，防止喷涌的发生。

施工实践证明：通过有针对性的选型，有效地推进了盾构设备在成都地铁工程中的应用，解决了一些施工中的矛盾，但是，现实施工中的有些问题比当初设想的严重，如刀具磨耗导致的频繁换刀问题，有些问题当初没有考虑到，如含透镜体粉细砂层中刀盘结泥饼问题等等。

通过前期的盾构施工实践，各区间盾构承包商反映的盾构施工主要问题主要集中在盾构刀盘上：

①刀具刀盘磨耗比预期的严重，刀具更换频繁。

由于卵石对刀盘和刀具的不均匀冲击，刀盘和刀具磨损情况非常严重，除正常磨损外，存在部分刀具偏磨现象，其中，刀盘中间刀具磨损较刀盘四周轻一些。滚刀以弦磨损坏为主，其他刀具主要为刀圈脱落引起的刀体磨损。

②在局部地段地层含透镜体粉细砂层中刀盘结泥饼问题突出，影响了施工进度。

成都地层除砂卵石地层外，局部地段夹杂有厚度不均的粉细砂层，该砂层十分松散易塌、成拱能力差、渣土流动性差，在受到大推力挤压和大扭矩旋转的情况下，易固结成坚硬的泥饼，伴有高温出现。由于泥饼堵住刀盘开口，渣土难以入仓，导致掘进速度很慢。该地层反应敏感，清仓后再掘进的地层损失很大。

2 成都地铁1号线盾构设备改进依据

由于成都地铁1号线盾构施工存在上述的一些问题，需通过调整刀盘结构、增大刀盘开口率、增加螺旋出土器直径、调整刀具布置型式等一系列措施来克服上述问题，但同时又会引发人们对盾构施工安全问题的担忧。以下通过理论分析、有限元数值模拟、现场监控量测、室内模型盾构机掘进试验、工程类比等研究手段来寻找盾构设备改进的依据。

2.1 Peck 法理论分析

1969年，美国著名科学家P. B. Peck结合采矿引起地面位移的估算方法，提出了隧道施工沉降槽的形状近似概率论中正态分布曲线，并给出地面沉降的横向分布估算公式，见表2。

Peck 法理论核心 表2

Peck 法预测的地表沉降曲线	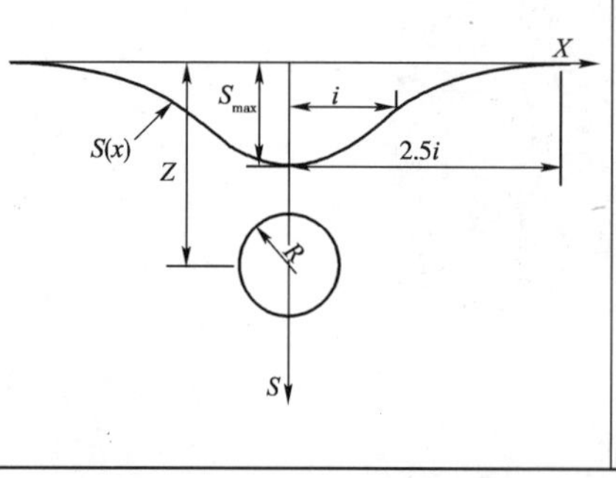 X　S_{max}　i　S(x)　2.5i　Z　R　S	地面沉降的横向分布估算公式	(1) $S(x)=\frac{V_i}{\sqrt{2\pi}i}\exp(-x^2/2i^2)$ (2) $S_{max}=\frac{V_i}{(\sqrt{2\pi}i)}\approx\frac{V_i}{2.5i}$ 式中：V_i 为盾构隧道单位长度地层损失量；i 为沉降槽宽度系数，可按下式计算： $i=\frac{Z}{\sqrt{2\pi}\tan(45°-\varphi/2)}$ 其中，Z 为地面到盾构隧道中心深度。

成都地铁区间隧道大多位于 Q_3 系地层中，土质为砂砾卵石土，埋深约为6～15m，隧道上方土层的 φ 值约为40°。根据1号线盾构隧道普遍埋深情况，取隧道埋深为12m，代入上式可得沉降槽宽度系数 $i=12.8$m，沉降槽半幅宽度约为32m。

在盾构进行直线掘进，且为正常施工时，可以从表3中给出的地层损失范围内，适当选取由于各种因素引起的地层损失率来推地道层损失。在盾构穿越较密集的建筑设施时，总是要在初始推进中通过施工监测，取得实际地层损失值，再根据前一步的实测地层损失，复算出下一步地面沉降曲线。

各种因素引起的地层损失值 表 3

地层损失因素	单位长度内最大地层损失值	地层损失率(%)
开挖面的地层损失	$\pi \cdot R^2 \cdot h$	-2.0 ~ 2.0
切口边缘的地层损失	$2\pi \cdot R \cdot t$	0.1 ~ 0.5
沿着盾壳的地层损失	$0.1\pi \cdot R^2$	0.1
改变推进方向的地层损失	$d\% \cdot L \cdot \pi \cdot R/2$	0.2 ~ 2
盾尾后的地层损失(地下水位以下)	$2\pi \cdot R \cdot (R - R_1)$	0 ~ 4
正面障碍引起的地层损失	A	0 ~ 0.5
曲线推进地层损失	$L^2 \cdot \pi \cdot (R + R_c) \cdot R/8$	0.5 ~ 1
其中：R 为盾构外径，R_1 为管片外径，L 为盾构机长度，t 为盾构切口边缘凸起高度，h 为开挖面土体单位长度内的水平位移，R_c 为盾构推进的曲线半径，A 为盾构正面障碍物突出于盾构外周的面积，$d\%$ 为纠偏角。		

在正常情况下，采用同步注浆工法时，盾构施工引起的地层总损失率为 1.5% ~ 2.0%，成都地铁区间隧道开挖面直径 6 280mm。则地层损失为：$V_i = (1.5 \sim 2.0)\% \times V_0 = 0.465 \sim 0.619\text{m}^3$，在埋深为 12m 的情况下，地表最大沉降为 14.5 ~ 19.3mm。

2.2 有限元数值模拟

有限元数值模拟可以考虑盾构机直径、覆土厚度、地层条件以及盾尾空隙、壁后注浆等施工条件，甚至可以对盾构法施工过程进行模拟，因而是目前广泛采用的一种地表沉降预测方法。采用有限单元法以埋深 12m 为例建立模型，隧道位于 Q_3 地层中，上覆土为 Q_4 地层及第四系人工填土，模型建立及网格划分如图 1 所示，计算材料参数取自成都市地铁 1 号线的地质勘查资料，见表 4。

图 1 有限元计算模型

地层和材料计算参数值 表 4

项 目 类 别	E(MPa)	μ	c(MPa)	φ(°)	γ(kN·m^{-3})
盾构隧道上覆地层	3	0.39	0.01	10	17
盾构隧道所在地层	25	0.36	0.015	25	22
盾构隧道下方地层	500	0.33	0.03	30	20.5
注浆层	1 000	0.3	/	/	23.4
管片	27 600	0.2	/	/	27

采用有限元模型计算的地表沉降曲线，如图 2 所示，地表最大沉降量为 11.2mm，沉降槽半宽约为 23m。

2.3 现场监控量测

下面针对成都地铁1号线一期工程某标段施工现场监测的地层变形数据作以下分析。

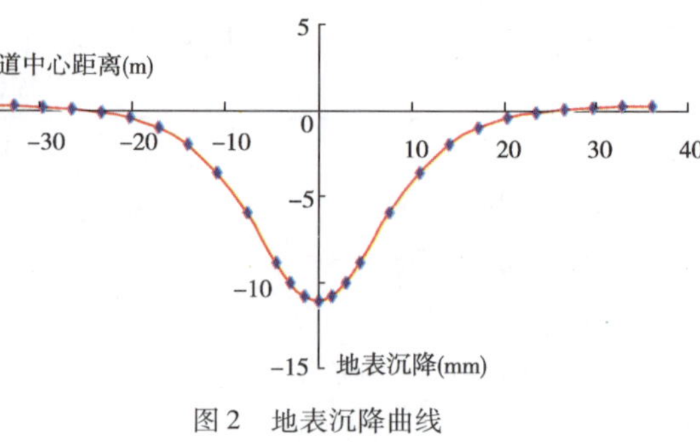

图2 地表沉降曲线

本标段起于省体育馆站南端，止于火车南站北端。隧道总长4 900.43单线延米，其中左线隧道长2 328.2单线延米，右线隧道长2 572.23单线延米，线路基本沿人民南路中路敷设，分省体育馆路—倪家桥站区间、倪家桥站—桐梓林站区间、桐梓林站—火车南站站区间三个区间。

由于监测数据庞大，选择能反应成都地层特点且趋于稳定的典型横断面ZK14+150和左线中线点纵断面进行分析。由图3可知，ZK14+150断面最大沉降为-10.92mm(K13+150-4监测点)；左线中线点纵断面沉降最大为-15.4mm(ZDK14+080监测点)。

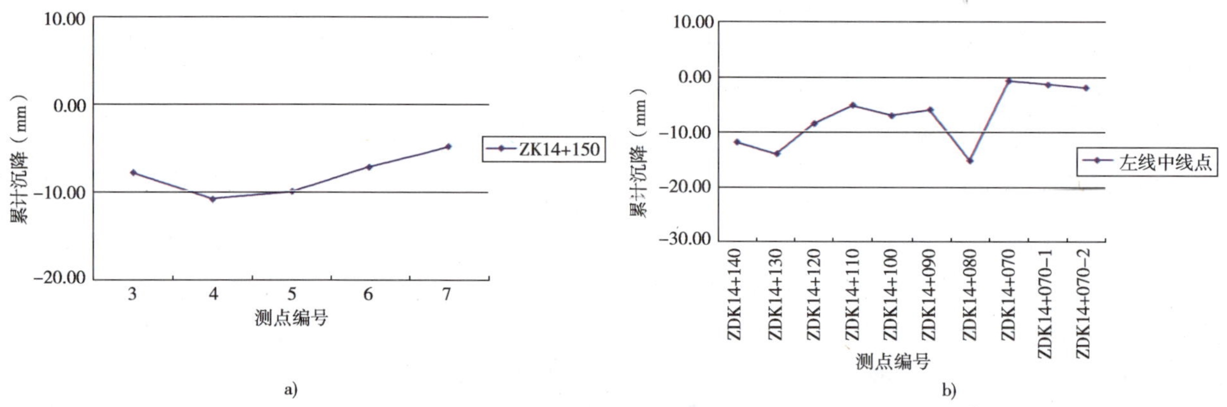

图3 典型断面沉降曲线图

a)ZK14+150累计沉降分布图；b)左线中线点累计沉降分布图

通过监测成果和对现场的观察来看，盾构机掘进对沿线地面的影响较小，监测点的沉降值均小于16mm，盾构机停机时对地面沉降的影响也较小。

2.4 室内模型盾构机掘进试验

为了探索盾构掘进对成都地层的影响，西南交通大学通过自身研制的模型盾构机，在针对成都地层配置的模型地层材料中进行掘进试验，见图4。

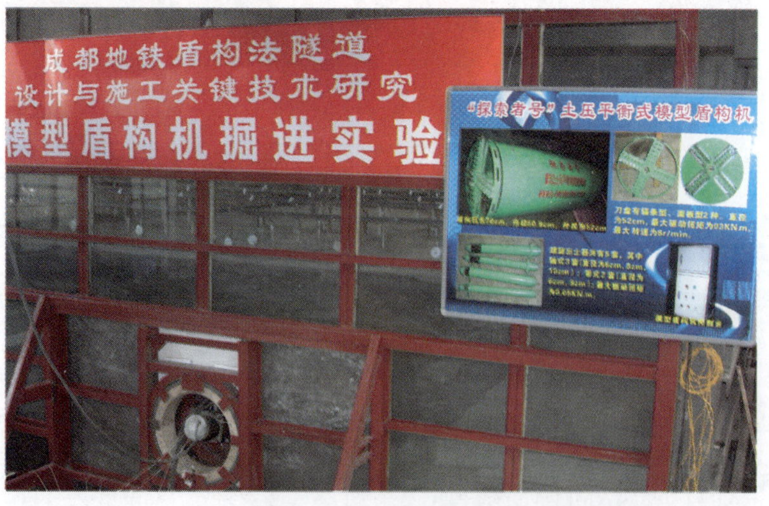

图4 盾构动态掘进试验

由于成都地层的特殊性，地层固结时间短且固结沉降占地表总沉降的比重小，当模型盾构机掘进至始发断面前方 185cm 时（见图 5），监测断面 1 的沉降槽已趋于稳定，利用相似关系换算测得地表最大沉降约为 12mm，此时各监测断面沉降槽见图 6。

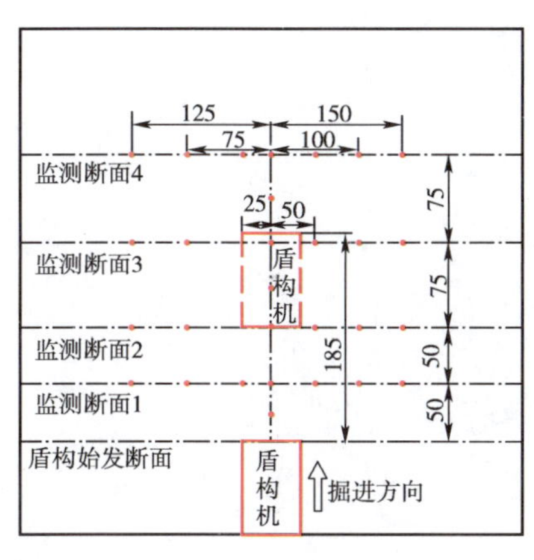

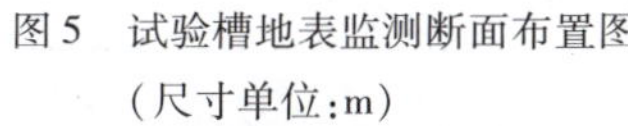
图 5　试验槽地表监测断面布置图
（尺寸单位：m）

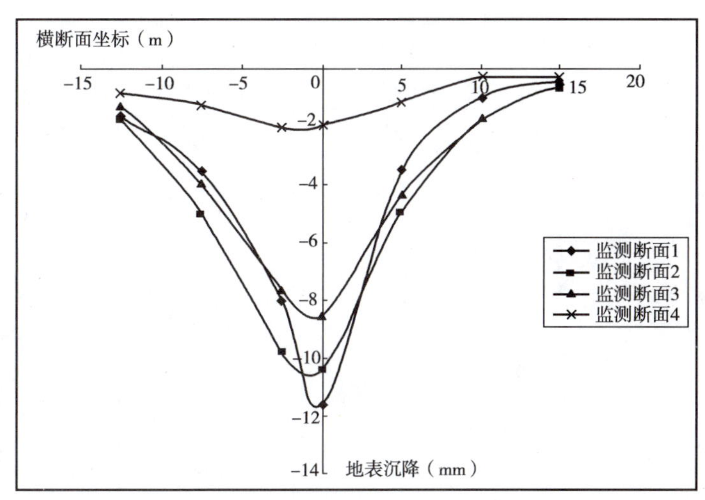

图 6　室内掘进动态试验测试的典型地表沉降槽曲线

表 5 为各种手段所得地表沉降对比结果。从表 5 中可以看出，利用 Peck 法及有限元数值模拟预测成都地铁地表沉降与现场及试验数据较为相近，预测精度较高，所有手段获取的地层最大沉降都小于 30mm。在一般无特殊建（构）筑物的地段地表沉隆控制基准为：地表隆起容许值为 10mm，沉降容许值为 30mm。综合所有手段，尤其是现场实测结果，可以认为：只要加强盾构掘进的施工控制，成都地铁地层的沉降能够完全满足安全要求，且具有较大的安全储备，因此加大刀盘开口率和螺旋出土器直径，调整刀盘结构形式具有较大的空间，虽然这样处理可能会进一步加大地表沉降，但控制在 30mm 范围内是完全可能和可行的。

各种手段所得地表沉降对比　　表 5

方法 对比项	理论分析	数值模拟	现场实测	室内试验
沉降槽宽度（m）	55 ~ 60	40 ~ 50	25 ~ 30	35 ~ 40
地表沉降最大值（mm）	19.3	11.2	约 16	约 12

2.5　工程类比

北京地铁 4 号线 4 标角门北路站—北京南站区间隧道穿越大面积无水砂卵石地层，与成都地铁区间地层极其相似，具有很好的可比性。

表 6 为北京地铁砂卵石地层和盾构设备概况。由表 6 可以看出：采用合适的盾构设备（如面板-辐条式刀盘结构和更大的开口率等），砂卵石地层中也可实现月进尺 600m。同时，需要指出的是：北京地铁盾构施工对象是无水砂卵石地层，理论上较成都地铁有水砂卵石地层的刀盘刀具磨耗要大，但实际上其施工的 1.8km 没有实施过换刀，证明合适的面板形式和合理的刀具配置完全能够减小刀盘刀具的严重磨耗。类似情况在沈阳地铁、武汉长江隧道等相似地层中也得到了较好的体现。

北京地铁砂卵石地层和盾构设备概况　　表6

项目	内容	
地层情况	区间盾构穿越的地层绝大部分为中粗砂层、粉细砂层、圆砾层，砂粒级配良好，含砂率15%～20%，平均内摩擦角35°，黏聚力接近于0，平均天然密度2 100 kg/m^3，标准贯入试验平均值N为55	
盾构机配置情况	盾构类型	土压平衡式盾构机（φ6 140mm）
	刀盘结构	面板-辐条式结构
	刀具组合	中央刀头1把、切削刀头98把、外围强化先行刀头12把、强化先行刀头40把
	开口率（%）	39
	示意图	
盾构运行现场参数	现场推力（kN）	14 000～25 000
	现场刀盘转速（r/min）	1.15～1.21
	现场扭矩（kN·m）	3 500～4 000
	现场推进速度	约600m/月

3　成都地铁1号线盾构设备进行改进的建议

地铁一号线一期工程8台盾构机已经交付生产，要进行大范围的针对性改进制造已无可能，这里针对机器现状提出如下可实现的改进建议，相信这些改进建议有助于提高地铁一号线的施工进度。

①刀盘刀具的布置应当进行段差设计（见图7），适当减少滚刀数量，充分发挥各类刮刀的作用。树立“排出为主，破碎为辅”处治理念，盾构在砂卵石地层中掘进需要配备滚刀，但砂卵石地层中硬岩滚刀的布设可以少一些，加大滚刀刃的轨迹间距。同时利用刀具形态的变化，形成刀具段差，减少刀具扭矩。刀盘中心部位的中心双刃滚刀的设置应视情况而定。

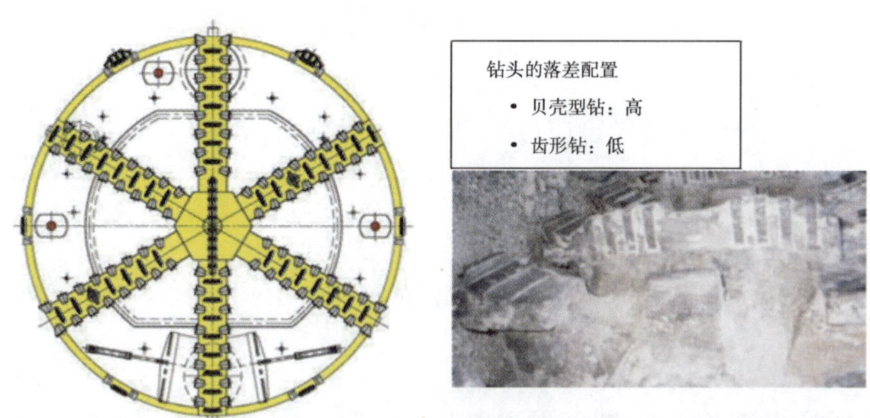

图7　刀具的段差设计

②增加盾构机的脱困扭矩。成都地铁施工的统计结果表明，平均扭矩值为4 250kN·m，部分时段常超出6 000kN·m，经常出现卡住刀盘的情况。盾构脱困扭矩设计若采用$T=\alpha D^3$，建议α的取值最好为

30 ~ 35。同时,在施工中采取措施减少意外阻力扭矩的发生。

③对于含透镜体粉细砂层施工的盾构机,刀盘开口率的调整增大的重点是面板中央部位。优先调整面板中央部位的开口率,有助于含透镜体粉细砂层顺畅地进入土仓,避免泥饼现象。中心部位易结泥饼问题的解决还需要盾构在刀盘中心设置有效的泡沫系统,坚持采用中间支撑式刀盘,在刀盘支撑臂增加有效的搅拌系统,有利于渣土的流动。

④有针对性的改进碴土改良系统。碴土改良系统在砂卵石地层中起到非常关键的作用:减少刀具磨损、保证开挖面稳定、减少盾构机负荷,提高掘进效率。但盲目的在整个区间采用单一添加剂进行碴土改良,不但效果不好,还会增加造价,可谓事倍功半,因此碴土改良要有针对性。一般来说,当盾构机扭矩突增切削困难时,应采用针对性材料重点改良刀盘面板前方土体;当出碴系统运转不畅,系统磨损严重时,应采用针对性材料重点改良土舱内土体;在普通地段,掘进出土顺畅时,采用一般材料改良土体即可。可见,寻求和研发新型材料,优化注入管路、注入方式,是改进盾构碴土改良系统的当务之急。

4 结语

成都地质条件的特殊性决定了成都地铁区间隧道工程是一个技术难题极大的工程,宜采取稳妥谨慎的态度,在盾构选型和施工过程中应坚持把安全问题放在重中之重的高度。作者在综合分析和研究目前成都地铁 1 号线施工问题的基础上,基于研究成果和国内外类似工程的类比,形成了以下几点结论:

①目前地铁 1 号线区间隧道施工存在问题的原因是安全和进度这对矛盾相互作用的结果,施工企业和盾构设备生产商高度强调安全,因此盾构设备设计上相对较为保守。

②结合地铁 1 号线区间隧道试验段掘进监测数据的研究表明,盾构设备可以适当改进,实现一方面不会导致安全问题、同时又可以提高施工进度的目的。通过改进,1 号线工程区间隧道盾构施工存在的问题是可以得到改善的。

③从避免重大安全事故、减少环境影响、提高工程质量、控制施工造价等重要因素考虑,地铁 1 号线工程主城区地段区间隧道采用盾构法作为主体施工方法是相对最优的选择,下一步可以通过多种技术手段将当前存在的诸如对地面交通影响较大等问题控制在最小程度之内。

参考文献

[1] 成都市地铁办. 成都市地铁一号线试验段水文、工程、环境地质条件,主要问题及对策专题研究报告,2001.

[2] 日立建机株式会社. 针对成都地铁的盾构掘进机说明资料,2005.

[3] 张国京. 北京地区土压式盾构刀具的适应性分析. 市政技术,2005.

[4] 张凤祥,朱合华,傅德明. 盾构隧道[M]. 北京:人民交通出版社,2004.

[5] 胡茜,何川. 富水砂砾石地层地铁区间隧道盾构机选型分析//中国交通土建工程学术论文集. 成都:西南交通大学出版社,2006.

七、深开挖设计施工

深基坑承压水危害综合治理方法的技术思路与实践

朱雁飞　杨国祥　吴林高

（上海隧道工程股份有限公司　上海　20082）

摘　要　在大量工程案例调查的基础上，本文提出了对承压水危害“以水位控制为前提，以沉降控制为中心，综合治理承压水危害”的新思路和勘察、设计、施工方面的具体措施，并以上海轨道交通9号线宜山路站工程为例，介绍实施过程和工程实效。

关键词　深基坑　承压水　危害　降水　围护　沉降

1　引言

在各类地下工程中，深基坑工程受承压水危害最为直接，也最为广泛。当前，在地下空间开发蓬勃发展的社会背景下，承压水问题已经逐渐成为业内关注的焦点，这一领域目前面临的形势可概括为：“老问题、新挑战、新思路”。

所谓“老问题”，是指工程界对处理承压水问题已经有数十年的经验，仅在上海地区，自1985年起就有近百个工程成功地进行过降承压水施工。

所谓“新挑战”，是指随着工程数量、规模、难度的提高，承压水处理的方法面临风险控制和沉降控制两方面的严峻挑战。一方面，随着深基坑建址和深度范围扩展，地质工况更显复杂，承压水危害的表现形式也日趋多样化，仅仅考虑抗突涌稳定的传统思路已不能确保工程和周围环境的安全，因此必须提高相关的风险控制能力。另一方面，随着大量地下工程展开施工，降水已成为诱发上海大地沉降的重要因素，2006年颁布的《上海市地面沉降防治管理办法》已经明确要求对降水进行严格限制和管理。同时，城市中重要建构筑物，如运营中的轨道交通线路等，保护标准日益严格，其沉降控制分解指标仅数毫米，过去可以接受的沉降量目前已经无法满足要求。

所谓“新思路”，即针对现实的社会需求，提出了对承压水危害“以水位控制为前提，以沉降控制为中心，综合治理承压水危害”的新思路，摆脱以往单纯控制水位的局限，进行“全方位、全过程”的治理，从而比较彻底地解决承压水问题对深基坑工程发展的制约，其技术体系框架图1所示。

本文拟结合示范工程——上海轨道交通9号线宜山路站的工程实践，对其中的关键环节作说明和解释，谨供业内相关人士参考和探讨。

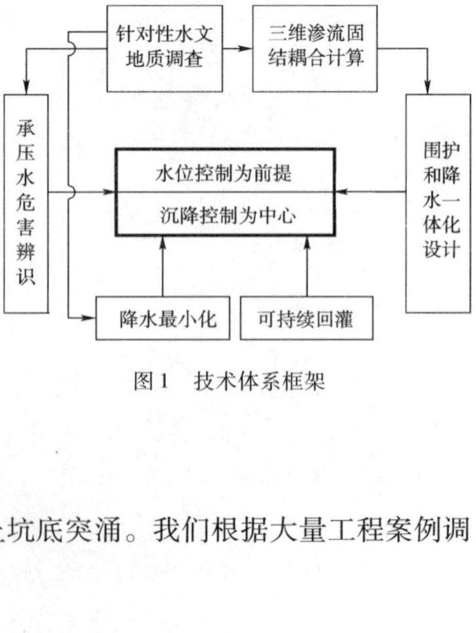

针对性水文地质调查
三维渗流固结耦合计算
承压水危害辨识
水位控制为前提
沉降控制为中心
围护和降水一体化设计
降水最小化
可持续回灌

图1　技术体系框架

2　承压水对深基坑工程的危害模式分析

现有规范中针对深基坑工程中承压水危害的内容主要是防止坑底突涌。我们根据大量工程案例调研总结，认为这一描述并不全面，承压水危害至少可以概括以下为5种模式。

2.1 “顶托破坏”模式

其表现为坑底突涌，这是工程界最早认识到的承压水危害形式，包括坑底顶裂、坑底流砂、坑底“沸腾”等多种形式，上海地区多表现为坑底薄弱处涌水、涌砂。起因可能是抗突涌安全系数不足，也有可能是地质探孔未封闭等因素。前者案例包括上海1985年发生的煤气管过江工作井突涌[1]，2003年漳州中银大厦坑底突涌[2]；后者包括1995年上海金茂大厦坑底涌水事件[1]。此外，这种模式也可能发生于沉井工程。

2.2 “开挖面突涌”模式

其表现为围护结构缺陷造成开挖面以上渗漏。这种模式不仅限于深基坑工程，也可发生于盾构、顶管等类型的地下工程。从渗流角度看，潜水的压力由水自重形成，属于无压渗流，水头随着渗漏降低较快；反之，承压水渗漏属于有压渗流，其水头不会随着渗漏快速降低。因此，承压水渗漏危害程度比潜水严重得多。例如，上海地铁1号线北延伸段某深基坑工程开挖面突涌后形成相对稳定的盆状土坡，影响范围仅30m左右；而上海地铁4号线某区间隧道冻结失败后连续涌水7d，塌陷区长达300m左右。

2.3 “异常管涌”模式

此模式即开挖面以下围护结构渗漏导致坑底涌水，其机理与“开挖面突涌”不同，是由于坑内外存在压力差，而围护结构施工不当，插入部分不能起到止水效果，发生了异常的管涌。这种危害模式俗称“开裤衩”，在基坑工程中颇为常见，仅在上海地铁7号线就发生了包括耀华路站、新村路站和浦江耀华站[4]等多起险情；而潜水地层中的此类事故也有发生，如2004年杭州地铁1号线秋涛路站[3]案例。

2.4 “有效应力丧失”模式

这一现象最早在上海地铁4号线溧阳路站[5]发现，这一案例中并没有管涌、流砂等现象的出现，但是坑底出现了很大的回弹，且围护墙体踢脚线位移无法控制。在上海地铁10号线的个别车站施工中也出现了类似情况，其中某车站在施工正常的情况下，一天之内踢脚线位移超过10mm。这些案例表明了一种以往未揭示的承压水危害模式，潜藏着较大的风险。

这一模式的机理解释如下：对于坑底下卧（微）承压含水层而言，基坑开挖过程就是总应力降低过程，如未采取降压措施，则其孔隙水压不会降低，于是必然导致有效应力降低。当抗突涌安全系数降低至1.0以下时，土体有效应力将趋向零，此时土颗粒处于悬浮状态，无法提供侧向抗力，这样就产生了大量的踢脚线位移；同时，坑底土体正常回弹叠加了承压水的顶托作用，使得基坑回弹量异常偏大。由于上海地区④、$⑤_1$层土等浅层流塑性黏土的特性，即使发生很大变形也不一定开裂，因此这种情况下不一定会有明水涌出。鉴于这一破坏模式的直接原因是有效应力大幅降低，故将其命名为“有效应力丧失”模式。

2.5 “过量沉降”模式

以往工程界对降承压水引起的沉降不够重视，认为只要采取坑内设井和按需降水，诱发的沉降都在可接受范围内。但根据调查，发现一些工程案例由于降承压水导致了周围地层沉降超标，影响了周围管线和建构筑物的正常使用。例如，地铁7号线某车站降微承压水诱发沉降达85mm[6]；南京地铁2号线某车站由于降水诱发大量沉降，导致周边居民住宅损坏[7]。因此，降水诱发周围地层过量沉降无疑也是承压水危害的重要表现形式之一。在基坑周边高标准保护建构筑物的情况下，必须采取“水位控制为前提，沉降控制为中心”的思路，确保安全。

3 承压水危害综合治理措施

要实现“水位控制为前提，沉降控制为中心”，就必须对承压水危害进行“全方位、全过程”的综合治理，即在勘察、设计和施工全过程，针对承压水危害的各种模式，采取系统的措施，既要确保工程安全，又要减小周围环境影响。

3.1 针对承压水危害治理的水文地质调查

综合治理首先必须准确地摸清建址的水文地质状况。目前深基坑工程的勘察工作在承压水危方面常见缺陷包括：微承压水一般根据地质层序结合经验判定，一旦失误则可能发生“有效应力丧失”模式的危害；详勘报告一般不揭示各含水层和覆盖层之间的水力联系，计算沉降时压缩层厚度的取值多为假定；地层尖灭点位置不准确，处于坑内或坑外降深可能相差数倍，带来安全隐患。

因此，对于深基坑工程，施工前如存在上述疑问，应进行针对承压水危害的水文地质调查，可采用静力触探和现场降水试验等手段，彻底查明有关的水文地质状况，消除风险源。

3.2 围护—降水一体化设计

基坑和水利工程的实践已经证明[8]，在降水条件下，插入含水层的围护结构（或帷幕）可以造成围护内外的水头差，“围护结构与降水一体化设计”就是利用了这一现象。按此方法进行围护设计时，针对地面沉降控制值，逐步调整井点深度和围护结构插入深度，算出对应的坑外水头降落，再按渗流场驱动应力场的耦合原则计算降水引起的地层沉降，直到满足沉降允许值，这一过程需通过三维渗流沉降计算软件完成。由上海隧道工程股份有限公司和同济大学联合研制的《3W3D》，就是这样一种面向结构专业人员的围护降水一体化辅助设计软件。

理论计算和工程实践表明，控制周围地层沉降并不一定需要切断含水层，对应一定的井点滤管深度总有一个合理深度的围护结构。达到这个深度，坑外水头降可较快减小；而超过这个深度则效果提高不明显，性价比降低。

3.3 “降水最小化”的降水设计和施工

为减少周围地层沉降，降水设计和施工应按“降水最小化”原则进行，即在确保安全的前提下，尽量少量、短时抽水。具体措施包括“分层降压”和“按需降水”两方面。

“分层降压”是对于存在水力联系的多含水层组，利用地层渗透性差异将上部渗透性较差的含水层疏干后作为下部含水层的覆盖层计算，而不是传统的连为一体考虑，以最大限度压缩设计降深。例如，在上海地区的⑥层缺失区，$⑤_2$ 层往往与⑦层相连，对控制沉降非常不利。如采用“分层降压”技术，可利用两者之间渗透系数性差异，在$⑤_2$ 层下部设置井点，将其减压后视作⑦层的覆盖层，由此大幅度减小⑦层的设计降深。其中$⑤_2$ 层降压井既可单独设置，也可与疏干井结合，形成混合井。

“按需降水”是指进一步深化传统的“按需降水”方法，措施包括：严格制订井点运行计划；实施高精度降深控制；动态优化安全系数；优化结构回筑方案等。

上述三方面的措施涵盖了勘察、设计和施工阶段，条件允许的情况下可将三者结合使用，效果最为显着；如没有条件，也应该尽量从“综合治理”的角度出发，制订更为全面的措施，避免片面强调水位控制可能带来的副作用。

4 示范工程应用

上海轨道交通 9 号线宜山路站位于凯旋路与宜山路交叉处，与已运营的 3 号线宜山路站、4 号线宜山路站共同组成宜山路枢纽,是上海市轨道交通网络的重要换乘节点之一。基坑最大开挖深度达30.6m,是目前上海地区开挖最深的地铁车站。

车站建址地层中⑥层缺失,第Ⅰ、Ⅱ承压含水层连为一体,深度超过100m。覆盖层黏土和粉土亚层交错分布,$⑤_{2-2}$层和$④_2$层均为微承压含水层,与承压含水层存在水力联系,水文地质条件非常复杂。

该车站开挖深度0.5倍范围内除了分布着1幢高层建筑和3幢商场外,正在运营轨道交通3号线高架区间距基坑仅7m,3号线另外一侧即为正在运营的4号线,见图2所示。该基坑面积超过5 000m^2,被封头墙分割为4个基坑,分3次施工完成,施工顺序为:$Z_1 \rightarrow Z_2 \rightarrow Z_3 + Z_4$。对于基坑开挖而言,化整为零分3次施工,减少了基坑开挖对周围环境的影响,但对于降水而言,这一措施延长了降水时间,对控制沉降不利。

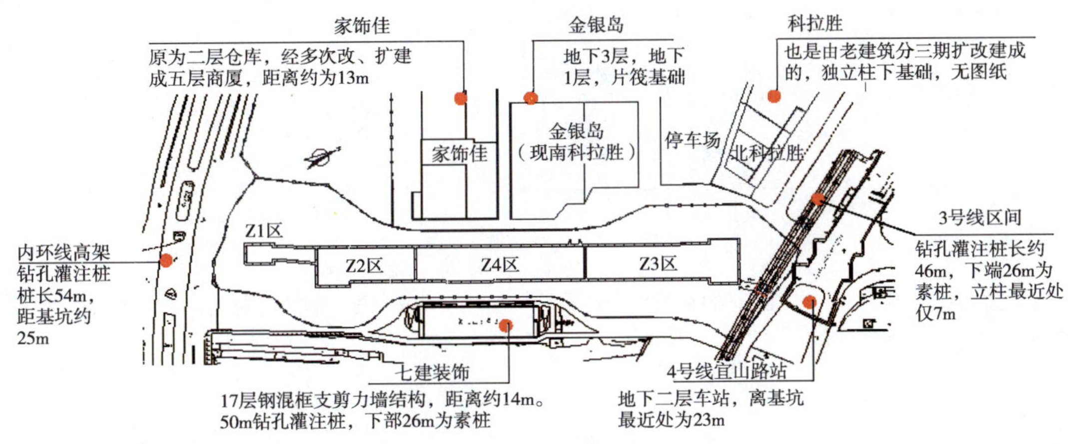

图2　宜山路站与周边建构筑物

4.1 对水文地质状况的补充调查

(1)地质补勘:针对原有的地质勘察报告中关于承压水问题存在的疑问,施工前进行了4次施工补勘,如表1所示。补勘手段以静力触探为主,彻底搞清楚了基坑位置含砂地层的分布,消除了东端头井附近人为的设置的$⑤_2$层"尖灭点",为下一阶段大幅度优化设计降深打下了坚实的基础。

补勘成果汇总表　　表1

序号	实施时间	部　位	补勘方式	主要成果
1	2005年7月	东端头井以东	静力触探	揭示东端头井外侧分布⑤层砂性亚层,但层厚、埋深小于早先资料所示
2	2006年6月	Z1段两侧	静力触探	确认Z1段⑤层各亚层为黏质粉土/粉质黏土互层,明确各亚层高程和⑦层顶板深度
3	2006年8月	Z2段两侧	静力触探	确认Z2段⑤层各亚层也为黏质粉土/粉质黏土互层,确定各亚层高程和⑦层顶板深度
4	2006年12月	东端头井基坑内	静力触探和取土	进一步确认第一次补勘结果,明确$⑤_2$层进入东端头井内部

(2)现场降水试验:为掌握建址地层之间的水力联系和降水过程中的沉降反应,施工前进行了调查渗流固结规律的现场降水试验。试验设施由降压井群、观测井群、监测系统三部分组成。其中降压井群包括呈等腰三角形分布的三口深井井点,见图3所示,其滤管深入⑦层中,长度分别为11m、9m、7m。观

测井群形成了⑤$_2$层、④$_2$层水位观测点和一个⑦层水位观测剖面，观测井均有对应的孔隙水压计，数据可相互验证。监测系统包括成组设置的孔隙水压力、分层沉降和地表监测点和重要建构筑物监护测点，构成了以降压井群为中心80m半径范围内“五环四射”的放射状监测剖面，见图4所示。

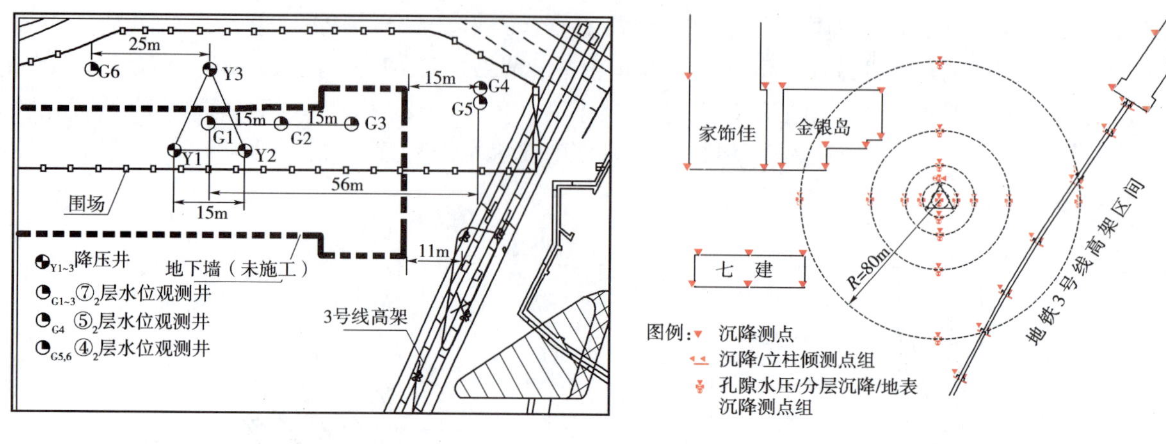

图3 降压井和观测井布置

图4 测点布置图

降水试验采用非完整井非稳定流的方法进行抽水试验，先后做三次单井抽水试验和一次群井抽水试验，历时15d整。图5和图6分别是降水过程中⑦层和⑤层各亚层的孔隙水压力降低过程。

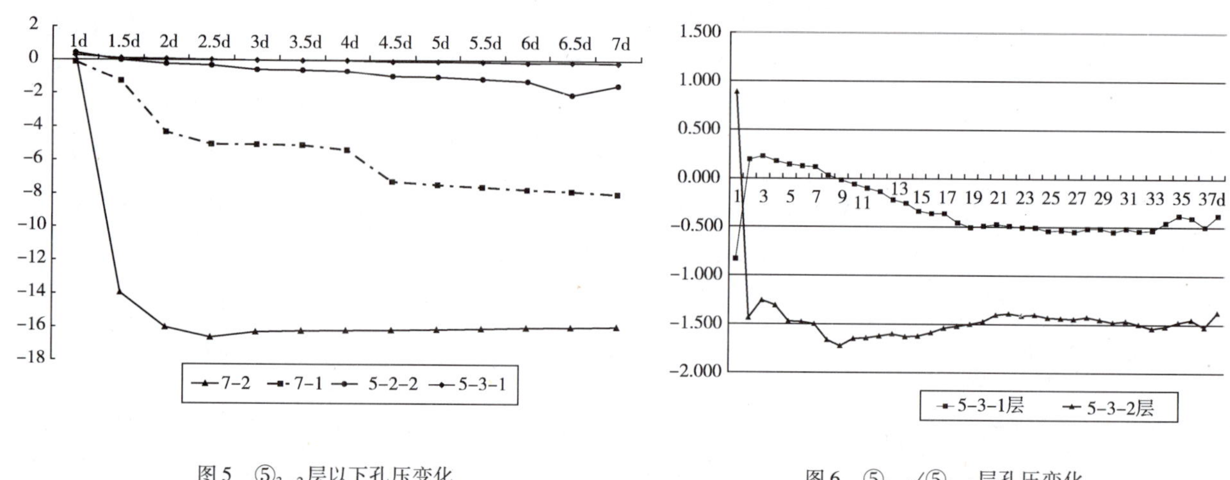

图5 ⑤$_{3-2}$层以下孔压变化

图6 ⑤$_{3-1}$/⑤$_{3-2}$层孔压变化

通过现场试验，不仅准确掌握了本区地下水位，准确获得本场地的水文地质参数，而且通过各层孔隙水压力，确认第⑤层最下部的亚层与⑦层存在水力联系，为下一阶段围护—降水一体化设计打下了坚实的基础。

4.2 围护结构适度加深

宜山路站原设计的地下墙未插入⑦层，考虑到Z3基坑距离运营中的地铁3号线仅7m左右，因此采用“围护—降水一体化设计”，以适当加深围护结构的方式，形成悬垂式隔水帷幕，从而大幅减小地层沉降，具体实施过程包括下面几个步骤：

(1)首先通过滤料、滤网、成孔工艺优化，将降压井滤网长度由最初的11m缩短到7m，而抽水量和降压效果维持不变。

(2)然后，对7个围护方案进行了数值模拟计算，通过三维渗流计算找到最优化的围护结构插入深度。7个方案代表性观测点的预测降深汇总如表2。

各种围护加深方案 10m 外预测点水位降深　　表 2

	方　案	帷幕深度(m)		基坑 10m 外最大降深(m)
		标准段	端头井	
1	地下墙不加深	48	51	-13.19
2-1	仅端头井加深	48	60	-9.91
2-2		48	61	-9.46
2-3		48	62	-8.30
3-1	Z3 基坑全部加深	60	60	-5.43
3-2		61	61	-4.52
3-3		62	62	-1.04

从表 2 可以看出,部分围护加深的方案意义不大,这不同于潜水降水常采取的不封闭帷幕的经验;而围护深度超过井点 2m(62m 深度)时坑外降深改善幅度很大,表明悬垂式隔水帷幕能够很好地平衡经济性和安全性要求。最终在平衡各类因素后,决定在 Z3 基坑端头井部位采用 62m 深地下墙,标准段部位采用 61m 地下墙的方案,地下墙比原设计分别加深 11m 和 13m。

4.3　降水运行控制

在宜山路站工程中,采取了"降水最小化"的降水策略,其措施包括"分层降压"和"按需降水"两部分。

如 4.1 所述,已经证实⑤$_{3-1}$层、⑤$_{3-2}$层都具有一定承压性,这就带来了新的问题:按传统计算,既然⑤$_{3-2}$/⑤$_{3-1}$层、⑦层上下相连,又确认具有承压性,就必须以将⑤$_{3-2}$/⑤$_{3-1}$层作为承压含水层的一部分,由于基底已经揭穿⑤$_{3-1}$层,设计降深将超过 22m,由于这样必然增大诱发的沉降。根据现场抽水试验,可以观察到虽然⑤$_{3-2}$/⑤$_{3-1}$层具有承压性,但水量很小,后期甚至断流,据此我们应用"分层降压"的理念,在基坑内设置混合井,基坑外设置降压井,混合井疏干基坑内上部土层并降低下部⑤$_{3-2}$、⑤$_{3-1}$层压力,降压井最大设计降深由 17m 压缩到仅 6m,开两口井就足以满足要求,大大减少了诱发的沉降。图 7 为混合井抽水时⑤$_{3-2}$层观测井水位降低过程。

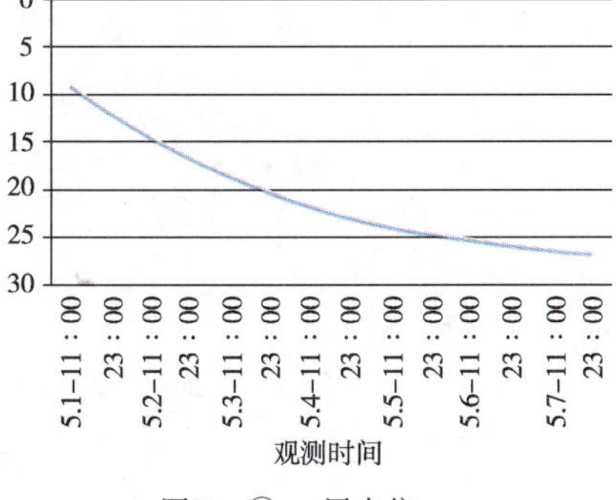

图 7　⑤$_{3-2}$层水位

这一做法经过 Z1、Z2、Z4 基坑的三次实践和 10 号线上海图书馆站等工程的验证,是非常成功的,宜山路站各段基坑采用和不采用分层降压措施的设计降深对比见表 3。

最 大 降 深 对 比　　表 3

基　坑	最大设计降深(m)	
	不采取分层降压措施	采取分层降压措施
Z1	17	6
Z2	16	7.7
Z4	20.4	6.5

"按需降水"最早在上海外环线隧道深基坑工程中提出[9],被实践证明是有效减少降水沉降的方法。宜山路站施工中对这一方法进行了深化和细化,主要采取了三条措施:一是制订降水工况表,按计算要求,逐根开启井点,仅提前 1d 降水;二是优化安全系数:经充分论证,在底板浇筑后,抗承压水安全系数计算由 1.1 降低为 1.05;三是回筑方案优化,考虑到本工程回筑阶段降水时间远比开挖时长,开挖阶段采用了回筑速度较快的楼板逆作方式,底板完成后适当压载,这样大幅度缩短了降水时间。

以往控制水位只能通过开、关井点来实现,形成的水位是"踏步"型的。针对这种局限,宜山路站研发了专利技术——高精度承压水降深控制施工方法(发明专利公开号:200710173350.8),此系统由自动化水位监测装置和回水阀组成,其中自动化水位监测装置可以实时监测观测井内的水位变化,经计算机与设计降深对比后,如需要调整,则发出调整指令,调节回水阀排水、回水两道阀门的开度,无级调整出水量,达到“坡道”型的水位控制效果。图 8 为未采用该技术的 Z1 基坑和采用该技术的 Z2 基坑实测水位控制精度的对比。

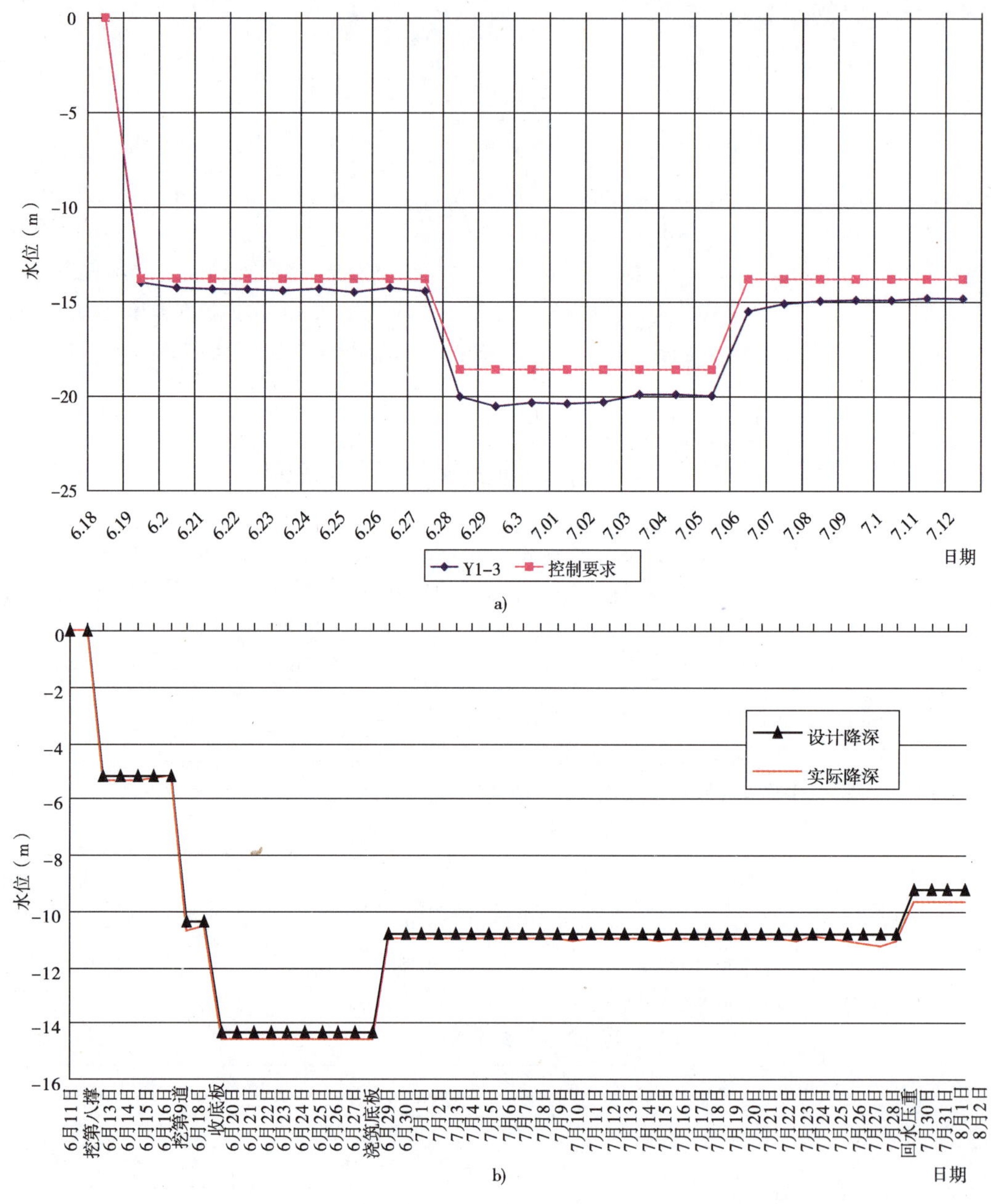

图 8 观测井水位与设计水位对比

a)使用专利技术前;b)使用专利技术后

4.4 实施效果

由于建设全过程中采用了“承压水危害综合治理”的方法,9 号线宜山路站在最大降深超过 16m,基坑自身和周围建构筑物的安全均得到了很好的保护。“承压水危害综合治理”的显著效果表现在:

(1)避免了“有效应力丧失模式”的危害。通过对详勘和补勘的静力触探资料研究,发现建址处⑤层下部亚层均含有厚度不等的砂性夹层,从理论推断,这些砂/粉性夹层和透镜体经过数千年的补给,自然状态下释水过程将是极其缓慢的,可能具有承压性。在现场降水实验中,明确测得了⑤层下部的亚层与⑦层存在水力联系，证实了自然条件下相互补给的可能性。最终，基坑施工前专门在⑤层的下部打设一口观测井，经过实测其静止水位为地面下 9m，与承压水水头基本一致，而远远低于潜水水位，由此证实此处的⑤层下部的亚层具有承压性，通过设混合井降水消除了这个重大风险源。在基坑开挖全过程中，围护结构未发生异常变形，立柱桩上浮量不足 10mm。

（2）通过"围护—降水一体化"设计有效控制了重点保护对象——地铁 3 号线周边的水位降落，大幅度减少地下水的抽汲量。表 4 为 Z4、Z3 基坑分别降水和同时抽水时坑外水头位降落（Z4 基坑围护没有加深）。可以看出，Z4、Z3 基坑同时降水与 Z4 基坑单独降水差异不大，说明加深的地下墙虽未隔断含水层，但形成的悬垂式帷幕作用明显，Z3 降水几乎没有对周围地层造成附加影响，这一结果与计算结果误差在 100mm 以内。此外，借助加深围护的帷幕作用，面积达 1 800m^2 的 Z3 基坑施工中仅开启 1 口井，高精度水位控制系统将水量控制在 32m^3/h，就可达到设计降深 16m（水位深度 25m），此时该井点仅启用了 60% 的降水能力，与其他类似基坑相比，降水效率高出数倍。

基坑外水头降落值汇总　　表 4

工况	坑内水位(m)		KX4	KX5	KX6	KX7	KX8	KX9
Z4 降水	13.2	距离 1(m)	90	84	21	15	103	102
		降深(m)	-2.68	-2.59	-4.46	-4.60	-0.60	-0.50
Z4 和 Z3 同时降水	13.2	距离 1(m)	90	84	21	15	103	102
	22	距离 2(m)	98	97	2	2	2	2
		降深(m)	-2.87	-2.57	-4.51	-4.67	-0.67	-0.63
Z3 降水	26	距离 2(m)	98	97	2	2	2	2
		降深(m)	-0.79	-0.61	-1.57	-1.88	-1.11	-1.11

注：①距离 1 为 Z4 井点中心距离至测点的距离；②距离 2 为 Z3 基坑边缘至测点的距离。

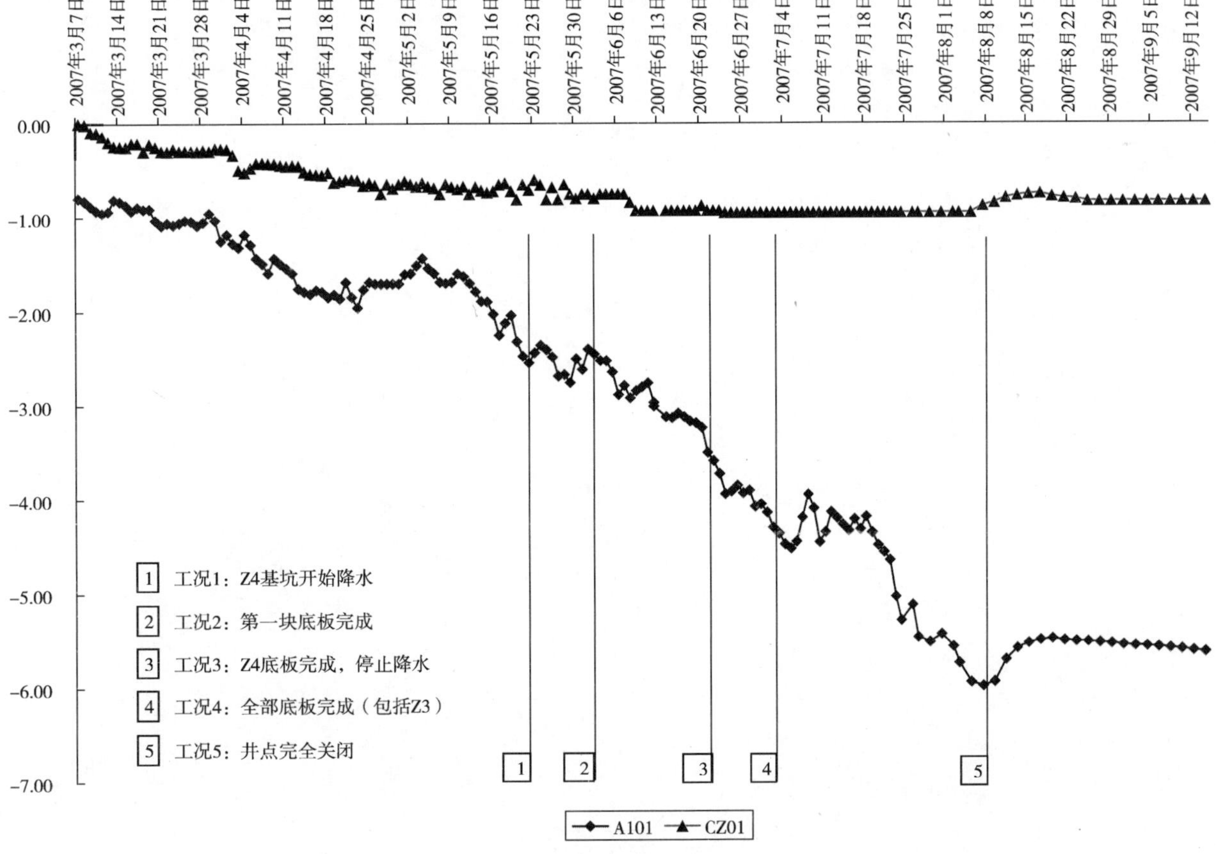

图 9　3 号线沉降历时曲线

(3)有效地控制周围地层和建构筑物沉降。图9是3号线高架区间最远和最近测点的沉降历时曲线,对照图中所附工况,可以明显地看出沉降随降水开始加速、随降水停止回弹的特点,这也是上海地区6层缺失条件下沉降的普遍规律。正是由于采用了一系列承压水危害治理方法,才能够将3号线总沉降控制在6mm左右,确保了3号线的安全运营。

参考文献

[1] 戴斌,王卫东.受承压水影响深基坑工程的若干技术措施探讨.岩土工程学报.2006.11.

[2] 李海如,吴寿明.漳州中银大厦基坑突涌处理方法.探矿工程.2004.9.

[3] 李长山.杭州地铁秋涛路站基坑施工管涌分析处理.路基工程.2006.3.

[4] 王益群.上海轨道交通7号线工程车站基坑降水技术应用.中国市政工程.2007.8.

[5] 刘国彬,王洪新.上海浅层粉砂地层承压水对基坑的危害及治理.岩土工程学报.2002.11.

[6] 卢礼顺,刘建航,刘庆华,刘松樵.上海某地铁车站深基坑周围土体沉陷研究.岩土工程学报.2006.11.

[7] http://news.xinhuanet.com/local/2007-05/08/content_6067870.htm.

[8] 吴林高,姚迎.连续墙周边的地下水渗流特征及数值模拟.上海地质.1995(3)-8-14.

[9] 姚迎,张瑞,吴林高.外环隧道浦西段深基坑深井降水试验.施工技术.2003:32.

超深基坑承压水综合治理技术

潘伟强
（上海隧道工程股份有限公司　200082）

摘　要　随着基坑工程越来越深，承压水已成为制约基坑安全和保护环境的关键因素。本文以市中心复杂环境的超深基坑为背景，介绍了从降水范围、降深、降水时间四维来控制承压水治理，减少承压水对环境影响，改变了以往以水位为主而产生较大地表沉降的思路，获得良好的效果。

关键词　超深基坑　承压水　沉降　四维控制

1　前言

国内在地下工程领域经过多年的理论研究和实践，基本掌握了基坑围护和支撑体系的设计和施工技术。近年来，随着地下工程越来越深，承压水对基坑工程的危害以及治理过程所引起的环境影响问题，已成为制约基坑工程发展的关键问题。

地下工程中承压水问题主要包括两个方面：一方面是为了保证基坑本身的安全对承压水进行降压治理；另一方面是承压水治理所带来的周围环境影响。这两方面在一定程度上是相对立的，而采取技术的措施来满足这两方面的辩证统一是长期以来面临的难题。因而，需要从勘察、设计、施工等全方位来治理。

2　工程概况

2.1　工程概述

上海轨道交通9号线宜山路站是与3、4号线换乘的地下四层车站。车站位于宜山路下，西起中山西路，东至凯旋路，如图1所示。车站主体结构外包尺寸长为285.80 m，标准段宽21.2 m，站台宽10 m。车站主体结构分为4个基坑（Z1区、Z2区、Z3区和Z4区）。标准段基坑最大开挖深度为27.9m，端头井为30.6m，是上海目前开挖最深的地铁车站。

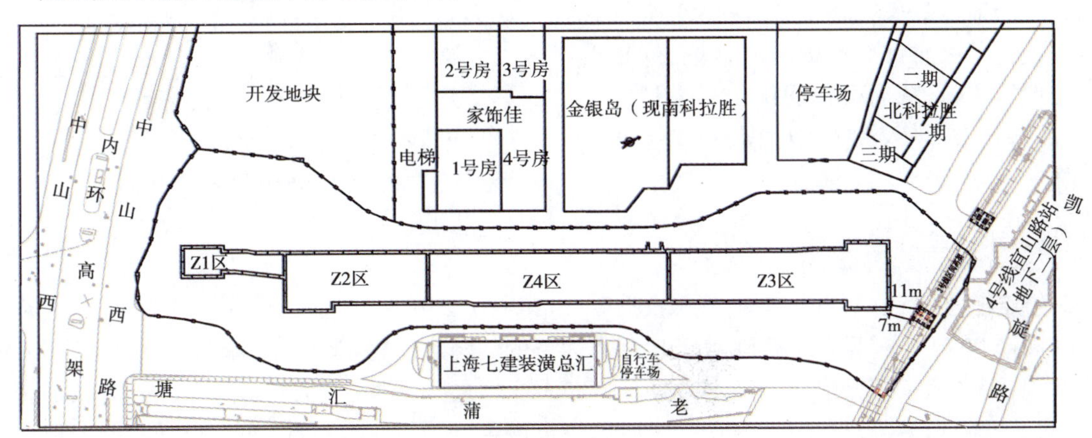

图1　工程总平面图

车站周边0.5倍开挖范围内有4幢建筑，除上海七建是有桩基的高层外，家饰佳和科拉胜等都是20世纪60、70年代仓库改建而来的框架结构，基础很差；另外，4号线车站离基坑约23m，3号线高架离基坑最近处仅7m，桩长只有46m，且位于⑤$_2$层中，保护要求非常高。

2.2 工程地质水文

宜山路站区域第⑥层暗绿色黏土缺失，第⑤层土各亚层分布比较复杂，在车站东侧⑤$_{2-2}$层砂质粉土和第⑦层连通，⑤$_{2-2}$层最浅埋深为36m左右，土层特性概述如表1示。

土层分布情况和土层特征表 表1

土层编号	土层名称	层厚(m)	层底高程(m)	备注
①$_1$	填土	1.3~4.2	3.56~1.07	
①$_2$	浜土	1.8~2.80	0.76~0.68	在暗浜区分布
②$_1$	黏土	0.3~2.10	1.41~0.23	
③	淤泥质粉质黏土	2.20~4.20	-1.88~-3.51	
④$_1$	淤泥质黏土	8.2~11.10	-10.79~-13.31	
④$_2$	砂质粉土	0.9~2.90	-12.79~-15.61	车站东部站后段局部缺失
⑤$_{1-2}$	粉质黏土	5.30~18.70	-19.47~-32.55	
⑤$_{2-2}$	砂质粉土	3.80~11.10	-29.73~-40.28	车站东部呈透镜体分布
⑤$_{3-1}$	粉质黏土	5.9~12.00	-27.01~-31.96	
⑤$_{3-2}$	粉质黏土	7.0~19.30	-38.47~-48.11	
⑦$_1$	砂质粉土	0.9~9.00	-44.47~-50.86	局部分布
⑦$_2$	粉细砂	未钻穿	未钻穿	

3 复杂水文地质条件的调查

3.1 突变边界的勘探

根据地质报告，在车站东端头井区域揭示一个假想的⑤$_{2-2}$层尖灭点(如图2)，而尖灭点是否存在端头井内，对基坑降承压水来说，降深相差达8倍，而且⑤$_{2-2}$层可能与⑦层有复杂的水力联系，存在微承压水。为了确定基坑内外承压含水层、承压含水层之间的关系，在现场降水试验、Z1基坑施工、Z2基坑施工、Z3和Z4基坑施工前各进行了一次针对性的精密补勘，详尽收集水文地质资料，从而大幅度优化了设计降深，即保证基坑安全，又减少因抽水而引起的地层沉降。

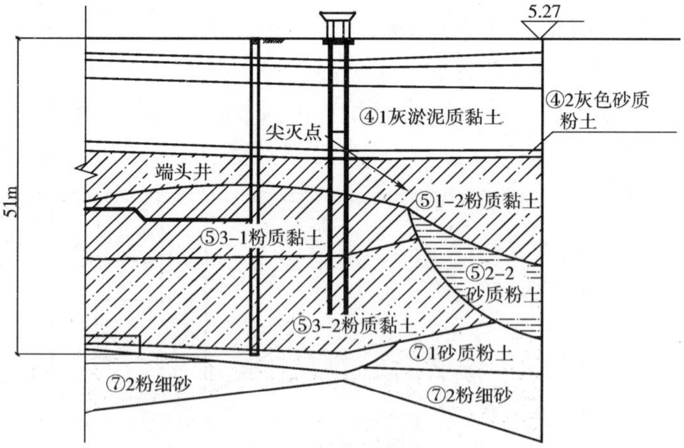

图2 地质剖面图

3.2 现场降水试验

针对复杂的水文地质条件，为了解水文参数和沉降规律，在现场进行以了解降水引起沉降为目的的降水试验(图3)。降水试验设施由降压井群、观测井群、监测系统三部分组成。降水井是三口布置于⑦层土，60m深大口井，呈15m边长的正三角形布置，滤网长度分别为7m、9m和11m；⑦层观测井布置4口，深60m，布置在降水井的一侧，形成由近至远的一个断面，④$_2$ 层在⑤$_2$ 层各打设 1 口观测井。监测系统包括孔隙水压力传感器、分层沉降监测传感器和地表/建构筑物沉降测点，构成了以降压井群为中心、80m 半径范围内"五环 4 射"的放射状监测剖面(如图 4)。

通过历时一个月的单井和群井试验，对取得的水位、水量、沉降、孔隙水压等数据综合分析，得到了 4 项成果：(1)确定最佳的滤网长度为 7m；(2)得出本场地的水文地质参数；(3)第⑤层最下部的亚层与⑦层存在一定的水力联系，并具有滞后性；(4)80m 范围内地面产生"盆形"沉降，且反映比较迅速。本次降水试验为理论计算和验证提供了重要的数据，为设计和施工提供了重要参考。

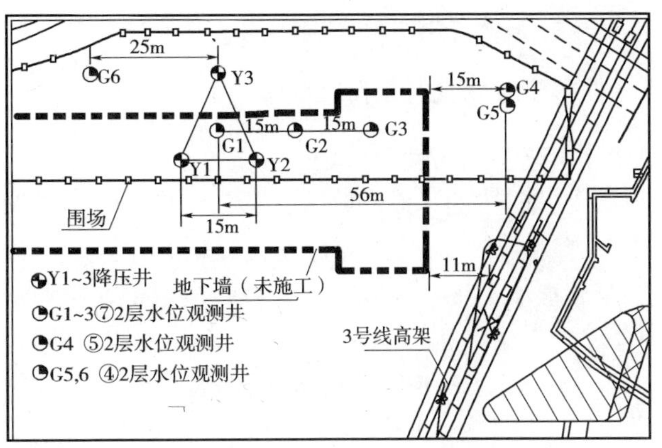

图 3　现场降水试验的降压井和观测井

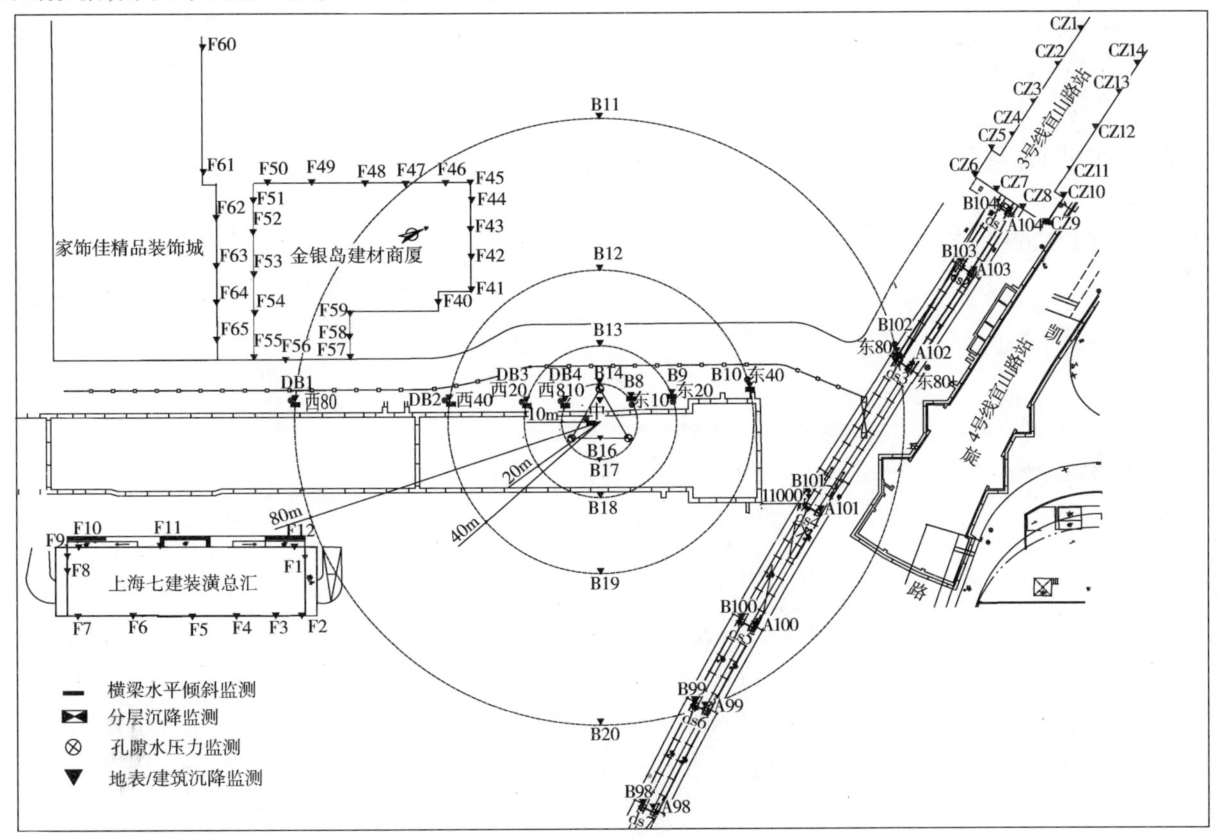

图 4　现场降水试验监测点布置

4　承压水的综合治理

对于超深基坑工程的承压水，其降深越大、降水范围越大、降水时间越长，对周边的影响也越大。作为控制降水的范围，则将整个车站基坑分为 4 个区；作为减少降水时间，则根据进度和工况来进行按需降水，由于地质条件复杂，承压水层上覆土层为非有效隔水层，与承压水层存在着水力联系，可能存在一定的承压性，如何确定承压水降深就显得比较关键，同时需要对周边众多的建筑进行保护，则承压水的降水范围、降水时间等控制也是关键所在。对周边环境影响最小化，也就是降水最小化，即从空间的三维以及时间的“四维”来控制。

4.1 微承压水的分层降压

4.1.1 亚层承压性的判定

通过前述的补勘和降水试验已了解⑤层下部砂性较大，并与⑦层有水力联系，再通过在 Z1 区基坑施工前，在⑤$_{3-2}$层的下部打设一口观测井，经过实测其静止水位为地面下 9m，与承压水水头基本一致，因而从根本上证实了⑤层下部亚层均具有承压性，需要采取降压措施。

4.1.2 分层降压

⑤$_{3-2}$层都具有一定承压性，但通过试抽水，其出水量不足 $1m^3/h$，后期甚至断流。因而，可将⑤$_{3-2}$层、⑤$_{3-1}$层等复杂的沉积层视作有“压力囊”的土层，即是有压力，但水量补给缓慢。因此，提出了“分层降压”的理念：一方面在该类层中单独布置井点，或与疏干井相结合形成混合井进行降压，使其成为有效的隔水层；另一方面在⑦层土单独布置井点降压，这样使降压井最大设计降深由 17m 压缩至仅 6m，大大减少了诱发的沉降。

4.2 高精度的水位控制

为高精度严格控制承压水位不超降，研发了高精度水位控制系统。此系统由自动化水位监测装置和回水阀组成，其中自动化水位监测装置可以通过计算机实时监测观测井内的水位变化，经过设计降深对比，如需要调整，即发出调整指令，调节回水阀排水、回水两道阀门的开启度，改变出水量，达到类似“无级变速”的水量控制效果，从而来控制降深。图 5 为自动监控系统界面，图 6 为回水阀结构。

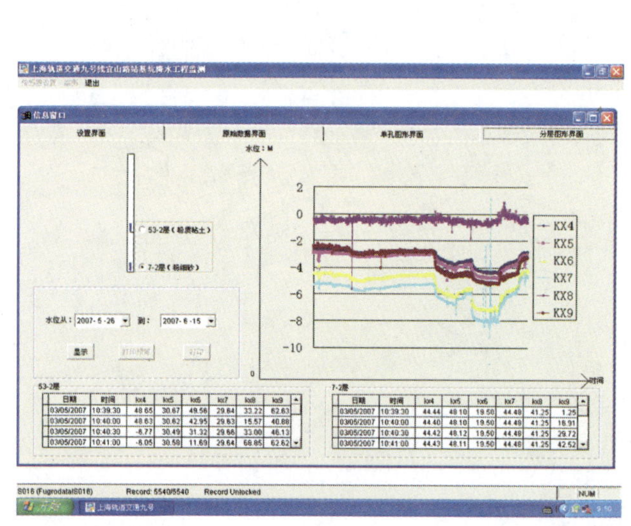

图 5 监控系统界面

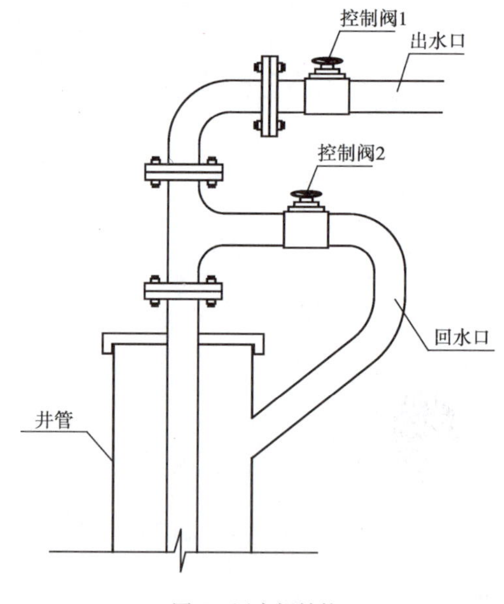

图 6 回水阀结构

4.3 围护—降水一体化设计

针对工程中最重要的保护对象 3 号线的保护，我们通过分析、计算、研究，首次提出了加深围护和提升井点的围护结构与降水一体化设计理念，并付诸实施，收到了非常好的效果。

4.3.1 最佳围护深度的确定

(1)参数反演

在抽水试验及资料整理后，将抽水井水量代入三维数值模型，对比计算结果和实测的抽水井降深以及观测井水位降落，调整并反演相关参数，为基坑降水和地下墙设计做好准备。

承压含水层非稳定流三维数学模型为：

$$\left.\begin{aligned}&\frac{\partial}{\partial x}\left(k_{xx}\frac{\partial h}{\partial x}\right)+\frac{\partial}{\partial y}\left(k_{yy}\frac{\partial h}{\partial y}\right)+\frac{\partial}{\partial z}\left(k_{zz}\frac{\partial h}{\partial z}\right)-W=S_s\frac{\partial h}{\partial t} \quad (x,y,z)\in\Omega\\&k_{xx}\frac{\partial h}{\partial n_x}+k_{yy}\frac{\partial h}{\partial n_y}+k_{zz}\frac{\partial h}{\partial n_z}\bigg|_{\Gamma_2}=q(x,y,z,t) \quad (x,y,z)\in\Gamma_2\\&h(x,y,z,t)\mid_{t=t_0}=h_0(x,y,z) \quad (x,y,z)\in\Omega\end{aligned}\right\} \tag{1}$$

式中：k_{xx}，k_{yy}，k_{zz}——分别为沿 x，y，z 坐标轴方向的渗透参数（cm/s）；

h——点（x，y，z）在 t 时刻水头值（m）；

W——源汇项（1/d）；

S_s——点（x，y，z）处的储水率（1/m）；

t——时间（h）；

Ω——立体时间域；

Γ_2——第二类边界条件；

n_x——边界 S_2 的外法线沿 x 轴方向单位矢量；

n_y——边界 S_2 的外法线沿 y 轴方向单位矢量；

n_z——边界 S_2 的外法线沿 z 轴方向单位矢量；

q——S_2 上单位面积的侧向补给量（m^3/d）。

通过含水层参数试算以及边界条件的调整，⑦$_2$层最优边界条件为定流量边界，得到最优水文参数。

（2）考虑围护作用的三维渗流计算

根据反演得到的优化参数和 Z3 区基坑降水设计方案，建立差分法渗流数值模计算型，计算区域长 2 108.6m，宽 2 027.35m。研究区域剖分为 270 976 个单元（116 行，146 列，16 层），如图 7 所示。

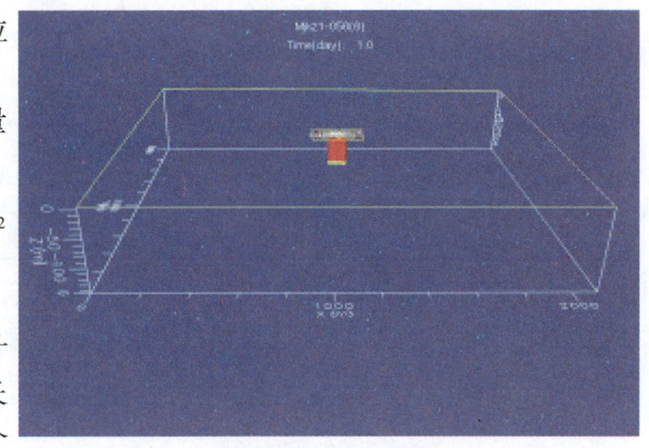

图 7　Z3 基坑渗流模型

对表 2 中的 7 个方案进行三维渗流计算，预测基坑外 10m 水位降落的降深（如图 8 所示某工况下的降深等势线），经过计算得出，部分围护加深的方案意义不大，这不同于潜水降水常采取的不封闭帷幕的经验，而全部加深时围护深度超过井点 2m 时有一个突变。在平衡各类因素后，决定在 Z3 区基坑端头井采用 62m 深地下墙，标准段采用 61m 地下墙的方案，地下墙比原设计分别加深 13m 和 11m。再次验算后此方案诱发最大地面沉降预测不大于 22mm，3 号线沉降不大于 3mm，能够满足环境保护要求，且造价相对低廉。通过工程实施验证，在 1 800m^2 的 Z3 区基坑内承压水降深 14m 的情况下，只需开启 1 口井，水量控制在 32t/h（为井点降水能力的 60%），基坑外水位降深仅为 2m，轻轨由于开挖和降水引起的总沉降也仅为 5.6mm，有效地保证了轻轨的安全运营。

4.3.2　井点结构和工艺优化

围护—降水一体化设计除加深围护之外，还必须努力缩短井点滤管长度，这样才能最大限度发挥插入含水层的围护结构对渗流的阻隔和遮蔽作用，造成基坑内外水头差。以往的降水工程，抽水井结构滤管经常超过 10m，本工程通过试验采用了最优 7m 短滤管，同时从滤料、滤网、成井工艺等各方面进行了一系列优化改进，最终达到了每个泵 50t 左右的降水效果。

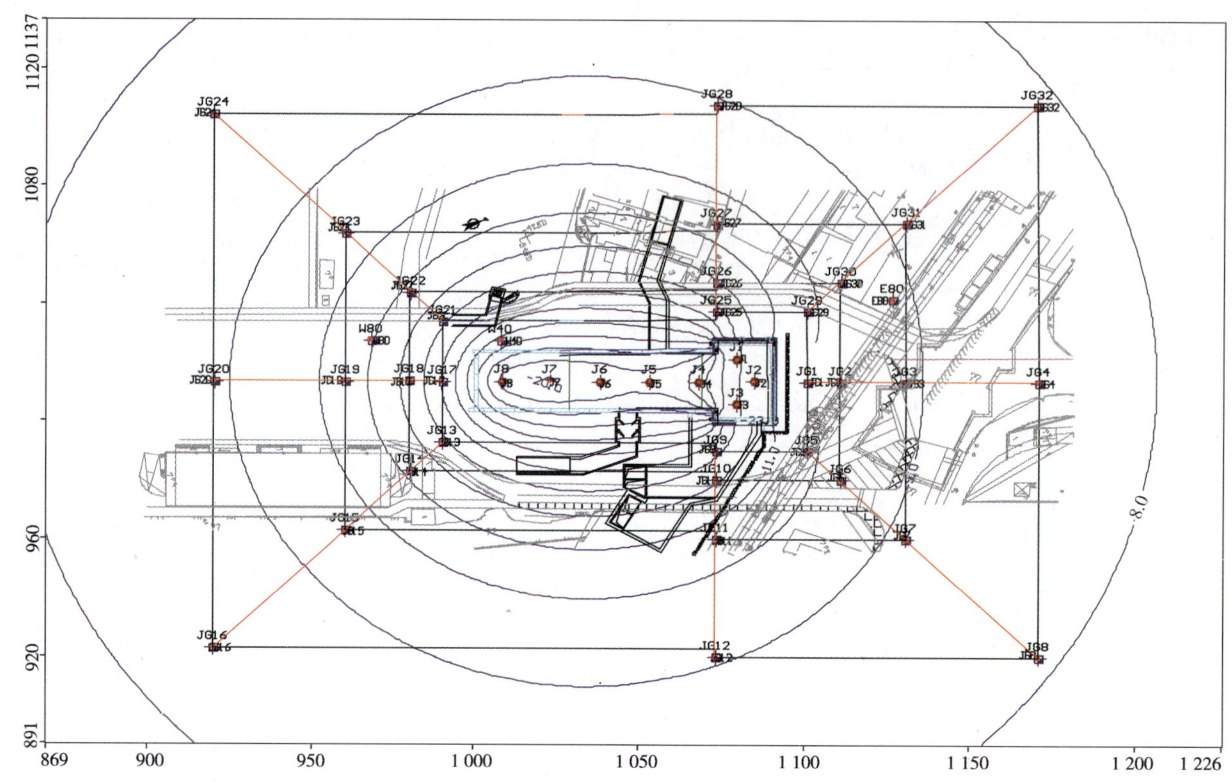

图 8　降深等势线

各种围护加深方案 10m 外预测点水位降深　　表 2

方案 （每个方案基坑中均布置 8 口抽水井）		帷幕深度（m）		基坑 10m 外 最大降深（m）
		标准段	端头井	
1	地下墙不加深（原设计）	48	51	-13.19
2-1	仅端头井加深	48	60	-9.91
2-2		48	61	-9.46
2-3		48	62	-8.30
3-1	Z3 区基坑全部加深	60	60	-5.43
3-2		61	61	-4.52
3-3		62	62	-1.04

4.4　根据工况按需降水

“按需降水”即根据深基坑实际开挖工况和回筑工况，动态地确定承压水降深，以减小周围地层沉降。在本工程中，在以往的经验基础上，对这一理念进一步深化、细化，以缩短降水时间，做到一个工况对应一个降深，严禁超降。主要分为以下几个方面控制：

（1）严格按工况降水：制订降水工况表，按计算要求，逐根开启井点，仅提前 1d 降水。

（2）安全系数优化：通过密集的补勘，准确掌握⑦层的层顶高程，经充分论证，在底板浇筑后，抗承压水安全系数由 1.1 降低为 1.0。

（3）回筑方案优化：对框架逆作与楼板逆作工法的对比研究，最终决定采用楼板逆作工法，既保证了安全，又缩短了工期。

（4）应用高精度水位控制系统：应用这一系统将水位严格控制在设计降深的 ±10cm 以内，做到了实际降深曲线与理论计算要求基本一致。

(5)底板灌水压重:下4层结构浇筑后,在下4层灌水压重,水深达到平衡要求后停止降水。

基坑安全按工况按需抽水,高精度控制水位示意见图9,通过以上措施的应用,基坑的降水最大降深时间大大缩短,仅为原设计降水时间的50%。

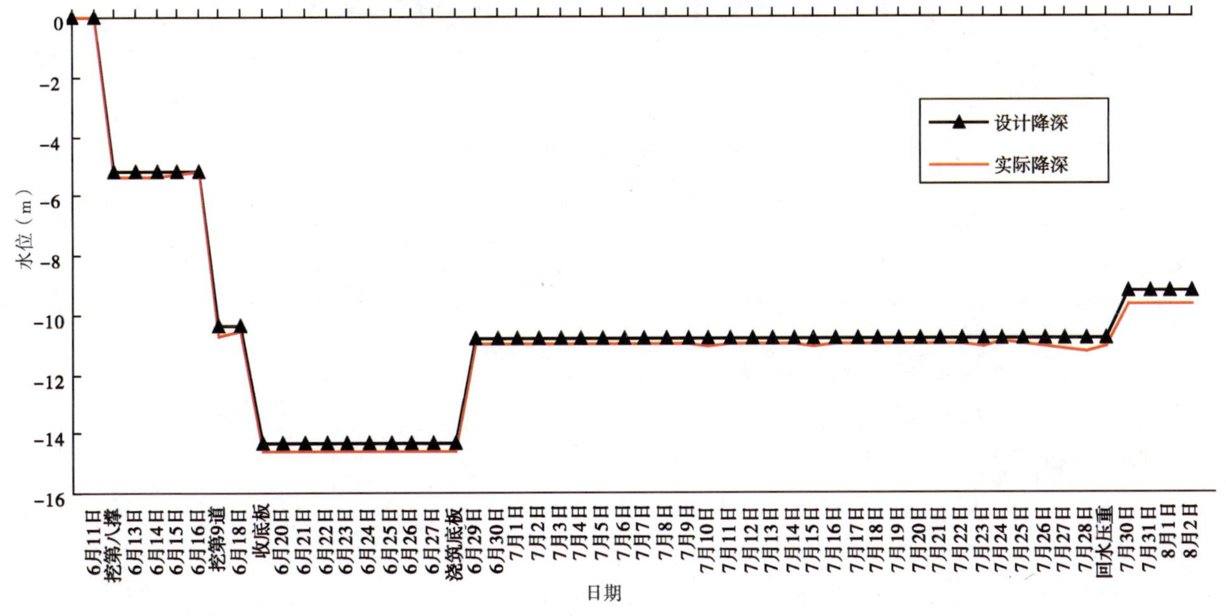

图9 Z2观测井水位与设计水位对比

5 结语

通过9号线宜山路站超深基坑在复杂地质情况、超高保护要求情况下的承压水治理实践,提出了以沉降控制为中心,控制降承压水影响的"四维"最小化,即降水的平面范围、降深、降水的时间的最小化,保护了基坑的顺利施工和周边环境的安全。为后续类似工程提供借鉴,为承压水治理技术的发展奠定基础。

参考文献

[1] 吴林高. 工程降水设计施工与基坑渗流理论. 北京:人民交通出版社,2003.

[2] 黄甫. 深基坑施工中的承压水控制. 建筑施工,2006.

[3] 孙建军,孙巍. 承压水含水层中超深基坑的实践. 地下工程与隧道,2006.

超深地铁车站施工关键技术

潘伟强
（上海隧道工程股份有限公司　200082）

摘　要　上海轨道交通9号线宜山路站基坑开挖最深达30.6m，周边建筑距离近、基础差，保护要求高。本文叙述了在超深地铁车站施工中超深地下连续墙、超深基坑、降承压水施工等新技术、新工艺，既保证工程的顺利施工，又保证了周边环境的安全。

关键词　超深地下连续墙　超深基坑　施工监测　承压水

1　工程概况

上海轨道交通9号线宜山路站是地下四层车站，位于宜山路下，西起中山西路，东至凯旋路。车站长为285.80m，标准段宽21.2m，地下墙最深62m，基坑开挖最深达30.6m，承压水最大降深达16m，是目前上海最深的地铁车站（图1）。车站基坑保护等级均为一级，分四个基坑采用框架逆筑法施工。

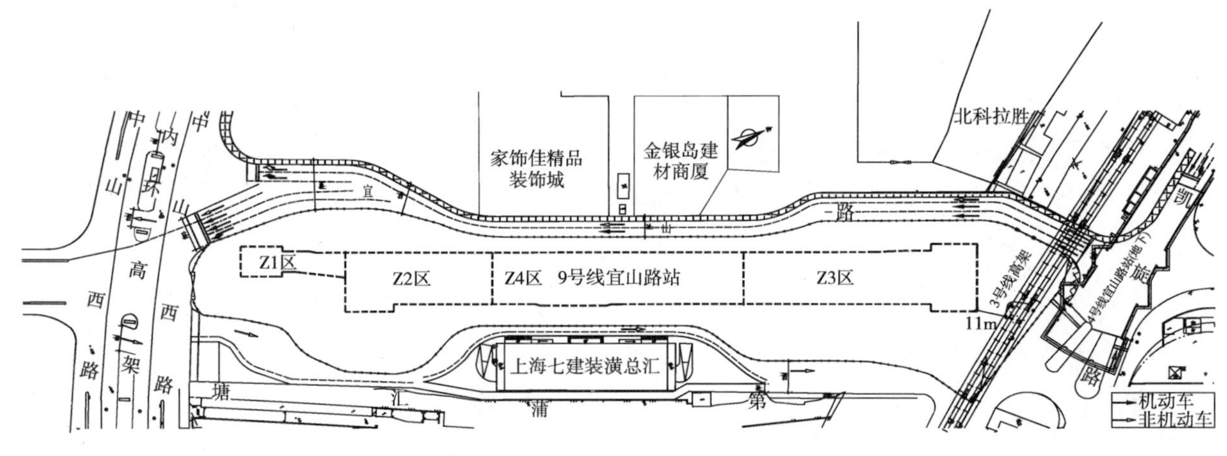

图1　工程总平面图

2　工程环境

本车站区域第⑥层暗绿色黏性土缺失，第⑤层亚层复杂，其中在东端井位置存在$⑤_{2-2}$粉质黏土且与$⑦_1$层连通。各土层特性如表1所示。

土层分布情况和土层特征表　　表1

土层编号	土层名称	层厚(m)	层底高程(m)	备　注
①1	填土	1.3～4.2	3.56～1.07	
$①_2$	浜土	1.8～2.80	0.76～0.68	在暗浜区分布
$②_1$	黏土	0.3～2.10	1.41～0.23	
③	淤泥质粉质黏土	2.20～4.20	−1.88～−3.51	

续上表

土层编号	土层名称	层厚(m)	层底高程(m)	备注
④$_1$	淤泥质黏土	8.2~11.10	-10.79~-13.31	
④$_2$	砂质粉土	0.9~2.90	-12.79~-15.61	车站东部站后段局部缺失
⑤$_{1-2}$	粉质黏土	5.30~18.70	-19.47~-32.55	
⑤$_{2-2}$	砂质粉土	3.80~11.10	-29.73~-40.28	车站东部呈透镜体分布
⑤$_{3-1}$	粉质黏土	5.9~12.00	-27.01~-31.96	
⑤$_{3-2}$	粉质黏土	7.0~19.30	-38.47~-48.11	
⑦$_1$	砂质粉土	0.9~9.00	-44.47~-50.86	局部分布
⑦$_2$	粉细砂	未钻穿	未钻穿	

车站周边建筑众多,在0.5倍开挖深度范围之内有1幢高层,3幢多层建筑,而且家饰佳和科拉胜等是20世纪60、70年代仓库改建而来,基础较差。3号线高架离基坑只有7m,而且保护要求比较高,两轨道差异沉降2mm。

3 主要施工技术

3.1 超深地下墙施工技术

宜山路站地下墙厚1.2m,深度分别是48m、51m、61m和62m,地下墙墙趾进入⑦$_2$号土最大深度为10m,其成槽稳定性控制、钢笼起吊、防渗控制均比较难,对周边环境的保护要求高,是施工控制的关键因素。

(1)成槽精度和稳定性控制。根据成槽深度和精度要求,选用德国利勃海尔HS855HD型成槽机,其成槽深度最大70m,精度高达1/1 000,成槽效率高,能有效地保证成槽的顺利进行。根据砂质粉土的特性,采用优质膨润土,并改变振动筛筛网结构,保证旋流器的正常运行,提高分离效率,适当提高泥浆相对密度和黏度,确保槽壁的稳定。

(2)钢笼吊装控制。62m先行幅钢笼约重78t,吊点设置在十字钢板上,并对桁架进行加强,主筋和分布筋全部点焊,钢筋笼采用整幅起吊,这是目前上海最长最重钢笼的整体起吊;在场地受到限制的区域,吊车最大只能采用200t,因而采用钢笼分段、接驳器对接的吊装方式;对于L幅、T幅、Z幅整幅制作难度大且时间长,采用一槽两笼的工艺,即整幅成槽、分笼吊装。

(3)防渗控制。地下墙接头采用十字钢板接头,通过加长地下水渗流路径来加强止水效果,同时,在抓斗上安装特制刮刀,在反力箱上安装特制铲刀来清除十字钢板上黏附的牢固混凝土块。混凝土块清除后,采用专制的有重力导向的刷壁器刷壁,最终采用超声波检测十字钢板的垂直度,确保接头的防渗效果。

(4)轻轨保护。在3号线一侧的东端井区域,在地下墙施工前,在端头井地下墙外施工Φ1 000mm、桩长32m的深层搅拌桩,隔断地下墙施工对高架的影响;同时,这一区域地下墙分幅由5.8m优化为3m,通过缩短分幅长度来减少单位槽段的施工时间,增强土拱效应,保持土体的稳定,降低成槽施工对周边环境的影响。

3.2 超深基坑开挖施工技术

宜山路站主体结构基坑长度大,开挖深度深,其基坑稳定性控制、围护变形控制和对周边环境的保护都比较难,而且在开挖时还需要降承压水,开挖和降水的配合也是施工中控制的重点。

(1)化整为零的分区。整个车站作为一个基坑开挖,暴露时间要长达一年,抽承压水时间也要近半年，对周边环境的影响非常大，而且存着较大的风险。针对周边建筑多且保护要求高的特点，同时结合阶段工期要求，将车站主体基坑划分为4个小基坑，先后施工。

(2)框架逆筑。车站基坑共设置9道支撑，采用钢支撑和混凝土支撑相结合的支撑体系，其中第1道支撑采用钢筋混凝土支撑，第2、4、6、8(双拼)、9道为Φ609钢管支撑，第3、5、7道为钢筋混凝土支撑和围檩，并作为永久结构板的一部分。在基坑开挖按混凝土支撑分为4个大层进行，开挖至支撑底撑钢支撑或制作混凝土支撑，依次至基坑底，再顺次制作各层结构板(图2)。

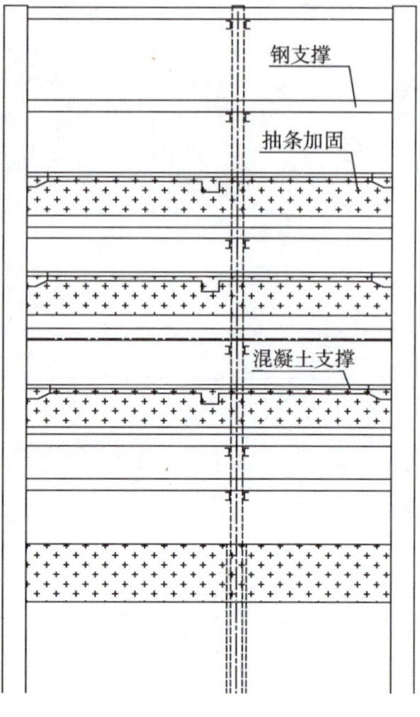

图2 框架逆筑

(3)地基加固。在下1、下2、下3层混凝土支撑和围檩以下2m，坑底以下3m(端头井4m)范围进行加固，端头井采用网格状，标准段采用抽条和裙边的形式。地基加固采用三重管旋喷桩，桩径1.2m，桩心距0.9m，$q_{u(28)} \geq 1.2$MPa。

(4)临时支撑。在混凝土支撑和围檩制作过程中，上道钢支撑与开挖面距离3m以上，为了在制作支撑和支撑达到强度的时间内有效地控制基坑变形，在混凝土上增加一道临时Φ609钢支撑，预加轴力，并尽可能地靠近开挖面。

(5)地下墙切割。车站4个区之间采用地下墙封堵，在基坑开挖时，为了缩短工期，减少噪声和粉尘，地下墙采用钻石链锯切除。根据混凝土支撑分4个大层，再根据吊车起吊能力分小块，切割后采用吊车吊离，切割在混凝土支撑制作完成后进行，不影响挖土和结构制作。

3.3 施工监测技术

宜山路站开挖深、环境保护要求高，除常规一级基坑需要采取的监测手段之外，根据指导施工的要求，还采取了一系列高精度、自动化的监测措施。

(1)围护自动化侧斜。基坑开挖是地下工程最危险的环节，在周边保护要求比较高的上海七建和轻轨高架一侧的地下墙内埋设固定式测斜仪，以实时反映地下墙的变形情况来指导施工。

(2)自动化测差异沉降。离基坑7m的轻轨，其保护要求为两条轨道差异沉降2mm，因而，在轻轨盖梁上安装电水平尺，其精度控制在0.01mm以内。

(3)水位自动化监测。为了实时了解承压水位，采用孔隙水压计采集数据，通过数据采集器将频率信号转化为电子信号，并采用专用软件转化为实时水位曲线(如图3)，设置水位报警值，实时监测水位变化。

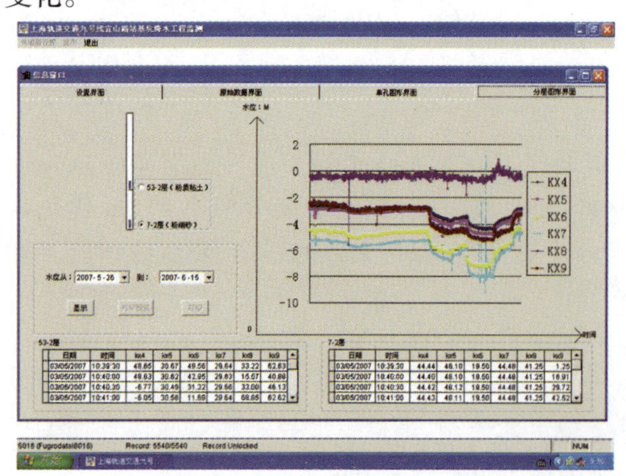

图3 水位自动化监测

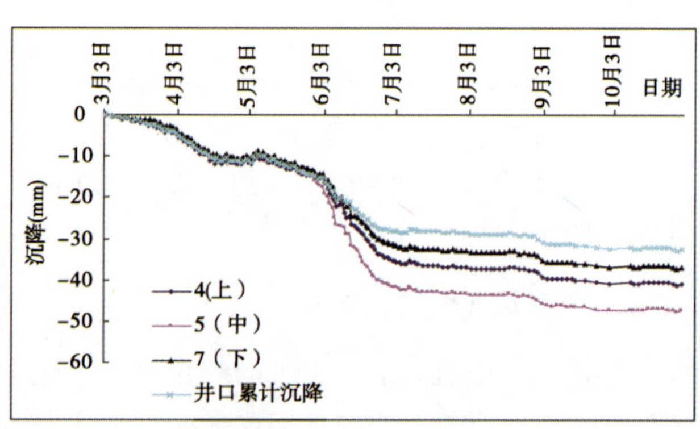

图4 土层分层沉降监测

(4)土层分层沉降监测。原先土层的分层沉降采用磁环监测,但其精度为 ±2mm,测得数据波动比较大,无法用于分析土体沉降与水位变化之间的规律分析。因而,从 Z2 区开始采用多点位移计来监测土层的分层沉降,其原理是使用刚性杆与所测土层通过化学浆的固结物结合为一体,刚性杆通过保护套管伸至地面,土层的活动通过钢性杆如实地传递到地面,再通过千分表等测量相对孔口的相对沉降,再加上孔口沉降则为该土层的绝对沉降。多点位移计精度达到 ±0.2mm,监测到土体的分层沉降,如图 4。

3.4 承压水控制技术

宜山路站承压水降深 16m,根据以往承压水治理、以水位控制为中心,将水位降至设计水位以下的经验,周边建沉降影响比较大。那么如何减少沉降需要从多方面来控制,从降水的平面范围、降深、降水的时间的"四维"来控制最小化。

(1)分层降压。根据降水试验和打井实测,⑤$_{3-2}$层有压力,但水量补给缓慢,因此,承压水治理采用分层降压:一方面在该层中单独布置井点或与疏干井相结合形成混合井进行降压,使其成为有效的隔水层;另一方面在⑦层土单独布置井点降压,这样使降压井最大设计降深由 17m 压缩到仅 6m,大大减少了诱发的沉降。

(2)高精度的水位控制。为高精度严格控制承压水位不超降,研发了高精度水位控制系统。此系统由自动化水位监测装置和回水阀组成,其中自动化水位监测装置可以通过计算机实时监测观测井内的水位变化,经过设计降深对比,如需要调整,即发出调整指令,调节回水阀排水、回水两道阀门的开启度,改变出水量,达到类似"无级变速"的水量控制效果,从而来控制降深。图5 为回水阀结构图,图 6 为高精度控制水位示意图。

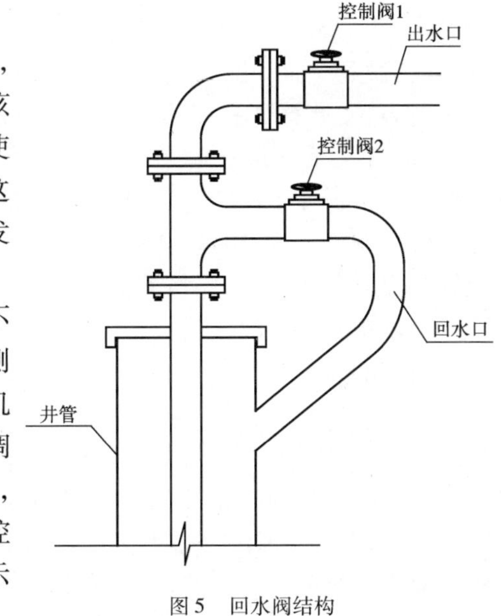

图 5 回水阀结构

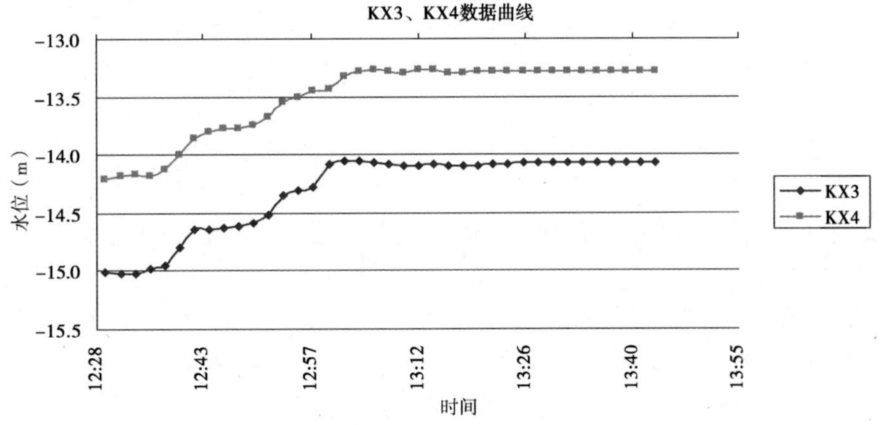

图 6 高精度控制水位示意图

(3)围护—降水一体化设计。在 3 号线高架一侧通过加深地下墙来阻隔坑内降水对坑外的影响,通过对 Z3 区基坑原方案,局部加深、全部加深的多方案比较,采用 62m 深地下墙可以有效阻隔降水影响。同时,从滤料、滤网、成井工艺等各方面进行了一系列优化改进,滤管长度缩短为 7m,使插入含水层的围护结构对渗流的阻隔、遮蔽作用,造成基坑内外水头差,最终达到了降水效果。

(4)按工况按需降水。"按需降水"即根据深基坑实际开挖工况和回筑工况,动态地确定承压水降深,以减小周围地层沉降(图 7)。本课题在以往的经验基础上,对这一理念进一步深化、细化,以缩短降

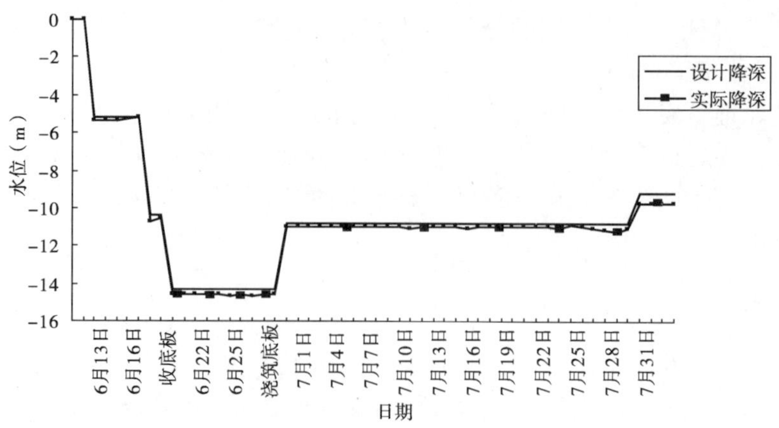

图 7　Z2 观测井水位与设计水位对比

水时间，做到一个工况对应一个降深，严禁超降。主要分为以下几个方面控制：严格按工况降水：制定降水工况表，按计算要求，逐根开启井点，仅提前 1d 降水；安全系数优化：通过密集的补勘，准确掌握⑦层的层顶高程，经充分论证，在底板浇筑后，抗承压水安全系数由 1.1 降低为 1.0；回筑方案优化：对框架逆作与楼板逆作工法的对比研究，最终决定采用楼板逆作工法，既保证了安全，又缩短了工期；应用高精度水位控制系统：应用这一系统将水位严格控制在设计降深的 ±10cm 以内，做到了实际降深曲线与理论计算要求基本一致；底板灌水压重：下 4 层结构浇筑后，在下 4 层灌水压重，水深达到平衡要求后停止降水。基坑根据工况按需抽水，通过以上措施的应用，基坑的降水最大降深时间大大缩短，仅为原设计降水时间的 50%。

3.5　实施效果

宜山路超深地下墙共 133 幅，历时 11 个月，施工期间 3 号线最大沉降仅为 1.6mm，最大差异沉降 0.6mm，邻近的房屋沉降最大值仅 3.1mm，基本不受影响。从基坑开挖的情况来看，地下墙精度约为 1/500，完全符合要求，并且基本无渗漏水现象，可见地下墙施工采用的一系列措施收到了良好的效果。

在车站 4 个基坑的开挖过程中，地下墙最大水平位移 41.0mm，建筑沉降最大 25.7mm，地表沉降 26.5mm，在承压水降水过程中，在降深最大 16m，坑内处水位差达到 14m，坑外水位降深只有 2m 的情况下，3 号线产生了 5.7mm 的沉降，有效地保证了周边环境的安全和 3 号线的正常运营。

4　结语

上海轨道交通 9 号线宜山路站是目前国内软土中最深的地铁车站，其开挖面积超过 5 000m^2，在超深地下墙施工中，通过引进设备和工艺革新，形成一套超深地下墙施工的工艺；在基坑施工中，采用方案比选、技术创新等总结出深基坑开挖的施工技术；在承压水施工中，先分析后试验再施工，先研究后计算再实施，提出了以沉降控制为中心，以降水四维最小化控制为中心的承压水治理工艺；通过严密的施工监测指导施工，保证了车站本体的安全和周边建筑物的安全。

宜山路站车站在超深地下墙、超深基坑开挖、超深降承压水采用的施工技术和积累的经验为超深地铁车站的设计、施工提供了丰富的经验，为超深地下工程施工打下坚实的基础。

参考文献

[1] 刘建航，侯学渊. 基坑工程手册[M]. 北京：中国建筑工业出版社，1997.4.
[2] 吴林高. 工程降水设计施工与基坑渗流理论[M]. 北京：人民交通出版社，2003.

杭州粉砂土地区地铁车站围护工程若干问题浅议

虞兴福　郑锦华

（浙江大成建设集团有限公司　杭州　310012）

摘　要　论文结合杭州粉砂土地区地铁车站的围护工程设计施工实际情况，综合参考本地区已有的民用建筑深基坑围护工程设计施工经验，分析实际设计施工中存在的一些问题，提出了自己的见解，可供同行借鉴或探讨。

关键词　基坑围护　粉砂土地层　钻孔咬合桩　基坑降水　土钉墙

1　概述

1.1　杭州市区的水文、工程地质条件特点介绍

杭州地区地处长江三角洲区域，位于钱塘江下游北岸，杭嘉湖平原的西南部，山地与平原的交接地带，除了环抱西湖明珠的西南部为低山丘陵外，杭州的北、东、南为广阔的堆积平原，是属于比较典型的软土地区。从已有的地质钻探资料看，杭州地区的第四纪沉积层具有沉积成因类型多、相变复杂、厚度变化大，多次堆积和侵蚀交替作用等明显特征。平原区的第四纪地层，成因类型也有海相、河海相、湖沼相、河流相等多种，沉积厚度也明显受到基岩面起伏所控制。

杭州地区基坑工程施工所涉及的土层均属于第四纪软土，上部表土层一般为工业垃圾、杂填土、素填土层（层厚约 1 ~ 3m），下卧土层主要为：(1)软塑至流塑状态的饱和黏性土（属湖海相淤泥质土层）；(2)以粉土为主的饱和粉细砂土层（即本文所要涉及的土层）。该土层的主要分界线以市中心的中河路为界，往南沿伸出延安南路 5 ~ 15m，渗透系数在 $1\times10^{-3}\sim2\times10^{-4}$cm/s 左右，透水性强，容易发生流砂、管涌等事故，对基坑工程的安全造成极大的困难。

1.2　杭州地区粉砂土地区围护方案的选择

对于深度超过 4m 左右的基坑，均需借助于一定的支护系统进行开挖。目前杭州地区传统的常用支护形式主要有加固型支护和支挡型支护两大类。加固型支护主要有重力式水泥搅拌桩支护系统、不同形式的喷锚网支护系统；支挡型支护主要有带内支撑或锚杆的桩排支护系统、地下连续墙支护系统等。这些支护系统，都辅以止水防渗、支撑拉锚、土体加固、降水排水、挖土卸载等一系列的技术措施，因地制宜地组成每一具体工程的支护方式。新近出现的钻孔咬合桩及 SMW 工法桩等支护形式，可归类于带支撑桩排支护系统，其为基坑围护注入了新鲜血液，不失为特定地质条件、建筑结构和土工环境下的合理支护形式。

在粉砂土地区，最常见的有：土钉支护、SMW 工法桩、钻孔桩加止水帷幕和支撑或拉锚、钻孔咬合桩加支撑及地下连续墙等基坑围护方式。结合坑内外的土工环境和支护方式，必要时合理布置一定数量的降水井。喷锚网主要用于深度较浅、周边环境较好的基坑围护中，具有费用低、施工方便、工期短等特点。周边环境较好的情况下也可用于深度 10m 左右的深基坑。地下连续墙主要应用于基坑开挖很深（一般超过 14m 以上 3 层地下室），而四周场地相对狭小，地下室基础边线与建筑红线距离很小，其他布

桩围护方式难以实施的围护工程中。它需要专用的机具设备,机械化程度高,造价也比较贵,在杭州的民用建筑中应用较少。其他最常见的就是钻孔桩加止水帷幕和支撑或拉锚的围护方式,在布置支撑难度较大的地方,现在也常用预应力锚杆来替代,但同喷锚网围护中的土钉一样,经常会碰到超红线的问题。钻孔咬合桩是介于钻孔桩和地下连续墙围护中间的一种围护体系,在民用建筑中应用较少。而 SMW 工法桩在粉砂土地区的深基坑围护中应用也在起步阶段,基坑的开挖深度也相对较浅,应用面也较窄。

随着杭州地铁建设的全面铺开,各个地铁车站的围护施工给杭州的深基坑工程领域带来了很大的变化。地铁车站基坑工程的显著特点是开挖深度大(一般在 16 ~ 19m 左右),基坑的平面形状多为长条形。基坑围护的主要方式是地下连续墙和钻孔咬合桩。本文结合实践工程经验就其中的若干问题作一探讨。

2 钻孔咬合桩围护形式存在的问题

目前在建的杭州地铁一号线和四号线相关车站的基坑围护形式基本为地下连续墙或钻孔咬合桩,由于钻孔咬合桩的成本相对偏低,且已有地铁一号线秋涛路车站的施工经验,故在随后的地铁车站施工中得到了较广泛的应用。

钻孔咬合桩是采用液压全套管钻机成孔(即跟管取土钻进法)的一种施工方法。其工艺原理为:采用全套管钻孔钻机的液压摇动装置并辅以竖向加压,使套管反复,边做圆周摇动、边压入,从而克服套管与土层间的摩阻力,同时在套管内用抓斗不间断地抓土,如此钻至设计深度。在确定孔深(钢桩要放入钢筋笼)后,按适宜的工艺要求灌注混凝土即可成桩。钻孔咬合桩是桩与桩之间形成相互咬合排列的一种基坑支护结构。为了便于切割,桩的排列方式一般为一根素混凝土桩(A 桩)和一根钢筋混凝土桩(B 桩),间隔布置,施工时先施工两侧素混凝土桩,再施工中间钢筋混凝土桩,要求必须在素混凝土桩初凝之前完成钢筋混凝土桩的施工。钢筋混凝土桩施工时,利用套管钻机的切割功能切割掉相邻素混凝土桩相交部分的混凝土,实现咬合,如图 1 所示。

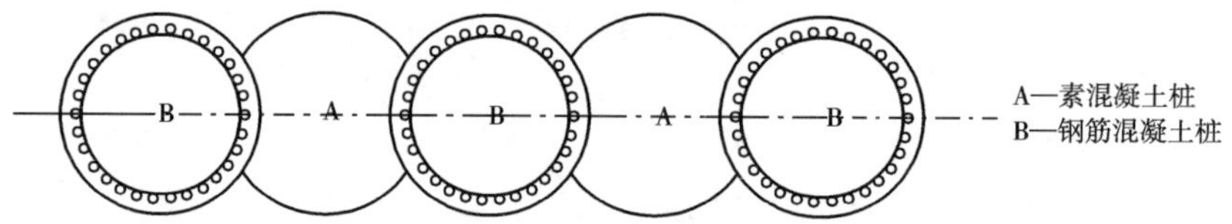

图 1 钻孔咬合桩平面示意图

一般来说,钻孔咬合桩的施工质量关键在于垂直度的控制,它直接影响到主体围护结构的稳定性和安全性。因此在施工过程中,它的重要性能得到业界的充分认识,并加强控制及监测。确保钻孔咬合桩导墙的施工质量,采用性能优越的钻机,同时在施工过程中随时监测钻孔的垂直度等措施,对控制钻孔咬合桩的成桩质量有明显的效果。但由于钻孔咬合桩本身的施工工艺以及杭州地区粉砂土地区的地层特点,决定了钻孔咬合桩施工中还存在如下容易被忽视的问题,给地铁车站的围护工程施工埋下一定的安全隐患。

2.1 钻孔咬合桩的冲抓施工工艺本身对围护桩的质量存在一定影响

钻孔咬合桩都是先施作套管,再在套管里冲抓土而成孔。为保证孔壁的稳定,一般依据套管的最大切割下压能力,做到套管始终超前,抓土在后,抓土面离套管底的最小距离必须保持在 2 ~4m 以上,使孔内留足一定厚度的反压土层,以防止管涌的产生。从理论上来说,插入深度越深,对钻孔咬合桩孔壁的稳定越有利,成孔质量相对较好,特别是在砂土地层,插入深度不够,极易引起涌土、流砂等事故。另外在施工 B 序桩过程中,由于相邻的 A 序桩混凝土处于未初凝状态,随着钻孔的加深,A 序桩也有可能出现混凝土管涌现象。需要合理地配制素混凝土 A 序桩(C20 混凝土)的坍落度(一般为 16cm)以防止混凝土管涌的发生。但在实际施工过程中，由于受钻孔的深度、地层条件及钻机能力等因素的限制，套管插入的深度有时很难完全符合施工的理想要求。

杭州东部地区的砂土地层，厚度较大，摩阻力也大，套管钻进的阻力也大，在钻孔深度较深时，套管能超前钻入的深度往往不够。在冲抓锥冲击力的作用下，不仅孔底的粉砂土层和A序素桩混凝土容易受扰动，而且还会影响到套管底周边的粉砂土层和A序素桩，在高压水头下，极易产生管涌或流砂，经反复冲抓被冲抓锥带走，造成套管底下的粉砂土或混凝土大量流失。不仅使混凝土的超灌量大增，同时也降低了钻孔咬合桩桩底周边土的物理力学性质，对基坑的安全造成影响。为避免涌土流砂的发生，往往需要对套管内灌注水或泥浆，以达到套管内外水头压力的平衡。但套管内水的存在大大降低了钻孔咬合桩的冲抓对粉砂土的抓取效率，延长单桩的成孔作业时间，对钻孔的质量造成影响。

另外，由于套管的应用，客观上也影响了钻孔咬合桩的施工质量。咬合桩的套管在成孔钻进时受压力作用；而在灌注混凝土时，套管要上拔，则受拉力作用。长时间的压挤摩擦使用，在套管上拔、灌注混凝土的过程中，套管接头处经常出现较大漏水现象，进而套管周边的粉砂土也容易随漏水进入流进套管内，同混凝土混合产生薄弱接合面，降低桩身质量。同时周边粉砂土甚至已灌注素混凝土桩混凝土的流失，也对钻孔咬合桩的灌注质量也会产生一定影响，成桩质量差别明显（如图2所示）。

图2　不同施工质量钻孔咬合桩实景

2.2　钻孔咬合桩的连续施工工艺对混凝土质量及施工设备也有较大约束

钻孔咬合桩的施工工艺特点要求钻机需连续不间断地施工，这对咬合桩的施工设备及混凝土质量要求提出了严峻的考验，特别针对A序素桩所用的超缓混凝土质量和已使用一段时间的旧设备。在实际施工过程中经常出现咬合桩机的设备故障，影响施工的连续性，容易形成缺陷桩。甚至需要通过设置砂桩来强行中断某段围护桩的施工，等设备修理完好再重新开始。这对围护桩的整体施工质量及基坑的安全造成较大影响。

钻孔咬合桩的施工工艺不仅对钻孔咬合桩的施工设备有严格的要求，同样对混凝土质量要求也与众不同，特别是A序素桩混凝土的缓凝时间。A序素桩混凝土的缓凝时间是根据单桩成桩时间来确定，而单桩成桩时间又与场地地质条件、围护桩长、桩径及钻机的钻进能力等有直接关系。一般情况下，杭州地区地铁车站的围护用钻孔咬合桩的单桩成桩时间可控制在10h左右（A序桩10h，B序桩12h）。由此可计算得出A序素桩的混凝土缓凝时间为50h，考虑到施工衔接问题，混凝土的缓凝时间定为60～70h。

超缓混凝土的配置目前尚无标准可循，初凝时间较难控制。超缓混凝土缓凝剂的掺量一般为3.5%～6%，水泥和缓凝剂的适应性以及水泥品种对凝固时间影响很大。超缓凝混凝土对温度、湿度较为敏感，一般温度越高、湿度越低，混凝土凝固越快。混凝土设计要根据施工现场的温度、湿度调整配合比，才能保证足够的缓凝时间和坍落度要求。混凝土设计和质量控制在钻孔咬合桩的施工过程中起着举足轻重的作用。为满足超缓凝混凝土的初凝时间要求，混凝土配合比均经多次模拟现场条件试验后确定。由于咬合桩施工工艺的特殊性，要求超缓凝混凝土的缓凝期必须稳定，不能波动，否则将有可能给工程带来很大的损失，因此要求混凝土供应商设置专用生产线来生产超缓凝混凝土，其所用的设备、人员、原材料等都相对固定，以减少出错的机会，确保混凝土的质量。

钻孔咬合桩的施工设备及混凝土质量问题往往引起B序桩的切割成孔困难，影响围护桩的施工质量，需要进行必要的处理。常见的处理措施有：①A序桩混凝土超过终凝时间较长，混凝土强度超过10MPa以上时，B序桩成孔无法切割A序桩，而不能成孔，后续施工只能跳开该桩继续施工其他能切割的桩,最后加桩,并在桩两外侧施工旋喷桩作堵漏处理;②咬合桩施工的流水作业因故中断,需迅速移机对末端桩进行切割,单侧咬合面成孔,然后在孔内灌注河砂拔管形成砂桩,待后续咬合施工至该桩时重新成孔完成连续咬合桩的施工;③当成孔精度不能满足5‰的要求时,需采用回填土,然后纠偏调直重新成孔,直至达到施工精度要求时灌注混凝土。所有这些均影响围护桩的施工质量,对基坑安全角成隐患。

2.3 基坑变形引起的咬合桩混凝土开裂造成渗漏水问题

在杭州粉砂土地区进行基坑施工不可避免地要先考虑地下水问题。以往的类似深度民建基坑围护工程往往采用围护桩加止水帷幕这种一刚一柔的形式,具有较好的止水效果,特别是周边有建(构)筑物等土工环境较差的情况下,柔性的止水帷幕可以发挥积极的作用,出现渗漏水的情况较少。而相近的地下连续墙围护结构,虽为刚性结构,但每幅连续墙体之间的连接采用了一定的特制接头连接,渗水现象也得到一定程度的控制,即使有,一般也是出现在每幅墙体的接头处,容易得到控制。但钻孔咬合桩围护形式则完全不同,它通过A序素桩同B序钢桩的咬合,来实现围护体的止水。但桩间的咬合不仅受桩间距排序的影响,同时受钻孔咬合桩的垂直度的影响,还受咬合桩的施工质量的影响,容易产生易渗漏水的薄弱面,且这些薄弱面在渗漏水之前很难确定具体位置。在基坑开挖过程中围护桩结构体本身的变形以及高水头压力作用下,容易引起墙体的渗漏水,甚至产生喷射水砂混合物,对基坑安全造成极大影响。出现渗漏水,则必须采取有效措施进行止水,常见的止水方式有高压旋喷桩和双液注浆方式。虽经事后补救措施,但基坑已经存在一定的安全隐患。

综上所述,这些问题在钻孔咬合桩现有的施工工艺条件下很难避免,故应在基坑围护工程中引起充分重视。

3 深基坑的降水与周边地层沉降

基坑的开挖势必引起基坑周围土体内应力场和地下水位的变化,进而导致基坑周围土体的变形,因此基坑工程对周围环境不可避免地产生不同程度的影响。这种影响困扰着广大的工程技术人员。围护结构的形式、土方开挖的方式和速度、地下水位的降低程度、地层条件特征及周边建(构)筑物情况等因素决定了这种影响的大小程度。

普遍认为,除了地层条件、周边建筑(构)筑物情况等客观因素外,基坑工程施工对周边环境的影响,主要集中在围护结构的变形本身及施工需要降低地下水的行为等造成的周围土体的沉降上。围护体系的可靠度决定了周边土体位移量的大小,相应地可以控制周边地层的沉降。对地铁车站深基坑来说,围护结构体本身的强度一般均能满足设计要求,但施工过程中支撑的及时程度及被动区土体的强度对围护体的变形及周边土体沉降影响很大。而地下水降低的影响,则需要结合周边的土工环境和地层条件,是从主观上可以控制的影响因素。特别在粉砂土地区,地下水的影响会对基坑周边土体的沉降乃至整个基坑的安全起决定性的作用。统计分析表明,基坑事故绝大部分与地下水有关,在基坑工程的设计和施工中应充分认识地下水的作用,认真进行地下水的控制和治理。

杭州粉砂土地区的基坑围护工程一般均需进行坑内外降水,降水对基坑的安全至关重要。以某一深基坑工程为例,当基坑外的地下水从-0.5m高程,降低到-7.5m、-15.8m高程时,基坑的最大轴力和最大弯矩可分别降低约28%、49%和22%、51%。可以看出降水不仅提高了围护工程相关的安全系数,而且大大减少了基坑开挖过程中坑外高水头压力作用下管涌发生的风险。但抽取地下含水层中的地下水必然会引起基坑周边土体的沉降,在基坑施工过程的特定时段内,需要正确评价它的实际影响力。抽水期间的地面沉降主要由以下几部分组成:一是地下水降水面以下地层土的压缩变形。降水引起的水位降低使得地基土孔隙中的静水压力减少而施加于地基土的附加应力增加所致。静水压力在黏性土与粉砂性土孔隙中的传递机理有所不同。黏性土孔隙中静水压力在降水面以下的土层不可能产生明显的固结沉降量。而对粉砂性土,由于固体颗粒的自身强度较高,加之颗粒周围存在带压的水。当水位降深较小时,砂粒之间的位置难以得到重新调整,宏观上表现出的压缩量较小,且很快趋于稳定。这部分的沉降量应该不大。二是降水面上部土层的释水压密,符合太沙基一维固结理论。在降水期间,由于抽水时间有限(一般2~4个月),对黏性土而言这段时间内的固结度一般在0.2左右,释水压密的压缩模量一般在1.0~1.6cm之间。对松散粉砂土和填土,这个值会更大一些,但也有限。三是降低地下水位引起的地下水土流失。特别是对颗粒细小的粉性土地层,往往会因降水井结构的不合理,造成抽水过程中大量的固体颗粒带出地面,引起地层沉降。实践表明,这部分固体颗粒缺失引起的沉降是粉砂土地层基坑沉降的重要部分,特别是当围护体系不合理或施工措施不到位时,在地下水作用下发生流砂或管涌时,基坑周边的地面沉降现象十分明显。实测资料还显示,由以上一、二部分引起的地面沉降往往发生很快,量级有限,在数厘米左右,沉降也较均匀。而由第三部分引起的沉降则可达数十厘米,引起的基坑周边沉降也极不均匀。

综上所述,粉砂土地区的深基坑施工,在围护体系可靠,降水措施合理的情况下,坑外降水对周边环境的影响还是有限的,而适度的降水对降低基坑的施工风险作用很大。但在实际施工过程中也应注意:(1)在降水过程中应防止地基土流失,确保地基不受扰动。为了确保基坑周边建筑物地基的稳定性,在降水设计时,应根据降水含水层的特性、地下水位、基坑大小、降水深度,周边建筑物的远近、高度及基础深度等因素,对周边建筑物地基的沉降量及沉降差进行预评估计算,以指导降水方案实施。在降水井设计和施工过程针对不同的含水层的岩性特征采用相应的措施,可以避免导致出水含砂泥量过高,破坏地层结构,造成塌陷,以减少直接危及基坑周边地基稳定性的条件。(2)适度控制降水强度和降水延续时间。随着基坑开挖深度的增加,逐步调大基坑的排水量。使水位降深逐步加大,直至最后达到设计水位降深值。基坑开挖前做好充分准备,尽量压缩基坑开挖的施工时间,当开挖深度需要降水时再抽水,缩短基坑降水的延续时间,减少基坑累计排水总量。

4 土钉墙技术在附属结构围护施工中的应用

地铁车站的附属结构不同于主体结构,深度和范围都相对较小,且一般也均在主体结构施工完成以后进行附属结构的施工,常采用SMW工法桩进行围护,根据基坑开挖的不同深度,决定采用不同的桩长及型钢插入密度。

在基坑支护中,水对土体的作用可分为静水压力作用、渗透作用及软化作用。静水压力作用主要是减少了边坡土体潜在破坏面上的正应力,并产生侧向静压力,使岩土体有效重量减少,并对土体产生挤压,加大了挡墙的荷载。渗透力是地下水的渗流受到土体颗粒或孔隙壁阻碍而施加于土体上的作用力,其反映地下渗流在渗透过程中总水头损失的那一部分孔隙水压力转化为作用在水流方向上的有效压力。水的存在,使边坡土体长期受水浸泡,含水率增大、土质变软,使c、φ值大大减小,土体的抗剪强度随之降低。通过降水,可以去除以上因素对基坑安全的不利影响。

土钉墙技术是近年来发展起来的用于土体开挖和边坡稳定的一种挡土技术。它的原理是施工时基坑或边坡逐层开挖,逐层在坑壁土体内置入钢筋,并在坡面铺设钢筋网,分层喷射混凝土。它作为一种岩土原位加固技术,通过对土体的嵌固和加筋作用,与土体形成共同工作体系,形成一个类似重力式的柔性挡土墙,以抵抗墙后的土压力和其他荷载,从而保证开挖边坡坡面的稳定。

粉砂土地区围护方案设计中,土压力一般采用的是水土分算的形式,水压力单独进行考虑。如前所述,当有条件进行降水施工时,不仅可大大减少粉砂土基坑边坡发生管涌、流砂的风险,而且可以大大提高粉砂土的物理力学性质,减少围护的成本。计算和实践经验均表明,粉砂土地层在无水条件下应用土钉墙技术,满足基坑整体稳定性和土钉抗拔力要求的基坑可深达十余米(如图3所示)。这跟民用建筑中土钉墙在粉砂土深基坑中得到普遍应用相一致。因此,应在粉砂土地区地铁车站附属结构工程围护中考虑成本较低、施工更为方便的土钉墙技术的应用。

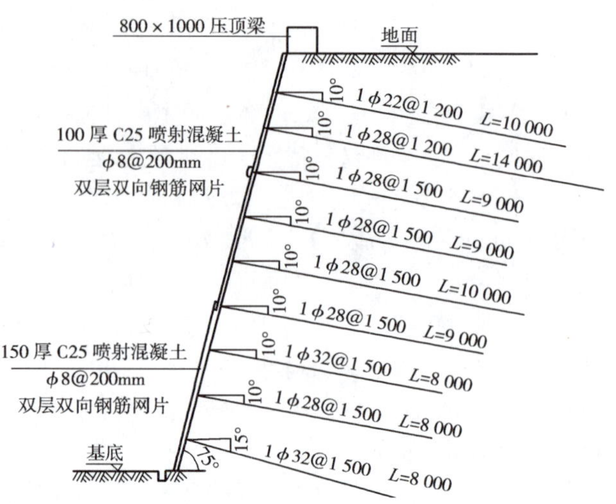

图3 土钉墙典型设计剖面及工程实景(尺寸单位:mm)

在杭州地区粉砂土地区的实际地铁车站附属结构的围护工程设计施工中,当开挖深度超过7m左右,即普遍采用SMW工法桩围护的形式,这同民用建筑的深基坑围护工程相比,似乎有浪费之嫌。建议结合周边环境,多考虑采用土钉墙技术,不仅减少围护成本,加快施工周期,更重要的是提供了良好的敞开式施工环境,对附属结构的施工有利。对于小于6m的基坑,可考虑纯放坡或加素喷的形式;对大于10m以上的深基坑,可根据实际情况结合其他支护方式,进行联合支护;其他周边条件较好的情况,可单独采用土钉墙技术进行围护施工。

5 结语

(1)基坑围护方案的设计必须同时考虑围护结构本身特点、现场的岩土工程地质条件以及围护体施工工艺等因素。一般设计工程师容易忽略围护体施工工艺对围护工程的影响。钻孔咬合桩在粉砂土地区地铁车站围护工程中的应用,应充分考虑地下水下粉砂土对施工的影响,而这正是决定粉砂土地区深基坑围护工程成败的关键所在。

(2)要正确认识基坑降水对周边环境的影响。影响基坑周边环境的因素很多,如地层条件本身,围护结构的强弱等等,降水只是其中的一个部分。粉砂土地区的基坑开挖在有条件时宜适当降低地下水水位,基坑周边的沉降不仅由降水本身引起,还与降水井的施工质量有较大的关系。而实际的基坑开挖过程中,围护结构的变形及其施工质量原因造成的管涌或流砂才是粉砂土地区基坑周边发生灾害性不均匀沉降的决定因素,这部分沉降容易被工程技术人员与降水本身引起的沉降相混淆。

(3)地下水对粉砂土的物理力学性质影响很大,当有条件进行降水施工时,采用土钉墙技术进行附属结构工程的围护施工可大大节约成本,同时减少工期,对附属结构围护工程的施工有利。

参考文献

[1] 高月虹.杭州地区深基坑围护合理型式的选用.浙江大学硕士论文,2005.
[2] 益德清.深基坑支护工程实例.北京:中国建筑工业出版社,1996.
[3] 顾宝和,周红.基坑工程若干基本问题的讨论——基坑开挖与支护研讨会综述.工程勘察,1997(3),12~17.
[4] 刘兴旺,益德清,施祖元,吴世明.基坑开挖地表沉降理论分析.土木工程学报,2000(4),51~60.
[5] 高月虹.杭州地区深基坑围护合理合理的选用.杭州:浙江大学硕士研究生论文,2005.11.
[6] 刘耀峰,李事业,项汉昌,等.基坑降水引起的地面沉降机理探讨.安全与环境工程,2004(2),51~54.

[7] 许锡金,李东霞.基坑降水引起地面沉降计算方法研究.岩土工程技术,2004(4),194~198.
[8] 郭菊彬,宁吉荣,张昆.基坑降水引起建筑地基沉降计算探讨.工程勘察,2006(12),40~42.
[9] 施成华,彭立敏.基坑开挖及降水引起的地表沉降预测.土木工程学报,2006(5),117~120.
[10] 尹宜强.土钉墙在基坑支护中的应用.安徽建筑,2007(3),109~110.
[11] 刘鹏,寇佳伟,张健.土钉墙支护在基坑工程应用初步探讨.中国水运,2008(1),134~135.
[12] 胡小冲.土钉墙在北京地铁万柳站基坑支护中的应用.路基工程,2008(1),167~168.
[13] 王军海.地下水对土钉墙支护结构的影响分析.山西建筑,2008(1),104~105.

八、轨道交通沿线近接施工影响研究

台北捷运沿线禁限建管理制度与实例

高宗正[1]　锺毓东[2]　陈俊宏[1]
(1. 台北捷运局　2. 地工技术研究发展基金会)

摘　要　台北捷运系统通车营运后,带动都会区发展,沿线各种民间建筑开发及公共工程建设都蓬勃进行,也因此对捷运设施安全造成威胁。

基于保障捷运设施安全,兼顾业者开发权益,台北捷运已制定一套完备的禁限建管理制度,将审核作业标准化及系统化,供捷运管理单位及大众遵循,运作至今堪称顺畅。文中即介绍这套管理制度的法令架构和重要内容。

目前台北捷运已累积许多与捷运设施近接施工之限建区的案例,其中受邻近开发案影响较为严重者皆为潜盾隧道。本文即列举4则潜盾隧道受开挖影响案例,说明检讨各种保护措施的效果,对类似近接施工案例应极具参考价值。

关键词　大众捷运法　大众捷运系统两侧禁建限建办法　捷运设施容许变形值　分级规范界线　禁限建范围

1　前言

大众运输系统为达到疏运旅客,进而促进沿线开发及繁荣之目的,其路线皆沿都会区中主要运输走廊布设。而且为了架构各路线成一完整的捷运路网,部分路线还须自建物密集区域下方穿越。因此,捷运兴建阶段必须以各种工程手段小心保护沿线邻房,避免捷运施工造成邻房受损。待捷运建设完成后,则因带动沿线发展,人口及商业陆续进驻,所以不断有建筑物新建、改建及公共工程施工,这些开发行为都可能损及捷运设施安全,使捷运变成被保护的对象,故需考虑如何管制各种开发及施工行为,避免捷运受损、营运中断。本文除介绍台北捷运禁限建相关法令及管理制度外,并以数则潜盾隧道受开挖影响的实际案例,说明检讨各种保护措施的效果,供各方参考。

2　禁限建制度的基本精神

禁限建管理制度的原始构想是为保护捷运设施安全,确保大众使用捷运的权利。但是若对沿线开发及工程行为做出过度的禁止和限制,则会影响土地开发,对都市发展、民众权益及其他公共设施(水、电、通信、卫生下水道等)建设的发展均不利。所以,禁限建制度的基本精神就是要兼顾保护捷运设施与保障民众权益,并且建立一套民众及机关与捷运主管机关互动并有所依循的制度。

台北捷运初期尚未订定禁限建办法时,系以行政协商方式办理禁限建管制事务,然因无明确法规之规范,常遭民众误解,因而滋生行政诉讼及行政诉愿等事情。故制订《大众捷运法》及《大众捷运系统两侧禁限建办法》,期能明定禁建、限建范围及其管制行为之规范标准与审核管理等涉及民众权利、义务之事项,使捷运主管机关执行捷运禁限建管制相关行政处分时于法有据，同时也能充分保障民众之权利。

3 台北捷运沿线禁限建管理制度

3.1 禁限建之法源依据及历程

捷运禁限建之母法为《大众捷运法》，该法于1988年制定，其中第45条则叙明，有关下列事项应另订办法规范之，包括：

(1)禁建、限建范围之划定、公告、变更；

(2)禁建范围之禁止行为、拆除补偿程序；

(3)限制范围之管制行为、管制规范；

(4)限建范围内建筑物建造、工程设施构筑、广告物设置或工程行为施作之申请、审核、施工管理；通知停工及捷运设施损害回复原状或赔偿等事项。

其后于1991年制定《大众捷运系统两侧公私有建筑物与广告物禁止及限制建筑办法》共14条，因其内容仅有原则性之规定，难以落实执行，故于2003年重新修定为《大众捷运系统两侧禁限建办法》计26条。

3.2 禁限建办法架构及内容简介

大众捷运系统两侧禁建限建办法之主要架构如图1所示，相关条文纲要内容如表1所示。

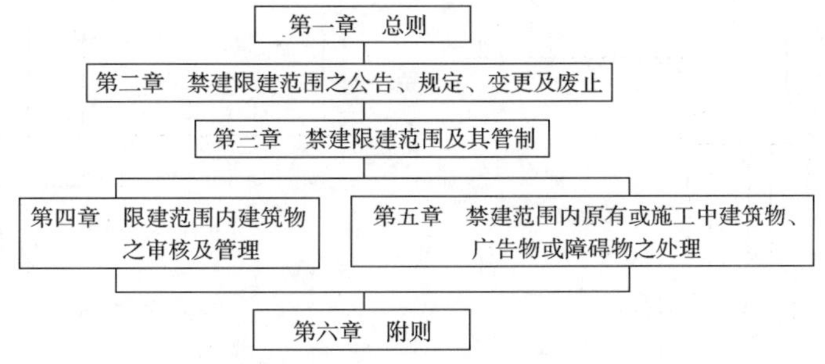

图1　禁限建办法架构图

禁限建办法条文纲要　　表1

条　文	内容说明
第一条至第三条	法源依据、适用范围及与其他法令之关系及重要名词定义
第四条至第五条	禁限建范围之划设时机、划定及公告程序及变更或废止程序
第六条至第七条	禁限建之范围、管制行为及公共工程案件应依循之程序
第八条	限建范围内各项捷运设施所容许之规范
第九条	建筑物申请建筑执照时，应提送捷运地方主管机关会审之文件
第十条至第十一条	赋予起造人取得捷运设施资料、测量结果及申请现场会勘之权利
第十二条	起造人于开工前应配合办理之事项
第十三条至第十六条	起造人于施工中应配合办理之事项
第十七条	专业技师应签证之事项
第十八条及第十九条	起造人于完工及申请使用执照时应配合办理之事项
第二十条	非建筑物之工程行为应提送之文件及内容
第二十一条	假设工程应注意之事项

续上表

条　文	内容说明
第二十二条	既有建筑物、广告物或其他障碍物之处理及补偿措施
第二十三条	禁限建范围公告后相关施作中之工程配合办理之事项
第二十四条	捷运主管机关应定期巡查禁限建范围内各种工程行为之动态
第二十五条	违反本办法时捷运地方主管机关之处理原则
第二十六条	本办法自发布日实施

3.3 禁限建范围

3.3.1 禁建范围

禁建范围是指在该范围内禁止任何建物或非建物之施工，禁建范围依捷运系统结构之种类而定，如图2～图8所示。

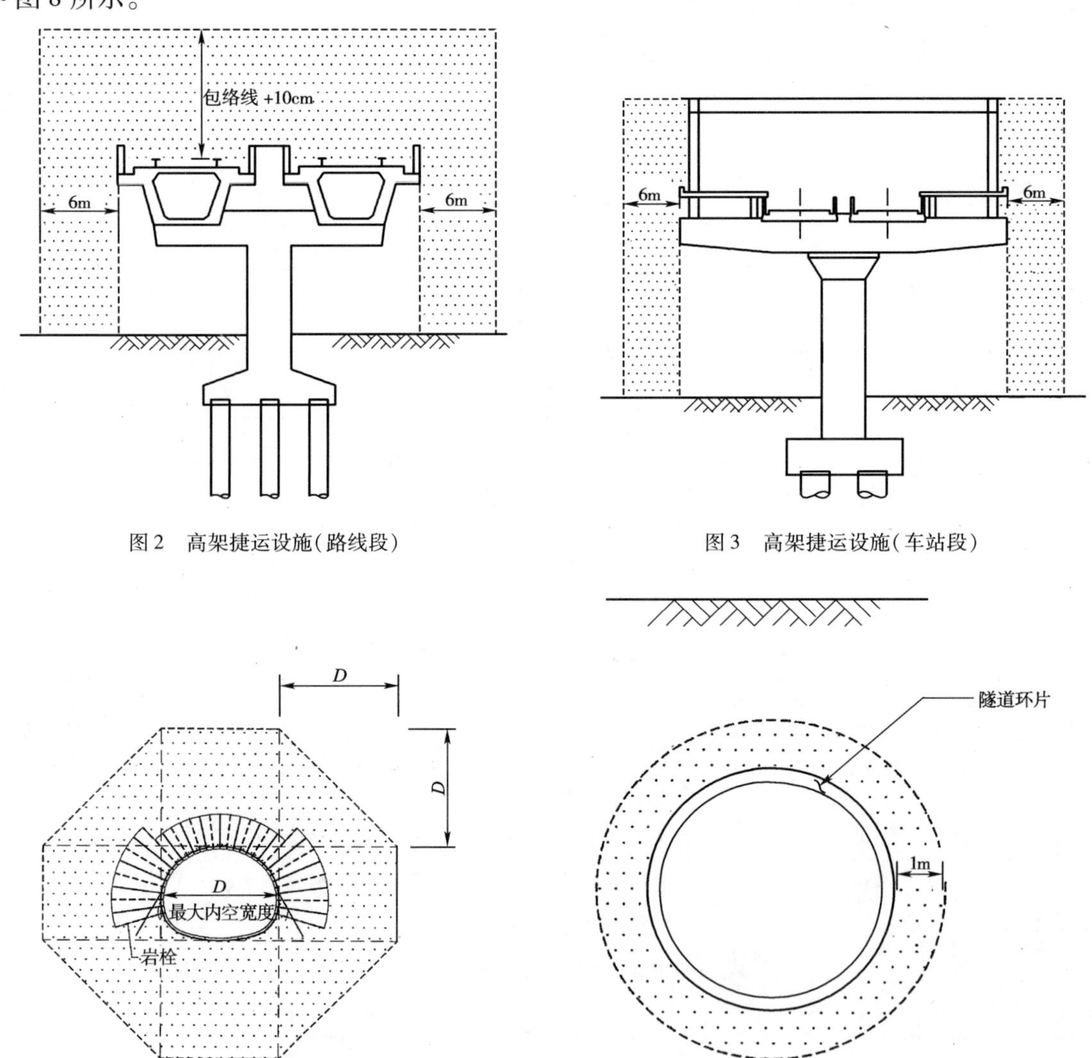

图2　高架捷运设施(路线段)

图3　高架捷运设施(车站段)

图4　山岳隧道设施

图5　地下潜盾隧道捷运设施

3.3.2 限建范围

限建范围系指自捷运构造物外缘起算在特定距离内之任何工程开发行为均属于限制建筑范围。限建范围依捷运系统所处位置之地质状况而定，分别为：

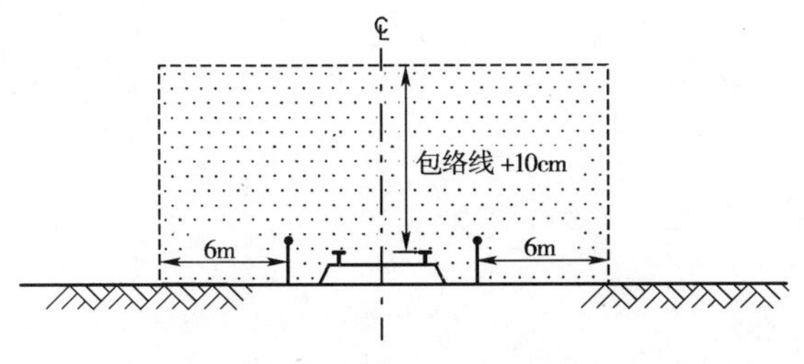

图 6 地面捷运设施(路线段)

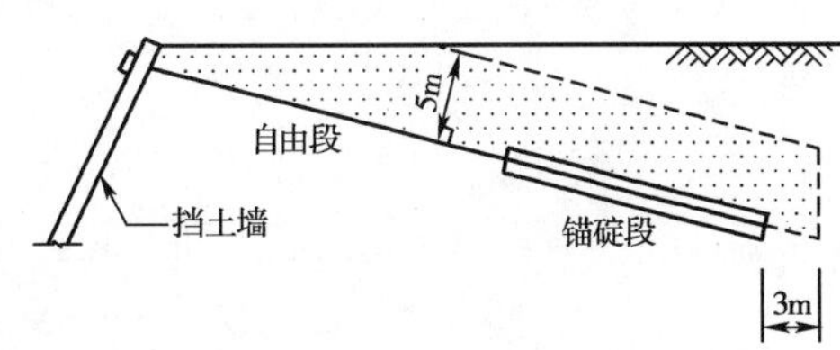

图 7 锚固边坡设施

(1)特殊软弱地段限建范围:100m;

(2)特殊坚硬地段限建范围:30m;

(3)过河段限建范围:500m;

(4)其他路段限建范围:50m。

有关地层条件之软弱及坚硬等如何判别则另有规定。

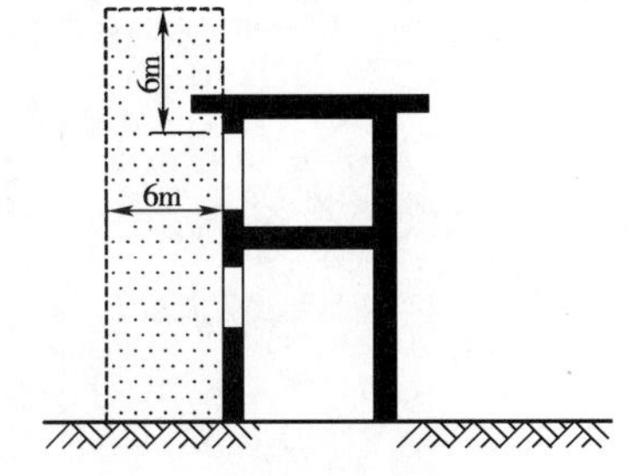

图 8 通风井设施

3.4 管理与审查

3.4.1 禁限建范围公告

因为捷运系统路线涉及重大之土地开发利益,所以捷运路线规划时应尽量保密,并于路线经核定后即公告禁限建范围,以避免地皮炒作及建物抢建,因而造成执行上之困扰。

3.4.2 执行模式及审查流程

禁限建范围内之列管案件可分为民间毗邻开发案件及公共工程开发案件两种,分别说明如下:

(1)民间毗邻开发案件→建筑主管机关(其他主管机关)→案件会审→现况调查及现况测量→会审施工保护计划→审查施工监测结果→完工现况调查及现况测量→出具无损害或修缮完成之证明文件→建筑主管机关核发使用执照(或其他主管机关核发相关之许可或同意文件)结案

(2)公共工程开发案件→公共工程主办机关→协议审查→现况调查及现况测量→审查施工保护计划→审查施工监测结果→完工现况调查及现况测量→出具证明文件→公共工程主办机关审理完工结案

3.4.3 管理与审核基准

为落实执行禁限建办法之规定,台北捷运另订有《台北都会区大众捷运系统禁限建范围内列管案件管理与审核基准》及《台北都会区大众捷运系统禁限建范围内列管案件协调作业要点》,主要系针对台北都会区大众捷运设施订定容许变形值(详见表 2),并制订管理单位、列管案件定义、限建范围分级规范界线图(共 33 种不同结构相对应关系图,图中将对捷运设施之影响分为 3 区,如图 9 及图 10)、应提送之审核文件及审查期限等。

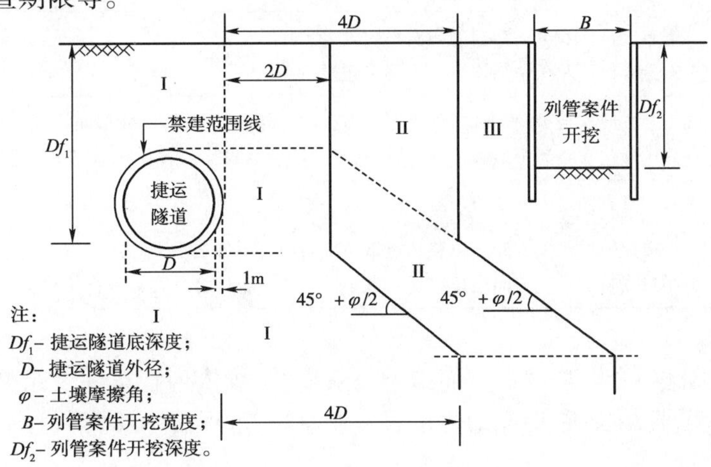

图 9 列管案件为明挖工程之分级规范界线图(潜盾隧道段、新奥隧道段适用)

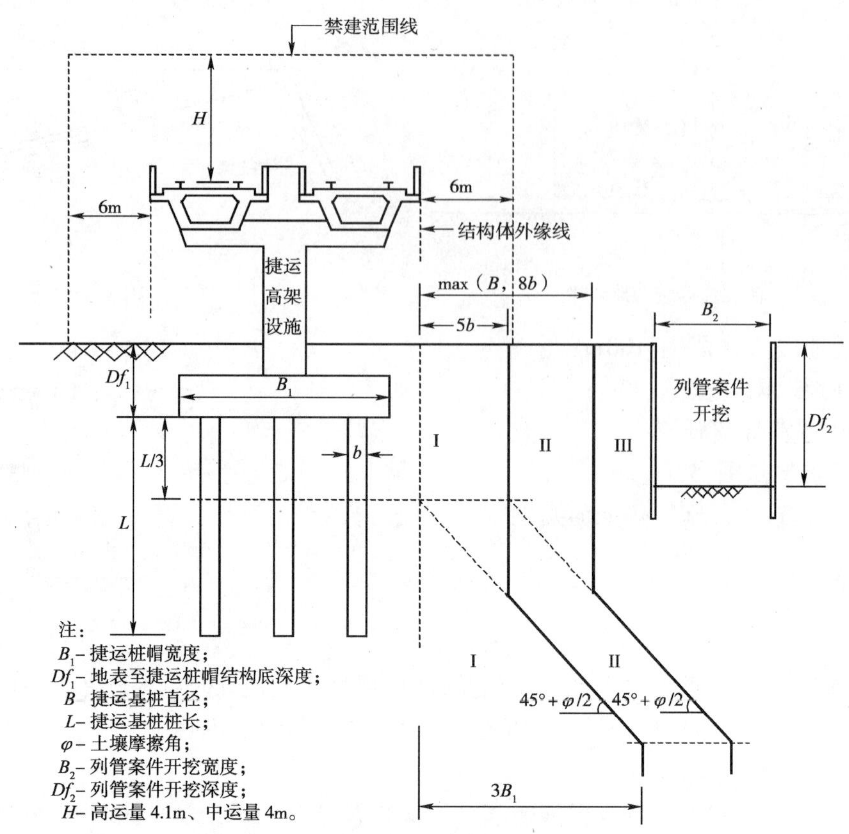

图 10　列管案件为明挖工程之分级规范界线图(高架段适用)

捷运设施容许变形值

表 2

管制值 / 结构种类	管 制 标 准
地下段明挖覆盖结构	1. 不得造成地下车站、出土段、明挖覆盖隧道承载轨道结构之倾斜量超过千 1/1 000。 2. 不得造成通风井、出入口、出土段、地下车站、变电站结构之总沉陷量超过 2.5cm
潜盾隧道	1. 不得造成任何方向隧道环状扭曲变形侵入各捷运系统为维护设施及行车安全所需之空间。 2. 不得造成隧道任何方向径向变形超过 2cm
高架段	1. 不得造成高架桥之相邻二桥墩基础间之差异沉陷量与跨距比超过 1/1 000。 2. 不得造成桥墩之倾斜量超过 1/750。 3. 不得造成桥墩柱底之水平位移超过 1.5cm
地面段	1. 不得造成机厂及车站结构之倾斜量超过 1/750。 2. 不得造成机厂及车站结构之总沉陷量超过 2.5cm
过河段	1. 隧道上方应有至少一倍隧道外径厚之覆土，且隧道结构及轨道变形应符合上述规定。 2. 在受土壤位移及河川最大流速作用下，高架桥墩结构及轨道变形应符合上述规定
山岳隧道	水平及垂直方向之内空变位与隧道净空最小直径之比例，不得大于 3/1000
轨道位移	1. 不得造成轨道水平方向之位移超过该系统轨道各组件之水平总容许位移量。 2. 不得造成轨道垂直方向之位移超过该系统轨道各组件之垂直总容许位移量

3.4.4　审查作业手册

为避免个人审查标准及专业程度不一而影响民众权益，故依列管案件之结构形态与捷运设施之相对关系，建立审查作业手册，内容包括详细之审查作业流程、审查窗体及技术上注意事项等，力求以标准化程序执行。

4 禁限建实例

4.1 案例一(捷运潜盾隧道受邻近深开挖影响案例)

本案例建筑基地拟开挖至 GL－11.25m,捷运潜盾隧道外缘距开挖工程之连续壁外缘仅有 2.2m 净距(如图 11),隧道顶拱则位于 GL－13m。经评估后,连续壁(厚度 60cm、深度 18m)槽沟挖掘阶段及基地开挖阶段都可能造成土壤侧向位移,导致捷运隧道变形,因此采取下列两项防护措施:

(1)连续壁施工前,先在连续壁外缘植入直径 20cm、长 18m、间距 20cm 之全套管微形桩,以加强土壤稳定,减少壁沟崩塌的机会,连续壁施工时临隧道侧仅允许一部机具施工,以免同时有多个单元进行挖掘,增加土壤侧向位移的可能性。

(2)基地开挖前,在开挖底部 GL－11.25m 至 GL－13.5m 处,以高压喷射灌浆方式施作一高强度之高压喷射灌浆板,以减少开挖阶段连续壁变形。

整体施工作业过程都严密监控隧道变形,由监测结果显示,连续壁完工后,隧道侧向变位约为 4.5mm。整体工程完工后,侧向变位约为 7mm,显示全套管微形桩及灌浆底板两项措施发挥了稳定地层保护隧道的重要功能。本案例也说明藉由禁限建制度可确实维护捷运设施之安全。

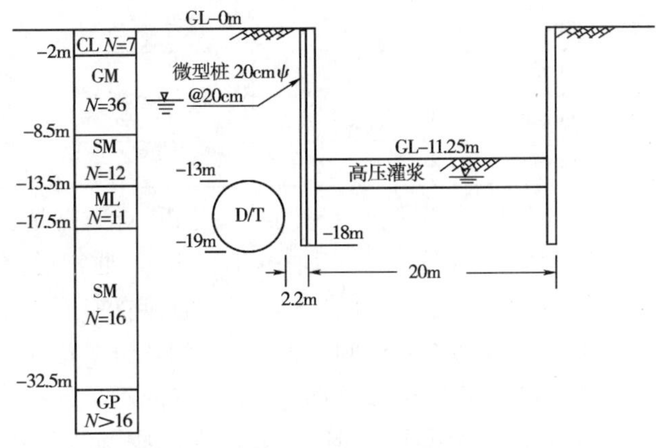

图 11 潜盾隧道与近接开挖之剖面图

4.2 案例二(捷运潜盾隧道受邻近深开挖影响案例)

本案例发生于 1996～1998 年间,当时为台北捷运禁限建配套法令尚未完备时期。

本案之捷运潜盾隧道贯通后,继续进行西侧之地下车站工程,同时间隧道南侧有一大规模之公共工程开始施工,相关位置见图 12。南侧工地连续壁与隧道最近距离约 12m,隧道覆土深约 14.5m。南侧工地开挖区呈长方形,宽度 46m,地下室主体开挖深度 21m,挡土结构采厚 1.2m、深 36m 之连续壁。北侧有局部向外延伸,开挖深度 8m,挡土结构采用直径 60cm、深度 13m 之预垒桩,地下一层以上采用顺打工法施工,以下则采用逆打工法施工,如图 13 所示。为减少开挖引起之地层侧向变位以免捷运隧道受损,开挖底部以高压喷射灌浆方式施作地盘改良,共 23 排,每排宽 90cm、深度 5m 厚、长度 21m,排距 2.0～2.2m 不等,改良区面宽共 46.5m。原设计者希望这些成排状的地盘改良可发挥类似扶壁的作用。

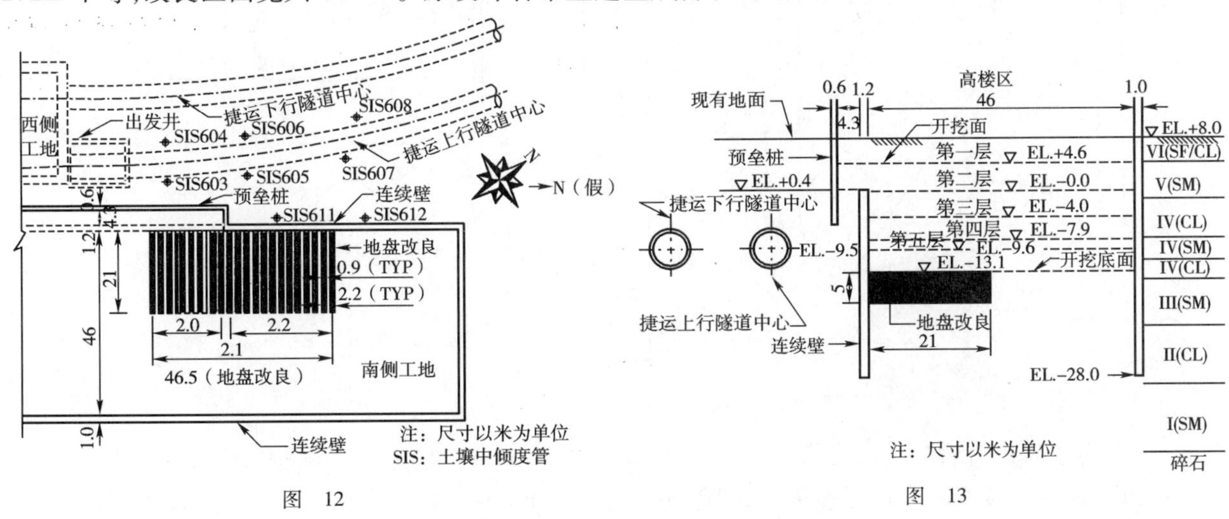

图 12

图 13

当南侧工地施工近完成阶段，捷运隧道定期监测发现隧道内变位观测点及裂缝计之观测值突然加大，现场勘查则发现仰拱与环片有分离现象，最大缝隙约20mm。且环片朝向南侧工地偏移数公分。部分环片顶部已出现裂纹。经量测裂缝宽度约为0.05～0.25mm。隧道最大水平偏移量达53mm，顶拱最大沉陷达68mm。最大直径变化量约46mm，经检视南侧开挖区连续壁与上行线隧道外缘之间所设置之土中倾度管监测结果显示于表3。

土中倾度管之监测结果 表3

编　　号	最大位移(mm)	发生深度(GL－m)	备　　注
SIS611	63	25	距隧道外缘14m。遭破坏后补装
SIS612	55	20～25	距隧道外缘20m。遭破坏后补装
SIS603	20		距隧道外缘2m
SIS605	55	15～20	距隧道外缘2m
SIS607	10		距隧道外缘2m

综合各项监测资料及现勘结果分析，导致隧道偏移的原因，应为南侧工地的施工造成，包括：

(1)地下一层以下采用逆打工法施工，通常逆打工法因未施加支撑预力，其变位较顺打工法为大。

(2)高喷地盘改良施工未能发挥预期的扶壁效果，具体表现为：

①改良体与连续壁间未形成T字形结构，接头无法合成一体；

②高喷桩质量未如预期，可能有桩径不足，或者断桩等情事，无法造成连续柱列的效果；

③现场检查共有38环开裂，由于潜盾预铸环片变形已超过规范规定值20mm，换算其所受之弯矩值约为230kN·m，虽然尚小于设计弯矩容量，但已无法承受最大地震之剪力变形，故最后于隧道内侧安装钢衬砌环片补强。

本案例虽已采取地盘改良补强措施以保护捷运隧道，却仍发生捷运隧道受损之事情，主因即为设计者预期的扶壁效果未发挥出来。当时，若禁限建配套法令已完备，则依据禁限建管理制度运作，捷运技术单位在审核过程或可提前发现此缺失，协调施工厂商修正，则可避免隧道受损。

4.3 案例三(捷运隧道受上方大楼开挖影响案例)

本案基地开挖面积约800m^2，开挖深度11.2m，采用60cm、厚17m深的连续壁作为挡土结构。捷运潜盾隧道在基地下方通过，其与连续壁端之净距仅3m，开挖后之有效覆土深约8.8m，图14及图15为基地与隧道之相对位置。

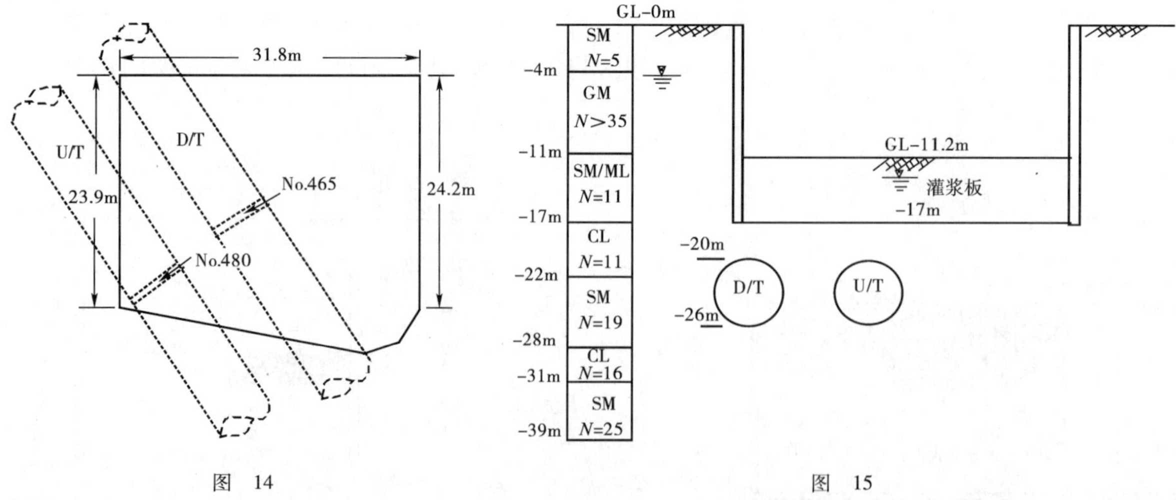

图 14　　　图 15

承包商为了保护潜盾隧道的安全，于GL－11.2m～GL－17m之间进行全面积单管高喷灌浆CCP灌浆改良，以形成一厚度6m、单压强度为1.2MPa的灌浆板(grouting slab)，预期藉由灌浆板的强度可抑制隧道上浮、隆起，也可以减少连续壁变形。为了赶工期，CCP 施工以 8 部机同时作业，灌浆压力达 20MPa，结果 CCP 施工期间即造成隧道变形过大，分别于上行线（U/T）462 - 497 环及下行线（D/T）450 - 502 环隧道内，发生大量漏水，捷运行车因此改为手动。由监测仪器显示，上行线 480 环之顶拱（crown）下陷 36mm，竖直径缩短 30mm，横直径拉长 20mm，如图 16 及图 17 所示。下行线 465 环之顶拱下陷 30mm，竖直径缩短 28mm，横直径拉长 22mm，如图 18 及图 19 所示。由于上行线 480 环位于开挖区角落，灌浆压力受连续壁束制，不易消散，因此下陷量较下行线为大，其结果颇为合理。

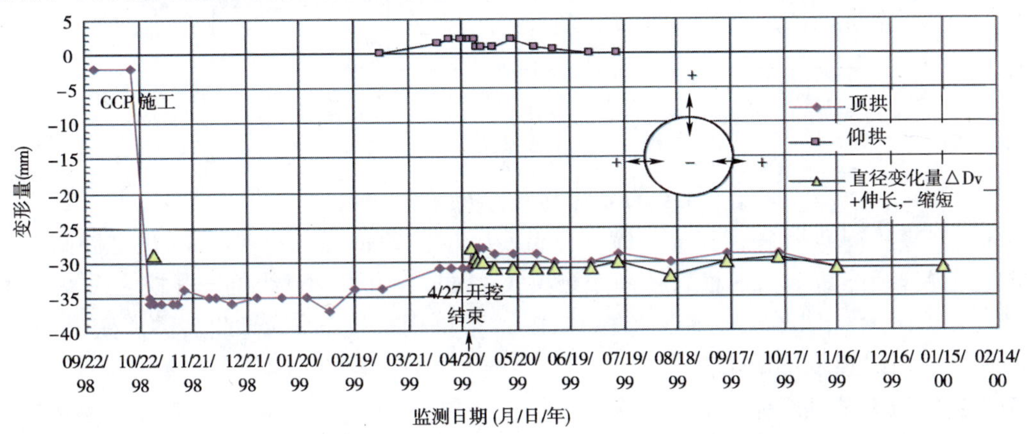

图 16　上行线隧道顶拱变形历时曲线

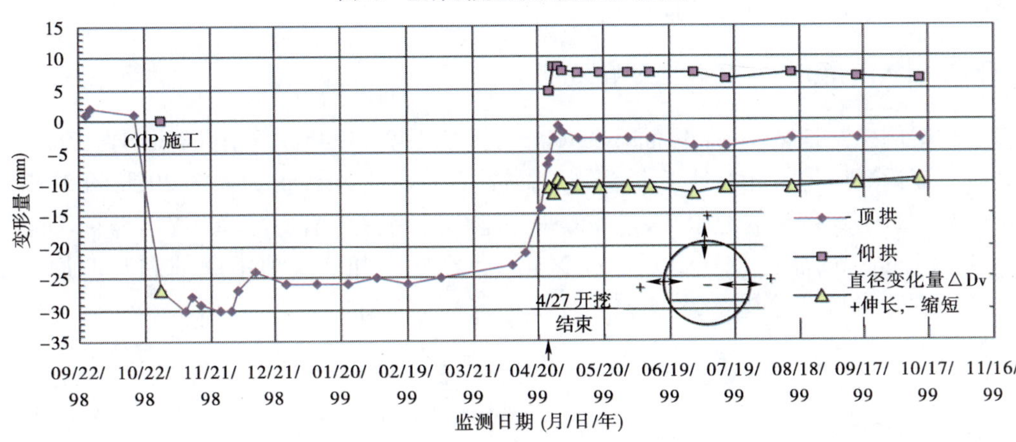

图 17　上行线起拱线位置变形历时曲线

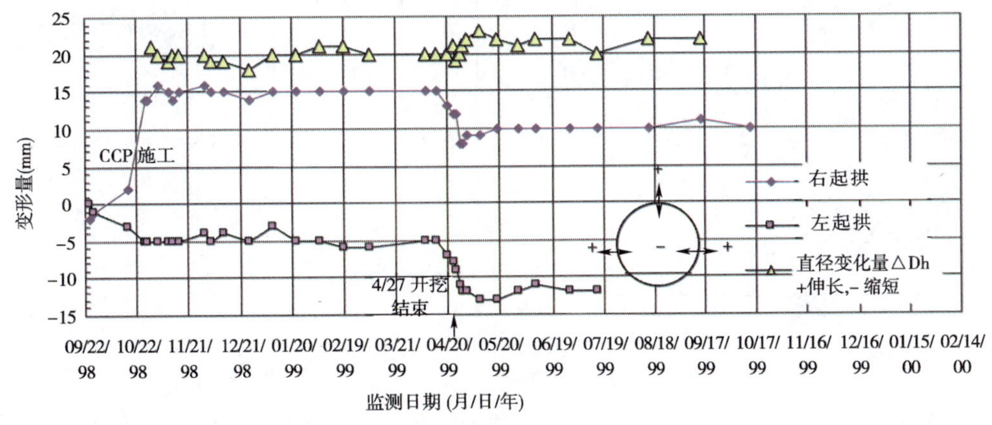

图 18　下行线顶拱变形历时曲线

经紧急灌浆止漏后，将 CCP 高喷灌浆改为低压搅拌桩继续施工，此后变形不再扩大。直到开挖开始，隧道因上部土壤解压而逐渐上浮，至开挖结束上浮量达到最大，分别是上行线之顶拱上浮 8mm，仰

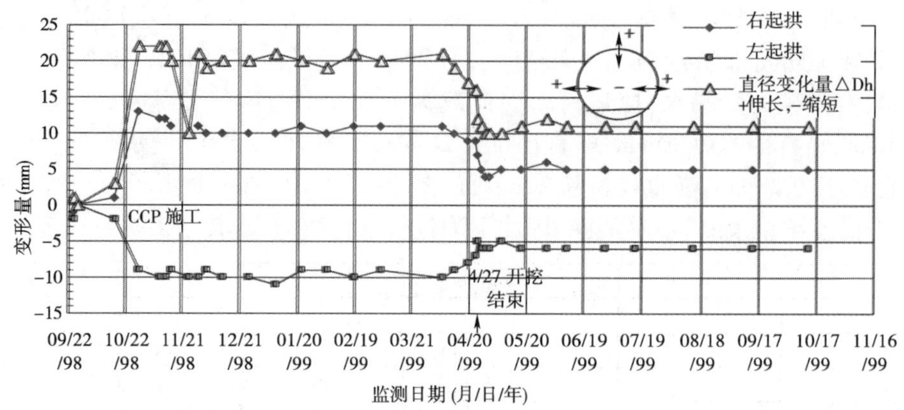

图 19　下行经起拱线位置变形历时曲线

拱上浮 2.5mm,竖直径尚残余缩短 30mm,横直径尚残余拉长 21mm。下行线之顶拱上浮 28mm,仰拱上浮 8mm,竖直径尚残余缩短 10mm,横直径尚残余拉长 11mm。由于下行线位于开挖区中央,土壤解压之弹性回胀量较其他区大,相当合理。地下室施筑,隧道顶拱稍被压下 2mm,此后隧道变形即趋于稳定,亦即上部结构载重对隧道变形影响很小。

本案例为近接施工常见之保护措施尚未发挥保护效果,却在施工过程即已造成被保护标的物受损之案例。由本案例可以了解,禁限建管理制度不仅须审核设计,也必须审核施工计划,施工过程更应严密监控捷运标的物的变形才能确保捷运设施安全。

4.4　案例四(捷运隧道受上方大楼开挖影响案例)

本案基地与案例三基地紧邻,开挖面积约 400m^2,开挖深度 11.45m,采用 60cm、厚 17m 深的连续壁作为挡土结构。捷运潜盾隧道在基地下方通过,其与连续壁端之净距仅 3m,图 20 及图 21 显示基地与隧道之相对位置。基于案例三的经验,承包商改采用地中壁来保护潜盾隧道的安全。亦即在开挖区内设置三道地中壁,深 17m,将开挖区分成 4 个区格,借着分区开挖及地中壁抑制其四周土壤的隆起(heaving)。因不是以高喷灌浆施工,故无挤压环片之虞。

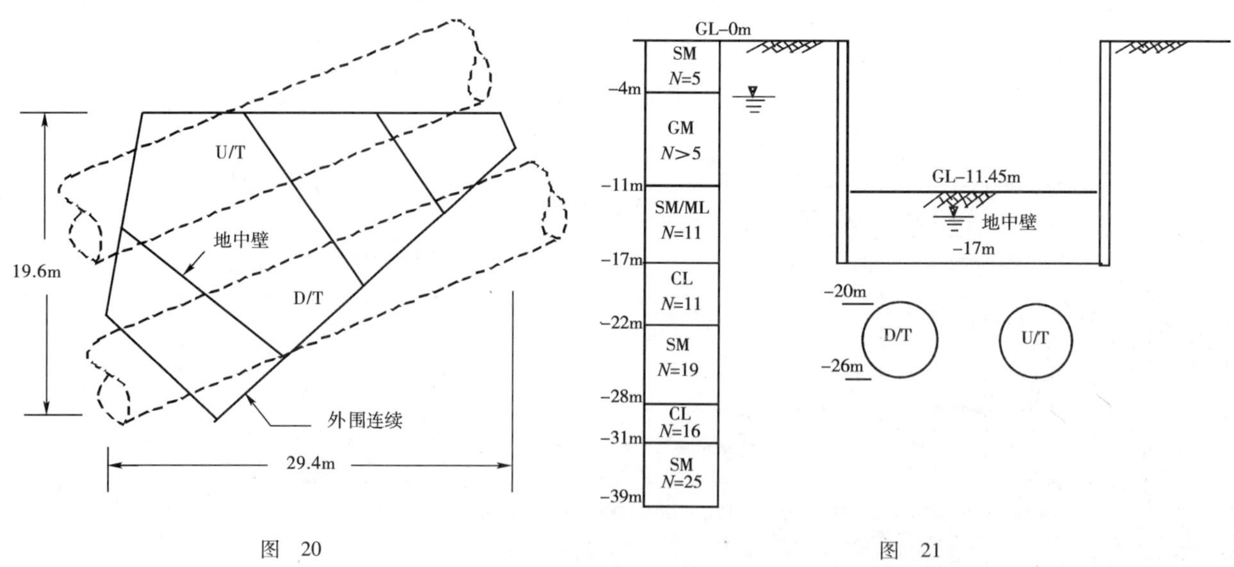

图　20　　　　图　21

由监测仪器显示,开挖至基础面时,隧道最大上浮量为 6mm,而在地中壁下方之隧道上浮量为 1.2mm,可见地中壁已充分发挥约束土壤隆起量的功效。地下室及上部结构施筑期间,隧道变形即趋于稳定,亦即上部结构载重对隧道变形影响很小。整个工程施工期间,捷运均正常行车。

本案例说明,经由禁限建管理制度的运作,可将捷运技术单位累积的丰富经验注入保护措施规划和设计，既可为开发业者节省成本，也可有效保障捷运设施安全。

5 结语

捷运路线多通过都市繁华区，限建规范之建立可达到保障捷运安全与兼顾毗邻开发者权益两者双赢之效果，本文依台北捷运执行之经验提供以下之建议供参考：

(1)审查制度需要标准化及系统化，如此既不会对不同列管案件有不同之标准而造成民怨，且系统化可进行列管案件追踪及管理。

(2)由于大地之不确定因素众多，虽列管案件对捷运设施影响之理论分析皆小于管制标准，然而仍须密切注意其监测数据，尤其位于影响严重之第 I 区，更要有紧急应变措施，以避免造成营运中捷运停驶。

(3)由于捷运系统将带来地方之发展，所以捷运两侧之开发案众多，为避免建筑主管机关未将列管案件送请捷运主管机关会审，捷运主管机关需有专责人员定期巡查捷运两侧禁限建范围区域之工程行为。

(4)为降低捷运两侧工程开发对捷运设施之影响，除可用工程技术来克服外，更可善用建筑法规及建筑设计配置来降低施工风险。依建筑法规规定，在商业区地下室开挖面积为建筑面积的90%，住宅区则为建筑面积的70%。因此当隧道紧邻建筑线时，建筑师于规划时，尽可能把空地留在隧道与建筑线之间作为缓冲，以降低施工风险。

(5)开挖期间，应做好施工管理。其内容包括：正确的施工步骤、适当的设置监测仪器、妥善的维护监测仪器、密切注意量测值的变化、尤其须有充分的准备应付紧急状况。

(6)依据台北捷运经验，受两侧开发案影响较为严重者皆为潜盾隧道，因捷运潜盾隧道系由6块预制环片所组成之柔性结构物，故毗邻潜盾隧道之开发案设计施工时皆须特别谨慎，至于高架段则因基桩施作至承载层、明挖覆盖段有劲度较大之连续壁，目前尚未有任何破坏之案例。依审查案例之经验，建议对下列毗邻潜盾隧道之基地开挖时需特别考虑：

(1)在潜盾隧道上方进行地下室开挖时，应考虑由于隧道部分土壤被挖空，重量减轻，而影响开挖面的稳定，并需分析隧道抵抗上浮的安全系数。

(2)当开挖区位于潜盾隧道上方时，藉由设置地中壁及分区开挖来减少土壤变形，其效果较灌浆改良为佳。尤其在深厚且软弱的黏土层，效果更为明显，且较无风险。

(3)由分析显示地中壁减少土壤变形量的机制在于：①藉壁体表面摩擦及端部阻抗来阻止土壤弹性回胀；②将开挖区分成数个区格，相当于减小开挖宽度，可减小弹性回胀量；③隧道位于开挖区之一侧时，地中壁则形同一强大的支撑，阻止挡土壁及隧道侧移；而实际之监测值也可证实该结论。

(4)不论高喷灌浆或低压灌浆都可能造成应力集中的反效果，采用这两种工法做保护措施时须特别小心施工。

(5)潜盾隧道顶拱上方3m范围内，应禁止有中间桩或基桩存在，以避免额外的集中载重作用于隧道环片上。

(6)监测数据显示，开挖期间对隧道变形而言，最为危险。地下室及上部结构施筑期间，隧道变形即趋于稳定。

(7)隧道位于开挖区下方时，地中壁与外围挡土连续壁的接头，应有钢筋连续，不可中断，否则效果不大。

轨道建设沿线近接施工影响测试与限建范围检讨

俞清瀚　何树根[1]　周功台[2]　李建中[3]
(1.富国技术工程股份有限公司　2.台湾世曦工程顾问股份有限公司
3.中央大学营建管理研究所)

摘　要　本文以台湾西南部轨道交通建设为例，针对轨道沿线邻近区域基桩、路堤回填、连续壁等近接施工作业过程之调查、试验与监测结果，进行相关影响效应之分析介绍；并评估其对邻近地层及轨道建设之影响程度与成因；同时探讨轨道建设沿线限建范围有关近接施工分级区分界线规范之合理性。

关键词　轨道建设　近接施工　施工扰动　限建范围　分级规范界线

1　前言

因应发展需求，连接各城市间的既有主要轨道建设沿线地区，乃陆续进行联外交通设施兴建及新市镇开发作业，而其相关施工将对邻近既有轨道建设造成不同程度之影响。本文以台湾西南部轨道交通建设沿线邻近不同施工项目之测试结果，评估相关近接施工之影响程度。

文中说明场铸基桩(cast-in-place cored pile)施工对邻近地层孔隙水压及强度参数变化情形之调查、测试结果；同时根据预先装设之监测仪器，实地量测轨道建设邻近数种不同类别工程，包括基桩、路堤回填及地下连续壁等施工之影响范围及程度；此外，并针对轨道建设沿线限建范围之近接施工分级区分界线规范提出探讨及建议。

2　基地及轨道建设特性

本文所探讨之轨道交通建设位于台湾西南部，除终点局部路段为路堤形式外，主要上部构造多采用高架桥，基础采用反循环基桩，桩径为2m、桩长介于30～60m；经过地层皆属现代冲积层，由黏土、粉土、砂土及粉土质细砂与砂质粉土互层或粉土质黏土与黏土质粉土互层所组成。

由于该轨道建设施工及完成后营运期间，沿线两侧邻近区域将陆续进行道路设施、排水箱涵及建筑基地之整地回填、基础及开挖等近接施工，部分新建结构设施甚至将穿越轨道建设。为了解邻近近接施工对轨道建设基础之可能影响，并预先研拟改善补强措施，以及检讨建立沿线限建范围之分级区分规范，乃配合轨道建设施工，依后续可能进行近接施工之特性，于沿线选择适当基地规划进行相关调查、试验及监测工作。

3　基桩施工扰动影响监测与分析

3.1　试验场地地层、配置及基桩施工概况

本试验针对反循环(reverse circulation)及全套管(All Casing)工法基桩之施工扰动影响进行调查及监测，试验基地配置如图1，其中AP1及AP2为反循环基桩，其余为全套管基桩，基桩桩径皆为1.2m、长

度40m；地层主要为砂、粉土、黏土及其互层，代表性地层柱状图如图2；浅层地下水位约位于地表下1.5m，深度越深则有水压泄降现象。

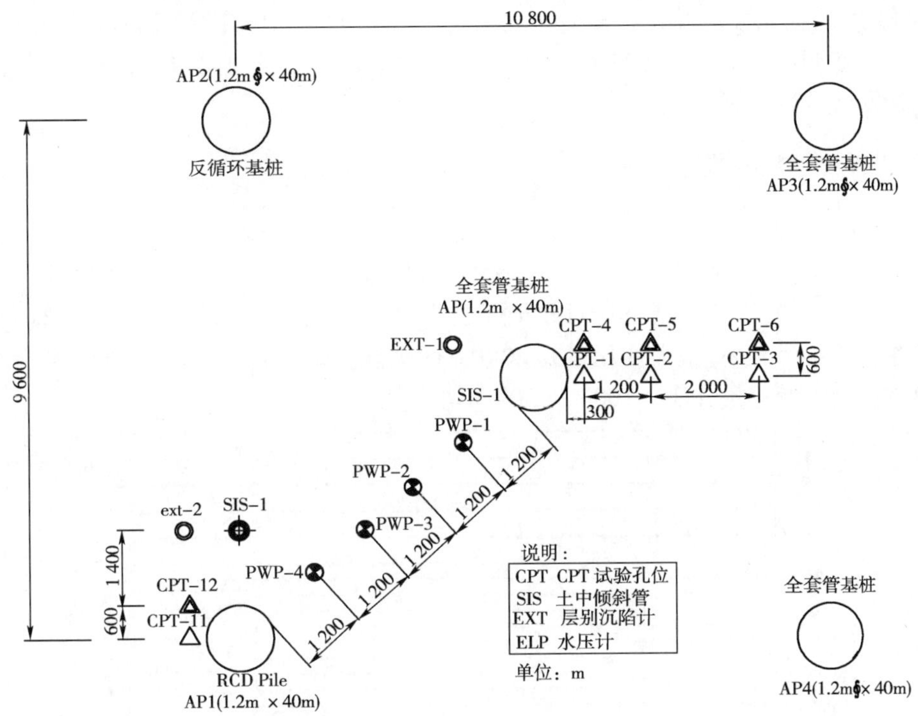

图1 基桩施工影响试验基地配置

试验主要监测对象为AP1(反循环工法)及TP(全套管工法)，基桩施工前后于不同距离进行CPT试验，取得连续性地层强度参数之变化；并于AP1及TP基桩间不同位置分别于深度10m、19m及38m砂土层装设电子式水压计(参见剖面图2)，采用自动化量测施工期间孔隙水压之连续变化。此外，亦于基桩旁设置土中倾度管(inclinometer casing)及层别沉陷计(multi-level settlement gauge)，观测基桩施工

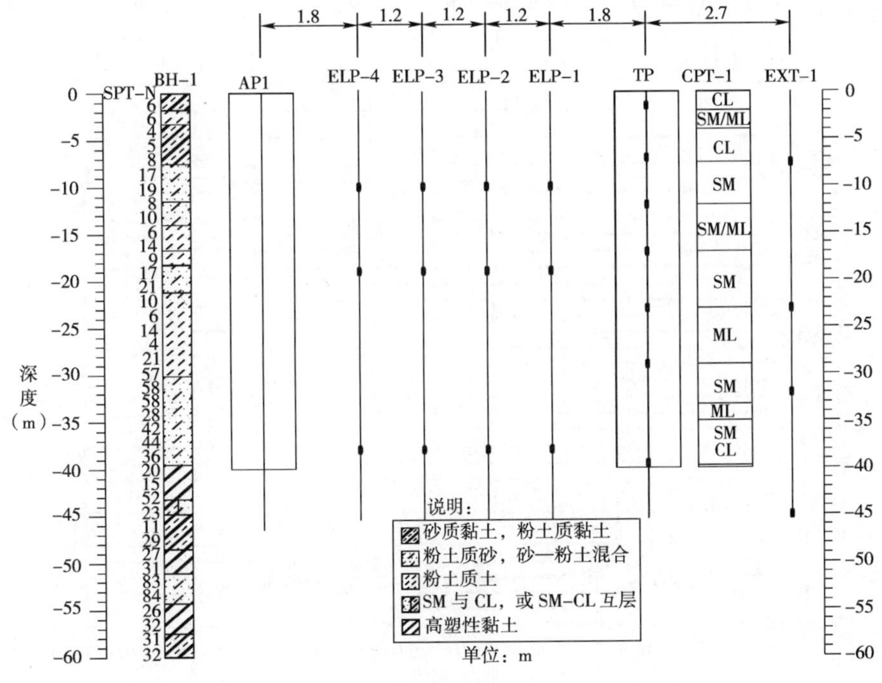

图2 试验基地地层及水压计剖面

期间可能引致之地层变位。

基桩施作依序为 AP2、AP1、AP3、TP、AP4。反循环桩钻掘配合稳定液采用三翼钻头，保护套管直径 1.4m、长 3m，AP1 桩钻掘完成后并无明显坍孔现象；全套管工法采用摇管器及重力式取土器（鲨鱼夹），套管总长与钻掘深度相同。AP1 及 TP 两桩钻掘后之超音波垂直度检测结果及混凝土浇置曲线显示，基桩施工过程并未发生特别异常状况。

3.2 基桩施工引致扰动影响范围

3.2.1 孔隙水压变动情形

反循环基桩 AP1 及全套管基桩 TP 施工过程中，不同深度砂层之孔隙水压变化量分别如图 3 及图 4，图中显示：反循环及全套管工法施工均对砂土层之孔隙水压造成变化；然而其中反循环工法仅使钻头附近地层之孔隙水压略为升高，最大变化量约 20kPa；而全套管工法则使孔隙水压产生较大幅之上下振荡，并有负值产生，最大变化量介于 -100 ~ +30kPa。

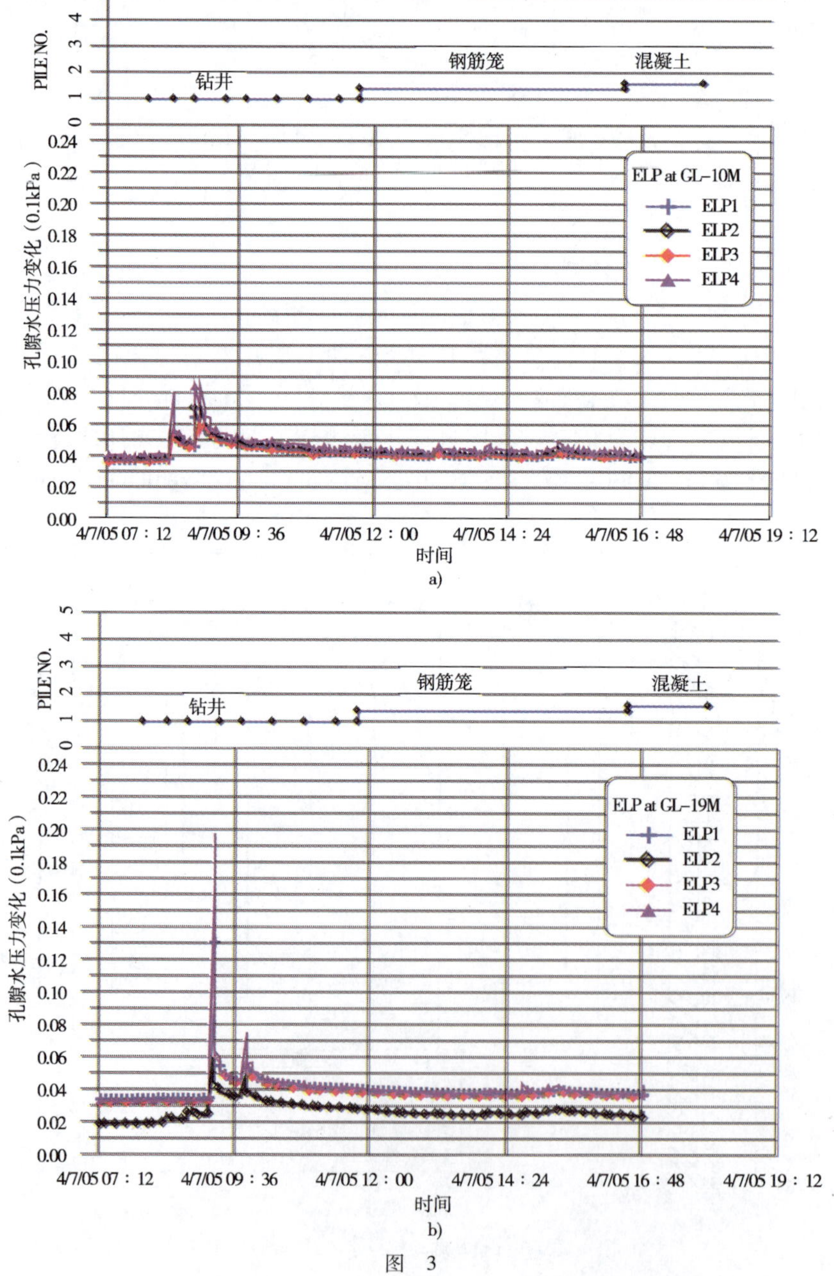

图 3

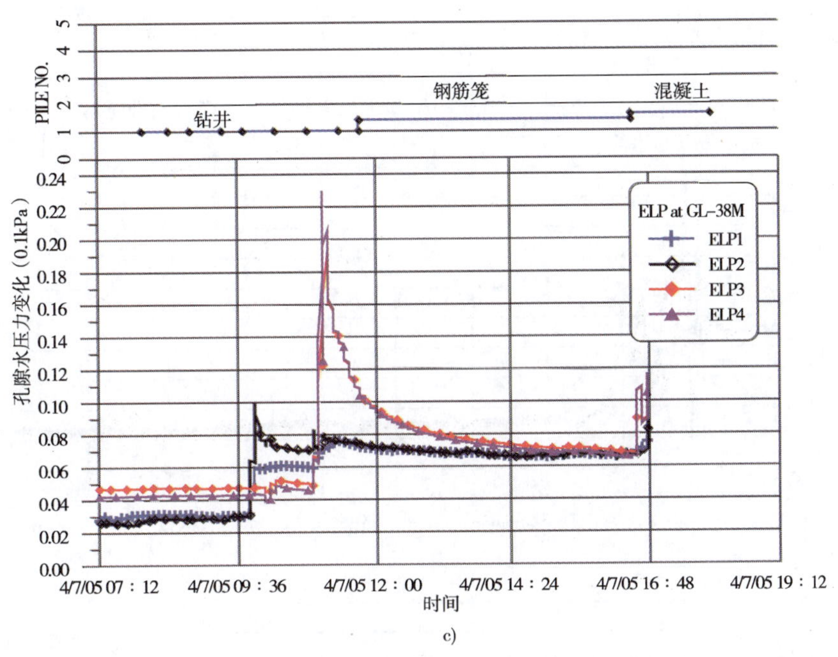

c)

图 3　反循环基桩 AP1 施工孔隙水压变化

a)深度 10m；b)深度 19m；c)深度 38m

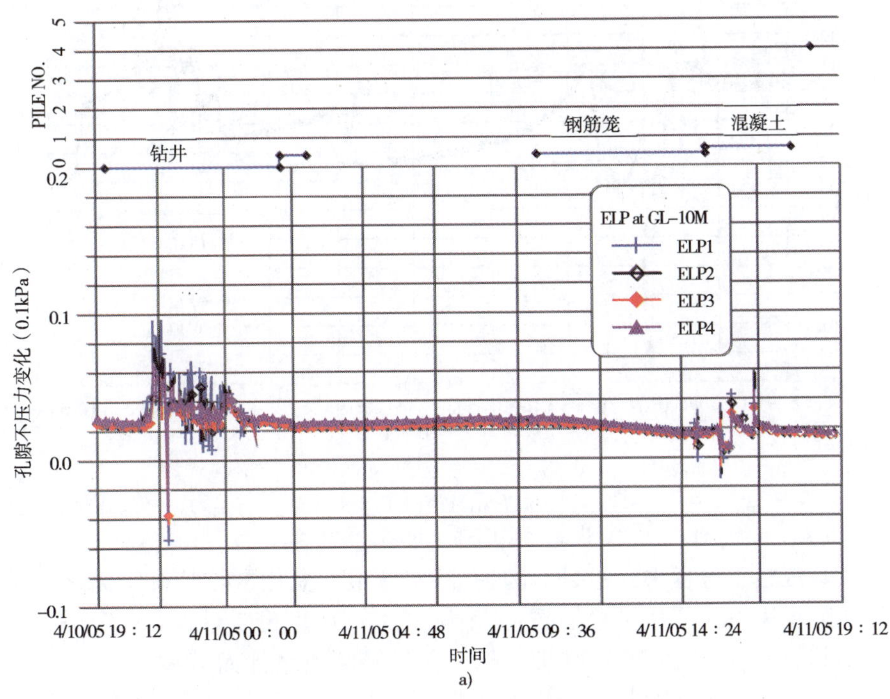

a)

图　4

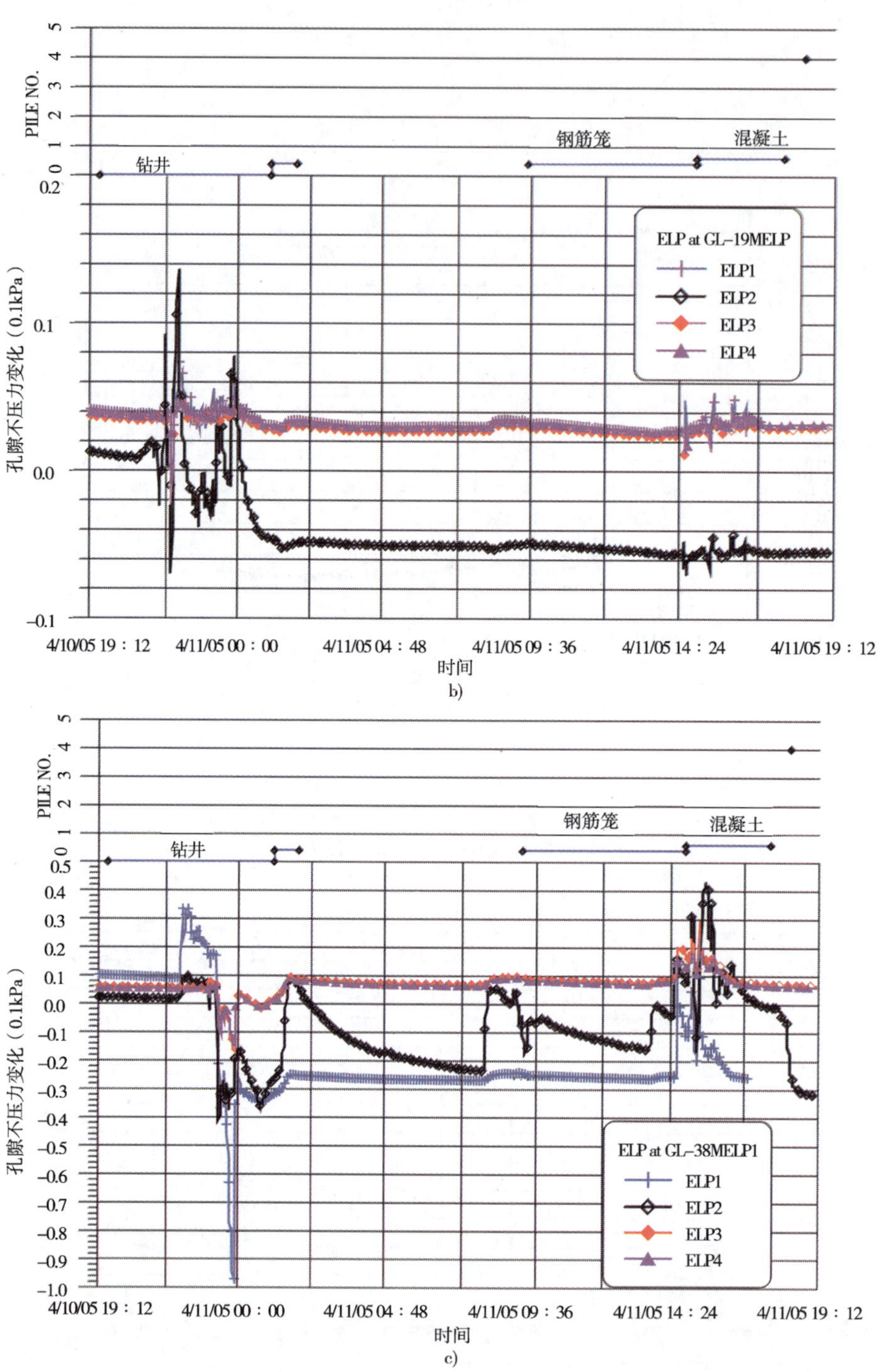

图4　全套管桩 TP 施工孔隙水压变化

a）深度 10m；b）深度 19m；c）深度 38m

有关相同工法基桩施工过程中，各水压计之孔隙水压最大变化量与基桩距离之关系整理如图5，图中之虚线为推估孔隙水压最大变化量之上限；其中深度38m中度密实砂层（SPT－N值介于28～42）处之变化量明显大于其他深度；整体而言，孔隙水压变化量随距离增加而减少，推估反循环及全套管工法之可能最远影响距离相差不大，约介于13～14m。

3.2.2　地层强度变化情形

基桩施工前后CPT试验结果显示，CL、ML黏性土层施工前、后之 Q_c 值（锥头阻抗）与 F_s 值（摩擦阻抗）大致不变；而对于SM、SM/ML砂性土层，施工后则有下降之现象，其中地表下约29～33m深度之中度密实至密实SM层（SPT-N介于28～58）下降量较为明显。

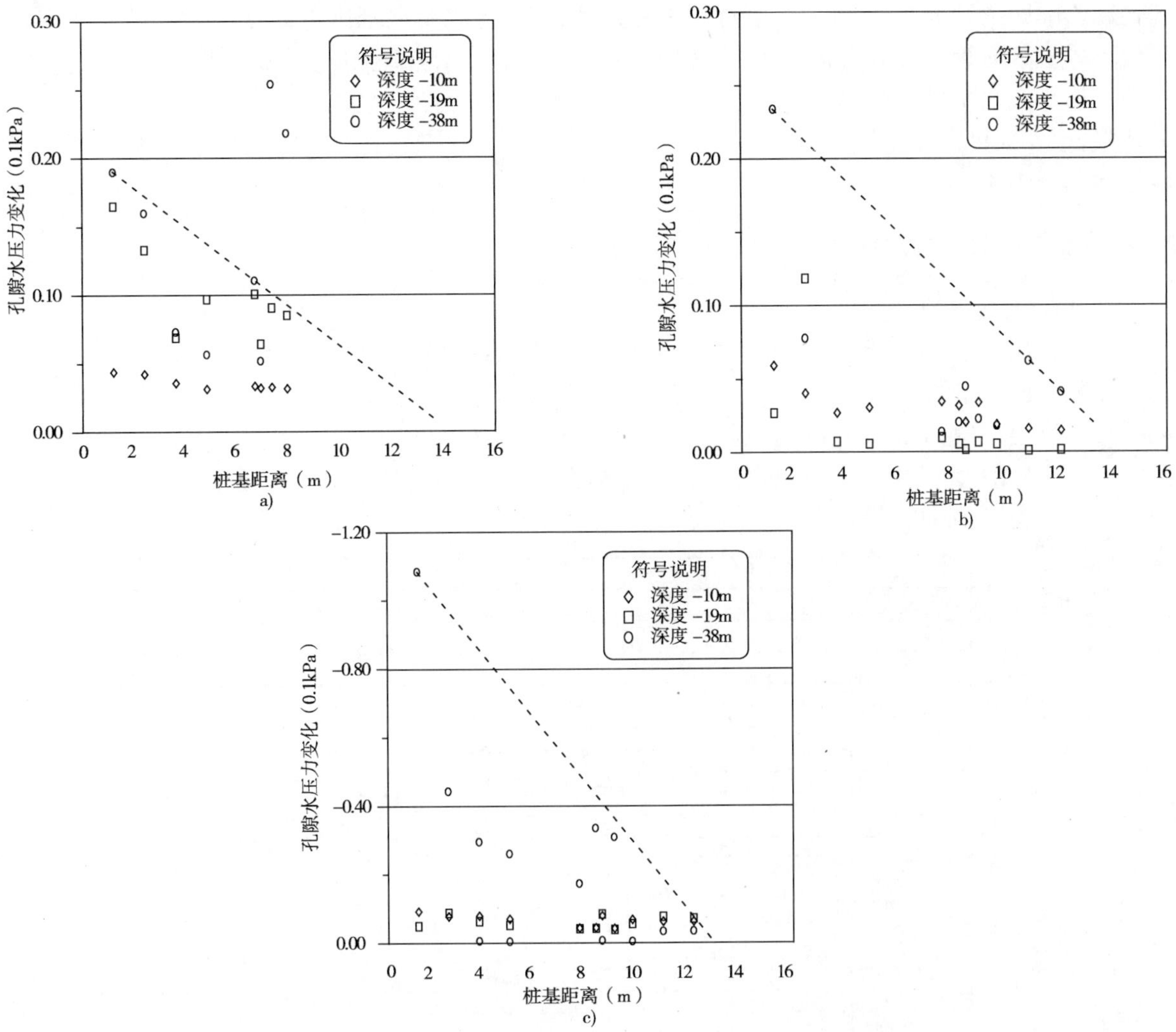

图5　基桩施工引致之孔隙水压最大变化量与距离之关系

a)反循环基桩(最大升高量);b)全套管基桩(最大升高量);c)全套管基桩(最大降低量)

根据全套管基桩TP于不同距离所布设CPT之试验成果,以施工后地层阻抗减少比率($1-Q_{c'}/Q_c$或$1-F_{s'}/F_s$)作为检讨地层强度变化之指标,数值越大代表强度减少比率越大。图6为所有砂土层(含砂、粉土互层)强度变化指标与距离关系,整体而言,距离越远,强度变化指标越小,即对地层之扰动越少;由图上数据之上限(图中虚线)向外延伸,推估本试验基地全套管基桩(桩径1.2m,桩长40m)单桩

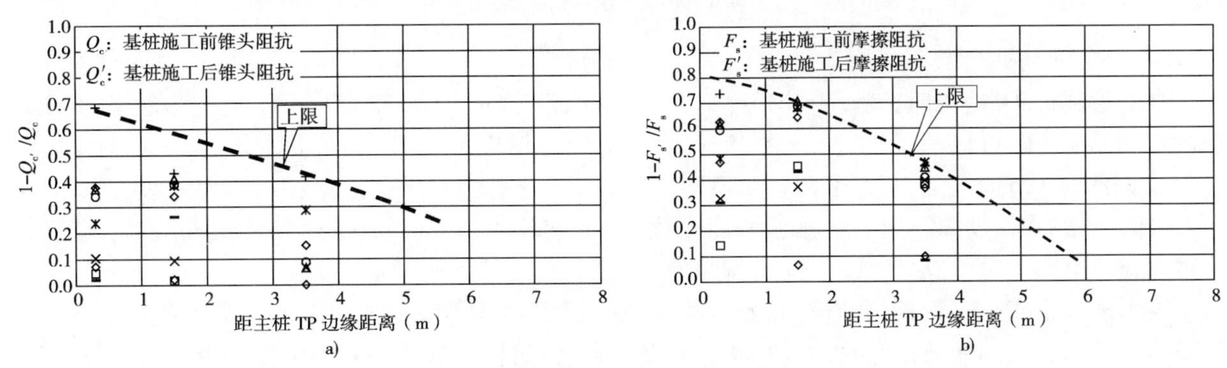

图6　全套管桩施工引致地层强度参数影响

a)CPT锥头阻抗减少比率与距离之关系;b)CPT摩擦阻抗减少比率与距离之关系

施工扰动影响距离约为6m。惟全套管桩施工之扰动,若发生套管底部附近砂土层因孔隙水压变化大,而导致土砂流入套管而被取出状况,则有累加之效应,而其影响范围会因施工桩数增加而加大。

而反循环工法基桩AP1旁约30cm之CPT试验,测得基桩施工后深度30m左右砂层之Q_c、F_s值呈较显著降低,然而桩旁净距约1.4m外之倾斜管SIS-1则未测得明显之侧向变位,因而估计其单桩施工影响距离小于1.4m。

3.3 基桩施工引致之地层变位

3.3.1 反循环基桩施工

图7为反循环桩AP1旁(净距离1.4m)深度10m及16m之层别沉陷计(EXT-2)所量得之结果,图上方为孔隙水压之量测值,下方则为地层之沉陷,施工过程中约有±2mm之变化,尚在量测误差内,分析应无明显沉陷产生;而层别沉陷计(EXT-2)邻近之土中倾斜管(SIS-1)于AP1施工过程则仅约有2mm之侧向位移,且无特定之方向,亦属量测仪器误差幅度内,因而分析侧向变位量应不大。

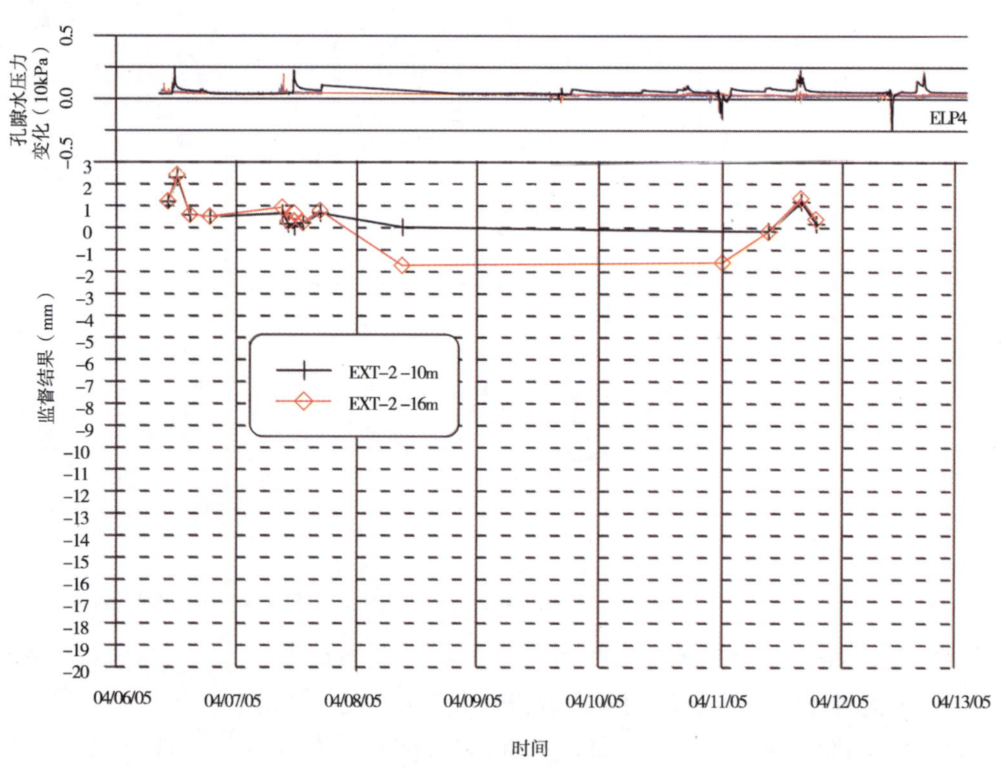

图7 反循环基桩AP1旁层别沉陷计量测结果

3.3.2 全套管基桩施工

全套管基桩TP施工时,装设于其旁约2.1m处,深度7.5m、23m、32m及45m之层别沉陷计(EXT-2)的监测结果(图8)显示,深度7.5m并无显著沉陷产生,深度23m及32m分别约4~6mm沉陷,而深度45m则约有12mm沉陷;参考图8上方ELP-1深度38m之孔隙水压变化(或参见图4),发现其沉陷发生之时间点,约在深度38m处孔隙水压剧烈变化(最大变化量约-0.1MPa)之后。分析系全套管工法采重力式冲击取土时,扰动套管深度附近地层所致。

因本试验未于全套管桩侧装设倾斜管,故参考邻近约2km处类似地层全套管基桩(直径1.0m、桩长24m)施工前后之倾斜管量测资料,发现于净距约5m位置因全套管桩施工引致之最大侧向位移约达15mm,其深度约在施工全套管桩底部附近(参见图10)。

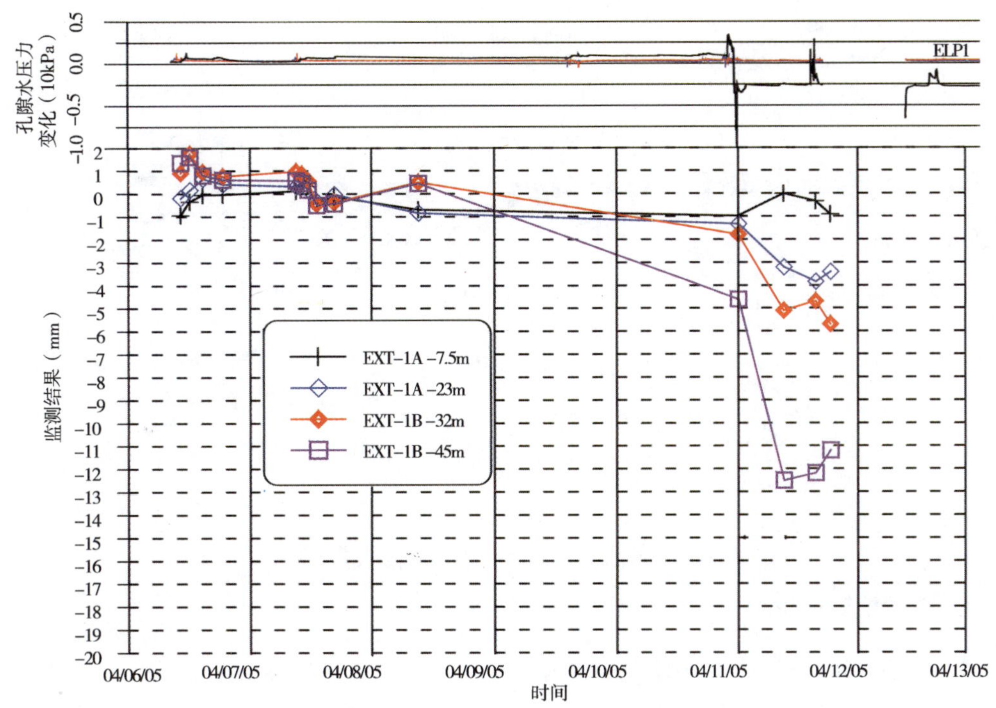

图 8　全套管基桩 TP 旁层别沉陷计量测结果

3.4　基桩施工影响综合评估及建议

有关全套管工法与反循环工法基桩施工对地层扰动之评估与比较整理如表 1，分析全套管工法对地层之扰动影响大于反循环工法。综合现场试验状况及实测数据，提出以下评估建议：

全套管桩及反循环桩之施工扰动比较　　表 1

	反循环工法	全套管工法
孔隙水压变化最大值及影响范围	约 +0.02MPa；影响范围约 13 ~14m	约 -0.1 ~ +0.03MPa；影响范围约 13 ~14m
引致地层沉陷	地表附近沉陷不显著，桩底无数据	桩底附近沉陷显著，反应至地表后并不显著
引致侧向变位	不显著	有明显之侧向变位
对地层之扰动方式	钻掘时使钻头附近地层之孔隙水压略为升高，但施工后逐步回复	孔隙水压产生较大幅之上下振荡；于砂土层中钻掘可能使土砂流失，为不可回复性影响
对地层强度扰动程度及影响范围	较小；扰动影响范围约 1.4m	较显著；扰动影响范围约 6m

（1）基桩施工对砂土地层之扰动大于黏土层及具有塑性之粉土层，而深度较深及中度密实（medium dense）至密实（dense）之砂土层可能受扰动越严重。

（2）全套管工法施工除对邻近地层与孔隙水压造成影响外，钻掘过程尚可能发生砂土涌入套管被取出，致使砂土流失，而导致地层产生沉陷及侧向变位，此现象为对地层之不可回复改变，其影响程度及影响范围会因基桩施工数量增加而累积加大，在群桩施工时应特别注意。

（3）前述影响范围之数值可作为类似地层，评估基桩施工对邻近地层或结构设施可能造成影响之参考；然而以上量测之施工扰动仅可视为单桩之影响，对于多桩之施工影响及不同地层则应进一步研讨。

4　近接施工影响监测

本轨道建设某高架路段结构体完成时，适逢两侧邻近桥下道路跨越桥之引道工程施工，包括引道挡土墙（含基础）及填土，为掌握引道施工对轨道结构之影响，于桥下道路施工前即完成土中倾斜管、层别沉陷计及沉陷点等监测仪器之装设及初值设定，有关配置如图 9。

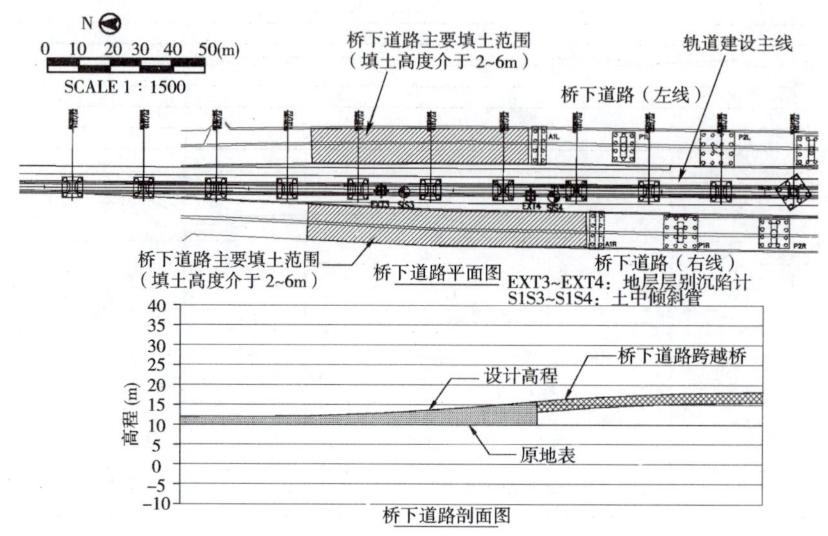

图 9 轨道设施邻近桥下道路及监测仪器配置

4.1 基桩施工造成地层变位

桥下道路跨越桥引道路堤之挡土墙基础采全套管桩，配置 2 排基桩，桩径 1m，桩长介于 24 ~ 30m，基桩纵向间距 3m，基桩与轨道高架结构边缘之垂直投影最短距离约 6 ~ 7m；基桩与轨道结构基础边缘最短距离则约 8 ~ 9m。

桥下道路引道挡土墙全套管基桩施工前后之监测结果（图 10）显示：距离约 5m 位置处之倾斜管

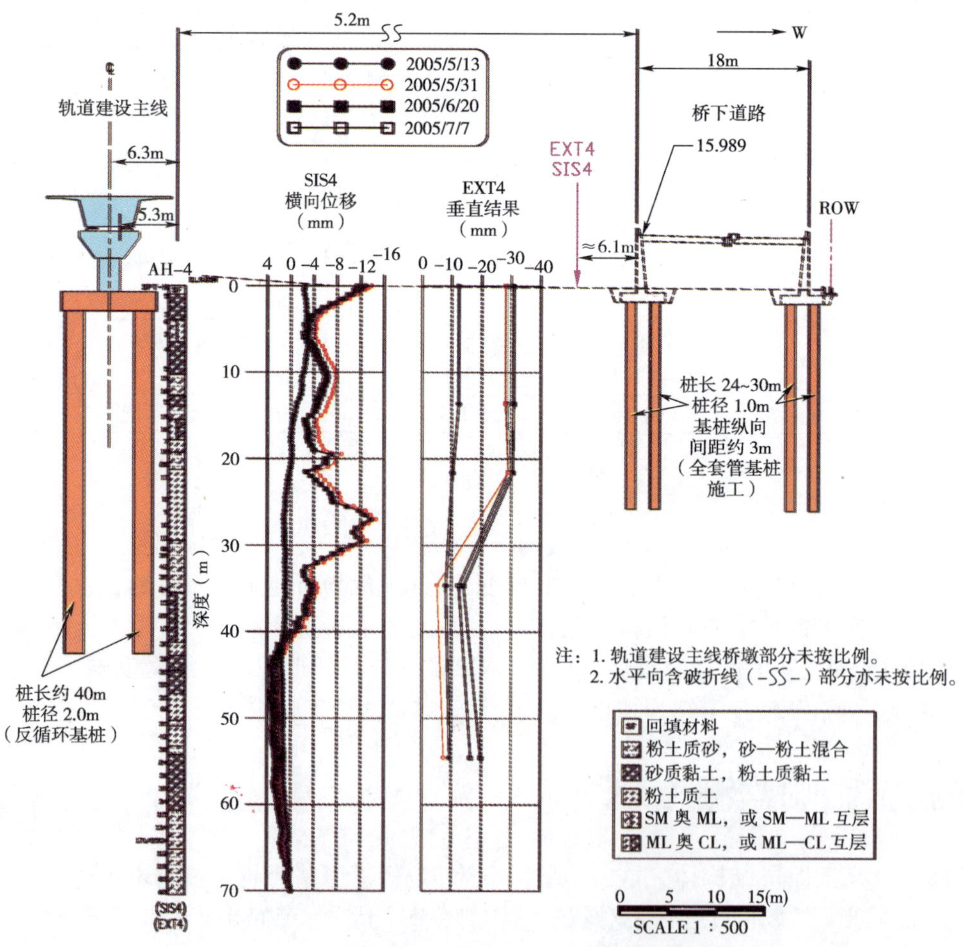

图 10 桥下道路全套管桩引致之邻近地层变位

SIS4 于深度22～35m范围之地层发生明显的侧向位移，最大约达 15mm；而邻近层别沉陷计 EXT4，于深度 35m 以上地层亦产生显着之沉陷量，主要发生于深度 22～35m 间，估计压缩量约为 15mm。而同时邻近轨道高架桥墩则测得约 5mm 之下陷。

4.2 路堤回填载重造成之邻近地层沉陷

桥下道路引道挡土墙及基础完成后即陆续进行填土，如图 9 桥下道路引道路堤填土高度介于 2～6m，宽度约 18m，长度则介于 90～120m。配合引道路堤填土施工进度，监测引道挡土墙之沉陷量约介于 25～40mm；而邻近距离约 5m 处之层别沉陷计 EXT4，则测得深度 35m 以上地层于路堤主要填土后（2006/01/12）发生约 25mm 之累积压缩量（图 11）。此外，于引道填土工程施工期间，亦测得邻近轨道高架桥墩发生约 20mm 下陷。

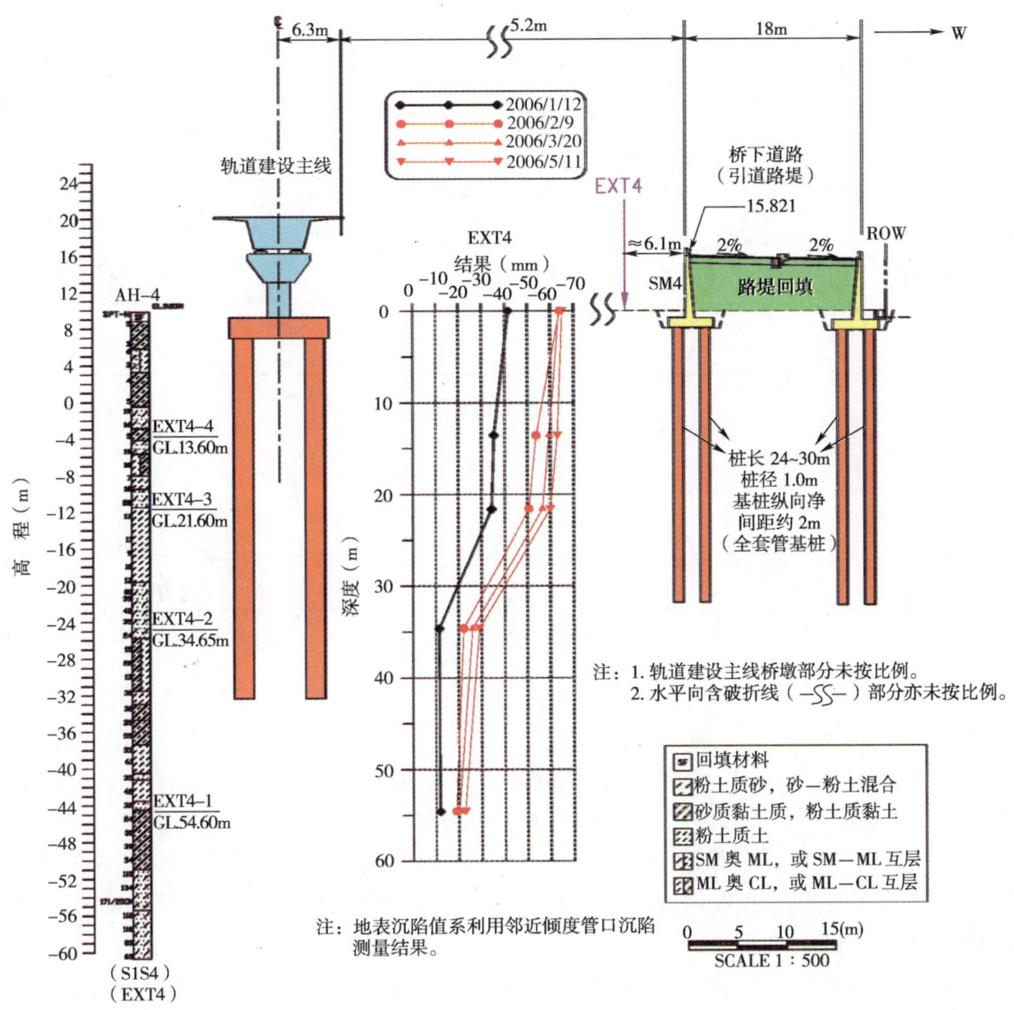

图 11　桥下道路路堤回填引致之邻近地层沉陷

5　连续壁施工引致之地层变位

距本轨道建设路堤地面段轨道设施约 10～40m 之邻近基地拟进行开发，基地开挖范围长约 170m 尺（平行车行方向）、宽约 55m，地下室预定开挖深度约 21m；采地下连续壁作为开挖挡土措施，邻轨道侧连续壁厚度为 150cm，其他侧为 120cm，总深度介于 35～45m。轨道建设用地经回填整地较邻近开发基地高出 1.4～1.7m，因浅层地层主要为松散（Loose）砂性土层，为避免连续壁施工过程中松散砂性土层发生大规模坍孔，而造成地表沉陷或连续壁包泥包砂等不良后果，沿邻轨道用地之连续壁外侧施作深度

26m、直径 60cm、间距 50cm 之搅拌桩保护。

5.1 连续壁试挖单元监测结果及评估

为了解连续壁施工期间沟槽壁之稳定状况，及其可能引致之邻近地层变位影响，连续壁全面施工前先进行 A32、A33、A34 3 个单元之试挖及监测，试挖单元宽度分别为 3.6m、6.3m 及 3.0m，总深度皆为 43m。试挖前于轨道基地内及其邻近区域设置全测站自动沉陷点（含人工沉陷点）、土中倾斜管及电子式水压计等监测仪器并建立初值，试挖配置及施工程序如图 12 所示。

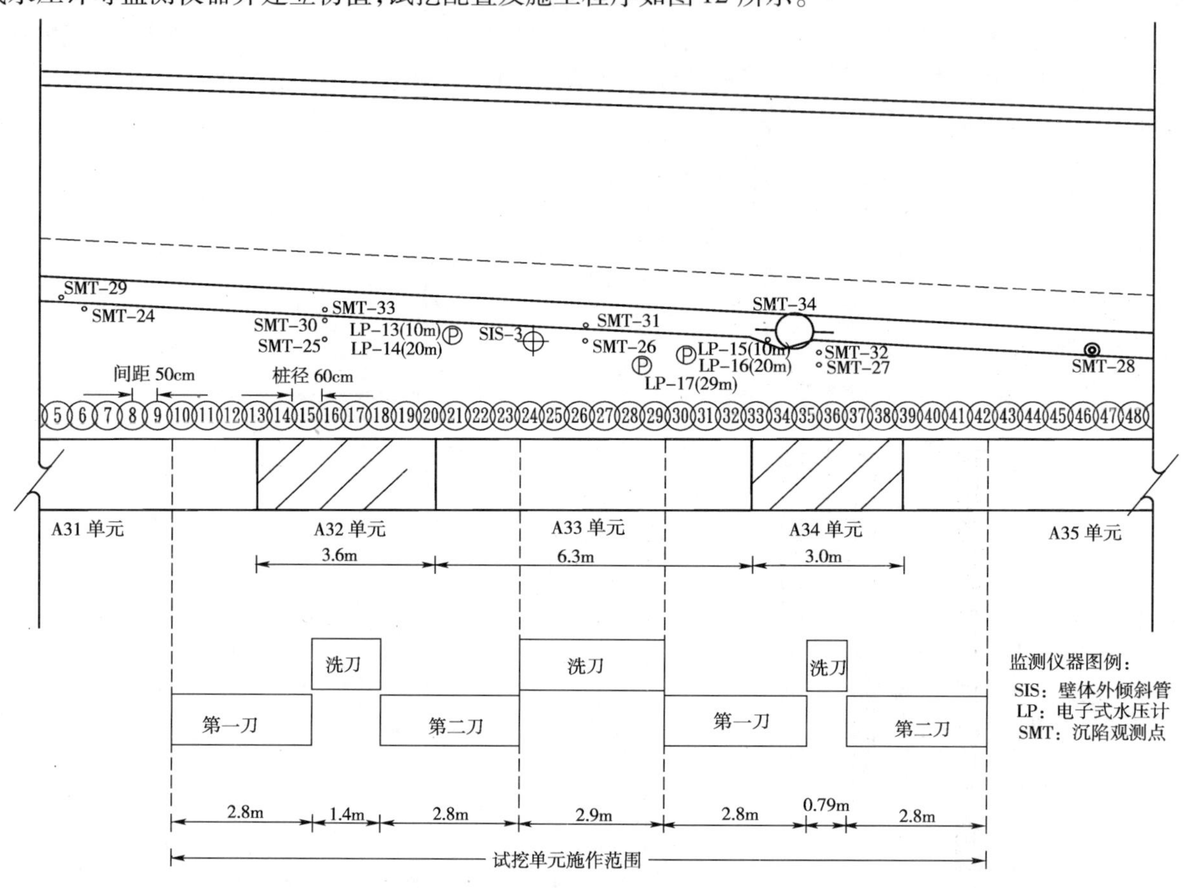

图 12 连续壁试挖单元及监测仪器配置

A32 ~ A34 3 个试挖单元完工后之邻近轨道基地地表沉陷分布如图 13；而搅拌桩、连续壁导沟及 A32、A34、A33 单元依序完成后之邻近地表沉陷剖面如图 14，图中显示搅拌桩施作即对邻近地层造成最大约 8mm 之地表沉陷，而邻近约 1m 处于深度 10m 及 20m 砂性土层之孔隙水压于搅拌桩施工期间的上升幅度分别达 4kPa 及 1kPa（如图 15）。

此外，各试挖单元施作完成后土中倾斜管量测之地层侧向位移变化如图 16，图中显示倾斜管于厚层黏土层分布深度（约 25 ~ 40m）皆有明显向连续壁挖掘侧之凸肚侧向位移产生，且最大侧向位移皆约位于该厚层黏土层分布深度中央附近；而最后试挖单元 A33 完成 10d 后之地层侧向位移仍有持续增加情形。

为了解上述厚层黏土层于连续壁施工期间之稳定性，乃参考胡邵敏（2007）引用 Peck（1969）覆土压力下软弱黏土剪力强度之比值 N_t，并依据连续壁挖掘槽沟内填充稳定液特性，将稳定比值改写为：

$$[N] = \frac{\sigma_{vo} + \Delta q - P_s}{S_u}$$

式中：σ_{vo}——检核地层之总覆土压力；

P_s——开挖深度之稳定液液压；

Δq——地面超加载重压力。

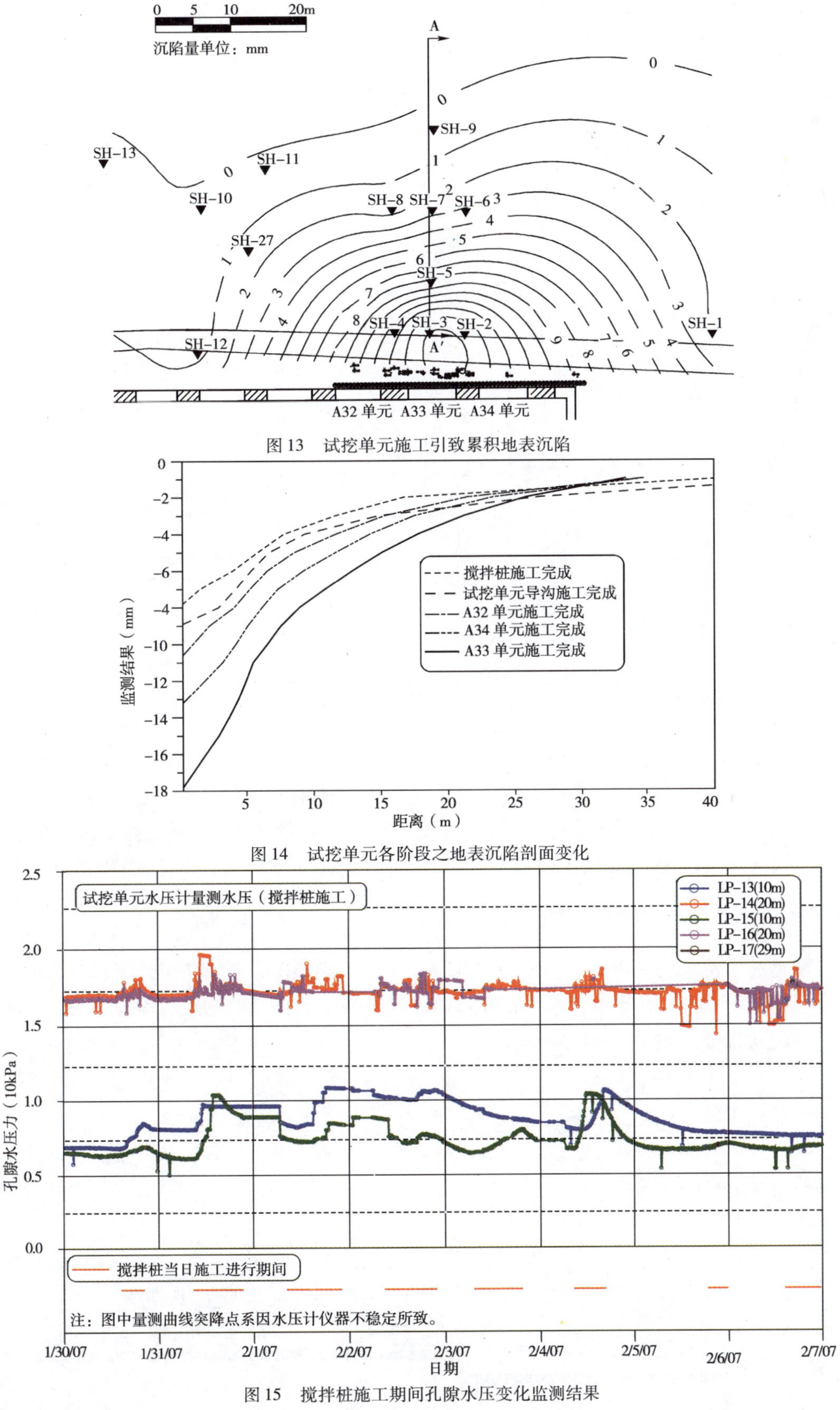

图 13 试挖单元施工引致累积地表沉陷

图 14 试挖单元各阶段之地表沉陷剖面变化

图 15 搅拌桩施工期间孔隙水压变化监测结果

根据该黏土层之标准贯入试验结果与不排水剪力强度 S_u 之关系，并考虑轨道基地填土超载，依上式评估于该黏土层挖掘沟槽壁之内挤稳定性分类如图 17 所示，属塑流及不稳定状况。显示连续壁开挖时,深度 25 ~45m 黏土层侧向内挤流动之潜能甚高,与监测结果(图 16)相符。

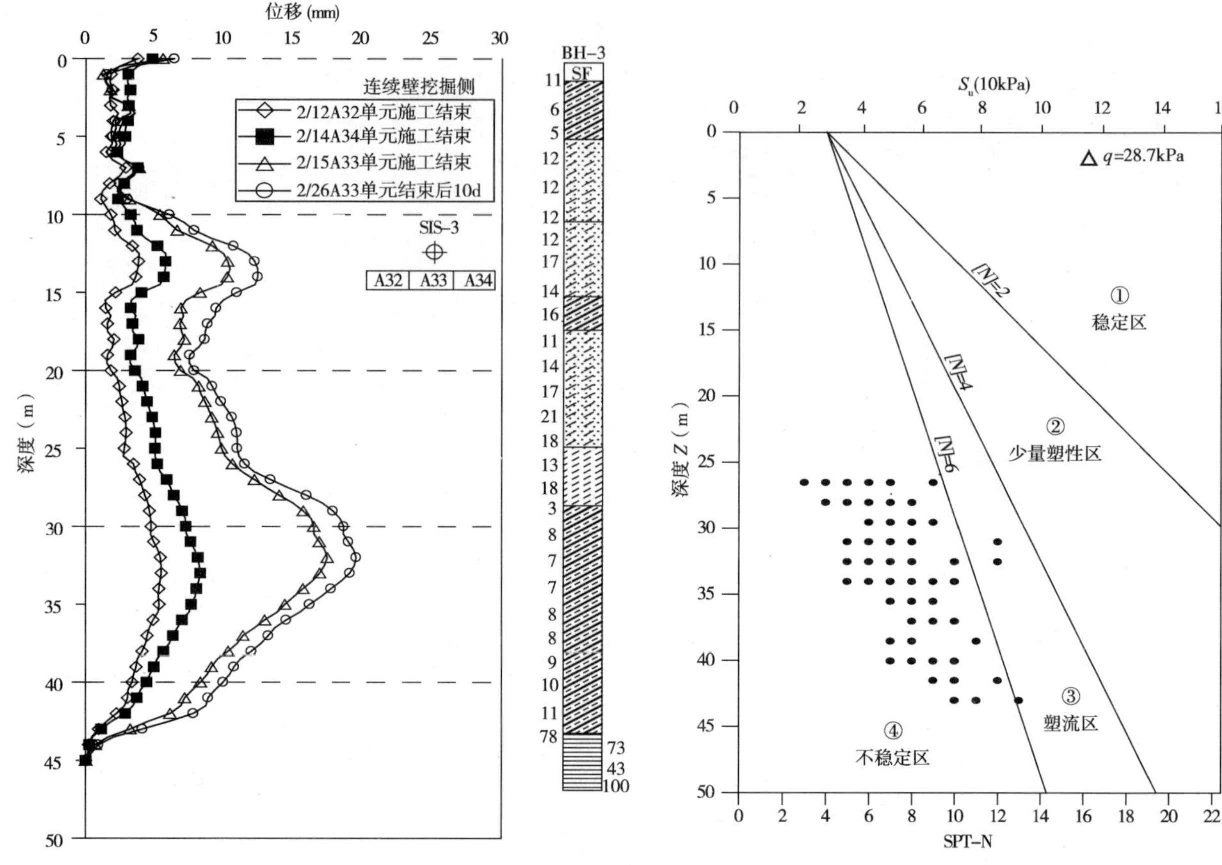

图 16　试挖单元期间之地层侧向位移变化

图 17　沟槽挖掘黏土层内挤稳定分析

根据试挖单元施工监测结果,分析后续连续壁全面施工将对邻近轨道基地地层造成显著的变位,因此探讨后续搅拌桩施工方式(如加设解压孔,增加搅拌桩水泥用量、施作间隔与养护时间等)、缩小连续壁单元宽度与缩短各单元施工时间等改善措施,以降低后续施工对邻近地层之影响。

5.2　连续壁全面施工引致之地层变位

邻轨道基地施工范围约 170m 共计 39 个单元连续壁(含试挖单元)完成后,造成邻近轨道基地之累积地表沉陷分布如图 18 所示,其累积最大地表沉陷量达 65 ~70mm,估计约为连续壁挖掘深度(37 ~45m)之

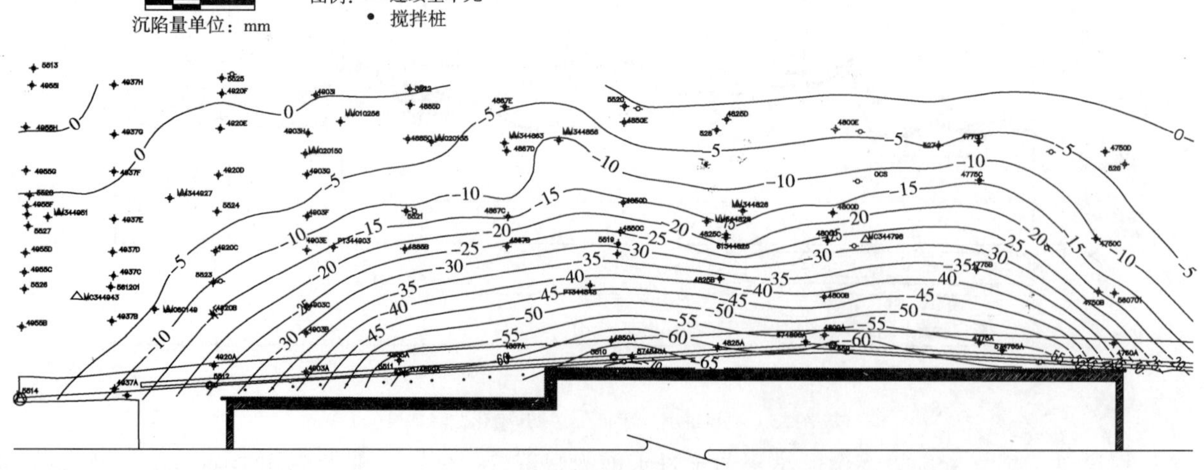

图 18　邻轨道基地侧连续壁施工引致之累积地表沉陷分布

0.13% ~0.16%;而其沉陷影响范围约达连续壁外50~55m距离,约为连续壁深度之1.2~1.3倍。

以上监测结果显示:连续壁施工阶段即对邻近轨道基地造成显著地层变位,且其影响范围及程度远大于一般经验值。此除因连续壁沟槽开挖侧向挖解压,与轨道基地回填超载影响外;搅拌桩施作对砂土的扰动,以及厚层黏土层具高内挤塑性流动潜能之特性亦为影响因素。

6 轨道设施近接施工规范探讨

依据《交通建设毗邻地区禁限建办法》规定,自轨道建设路基或结构物边缘为基点起算之60m范围为限建范围,于限建范围内之开发行为均应进行审核;且在该范围内之任何新设构造物施工均不得使既有轨道设施之变位超过容许值。

6.1 限建范围分级规范介绍与检讨

参考《轨道建设两侧毗邻地区限建范围内开发行为审核作业要点》研究成果,针对限建范围内新增开发行为新设构造物施工可能造成之影响,依轨道设施与新设构造物之形式、规模、位置与距离关系、地层条件,可区分三级(I、II、III),分级区分级数越低则表示对于轨道构造物营运安全之影响程度越高:

(1)限制范围(要对策范围)(I)

因新设构造物之施工,预期将使轨道构造物产生变位或变形等危害影响之范围。

(2)要注意范围(II)

因新设构造物之施工,通常可认为对轨道构造物不会有变位或变形之危害,但偶尔可能会有影响之范围。

(3)无条件范围(III)

因新设构造物之施工,预期对于轨道构造物不会有变位或变形之范围。

6.2 分级规范适用性检讨

根据前述轨道建设沿线近接施工影响之测试结果,针对本文所探讨之台湾西南部轨道交通建设及其地层特性,检讨以上新设构造物施工影响分级分区规范之适用性。

6.2.1 填土施工影响之评估及建议

针对图9之桥下道路路段,依轨道建设高架路段结构形式及地层特性,其邻近填土施工造成影响程度之分级规范界线评估结果如图19。而桥下道路之引道路堤填土区域主要皆位于"限制范围(I)",即其填土施工将使轨道构造物产生变位或变形等危害之影响。

引道路堤填土期间之地层沉陷变位监测结果(图11)与轨道高架桥柱下陷监测数据,则反映受桥下道路填土施工确实对轨道设施造成影响。故图19所示之填土施工分级规范对本路段或类似地层路段应属合理;而图中显示轨道设施边缘起算约20m以外区域属"无条件范围(III)",远小于轨道建设规定之60m限建范围,建议应依实际填土规模进行影响分析及检讨。

因此,进一步根据本路段之监测结果及地层特性,针对轨道建设两侧不同距离及规模之填土施工影响进行分析。以类似桥下道路引道路堤填土配置为例(见图9),并假设填土范围之长度为90m,及满足轨道高架结构容许变位要求状况下,分析距轨道建设不同位置填土之临界宽度与高度如图20。图中之建议填土距离与规模显示,针对填土施工分级规范界线图19之"无条件范围(III)"可能过于宽松,而轨道建设60m限建范围内外之填土影响亦应予检讨。

6.2.2 基桩施工影响评估探讨

同样针对图9之桥下道路路段,轨道高架结构邻近基桩施工造成影响程度之分级规范界线评估如图21。图中显示桥下道路引道挡土墙全套管基桩施工位置,主要位于"要注意范围(II)",可认为对轨道构造物不会有变位或变形之危害,但偶尔可能会有影响之范围。

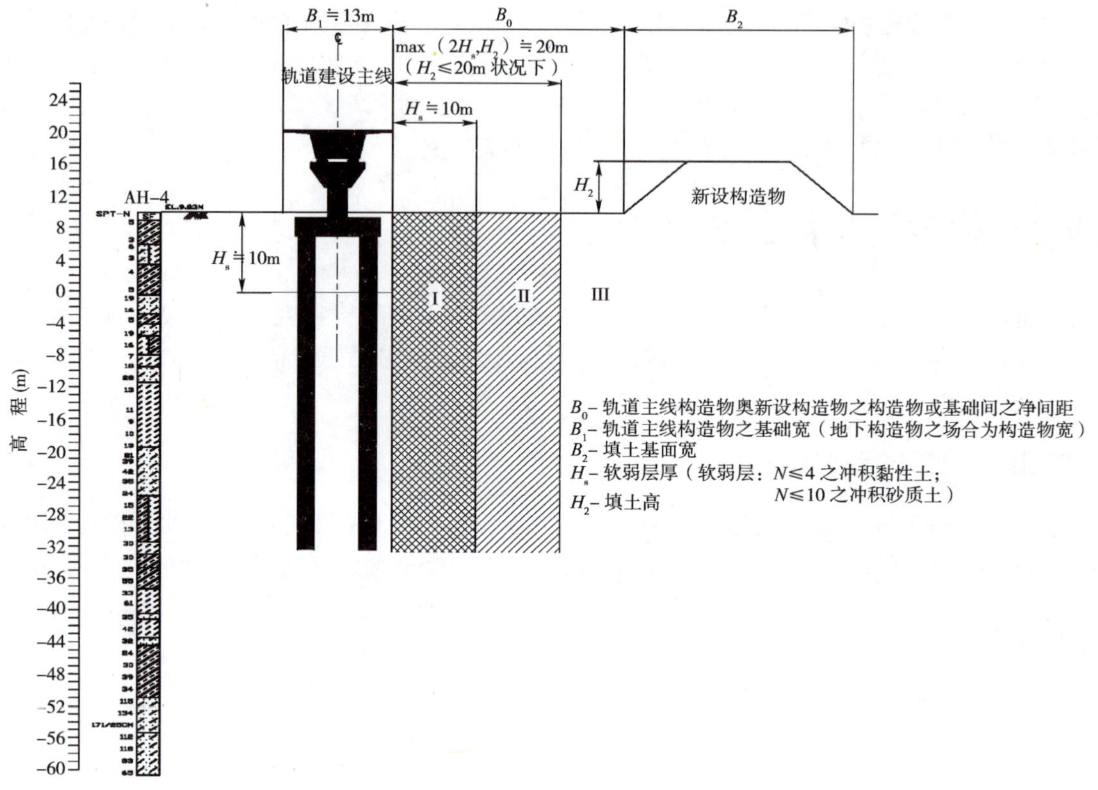

图 19 限建范围分级规范界线图(路堤填土)

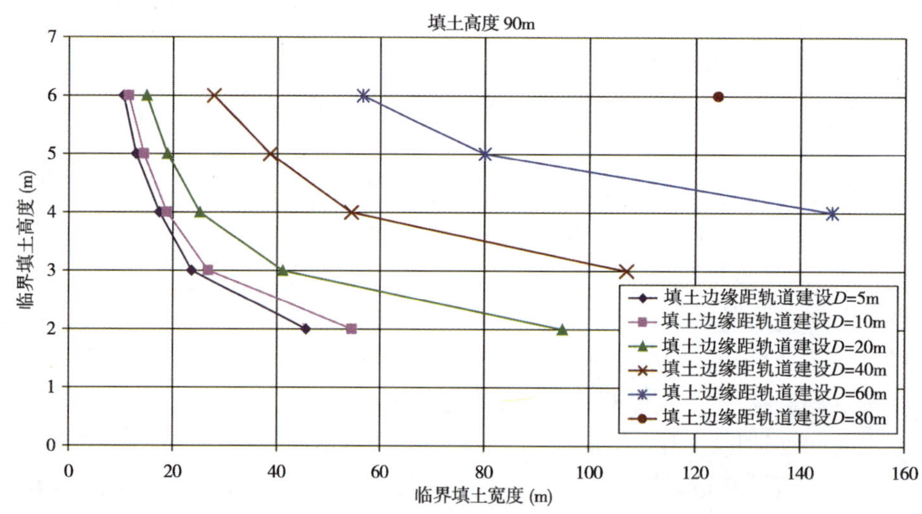

图 20 邻近填土施工临界填土宽度与高度建议

对于桥下道路全套管基桩施工时，确曾测得邻近约 5m 处地层产生明显之地层变位与轨道高架桥墩下陷；此外，场铸基桩施工扰动影响测试结果亦显示，对邻近地层孔隙水压影响距离达 13～14m，而全套管单桩施工其对地层强度参数之影响距离主要约可达 6m，反循环基桩之影响则较小。因此，图 21 之分级规范界线可能过于乐观，尤其当群桩施工造成叠加累积效应时，将可能造成更明显之差异。故有关基桩施工之影响除须考虑距离因素外，并应针对地层特性(尤其是易扰动地层)、施工方式、基桩尺寸及数量进行综合评估。

6.2.3 连续壁施工影响评估探讨

针对轨道建设路堤地面段之邻近开发基地案例，依路堤段结构型式及地层特性，其邻近连续壁施工造成影响程度之分级规范界线评估结果图 22。图中连续壁施工位置皆位于「限制范围(I)」，即连续壁施工将使轨道构造物产生变位或变形等危害之影响。依连续壁单元试挖测试及全面施工之地层沉陷与侧向位移监测结果,确实将对轨道设施用地造成明显之影响。因此图 22 所示之连续壁施工分级规范对本路段或类似地层路段应属合理。

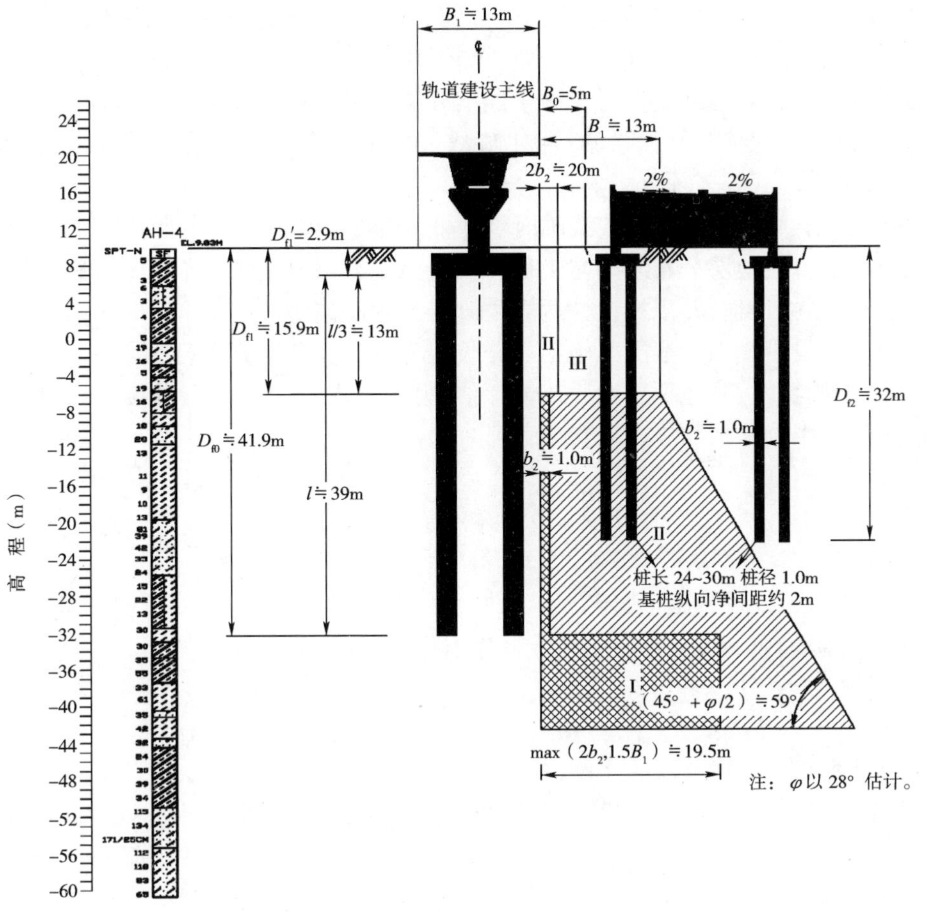

图 21　限建范围分级规范界线图(基桩施工)

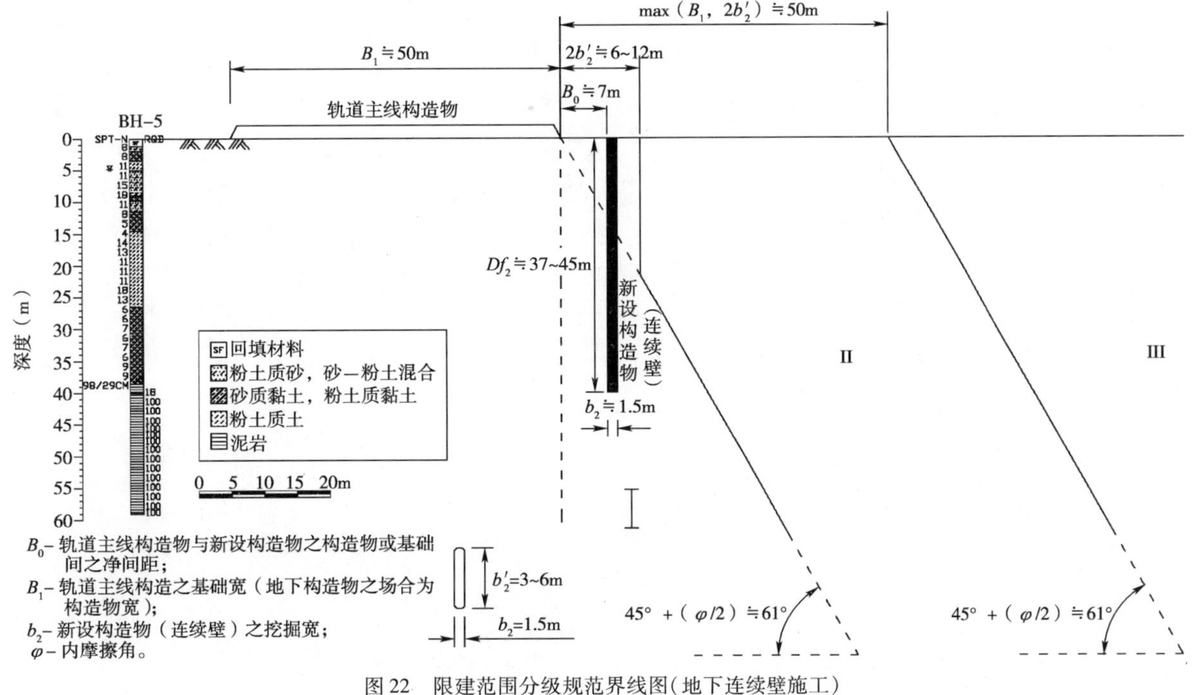

图 22　限建范围分级规范界线图(地下连续壁施工)

7 结语

因应区域性交通建设之发展趋势及沿线都市开发需求，轨道交通建设方兴未艾，沿线邻近或正交之近接工程将日益增加，而近接工程之施作将对轨道建设施造成不同程度之影响。

目前有关近接施工影响课题，主要乃集中于地下开挖、潜盾隧道、及抽降水等施工可能造成之影响，以及针对既有轨道设施之保护与补强措施；往往疏忽近接工程中配合之前置作业，如拌搅桩等改良措施、基桩、连续壁或填土堆载等工项之影响程度。

本文介绍之测试结果显示，前述前置或临时性作业阶段，即可能对邻近地层及轨道设施造成显著影响，尤其当施工所在位置之地层分布复杂与工程性质特殊时，其影响程度将更加明显；建议应纳入轨道建设近接工程之施工影响评估，并规划设计适当之改善与预防措施。

此外，有关轨道建设沿线限建范围内施工之分级区分规范及新增开发行为之审核，建议应根据轨道设施与近接施工之结构特性、基地地层性质审慎评估；另针对进行中之既有近接工程，宜配合实时监测及回馈分析，以供后续影响评估与施工之参考。

8 后记

本文所介绍之轨道建设近接施工影响调查、试验、监测及分析工作，于 2005 ~ 2007 年间执行，并在富国技术工程股份有限公司创办人陈斗生博士督导下完成，谨以此文为纪。

参考文献

[1] 胡邵敏. 软土开挖之挤压现象及其影响//第十二届大地工程学术研讨会论文集,2007.
[2] 财团法人中华顾问工程司. 轨道建设两侧毗邻地区限建范围内开发行为审核作业要点,2006.

盾构近距离穿越危旧砌体建筑的控制

李志明　廖少明　陈丹锡
（同济大学　上海　200092）

摘　要　盾构近距离穿越危旧砌体建筑施工与常规条件下的施工有很大不同。首先在施工前应对该建筑物进行安全性评估及理论分析计算，确立其安全余量与控制指标，并进行模拟试验初选参数。推进阶段需要按控制要求对正面土压力、同步注浆、推进速度、出土量、盾构姿态及千斤顶回缩等关键施工参数进行精细化控制与优化。穿越后，为维持房屋后期沉降稳定，需进行二次注浆加固及结构补强加固。通过对盾构近距离穿越危旧砌体建筑的各项措施逐一进行分析优化与精心控制，确保了建筑的安全稳定。

关键词　盾构　近距离穿越　砌体建筑　参数控制

1　前言

近年来随着轨道交通的高速发展，在一些城市中出现盾构近距离穿越一些砌体建筑物的现象越来越多。其中有些建筑由于年代久远或使用问题，造成建筑本身结构接近危险状态。而当盾构从其下方穿越时，为保证建筑物的稳定及安全，需对盾构穿越前、穿越中及穿越后各施工阶段予以严格控制。

2　穿越前的评估与控制标准的确定

为保证盾构施工引起的砌体建筑的变形在安全范围内，在穿越前要对已经发生严重变形的危旧砌体建筑进行安全性评估，针对不同安全等级的建筑采取不同的处理措施。同时在一定的地层损失率和施工条件下，对盾构引起的砌体建筑物变形进行预测分析[1]，以确保建筑物变形控制在安全范围内。根据理论分析并结合穿越段模拟推进试验，对穿越推进时参数设置进行初步选定。

2.1　穿越前的安全性评估

评估项目主要为砌体建筑的横纵墙不均匀沉降（横墙指承重墙所处方向）、沉降速率、允许附加沉降等。其中沉降速率是指砌体建筑在穿越前的沉降速率；允许附加沉降绝对值是通过对穿越前的建筑状态进行力学分析，计算出其所能承受的附加沉降值，其中应考虑建筑已发生的前期变形[2]。根据以上计算分析与评估得到该砌体建筑的安全等级，如表1。

砌体建筑安全评估等级与相应的施工措施　　表1

安全等级	横向不均匀沉降（‰）	纵向不均匀沉降（‰）	沉降速率（mm/d）	允许附加沉降绝对值（mm）
Ⅲ	≤5	≤2	≤0.02	≥10
Ⅱ	5～20	2～10	0.02～0.1	5～10
Ⅰ	≥20	≥10	≥0.1	≤5

注：(1)本安全等级划分主要针对上海及周边软土地层；
(2)评判的砌体建筑物使用年限一般在30年以上。

安全等级Ⅲ判断标准为需满足其中所有标准。该安全等级的砌体建筑,在良好的施工条件下可不加固穿越;安全等级Ⅰ判断标准为满足其中一项即可判断为等级Ⅰ。该等级的砌体建筑,建议穿越前进行拆迁;其余可判定为安全等级Ⅱ,该等级下建筑建议采取先加固后穿越的措施。

2.2 预加固措施

对于安全等级Ⅱ的砌体建筑,需要慎重考虑加固措施导致的扰动及其适用性。加固措施需要从加固效果、对建筑及地基的扰动大小、施工难度、环境条件及造价等方面进行比选后确定。各加固列举如表2。

各加固措施比较[3][4][5] 表2

保护措施	优点	缺点
隔断法	隔断变形,房屋外部施工,可不拆迁一楼居民	加固效果依赖于基础的整体刚度
基础筏板加固	防止基础不均匀变形,加固效果好	临时影响房屋底层的使用
树根桩	可穿越各种土层和障碍物;施工振动小,对地面干扰小,对地基土扰动小;可做成任何斜度;承载力大,加固效果好	加固效果依赖于基础的整体刚度,需同时加固基础
锚杆静压桩梁式静压桩桩顶挑梁	配以整体基础时,承载力大,桩基质量容易保证,加固效果可靠	加固效果依赖丁基础的整体刚度,需同时加固基础
注浆	施工方便,可从任意角度进行施工;见效快;费用低,经济	控制不好时,扰动较大

加固措施实施需提供专项施工组织设计进行专家评审,实施中应严格执行信息化施工。

2.3 前期控制理论分析

穿越前需对砌体建筑进行力学分析及施工过程模拟,建立起房屋附加沉降量、附加倾斜率与盾构相关施工参数及地层损失率之间的对应关系。确定推进阶段最佳控制参数的理论计算值,如正面土压力、注浆参数等,为试验段模拟推进做准备。

2.4 试验段模拟

在沉降较敏感的砌体建筑穿越前10~40环,要设置模拟试验段。试验段上沿盾构推进轴线上每隔5环布置深层沉降监测点,每3环布置地表沉降监测点,要准确推算出监测点里程及其距盾构隧道的距离;深层沉降点埋深同盾构隧道底点的埋深,地表沉降点要设置在原状土上[6];通过前期理论分析的地层损失率控制值对试验段进行模拟控制。并通过地表沉降及深层沉降数值进行反馈,调整优化盾构推进速度、螺旋机转速、注浆量、注浆压力等参数以作为盾构穿越阶段的施工参数的基础依据,确立推进速度、螺旋机旋转速度与注浆压力之间的关系,调整好推进姿态,调试好各项关键设备及监控仪表,使盾构在穿越前进入最佳状态。

3 穿越阶段控制

3.1 沉降控制

穿越阶段的沉降动态化,是影响建筑安全的重要因素,其大小对后期沉降大小及其稳定影响较大。对穿越阶段中附加不均匀沉降及沉降速率控制标准如表3。由以往工程可知,后期沉降约为穿越阶段沉降的2倍。为保证盾构施工后建筑产生的附加沉降在安全范围内,施工阶段产生的附加沉降要控制在一定范围内[7]。由于沉降速率过大也可能会导致砌体建筑局部破坏,故对其沉降速率也应有相应的规定,如表4。

附加不均匀沉降控制标准　　表3

附加横向不均匀沉降(‰)	附加纵向不均匀沉降(‰)
≤1	≤0.5

穿越阶段沉降速率控制标准　　表4

不均匀沉降速率(‰/d)	最大单点沉降速率(mm/d)
≤0.1	≤1

盾构推进时,施工对建筑的扰动会使其产生波动式沉降。过大的波动振幅及过高的波动频率对于建筑的安全性与稳定都是极其不利的。

3.2 推进控制

3.2.1 正面土压力设定

穿越房屋时的土仓压力管理的复杂性主要体现在土层扰动和房屋沉降对正面压力的影响非常敏感。当盾构穿越地面房屋时,加大正面压力仅能使地面房屋瞬时抬升较小的数值,而当盾构穿越后,地面房屋下沉反而会更大。当正面压力过大时,反而会造成房屋的沉降[8]。尤其是当盾构在流塑地层中从地面房屋侧边穿越时,较高的正面压力会导致流塑性地层向无超载侧移动,从而造成地面房屋周边区域以及地下管线隆起加剧,地面房屋反而下沉的后果;若穿越时正面压力不足,盾构前方地表和房屋均产生下沉[9],而房屋由于超载作用沉降加剧,对这一点应该在施工中引起高度重视,如图1。

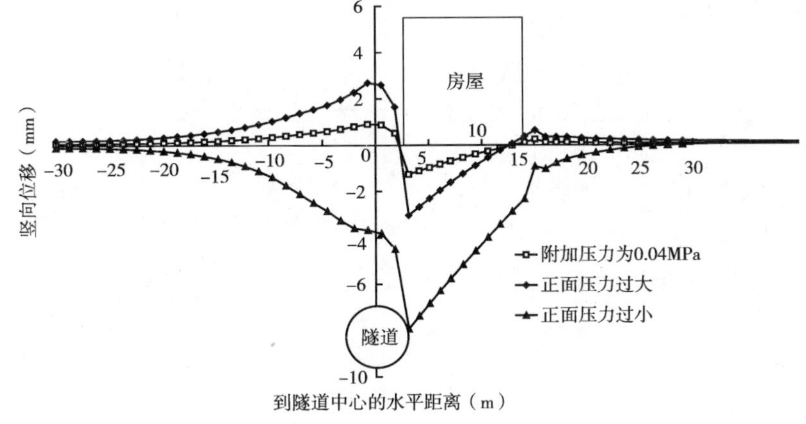

图1　不同正面压力引起的房屋沉降[10]

3.2.2 同步注浆

同步注浆流量要与盾构推进速度相匹配,按计量仪表控制每环注浆量与注浆压力,力求充满盾尾后建筑孔隙并平衡地层压力。在穿越砌体房屋过程中,房屋的超载作用改变土层中的初始应力分布。相应地,同步注浆压力应与地层和地面超载压力相适应[11]。同时在穿越阶段,为维持房屋的稳定,需增大同步注浆量。在穿越居民楼的案例中,同步注浆量的充填率一般需保持在180%~200%[9],这导致在穿越段采用惰性浆液时,近盾尾刷处一直维持较高的注浆压力,有可能击穿盾尾造成严重的漏浆问题。为防止这一事故发生,在穿越时要密切关注使盾尾压力维持在盾尾刷所允许范围内。在必要的时候,在盾尾后10~15环之间的漏浆影响区域做环箍,对浆液进行分区,如图2。一方面环箍可阻止流态及半流态的浆液回流损失,另一方面环箍对地层也起到一定的局部支护作用。

3.2.3 推进速度

由土压平衡盾构的工作原理可知,盾构机通过调整推进速度和螺旋机转速调整土仓压力以达到正面土压力的平衡。因此,合理的掘进速度对于正面稳定非常重要[12]。

在模拟土性扰动的多步台阶式慢剪试验中,随着剪切速度的降低,土体强度有缓慢增加,超孔隙水压力降低。说明盾壳移动缓慢,利于提高土体强度,降低土体扰动。另在现场测试中,盾构接近测试面时,在正面土压力不变的情况下,推进速度加大,明显地使孔隙水压加大,增大对土体扰动,如图3。从

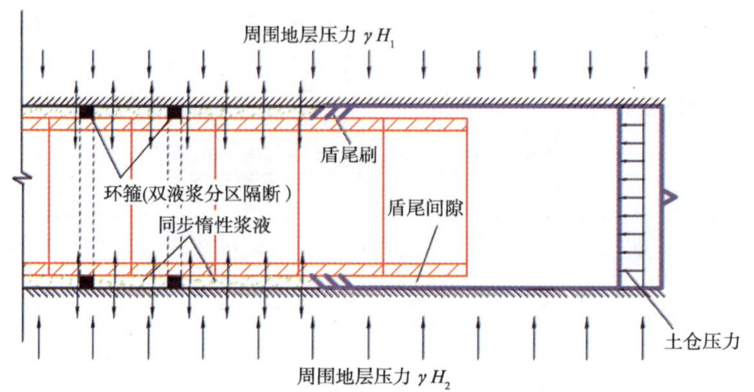

图2　同步注浆示意图

土工试验的结果可以推断[13]：盾构近距离穿越建(构)筑物时，适当放慢速度(10～20mm)，可以有效降低盾构摩阻力及纠偏侧壁压力引起的建筑物隆沉。

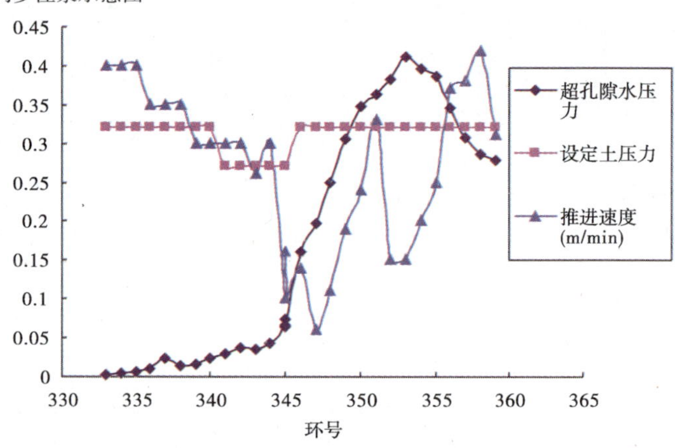

图3　土压力一定时，超孔隙水压与推进速度关系[14]

3.2.4　盾构姿态控制

盾构在曲线段推进中每环均匀地分 n 个小段，进行推进和转向设定每小段推进的纠偏量，则可将地层损失减少 n 倍[12]。在纠偏过程中，掘进速度要放慢，并且要注意避免纠偏时由于单侧千斤顶受力过大对管片造成的破损，要密切注意盾构机的姿态、管片的选型及盾尾的间隙等，盾尾与管片四周的间隙要均匀。

盾构出洞时，盾构姿态和推进参数调整都需要一定的距离和时间，当房屋位于洞口附近时，要求盾构姿态尽快调整到直线平推状态，尽量避免穿越过程中纠偏，使盾构推进对周围环境的扰动和影响控制在最小的范围内。

3.2.5　出土量

土仓压力会随着出土量的变化而波动，盾构出土量的大小直接影响到正面土压的稳定。出土量取决于螺旋输送机的转速，而螺旋输送机的转速则和盾构千斤顶推进速度协调控制。在盾构微扰动状态下，为使 n 与正面压力 P 和推进速度 v 相匹配，在试验段推进中测出 n、P、v 的变化曲线，并从中得出 n 与 $P\times v$ 的相关性统计图，已有成功案例中[9]得出 $n=1.15\times P\times v$。在穿越砌体建筑过程中，当 v 为匀速时，精心调整 n 值，即可适时准确地调整 P 值。

3.2.6　拼装千斤顶回缩控制

盾构每掘进1环停下来拼装管片时，盾构机的千斤顶控制模式转为拼装状态，千斤顶液压系统的压力降低。导致盾构机有微量的后退及前仓土压力变小，如图4。盾构在房屋下方穿越时，盾构拼装阶段从而会使房屋产生附加沉降。为维持房屋稳定，在实际施工时主要采取以下措施来解决这一问题：(1)在每环掘进结束时，通过减少出土量使前仓土压力略高于设定土压力；(2)缩短拼装管片的时间；(3)拼装完成后，在推进下一环前进行少量补浆，以弥补盾构拼装导致的沉降[12]。

3.3　监控环境

3.3.1　房屋监控

(1)监控要求

在穿越房屋过程中为适应调整施工参数的需要，一般要求监测频率为每小时一次，人工监测精度达

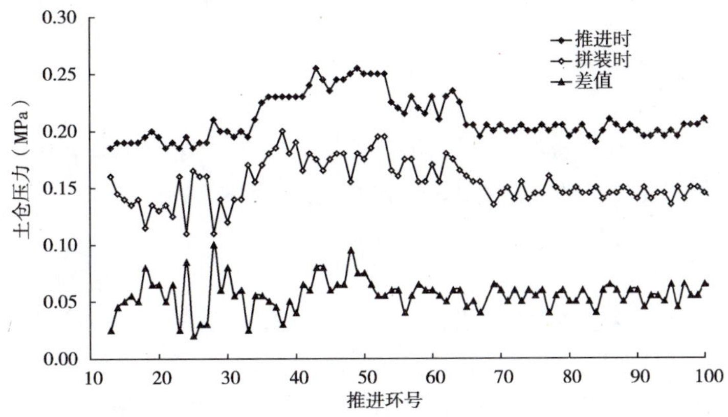

图4 盾构拼装时土压力的变化

到0.2～0.3mm。监测数据多变时，就要求测量人员和仪器保持不动，每5min测读一次。这就要求配足监测力量以求得到接近实时监测的效果。如果房屋对沉降很敏感，条件允许，可以在房屋内设置电子水平尺监测。

(2)关键监控点选取

为保证砌体建筑的稳定，在穿越中及后期需特别关注该建筑关键监控点的沉降。关键监控点选取原则如下：

(1)通过对结构的可靠性的计算分析，可能的房屋的危险部位作为关键监控点。

(2)达到或接近《危险房屋鉴定标准》(JGJ 125—99)中规定的砌体结构危险处。

(3)隧道穿越造成的建筑物沉降较大点和沉降速率较大点。

(4)建筑物差异沉降较大点。

3.3.2 周边管线监控

在穿越危旧砌体建筑时，为保证建筑的安全，采取了增大正面压力、加大注浆量等措施，可能导致房屋周边的隆起，如图5。因此，如在该建筑周边埋有重要的市政管线或其他建筑，应对管节接头等进行调查并需要进行严密监测，保证周边环境的安全。

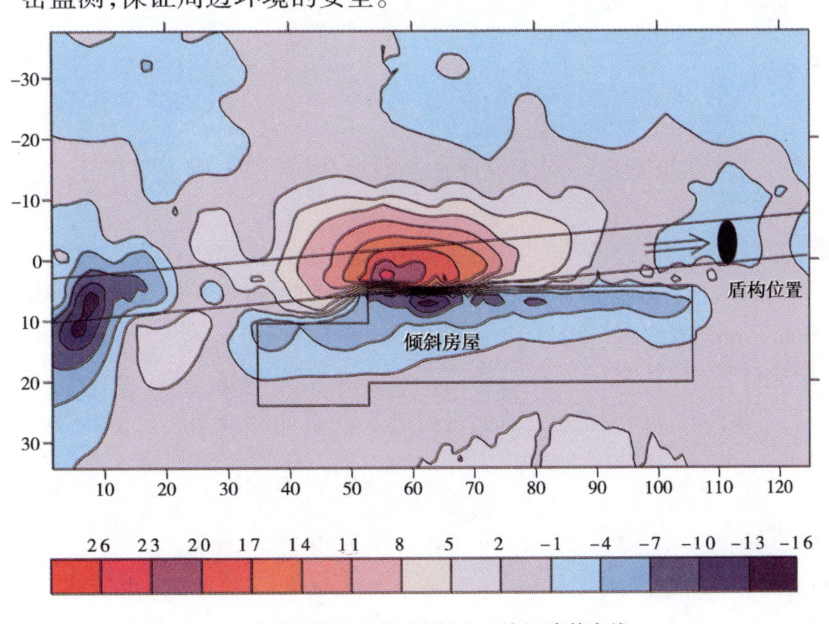

图5 盾构穿越后房屋及周边地表沉降等高线

4 后期稳定控制

当通过一定控制手段或经过一定时间后，房屋沉降速率不大于0.05mm/d，如无特殊要求，可认为该砌体建筑已稳定。为维持后期房屋的稳定，可采取一定的加固措施。

4.1 二次注浆加固

为保证砌体建筑的后期沉降尽快达到稳定，可在盾构穿越后从隧道内进行二次注浆的加固措施。加固原则是：(1)可减小该砌体建筑的后期沉降值或减缓其沉降速率；(2)不能产生较大的扰动，避免造成不利后果。为保证加固起到预期效果，需对每个注浆孔位及其相关参数，打管长度、拔管速度、注浆流量及压力等进行计算分析。

为保证注浆的微扰动效果，注浆施工原则是多点、均匀、少量、多次[9]。按预测选定注浆孔数量及孔位、每次注浆打管深度、拔管速度、注浆流量及压力等施工参数，均在分别对房屋或隧道隆沉变化的跟踪监测反馈下，调整优化，使每次注浆产生的隆起量不大于2mm。每孔注浆频率，则视注浆隆起后再沉降的稳定情况而定。注浆频率由起初的每天一次逐步减少到每隔数天至每隔一月一次，直到监测点的沉降速率符合要求。

4.2 结构的补强加固

当盾构穿越后，原砌体建筑产生一定扰动及沉降，同时为保证地铁长期运营时对地上建筑的影响，可对其进行结构补强加固。加固原则是：不仅可提高砌体建筑的整体性能，且加固带来的扰动不会对地铁及建筑本身产生较大影响。加固措施如下[5]：

(1)增设圈梁加固：当圈梁设置不符合现行设计规范要求，或纵横墙交接处咬槎有明显缺陷，或房屋的整体性较差时，应增设圈梁进行加固。

(2)增设梁垫加固：当大梁下砖砌体被局部压碎或大梁下墙体出现局部竖直裂缝时，应增设梁垫进行加固。

(3)砌体局部拆砌：当房屋局部破裂，但在查清其破裂原因后尚未影响承重及安全时，可将破裂墙体局部拆除，并按提高砂浆强度一级用整砖填砌。

5 结语

(1)穿越前通过对砌体建筑物进行安全性评估及理论分析计算，确立其安全余量与控制指标，并进行模拟试验初选参数。

(2)为保证砌体建筑安全，推进阶段产生的沉降及沉降速率要控制在规定的范围内。

(3)在穿越砌体建筑时，正面土压力要精心调控，较少扰动，同步注浆量维持在180%～200%，推进速度控制在10～20mm/min，采取每环分小段纠偏。

(4)在穿越危旧砌体建筑时，要保证一定的监测频率及监测精度。

(5)为维持房屋后期稳定，可根据房屋情况进行二次注浆加固或结构补强加固。

参考文献

[1] 刘建航，侯学渊．盾构法隧道[M]．北京：中国建筑工业出版社，1991.

[2] 中华人民共和国行业标准．JGJ 125—99 危险房屋鉴定标准[S]．北京：中国建筑工业出版社，2004.

[3] 韩应军．房屋加固改造中地基基础应注意的问题及加固方法[J]．煤炭技术，2003，23(9)：77-78.

[4] 刑占勇．房屋建筑物加固技术概述[J]．山西建筑，2003，29(1)：96-97.

[5] 陈雄辉. 房屋倾斜纠偏加固法简介[J]. 西部探矿工程, 2005,(增刊):347-348.

[6] 廖少明,刘建航,杨国伟,等. 土压平衡盾构施工风险控制指导意见(STB-DQ-010002)(试行). 2008.

[7] 陈惠珠. 在软弱地层中采用盾构法施工及对地层、建筑物影响的探讨[J]. 隧道建设,1990(2):29-38.

[8] 廖少明,杨俊龙,奚程磊,等. 盾构近距离穿越施工的工作面土压力研究[J]. 岩土力学,2005,26(11):1727-1730.

[9] 同济大学地下建筑与工程系,盾构近距离穿越敏感建筑的微扰动控制技术研究[R],2008.

[10] 陈丹锡,盾构近距离穿越危房的微扰动控制研究[硕士 学位论文 D]. 上海:同济大学土木工程学院地下建筑与工程系,2008.

[11] 徐方京,侯学渊. 盾尾间隙引起地层移动的机理及注浆方法分析[J]. 地下工程与隧道,1993(3):12-20.

[12] 廖少明,杨俊龙,等. 盾构近距离急曲线穿越无加固运营地铁隧道施工技术研究与应用[R]. 同济大学地下建筑与工程系,2004.

[13] 高立群,廖少明. 盾构近距离穿越施工条件下软土力学行为的室内模拟试验研究[J]. 结构工程师,2004,11:334-338.

[14] 李文林,廖少明,杨俊龙. 盾构超近距离穿越施工对运营地铁的影响及变形特性分析[J]. 建筑技术,2006,37:206-208.

盾构隧道掘进对桥梁结构的影响分析

吴成刚　何　川　夏炜洋　宋海滨
（西南交通大学隧道与地下工程系　成都　610031）

摘　要　以成都地铁盾构隧道下穿十二桥的工程实例为背景，十二桥由T型简支梁桥、石拱桥、悬臂梁桥和空心板简支梁桥组成，桥梁结构形式多，受力情况复杂，并且经过多次改造，结构整体性差，盾构隧道掘进将对其产生较大影响，采用三维有限元方法对该工点进行了数值模拟。重点分析了隧道施工对桥梁基础及拱桥上部结构的影响，得出了施工阶段桥梁结构的位移及内力的变化规律。并就盾构机顶进力、掘进速度等施工因素以及地层加固处理措施提出了相应的工程建议，从而为类似工程的施工提供参考。

关键词　地铁隧道　有限元　数值分析

0　引言

盾构法施工因具有较好的施工安全性、防渗漏水性和快速等优点[1]~[2]，目前已成为国内外地铁工程、过江跨海隧道等建设的主流施工方法。由于盾构掘进过程中，地层的损失，不可避免地会对周围建筑产生影响，引起周围结构物的变位，产生附加应力，危及结构安全。

当盾构隧道下穿既有桥梁时，将会对桥梁结构产生一定的影响[3]-[4]。国内学者对这方面有较多的研究，如高雄鹰分析了地铁隧道对桥墩的影响；高尔新分析了盾构隧道施工对桥梁桩基的影响。但关于隧道施工对复杂桥梁结构的影响分析的文献鲜见，如何正确分析盾构掘进对复杂桥梁结构的影响，已成为目前盾构隧道设计中的热点和难点。本文以成都地铁2号线盾构隧道下穿十二桥为工程背景，采用三维有限元方法[5]分析了盾构掘进对十二桥桥梁基础及拱桥上部结构的影响，并提出了相应的工程建议。

1　工程概况

十二桥地处人民东西路干道，位于地铁二号线通惠门站和中医附院站之间，全长24m，宽47m。从上游分别为钢筋混凝土T型简支梁桥宽5m，石拱桥宽12m，悬臂梁桥宽6.5m，空心板简支梁桥宽23.5m。由于十二桥经过多次改造，桥梁基础情况复杂，盾构穿越时造成的地层扰动会对其造成不利影响，危害桥梁安全。

2　建模情况

计算选取隧道与十二桥近接处70m×48m×30m（长×宽×高）区域建立有限元模型，如图1所示。考虑到拱桥是超静定结构，基础的位移将会对拱部结构的内力产生较大的影响，故需要探明拱结构在基础变位下的受力情况。地层从上到下为人工填土层、稍密卵石层、中密卵石层。模型共43 948个单元，采用壳单元模拟隧道管片和拱桥上部结构，实体单元模拟土层和桥梁基础，桥道板自重和桥面铺装的自重,以及上部活荷载分别施加在桥梁基础上。拱桥的上部结构的荷载按节点力加在拱上。根据工程筹划,左右线隧道的掘进方向为通惠门到中医学院,先掘进左线隧道,后掘进右线隧道。

十二桥桥墩与地铁隧道的空间位置关系如图 1b)所示。隧道拱顶距桥梁基础底部 6.3m。隧道中心线分别位于拱桥基础和悬臂梁桥基础的正下方。其中左线隧道中心距拱桥基础左侧边界 1.9m,右线隧道距拱桥基础右侧边界 1.6m。

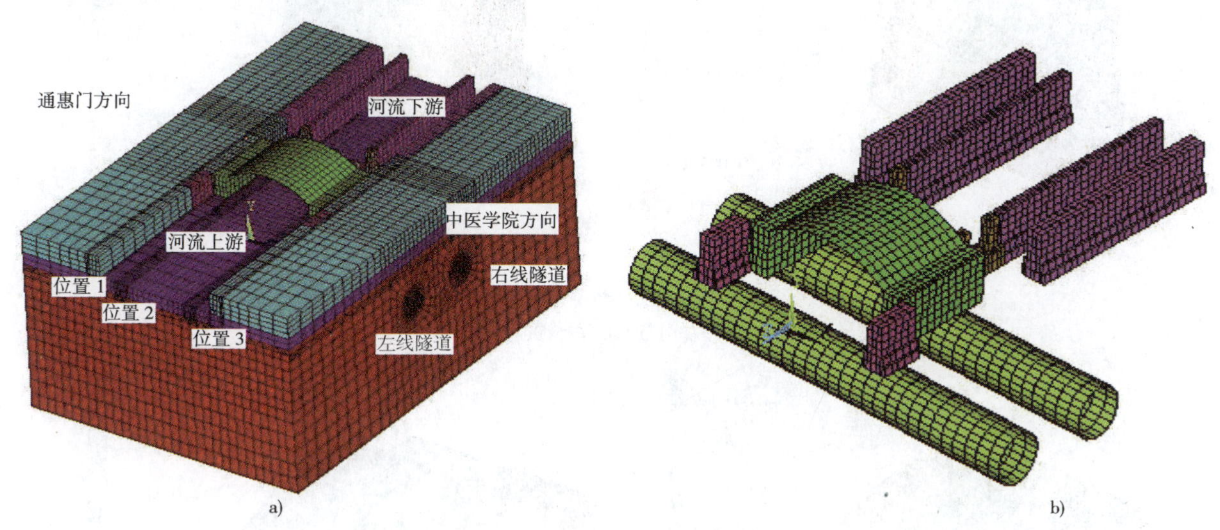

图 1　计算模型

a)整体模型;b)桥梁基础与隧道结构相互关系

地层和材料计算参数值　　表 1

项 目 类 别	弹模 E(MPa)	泊松比 υ	容重 γ($10N/m^3$)
人工填土	3	0.39	17
稍密卵石层	17	0.36	21
中密卵石层	25	0.28	25
桥墩	21000	0.28	20
管片	27600	0.2	25

3　盾构推进对桥梁基础的影响分析

3.1　沉降分析

左线贯通后,T 型简支梁桥基础沉降如图 2a)所示。基础右侧沉降 2.97mm,左侧为 3.40mm。两者不均匀沉降为 0.5mm;左侧的沉降大于右侧是由于在施工过程中由于所加的顶进力使得 T 梁桥基础有左倾的现象。右线贯通成后,T 型简支梁桥基础沉降如图 2b)所示。右线贯通后,T 型简支梁桥基础相对于左线贯通之后沉降均有所增大,其中最大位移出现在靠近右线隧道的一侧,说明由于左线的开挖对土体的扰动,使得右线的开挖产生的沉降较左线要大。

左线贯通后,石拱桥基础沉降如图 3a)所示,基础左侧沉降 3.07mm,右侧为 1.64mm。两者不均匀沉降为 1.47mm;右线贯通成后,石拱桥基础沉降如图 3b)所示。基础左侧沉降 3.46mm,右侧沉降 为 4.84mm,两者不均匀沉降为 1.5mm。左线贯通后沉降的最大值出现在基础的左侧,双线贯通之后沉降的最大值出现在基础的右侧。说明右线开挖,使得拱桥的基础有右倾的现象。

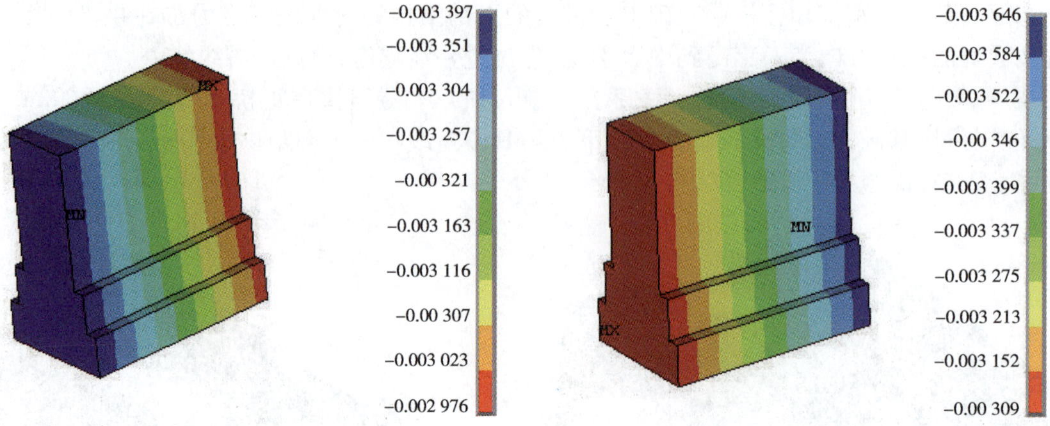

a)　　b)

图 2　T 型简支梁桥基础沉降(m)

a)左线贯通;b)右线贯通

a)　　b)

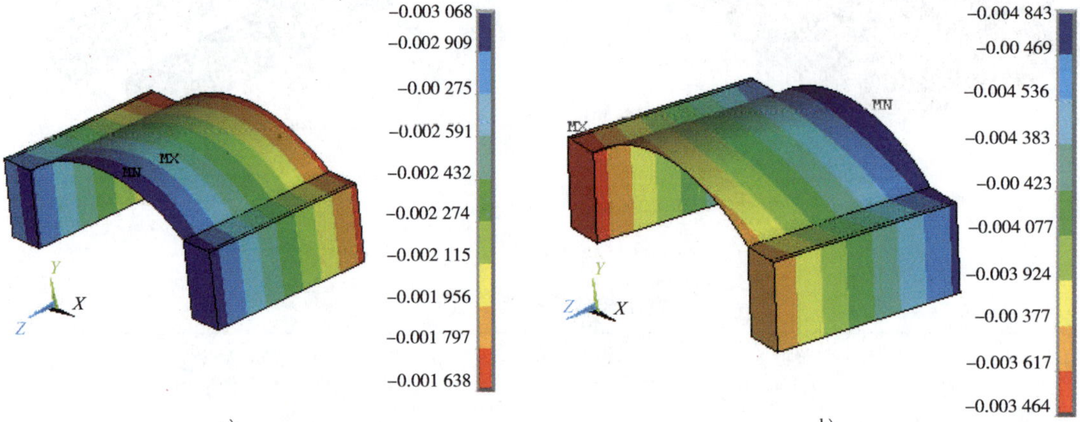

图 3　拱桥基础沉降(m)

a)左线贯通;b)右线贯通

左线贯通后,简支梁桥和悬臂梁桥左右侧沉降均非常小,小于 1mm。右线贯通后,悬臂梁桥基础左侧沉降 4.04mm,基础右侧沉降 2.78mm,不均匀沉降为 1.3mm。简支梁桥左桥墩沉降 3.0mm,右桥墩沉降 1.8mm,不均匀沉降为 1.2mm,如图 4 和图 5 所示。

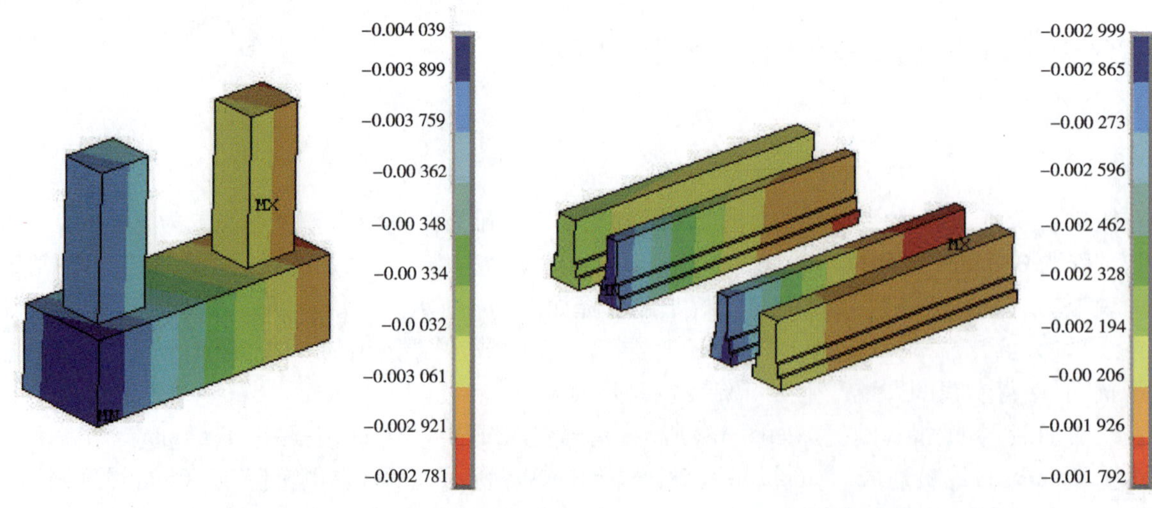

图 4　悬臂梁桥基础沉降(m)　　图 5　空心板简支梁桥基础沉降(m)

3.2 侧移分析

在盾构机推进作用下，桥梁基础将会沿着推进方向产生移动，如图6所示，左线贯通后，侧移的最大值0.9mm，出现在T型简支梁桥基础的右侧，即隧道左线的部位。右线隧道贯通后桥梁基础的最大侧移1.4mm，出现在拱桥基础和悬臂梁桥基础相交的部位。说明右线隧道的开挖加大了桥梁基础的侧移。图中可以看出在简支梁桥的左侧部位有X方向的位移为负，这是由于在顶推力的作用下，简支梁桥的基础由于刚性较大，使得远端产生了反方向的位移。

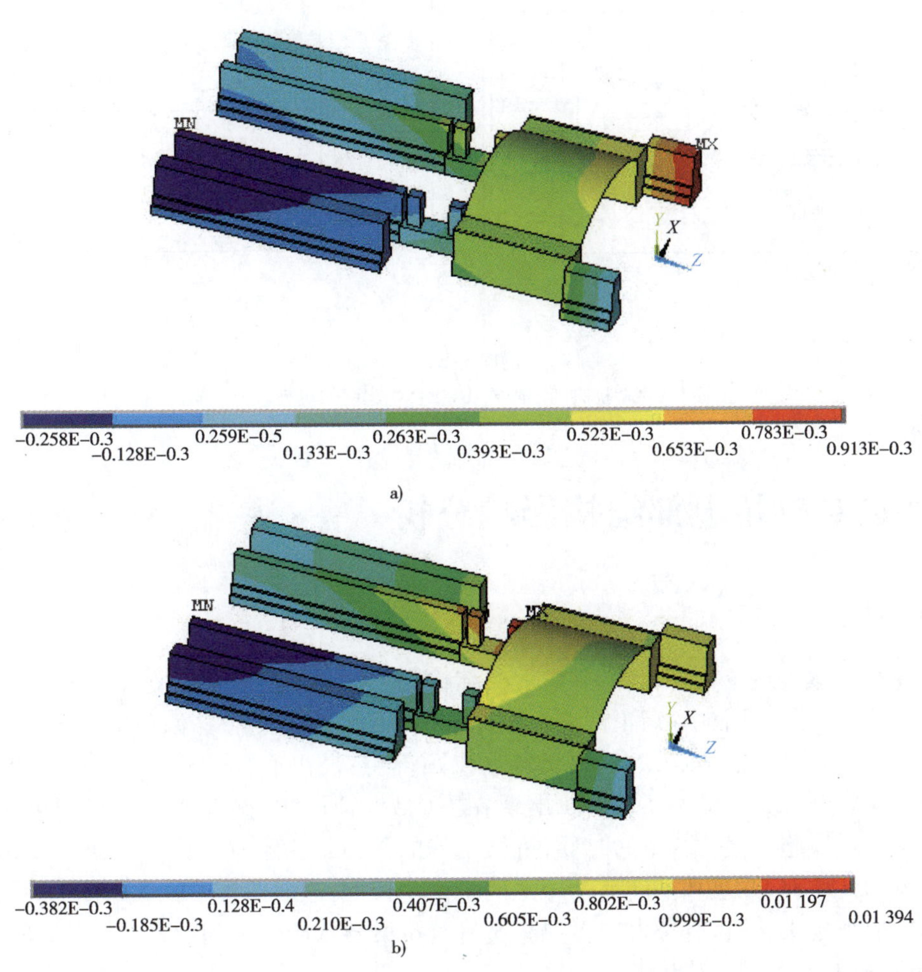

图6 桥梁基础侧移(m)

a)左线贯通;b)右线贯通

3.3 拱桥拱脚相对位移分析

拱桥基础的变位将对上部结构产生较大影响。图7a)表示拱桥拱脚左右两侧的不均匀沉降差。

图中正值表示左侧拱脚处的沉降大于右侧拱脚处的沉降。系列1~8分别表示施工至特殊的位置。其中，系列1表示左线施工至位置1处，系列2表示左线施工至位置2处，系列3表示施工至位置3处，系列4表示左线贯通，系列5~8表示右线隧道的开挖。从图7a)可以知道拱桥拱脚处的不均匀沉降出现在左线开挖的位置2处。此时左侧拱脚产生沉降，而右侧拱脚由于顶进力的存在产生一定的隆起，进而加剧了左右两侧的不均匀沉降。其次是右线开挖至位置2处，此时左侧拱桥拱脚处在右线上方的一侧有较大的位移,而左侧拱脚由于顶进力的影响沉降较小,进而产生较大的沉降差。在其余各阶段,拱桥拱脚处的沉降差较小。且同一侧的拱脚不均匀沉降也较小。图7b)中,侧移差为正表示拱桥拱脚的相对位移变大,为负表示拱桥拱脚的相对位移变小。图中表明由于顶推力的存在使得拱桥拱脚的相对位移变大,这对拱桥上部结构的受力是不利的。系列3出现了负值,由于此时掌子面位于位置3处,由于顶推力使得基础有向左侧倾倒的趋势,使得桥拱脚的位移变小。

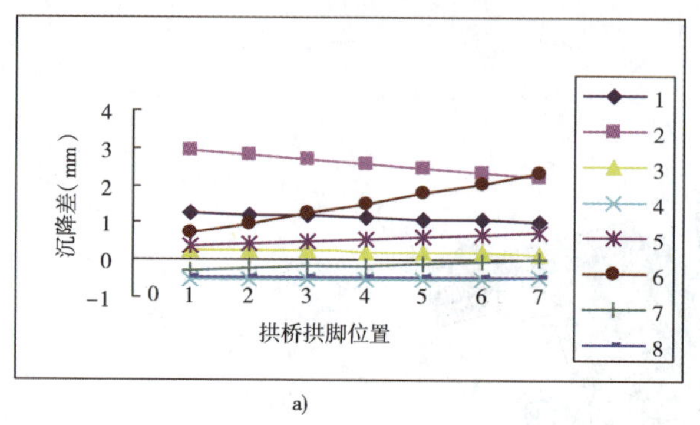

a)

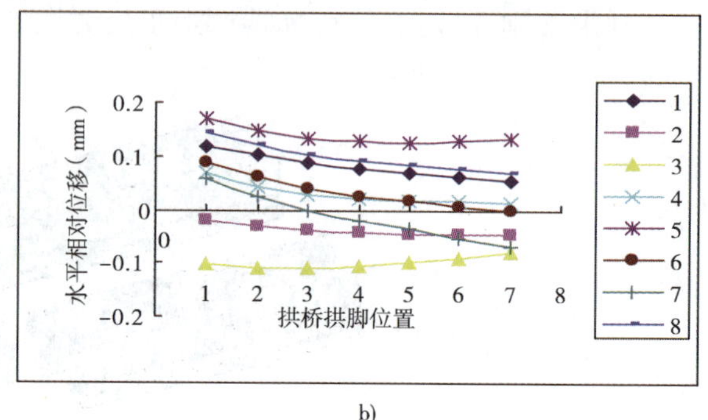

b)

图7 拱桥拱脚相对位移

a)拱桥拱脚的沉降差;b)拱桥拱脚的相对侧移

4 盾构推进对拱桥上部结构影响分析

4.1 拱桥上部结构受力分析

盾构推进使得桥墩发生位移,引起了拱桥上部结构受力变化。盾构机推进前拱桥内力及推进后拱桥结构的内力如图8所示。图中弯矩正值表示下部受拉,负值表示上部受拉,轴力正值受拉,负值受压。隧道开挖前拱结构弯矩最大值22.7kN·m,出现在拱顶部位;最小值为-69.2 kN·m,出现在拱脚处。轴力均表现为受压状态,最大压力为272kN出现在拱脚处。通过对比各个施工步中拱结构的受力情况,可以看出,左线隧道施工至位置2的时候,桥梁结构的受力最为不利。由于靠近隧道的基础一侧存在竖向和水平方向的位移,并且和基础另外一侧的位移差较大,进而产生了较大的内力。其中在拱脚两侧产生了较大的应力集中,并且有拉力的出现。这将对桥梁结构产生不利的影响,建议采取一定的加固措施,控制桥梁基础的不均匀位移。

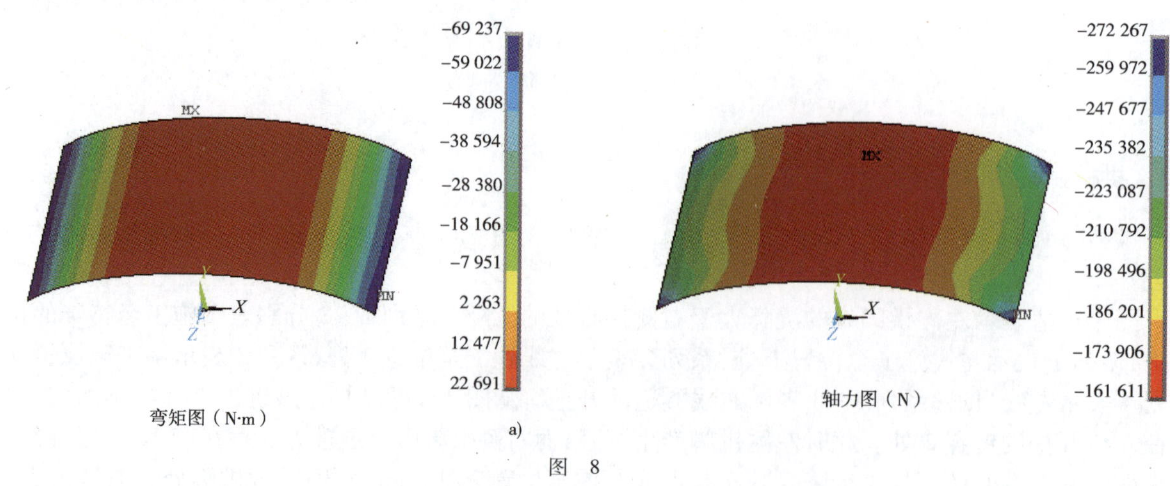

a)

图 8

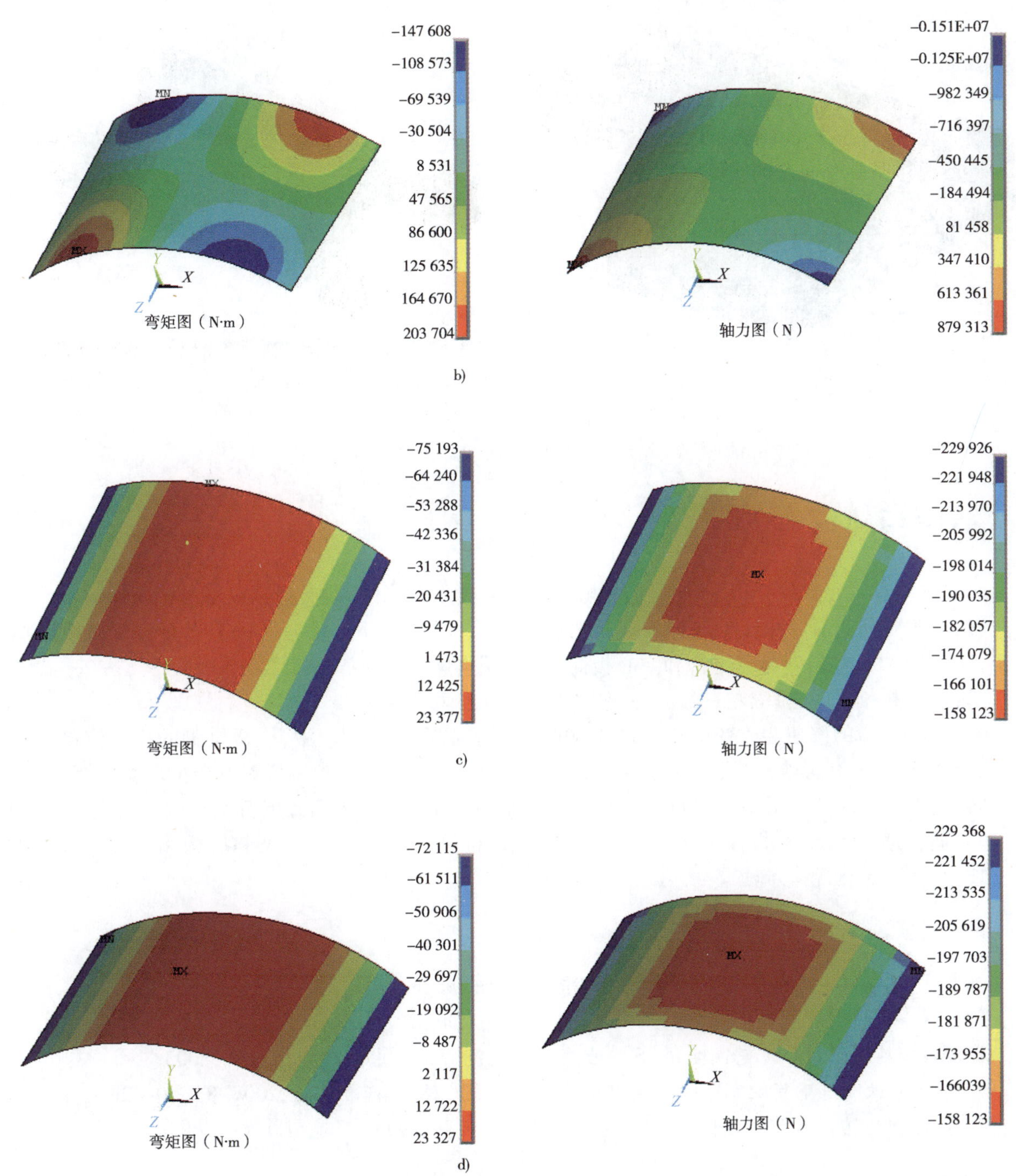

图 8　隧道开挖过程中拱结构受力

a)隧道开挖前;b)左线开挖至位置 2 处;c)左线贯通后;d)右线贯通后

5　加固处理

通过前面的分析可知,盾构的推进会对十二桥产生一定的影响。由于在推进过程中,产生了不均匀沉降和一定的侧移,导致桥梁结构受力不利,对于拱桥结构的影响尤为显著。考虑到所处位置地质条件的复杂性,对于拱桥结构而言,需要对底层进行加固处理,如图 9a)所示。地层加固后基础的沉降可以得到有效的控制,最大位移小于 1mm 如图 9b)所示。

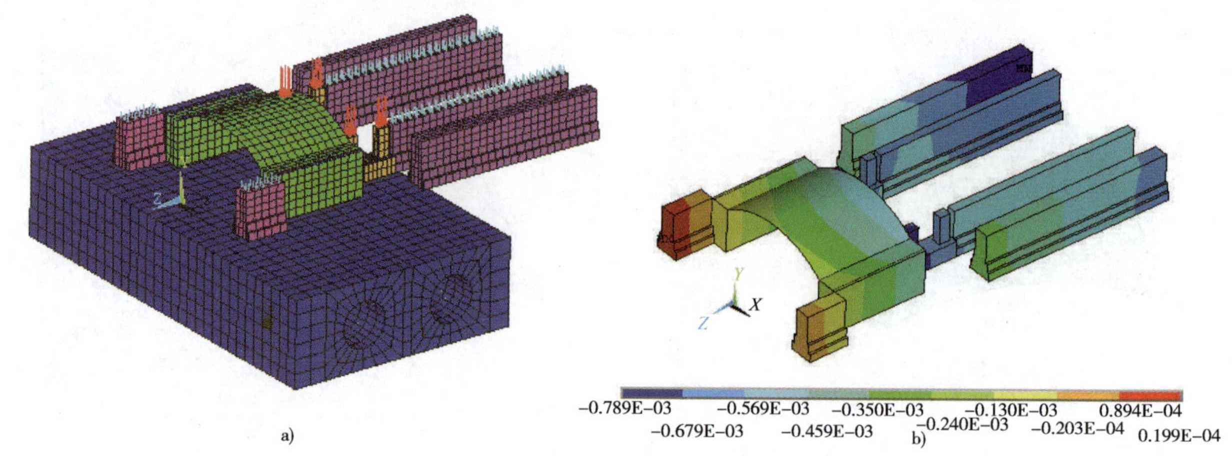

图 9　地层加固处理

a)地层加固;b)加固后桥梁基础沉降(m)

6　结论与建议

通过三维有限元数值分析,探明了盾构隧道掘进对桥梁结构的影响,得到以下结论及建议:

(1)隧道掘进过程中由于地层损失对桥梁基础产生一定的沉降,就本依托工程而言对拱桥影响最大,T 型简支梁桥次之,对悬臂梁桥和空心板简支梁桥影响较小。

(2)盾构机推进时,桥墩左右两侧将产生侧移,最大侧移 1.4mm。

(3)地铁隧道的修建会改变拱桥上部结构的受力情况,在施工过程中,拱桥拱脚的相对位移对桥梁结构的受力产生不利影响,建议对隧道周围土体进行注浆加固处理以控制桥梁基础的不均匀沉降。

(4)通过注浆加固的处理可以将基础的沉降控制在 1mm 左右,进而确保桥梁结构的安全。

(5)盾构通过十二桥时,宜对拱桥采取钢模支托进行保护,同时应采取调整盾构相关掘进参数如推力、掘进速度等措施,精心施工。

参考文献

[1] 刘建航,侯学渊. 盾构法隧道[M]. 北京:中国铁道出版社,1991.

[2] 张凤祥,朱合华,傅德明. 盾构隧道[M]. 北京:人民交通出版社,2004.

[3] 北京城市建设设计研究总院主编[S]. 地铁设计规范. 北京:中国计划出版社,2003.

[4] 陈铁师 地铁隧道下穿既有道路桥梁沉降控制技术[J]. 铁道标准设计,2007(8):40-42.

[5] 潘昌实. 隧道力学数值方法[M]. 北京:中国铁道出版社,1995.

上海地铁旁通道冻结法施工引起地层位移研究

罗仕恒
（同济大学　上海　200092）

摘　要　在总结冻结法修建地铁旁通道对地层位移影响的基础上，对上海轨道交通杨浦线二期ⅡA标、Ⅱ标两个旁通道监测数据进行分析，得出沿旁通道方向及垂直于旁通道方向，地表沉降曲线形状均类似于正态分布曲线，且后者影响范围大于前者，建议加大垂直于旁通道方向的沉降监测范围；地表沉降及隧道结构沉降发展可分为钻孔施工阶段、冻胀阶段（包括信道开挖阶段）和融沉阶段三个阶段。通道施工结束75d内，地表沉降及隧道沉降与时间呈似线性关系；地铁隧道水平位移受旁通道施工影响不大，且主要产生于旁通道开挖施工期间。

关键词　软土　地铁　旁通道　冻结法　地层位移

1　引言

随着我国地铁建设的快速发展，各种施工方法运用于地铁建设中，而冻结法是其中之一[1]。在上海地区，冻结法修建地铁旁通道已经较为普遍且其施工技术已达到一定的水平。已有学者对地铁旁通道冻结法施工进行过一定的研究，但多集中于冻土的温度场[2]、通道开挖风险控制[3]、施工力学行为[4]等方面，而对隧道内钻孔、冻胀、通道开挖、通道结构施工、融沉等各阶段引起的地层位移及其对周围环境影响的研究尚不多见。而这一问题对于保护地面既有建筑、地下管线及地铁隧道结构等尤为重要。本文在总结地铁旁通道冻结法施工全过程对地层移动影响的基础上，对上海轨道交通杨浦线二期ⅡA标、Ⅱ标两个旁通道监测数据进行分析，得出一些结论，以期为后续工程提供有益参考。

2　旁通道冻结法施工引起地层位移的原因

地铁旁通道（图1）冻结法施工是预先于地铁区间隧道内向土体内钻孔并埋设冻结管，使循环于冻结管内的盐水、液氮等制冷剂与地基土进行热量交换，使地基土温度降低到冰点以下，土体冻结，形成不透水的冻土帷幕同时强度增加，在此帷幕的保护下进行旁通道开挖。根据冻结法施工一般过程，将其引起地层位移的原因叙述如下。

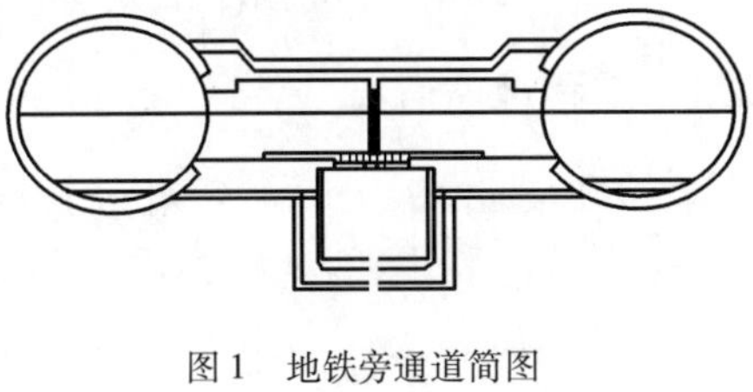

图1　地铁旁通道简图

2.1　冻结孔施工及土体冻胀

上海地区软土具有低强度，高含水率，高灵敏性、流塑性等特点，其自承能力较差，地铁旁通道冻结孔施工时，由于不可避免的少量漏水漏砂、钻孔直径大于冻结管直径等因素引起少量地层损失，从而引起地层变形；冻结过程中，孔隙水温度逐渐降至冰点以下并与土颗粒矿物冻结，使土体体积增大（水结冰后体积膨胀约9%）。土体中粉黏粒含量对冻胀率有明显的影响，当粉黏粒含量大于12%时，冻胀率明显增加，上海地区高含水率软黏土，其冻胀现象更为明显。根据文献[5]，冻土冻胀量可表示为：

$$V_{冻} = 0.6\sum_{i=1}^{n}\iint \eta_i \mathrm{d}v \tag{1}$$

式中：$V_{冻}$——总冻胀量；

η_i——各冻胀区冻胀率。

由于假设条件较多，冻胀区分区的主观性以及各分区土体冻胀率等参数不确定，因此运用式(1)准确预测冻结期间地表隆起尚不现实。

地铁旁通道一般设计冻土墙厚度约1.2m，加固体积约为2 100m^3[6]。根据文献[7]的结论，其地表冻胀位移约为10～20mm。施工过程中，冻土墙周围土体受到扰动，亦将对土体后期沉降产生一定的影响。

2.2 旁通道开挖

冻结完毕后即进行暗挖施工，此过程中冻土帷幕内部土体挖去，周围土体应力状态发生变化，从而引起上方地层不同程度的变形，地铁旁通道通常与集水井合建，集水井开挖亦会引起局部土层变形、隧道沉降和水平位移。此外，由于临时支撑变形等因素也会造成上方土体位移。

2.3 旁通道结构施工及土体融沉

旁通道地下结构施工一般持续约20d，期间由于土体受到扰动以及其自身流塑性等原因，将引起上方地表不同程度的沉降。通道施工结束，土体开始解冻，冻结土层温度上升，冻土中冰晶融化，土体体积缩小，引起地表沉降。由融沉机理分析及融沉试验可知，冻土的融沉量与其自身含水率及所承受的上覆荷载有直接的联系[5]，融沉简化模型为：

$$V_{融} = 0.6\sum_{i=1}^{n}\iint \zeta_i \mathrm{d}v \tag{2}$$

式中：$V_{融}$——总融沉量；

ζ_i——各分区融沉率。

从以往经验来看，融沉过程持续时间长(约180d)，其引起的地表沉降量大，且收敛慢，这对于保护地面建筑及地下管线等较为不利。

3 工程概况

上海市轨道交通杨浦线2期工程Ⅱ标旁通道于SK27+798.780处，位于杨思路南侧下；ⅡA标旁通道位于SK26+671处，位于杨新路下。通道附近存在地下管线和地面建筑物。旁通道结构均采用钢筋混凝土结构，通道开挖长度分别为8.6m和6.6m，集水井尺寸为4.80m×3.2m×3.26m，冷冻剂温度控制在－27℃以下，冷冻剂流量为180 m^3/h。

3.1 工程地质概况

拟建场地50.0m深度范围内，按成因类型、土层结构及其性状特征，土层可划分为6层：①人工填土；②褐黄色黏土；③灰色淤泥质粉质黏土；④灰色淤泥质黏土；⑤$_1$灰色粉质黏土；⑤$_2$灰色砂质粉土；⑤$_3$灰色粉质黏土；⑦灰色粉砂。地层多以水平层状分布，受古河道沉积影响，地层埋藏分布与上海市区正常沉积地层有差异，性质较好的第⑥层土在施工场地缺失，第⑦层埋藏较深，各土层分布较为稳定。通道外隧道中心高程分别为－13.71m(ⅡA标)和－14.526m(Ⅱ标)，位于④～⑤$_2$层中。

3.2 监测点布置

为及时反映旁通道施工引起的周围地层位移和保护邻近建筑物、地下管线等设施。布置了地表沉降、管线沉降、建筑物、隧道沉降、隧道水平位移等一系列监测点：交叉于旁通道中心上方，设置相互垂直(取平行于通道方向和垂直于通道方向)的两个地表沉降监测断面，测点距为6m，断面长60m，共布设

21 个测点；地下管线监测范围为距通道 50m 范围内，测点间距 10m；周边建筑物距旁通道施工区 50m，根据经验，通道施工对其影响较小，故不作为监测重点；隧道沉降及水平位移监测范围以旁通道中心为起点向两侧延伸 30m，每隔 6m 设置一个沉降及位移监测点，共设置 22 点，部分测点布置如图 2 和图 3。

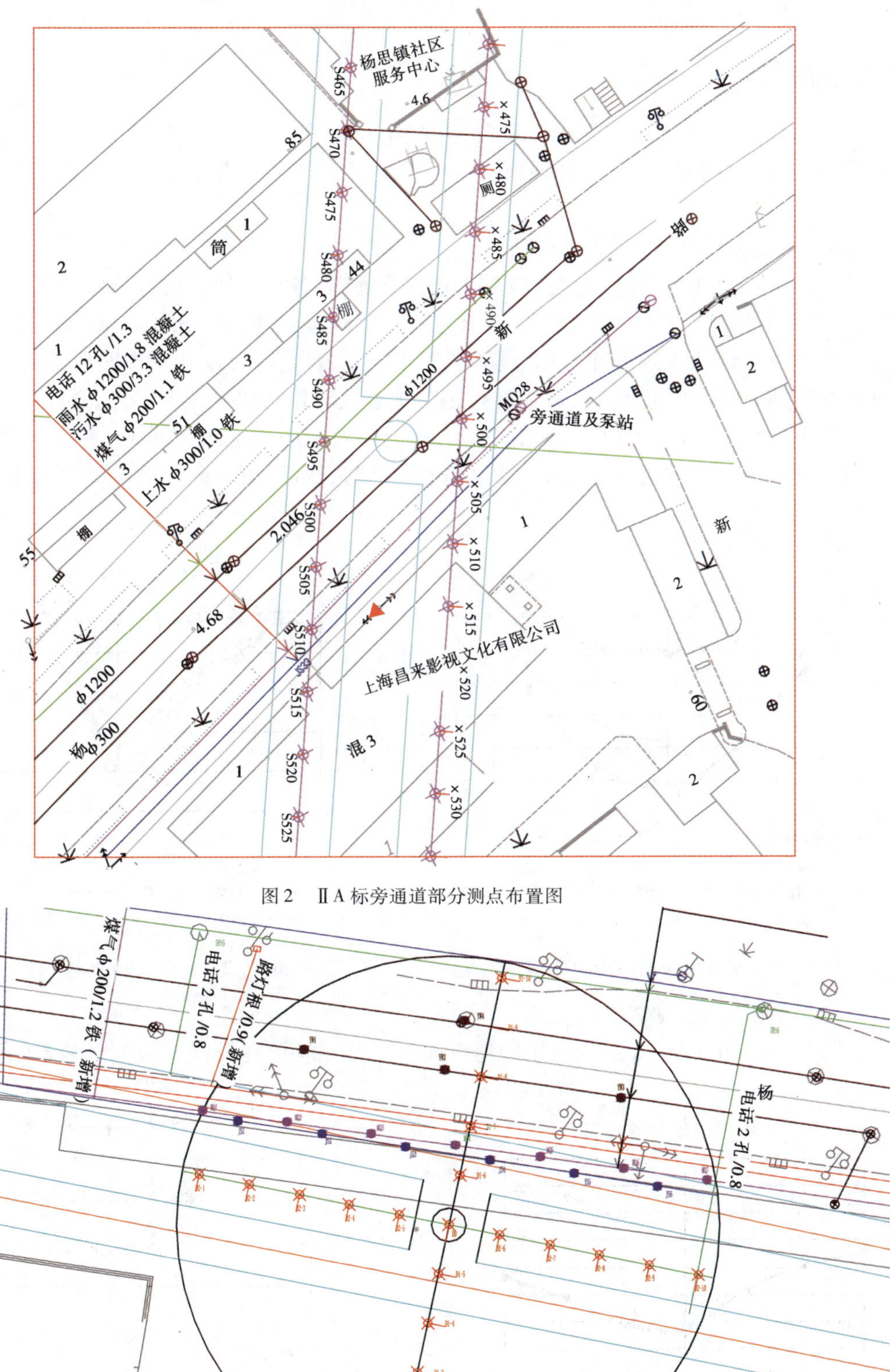

图 2　ⅡA 标旁通道部分测点布置图

图 3　Ⅱ标旁通道部分测点布置图

从 2007 年 12 月隧道内钻孔开始，预计监测将持续到旁通道施工结束后 180d 左右。

4 监测数据分析

4.1 地表沉降

据现有监测数据来看，地表沉降累计较大，主要由 3 部分组成：钻孔施工阶段引起的地表沉降、土体冻结及通道施工引起的地表沉降、土体融沉引起的地表沉降，其中后钻孔施工及土体融沉阶段沉降所占比例较大。

（1）平行于通道方向的地表沉降分布

图 4、图 5 分别为ⅡA 标、Ⅱ标沿通道方向（垂直于隧道）各阶段地表沉降分布曲线。从图 5 可以看出，从隧道内钻孔开始到钻孔结束，通道中心上方地表沉降量约为 20 ~ 35mm，钻孔结束至通道开挖期间沉降量不超过 10mm，由于预设卸压孔，缓解了土体冻胀，因此地表隆起并不明显；通道施工结束后的地表融沉持续时间长（预计约 180d），其沉降量占总地表沉降量的比例较大，旁通道施工结束 75d 之内，通道中心上方沉降约 35mm，在平行于联络通道方向上距通道中心地表 25m 处（距上、下隧道轴线外侧约 12m）地表沉降已较小（不超过 10mm），且已呈收敛趋势，因此，可认为监测方案中监测范围取 30m 是合理的。

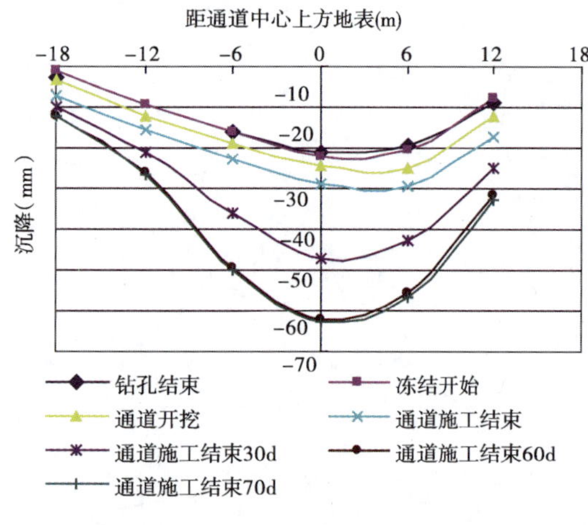

图 4　ⅡA 标沿通道方向地表沉降曲线

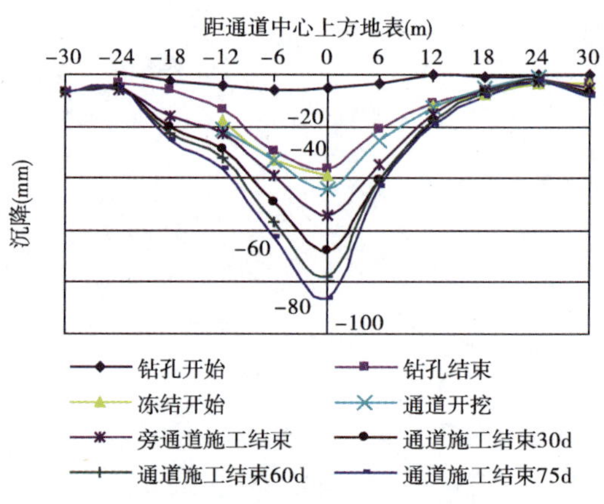

图 5　Ⅱ标沿通道方向地表沉降曲线

（2）垂直于通道方向的地表沉降分布

图 6、图 7 分别为ⅡA 标、Ⅱ标垂直于通道方向（平行于隧道）各阶段地表沉降分布曲线。从图 7 中

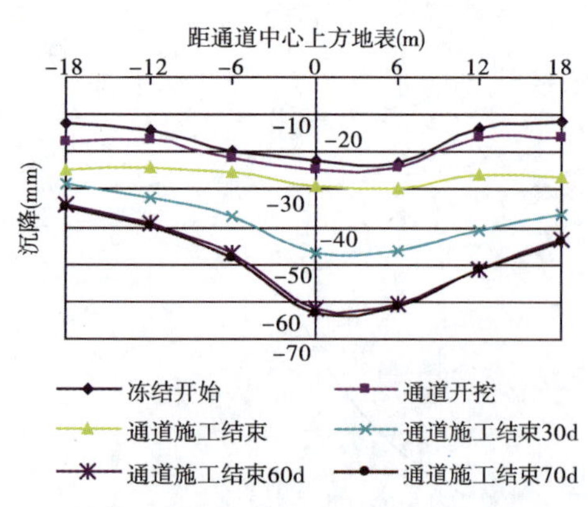

图 6　ⅡA 标垂直于通道方向地表沉降曲线

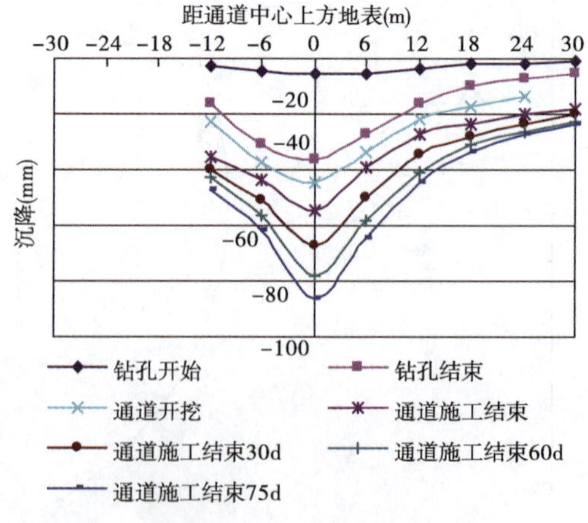

图 7　Ⅱ标垂直于通道方向地表沉降曲线

看出,可能由于土体受到先前盾构施工扰动,土性质有所改变,在此方向最外侧测点(距通道中心 30m)处地表沉降发展仍较大(通道施工结束 75d 后沉降量约为 20mm),且其收敛速度较慢。因此,为更好地保护地面建筑及地下设施,建议在此方向上地表沉降监测范围应适当加大,并根据现场情况及时采取注浆等措施控制沉降。

据图 4、图 5、图 6 和图 7 所示,在平行、垂直于通道方向上的地表沉降分布曲线形状类似于隧道开挖引起地表沉降槽的 Peck 曲线,呈似正态分布曲线。

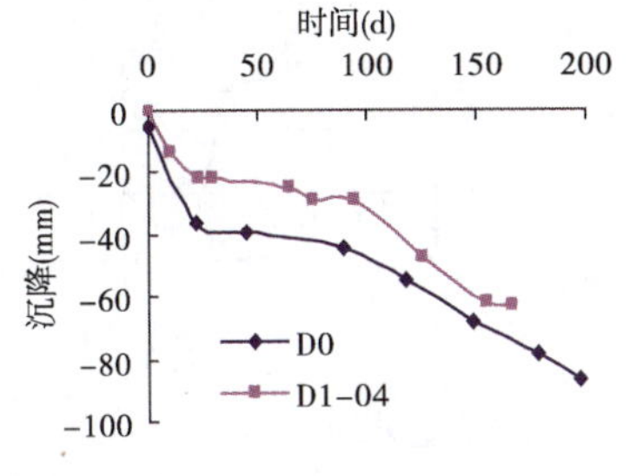

图 8　通道中心上方地表沉降历时曲线

最大地表沉降点位于通道中心上方,其发展过程(图 8 中,D0、D1-04 分别为Ⅱ标、ⅡA 标旁通道中心地表沉降测点)明显反映施工各阶段的影响,冻结孔钻孔施工期间(0 ~ 30d)沉降速率较大;冻结过程(45 ~ 90d)地表冻胀变形不明显,通道开挖阶段(90 ~ 100d)有少量沉降,沉降速率较小;旁通道施工结束,冻土帷幕解冻,地表融沉,其前期沉降与时间呈近似直线关系,沉降速率约 0.45mm/d,旁通道施工结束 75d 后未见其有收敛趋势,且融沉持续时间较长(预计 180d)。

4.2　地下管线沉降

Ⅱ标煤气管线、上水管线位于上行线隧道上方,且基本平行于上行线隧道,其沉降(图 9 和图 10)基本反映上行线隧道上方地表沉降规律,旁通道位置位于 JS03 ~ JS04,MQ03 ~ MQ05 之间。距旁通道位置 30m(MQ01,MQ07)位置沉降约 15mm。由于测点间距较大,管线长,虽然沉降量较大,但管线曲率不大,在整个监测过程中,管线处于安全状态。因此,建议根据沉降值、管线接头形式、材质、曲率等综合判定管线的安全状态。

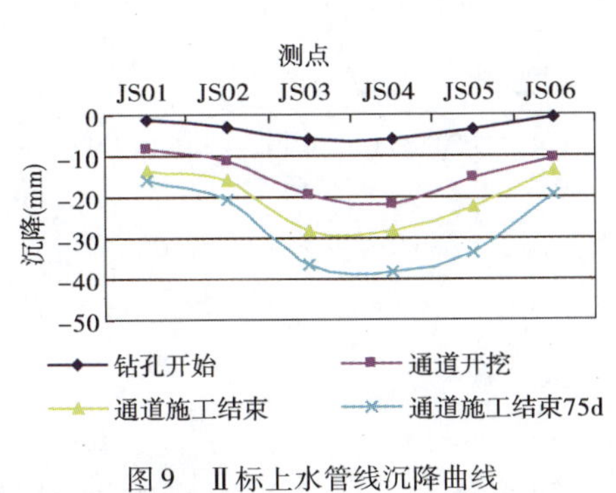

图 9　Ⅱ标上水管线沉降曲线

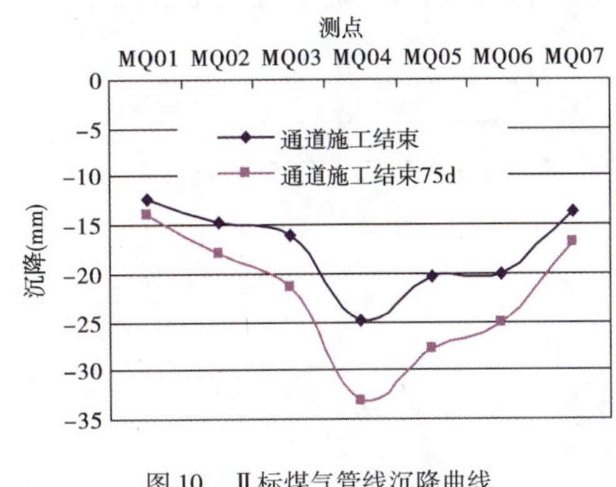

图 10　Ⅱ标煤气管线沉降曲线

4.3　隧道结构位移

旁通道施工引起周围地层位移,由于隧道与周围土体位移协调,必然引起埋置于土层中的地铁隧道产生局部位移。

4.3.1　隧道垂直位移

图 11、图 12 分别为旁通道施工结束 75d 后隧道结构沉降曲线。可以看出,旁通道施工引起的隧道结构最大沉降点位于通道附近,沉降值在 8 ~ 14mm 之间。

与地表沉降类似,隧道结构沉降明显分为 3 个阶段(图 13):冻结孔钻孔阶段(0 ~ 40d),冻结阶段(包括通道开挖)(45 ~ 90d)和融沉阶段,其中以冻结孔钻孔施工和融沉阶段沉降速率较大,旁通道施工结束 75d 内,隧道沉降与时间呈近似直线关系,且其沉降率相近(约 0.08mm/d),随着融沉逐步趋于收敛,隧道沉降将逐步趋于稳定。由于下方冻结土体的冻胀作用,ⅡA 标通道附近隧道在冻结期间出现上抬现象,但隆起量不大。

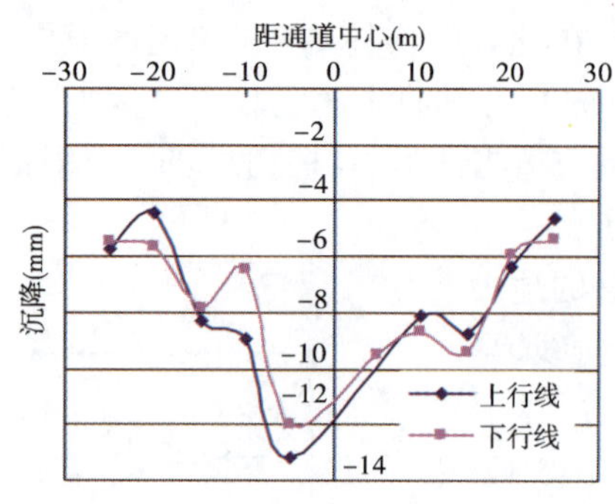

图 11　Ⅱ标隧道结构沉降图

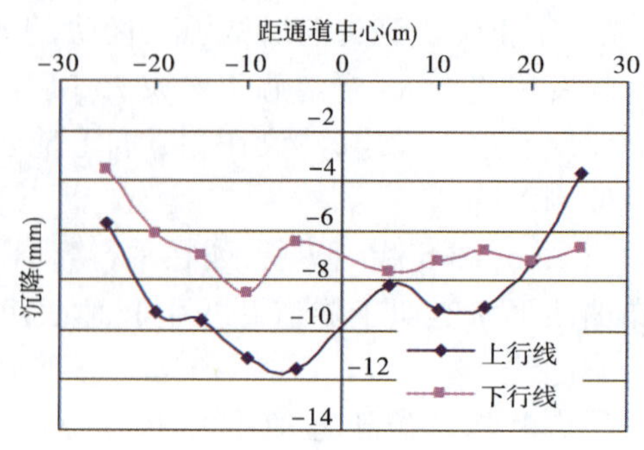

图 12　ⅡA 标隧道结构沉降图

4.3.2　隧道水平位移

从掌握的资料看,地铁旁通道施工引起隧道水平位移不大,至2008年6月16日旁通道施工结束75d,隧道水平位移最大值为3.5~6mm(图14),其发展过程大致相似,Ⅱ标下行线WX07测点位移发展如图15,冻结孔钻孔施工阶段和融沉阶段隧道水平位移几乎不变,隧道水平位移主要由通道及集水井开挖(2008年3月2日~3月31日)引起,通道施工结束后,隧道水平位移基本已稳定,冻土解冻对隧道水平位移几乎没有影响。

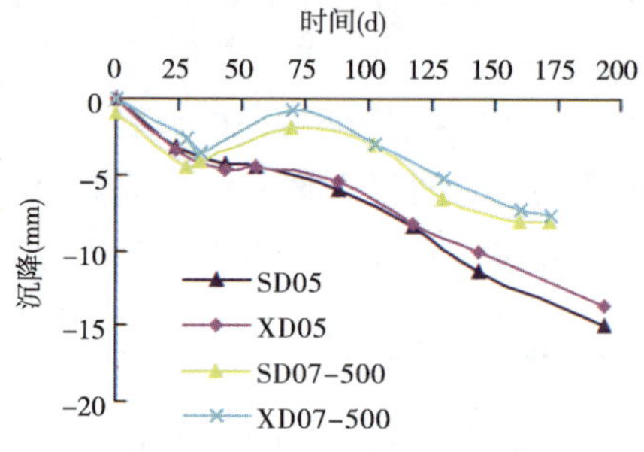

图 13　距旁通 5m 处隧道结构沉降历时曲线

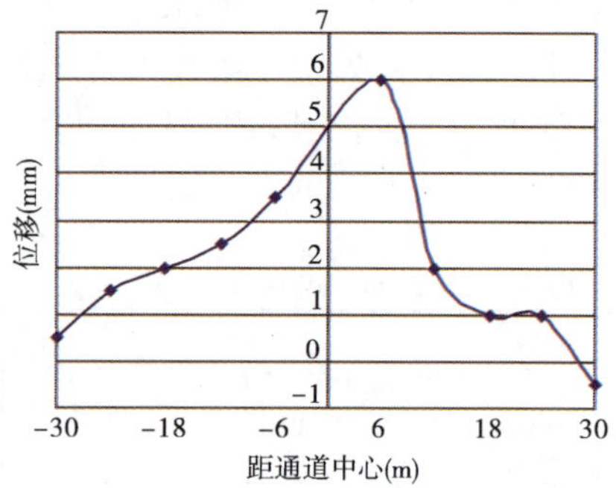

图 14　Ⅱ标隧道下行线水平位移曲线

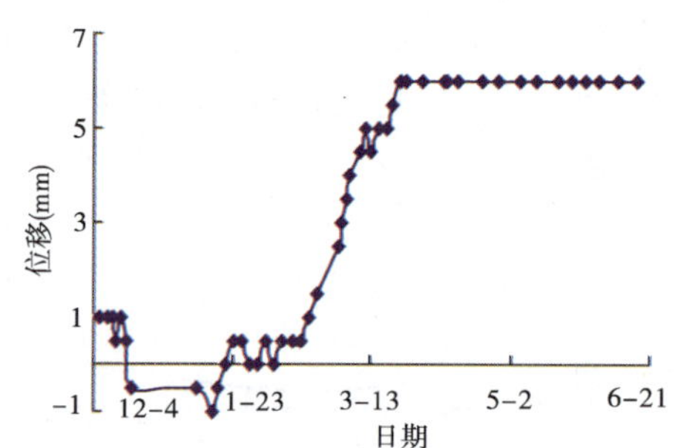

图 15　Ⅱ标 WX07 测点水平位移历时曲线

5　讨论

在旁通道附近,盾构施工对土层已有初次扰动,对于高灵敏性软土,其强度已经降低,土体性质有所变化。旁通道施工属对周围土体的二次扰动。旁通道施工引起地层位移对周围环境的影响主要体现在两个方面:(1)引起附近建筑物及地下管线沉降;(2)引起地铁隧道结构产生局部纵向变形(水平位移、沉降),且收敛较慢,隧道纵向变形到发展一定水平必然引起隧道环缝张开,隧道出现渗水等情况,这给地铁的运营维护带来了困难,相关调查证实了这一情况。

由于本文所述两个旁通道正处于融沉后期,沉降仍在发展,监测尚未结束,因此无法全面分析融沉后期监测数据的规律。

6　结语

通过对冻结暗挖法施工全过程对地层移动影响的总结,以及对上海轨道交通杨浦线二期ⅡA标、Ⅱ标两个旁通道监测数据进行分析,得出如下结论:

(1)旁颈项这道施工引起的地表沉降最大值出现在通道中心上方位置,其发展可分为:冻结孔施工阶段、冻结阶段及融沉阶段三个阶段，且融沉前期（通道施工结束75d）沉降与时间呈近似直线关系，随着融沉趋于稳定，地表沉降必将逐步收敛。

（2）旁通道施工引起的沿通道方向地表沉降范围小于垂直于通道方向。建议在施工监测中加大垂直于通道方向的监测范围。

（3）管线沉降值能反映其附近土层的位移情况，但不能真实反映管线的安全状态，建议根据沉降、管线材质、接头形式、曲率等综合判定管线的安全状态。

（4）与地表沉降类似，隧道结构沉降也可明显分为：冻结孔施工阶段、冻结阶段和融沉阶段三个阶段，其中融沉前期（通道施工结束约75d内），隧道沉降与时间呈近似直线关系，且随着融沉趋于稳定，隧道沉降将逐步收敛，但其持续时间较长。

（5）旁通道施工引起隧道结构水平位移较小，且主要产生于通道开挖阶段，冻土解冻对隧道水平位移几乎没有影响。

参考文献

[1] 吴祥祖，李大勇，金明．南京地铁试验段旁通道水平冻结法施工技术[J]．施工技术，2004，33(1)：40-42.

[2] 靳巍巍，陈有亮，李磊，王灵敏．隧道联络通道冻结法施工三维有限元温度场分析[J]．上海大学学报（自然科学版），2008，14(1)：85-90.

[3] 陈朝晖．地铁旁通道冻结法施工常见安全问题的应急处理[J]．岩土工程界，2007，10(10)：56-59.

[4] 吕虎．地铁联络通道施工力学行为研究[D]．硕士学位论文，上海：同济大学，2006，1.

[5] 宁方波．地下冻结工程中土体冻胀融沉对地表变形的影响分析[D]．硕士学位论文，北京：煤炭科学研究总院，2005，7.

[6] 张晖．应用冻结法加固地铁工程的结构施工研究[J]．隧道建设，2006，26(3)：58-59，94.

[7] 程桦，姚直书，张经双，荣传新．人工水平冻结法施工隧道冻胀与融沉效应模型试验研究[J]．土木工程学报，2007，40（10）：80-85.

九、列车减振降噪技术

台湾高速铁路营运阶段噪声防制管理研究

谢致德　李允中　郭宏亮
（台湾高速铁路股份有限公司）

摘　要　台湾高速铁路建设计划于2007年1月5日开始正式营运，为应对营运阶段沿线可能的噪声问题，营运管理单位成立专责单位处理沿线噪声陈情及办理后续改善措施。

兴建阶段以日本新干线700型为参考系统，采购具有轻量化、平滑化及低噪声集电弓设计的车辆系统；另隧道设计断面积为$90m^2$，较日本新干线大，且于长隧道洞口处设置假隧道，以降低洞口产生微气压波音爆可能性；轨道部分则采用全世界最先进的道板式轨道技术，包括无接缝长焊钢轨，台北地下段采用低噪声振动轨道系统（LVT）；并依据环境影响评估报告的评估结果，沿线高架路段两侧及通过密集聚落处设置隔音墙。

营运阶段噪声改善原则，依据对象可分为密集聚落及零星住户，密集聚落原则采用增设隔音墙对策，零星住户则考虑经济效益采用住家改装隔音窗门等防音改善措施。

依据营运期高速铁路定期于沿线执行密集聚落206处与相对应外侧轨道中心线25m 206处每季一次噪声监测结果，所有监测地点噪声值皆可符合台湾环保法令要求，显示台湾高速铁路计划设计及兴建阶段所完成噪声防制成果已达预期成效；就台湾高速铁路计划对于沿线环境保护的技术，可作为其他设计、兴建及营运高速铁路的参考。

关键词　高速铁路　隔音墙　隔音窗　密集聚落　零星住户

1　前言

台湾高速铁路建设计划于1990年核定，2000年正式动工，2007年1月5日开始正式营运运转，路线北自高铁台北站、南迄高铁左营站，行经台湾西部走廊中间地带，全长约345km。路线结构形式主要为高架段占约75%，隧道路段占15%，其余路段占10%。由于土地征收成本较高，高架路段路权宽度仅18m，其中高架结构宽为13m，即距高架结构2.5m处为路权外就可能有建筑物存在。全线主要路段采用道版式轨道系统，车辆则以对环保较为友善之日本新干线700型为参考系统进行采购，每一列车使用12节车厢，总长为304m。

依据台湾环境保护相关法令，高速铁路于规划阶段即办理环境影响评估分析报告，其中噪声防制为其重要评估影响项目之一，营运管理单位于2005年取得政府同意备查之“高速铁路全线噪声防制环境差异分析报告”（以下简称噪声环差报告）[1]，拟定高速铁路噪声防制改善作业处理原则（见图1），且为因应营运阶段沿线可能之噪声问题，成立专责单位处理沿线噪声陈情及办理后续改善工作。

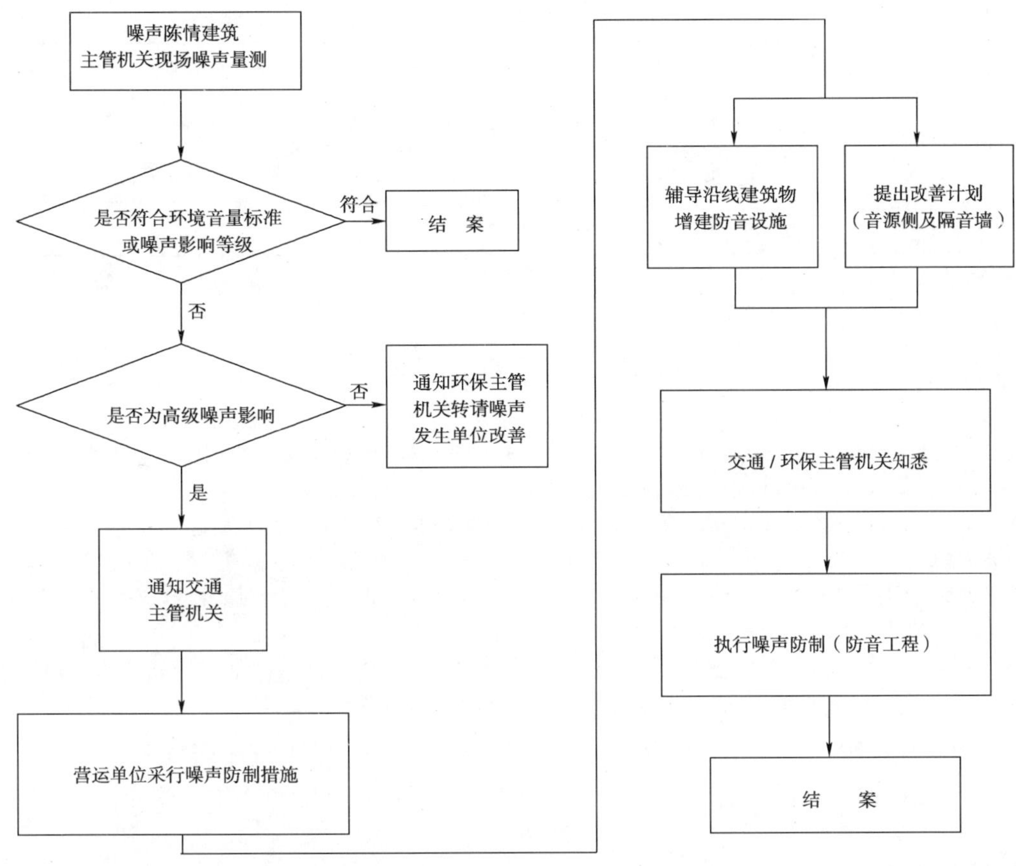

图 1 高速铁路噪声防制改善作业处理原则

2 高速铁路噪声法令介绍

目前在台湾的噪声管制法相关要求，将噪声分类为 20 ~ 200Hz 为低频噪声（$L_{Aeq,LF}$）及 200Hz ~ 20kHz 为一般噪声（L_{Aeq}）[2]，目前一般噪声与低频噪声仅限于工厂、营业场所及营建工程等场所进行管制，对于交通运输系统目前则尚未管制只有改善参考标准。

有关台湾高速铁路音量标准[3]详见表 1，第二类噪声管制区夜间时段要求最为严格，如超过标准虽无罚则，但营运单位需采取适当防制措施。另环保单位因应高铁通车后民众对于瞬间最大音量的感受，于 2007 年 6 月公告“高速铁路最大音量建议值”[4]；当陈情人指定地点时，第二类噪声管制区 $L_{Amax,mean(slow)}$ 为 80dB（A），第三类噪声管制区 $L_{Amax,mean(slow)}$ 为 85dB（A）；陈情人未指定地点时，$L_{Amax,mean(slow)}$ 为 80dB（A）。台湾高速铁路最大音量建议值，如表 2 所示。

台湾高速铁路交通噪声环境音量标准［括号内数值为实施改善措施后之标准（L_{Aeq}，hourly）］ 表 1

时段 / 管制区	AM5 ~ 7（早） PM8 ~ 10（晚）	AM. 7 ~ PM8 （日间）	PM10 ~ AM. 5（夜间）
第一类或第二类管制区（医院、学校、住宅区）	60（55）dB（A）	65（60） dB（A）	55（50） dB（A）
第三类或第四类管制区（混合区、商业区、工业区）	70（65） dB（A）	75（70） dB（A）	65（60） dB（A）

注：（1）噪声评价参数值（Assessment parameter）为每小时量测之加权平均声压值 L_{eq}［dB（A）］；

（2）均能音量：指特定时段内所测得环境音量之能量平均值，其计算公式为：

$$L_{eq} = 10\lg[1/T \cdot \int T_0 (P_t/P_o) 2dt]$$

式中：T——测定时间，s；

P_t—— 测定音压单位为帕斯卡尔，Pa；

P_o——2×10^{-5}Pa。

台湾高速铁路最大音量建议值　　表2

测量地点	管制区	班次平均最大音量建议值 $L_{Amax,\ slow(mean)}$ [dB(A)]
陈情人指定其居住生活地点	第一类、第二类	80
	第三类、第四类	85
陈情人未指定地点	第一类、第二类、第三类、第四类	80

注：(1)测量地点：

于陈情人所指定其居住生活之下列地点测定：

①测量地点在室外者，距离周围建筑物墙面线 1～2m。

②测量地点在室内者，将窗户打开并距离窗户 1.5m。

陈情人未指定其居住生活地点量测时，于下列地点测量：

①陈情人居住生活地点距离高铁最近轨道中心线 25m(含)以内：于高铁边地区距离陈情人居住生活地点最近之轨道中心线 25m 处地点测量，若测量处有建筑物时，应距离最靠近之建筑物墙面线向外 1～2m。

②陈情人居住生活地点距离高铁最近轨道中心线 25m 以外：于陈情人居住生活地点之住宅附近，距离该住宅墙面向外 1～2m。

(2)评定方法：

连续测量上下行合计共 20 个有效班次或 8h 内通过之高铁列车最大音量 L_{Amax}，将测量结果予以递减排序，取前 50% 序位之最大音量进行能量平均，求出最大音量之平均值 $L_{Amax,slow(mean)}$。

有关噪声管制区之划分，系由地方政府环保局每两年一次，依沿线土地使用近况进行检讨，目前大部分县市将高速铁路沿线路权外两侧 30m 划为第三类噪声管制区。

为有效管制交通运输系统噪声，台湾环保单位目前针对陆上运输系统所产生之噪声量，将制定陆上运输系统噪声管制标准，明订罚则，未来高速铁路车辆通过所产生之噪声将纳入管制。

3　执行噪声防制

3.1　评估及防制准则

依据现行法令、噪声环差报告[1]及考虑民众感受，铁路营运单位评估受列车音量影响需进行噪声改善措施准则如下：

以营运车辆计划目标年最大运量及高铁最大音量计算小时均能音量，评估是否符合现行环境音量标准，如未符合则进行防制措施，并列入设计时间考虑。

对于密集聚落以设置隔音墙或噪声源改善为考虑，另零星住户则以住家改善为主。(零星住户定义[5]："高速铁路沿线两侧 100m 长、距路权线外 200m 范围内，同时有 5 栋建筑物(含)以下者。上述建筑物系指日常有人居住者，仓库、棚舍等不计。")

陈情案属沿线零星住户，经认定有特殊原因，如陈情人精神方面疾病或对高铁营运安全有影响之虞(此部分可依据图 2 环评噪声环境影响评估流程图进行评估，以判定是否须进行改善)。

3.2　防制现况

(1)音源改善

土木工程：隧道设计标准截面积为 $90m^2$，且在超过 3km 以上之隧道洞口增设 10 处有通风竖井之假隧道(见图 3)，降低洞口产生微气压波音爆可能性[6~8]。

机电核心系统工程：以日本新干线 700 型为参考系统，具有对噪声考虑包括车辆轻量化，可减少轮轨音及振动，车头设计平滑化，可减少车头风切音，采用低噪声之集电弓，可减少集电弓之摩擦、放电及风切等噪声(见图 4)，车厢间予以密合处理及车窗与车体一体化，可减少车身之风切音(见图 5)。

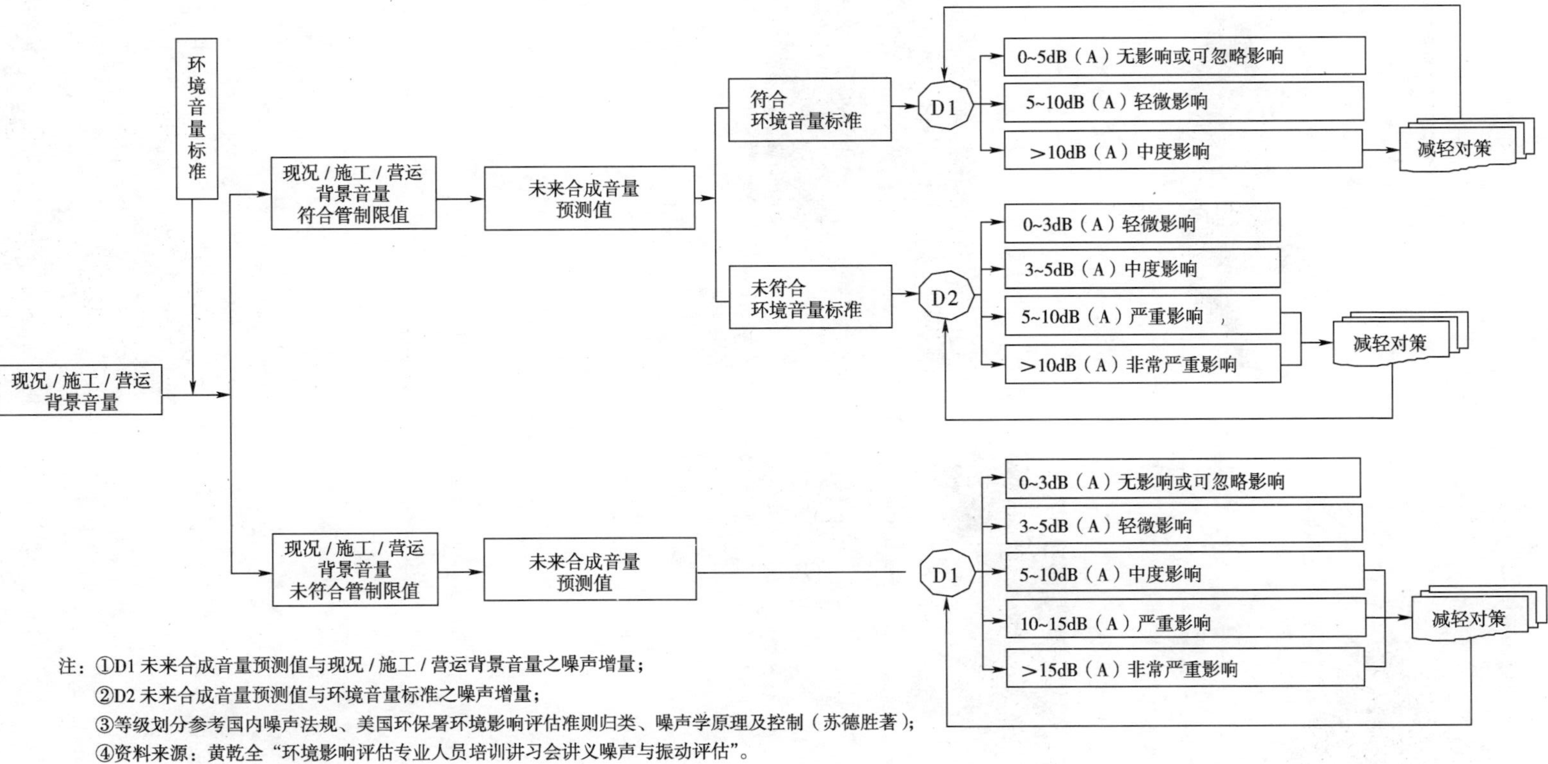

注：①D1 未来合成音量预测值与现况 / 施工 / 营运背景音量之噪声增量；
②D2 未来合成音量预测值与环境音量标准之噪声增量；
③等级划分参考国内噪声法规、美国环保署环境影响评估准则归类、噪声学原理及控制（苏德胜著）；
④资料来源：黄乾全“环境影响评估专业人员培训讲习会讲义噪声与振动评估”。

图 2　噪声环境影响评估流程

轨道工程:采用全世界最先进之轨道技术,包括采用无接缝长焊钢轨及轨道平滑化及定期磨平可减少轮轨音,台北地下段采用低噪声振动轨道系统(LVT)可减少轮轨音与振动,版式轨道旁铺设道碴材料可减少轮轨音,其他路段钢轨与道板间铺设弹性垫(Rail Pad)可减少轮轨音、振动与结构音(见图6)。

图3　长隧道于洞口处设置假隧道

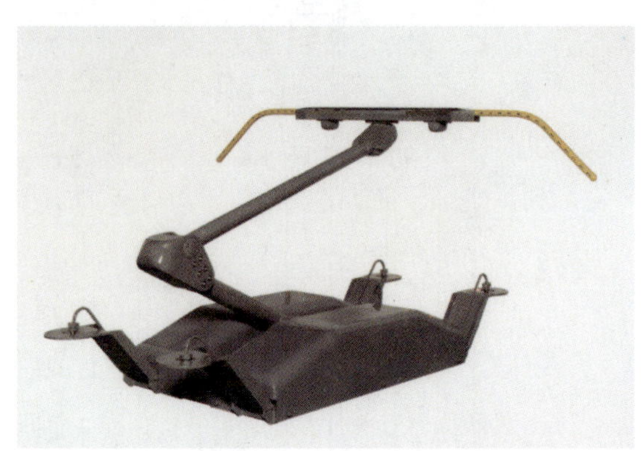

图4　低噪声集电弓及集电弓罩

图5　车厢连接处密合车窗车体一体化

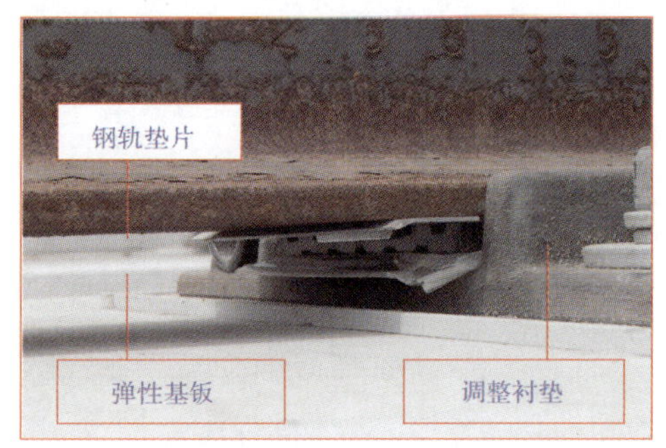

图6　轨道结构物防振

(2)传播路径改善

于高架路段两侧皆设置高于轨道面1.25m高之混凝土隔音墙(见图7),以达防制轮轨噪声之效果,全线高架段长度计250km,两侧计500km长。

除于高架路段两侧皆设置高于轨道面1.25m高之混凝土隔音墙外,另针对沿线密集聚落、学校或医院依据评估结果,设置2~4m高金属吸音型隔音墙(含1.25m高混凝土隔音墙),计约41km长(见图8和图9)。

图7　全线高架段混凝土隔音墙(1.25m)

图8　车站通过线金属双面吸音型隔音墙

图9　钢桥及高架段金属吸音型隔音墙

(3)住户改善

主要改善住家门窗为隔音门窗并增设空调,由住户自行选择厂商或由营运单位协助进行改善工程,如住家因建筑物本身问题无法进行改善者,则以给予住户慰问金方式处理。

3.3　特点

(1)设计及兴建阶段以较严格噪声标准目标值执行,对沿线居住环境保护较为周延。

(2)营运阶段设置隔音墙几率低,降低营运风险。

(3)考虑乘客视线及景观,隔音墙高度原则不超过轨道面高2m。

(4)零星住户噪声改善主要以住家实质改善为主,除考虑经济效益外,亦可符合民众期望。

3.4　改善成效

(1)高架路段4处地面噪声量测结果

于车速300km/h,离近侧铁轨中心25m,轨道面距离地面约10~15m处,噪声计离地面高1.5m进行量测,高于轨道面1.25m隔音墙平均最大音量测值约76dB(A),2m隔音墙平均最大音量测值约73dB(A)。

(2)住家防音工程室内外量测结果

住家噪声防制试作工程施工完成,于卧室关窗状态下以2组噪声计于室内、室外同步量测噪声,量测结果显示,配置5mm+8mm胶合玻璃之隔音窗,室内外一般噪声差异达34dB(A)以上,另配置5mm+5mm胶合玻璃之隔音窗,室内外一般噪声差异达30dB(A)以上。

4　营运阶段执行策略

由于营运初期班次逐渐增加营运时间延长,沿线噪声抱怨案件随班次增加而增加。因此,营运单位依据图1高速铁路噪声防制改善作业处理原则拟定以下执行策略:

4.1　持续进行营运阶段噪声量测工作

于高速铁路沿线选取密集聚落进行每季一次连续24h噪声量测工作,以随时掌握高速铁路的噪声变化。

检核现场量测之小时均能音量及高铁最大音量,是否符合台湾环保主管机关最新公告之环境音量标准或“高速铁路最大音量建议值”,量测结果如未符合,应采取因应措施。

4.2　噪声防制改善措施

隔音墙减音效果不只由其高度决定,其针对音源特性材料吸音率之影响较高度重要,日后可以对材料性能多加考虑。

对于集电弓及车辆上部音源而言,增加隔音墙高度不一定能有效防制噪声且有营运安全之考虑,另隔音墙2m以上会造成乘客视觉冲击及附近环境景观日照影响。噪声改善方式将以住家防音工程为主,避免在主在线设置隔音墙。

增加之班次若超过原环境影响评估分析报告内所载班次,依法需办理环境影响差异分析,依评估结果办理必要之改善措施。

4.3 邻近居民虽符合法令但仍持续抱怨

依据日本及欧美经验,须待班次稳定后,沿线民众才能慢慢适应其所居住环境特性,一般需要五年以上时间,因此民众抱怨无法适应仍需进行协调沟通,并就住户现况进行弹性处理。

考虑夜间背景音量较低,高速铁路列车通过瞬间之最大音量与背景值差异可能达20dB(A)以上,因此有必要依据图2噪声环境影响评估流程图进行评估。其改善方式,可考虑于居民住家寝室进行隔音窗门安装之实质噪声改善措施。

4.4 法令修订

配合政府制定或修正相关法令时程,持续沟通协调,以制定合理且技术可行之管制标准。

5 结语

台湾高速铁路计划于设计及兴建阶段已充分考虑列车通过对于沿线环境之影响,所有高架路段两侧皆设置混凝土隔音墙。另于通过学校、医院或密集聚落附近,以营运阶段最大运量进行评估,再增设金属吸音型隔音墙,且对于沿线零星住户则办理住家防音工程之改善工作。并定期于沿线进行噪声监测结果,所有监测地点噪声值皆可符合台湾环保法令要求,显示台湾高速铁路计划设计及兴建阶段所完成之噪声防制成果已达预期成效。就台湾高速铁路计划对于沿线环境保护之作为,可作为未来其他国家设计、兴建及营运高速铁路之参考。

参考文献

[1] 台湾高速铁路股份有限公司."高速铁路全线噪声防制环境差异分析报告".台北:台湾高速铁路股份有限公司, 2005.

[2] 环境保护署."噪声管制标准".台北:环境保护署,2006.

[3] 环境保护署."环境音量标准".台北:环境保护署,2006.

[4] 环境保护署."高速铁路最大音量建议值".台北:环境保护署,2007.

[5] 高速铁路工程局"高铁噪声对零星住户影响解决对策报告".台北:高速铁路工程局,1998.

[6] 前田达夫."隧道内微气压波与列车通过时之压力变动".铁道总研报告, Vol. 10, No. 2:5~10, 1996.

[7] 中谷浩二, 井手刚."对高速新干线开发隧道内微气压波低减对策"日本铁道设施协会志, No. 3:215~217,1998.

[8] 村尾一泰, 青木俊之." 新干线隧道内之低频音"骚音制御, Vol. 23, No. 5:339~343, 1999.

冲击力传递装置在捷运工程上的应用——台北捷运设计案例探讨

康思敏[1]　黄永和[1]　朱　旭[2]

(1. 亚新工程顾问股份有限公司结构工程部　2. 台北市政府捷运工程局)

摘　要　冲击力传递装置(Shock Transmission Unit, STU 或称为 Lock Up Device,LUD)之主要构造,包含流体阻尼器(Fluid Damper)及相关锚碇设施,通常设置于上部结构大梁与下部结构桥墩或桥台之间。其功能为藉由流体阻尼力吸收地震、制动加速等引致之瞬间作用力,使得上部结构与下部结构间形成刚性链接,并产生锁定效果(Lock-up Effect),可借此改变支承位置之活动状态,以达到分散桥墩受力之目的。台北捷运木栅内湖线某设计标桥梁单元 P12 ~ P15 线形位于曲率半径 $R=38$m 之平面曲线上,再加以跨度较大,因此在分析地震受力情况下,铰接端桥墩 P13、P14 及其基础将承受很大的地震力,又因工址地下管线复杂,使得 P13 及 P14 基础配置空间受到限制,大幅增加设计及施工上之困难度。因此,本桥梁单元于桥墩 P12 及 P15 设置冲击力传递装置,可使两活动端桥墩于地震状况下分担固定端桥墩 P13 及 P14 承受的地震力,以有效减小桥墩及基础尺寸,达到安全、经济且有效率的设计目标。

关键词　耐震设计　冲击力传递装置　流体阻尼器　活动端　固定端

1　前言

台湾位于环太平洋地震带上,地震活动极为频繁,是危害桥梁安全的最可怕杀手,因此如何提升桥梁耐震能力已成为工程规划设计的最重要课题。桥梁耐震设计主要依据现行的耐震设计规范进行,设计要点着重在提升桥梁结构的韧性,以达到“小震不坏、中震易修、大震不倒”的设计要求。基本原则系考虑三种等级(或回归期)之地震,规定桥梁结构在不同等级的地震力作用下仍能维持其应有的性能,包括:①在最大考虑地震(约 2500 年回归期)作用时,桥梁不得产生落桥或崩塌,以避免造成严重的人员、财产损失;②在设计地震(约 475 年回归期)作用时,允许桥梁产生可修复的塑性变形,但限制其容许值,借以消耗地震能量,并降低桥梁所受之地震力,惟产生塑性变形的位置最好在可检视之处或容易修补的地方,以方便震后之修复;③在中度地震(约 30 年回归期)作用时,桥梁能保持在弹性限度内,结构不可发生损坏。

另一方面,由台湾“九二一”地震后桥梁损害的调查可知,除了地表错动太大之外,如不良的结构系统、缺乏韧性设计、没有适当的防落桥装置等,皆左右着桥梁的破坏模式。为了降低地震之危害,在设计上亦可考虑利用剪力榫、盘式支承、防止落桥装置、冲击力传递装置等各项防震设施及工法来提高桥梁之耐震性能。冲击力传递装置通常设置于上部结构大梁与下部结构桥墩或桥台之间,其主要功能除可有效分散桥梁单元中各桥墩之受力外,亦可借由此装置改变支承位置之活动状态,以达到改良桥梁结构系统,提升其抗震性能之目的。本文将以台北捷运内湖线某设计标一个大跨度桥梁单元之设计案例,针对其工程特性、结构分析与设计考虑、冲击力传递装置之设计与施工要点等作概略探讨,以提供工程界相关类似的应用参考。

2 工程概要

2.1 工程范围及内容

本文探讨案例为台北捷运内湖线某设计标，起点衔接原捷运木栅线中山国中站尾轨，以高架方式沿复兴北路至民族东路口后转向东，沿松山机场南侧围墙行进并逐渐进入地下，全长约880m。工程内容包括高架段460m、高架段引道160m、出土段及明挖覆盖隧道260m及避车线结构200m，工程范围如图1所示。

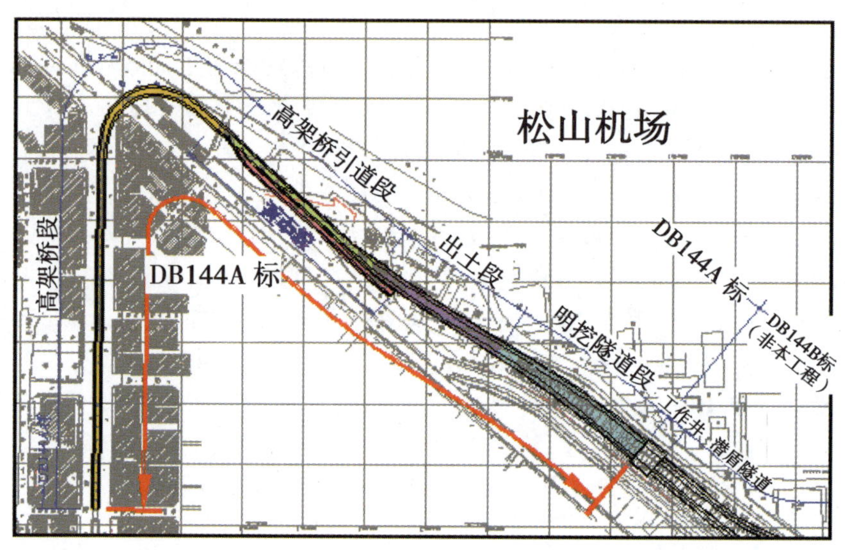

图1 工程范围示意图

2.2 高架桥工程概述

本工程高架桥采用两个封闭式钢箱形梁，结构系统为二或三跨连续梁构造，上翼板宽度2.34m，下翼板宽度1.84m，腹板以11.3度之倾斜角度配置，钢筋混凝土桥面板厚度为20cm，以剪力钉与钢箱梁连接。下部结构采用钢筋混凝土圆柱桥墩，以维持与木栅线一致的视觉感受，帽梁外部线条以圆弧线修饰作柔化处理，并以造型模板塑造桥墩表面之多角化线条，使整体造型产生视觉上之雕塑感，桥墩基础为场铸混凝土基桩。高架桥结构标准断面，如图2所示。

2.3 P12～P15 桥梁单元分析与设计

2.3.1 问题说明

本工程高架桥共配置17跨，分为7个桥梁分析单元，其中桥梁单元P12～P15跨越民族东路与复兴北路口，采用3跨连续配置，跨度为32.2m+53.6m+32.2m，其中P12及P15为活动端，P13及P14为铰接端，桥梁单元平面配置如图3所示。由于本路段地下管线分布复杂，如民族东路下方三孔大排水箱涵、复兴北路下方排水箱涵，以及相关电力管线等，使得P13及P14桥墩基础配置空间受到限制。此外，本单元桥梁线形位于曲率半径$R=38$m之平面曲线上，产生较大的偏心弯矩，再加以跨度较大，因此在考虑地震情况下，铰接端桥墩P13、P14及其基础将承受较大的地震力，又因基础配置空间受限，大幅增加了设计上之难度。因此，本桥梁单元于桥墩P12及P15设置冲击力传递装置，可使两活动端桥墩于地震状况下分担固定端桥墩P13及P14承受的地震力，以有效减小P13、P14桥墩基础尺寸，达到安全、经济且有效率的设计目标。

2.3.2 结构分析模式

考虑主跨(3 跨)与邻跨(2 跨)效应的影响,以 SAP2000 程序建立桥梁整体有限元素分析模式(见图4)。一般地震力分析采用反应谱动力分析,冲击力传递装置的反应特性则以历时分析求出。

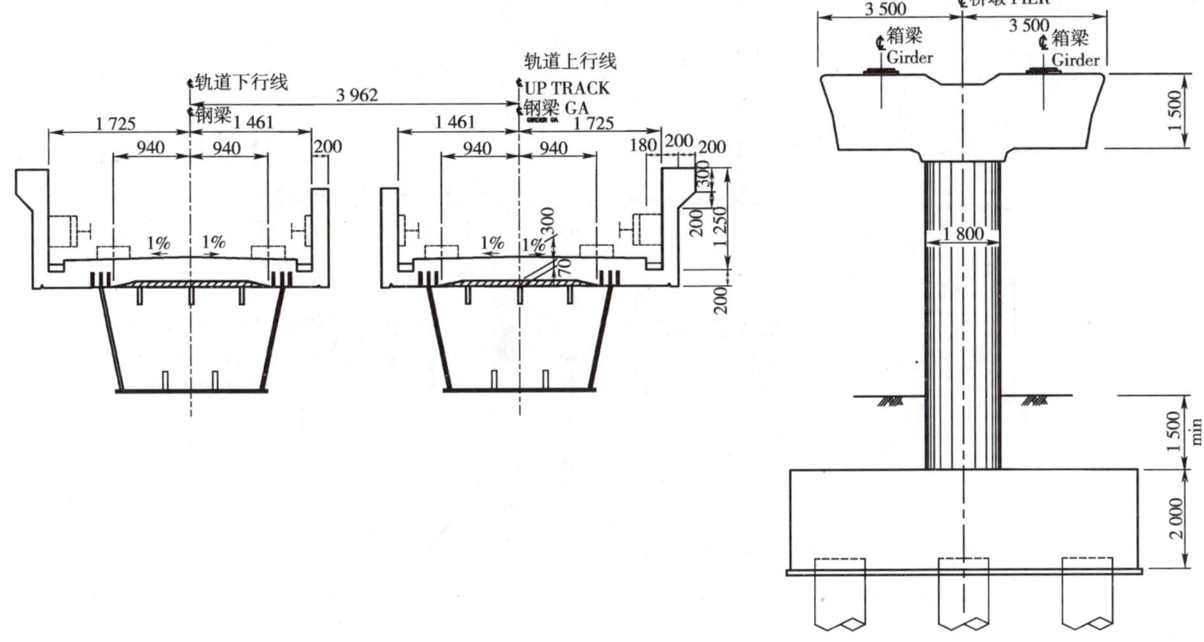

图 2　高架桥上、下部结构标准断面图(尺寸单位:mm)

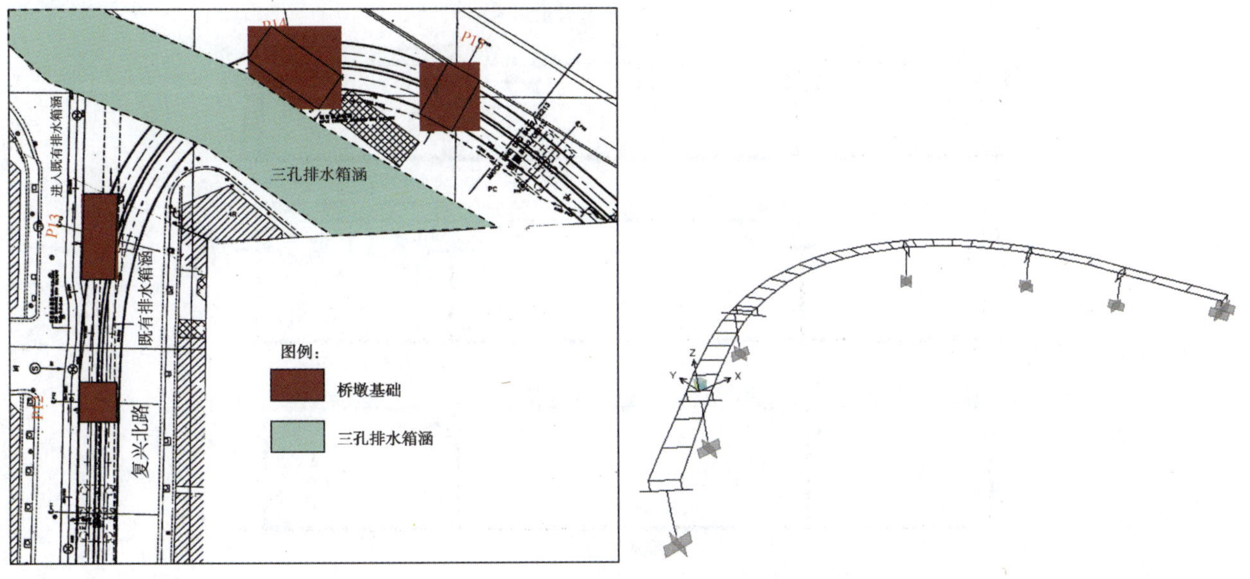

图 3　P12 ~ P15 桥梁单元平面配置图

图 4　P12 ~ P15 桥梁单元整体有限元素分析模式图

3　冲击力传递装置简介

冲击力传递装置(Shock Transmission Unit, STU 或称为 Lock Up Device, LUD)主要构造,包含流体阻尼器(Fluid Damper)及相关锚碇设施,通常设置于桥梁上部结构大梁与下部结构桥墩或桥台之间,如图5 所示。其功能为代由流体阻尼力吸收地震引致之瞬间作用力,使得上部结构与下部结构间形成刚性链接,并产生锁定效果(Lack-up Effect);而在常时状况下(如温差、潜变、干缩、列车加速及制动)所产生的小位移亦会被阻尼器所吸收并产生缓慢移动,使结构保持在活动状态。因此,可借由此装置将地震力按事先规划的途径疏导至相邻桥墩上。以本案例桥梁设计单元为例,于 P12 与 P15 桥墩位置处之上、下行轨道箱梁下方,共设置4个冲击力传递装置,其作用如图6所示。

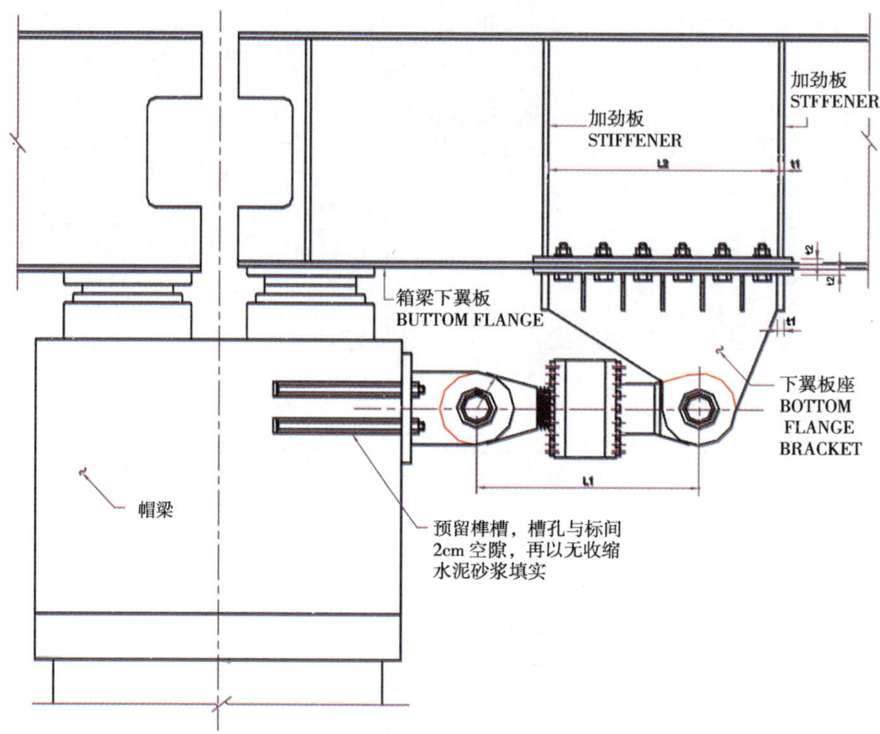

图5 冲击力传递装置示意图

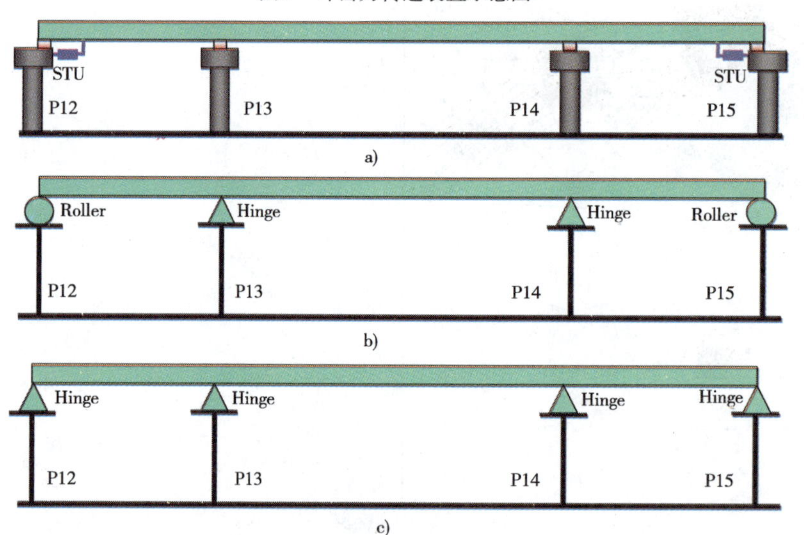

图6 冲击力传递装置作用示意图

a)冲击力传递装置安装位置;b)常时状态;c)地震状态

冲击力传递装置各部构造之材料标准及试验方法可依据美国州公路及运输官员协会(AASHTO)所制定之"AASHTO-LRFD Bridge Construction Specifications"中 Section 32 之规定办理,试验内容包含下列三个项目:

(1)系统特性试验(System Characteristic tests):其主要目的为测试冲击力传递装置基本性质及运作性能。

(2)原型试验(Proto type Tests):此项试验之目的在验证冲击力传递装置能符合契约图说中所规定之设计要求。试验项目包含慢速运动试验(SLOW MOVEMENT TEST)、快速运动试验(FAST MOVEMENT TEST)、仿真动态试验(SIMULATED DYNAMIC TEST)、超载试验(OVERLOAD TEST)、疲劳载重试验(FATIGUE LOAD TEST)。

(3)品管验证试验(Proof Tests):此项试验之目的在验证使用于本工程的每一个冲击力传递装置之可靠性。试验项目包含液压试验(HYDROSTATIC PRESSURE TEST)、慢速运动试验、快速运动试验。

4 设计结果

依据分析结果,可分别求得P12与P15桥墩位置处每个冲击力传递装置之纵向设计力、极限纵向设计力、温度干缩变位量、动力荷重最大移动量、总位移量、安装角度等各项设计参数,如表1所示。

冲击力传递装置设计参数表　　表1

桥墩	安装位置	地震纵向设计力(ton)	极限纵向设计力(ton)	温度干缩变位量(mm)	动力荷重最大移动量(mm)	最大总位移量(mm)	安装角度
P12	UP TRACK	80.5	199.1	±15.11	12	100	84.98°
	DN TRACK	47.2	95.2	±15.16			85.46°
P15	UP TRACK	64.2	160.1	±13.23			71.78°
	DN TRACK	96.7	188.9	±14.92			72.47°

此外,将设置冲击力传递装置前后之结构分析数据进行比较,汇总其使用效益如下:

(1)在控制设计载重组合下,使用STU时桥墩P13柱底纵向剪力及弯矩均较未使用STU时降低约25.7%,柱底横向剪力及弯矩较未使用STU时增加约14.6%及5.1%;桥墩P13直径可由2.8m减小至2.6m,钢筋量减少约12%,基桩数目由12支减少为8支。

(2)在控制设计载重组合下,使用STU时桥墩P14柱底纵向剪力及弯矩较未使用STU时降低32.6%及41.4%,柱底横向剪力及弯矩较未使用STU时降低约16.5%及12.8%;桥墩P14直径可由2.4m减小至2.3m,钢筋量减少约13%,基桩数目亦可由12支减少为8支。

5 结语

台北捷运内湖线某设计标桥梁单元P12~P15,在考虑跨度、线形曲率、地下管线位置、基础布设空间等因素后,于两活动端桥墩P12及P15设置冲击力传递装置,预计可达到下列效益:

(1)有效分散桥墩地震受力,可提高整体桥梁结构之耐震性。

(2)减小桥墩基础尺寸,可大幅降低因管线迁移及交通维持造成的施工难度,并缩短工期。

(3)降低整体工程经费。

本案例土建工程已于2008年初完成,台北捷运内湖线即将进行核心机电系统测试作业,预计于2009年底全线通车。

参考文献

[1] 美国州公路及运输官员协会(AASHTO). "AASHTO-LRFD Bridge Construction Specifications" SECTION 32-SHOCK TRANSMISSION UNITS, 2002.

[2] 台北市政府捷运工程局. 土木工程设计手册. (CEDM), 第十一版.

[3] 铁路桥梁耐震设计规范. 2005.

[4] Computer and Structures, Inc. SAP2000, Linear and nonlinear static and dynamic analysis and design of three-dimensional structures, Version 8.0. June, 2002.

钢弹簧浮置板技术的应用及其最新发展

尹学军　张宝才　王建立　黄俊飞

（隔而固(青岛)振动控制有限公司　青岛　266108）

摘　要　针对国内轨道交通的振动和噪声对沿线环境影响日益突出的问题,简要阐述了钢弹簧浮置板技术的基本原理,回顾了钢弹簧浮置板技术在国内的应用情况,并介绍了该技术的最新发展成果——中档钢弹簧浮置板技术。

关键词　减振降噪　钢弹簧浮置板　轨道交通　中档钢弹簧浮置板

1　前言

城市轨道交通极大地方便了人们的出行,产生了显著的社会效益,但轨道交通同时也带来一定的负面影响,诸如振动、噪声、电磁辐射、景观等,由于城市轨道交通大多位于中心城区,距建筑物较近,因此运营期的振动和噪声对沿线环境的影响尤为突出。对于地铁线路而言除了在地铁车站、车厢可感受到振动和噪声外,振动和噪声还能通过墙和仰拱传递到土介质,再由土介质而传递到邻近建筑物;而高架线路由轮轨接触振动引起的桥梁结构二次噪声,以及小半径曲线和车辆设备产生的噪声等,明显影响了线路周围居民的生活质量,这也是国外地铁线附近居民对地铁部门投诉的热点。

隔而固集团所首创的浮置板轨道技术,在许多国家和地区已广泛使用,且在振动隔离、降低噪声方面取得很大成功,已经被证实是世界上减振降噪效果最好的技术[1]。目前几十个有轨道床采取了该方法,隔振效果都十分理想。德国柏林地铁、巴西圣保罗地铁、韩国釜山-汉城高速铁路天安车站(见图1)、日本东京地铁、科隆地铁、法兰克福-曼茵茨国际机场楼顶快速客运系统(见图2)、伦敦 DLR Lewisham 地铁延长线的居民楼下隧道采用了这项技术。其中,韩国汉城-釜山高速铁路天安车站采用的弹簧浮置板道床,是迄今为止荷载最重、车速最高的隔振道床。

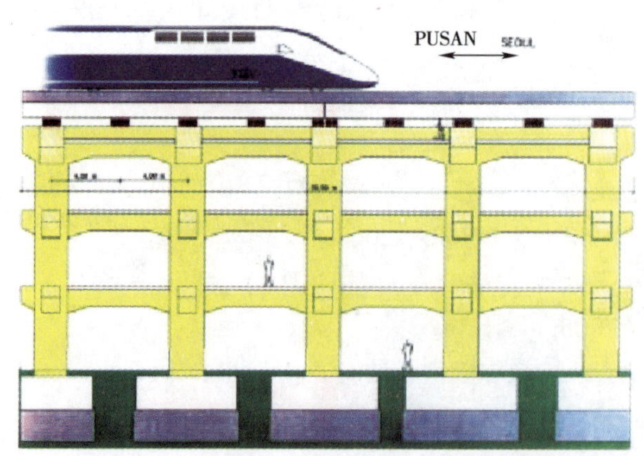

图1　韩国汉城—釜山高速铁路天安车站

本文在简要阐述钢弹簧浮置板技术后,重点介绍该技术在国内的应用情况以及最新的发展情况。

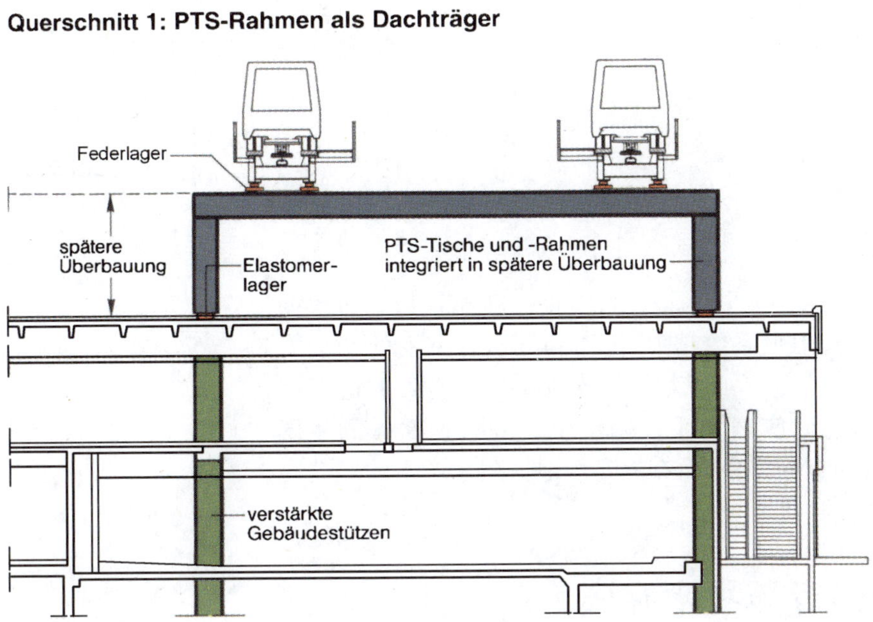

图 2　法兰克福—曼茵茨国际机场楼顶快速客运系统

2　基本原理

传统的轨道是轨排铺设在碎石道床上的，而钢弹簧浮置板轨道结构的钢轨不是直接固定在枕木上，而是间接地固定在一个重而坚固的、由钢筋混凝土制成的整体道床上，这个道床再放在由柔性弹簧组成的隔振器上。这个整体道床可以提供足够的惯性质量来抵消车辆产生的动荷载，只有静荷载和少量残余动荷载会通过弹性支承传到基础结构中去。该质量-弹簧系统的基本原理就是在轨道和基础间插入一个固有频率远低于激振频率的线形谐振器，借以减小传入基础的振动，是降低下部结构传振和传声的最有效方法。该系统可以简化为如图 3 所示的单自由度模型，图中 $F_0 e^{j\omega t}$ 为车辆作用于钢轨上的周期变化力；F_t 为通过浮置板传递到隧道壳体的力。

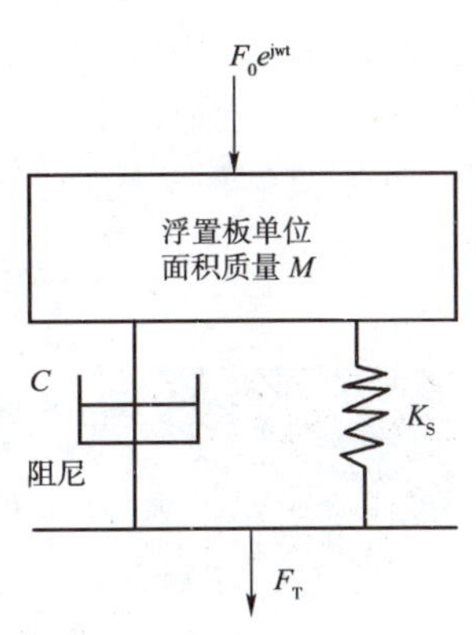

图 3　单自由度模型

系统运动方程为：

$$M + C + K_s x = F_0 e^{j\omega t} \tag{1}$$

假设解为 $x = Xe^{j\omega t}$，则有：

$$(K_s - M\omega^2)X + jC\omega X = F_0 \tag{2}$$

或

$$X = \frac{F_0}{\sqrt{(K_s - M\omega^2)^2 + (C\omega)^2}} \tag{3}$$

列车通过时产生的较大的激振力作用于浮置板上，通过钢弹簧的衰减作用，减小了力对隧道壳体的传递。该力的传递率由下式表示：

$$T_R = F_T / F_0 = \frac{\sqrt{1 + \left(2\xi \frac{\omega}{\omega_0}\right)^2}}{\sqrt{\left[1 - \left(\frac{\omega}{\omega_0}\right)^2\right]^2 + \left(2\xi \frac{\omega}{\omega_0}\right)^2}} \tag{4}$$

式中：$\omega = 2\pi f$；

$\omega_0 = 2\pi f_0$；

$\eta = 2\xi \dfrac{\omega}{\omega_0}$。

则
$$T_R = \frac{\sqrt{1+\eta^2}}{\sqrt{\left[1-\left(\frac{f}{f_0}\right)^2\right]^2+\eta^2}} \tag{5}$$

由力传递率（见图4）可明显看出，浮置板的固有频率与激振力的频率比值越小，阻尼系数越大，传递到隧道壳体上的动态力会越小，隔振效果越好。因此，为了有效地降低传递到隧道壳体上的力，浮置板设计时应该尽可能降低固有频率，使激振的频率远高于浮置板的固有频率，从而有效降低地铁列车产生的振动和噪声。

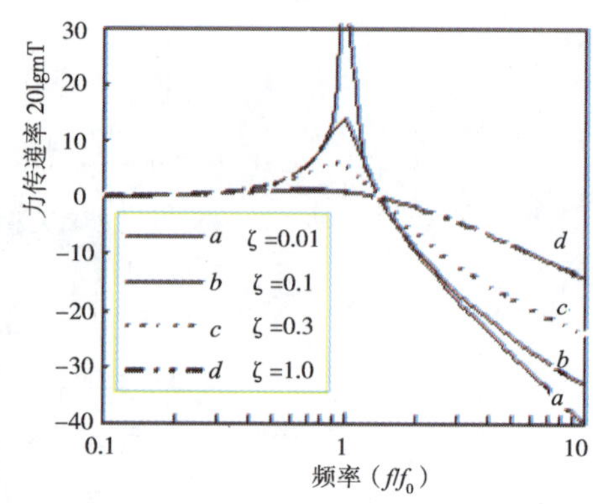

图4　单自由度模型力传递率

3　钢弹簧浮置板技术在国内的应用

3.1　北京地铁

北京地铁13号线是国内首次将钢弹簧浮置板技术应用于工程实践的线路[3]，对西直门交通枢纽高架车站地段采用侧置式钢弹簧浮置板，对指挥中心高架桥穿楼地段采用了大型隔振支座，对和平里居民塔楼地下穿越地段采取了隧道内内置式钢弹簧浮置板特殊隔振措施。这三种结构形式均在国内首次采用，其中高架桥穿楼隔振还是世界首创，如图5和图6所示。

图5　车站采用侧置式钢弹簧浮置板技术

图6　高架轻轨穿越指挥中心地段采用桥下隔振支座

为了评价钢弹簧浮置板轨道的实际隔振效率，2003年3月21～26日对北京地铁13号线柳芳站—东直门站之间的钢弹簧浮置板区段进行了正常运行条件下的现场测试。测试对地下隧道内测点及地上地面和楼房测点分两次完成。

图7是对钢弹簧浮置板地段隧道内的测试结果，可以看出浮置板道床Z振级平均值为105.53dB，隧道边墙Z振级平均值为61.55dB，钢弹簧浮置板的隔振效果为43.98dB。图8是钢弹簧浮置板地段地面和楼房的测试结果，可以看出地面以上所有测点均完全能满足“居民、文教区”昼间标准（73dB）、夜间标准（70dB）的要求。

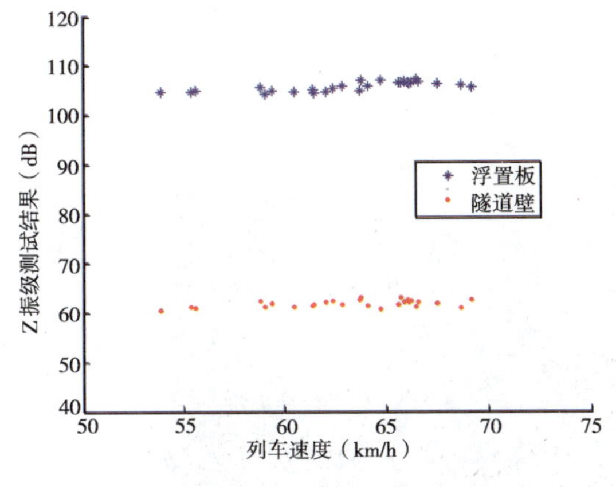

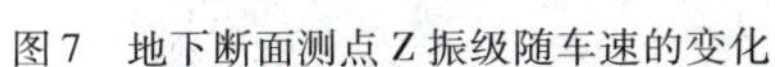
图7　地下断面测点Z振级随车速的变化

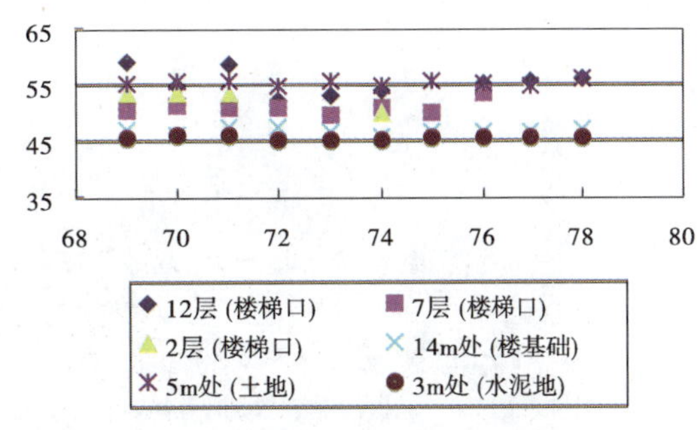

图8　地面和楼房测点Z振级测试结果

此外，北京地铁4号线、5号线、8号线、10号线等，均在一些对振动和噪声特殊敏感的地段设置了钢弹簧浮置板技术。

3.2　上海地铁

上海地铁明珠线二期（4号线），是国内也是全世界最先在高架地段采用钢弹簧浮置板技术的线路（见图9）。

对上海地铁明珠线二期钢弹簧浮置板地段的实测结果（见图10）表明：由于弹簧隔振器的隔振作用，桥面和浮置板相比，除个别点之外，振动级别下降约为20～30dB，在某些频率点甚至可达40dB。另外在钢桥下进行对比测试时发现，列车以50km/h的速度通过钢桥时，普通支承块轨道结构地段的声压级在10dB～30dB左右发生明显的变化，而钢弹簧浮置板地段的声压级无明显变化，长期居住在浮置板地段钢桥附近的居民甚至称从未感觉到过有列车经过。

图9　高架桥邻近居民地段采用钢弹簧浮置板

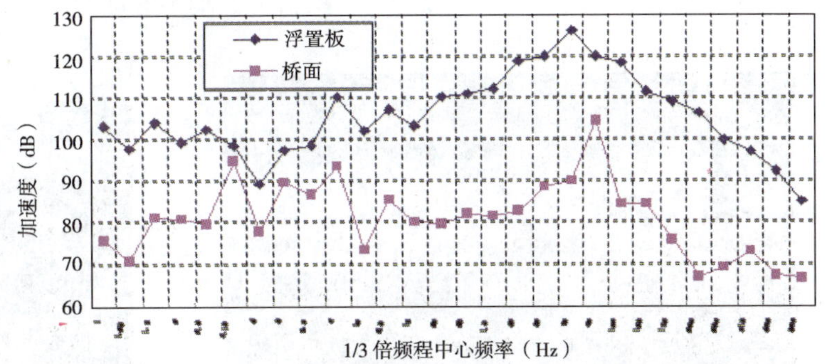

图10　高架浮置板地段1/3倍频程振动加速度级

此外，上海地铁一号线北延伸、二号线西延伸、六号线、八号线等也都已经在特殊减振地段设置了钢弹簧浮置板，已将地铁对周围环境的影响减小到最低。

3.3　其他城市

随着城市轨道交通的迅速发展，人们对轨道交通所产生的振动和噪声对环境的影响也越来越重视，全国各已建成的大部分轨道交通如深圳地铁、南京地铁、武汉轻轨等都在特殊敏感地段采用了钢弹簧浮置板技术（见图11和图12），且反映使用良好。

图11　南京地铁从鼓楼医院手术室下方穿过

图12　深圳地铁从深圳市民中心下方穿过

4　钢弹簧浮置板技术的最新发展——中档钢弹簧浮置板技术

钢弹簧浮置板技术自进入中国以来，以其优良的隔振性能和极低的养护维修成本而被越来越多的城市轨道交通所采用。但因其造价相对较高，且要使用减振要求高于20dB的钢弹簧浮置板（以下简称“高档钢弹簧浮置板”）的特殊地段相对较少；更多情况下，城市轨道交通在穿越住宅区、宾馆、机关、学校、医院等建筑物地段时，环评的要求是能将振动降低12～20dB。在这样的背景下，隔而固集团历经数年的研发，在原高档钢弹簧浮置板（见图13）专利技术的基础上，成功地开发出了中档钢弹簧浮置板（见图14）专利技术。

图13　施工中的高档钢弹簧浮置板

图14　施工中的中档钢弹簧浮置板

中档钢弹簧浮置板技术的特点有：略微调高钢弹簧浮置板系统固有频率，采用高档浮置板同一技术平台，设计方法、施工工艺、安装调平与高档钢弹簧浮置板相同，保留了高档浮置板检修方便、可更换、可调平的技术特点，安全可靠与高档钢弹簧浮置板一样已经通过了200万次疲劳试验。其优点是：隔振效果在12～20dB之间，可以广泛应用于最常见的轨道交通对环境的振动噪声干扰问题，平均每公里造价相对高档浮置板而言降低约20%～30%，大大提高了性价比，可以采用预制板形式施工，提高施工速度。

目前，中档钢弹簧浮置板技术在北京、上海等地的城市轨道交通中正得到广泛使用。

5 结论与展望

通过回顾总结钢弹簧浮置板技术在国内城市轨道交通中的应用，可以发现高档钢弹簧浮置板技术能满足音乐厅、歌剧院、医院、市政厅、会议中心、博物馆、实验室、居民区等有特殊减振降噪要求地段的要求。而在高档钢弹簧浮置板技术平台基础上开发的中档钢弹簧，继承了高档钢弹簧浮置板的一系列优点，必将以其 12 ~ 20dB 之间优良的减振效果及有竞争力的价格广泛应用于国内城市轨道之中，为中国的环保事业再作新的贡献。

参考文献

[1] G. P. Wilson, H. J. Saurenman and J. T. Nelson. Control of ground-borne noise and vibraion. Journal of sound and vibration . vol87(2) . 1983.

[2] 唐一科. 振动分析及其应用. 重庆：重庆大学出版社，1993.

[3] 王朝阳，尹学军，张宝才，王建立. 钢弹簧浮置板隔振道床在北京城铁敏感路段的应用. 铁道建筑. 2003. 1. 城铁专刊.

迷宫式约束阻尼钢轨的原理与工程应用

尹学军　张宝才
（青岛科而泰环境控制技术有限公司　青岛市崂
山区株洲路143号石老人科技创业园3-B109　266101）

摘　要　总结了国际上典型的阻尼钢轨结构形式，分析了通过增加钢轨的振动衰减率降低轮轨噪声的基本原理，提出了具有迷宫式结构的钢轨减振降噪新方案。建立了三个典型方案和标准钢轨的有限元模型，通过动力学仿真对减振效果进行了对比分析，在此基础上选出了减振效果最佳的结构方案。进一步利用该技术完成了国内首条迷宫式约束阻尼钢轨降噪试验段，测试结果表明，该技术在曲线段5～15km/h速度范围内，可以降低噪声3～8dB(A)，达到了国际同类技术的先进水平。

关键词　轮轨噪声　铁路噪声　阻尼钢轨　减振降噪　振动　噪声

1　引言

地铁、轻轨等城市轨道交通是城市公共交通的重要组成部分，作为一种现代化的交通运输工具，给居民的出行带来了快捷和方便，是解决城市交通拥挤的一项切实可行的措施。由于城市轨道交通处于人口密集的地区，运行中产生的噪声对周围环境的影响不可忽视。因此，轨道交通的噪声问题已引起国内外学者的重视，其减振降噪的研究也逐步深入。

轨道交通噪声产生的主要来源有以下几方面：列车牵引电机及辅助设备噪声；轮轨噪声；空气动力噪声；受电弓噪声；桥梁结构的二次噪声等。研究表明，当列车速度小于250km/h时，铁路噪声以轮轨噪声为主。

轮轨噪声可分为三种主要类型：滚动噪声、撞击噪声和啸叫噪声。其中滚动噪声通常是由轮轨接触表面的细微凹凸不平顺引起的。当轮在轨道上滚动时，这种不平顺导致轮轨结构产生弹性振动，弹性振动向空气中辐射而产生滚动噪声。一般来说，列车运行速度越大，轮轨系统噪声越大。撞击噪声是指当车轮通过钢轨表面所存在的局部不连续表面（如钢轨接头）时，使轮轨系统形成突发的冲击与振动而产生的噪声，这一噪声随着长轨的使用将有所减小。啸叫噪声是指当车辆通过小半径曲线及进入道岔时，车轮受钢轨的制约在钢轨顶面产生横向滑动，结果使轮轨间出现粘着和滑行，从而产生强烈的窄带高频噪声。

一般采用弹性车轮、消声车轮、整体低噪声车轮等可有效地减少轮轨噪声；保持车轮踏面圆整，在低频内可降噪3～4dB(A)；采用防声裙板也可以减少轮轨噪声；采用重型焊接长轨，减少钢轨接缝数目，也有利于减振降噪；保持轨面光滑，可降噪2～9dB(A)；钢轨与轨枕间、钢轨与钢轨间采用弹性紧固件，可降噪3dB(A)；采用弹性支撑块式轨道，轨枕下有弹性较好的微孔橡胶垫，具有较好的减振降噪效果。

利用阻尼增加钢轨的振动衰减率，也是一种降低噪声强度的有效方法。本文介绍一种新型的、用于钢轨降噪的迷宫式约束阻尼结构。

2 迷宫式约束阻尼的结构形式

2.1 钢轨约束阻尼降噪的基本原理

通过对轮轨振动和噪声的大量研究表明[5]，轮轨噪声是轨道交通噪声的主要来源，并且在500～2500Hz频率范围内，轮轨振动和噪声为线性相关。特别是在500～1000Hz范围内，钢轨是主要辐射体。也就是说，钢轨振动是造成轨道交通噪声的主要原因。抑制钢轨振动，减小钢轨的振动加速度，对降噪起着关键作用。因此，就轨道结构而言，降低噪声的主要目标是减小钢轨的振动加速度，降低钢轨振动主频。约束阻尼降噪技术，即在钢轨的轨腰和翼板粘贴约束阻尼，以增大钢轨振动的衰减率，从而减小钢轨的振动，达到降噪的目的。

2.2 国外钢轨阻尼降噪的基本形式

基于上述原理，国外已经研制成功有钢轨阻尼降噪的相关产品，并在实际中得到了应用。文献[1]指出，对于轨垫刚度为80MN/m的钢轨，当安装上如图1所示的吸振器后，钢轨的声功率可降低12dB(A)。该种形式的阻尼钢轨，从原理上更接近于调谐质量减振器。

日本曾在铁路交通中应用防振钢轨[8]，即在钢轨轨腰两侧用橡胶板包裹，如图2所示。包裹的橡胶板与钢轨一起承受纵横方向载荷，从而抑制振动和降低噪声，降噪效果在4dB(A)左右。该方案需要在钢轨上横向打孔安装螺栓，不仅安装不够方便，并且可能会影响钢轨的刚度和强度。

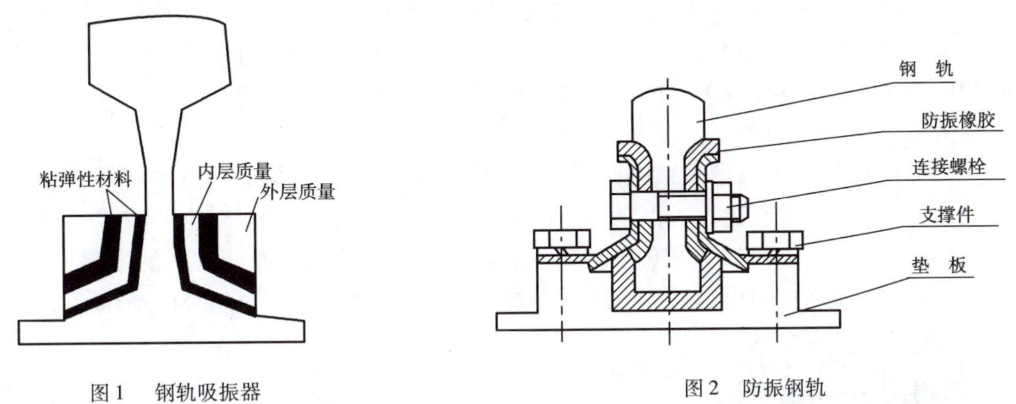

图1 钢轨吸振器

图2 防振钢轨

国外文献中还报道了另外一种约束阻尼钢轨降噪技术，如图3所示。首先在轨腰上黏结一层2mm厚的阻尼材料，一般为橡胶，在阻尼材料的外侧再黏结一块5mm厚的钢板。钢轨振动时，由于钢板的约束作用，阻尼层产生剪切变形消耗能量，使振动迅速衰减，达到减振降噪的效果。

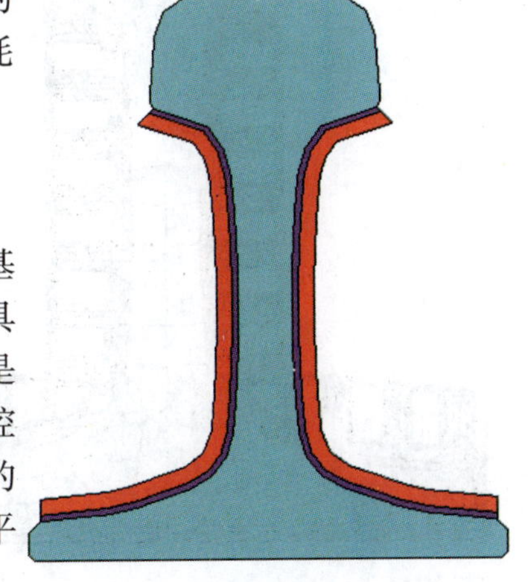

图3 钢轨约束阻尼降噪技术

2.3 迷宫式约束阻尼降噪板及阻尼钢轨

在研究国外阻尼降噪钢轨成功经验和国内外各种阻尼材料的基础上，研发出了针对钢轨的迷宫式约束阻尼降噪板专利技术，以及具有自锁功能的铝合金预复合阻尼板工艺技术。该技术的约束板不是平行于钢轨非工作表面的平板，而是具有很多相互交错的凹凸和空腔的约束板，在凹凸中间和空腔中间设有阻尼(见图4)，因此阻尼层的作用面积数倍于钢轨提供的非工作表面，约束板的刚度也较高，与平行式约束阻尼结构相比，迷宫式约束阻尼结构具有更高的阻尼比。

由于阻尼材料一般流动性很差，现场涂刷阻尼材料施工速度太慢，作者又开发出了与迷宫式约束阻尼降噪板相匹配的预复合约束阻尼板工艺。阻尼的灌注和复合工作在工厂进行，效率高，质量稳定，出厂前阻尼和约束板已经复合固化好，现场只需黏结，施工速度快，施工周期短。

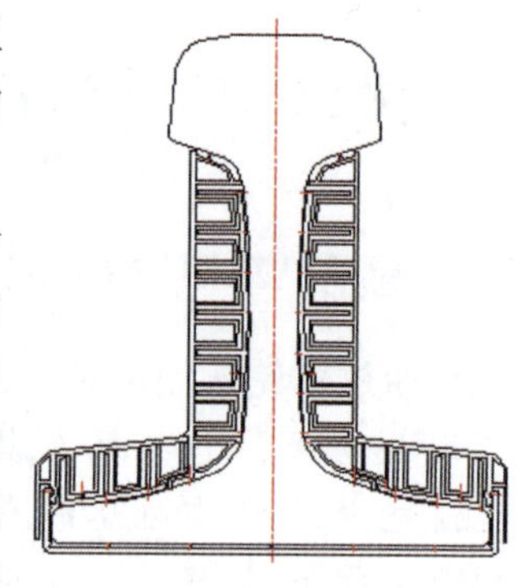

图4　迷宫式约束阻尼降噪板及阻尼钢轨

针对铁路运营安全第一的要求，钢轨用迷宫式约束阻尼降噪板采用铝合金挤出型材或冲压型钢板，精度高、外形美观、耐腐蚀、寿命长、刚度大，分为侧板、面板和底板，分别粘贴于轨腰、翼板上表面和底板。在降噪效果要求中等或底部安装空间不够时，不采用迷宫式结构，而采用冲压钢板。为了使约束阻尼降噪板黏接牢固、安全不脱落，该技术除了采用高强度的黏结胶外，还设置了另外两道安全防线：①约束阻尼侧板外侧采用延伸性极好的弹性结构胶黏结，其延伸率达300%～500%。②三种约束阻尼板在断面上相互锁紧。这样可以做到，约束阻尼板在正常使用条件下在钢轨更换周期内黏接胶不剥离；即使某块约束阻尼板由于意外原因剥离，也不会相互松开，即使松开也不脱落。

该技术既可以在新线上使用，也可以在已运营线上后加装。在新线使用时，可以在工厂内先在钢轨上粘贴好约束阻尼板，然后现场铺钢轨，现场施工同普通钢轨一样简单。

3　迷宫式约束阻尼钢轨的有限元分析

3.1　减振降噪方案的有限元建模

有限元法是一种可以获得许多工程问题近似解的数值计算方法，它的思路是把一个复杂的结构系统示作若干个离散单元的有限集合，单元通过节点与相邻单元联结，并要求在各个单元所具有的各节点处位移协调和内力平衡，以使有限单元的组合能像整体一样起作用，从而使连续体力学问题转化为一个多自由度的离散系统的力学问题。

为了通过动力仿真分析各方案的减振降噪效果，对多种减振降噪方案进行了有限元建模。作为对比减振降噪效果的基准，同时也建立了钢轨的有限元模型。其典型的分析方案有：迷宫式减振降噪方案（方案2，见图5）；国外的阻尼钢轨方案（方案4，见图3）；以及带填充物的迷宫式约束阻尼降噪侧板（方案8，见图6）。各方案所建立的模型均为三维实体模型，图5和图6中所示仅为一个横截面。

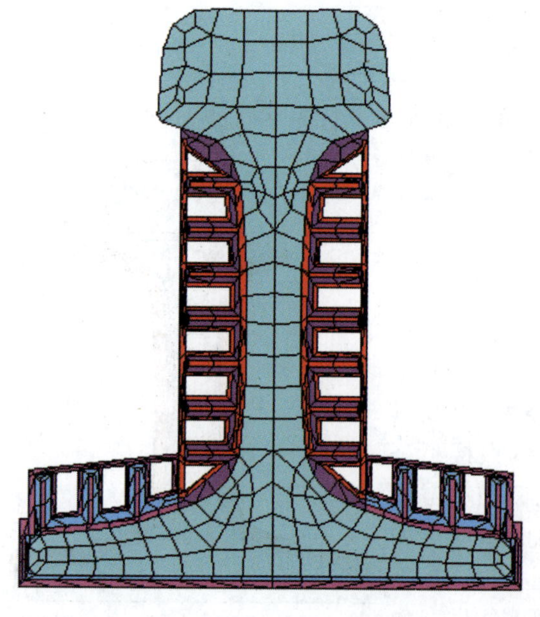

图5　迷宫式约束阻尼钢轨的有限元模型

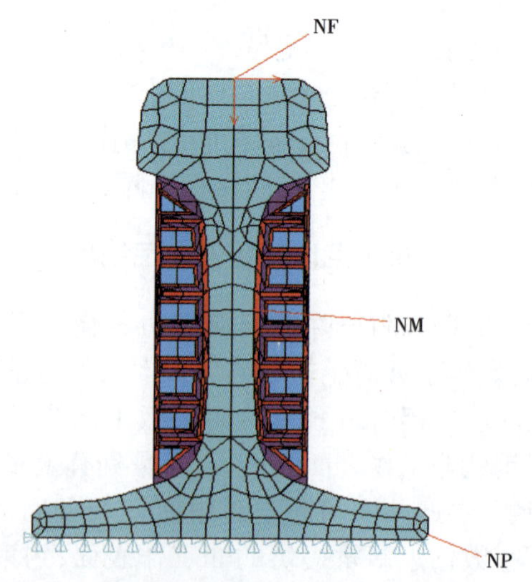

图6　迷宫式约束阻尼钢轨的有限元模型（仅侧板、带填料）

3.2 减振效果的动力学仿真

为了对比各方案的减振效果,对各方案在冲击响应下的衰减振动进行动力学仿真。在相同的激励条件下,振动幅值小且衰减快的减振效果好。具体在钢轨中间横截面的顶部中间点 NF 施加两个脉冲激励力。其中垂直方向的作用力为 160kN, 水平方向的作用力为 40kN,脉冲的长度为 0.1ms。利用直接积分法计算结构在冲击力作用下的动力响应,作为计算结果,将冲击力作用点 NF、轨腰 NM 和轨底板边缘 NP 的位移和加速度存入数据文件,然后用 MATLAB 对各方案的位移和加速度响应进行对比分析。图 7 给出了轨腰的位移对比分析结果。

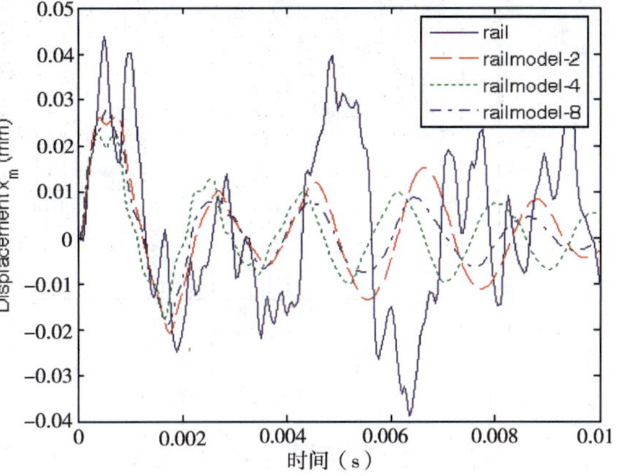

图 7 轨腰 NM 点的横向位移

通过对比可以看出,和标准钢轨相比,各减振降噪方案均有一定的减振降噪效果。迷宫式减振降噪方案与国外的阻尼钢轨方案相比,减振降噪效果基本相同。对迷宫式约束阻尼钢轨,降噪板空腔中填充相应的材料,可以进一步提高减振降噪效果。其中带填充物的单侧板方案,已经明显优于原整体方案。因而在试验段进行工程试用时,采用了带填充物的迷宫式减振降噪方案。

4 迷宫式约束阻尼钢轨试验段

为了检验迷宫式约束阻尼降噪板的实际减振降噪效果,科而泰公司于 2006 年 5 月在古城车辆段完成了国内首段迷宫式阻尼钢轨的改造。古城车辆段具有 48 个地铁车库以及相应的 48 条进库轨道,其车辆进出库所产生的噪声对周围的环境和居民有一定的影响。科而泰公司在第 46 号轨道上粘贴了迷宫式约束阻尼降噪板,随后,北京市劳动保护科学研究所于 2006 年 6 月进行了约束阻尼钢轨的降噪特性测试。

为便于对降噪效果进行分析,分别对普通钢轨(第 42 道)和加贴了迷宫式约束阻尼降噪板的阻尼钢轨(第 46 道)等两种不同的轨道条件,使车辆以不同的速度(5km/h、10km/h、15km/h)进出车库,用 B&K 公司生产的便携式噪声计,在线路中心侧面约 7.5m 处,测量噪声的声压值。

通过现场测试得到了车辆以不同的速度进出第 42 道和第 46 道时噪声声压级,并进行了倍频带频谱分析。普通钢轨和阻尼钢轨各次测试结果的倍频程声压级对比,如图 8 ~ 图 12 所示。其中 42 道 15km/h 出库数据有误,未录用。

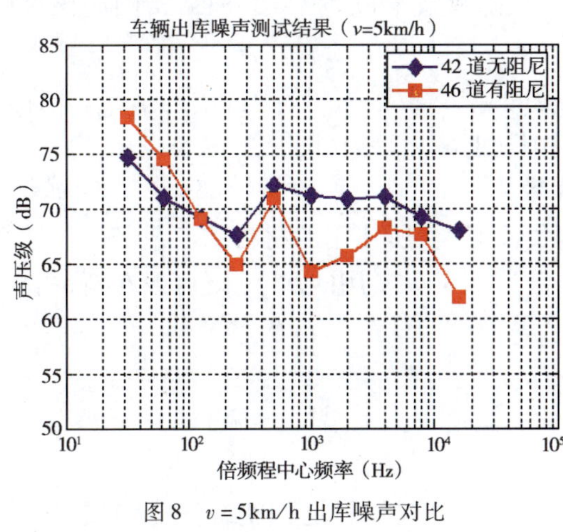

图 8 $v=5\text{km/h}$ 出库噪声对比

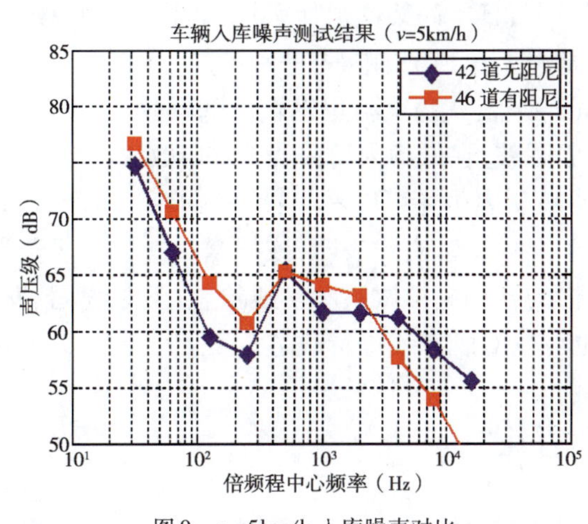

图 9 $v=5\text{km/h}$ 入库噪声对比

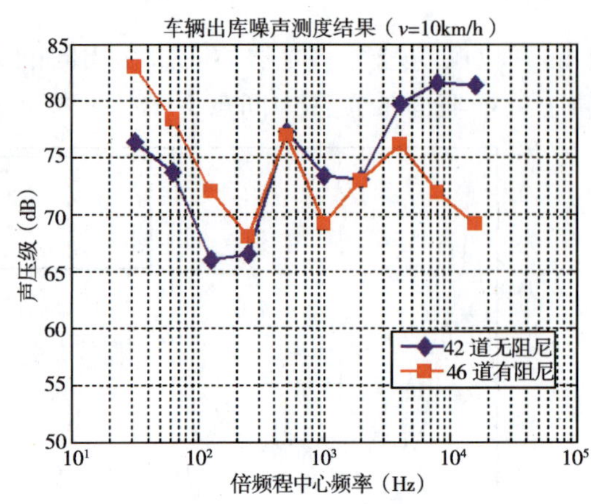

图 10　$v=10\text{km/h}$ 出库噪声对比

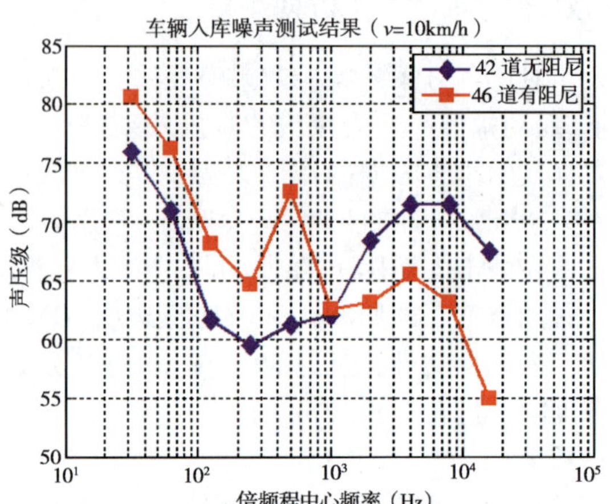

图 11　10km/h 速度入库噪声对比

从图中所示的倍频程声压级来看，在当中心频率 >500Hz以上时，阻尼钢轨的声压级低于大部分低于普通钢轨的声压级。频率越高，差别越明显，最大差别出现在 15km/h 入库，在 16kHz 时差别达 26dB；低于 500Hz 时，阻尼钢轨的声压级高于普通钢轨，原因可能有两个：其一，阻尼钢轨的确有低频放大现象；其二，背景噪声的干扰，实际的低频段降噪效果应当更好。

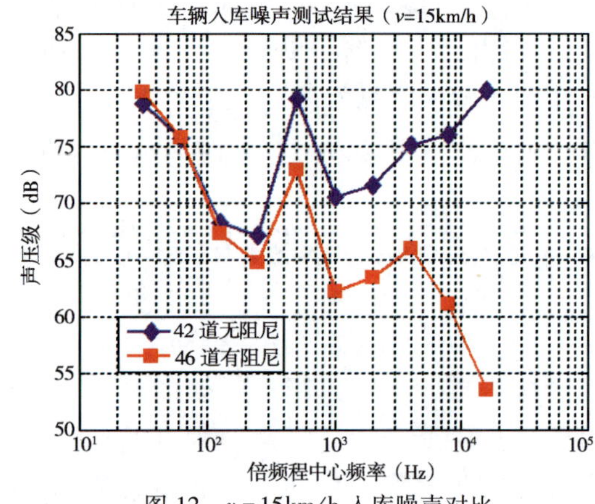

图 12　$v=15\text{km/h}$ 入库噪声对比

表 1 所示为三种不同速度下车辆行驶在普通钢轨和阻尼钢轨上时的 A 声级差值，即阻尼钢轨相对于普通钢轨的降噪效果。

迷宫式约束阻尼钢轨降噪效果一览表（dB）　　表 1

行驶速度	5km/h	10km/h	15km/h
出库	4.5	5.4	—
入库	0.4	1.6	8.2

根据上述各图和表 1 所列的测试结果，可以得出如下结论：

(1)在曲线段和 5～15km/h 速度范围内，迷宫式约束阻尼钢轨的降噪效果为 3～8dB(A)。根据相关资料[3]，日本高架铁道所采用的阻尼钢轨，按照其测试结果降噪效果也为 3～5dB(A)，因而该试验段结果基本上达到了国际先进水平。

(2)迷宫式约束阻尼钢轨的降噪效果，已经达到了其他已经工程应用的降噪技术的水平，如保持车轮踏面圆整，在低频内可降噪 3～4dB(A)；软扣件比标准扣件可减少 2～5dB。

(3)从表中还可以看出：速度越高、声压级越高时降噪效果越好。

至今的运营实践表明，该技术对景观和运营没有任何负面影响，所使用的材料和工艺经过长达 2 年的严格的各种模拟试验和实践检验，美观牢固、安全可靠，已达到工程实用的水平，既可以在新钢轨上使用，也可以对既有线进行改造。

5　结论

本文在总结国外阻尼钢轨的基础上，研制出了具有自主知识产权的阻尼钢轨减振降噪技术——迷

宫式约束阻尼降噪板,并在北京地铁古城车辆段中得到实际应用。综合理论分析和试验测试结果,可以得出以下结论:

(1)从减振降噪的原理上来分析,迷宫式约束阻尼结构显著增大了阻尼层的面积,有利于提高减振降噪的效果。

(2)根据有限元动力仿真结果,迷宫式约束阻尼结构的减振效果高于相应的国外对比方案。

(3)迷宫式约束阻尼钢轨在曲线段 5 ~ 15km/h 速度范围内时降噪效果可达 3 ~ 8dB(A),已经达到国际同类产品的水平,可以进行工程应用。

(4) 根据测试结果,迷宫式约束阻尼钢轨的降噪效果随速度的增大和噪声强度的增大而提高,从而在曲线段、车站制动段和高速铁路有很好的应用前景。

参考文献

[1] D. J. Thompson. Optimization of tuned absorbers for Application to rails [C]. ISVR Contract Report 9736.

[2] 张潞,周莹,回蕴珉. 城市轨道交通的噪声及控制对策. 城市环境与城市生态,2003 年 6 月增刊.

[3] 葛世平. 城市轨道交通的振动和噪声对环境的影响及其对策. 城市轨道交通研究,2003 年第 3 期.

[4] 张艳平,杨宜谦,柯在田,孙宁. 城市轨道交通振动和噪声的控制. 中国铁路,2000 年第 3 期.

[5] 刘加华,练松良. 城市轨道交通振动与噪声. 交通运输工程学报,2002 年 3 月第 1 期.

[6] 圣小珍, 雷晓燕. 欧洲铁路轮轨噪声研究方法和进展. 华东交通大学学报,2001 年 9 月第 3 期.

[7] 鲁书浓,练松良. 城市轨道交通轮轨噪声探讨. 城市轨道交通研究,2003 年.

[8] 王敬欣. 列车轮轨噪声控制技术. 噪声与振动控制,1998 年 2 月第 6 期.

轨道交通引起的箱形梁结构噪声研究

孙亮明[1] 陈西德[2] 谢伟平[1]
(1. 武汉理工大学土木工程与建筑学院 武汉 430070
2. 中国中材国际工程股份有限公司 南京 211100)

摘 要 从薄壳理论、薄板理论和共形映像理论三个切入点入手，分别对箱形梁结构噪声展开了理论分析，由于箱形梁的周向变曲率，很难得到箱形梁声辐射问题的解析结论。基于齐次扩容精细积分法和复数矢径虚拟边界谱方法，初步提出了一种具有较高效率和精度的求解箱形梁声辐射问题的半解析方法，为进一步了解城市高架轨道箱形梁的声辐射特性，对建成线路的噪声控制及对待建线路噪声的前期预测和箱形梁截面的优化设计提供了参考的理论依据。

关键词 箱形梁 结构噪声 薄壳理论 半解析方法 声辐射

1 引言

城市轨道交通的飞速发展给沿线居民的生产生活带来了不可避免的环境振动和噪声污染问题，并且严重影响了沿线高科技生产企业、医院和科研机构等单位中高精密仪器的日常使用。箱形梁结构噪声作为城市轨道交通振动和噪声产生的主要来源，有效控制箱形梁结构噪声已经成为环境保护领域亟待研究和解决的重要问题。我国城市高架轨道主要采用混凝土箱形梁，其辐射的“二次噪声”以低频噪声为主[1]。低频噪声衰减慢，穿透力强，研究表明低频噪声对人体不仅造成功能性损害，还可引起器质性及精神性损害。因此，降低由其振动引发的低频噪声具有很大的现实意义，也可以进一步了解城市高架轨道箱形梁的声辐射特性，对建成线路的噪声控制及对待建线路噪声的前期预测和箱形梁截面的优化设计都具有十分重要的意义。

箱形梁振动引起的声辐射问题本质上是结构流固耦合声辐射问题，一直是结构声学和控制领域的前沿问题，也是各国学者公认的难点问题。Burroughs[2]利用 Fourier 积分变换、周向模态展开以及阻抗方法，导出了流场中双周期环肋加强的无限长圆柱壳在集中点力激励下远场辐射声压的解析表达式，建立了分析这类问题的基本思路。但其模型过于简单，仅考虑了径向激励力以及肋骨与壳体之间的径向相互作用力。J. M. Chen[3]等在 Burroughs 的基础上研究了纵横双向加肋无限长圆柱壳的振动声辐射问题。H. L. Li[4]等考虑了流体流动，利用波数域法和稳相法导出了受径向集中载荷激励的无限长半浸没/充液圆柱壳体结构辐射声场预估理论模型，并对其声辐射规律进行了参数研究。Junger 和 Feit[5]从壳体振动的控制方程出发，应用模态展开法导出了无限长及有限长圆柱壳的振动和声辐射解析解。Bokil 和 Shirahatti[6]利用模态展开法研究复杂外形弹性结构的结构-声耦合问题，但需耗费大量的 CPU 时间计算耦合系统的特征频率和振动模态，而且在中、高频段由于模态分布密度变化大，致使模态分析方法失效。

综上所述，前人的工作[2~6]大多集中在圆柱壳的研究上。箱形梁结构由于周向变曲率，使其结构动力方程采用解析法求解具有相当难度，因而用解析法分析箱形梁的声辐射问题目前未见有文献报道。本文从薄壳理论、薄板理论和共形映像理论三个切入点入手分别对箱形梁结构噪声展开理论分析，力图得到箱形梁声辐射问题的解析结论。

2 箱形梁结构噪声的研究思路

2.1 研究箱形梁声辐射问题的关键

箱形梁声辐射问题的求解，关键是对箱形梁的结构动力方程、流场 Helmhotz 方程、Sommerfield 辐射条件以及空气和箱形梁交界面上的协调条件所组合成的流固耦合方程的求解，从而求得箱形梁的辐射声压，了解箱形梁的声辐射特性。

2.2 薄壳理论法

基于薄壳理论[7]，建立箱形梁的结构动力方程，并结合流场 Helmhotz 方程、Sommerfield 辐射条件以及空气与箱形梁交界面上的协调条件，求解其流固耦合方程来确定箱形梁声辐射特性。由于箱形梁周向变曲率，使得结构动力方程解析求解十分困难。本文基于齐次扩容精细积分法和求解二维 Helmholtz 外问题的复数矢径虚拟边界谱方法[8]，通过 Fourier 积分变换和稳相法来研究箱形梁声辐射问题，提出了一种具有较高效率和精度的求解空气中无限长混凝土箱形梁声辐射问题的半解析方法。

2.2.1 箱形梁状态微分方程组

置于空气中的无限长混凝土箱形梁计算模型如图 1 所示，所有单位均采用国际单位，满足流固耦合理论的基本假设，并假设箱形梁横截面四边为光滑圆角连接。采用 Гсльденвейзер 薄壳理论[7]，箱形梁受简谐激励集中点力作用，方向与作用点处壳体外法线方向相反，时间因子取为 exp($-i\omega t$)（公式中均已省略），ω 为外激励圆频率，流体无黏性并忽略内部空气对壳体的影响，声压计算点位于距坐标原点 L 处且满足 $k_0 r$，k_0 为声压波数，r 为声压计算点到 x 轴的垂直距离，箱形梁横截面的边界形状 $R(\phi)$ 写成极坐标形式：

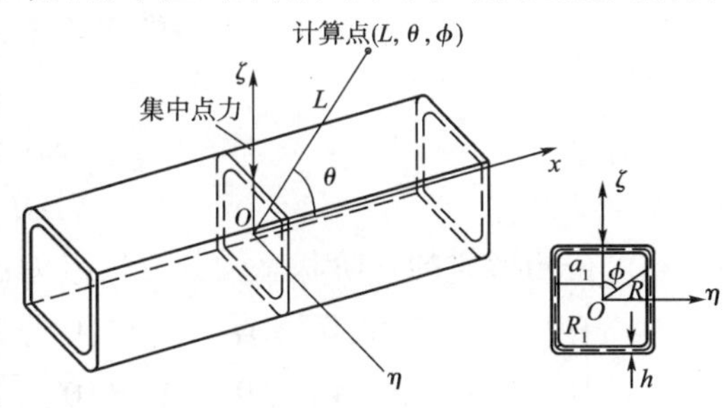

图 1 集中点力激励下的箱形梁和坐标

$$R(\phi)=\begin{cases}a_1\sec\phi, R_\beta=\infty, 0^\circ\leqslant\phi<\phi_1\\(a_1-R_1)(\sin\phi+\cos\phi)+\sqrt{R_1^2-(a_1-R_1)^2(1-\sin2\phi)}\\R_\beta=R_1, \phi_1\leqslant\phi<90^\circ-\phi_1\\a_1\csc\phi, R_\beta=\infty, 90^\circ-\phi_1\leqslant\phi<90^\circ\end{cases}\tag{1}$$

式中：ϕ——极角；

R_1——圆角圆弧半径；

a_1——原点到中曲面直边的距离。

箱形梁的结构动力方程和内力、位移关系为[7]：

$$\begin{gathered}\partial N_x/\partial x+\partial N_{\beta x}/\partial\beta+\rho h\omega^2 u=0\\\partial N_\beta/\partial\beta+\partial N_{x\beta}/\partial x+Q_\beta/R_\beta+\rho h\omega^2 v=0\\\partial Q_x/\partial x+\partial Q_\beta/\partial\beta-N_\beta/R_\beta+\rho h\omega^2 w-f(x,\beta)-p_f(x,\beta)=0\\\partial M_x/\partial x+\partial M_{\beta x}/\partial\beta-Q_x=0\\\partial M_\beta/\partial\beta+\partial M_{x\beta}/\partial_x-\varphi_\beta=0\\S_\beta=Q_\beta+\partial M_{\beta x}/\partial x\\\theta_x=-\partial w/\partial x, \theta_\beta=v/R_\beta-\partial w/\partial\beta,\\N_x=K[\partial u/\partial x+u(\partial v/\partial\beta+w/R_\beta)]\\N_\beta=K[(\partial v/\partial\beta+w/R_\beta)+u\partial u/\partial x]\end{gathered}\tag{2}$$

$$
\begin{aligned}
N_{x\beta} &= 0.5K(1-\mu)[\partial u/\partial\beta + \partial v/\partial x + (h^2/6R_\beta)\partial\theta_\beta/\partial x] \\
N_{\beta x} &= 0.5K(1-\mu)(\partial u/\partial\beta + \partial v/\partial x) \\
M_x &= D(\partial\theta_x/\partial x + \mu\partial\theta_\beta/\partial\beta) \\
M_\beta &= D(\partial\theta_\beta/\partial\beta + \mu\partial\theta_x/\partial x) \\
M_{x\beta} &= M_{\beta x} = D(1-\mu)\partial\theta_\beta/\partial x
\end{aligned} \tag{3}
$$

式中：$f(x,\beta)$——外激励力；

$p_f(x,\beta)$——作用在箱形梁上的外表面声压；

β——周向曲线坐标；

R_β——β 方向箱形梁中面曲率半径；

ρ——壳体密度；

h——壳体壁厚，$K=Eh/(1-\mu^2)$，$D=Eh/12(1-\mu)$；

E——杨氏弹性模量；

μ——泊松比。

Fourier 积分变换和物理量无量纲化为：

$$
f(k,\beta) = (1/2\pi)\int_{-\infty}^{+\infty} f(x,\beta)e^{-ikx}\mathrm{d}x \tag{4}
$$

$$
\begin{aligned}
u &= R_a^2\bar{u}, v = R_a^2\bar{v}, w = R_a^2\bar{w}, \theta_\beta = R_a\bar{\theta}_\beta \\
\theta_x &= R_a\bar{\theta}_x, N_x = KR_a\bar{N}_x, N_\beta = KR_a\bar{N}_\beta \\
N_{x\beta} &= KR_a\bar{N}_{x\beta}, N_{\beta x} = KR_a\bar{N}_{\beta x}, Q_x = KR_a\bar{Q}_x \\
Q_\beta &= KR_a\bar{Q}_\beta, S_\beta = KR_a\bar{S}_\beta, M_x = D\bar{M}_x \\
M_\beta &= D\bar{M}_\beta, M_{x\beta} = D\bar{M}_{x\beta}, M_{\beta x} = D\bar{M}_{\beta x}
\end{aligned} \tag{5}
$$

可得箱形梁的一阶状态微分方程组为：

$$
\frac{\mathrm{d}}{\mathrm{d}\beta}\begin{Bmatrix}\bar{u}\\ \bar{v}\\ \bar{w}\\ \bar{\theta}_\beta\\ \bar{M}_\beta\\ -\bar{S}_\beta\\ \bar{N}_\beta\\ -\bar{N}_{\beta x}\end{Bmatrix} = \frac{1}{R_a}\begin{bmatrix}0 & A_{12} & 0 & 0 & 0 & 0 & 0 & A_{18}\\ A_{21} & 0 & A_{23} & 0 & 0 & 0 & A_{27} & 0\\ 0 & A_{32} & 0 & A_{34} & 0 & 0 & 0 & 0\\ 0 & 0 & A_{43} & 0 & A_{45} & 0 & 0 & 0\\ 0 & 0 & 0 & A_{54} & 0 & A_{56} & 0 & 0\\ 0 & 0 & A_{63} & 0 & A_{65} & 0 & A_{67} & 0\\ 0 & A_{72} & 0 & 0 & 0 & A_{76} & 0 & A_{78}\\ A_{81} & 0 & 0 & 0 & 0 & 0 & A_{87} & 0\end{bmatrix} g\begin{Bmatrix}\bar{u}\\ \bar{v}\\ \bar{w}\\ \bar{\theta}_\beta\\ \bar{M}_\beta\\ -\bar{S}_\beta\\ \bar{N}_\beta\\ -\bar{N}_{\beta x}\end{Bmatrix} - \frac{1}{KR_a}\begin{Bmatrix}0\\0\\0\\0\\0\\ f(k,\beta)+p_f(k,\beta)\\0\\0\end{Bmatrix} \tag{6}
$$

式中，$\{\bar{u}\,\bar{v}\,\bar{w}\,\bar{\theta}_\beta\,\bar{M}_\beta - \bar{S}_\beta\bar{N}_\beta - \bar{N}_{\beta x}\}^{\mathrm{T}}$ 为箱形梁的状态向量，$R_a=0.5\pi\int_0^{2\pi}\sqrt{R^2(\phi)+(\mathrm{d}R(\phi)/\mathrm{d}\phi)^2}\mathrm{d}\phi$ 为与箱形梁中曲面等周长的圆的半径。取频率参数 $\lambda^2=\rho hR_a^2\omega^2/K$，箱形梁壁厚比 $\bar{h}=h/\bar{R}_a$，则系数矩阵 $[A_{ij}]=[A]$ $(i,j=1,2L\ 8)$ 中的非零元素为：

$$
\begin{aligned}
A_{12} &= -ikR_a, A_{18} = -2/(1-\mu), A_{21} = -\mu ikR_a, A_{23} = -R_a/R_\beta \\
A_{27} &= 1, A_{32} = R_a/R_\beta, A_{34} = -1, A_{43} = \mu(ik)^2R_a^2 \\
A_{45} &= 1, A_{54} = -2(ik)^2R_a^2(1-\mu), A_{56} = -12/\bar{h}^2 \\
A_{63} &= -(1-\mu^2)\bar{h}^2(ik)^4R_a^4/12 + \lambda^2, A_{65} = \mu(ik)^2R_a^2\bar{h}^2/12 \\
A_{67} &= -R_a/R_\beta, A_{72} = -\lambda^2, A_{76} = R_a/R_\beta, A_{78} = ikR_a \\
A_{81} &= (1-\mu^2)(ik)^2R_a^2 + \lambda^2, A_{87} = uikR_a
\end{aligned} \tag{7}
$$

对于箱形梁，系数矩阵[A]中的元素为曲线坐标 β 的函数，致使(6)式为一变系数矩阵微分方程，同时作用在壳体内外表面的声压又不能事先给定，因而直接采用解析法求解(6)式具有相当难度。于是，采用齐次扩容精细积分法对其进行精确求解，可将(6)式写成如下形式：

$$\mathrm{d}\{Z\}/\mathrm{d}\beta = [A(\beta)]\{Z\}/R_a + \{F(\beta)\} \tag{8}$$

其中非齐次项采用二次式近似逼近：

$$\{F(\beta)\} \approx \{F_0\} + \{F_1\}\beta + \{F_2\}\beta^2 \tag{9}$$

在一个积分步长内，只要该积分步长取得足够小，就能获得满意的计算精度。定义扩容状态向量为$\{\overline{Z}\} = [\{\overline{Z}\}^{\mathrm{T}} 1 \beta\beta^2]^{\mathrm{T}}$，可将(8)式整理后可得一个齐次扩容矩阵微分方程为：

$$\frac{\mathrm{d}}{\mathrm{d}\beta}\begin{Bmatrix}\{Z\}\\1\\\beta\\\beta^2\end{Bmatrix} = \begin{bmatrix}[A]/R_a & \{F_0\} & \{F_1\} & \{F_2\}\\0 & 0 & 0 & 0\\0 & 1 & 0 & 0\\0 & 0 & 2 & 0\end{bmatrix}\begin{Bmatrix}\{Z\}\\1\\\beta\\\beta^2\end{Bmatrix}$$

即

$$\mathrm{d}\{\overline{z}\}/\mathrm{d}\beta = [B]\{\overline{Z}\} \tag{10}$$

由矩阵理论，(10)式的解为：

$$\{\overline{Z}\}_{\beta_2} = \exp[B](\beta_2 - \beta_1)\{\overline{Z}\}_{\beta_1} = [T]\{\overline{Z}\}_{\beta_1} \tag{11}$$

式中，$[T]$称为箱形梁在周向方向的传递矩阵，给出了沿周向方向两相邻截面β_2和β_1处扩容状态向量之间的关系，可由精细积分法得到[9]。根据箱形梁沿周向方向的周期条件或对称、反对称条件，易得初始扩容状态向量$\{\overline{Z}\}_{\beta=0}$，再利用传递矩阵法求得箱形梁沿周向方向上任意点的扩容状态向量。

2.2.2 集中力和外流场对箱形梁的压力

箱形梁受到作用在点(x_0, β_0)处集中点力激励$f(x,\beta) = f_0\delta(x-x_0)\delta(\beta-\beta_0)$，方向与该点处箱形梁的外法线方向相反，可写成扩容状态向量的形式：

$$\begin{Bmatrix}\{Z\}\\1\\\beta\\\beta^2\end{Bmatrix} = \begin{bmatrix}[I] & \{F_{f_0}\} & 0 & 0\\0 & 1 & 0 & 0\\0 & 0 & 1 & 0\\0 & 0 & 0 & 1\end{bmatrix}\begin{Bmatrix}\{Z\}\\1\\\beta\\\beta^2\end{Bmatrix}_{\beta_0^-} = [H]\begin{Bmatrix}\{Z\}\\1\\\beta\\\beta^2\end{Bmatrix}_{\beta_0^-} \tag{12}$$

式中，$\{F_{f_0}\} = \{0\ 0\ 0\ 0\ 0 (f_0/2\pi KR_a) e^{-ikx_0} 0\ 0\}^{\mathrm{T}}$；

$[I]$——8×8 阶单位矩阵；

$[H]$——作用在点(x_0, β_0)处集中点力的扩容状态向量变换矩阵。

在简谐激励作用下，声波数$k_0 = \omega/c_0$，c_0为声速，箱形梁外场声压满足 Helmholtz 方程[5]：

$$\Delta^2 p_f + k_0^2 p_f = 0 \tag{13}$$

根据复数矢径虚拟边界谱方法[8]，S为箱形梁横截面的中面曲线，S'为S内的一条封闭曲线，E'表示S'的外域，$G(Q,P) = (-i/4)H_0^{(1)}[\sqrt{(k_0^2 - k^2)}r_{PQ}]$为 Helmholtz 方程对应的二维自由空间 Green 函数，$r_{PQ} = \overline{PQ}$表示横截面内源点P和观察点Q之间的距离，$H_0^{(1)}(g)$为 0 阶第一类 Hankel 函数。将分布在虚拟积分曲线S'上的未知源强密度函数$\sigma(k,P)$展开成 Fourier 级数，并满足上述方程和无穷远处 Sommerfield 辐射条件[5]的解为：

$$p_f(k,Q) = \int_{s'} \sigma(k,P)G(Q,P)\mathrm{d}S'_p = \sum_{n=-\infty}^{+\infty} c_n(k)\int_0^{2\pi} G(Q,\eta_s)e^{in\eta_s}\mathrm{d}\eta_s, Q \in E' \tag{14}$$

式中，$c_n(k)$为 Fourier 级数展开系数。积分$\int_0^{2\pi} G(Q,\eta_s)e^{in\eta_s}\mathrm{d}\eta_s$可用 IFFT 方法计算，实际计算时，Fourier 级数求和范围取$-M_s : +M_s$。

2.2.3 耦合方程的求解方法及远场辐射声压计算

设空气质量密度为ρ_0，利用齐次扩容精细积分法分别计算箱形梁状态微分方程组(5)式在非齐次项外激励力$f(k,\beta)$和广义力$\int_0^{2\pi} G(Q,\eta_s)e^{in\eta_s}\mathrm{d}\eta_s$作用下的法向位移，记为$\overline{w}_f(k,\beta)$、$\overline{w}_n^p(k,\beta)$。根据叠加

原理，在外激励力和声压共同作用下 Fourier 变换域内的总法向位移可表示为：

$$w(k,\beta) = R_a^2\bar{w}(k,\beta) = (R_a/K)[\bar{w}_f(k,\beta) - \sum_{n=-M_s}^{+M_s} c_n(k)\bar{w}_n^P(k,\beta)] \tag{15}$$

箱形梁中曲面上任意点的外法线方向为 n_β，将箱形梁和流体介质的相容条件进行 Fourier 积分变换有 $\partial p_f(k,\beta)/\partial n_\beta = \rho_0\omega^2 w(k,\beta)$，并将(14)和(15)式代入整理后可得：

$$\sum_{n=-M_s}^{+M_s} c_n(k)\left[\int_0^{2\pi}\frac{\partial G(\beta,\eta_s)}{\partial n_\beta}e^{in\eta_s}d\eta_s + \frac{\rho_0 R_a\omega^2}{K}g\bar{w}_n^P(k,\beta)\right] = \rho_0 R_a\omega^2\bar{w}_f(k,\beta)/K, \beta \in S \tag{16}$$

通过在真实边界 S 上配点 $\beta_j(j=1,2,L,M)$，$M \geqslant (2M_s+1)$ 可得线性方程组并利用奇异值分解的 Moore-Penrose 广义逆方法求解，可得虚拟积分曲线上待求源强的 Fourier 级数展开系数 $c_n(k)$，再由(14)式计算 Fourier 变换域内任意点的声压。

利用齐次扩容精细积分法求解箱形梁的矩阵微分方程组，可建立箱形梁上两相邻曲线坐标 β_2 和 β_1 处扩容状态向量之间的关系，而当在传递过程中遇到集中点力需要越过时，仅需用相应点矩阵(12)式对扩容状态向量进行变换，使其越过集中点力作用点继续传递，最终到达计算点位置。

对(14)式取 Fourier 积分逆变换并交换积分与求和的顺序，可得实域中任意点的辐射声压：

$$p_f(r,x,\phi) = (-i/4)\sum_{n=-M_s}^{+M_s}\int_0^{2\pi}\left[\int_{-\infty}^{+\infty} c_n(k)gH_0^{(1)}\left[\sqrt{(k_0^2-k^2)}r_{PQ}\right]e^{ikx}dk\right]e^{in\eta_s}d\eta_s \tag{17}$$

根据箱形梁横截面内源点 P 和声压计算点 Q 的几何关系(见图2)，对于远场 $r_P/r_Q = 1$，可得

$$\begin{aligned} r_{PQ} &= r_Q[1+(r_P/r_Q)^2 - 2(r_P/r_Q)\cos(\phi_P-\phi_Q)]^{1/2} \\ &\approx r_Q - r_P\cos(\phi_P-\phi_Q) \end{aligned} \tag{18}$$

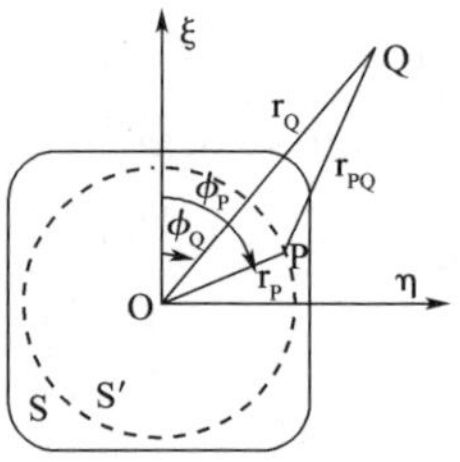

将上式代入(17)式，利用 Hankel 函数在远场($r_Q\to\infty$)的渐进表达式，同时借助于稳相法，可得用虚拟边界积分表示的远场辐射声压解析表达式：

$$\begin{aligned} p_f(r,x,\phi) = &-i\frac{\sin\theta}{2}e^{-i\left(\frac{\pi}{2}-\frac{k_0 r_Q}{\sin\theta}\right)}\sum_{n=-M_s}^{+M_s}c_n(k_0\cos\theta) \\ &g\int_0^{2\pi}\left(e^{-ik_0\sin\theta r_P\cos(\phi_P-\phi_Q)}/\sqrt{r_Q r_{PQ}}\right)e^{in\eta_s}d\eta_s \end{aligned} \tag{19}$$

图2　箱形梁横截面内源点 P 和声压计算点 Q 的几何关系

2.3　薄板理论法

基于薄板理论[7]，把箱形梁简化为由四块薄板通过弹性连接耦合而成的，考虑边界条件对其中任意一块薄板单独进行流固耦合问题求解。根据结构对称性原理，另外三块薄板采用相应的理论分析，再利用迭加原理确定箱形梁声辐射问题的相关结论。

姚昊萍[10]基于 Dowell 的结构-声耦合理论、瑞利积分和声波透射理论，在弹性板边界施加假想的弹簧系统模拟板的不同边界条件，建立由 2 块四边弹性支承的弹性板及 4 块刚性板构成的封闭矩形腔外的辐射声场模型，并得到了腔体外辐射声场的解析解。但是，对于实际结构，板相互之间的连接是确定的，相当于线弹簧和旋转弹簧的刚度是确定值，然而在理论推导过程中，连接弹簧的刚度是人为给定的，无法反映真实结构的声辐射特性，还有连接弹簧刚度根据什么原则确定也未解决。

2.4　共形映射理论法

基于共形映射理论，由于共形映射能够把复杂区域上求解的问题变换到简单区域上来求解，即把箱形梁的声辐射问题转化为圆柱壳的声辐射问题来求解，应用成熟的圆柱壳流固耦合理论求解得到箱形梁声辐射问题的相关结论。应用共形映射理论求解箱形梁声辐射问题的关键，是选用一个合适的共形映射函数来实现箱形梁与圆柱壳之间的变换。

考虑结构轴向方向不变，只对结构横截面进行共形映射，则圆柱壳的圆截面映射为箱形梁的正方形

截面的共形映射函数选为[11]：

$$z=\int_0^{\omega}(1/\sqrt{1-t^4})\,\mathrm{d}t \tag{20}$$

逆变换函数为 $\omega\sqrt{2}=sn(z\sqrt{2},k)/dn(z\sqrt{2},k)$，其中 $k=1/\sqrt{2}$，$\omega_1=\int_0^1(1/\sqrt{1-t^4})\,\mathrm{d}t\approx1.31$，则圆与正方形之间的共形映射关系如表 1 所示。

圆与正方形之间的共形映射关系 表 1

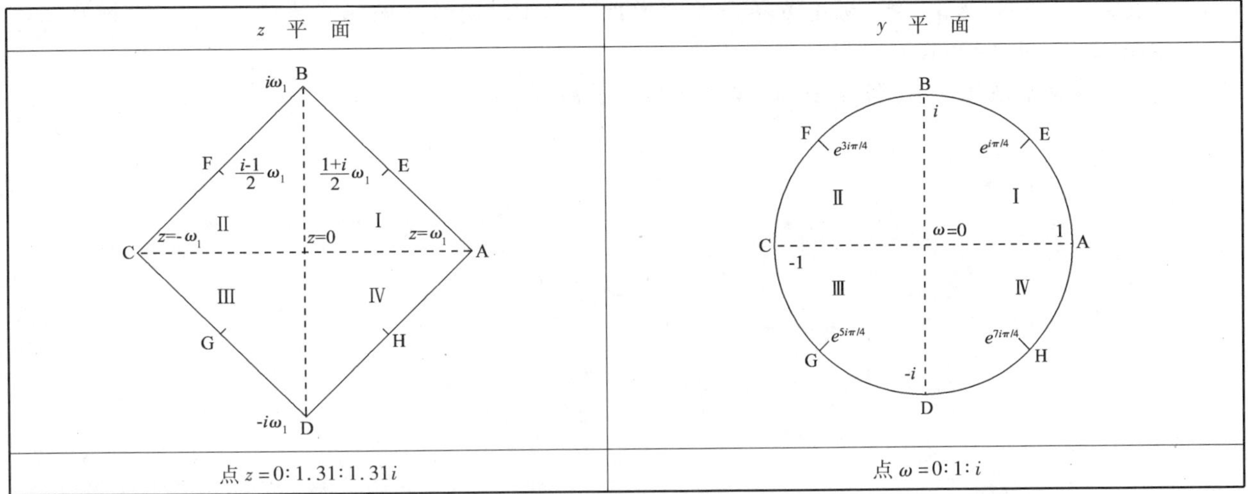

z 平面	y 平面
点 $z=0:1.31:1.31i$	点 $\omega=0:1:i$

上述共形映射理论求解箱形梁声辐射问题，尽管在数学理论上可行，由于映射函数比较复杂使得流固耦合方程更加复杂，使得实际求解十分困难。

3 结论

本文从薄壳理论、薄板理论和共形映像理论三个切入点入手，分别对箱形梁结构噪声展开了理论分析。由此可知，以上三种研究思路有一定的可行性，箱形梁结构由于周向变曲率导致箱形梁声辐射问题全解析求解十分困难，但半解析求解却可获得较理想的结论。本文基于齐次扩容精细积分法和求解二维 Helmholtz 外问题的复数矢径虚拟边界谱方法，通过 Fourier 积分变换和稳相法来研究箱形梁声辐射问题，提出了一种具有较高效率和精度的求解空气中无限长混凝土箱形梁声辐射问题的半解析方法，为进一步了解城市高架轨道箱形梁的声辐射特性，以及对建成线路的噪声控制和对待建线路噪声的前期预测与箱形梁截面的优化设计，都具有十分重要的现实意义。

参考文献

[1] K. W. Ngai, C. F. Ng. Structure-borne noise and vibration of concrete box structure and rail viaduct [J]. Journal of Sound and Vibration, 2002, 255(2): 281 ~ 297.

[2] C. B. Burroughs. Acoustic radiation from fluid-loaded infinite circular cylinders with periodic ring supports [J]. Journal of the Acoustical Society of America, 1984, 75(3): 715 ~ 722.

[3] J. M. Chen, Y. Y. Huang, G. W. Zeng. Vibration and radiation from orthogonally stiffened infinite circular cylindrical shells in water. China Ocean Engineering, 2002; 16(4): 437 ~ 452.

[4] H. L. Li, C. J. Wu, X. Q. Huang. Parametric study on sound radiation from an infinite fluid-filled/semi-submerged cylindrical shell [J]. Applied Acoustics, 2003, 64(5): 495 ~ 509.

[5] Junger M C, Feit D. Sound, structures, and their interaction [M]. second edition. The MIT Press, 1986.

[6] V. B. Bokil, Shiahatti. A technique for the modal analysis of sound-structure interaction problems. Jour-

nal of Sound and Vibration, 1994; 175(1):23 ~41.

[7] 曹志远. 板壳振动理论[M]. 北京:中国铁道出版社,1989.

[8] Yu Xiang, Y. Y Huang. A novel semi-analytical method for solving acoustic radiation from longitudinally stiffened infinite non-circular cylindrical shells in water [J]. Acta Mechanica Solida Sinica, 2005, 18 (1):1 ~12.

[9] 钟万勰. 结构动力方程的精细时程积分法[J]. 大连理工大学学报,1994, 34(2):131 ~136.

[10] 姚昊萍,张建润,陈南,等. 考虑边界条件的弹性长方体封闭结构腔辐射声场分析[J]. 机械工程学报,2007, 43(4):163 ~172.

[11] 黄先春. 保形映照手册[M]. 武汉:华中工学院出版社,1985.

基于地铁隧道的列车振动荷载确定方法研究

周　彪[1,2]　谢雄耀[1,2]　李永盛[1,2]　金国龙[1,2]

(1. 同济大学岩土及地下工程教育部重点实验室　上海　200092

2. 同济大学土木工程学院地下建筑与工程系　上海　200092)

摘　要　地铁列车振动引发的隧道周边环境问题已经越来越引起工程界的重视,而其中荷载的确定至关重要。针对隧道结构的特殊性,运用 Hamilton 原理将模拟对象分拆为三个子结构模型,模拟振动荷载传播的整个路径,最终确定荷载。三个子结构分别为 3D 静力模型、轨道模型、振动扩散模型,通过静力模型确定隧道结构简化为欧拉梁所需参数,轨道模型则是通过荷载动态加载激励荷载确定列车对隧道的荷载及加速度,扩散模型研究荷载传播及对周边的影响。最后运用该方法通过相关参数确定计算研究了列车振动对上海地铁一号线隧道结构加速度衰减情况,验证了该方法的可行性。

关键词　软土地铁隧道　轨道系统　荷载确定

1　引言

列车振动荷载对隧道的影响,是隧道工程中研究的基本问题之一。国内外研究主要是运用数值方法来预测其对隧道及周边环境的影响。其中文献[1]运用激振力函数模拟荷载,然后直接加载到二维隧道-土体模型计算列车振动对大断面隧道衬砌的影响;文献[2]介绍利用实测数据经过变化得到荷载,探讨了列车提速所产生的荷载变化;文献[3]运用激振力函数模拟荷载研究各地层及地表振陷情况。从中发现其都为考虑轨道系统在荷载传递过程中的应用。文献[4]运用车轨耦合计算车辆荷载,并研究了交迭隧道在列车荷载作用下地表沉降情况。从中考虑了轨道的影响,但是未将隧道体系包含在内,从而没有真实地反映荷载由轨道系统传向隧道结构。本文拟通过建立子结构,运用弹性地基梁将隧道系统等价为梁并考虑与土体间的连接来考虑轨道系统的作用。并实现动态加载从而得出作用于隧道结构上的荷载,最后通过加载此荷载与隧道-土体结构上研究其对隧道结构的影响。

2　计算原理

本文运用 Hamilton 原理求解振动问题,其结构体系的整体运动方程如式(1)所示:

$$[M]\{u\} + [C]\{u\} = [K]\{u\} \times F(t) \tag{1}$$

式中:$[M]$、$[C]$、$[K]$——体系的质量矩阵、阻尼矩阵和刚度矩阵,由各单元的质量矩阵、阻尼矩阵和刚度矩阵组合而成;

$\{u\}$、$\{u\}$、$\{u\}$——体系的位移向量、速度向量和加速度向量;

$F(t)$——随时间变化的节点力向量。

通常假定阻尼矩阵与质量矩阵、刚度矩阵成正比,即采用 Rayleigh 阻尼,其表达式如式(2)所示:

$$[C] = \alpha[M] + \beta[K] \tag{2}$$

式中:α、β——阻尼比系数。

根据振型正交条件,待定常数 α,β 与阻尼比之间应满足下列关系,如式(3)所示:

$$\xi_k = \frac{\alpha}{2\omega_k} + \frac{\beta\omega_k}{2} \qquad (k = 1,2,3) \tag{3}$$

式中：ξ_k——阻尼比；

ω_k——固有频率。

3 激励荷载确定

列车在不平顺的轨道上行驶，竖向激振荷载可用一个激振力函数来模拟[5]，其表达式如式(4)所示：

$$F(t) = P_0 + P_1\sin(\omega_1 t) + P_2\sin(\omega_2 t) + P_3\sin(\omega_3 t) \tag{4}$$

式中，P_0——车轮静载；

P_1, P_2, P_3——不同因素引起的振动荷载。

列车弹簧下质量为 M_0。相应的振动荷载幅值 P_i 可由式(5)计算得到：

$$P_i = M_0 a_i \omega_i^2 \qquad (i = 1,2,3) \tag{5}$$

式中：a_i——典型矢高；

ω_i——对应车速下不平顺振动波长的圆频率。

ω_i 计算式如式(6)所示：

$$\omega_i = 2\pi v/L_i \qquad (i = 1,2,3) \tag{6}$$

式中：v——列车的运行速度；

L——典型波长。

4 计算模型

列车荷载的传递过程从列车与轨道的接触面到轨道系统，再传至轨道系统，最后通过接触面到土层，图1和图2为列车荷载传递示意图。

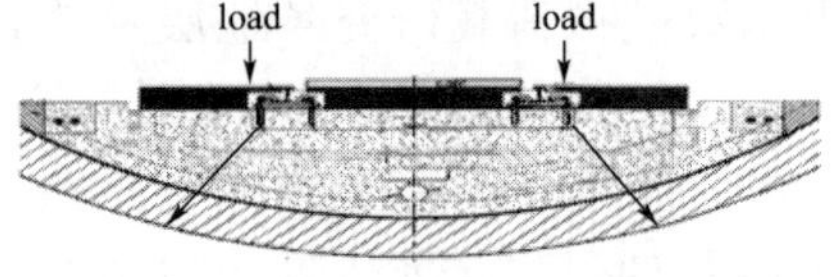

图1 列车荷载由轨道系统传向隧道结构

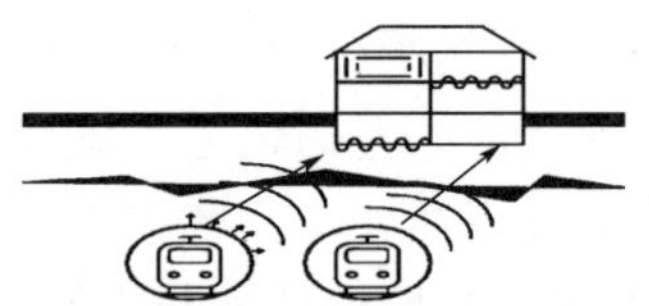

图2 荷载有轨道系统向外界传递

所以本文针对隧道的特殊性将模拟对象分为三个子结构，这三个子结构为：

(1)静力反力模型：主要通过建立三维模型，通过弹性地基梁换算确定将隧道结构等效为一根 Timoshenko 梁所需参数，从而将隧道结构作为轨道系统的一部分。

(2)轨道模型：通过运用质量单元、梁单元及弹簧阻尼单元对上海地铁典型的轨道系统进行模拟。然后将上步所得荷载动态施加到轨道系统之上。通过提取与道床连接处弹簧反力及加速度作为下部计算的荷载。

(3)荷载扩散模型：建立2D/3D包括隧道结构和土层信息在内的模型，将上部荷载或加速度施加到此结构道床上，研究荷载传播及对土体造成的振陷影响及其他由列车荷载引发的对周边环境的影响问题。

三个模型的结合，如图3所示：

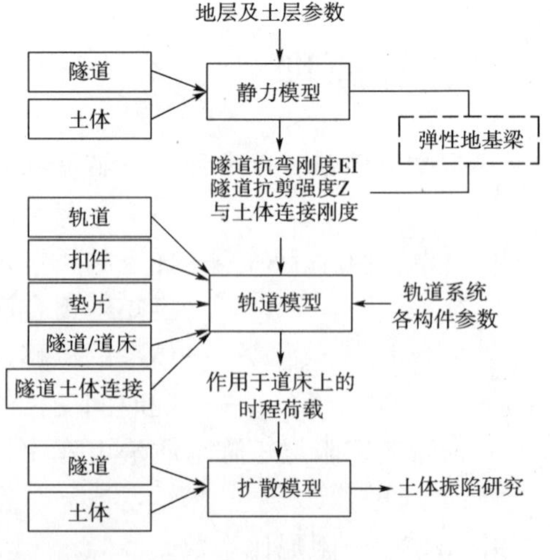

图3 列车荷载确定流程图

4.1 静力模型

通过建立三维静力模型，分别在轨道所在处加载节点均布荷载根据式(7)、式(8)可求得隧道与土体弹性反力系数 k，在模型中央加载集中荷载根据式可计算得到隧道刚度 EI。

$$y = \frac{q(x)}{b \cdot k} \tag{7}$$

$$y = \frac{\alpha P_i}{2kb}\varphi_7 \qquad \alpha = \sqrt[4]{\frac{kb}{4EI}} \tag{8}$$

4.2 轨道模型

根据 Hamilton 原理，一般轨道系统模拟必须考虑包括轨道、扣件、垫片、轨道板等结构，且必须考虑 M、C、K 各参数。本文将隧道结构作为轨道系统构件加以考虑。将其简化为一 Eular 梁，其 E 值及与土体连接之的 k 值可由上述静力模型求取，轨道与土体连接 C 值根据无反射边界条件进行求解。隧道的质量 M 则分配到梁的各节点上，隧道上部荷载则通过附加质量加于梁结构。

4.3 扩散模型

建立二维或三维模型，将由轨道系统计算所得荷载加载到此模型上，研究振动荷载对周边土体及结构的影响。

扩散模型涉及到阻尼矩阵的确定问题，本文采用 Rayleigh 阻尼原理，通过对扩散模型进行模态分析，从而确定 ω_k。

具体方法为通过 ANSYS 进行模态分析，采用 Block Lanezos 法提取模态得到模型基频，选取适当阻尼比通过下式得到计算所需的 α,β 值。

其中 $\alpha = \xi_0\omega_0$,$\beta = \xi_0/\omega_0$,ξ_0 阻尼比。

模型边界条件采用无反射边界条件，其原理如式(9)和式(10)所示：

$$K_n = G/R \cdot r, K_T = G/2 \times R \times r \tag{9}$$

$$G_N = \rho \times C_P \times r, C_T = \rho \times C_S \times r \tag{10}$$

式中，K_n、K_r、C_n、C_r 分别为边界弹簧的刚度和阻尼系数，其可由式(11)求得。

$$C_p = \sqrt{\frac{\alpha}{\rho}} \qquad \alpha = E \times (1 - v)/[(1 + v) \times (1 - 2 \times v)]$$

$$C_s = \sqrt{\frac{G}{P}} \qquad G = \frac{E}{2 \times (1 + v)} \tag{11}$$

式中：ρ——密度；

v——泊松比。

4.4 移动荷载施加

轮对对铁轨作用力为移动荷载，对于某一轮对所产生的集中力是作用时间和作用点的函数，可以通过定义一个关于时间、节点的二维函数来解决。其函数表达式，如式(12)所示：

$$\text{force} = f(\text{time}, node) \tag{12}$$

通过定义表单首行为节点，首列为时间列。表单中任何一个网格单元对应于某节点相应时间所受的荷载。

5 计算实例

本文结合上海地铁一号线工程[6],计算不同间距隧道在列车荷载作用下地表沉降的变化情况。其具体过程,如下文所述。

5.1 荷载确定

根据文献[6]一号线运营车辆满载时机车和客车质量分别取60t及56t,及文献[6]上测得的振动荷载基频分别为50Hz、110Hz及160Hz,根据第3节所述原理求得机车及客车轮轨接触面处荷载分别为:

客车(kN):$-77.5-5.1\times\sin(314\times t)-9.4\times\sin(691\times t)-19.6\times\sin(t)$

机车(kN):$-70-5.181\times\sin(314\times t)-9.4\times\sin(691\times t)-19.6\times\sin(t)$

图4 静力模型

5.2 静力模型

根据文献中土体及隧道结构信息,建立三维模型,如图4所示;各层土体各参数,如表1所示。

土体参数表 表1

土体类型	质量密度(kg/m^3)	变形模量(MPa)	泊松比	内聚力(kN)	内摩擦角(°)
杂填土	1 800	1.4	0.29	5	15
褐黄色粉黏土	1 860	10.5	0.29	5	27
灰色砂质粉土	1 860	9.05	0.26	11	26
灰色淤泥黏土	1 830	3.1	0.3	6	20
灰色粉质黏土	1 860	5.82	0.37	16	18.2
褐黄色粉黏土	1 980	5.23	0.37	13	21
隧道周边土体	1 880	5	0.3	8	23

根据第3节计算原理求得参数,如表2所示:

隧道等价参数表 表2

	K(Pa)	C	E(Pa)
Value	2.77e6	1.1e5	9e12

5.3 轨道模型

由于上海地铁一号线采用扣件形式与北京地铁一致,所以本文参照文献[7]对扣件、垫片,及与轨道板连接的C、K进行了取值。各构件的质量参照文献[6]中相关数据和图纸进行计算后得到。

根据上述原理,将上海地铁一号线轨道系统简化为如图5所示的模型,各构件参数取值如表3所示:

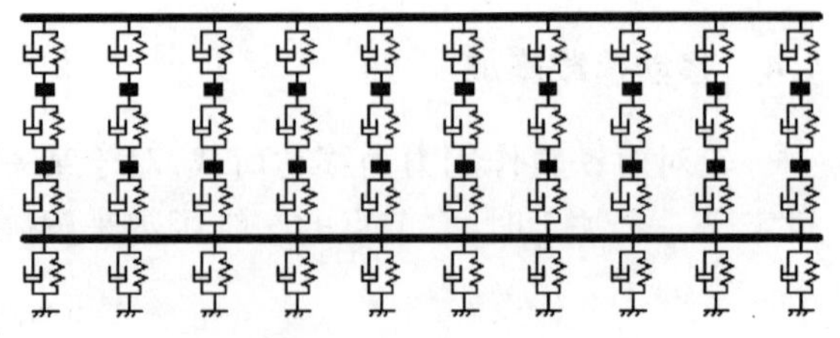

图5 轨道模型简化图

各层参数表　　表3

参　　数	K(Pa)	C(kN·s/m)	M(kg)
第一层	8.0e7	1200	5
第二层	7.0e8	3000	120
第三层	6.6e7	1000	—
土体接触	2.77e6	1.1e5	—

最终本文通过 ANSYS 软件建模建立如图 6 所示模型,其中扣件、垫片,及各部分连接采用 combin14 单元,轨道采用 Timoshenko 梁模型,每个单元长度为 0.06m。隧道运用 beam 44 单元。

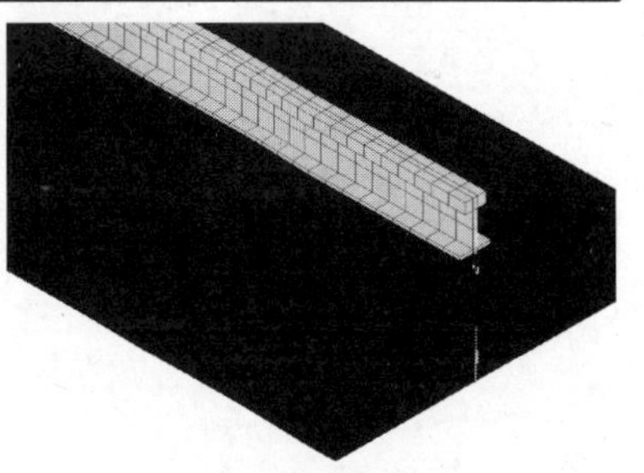

图6　轨道模型

5.4　荷载施加及列车荷载确定

根据 3.4 所述方法,本文设定火车时速为 43.2km/h,由于每个梁单元长度为 0.06m,所以采用 0.005s 为计算步长,图 7 和图 8 为荷载时间表格及加载结果。从图 7 我们发现节点 1 在 0 时刻荷载为 61 063N,而节点 2 在 0.005s 时刻才出现荷载。

经过瞬态分析,我们得到图 9 所示的列车荷载:

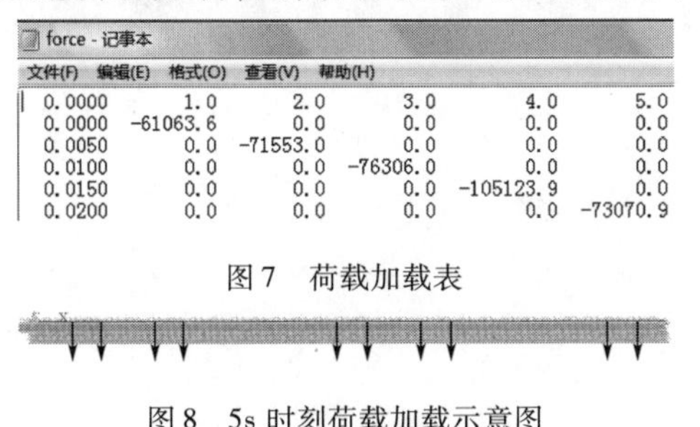

force - 记事本

文件(F)　编辑(E)　格式(O)　查看(V)　帮助(H)

```
0.0000       1.0       2.0       3.0        4.0       5.0
0.0000  -61063.6       0.0       0.0        0.0       0.0
0.0050       0.0  -71553.0       0.0        0.0       0.0
0.0100       0.0       0.0  -76306.0        0.0       0.0
0.0150       0.0       0.0       0.0  -105123.9       0.0
0.0200       0.0       0.0       0.0        0.0  -73070.9
```

图7　荷载加载表

图8　5s 时刻荷载加载示意图

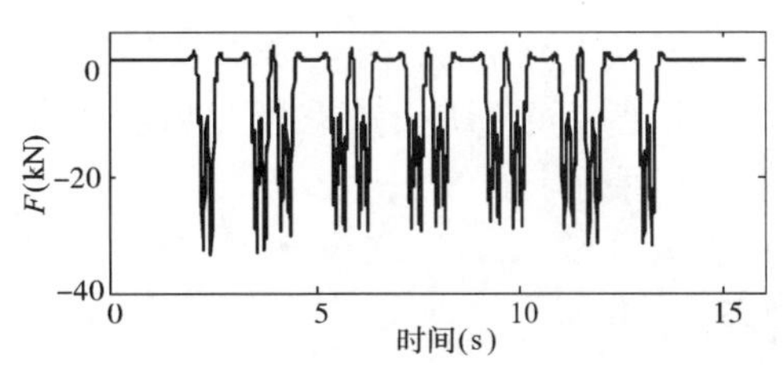

图9　列车荷载

图 9 为经由计算所得作用在道床上的荷载,从中我们发现荷载出现周期性,车轮经过时荷载达到最大值,图 10 和图 11 分别为隧道位移和加速度曲线,位移最大值为 0.852mm。加速度最大值介于 0.4 ~ 0.6mm 之间,根据上海地铁运营公司实测数据报告,普通型道床位移最大值介于 0.6 ~ 1mm,所以计算结果与实测值吻合。

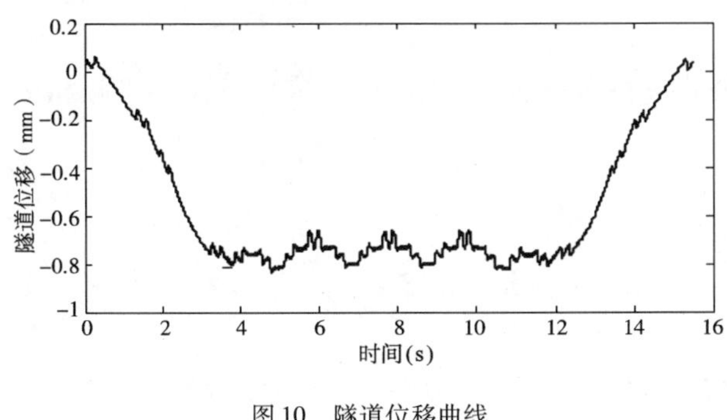

图10　隧道位移曲线

图11　隧道加速度时程曲线

5.5　扩展模型

本文首先通过建立埋深 11.0m,间距为 10m 的模型来研究隧道在列车双行时振动荷载作用下其加速度衰减情况。

埋深 11.0m、间距为 8m 的模型,如图 12 所示。

根据第 3.3 节所述原理求解得隧道模型的最小基频为 0.1538,选取阻尼比为 0.01,得 α,β 分别为0.097、0.01。

根据 3.4 所述原理设置边界条件,其效果如图 13 所示。

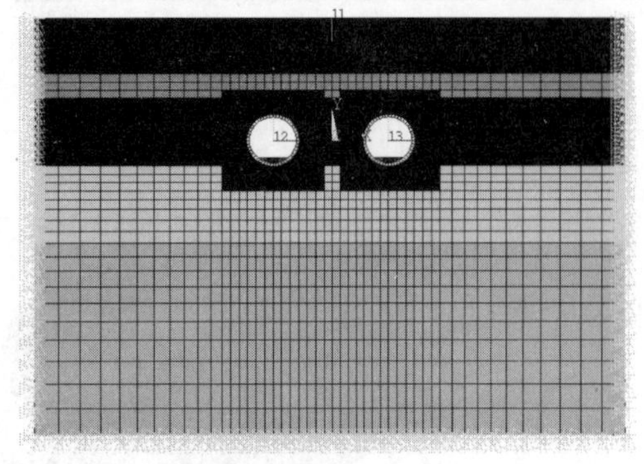

图 12　模型图

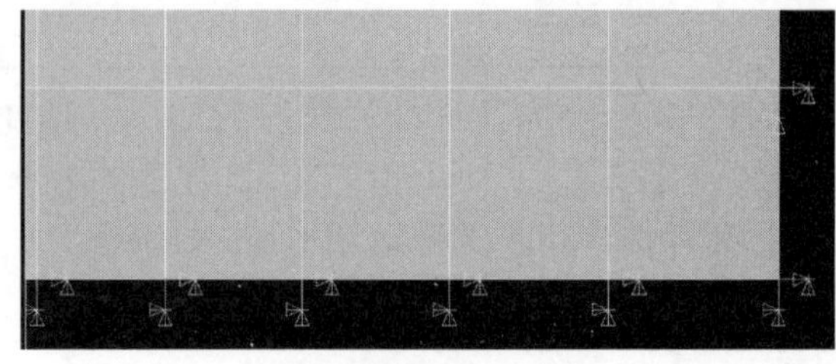

图 13　边界条件图

5.6　计算结果

通过 LS-DYNA 计算,提取隧道顶部处加速度曲线,如图 14 所示。

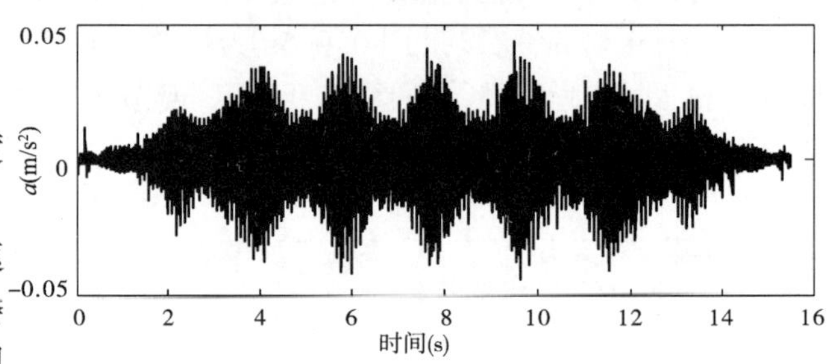

图 14　隧道顶部处加速度图

由图 14 我们发现列车经过时,隧道顶部加速度约为作用点处 0.1 倍,与上海地铁运营公司委托同济大学进行实测所得数据极为吻合。这说明该方法切实可行。

6　结语

本文结合隧道结构的特殊性,通过将模型分拆为三个子结构:静力模型、轨道模型、扩散模型。通过静力模型将隧道简化为梁,并将之考虑入轨道系统之中,通过轨道系统求解作用于隧道结构上的荷载及加速度。最后将加速度加载到隧道二维模型上研究其对周边环境及结构的影响,从而考虑荷载传递的整个路径。

本文以上海地铁一号线某一车站附近隧道为计算背景验证该计算模式的可行性。最后发现隧道的响应与实际接近。说明这一求解方法是可行的。

当然轮轨接触力其实为一随机荷载,本文用经验公式进行求解,可在以后的研究中运用不平顺相关知识进行提高和改进。

参考文献

[1] 李亮,张丙强,杨小礼.高速列车振动荷载下大断面隧道结构动力响应分析[J].岩石力学与工程学报,2005(23):4259-4264.

[2] 王祥秋,杨林德,高文华.铁路隧道提速列车振动测试与荷载模拟[J]. 振动与冲击,2005,3(24):99-102.

[3] 由广明 ,刘维宁.交迭车站与区间隧道列车振动对环境的影响[J]. 北京交通大学学报,2005,4(29):40-44.

[4] 邓飞皇,莫海鸿,曾庆军.地铁运行振动诱发地层和地表动力响应分析[J]. 科学技术与工程 2007,3(7):348-351.

[5] 梁波,蔡英.不平顺条件下高速铁路路基的动力分析[J].铁道学报,1999,21(2).

[6] 石礼安.上海地铁一号线[M]. 上海:上海科学技术出版社,1998.

[7] 刘维宁,夏禾,郭文军. 地铁列车振动的环境响应[J]. 岩石力学与工程学报 1996,15(增刊):586-593.

[8] 田薇.车辆动载作用下轨道结构和隧道结构的动力分析[D]. 上海:同济大学学报,2007.

地铁列车荷载作用下地基土振动分析

王国波[1]　潘支明[2]　谢伟平[1]　于艳丽[1]
(1. 武汉理工大学土木工程与建筑学院　武汉　430070
2. 建设部科技发展促进中心　北京　100835)

摘　要　建立地铁列车荷载作用下土－隧道结构的三维计算模型,其中将列车荷载简化为一系列移动的点荷载,分析了振动在地基土中的传播规律以及隧道结构的变形。结果表明:①地铁列车移动荷载引起的竖向地面振动比横向和纵向的振动大。②地铁列车引起的地表振动以竖向低频振动为主。③随着离轨道距离的增加,土体竖向加速度及高频成分衰减明显;④通过拟合分析,建立了振动等级的衰减经验公式。⑤隧道结构拱底仅在车轮荷载作用处有明显的峰值,但隧道的竖向位移及纵向竖向差异位移均较小。研究成果可为减振隔振措施研究提供基础。

关键词　地铁列车　振动　隧道　动力响应　振级

1　引言

近些年来,地铁作为城市轨道交通主要形式之一,在不少城市得到了大力发展。城市的地铁线路一般会经过城市人员和建筑物密集的地区。地铁列车运行时产生的振动通过高架桥、隧道等结构,经由岩土介质向周边地层表面和建筑物基础传播,引发地铁周边环境和建筑物的振动,以及由振动引起的结构二次噪声,从而影响地铁周边居民的工作和生活。因此,城市地铁运行时对周边环境及建筑物的振动影响,越来越受到学术界和工程界的关注。国内外的学者对这一问题进行了大量研究[1]。

目前,对于地铁等交通工具运行时所引起的振动主要有三种研究方法:①现场测试[2,3],此方法简单、实用、针对性强,但通用性差;②理论分析[4,5],即采用经典的半空间弹性波动理论对此问题加以分析(此方法概念清晰,但对复杂问题处理能力较弱)。③数值模拟[6,7],即采用有限元等方法对计算模型进行动力响应分析,此方法目前运用较多,如能建立合理分析模型和选取适当计算参数,此方法能够处理较复杂的问题,简便易行[1]。

为了能够同时考虑振动波在垂直轨道方向和沿轨道方向的传播的影响,本文建立了土－隧道结构的三维数值计算模型,研究地铁列车引起的地表振动规律及地表与隧道结构的变形规律,为减振隔振措施的研究提供基础。

2　计算模型

为简化计算,本文仅考虑了地铁列车在单洞隧道行进的情形。隧道半径为3m,为了尽可能消除边界的影响,计算模型的宽度取隧道直径的16倍($16\times6\text{m}=96\text{m}$,$x$向),纵向计算长度取200m($y$向),深度取50m($z$向),隧道拱顶埋深5m。计算模型如图1所示。其中模型的四个侧面均约束相应的水平向位移,底部约束竖向位移,表面为自由面。

地铁列车每节车厢示意图如图2所示,为简化移动荷载的施加,列车的计算模型简化为图3所示。其中:$P_1=150\text{kN}$,$P_2=300\text{kN}$,$a=2.0\text{m}$,$b=12\text{m}$,$c=3\text{m}$,$d=14\text{m}$。轨道和土体均按线弹性材料考虑,对于土体采用等效的方法将其转化为单一土层，其计算参数如表 1 所示，列车速度取 20m/s。

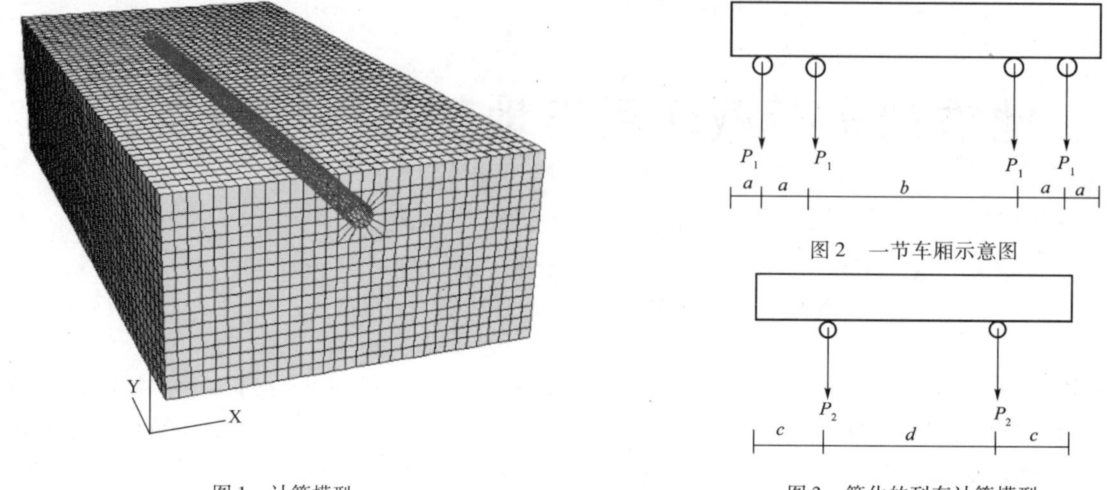

图 1　计算模型

图 2　一节车厢示意图

图 3　简化的列车计算模型

轨道和土体的计算参数　　表 1

	弹性模量(MPa)	密度(kg·m^{-3})	泊松比
轨道	300	2500	0.2
土体	20	1800	0.35

3　计算结果及分析

3.1　轨道正上方地表振动特性

图 4、图 5 与图 9(下一小节)分别为轨道正上方地表在水平横向、水平纵向及竖向的加速度时程曲线。由图可见：地铁列车荷载引起的竖向振动最大，其次是水平纵向振动，水平横向振动最弱。因此，本文以下主要讨论竖向振动。

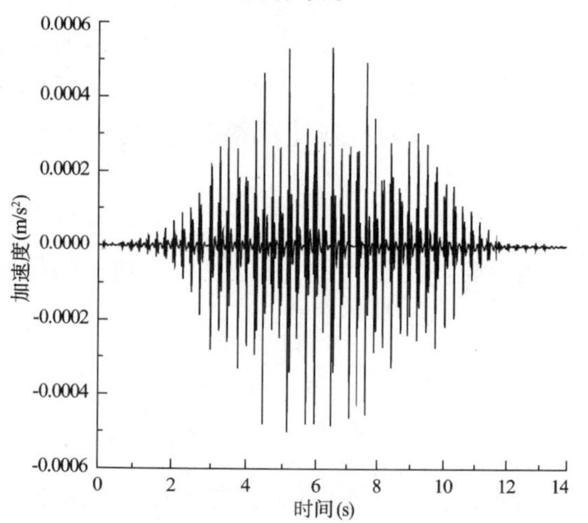

图 4　轨道正上方地表水平横向的振动时程曲线

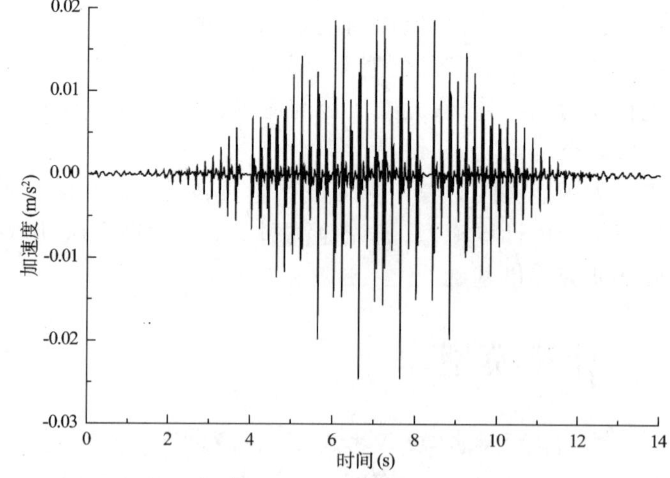

图 5　轨道正上方地表水平纵向的振动时程曲线

3.2　地面加速度沿模型横向的变化

选取计算模型纵向跨中横截面($y=100$m)，获取该截面上地表各点的加速度时程曲线及加速度峰值。考虑模型的对称性,图 6 为距离轨道不同位置处各点竖向加速度峰值的变化曲线。由图 6 可见:加速度峰值在离轨道中心线 9m 范围内衰减明显,距离轨道中心线 27m 基本平稳。

图 7、图 8 与图 9 分别为该横截面上距离隧道中心线($x=48$)33m、15m 及隧道正上方三点处的竖向加速度时程曲线及其富氏谱。由图可见:

(1)土体的一阶频率始终在 5Hz 附近;

(2)地铁列车荷载引起的土体频率主要在 80Hz 以内;

(3)在隧道正上方监测点的加速度峰值最大,频率成分也最丰富,随着监测点距离轨道中心线的增加,高频成分逐渐滤去。

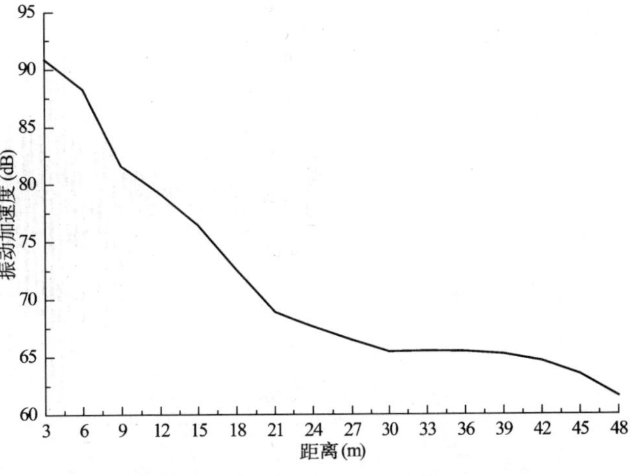

图 6 计算模型纵向跨中横截面上各点加速度峰值衰减曲线

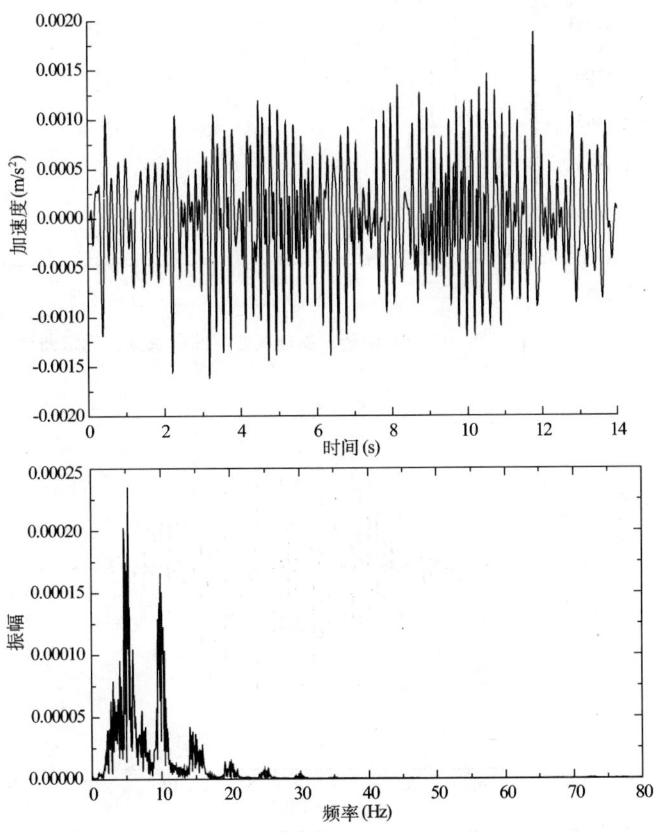

图 7 监测点(15、100、50)的竖向加速度时程曲线及其富氏谱曲线

3.3 振动等级衰减公式

将模型纵向跨中($y=100$m)横截面上的加速度幅值转化为振动加速度振级[$20\lg(A/A_0)$,其中 A 为计算得到的竖向加速度峰值,A_0 为基准值,取 $10^{-6}\mathrm{m/s^{-2}}$],然后对其进行拟合分析(见图 10),可得地铁列车引起土体表面振动的预测公式(见式 1):

$$VL_Z = 90.53537 - 12.625\lg(L + 1.238) \tag{1}$$

其中 L 为监测点距离隧道中心线的距离,此公式的相关系数 $R=0.985$,回归模型较好。另外,与文献[1]中得出的经验公式(2)十分类似。

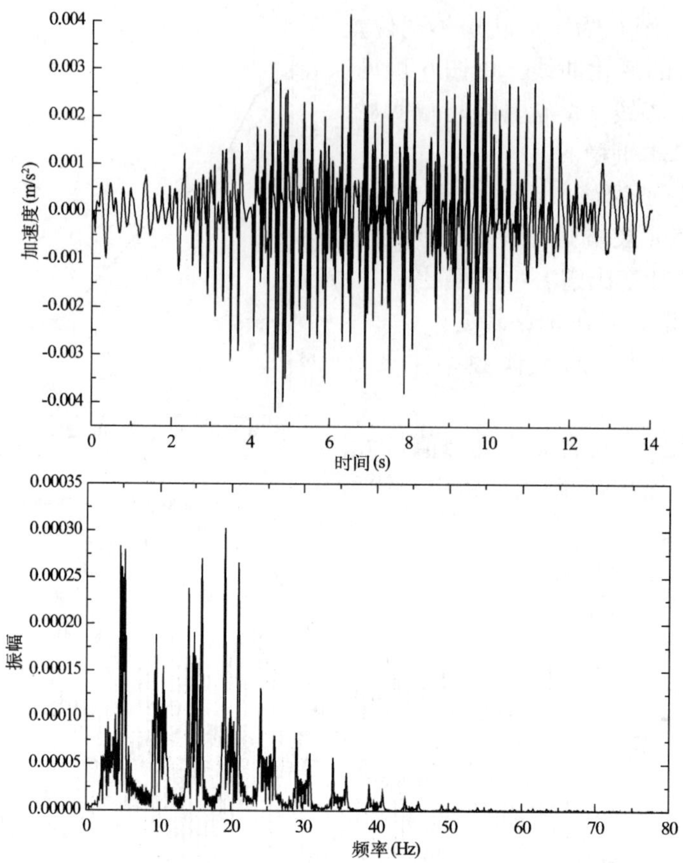

图8 监测点(33、100、50)的竖向加速度时程曲线及其富氏谱曲线

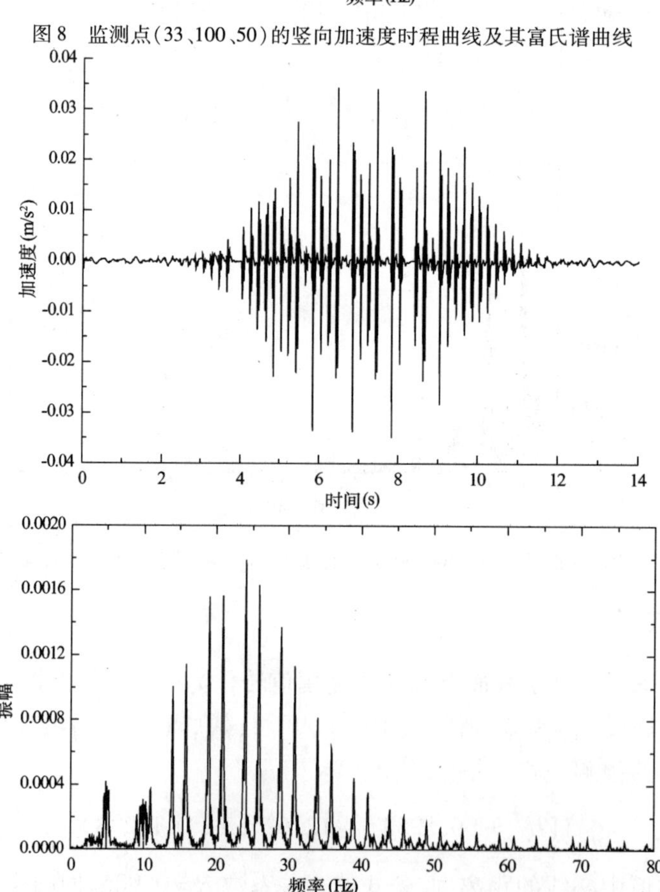

图9 监测点(48、100、50)的竖向加速度时程曲线及其富氏谱曲线

$$VL_Z = 70.887 - (5.514/\lg 2)\lg(L/10)$$
$$= 89.204 - 18.321\lg L \quad (2)$$

3.4 隧道拱底的沉降分析

图 11 为拱底竖向位移沿结构纵向的变化曲线;图 12 为结构纵向跨中截面($y = 100$m)处隧道结构的位移时程曲线。由图可见:

(1)地铁列车振动荷载引起结构的竖向位移及纵向不均匀沉降均较小;

(2)结构竖向位移峰值出现在列车荷载作用处。

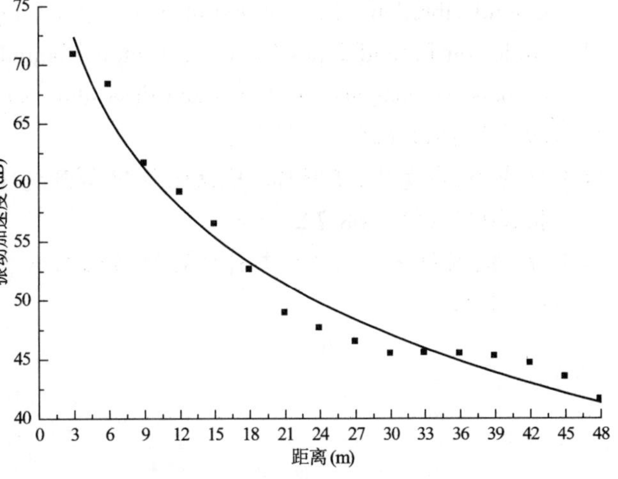

图 10 振动级衰减回归曲线

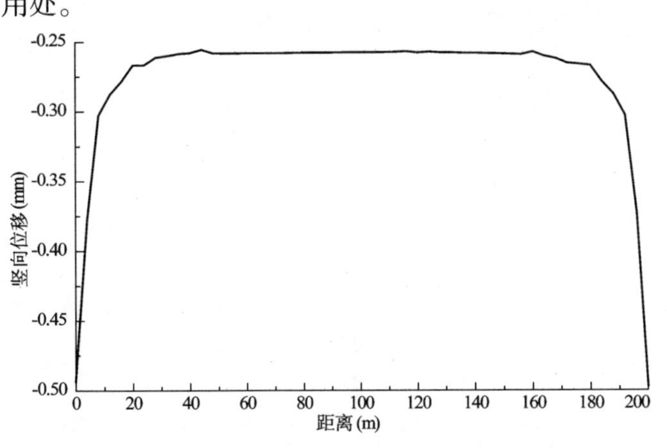

图 11 隧道拱底竖向位移沿结构纵向的变化曲线

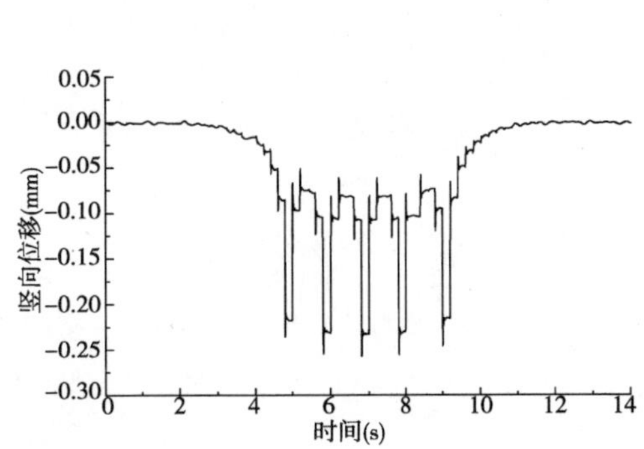

图 12 隧道结构纵向跨中($y = 100$m)拱底竖向位移时程曲线

4 结语

利用建立的土－隧道三维计算模型,分析了地铁列车荷载作用下振动在土体中的传播规律及结构的变形。主要结论包括:

(1)地铁列车移动荷载引起的竖向地面振动比横向和纵向的振动大,即地铁列车移动荷载引起的振动以竖向为主;

(2)地铁列车引起的地表振动以低频为主;

(3)随着离轨道距离的增加,土体竖向加速度及高频成分衰减明显;

(4)通过拟合分析,建立了振动等级的衰减经验公式;

(5)隧道结构拱底仅在车轮荷载作用处有明显的峰值,但隧道的竖向位移及纵向竖向差异位移均较小。

研究成果可为后续减振隔振措施的研究提供基础。

参考文献

[1] 洪俊青,刘伟庆. 地铁对周边建筑物振动影响分析[J]. 振动与冲击,2006,25(4):142-145.

[2] 谢伟平,常亮,杜勇. 中南剧场隔振措施分析. 岩土工程学报, 2007,29(11):1720-1725.

[3] 郑 晓,刘胜群. 地铁运行引起地表振动的现场测试与分析[J]. 铁道建筑,2007(6):41-43.

[4] Forrest J. A. and Hunt H. E. M. A three-dimensional tunnel model for calculation of train-induced

ground vibration [J]. Journal of Sound and Vibration,2006,294(4-5):678-705.

[5] Andersen L. and Jones C. J. S. Coupled boundary and finite element analysis of vibration from railway tunnels—a comparison of two- and three-dimensional models [J]. Journal of Sound and Vibration,2006, 293(3):611-625.

[6] 冯青松,雷晓燕,伍明辉. 地铁运行列车引起建筑物低频振动的数值分析[J]. 铁道科学与工程学报,2007,4(5):68-72.

[7] 翟 辉,刘维宁. 地铁列车引起的低频地表响应及减振措施研究[J]. 都市快轨交通,2005,18(4):101-105.

轨道交通振动对周边建筑影响探讨

马晓董[1]　陶松垒[1]　朱西旦[2]　何锦江[3]
(1.浙江科技学院　杭州　310023　2.杭州电子科技大学　杭州　310018
3.国电机械设计研究院　杭州　310030)

摘　要　通过计算统计地铁沿线不同类型建筑的自振频率并与建筑场地的固有频率、地铁振动源产生的低频振动频率进行比较,分析了建筑物振动的原因,为杭州地铁线路规划与周边沿线地面建筑单体的规划设计,及建筑物自身的防振减振措施提供参考。

关键词　轨道交通　振动　频率　影响

1　前言

随着城市建设的发展,地下轨道交通及地面和高架轻轨交通已日益形成交通网络空间体系,逐步延伸到城市密集商业中心、居民点和工业区,同时列车移动产生的环境污染尤其是对沿线范围内建筑物的振动及噪声影响已引起普遍的关注[1-7]。轨道交通车辆引起的建筑物振动属于移动式强迫振动,它由列车运行时轮轨相互撞击所产生的振动经钢轨通过轨道扣件、道床结构传到钢筋混凝土隧道四壁,并由隧道传向四周大地引发附近建筑物及构筑物振动,它已成为环境和居住者的新污染源。据统计,目前轨道交通运行速度控制在100km/h以内,正常运行速度一般在70~80km/h,考虑到站点启动和靠站减速及转弯的情况,列车运行产生的主要振动频率在1~90Hz范围内波动。在杭州地铁1号线工程68km中有6.6km在高架上敷设(位于余杭区段),产生的污染源主要是噪声;其余61.4km为地下线路,振动是主要的影响因素。由于振动原因涉及到机械振动波的产生,建筑场地的岩土载体对振动波的扩散以及建筑结构本身的振动这三个主要方面,因此分析比较地铁对建筑物的诱发振动属性,并采取合理的措施和可能的特殊设计,防止传入建筑物地基振动波频率和建筑物主振频率一致而形成可能的准共振具有十分重要的意义。

2　轨道交通产生的振动波的传播特点

轨道交通运行产生的振动波属于准周期特性的低频振动稳态波,其作用在轨道路基上动荷载力$F(t)$的时程曲线见图1[1-2]。当波传播扩散到具有不同性质的介质土层之间的交界面处时,它会产生反射和折射。并且隧道振动波进入一个较软的土层时,它的行进途径变得偏向垂直轴(y轴),而隧道振动波从软土层进入相对较硬的土层时,它的行进途径变得偏向水平轴(x轴),如图2所示。在未达到地表时,振动波的振幅(或振级)随距振源半径r增加而衰减,但振动频率不会变化,这是准周期振动波在大地传播的一般规律。波在到达地表时,它的振幅会被放大一些,图中箭头表示波的扩散前进方向。当波的振动周期(或振动频率)与表层场地土的特征周期(或特征频率)相近时,在一定振级条件下会诱发场地土的准共振现象,以达到能量区域耗散。轨道交通运行产生的振动波用能量守恒来描述可用式(1)表示:

$$E = E_k + E_e + E_f + E_d \tag{1}$$

式中：E——列车运行的输入机械能；

E_k——列车运行的动能；

E_e——轨道结构及隧道未损失的弹性应变能；

E_f——各种摩擦耗能；

E_d——大地阻尼振动耗散能，即通过大地空间的振动辐射衰减传播和克服大地岩土的阻尼耗能达到波的扩散。

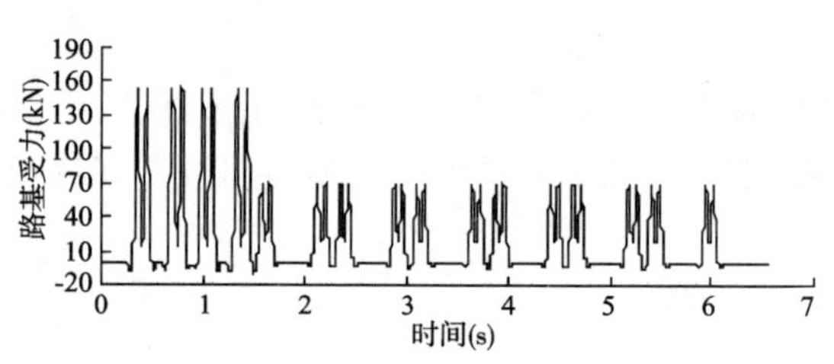

图1　轨道上的动荷载曲线

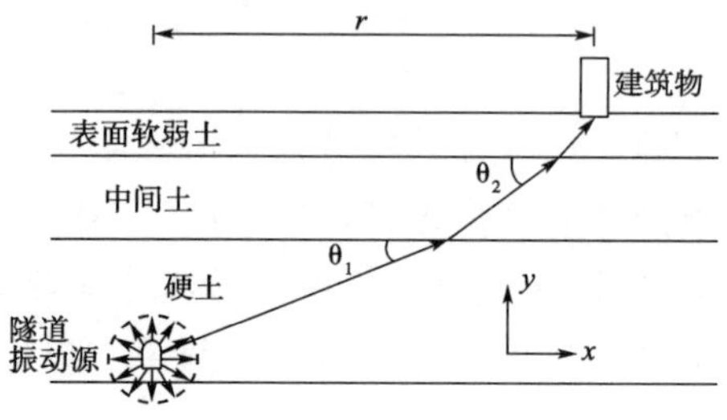

图2　波在地表土层的反射

地铁隧道埋深取决于规划线路走向及位置场地情况，是影响隧道建设成本和邻近建筑物振动的重要因素之一。埋深越大地面建筑物所受的振动波振幅影响越小，反之就影响越大。上海地铁新增线路上有在地铁隧道顶上方8.5m处建二层临时建筑混凝土独立浅基础的设计院预案。杭州地铁1号线规划中也充分考虑未来城市发展的景观要求及集约土地资源的需要，在九堡部分地区挖掘地铁土层上盖物业的潜力，因此如何降低地铁对沿线环境振动污染程度已成为工程界需要重视的方面。从20世纪80年代开始，国内多家单位展开了定性及定量的研究、试验[1-7]。文献[2]、[3]对轻轨地铁传到建筑物的振动波行为进行了测量研究，指出地铁高频振动分量随着离隧道中心线水平距离的增大衰减很快，传入建筑物的频率分量主要为20Hz以内的低频振动分量，并且证实了地铁诱发大地振动的水平分量在传播过程中衰减要快于垂直振动分量，传播到建筑物基础下的垂直分量大于水平分量。文献[1]、[3]分别通过计算机模拟分析方法及现场试验，均发现地铁诱发大地竖向振动在沿地表水平方向传播时存在不少于一个振动(振级)放大区，且主要以10Hz以内的振动分量为主。该放大区域理论计算和实测的距离(离隧道振源的水平距离)在20～40m范围及60m处，并且在1～3Hz频率振级中在0～40m范围振源半径内地面测点的振级衰减很少，在多点测试过程中，这一现象始终存在，说明场地土的振动虽然随着离隧道振源点距离的增大，振动能量因扩散作用和土体对振动能量的部分阻尼而逐步衰减。但由于场地土特征频率与振源机械波的频率可能有某种关联性，使这种衰减并没有减少，反而局部增大。文献[4]通过建立车辆-结构-土层-六层框架结构的二维有限元模型分析，得出隧道埋深对建筑水平振动影响要比竖向振动大。所以评估地铁对周边建筑的振动影响应同时考虑水平与竖向微振动这两方面的影响，有必要进一步调查引起振动的各要素的频率关系。

3　建筑物、场地自振(特征)频率及地铁振动波频率相关性统计讨论

以杭州地铁规划为例，其1号线将杭州主城区和余杭区临平镇、九堡站、下沙经济技术开发区及萧山区湘湖站进行连接，沿线存在大量的钢筋混凝土多层厂房及单层钢结构建筑包括4～6层砌体及框架结构的民居。特别是进入主城区后的武林门区段、延安路区段及秋涛路区段等，沿线以多高层和小高层的钢筋混凝土商住楼及公共建筑为主，其中的建筑场地类别及隧道、建筑所处的浅层地层状况，如表1所示。

杭州地铁 1 号线沿线隧道、建筑所处场地的浅层地层状况 表 1

地点	临平南苑站	下沙区块站	九堡站	秋涛路站	武林广场站	湘湖站
场地类别	Ⅱ	Ⅱ	Ⅱ	Ⅱ	Ⅱ	Ⅲ
地层状况	耕土①-1；素填土①-2；粉质黏土②；淤泥质粉质黏土③；淤泥质粉质黏土夹黏质粉土③-2；砂质粉土③-2a；砂质粉土夹淤泥质粉质黏土④-1；砂质粉土④-2；砂质黏土与粉质黏土互层（至25m 未钻穿）	素填土①；砂质粉土②-a；砂质粉土②-b；砂质粉土②-c（夹）；砂质粉土③-a；砂质粉土③-b（至20m 未钻穿）	杂填土①（薄）；黏质粉土②-1；砂质粉土②-2；砂质粉土②-3；黏质粉土②-4；砂质粉土②-5；砂质粉土②-6；粉砂②-7；黏质粉土②-8（夹）；粉砂②-9；粉质黏土③（至23m 未钻穿）	杂填土①；砂质粉土②-1；砂质粉土②-2；砂质粉土②-3；砂质粉土②-4；砂质粉土夹粉砂②-5；粉土②-6；砂质粉土夹粉砂②-7（至20m 未钻穿）	杂填土与素填土①-1；有机质填土①-2；黏质粉土②-1；粉质黏土②-2；淤泥质黏土③-1；淤泥质粉质黏土夹粉土③-2；粉质黏土④（至20m 未钻穿）	素填土①-1；黏土②；黏土夹粉砂③；粉质黏土⑤；粉土夹粉砂⑥；粉质黏土⑦；粉细砂⑧（至 29.9m 未钻穿）

采用 PKPM 建筑结构计算软件对杭州地铁 1 号线沿线 9 幢已建成或在建，但位于不同地点及不同结构类型的建筑建模计算，其主振周期（或主振频率）经计算统计，汇总于表 2。从表中可以看出，沿线除砖混砌体结构外，建筑物的水平振动主振频率稳定在 0.3 ~ 2.0Hz 范围，而六层砖混结构住宅由于一般认为是刚性建筑，现行结构计算软件未给出振动周期（或频率值），其数据 f_1 = 2.5Hz 来源于文献[8]，由数幢砖混结构建筑实测数据统计回归的结果。对多、高层建筑其垂直竖向振动频率较大，一般在 5 ~ 10Hz 范围；单层钢结构因为属于大跨度结构其竖向振动频率由钢大梁及大跨度屋架或网架竖向振动控制，本次计算统计值对门式轻钢结构为 2.561Hz，屋面网架为 1.667 ~ 2.5Hz，大跨度钢屋架（桁架式）及预应力混凝土屋架为 1.25 ~ 5Hz。结合计算、统计的建筑物频率数据并考虑到建筑场地土的近震特征频率、地铁振动波的输入频率统一绘制频率相关图（见图 3）。其中场地特征频率数据与场地类别的关系见文献[9]，（Ⅰ）~（Ⅳ）表示场地类别。它由建筑物所处场地的等效剪切波速和场地覆盖层厚度决定，f_g 表示场地土特征频率，f_b 表示从地铁输入的振动频率，f_{ah}、f_{av} 分别表示建筑水平振动自振频率和竖向振动自振频率，r 表示振动源与建筑物的水平距离。

建筑结构振动主振频率 表 2

建筑类型	f_{ah}(Hz)			f_{av}(Hz)
	f_1	f_2	f_3	f_1
单层门式轻钢结构	1.484	5.556	6.861	2.561
大跨度网架结构	—	—	—	1.667 ~ 2.5
钢、混凝土屋架结构	—	—	—	1.25 ~ 5
四层混凝土框架住宅	1.143	1.208	1.309	
六层混凝土框架厂房	0.725	0.772	0.821	
六层砖混结构住宅	2.5	—	—	
七层混凝土框架住宅	1.002	1.295	1.646	5 ~ 10
九层混凝土框架商厦	0.634	0.718	0.815	
十六层框剪办公楼	0.559	0.650	0.817	
二十五层框剪住宅	0.392	0.433	0.510	
三十三层筒剪住宅	0.313	0.322	0.371	

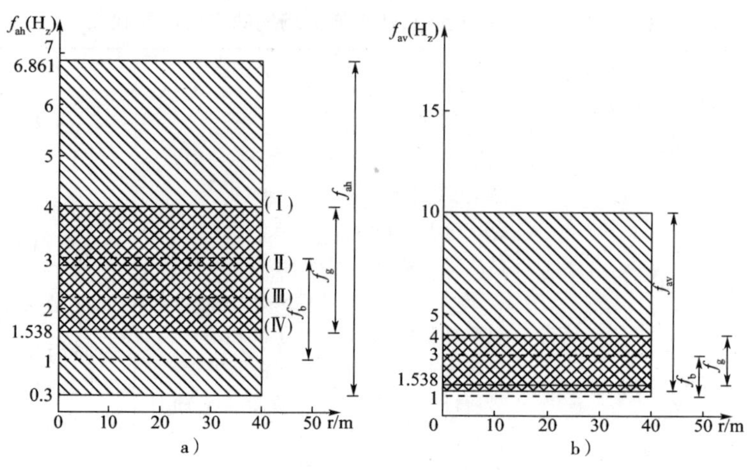

图3　振动频率相关图

a)水平振动频率;b)竖向振动频率

从图3a)可以看出,地铁输入振动波其水平振动分量对建造在Ⅲ类、Ⅳ类场地上及Ⅱ类至Ⅲ类过渡场地的建筑有一定的影响,尤其是对砖混结构影响最大,对柔性较大的大跨度轻钢结构来说以第一主频率水平振动影响最大,但对于其第二、第三主频率的建筑振动形式由于和场地输入波的低频振动频率相差甚远,并且也高于场地的特征频率,因此第二、第三振型振动变形一般不会发生。对建造在Ⅱ类及以上场地的高层及小高层混凝土建筑结构,尽管场地有准共振的倾向可能,但因为建筑自振频率较低,仅对其最底层部分楼地面有一定的影响,但不会产生整体微振动,文献[4]的研究已证实这一结果。对竖向振动来讲,从图3b)可知频率在1.538~3.0Hz的建筑受地铁振动波影响最大,频率在1~1.538Hz的建筑影响次之,3.0Hz以上的建筑物受地铁竖向振动影响很小。因此从结构设计角度讲,为减少因地铁隧道振动源产生的环境振动影响,有必要在结构方案设计时,采取一定措施,比如对大跨度屋盖结构在钢大梁两端或四边支承的网架杆件附近,设置在主结构计算中不参加强度计算的小型斜角钢弹性阻尼支撑可以消除准共振的影响;对Ⅱ类、Ⅲ类场地上建造高层建筑可以采取对场地土进行换填改良措施,其中采取桩承台基础就是很好的减振措施,它对建筑物的减振效果要优于在同样场地上采用天然地基建造同样规模的建筑。对沿线建设多层住宅,尽可能不采用砌体结构而采用框架结构,并使用轻质墙体作为填充墙。由于质量是影响建筑物自振频率的主要因素之一,通过采用新型墙体(墙板)材料在不同层高处的设置也对避免频率重叠有一定的影响。由于建筑微振动会引起建筑二次结构如室内外门窗、家具等的振动噪声,故在地铁沿线建筑装修设计施工中应将一些吸振措施贯彻其中,如在门窗玻璃四周采取配套的橡胶垫,在龙骨木地板及无龙骨的强化地板下敷设2.5mm厚防潮吸振PVC微发泡软垫卷材等措施。同时结合场地区域的总体规划,在地表土层上设置一定沟深的市政排水防洪沟渠或市政电缆沟兼作为隔振沟,对减少建筑物振动部分阻断振动传播途径和降低噪声有积极的影响。当然作为主振源本身如何在机械及导轨设计上进一步减振降噪,来达到最后建筑物地面环境振动水平满足居住、活动区域的振动标准要求,也是今后科研的重点方向。

4　结论和建议

轨道交通运行引起的周边建筑物振动,受地铁本身的运行状态、振动波传播的途径,包括地质条件、距隧道轴线的距离及其埋深和决定建筑物刚度变形属性的结构类型有密切的关系。通过对建筑物、场地自振周期(特征频率)及地铁引起的振动波频率计算统计,得到如下结论和建议:

(1)轨道交通引起的周边建筑物振动,主要由于机械强迫振动波的低频部分(1~3Hz),与场地土(主要是Ⅲ类、Ⅳ类和Ⅱ类的一部分)的特征频率比较接近,在一定振级条件下会带动建筑物上部结构的随机振动并引发噪声。场地土的种类性质及建筑物的类型,对地铁振动诱发的建筑物振动响应有较大的影响。

(2)经计算统计,杭州市地铁1号线沿线不同类型建筑的第一水平自振频率其值在0.3~2.5Hz范围,比较接近地铁振动传入的频率值。通过对比,沿线砌体结构最容易发生水平微振动响应;建筑竖向振动自振频率在1.25~10 Hz范围,其低值频率部分的建筑如大跨度钢屋盖结构体系受地铁竖向振动影响较大。

(3)在建筑规划、结构方案设计时,应综合考虑地铁引起的低频振动输入频率、建筑场地土的特征频率及建筑物自振频率三个参数的相互关系,尽可能错开振动影响区。同时要重视波的振动放大区的现象,结合杭州地铁不同沿线段场地土的性质进行振动放大区段的实测调研工作,在地铁沿线建筑结构设计和二次装修设计中采取一定的构造及结构技术措施,可以在一定程度上减少振动的影响。

参考文献

[1] 夏禾,吴萱,于大明.城市轨道交通系统引起的环境振动问题[J].北京交通大学学报,vol. 23 No. 4 Aug. 1999:1-6.

[2] 郑晓,刘胜群.地铁运行引起地表振动的现场测试与分析[J].铁道建设,2007年第6期:41-43.

[3] 闫维明,张炜,任珉,等. 地铁运营诱发振动实测传播规律[J].北京工业大学学报,vol. 32 No. 2 Feb. 2006:149-153.

[4] 王逢朝,夏禾,张鸿儒.地铁列车振动对邻近建筑物的影响[J]. 北京交通大学学报,vol. 23 No. 5 Oct. 1999:45-48.

[5] J. Melke, Noise and Vib. from underground railway lines:proposal for a prediction proceduce[J]. T. S. & Vib. (1988) 120(2). 391-406.

[6] 刘卫,李岩,李彬蔚.某人行天桥在地铁振动下行人舒适度的实测分析[J].地下工程与隧道,2007年第2期:36-41.

[7] 辜小安,刘宪章,张春华.大地环境振动预测方法浅析[J].环境工程,1996. 14(5):35-39.

[8] 中国建筑科学研究院工程抗震研究所.混凝土空心小型砌块多层房屋自振基本周期脉动测试.《抗震验算与构造措施》论文集.北京:1986:309-314.

[9] 建筑抗震设计规范(GB 50011—2001) [S].北京:中国建筑工业出版社,2001.

十、相关讨论及其他

次固结对轻轨软基超载预压卸载时间的影响

胡亚元

（浙江大学软弱土与环境土工教育部重点实验室，浙江杭州 310027）

摘 要 采用基于Yin-Graham等效时间线模型的超载预压卸载时间公式，考虑次固结沉降对工后沉降的影响，介绍了轻轨软弱地基上采用超载预压加固时加载计划和卸载时间的确定方法，并与按纯主固结理论确定的卸载时间和按有效应力面积比法确定的卸载时间进行了对比，发现根据纯主固结理论所确定的超载预压卸载时间过短，考虑次固结沉降后难以满足工后沉降的要求；而按有效应力面积比法所求得的超载预压卸载时间过长，甚至出现固结度大于1.0的谬错。对于次固结变形明显的软弱地基，必须采用考虑次固结变形的卸载时间公式来控制超载预压的卸载时间。

关键词 次固结 分级加载 超载预压 卸载时间

1 前言

沿海城市广泛分布着淤泥和淤泥质软弱地基，在软弱地基上修建轻轨，沉降过大是一个十分棘手的问题。超载预压能有效减少软土的工后沉降，是轻轨软弱地基加固处理的常用方法之一[1]。

当前超载预压的设计理论是Terzaghi主固结理论和砂井主固结理论。文献[2]建议按固结度达到等载与等载加超载之比即$\overline{U}=p_f/(p_f+p_s)$来确定超载预压的卸载时间。由于软土具有明显的次固结，工程实践表明，即使达到上述固结度也难以满足软土地基对工后沉降的要求[3]。为此，潘秋元等提出有效应力面积比法，按固结度达到工作荷载下主固结和次固结的沉降之和与超载条件下最终主固结沉降之比即$\overline{U}=(S_f+S_{SC})/S_{f+s}$来确定超载预压的持续时间[4]。近年来一些岩土专家和学者指出，次固结的变形特性与主固结的变形特性不同，有效应力面积比法简单地把次固结沉降等同于主固结沉降，有时会出现理论固结度超过1.0的谬错[5]。为此，胡亚元利用能够综合考虑主固结和次固结变形的Yin-Graham等效时间线模型，提出了控制超载预压卸载时间的理论公式[6]~[8]，不但避免了有效应力面积比法固结度有时会大于1.0的谬错，而且能为实际工程提供更合理的决策依据。本文以天津津滨轻轨拟采用软基超载预压加固处理为例，说明如何综合考虑软土地基的主固结沉降和次固结沉降来设计超载预压的加载计划和卸载时间。

2 工程概况

津滨轻轨工程西起天津市河东区中山门，东至天津经济技术开发区第八大街，正线全长45.4km，其中路基工程为5.7km，均为软土地基。根据工程地质勘察报告，场地地形平坦，属滨海冲积平原，为广泛发育第四系全新统冲积层，地表松软，局部低洼积水，绝对高程1.03~4.45m，主要岩性为淤泥、淤泥质粉质黏土。其厚约16.0m左右，地层含水量大，抗剪强度低，压缩性高，主要物理力学指标如表1

所示。

主要物理力学性质指标 表 1(a)

土体指标	W(%)	γ_{sat}($g\cdot cm^{-3}$)	e_0	c(kPa)	φ(°)
淤泥	48	1.75	1.51	8.5	3

主要物理力学性质指标 表 1(b)

土体指标	λ	K	ψ	E_{1-2}(MPa)	$k_h=3k_v$($cm\cdot s^{-1}$)
淤泥	0.379	0.068	0.015	2.5	4.1×10^{-8}

本工程路基宽 12.4m,设计工作荷载为 90kPa,要求在 15 年内的工后沉降不超过 15cm。因地基强度和沉降均不满足设计要求,拟采用超载预压进行软弱地基加固。加固宽度为两侧路堤坡脚外 3m,竖向排水系统采用截面尺寸为 $10\times4mm^2$ 的塑料排水板,正三角形布置,间距 1.0m,板长 18.0m,板顶铺设 0.5m 厚砂垫层。根据软基强度的增长规律,当本级加荷的固结度大于 90% 时,第一级荷载可施加 50kPa,第二级荷载可施加 40kPa,以后每级荷载可施加 30kPa。

3 加载计划和卸载时间的确定

3.1 确定加载计划

超载预压的加载计划示意图,如图 1 所示。图中 t_n^a、t_n^b 分别为第 n 级荷载的起始时间和终止时间,Δp_n 为加载量,$q_n=\Delta p_n/(t_n^a-t_n^b)$ 为加载速率。为充分利用地基强度,第一级荷载的加载量为 $\Delta p_1=50kPa$,第二级的加载量为 $\Delta p_2=40kPa$,以后每级荷载的加载量为 30kPa,每级荷载的加载期为 10 天。

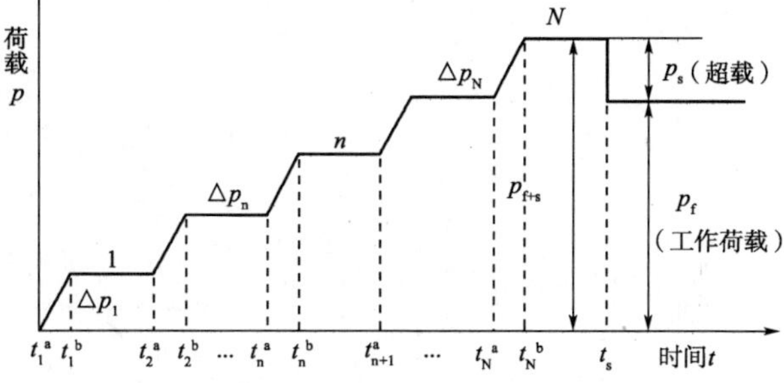

图 1 超载预压多级加载计划示意图

本文按上一级荷载的固结度等于 90% 来确定每级荷载的起始时间,固结度按规范要求采用改进的高木俊杰法来计算,对于第 n 级荷载,当 $t_n^a\leqslant t\leqslant t_n^b$ 时处于等速加载阶段,本级荷载的固结度计算公式为[2]:

$$\overline{U}(t)=\frac{q_n}{\Delta p_n}\left\{(t-t_n^a)-\frac{\alpha_1}{\beta_1}\left[1-e^{-\beta_1(t-t_n^a)}\right]\right\} \tag{1a}$$

总固结度的计算公式为:

$$\overline{U}_n(t)=\sum_{i=1}^{n-1}\frac{q_i}{p_{f+s}}\left[(t_i^b-t_i^a)-\frac{\alpha_1}{\beta_1}e^{-\beta_1 t}(e^{\beta_1 t_i}-e^{\beta_1 t_i^a})\right]+\frac{q_n}{p_{f+s}}\left\{(t-t_n^a)-\frac{\alpha_1}{\beta_1}\left[-e^{-\beta_1(t-t_n^a)}\right]\right\} \tag{2a}$$

当 $n<N$ 且 $t_n^b\leqslant t\leqslant t_{n+1}^a$ 时,或当 $n=N$ 且 $t>t_N^b$ 时处于维持恒载阶段,本级荷载的固结度计算公式为[2]:

$$\overline{U}_n(t)\frac{q_n}{\Delta p_n}\left[(t_n^b-t_n^a)-\frac{\alpha_1}{\beta_1}e^{-\beta_1 t}(e^{\beta_1 t_n^b}-e^{\beta_1 t_n^a})\right] \tag{1b}$$

总固结度的计算公式为:

$$\overline{U}(t)=\sum_{i=1}^{n}\frac{q_i}{p_{f+s}}\left[(t_i^b-t_i^a)-\frac{\alpha_1}{\beta_1}e^{-\beta_1 t}(e^{\beta_1 t_i^b}-e^{\beta_1 t_i^a})\right] \tag{2b}$$

式中,$\alpha_1=\frac{8}{\pi^2}$,$\beta_1=\frac{\pi^2C_v}{4H}+\frac{8C_h}{Fd_e^2}$。若 n_1 为井阻比,J、G 为涂抹和井阻因子,则 $F=\ln(n_1)-\frac{3}{4}+J+\pi G$。

根据本工程塑料排水板的截面尺寸和设计间距，塑料排水板的等效直径 $d_s=0.066\text{m}$，影响范围直径 $d_e=1.05\text{m}$，涂抹因子 J 取 0.458，井阻因子 G 取 0.188，井阻比 $n_1=15$，$F=3.0$，$\beta=0.02142$，由此可得各级荷载的起始时间和终止时间，如表 2 所示。

各级荷载的加载量和固结度　　表 2

级数	加载量 ΔP_i/kPa	T_i^a/d	T_i^b/d	施加下级荷载时的 $\overline{U}_n(t)$
第 1 级	50	0	10	90%
第 2 级	40	100	110	90%
第 3 级	30	200	210	

3.2　卸载时间的确定

软土地基不但存在主固结沉降，而且还存在次固结沉降，因此应综合考虑主固结沉降和次固结沉降来确定卸载时间。设 H 为土层厚度，p_0 为初始有效应力，λ、κ、ψ 分别为压缩指数、回弹指数和次固结系数，工作荷载为 p_f，超载量为 p_s，总预压量为 $p_{f+s}=p_s+p_f$，K 为安全系数，$[S_G]$ 为轻轨在运营期时间段 T_Y 内所允许的最大工后沉降。胡亚元从 Yin-Graham 等效时间线模型出发（见图 2），建立了考虑次固结沉降影响的超载预压卸载时间的理论公式[6]~[8]，其具体形式为：

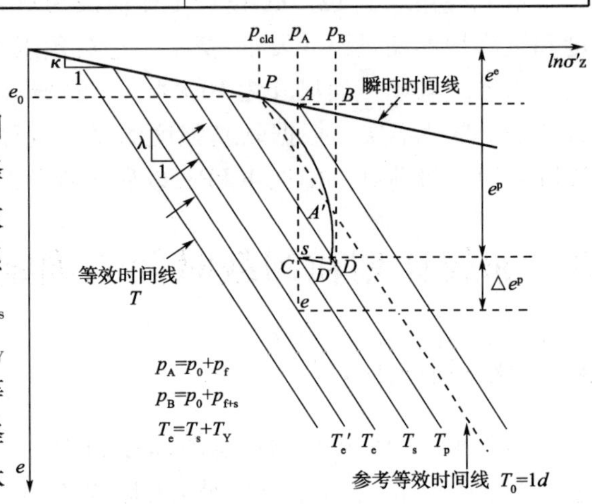

图 2　分级加载时超载预压卸载时间计算模式

$$t_s\approx T_s\left(\frac{p_A}{p_B}\right)^{\alpha}+t_N^b+\frac{1}{\beta_1}[\rho(\bar{\zeta}_N^b)-\rho(Y_s)]-\sum_{n=1}^{N-1}\left(\frac{p_n^b}{p_B}\right)^{\alpha}\left[t_{n+1}^a-t_n^b-\frac{\rho(\bar{\zeta}_n^b)-\rho(Y_n^b)}{\beta_1}\right]-\sum_{n=1}^{N}\left(\frac{p_n^b}{p_B}\right)^{\alpha}\frac{1-Y_n^a}{30\beta_1}$$

$$\sum_{i=1}^{5}\left[\frac{(\bar{p}_n^a-\bar{q}_n^a\ln y_n^{i-1}-\bar{\zeta}_n^a y_n^{i-1})^{\alpha}}{y_n^{i-1}}+8\frac{\left(\bar{p}_n^a-\bar{q}_n^a\ln\frac{y_n^{i-1}+y_n^i}{2}-\bar{\zeta}_n^a\frac{y_n^{i-1}+y_n^i}{2}\right)^{\alpha}}{y_n^{i-1}+y_n^i}+\frac{(\bar{p}_n^a-\bar{q}_n^a\ln y_n^i-\bar{\zeta}_n^a y_n^i)^{\alpha}}{y_n^i}\right]\tag{3}$$

式(3)中各符号的计算公式为：

$$T_s=\frac{T_Y}{\exp\left\{\frac{[s_G](1+e_0)}{K\psi H}\right\}-1},\alpha=\frac{\lambda-\kappa}{\psi}\tag{4a}$$

$$p_A=p_0+p_f,p_B=p_0+p_{f+s}\tag{4b}$$

$$p_n^a=p_0+\sum_{i=1}^{n-1}\Delta p_i-\frac{\alpha_1}{\beta_1}q_n,p_n^b=p_0+\sum_{i=1}^{n}\Delta p_i\tag{4c}$$

$$\zeta_n^a=\frac{a_1}{\beta_1}\left\{\sum_{i=1}^{n-1}q_i\left[e^{-\beta_1(t_n^a-t_i^b)}-e^{-\beta_1(t_n^a-t_i^a)}\right]-q_n\right\}\tag{4d}$$

$$\zeta_n^b=\frac{\alpha_1}{\beta_1}\sum_{i=1}^{n}q_i\left[e^{-\beta_1(t_n^b-t_i^b)}-e^{-\beta_1(t_n^b-t_i^a)}\right]\tag{4e}$$

$$Y_n^b=\frac{\zeta_n^b}{p_n}e^{-\beta_1(t_{n+1}^a-t_n^b)},Y_N^b=\frac{\zeta_N^b}{p_n}e^{-\beta_1(t-t_N^b)}\tag{4f}$$

$$Y_n^a=e^{-\beta_1(t_n^b-t_n^a)},\bar{p}_n^a=\frac{p_n^a}{p_n^b}\tag{4g}$$

$$q_n^a=\frac{q_a}{\beta_1p_n^b},\bar{\zeta}_n^a=\frac{\zeta_n^a}{p_n^b},\bar{\zeta}_n^b=\frac{\zeta_n^b}{p_n^b}\tag{4h}$$

$$Y_s = \bar{\zeta}_N^b e^{-\beta_1(t_s - t_{N-1})}, y_n^i = \frac{i}{5} + \frac{5-i}{5} Y_n^a \tag{4i}$$

$$\rho(y) = \sum_{m=1}^{\infty} \frac{(-1)^{m-1}\alpha!}{(\alpha-m)!m!m} y^m \tag{4k}$$

式中的 $\alpha!$ 为伽马特殊函数。令 n' 为 $p_n^b > p_A$ 的最小的 n,式(3)的近似式为:

$$t_S \approx T_S\left(\frac{p_A}{p_B}\right)^{\alpha} + t_N^b + \frac{1}{\beta_1}[\rho(\bar{\zeta}_N^b) - \rho(Y_S)] - \sum_{n=n'}^{N-1}\left(\frac{p_n^b}{p_B}\right)^{\alpha}\left[t_{n+1}^a - t_n^b - \frac{\rho(\bar{\zeta}_n^b) - \rho(Y_n^b)}{\beta_1}\right] \tag{5}$$

根据表 1 所示的工程地质资料,安全系数取 $K = 1.2$,临界等效时间 T_S 由式(4a)得:

$$T_s = \frac{15 \times 365}{\exp\left(\frac{0.1 \times 2.51}{1.2 \times 0.015 \times 16}\right) - 1} = 2030\text{d}$$

$$\alpha = (0.379 - 0.068)/0.015 = 20.73 \tag{6}$$

卸载时间 t_S 由式(5)和式(6)得:

$$t_S \approx 2030\left(\frac{157.5}{187.5}\right)^{20.73} + 210 + \frac{1.109}{0.2214} - 0.027 \times 38 \approx 312\text{d}$$

此时该级荷载的固结度为 92.3%,总固结度为 98.5%。根据表 2 和卸载时间确定的加载计划,如图 3 所示。

若按文献[2]纯主固结理论 $\bar{U} = p_f/(p_f + p_s)$ 来设计卸载时间,工作荷载下的最终沉降由表 1 所示的物理力学指标可得 $S_{f\infty} = 0.576\text{m}$,对于本工程而言无需超载,只要预压 180d 固结度达到 74% 后即可满足工后沉降 0.15m 的要求而结束,比本文计算所得的卸载时间 312d 少 132d。但由于在公式 $\bar{U} = p_f/(p_f + p_s)$ 中未考虑次固结沉降,在运行期的实际沉降量为 0.81m,远超过运行期所允许 0.15m 沉降量的要求。工程实践也表明,对于次固结变形明显的软土地基,按主固结理论 $\bar{U} = P_f/(P_f + P_s)$ 设计卸载时间是难以满足工后沉降要求的。若严格按有效应力面积比公式 $\bar{U} = (S_f + S_{sc})/S_{f+s}$ 计算卸载时间,由于 $S_{f\infty} = 0.576\text{m}, S_{sc} = 0.751\text{m}, S_{(f+c)\infty} = 0.768\text{m}$,由其计算所得的固结度为 1.9 大于 1.0,而固结度无论如何是不可能超过 1.0 的。造成有效应力面积比法所计算的固结度超过 1.0 谬错的原因是在有效应力面积比法中,把次固结沉降等同于主固结沉降。事实上,次固结沉降的变形规律与主固结沉降在性质上是不同的,不能简单地参照主固结理论按工作荷载下主固结和次固结的沉降之和与超载条件下主固结最终沉降之比来计算固结度。

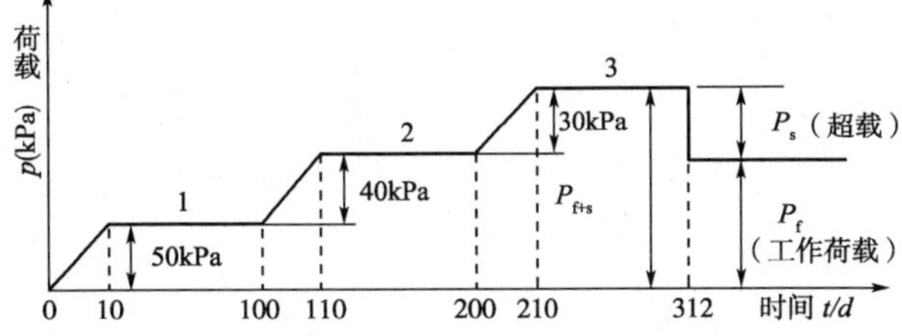

图 3 加载计划和卸载时间图

4 结论

本文针对天津津滨轻轨拟采用的软弱地基超载预压处理方案,用胡亚元基于 Yin-Graham 等效时间线模型所提出的卸载时间公式来确定卸载时间,并与采用纯主固结理论的等效应力固结法和有效应力面积比法所确定的卸载时间进行了比较。计算结果表明,等效固结法所计算的超载预压过短,无法满足运行期工后沉降的要求,而有效应力面积比所得出的固结度大于 1.0,难以采用有效应力面积比法确定卸载时间。而从 Yin-Graham 等效时间线模型出发所提出的胡亚元超载预压卸载时间公式建立了超载量、固结度、卸载时间和工后沉降的一般关系,既可以避免按 $\bar{U} = p_f/(p_f + p_s)$ 法确定卸载时间过早的缺陷,又可以避免有效应力面积法求固结度大于 1.0 的谬错,当次固结沉降明显时,可以较合理地确定沿海地区软弱地基超载预压的卸载时间。

参考文献

[1] 杨建国,李帆. 真空预压技术在轨道交通中的应用真空预压技术在轨道交通中的应用[J]. 铁路标准设计,2004(9): 16-18.

[2] 龚晓南. 地基处理新技术[M]. 西安:陕西科学技术出版社,1997,27-40.

[3] 李国维, 杨涛, 殷宗泽. 公路软基超载预压机理研究[J]. 岩土工程学报, 2006,28(7): 896-901.

[4] 潘秋元, 朱向荣, 谢康和. 关于砂井地基超载预压的若干问题[J]. 岩土工程学报, 1991,13(2):1-12.

[5] 张广永, 王靖涛, 徐辉. 超载预压法的超载比及卸载控制研究[J]. 华中科技大学学报(城市科学版), 2003, 20(4): 37-39.

[6] Hu Ya-yuan. The effect of secondary consolidation compression deformation on the duration of stage constructed surcharge preloading at equal loading rate [C]. Proceedings of APCGI 2008. Indonesia: 503-509.

[7] 胡亚元. 基于 EVP 模型确定超载预压持续时间的近似方法[J]. 岩土工程学报,已录用.

[8] 胡亚元. 考虑次固结沉降时分级加载超载预压的近似持续时间[J]. 水利学报,已录用.

轨道交通车站采用“多连型盾构”技术的新视野

顾鹏飞　黄松柏

（上海市土木工程学会咨询部专家咨询工作室　上海　200002）

摘　要　在我国大中城市持续加快建设以轨道交通为主骨干的公交网络系统的大背景前提下，如何使地铁车站建设更安全高效、降低风险，更环保合理、少公害占地，高质量及低消耗，已引起人们的高度重视。双圆盾构能成功又带来新的契机。借鉴日本三连盾构工程实例，扩展视野，探索盾构扩大应用的可能性。建议车站采用“多连型盾构”施工技术，并逐步向公路隧道、地下商业街建设领域推广。

关键词　轨道交通　地铁车站　多连型盾构

1　引言

随着我国经济建设的迅猛发展，加速了城市化步伐。在繁华的大城市，市政基础设施正在持续加快建设。以上海为例，近10年来，一直坚持以公共交通优先发展为主导，大力建设以轨道交通为骨干、地面公交车为基础、出租车为补充的公交网络系统。加强中心城区与郊区的公交联系，满足市郊通勤和居民出行需要，缓解地面车辆拥挤阻塞的紧张状况，带动沿线各个地区的开发建设。轨道交通（地铁、轻轨、磁浮、城际铁路、电车等）服务惠及全民，是以人为本的上海全力发展一体化综合交通体系中的主心骨。地面常规公交又是以轨道交通车站为核心进行平面扩张调整拓展的。因此，首选大力发展污染少、速度快、运量大的交通方式，在60分钟之内便捷地完成出行。2010年上海世博会期间，轨道交通有八座车站（耀华路、西藏南路、上南路、长清路、耀华支路、云台路、东明路、瞿溪路等站）紧靠会址，直接服务世博会，预期将满足承担50%以上客运量的疏散要求。而上海举办世博会又推动加快了轨道交通的建设步伐。

可见轨道交通是城市交通的骨干，是主心骨；而地铁车站又是骨干网络中的核心，是线路上的关键节点。

在上述大背景前提下，挑战和机遇并存。地铁区间隧道，已全部采用单圆或双圆盾构技术。国内外一致共识公认，盾构机是区间隧道（当然也包括长距离大直径、大深度的越江隧道、海底隧道）施工，最有效的锐利武器。本文重点对盾构技术扩大应用于地下车站方面，结合工程实例扩展视野，分析探索“多连型盾构”扩大应用的可能性。

2　探索盾构扩大应用的可能性

我国地铁建设起步较晚，发展历史较短，但建设速度很快，施工过程中难免带来许多问题。因而在区间隧道之外，对盾构这一锐利武器，目前还未能采用。如地下车站、盾构（进出洞、调头用）工作井及其他竖井（排风、泵站）。往往以地下连续墙围护、深基坑明挖（或盖挖）逆作或顺作法施工。地处繁华市区，集中反映出如下问题：地面道路作为施工场地长期被占用，交通受严重干扰；行道树绿化生态环境被毁；建筑物受损；大量地下管线搬迁切断，临时改道后，污水横溢经常发生；施工噪声、粉尘、废气污染无法有效控制；施工安全交通事故发生风险大；大型吊车施工装备重复配置、资源消耗大；建设投资增加等。

显然，地铁车站施工如何改变上述局面，将地铁的负面影响降到最低限度，应对最有效的措施是采用断面形状可自由变化的“多连型盾构”技术。近年笔者接触到上海某地铁车站施工，与相邻高层、多层建筑之间突出的矛盾和干扰，深切体会到地铁车站今后如能采用“多连型盾构”技术而摒弃传统的深基坑开挖施工将大大减少这类矛盾和干扰。

国际视野。地铁车站在日本用“单圆-三连型车站盾构工法”、“三连型 MF 盾构工法”建成的有东京白金台车站、饭田桥车站、清澄车站等。日本盾构掘进新技术相关工法从 2004 年 3 月开始的连载讲座已公布有 29 种工法。表中多圆形掘进 4 种盾构技术均可用于地铁车站隧道施工，整合非圆形断面掘进 3 种工法，可用于自由断面掘进。如能进一步掌握表中的球面盾构工法和 MSD 工法地下接合技术，则盾构工作井和其他竖井（风井、泵站井等）施工，也能全部用上盾构技术了。

3　国内采用双圆盾构技术成功的实例

双圆盾构是在惯用的单圆盾构基础上发展起来的，是一种全新的盾构法隧道施工技术。其主要优点在于：双连型盾构技术，明显提高了隧道有效利用截面，减少对地下空间的占用，降低工程建设风险，符合现代地铁区间隧道建设力求安全、高效、环保和经济的要求。

2003 年 9 月起，上海地铁 8 号线、6 号线的区间隧道，先后采用双圆盾构技术获得成功。该工程选用日本 IHI 公司（石川岛播磨重工）设计制造的 DOT 盾构（Double-O-tube 加泥式土压平衡盾构）进行隧道施工。盾构外径 ϕ6520mm × W11120mm（直径 × 宽度），盾构内径 ϕ6370 × W10970，两圆中心距 4600mm，盾构机长 7880mm，总重 480t，盾尾间隙 35mm，盾尾密封采用 3 道钢丝刷。隧道衬砌采用预制钢筋混凝土衬砌，每环由 11 块 1200 × 300mm（宽 × 厚）的薄管片组成，错缝拼装。隧道内径 ϕ5700mm × W10300mm。衬砌混凝土等级 C50，抗渗 ≥S10。衬砌纵向与环向均采用 M27 短螺栓连接，环与环之间用 46 根纵向螺栓连接，块与块之间用 68 根环向螺栓连接。

2007 年下半年起，在上海地铁 2 号线延伸段和 7 号线等的区间隧道施工中，继续推广采用。

成功的关键在于掘进时向刀盘前方注入大量添加剂，使开挖面保持良好的土压平衡状态。值得关注的是稳定盾构姿态、盾构凹槽同步注浆，正确调整施工参数等一系列技术措施与单圆盾构相比有其特殊性。上海隧道工程股份有限公司已对“双圆盾构浅覆土施工方法”拥有发明专利（专利号 200610116617）。

权威人士周文波、吴惠明在《我国软土盾构法隧道施工技术综述》一文中，已将浅覆土双圆盾构施工环境保护新技术，列为我国目前拥有的国际先进技术之一。此外，还提到“开发三圆盾构施工地铁车站、矩形盾构施工公路隧道等都将是未来城市市政建设中的新课题。”

4　日本 DOT 盾构和三连盾构实例

近二十年来，日本在密集的城市地下空间利用方面，盾构隧道施工技术取得累累硕果。该国一直处在独自开发的前哨，居世界领先地位。

日本 DOT 盾构工法的技术发展期，可追溯到 1989 年在广岛交通体系的鲤城隧道工程中，采用 ϕ6.09m × 二连型断面是世界上最早的 DOT 工法。通过该项工程实践，确认了这种盾构工法的优秀性能和良好的施工业绩，获得 1992 年度的土木学会技术奖。

1990 年在习志野的菊田川 2 号干线工程中，首次被采用在下水道管道建设中。此后又在东京都的有明共同沟工程中，采用 ϕ9.36m × 15.86m 的大断面 DOT 盾构机。

至于在地铁方面，在神户地下铁 1 工区，名古屋地下铁建设中先后采用过。其后，又在爱知县东部丘陵线 2 工区采用。在日本国内总计有 13 项施工业绩，在中国上海市轨道交通 8 号线、6 号线等双圆隧道,也采用了日本的 ϕ6.52m×11.12m 的 DOT 盾构机。

有明共同沟简要概况如下:

大断面 DOT 盾构机于 1993 年 9 月开始掘进到 1994 年 2 月结构贯通。有明共同沟位于东京都高速道路湾岸线 357 号国道(宽 100m)的下部,连接有明北地区和南地区,长度 249m 的地下共同沟隧道工程,隧道尺寸,ϕ9100mm×W15600mm(外径×宽度)。共同沟内设有钢筋混凝土隔墙,二次衬砌混凝土和拱底填充混凝土。共同沟内收容有各种公用管线,包括给水管道(2 根),中水管道、下水管道(6 根)、煤气管道(1 根)、电力电缆、信息通讯电缆、区域性冷暖房用供热管道(4 根)、垃圾收集管(3 根)。该工程采用二连型圆形断面的 DOT 盾构,外径尺寸 ϕ9360mm×W15860mm,盾构内径 ϕ8300mm×W14200mm,两圆中心距 6500mm,盾构机长 9650mm,总重 1440t,盾尾间隙 35mm,盾尾密封用 3 道钢丝刷。隧道衬砌采用预制钢筋混凝土衬砌,每环由 13 块 1200mm×400mm 管片组成。其中 10 块圆弧形 A 型管片,中央部分上面和下面接合处 J 型管片各 1 块,另 1 块为中柱的 P 型管片。该工程的特征是采用了当年世界上最大断面(双圆掘进面积为 124.3m^2,如换算成单圆相当于 ϕ12580mm 的盾构机)的双圆加泥式土压平衡盾构。技术难度极高。全线为浅覆土(顶部覆土在 13.5~17.5m 之间,仅为盾构横径的 1D 左右)。隧道在掘进穿越过程中,形成和东京电力电缆人孔、公用企业间的洞道,首都高速道路的高架桥桥墩,建设中东云共同沟等重要构筑物以及地下埋设物成为邻近施工状态。此外,还和临海高速铁道的明挖工程处于同步施工,在其工程正下方邻近交叉掘进穿越的工程风险特征。

日本地铁车站采用三连盾构隧道技术的工程实例有:

1994 年,在东京地下铁 7 号线白金台车站采用了“单圆-三连型车站盾构工法”。区间隧道采用单圆(双线),盾构机外径 ϕ10040mm 掘进隧道长度 418m 后,在工作井内装上两侧边小型盾构机改造成三连型车站式盾构机,一次性掘进车站盾构隧道的整个断面。盾构外径 ϕ10040mm×W15840mm。装拆改造盾构时间为 4 个月。车站盾构隧道长度 120m,两侧部小圆空间为站台部分。

1992 年,在东京地下铁大江户线饭田桥车站采用了“三连型 MF 盾构工法”。盾构外径 ϕ8846mm×W17440mm。车站盾构隧道长度 275mm,其中站台部分长度 137m。覆土厚 26~28m 且是渗透系数极大的江户川砂土层。如采用明挖法施工将是十分困难的。该车站位于东京文京区繁华闹市,是在饭田桥有大久保、目白和沪城等三条大街的交叉点,不论白昼黑夜交通量大、十分繁忙。地面上有首都高速道路,神田川的分水渠道,在地下有地下铁东西线和有乐町线、南北线、东电隧洞等重要构筑物交织在一起,情况非常特殊。因此,当无法自地面向下挖土建造大埋深的地下车站,选用三连盾构施工,更加显得经济合理。

此后,在东京江东区半藏门线清澄车站也采用三连盾构。盾构外径 ϕ7440mm×W16640mm,三连圆中心距 4500mm。掘进隧道长度 373m,其中车站盾构隧道长度 144m。覆土厚 17m 是在有乐町层下部的软弱黏性土层中。车站隧道外径 ϕ7200mm×W16200mm。隧道衬砌采用预制钢筋混凝土衬砌,每环由 14 块 1200mm×350mm(宽×厚)管片组成,其中 10 块圆弧形 A 型管片,4 块圆相交部分 D 型管片。环向块间用高刚度接头,纵向环间用螺栓插销连接。

由于地铁建设投资巨大,地铁车站包括区间隧道的土木工程造价占总造价的 60%~70%,为此,日本建设省制定有“降低土木工程造价的指导方针”五大措施。即要求设计阶段开始采取缩小结构断面;形状单纯化;构件预制化;材料规格化标准化以及施工技术创新标准化。这些措施值得我们借鉴。

5 结语

全新自由断面的“多连型盾构”技术的应用,将使轨道交通车站建设更安全高效、减少风险干扰,更环保合理、少公害占地,高质量及低消耗。有利于轨道交通规划与建设的顺利实施;有利于吸取日本新技术,在三圆盾构、子母盾构、球体盾构、H&V 盾构和 MSD 工法等技术整合创新方面,加速盾构机研制开发的进程。

目前,我国盾构施工仅局限用于单一断面(圆形和双圆相交连的)区间隧道。21 世纪初上海引进双圆盾构(日本 DOT 工法)成功带来新的契机。新闻媒体(2004 年 11 月 11 日解放日报)在题为《双圆盾构一抵俩》一文报道中提出:“刘建航院士等九位国内地下工程、机械方面的权威人士认为:双圆盾构技术将对上海乃至全国地下车站、高速铁公路和商业空间的开发建设发挥重要作用。”尽管大断面双圆盾构、三连盾构等技术,日本在多年前就已用于地铁车站发挥重要作用,但国内尚未实践。由此可见,层出不穷、多样化的异形盾构技术发展,还任重道远。众望所归,为此,建议地铁车站采用“多连型盾构”施工技术,并逐步向公路隧道、地下商业街建设领域推广。

轨道交通车站建设与城市既有建筑物的环保依存关系探索

顾鹏飞　黄松柏

（上海市土木工程学会咨询部专家咨询工作室　上海　200002）

摘　要　对轨道交通车站建设，在前期规划决策、设计和施工阶段中，所面临的环境保护，影响周边既有建筑物的问题严峻。本文拟从车站概念和用地黄线界定清晰入手，列举了早期车站基坑失事处理实例。回顾历史、探索理顺并总结提出了车站与城市既有建筑物的环保依存关系的五点意见。

关键词　轨道交通　车站　环保　基坑失事处理　既有建筑物

1　问题的提出及其严重性

在城市建筑密集区进行轨道交通车站建设中，随着城市经济协调快速发展，对环境保护的要求越来越高。地下车站与隧道线路有的位于较宽的城市道路中央，因而与城市建设用地矛盾不大。线路偏于道路一侧或斜穿既有建筑物用地时，是比较少的。但车站伸出地面的通风亭、冷却塔、电梯井和出入口，还有基坑局部，往往有可能切入侵占既有建筑物用地。从上海早期建成的地铁1号线历史记录来看，有近四分之一的车站离邻近建筑物距离不足2m，最近的仅0.67m。施工期基坑失稳滑坡事件屡见不鲜。因此，在车站建设的前期规划决策阶段和设计阶段，对车站布点、用地规划、周边既有建筑物的保护、深基坑施工和环境维护风险等难点，一般都要作深入细微的研究。问题是不确定因素太多，如地质勘察报告中往往不提及周边环境建（构）筑物情况；地铁施工影响范围内的管线分布埋深，管道的劣化度、剩余安全度不掌握；既有建筑物结构、基础类型、埋深、平面正确位置缺乏深入调查等。一旦进入施工阶段，工期一般长达3～5年，问题更为突出。如地面道路作为施工场地长期被占用，交通受严重干扰；行道树绿化环境被毁；大量地下管线搬迁切断，临时改道后，污水横溢经常发生；施工机械土方车冒烟，闹人的噪声、粉尘、废气污染无法有效控制；施工安全交通事故频发；地面沉降持续发展变化，导致周边建筑物受损等。总之，如何减少施工期间的环境污染危害是最大的难点。

面对既有建筑物的环保问题十分严峻，甚至使人居环境受到威胁，环保依存关系跌入低谷。本文拟从车站概念和用地黄线界定清晰入手，吸取车站基坑失事实例教训，思考环保依存关系如何回弹，试图对理顺环保依存关系作初步探索。

2　轨道交通车站的概念与实例

轨道交通车站应是以人为本，因为它是大量人流在城市一体化综合交通网络系统中的“聚散、换乘”的重要节点，也是能否发挥轨道交通运量大、安全舒适、便捷换乘、高速准时性能最根本的关键所在。市区人口密度高，地铁车站间距一般在1.4km以内。

车站的规模与形式，按线路建设方式不同，可分为地下车站、地面车站以及高架车站；车站本体结构一般有二层、三层及三层以上的，按布置方式可分为岛式站和侧式站；按运营功能又可分为换乘站、中间站、始发（终点）站、区间站；换乘站按线路交叉换乘形式又可分为L形、T字形、十字形、丰字形换乘站以及平行换乘站等。上海地铁2号线、4号线中山公园站的信道换乘以及9号线桂林路站与3号线宜山路站脱节,临时过渡用公交车驳接换乘,属另类特殊情况。以上海地铁7号线(在建中,2009年运营)为例。线路全长35km,除起始段有1.03km地面线外,其余均为地下线;设车站28座,其中地面车站1座,地下车站27座。车站平均间距1.27km,最大站间距2.14km,最小0.71km。27座地下车站,其中二层岛式站16座,三层岛式站6座,二层侧式站4座,三层侧式站1座。7号线与轨道交通线网规划的14条线路交叉换乘。有15座换乘站,其中平行换乘站1座,十字形换乘站4座,T字形换乘站2座,L形换乘站3座以及另类的信道换乘5座。

上海地铁4号环线已投入运营,17座地下车站中,有11座车站与其他线路形成换乘。世纪大道站是与2号、6号、9号线形成4线交汇的丰字形换乘站的实例。

下面再剖析一下,上海1号线徐家汇地铁车站现状,从不同视角扩展地铁车站的概念。徐家汇地铁车站位于徐汇区漕溪北路的路面下,北起衡山路,南至南丹路,全长达606m。一般车站(连端头井在内)长仅200余米。该车站有14个出入口,汇集徐家汇商业圈密集的人群客流。车站相对于周边形成"漏斗"效应,客流也以漏斗口(地下车站)为中心向周边辐射出去。车站部分还包括一个双线折返段,地铁列车可以在此作临时区间站折返掉头。车站宽24m,深17m以上。车站分三层,第一层为漕溪北路下立交道路,第二层为地铁车站站厅层,第三层为站台层,站台宽14m;在南段折返线部分,地下一层和地下二层为车站设备管理用房和商业用房。与地铁建设同步,建成了相当于上海第一百货商店那么大面积的地下商业街。车站的人行信道和多个出入口,还与周边高楼商厦港汇广场、电脑城等大型商场直接连通。因此,车站规划布点和实施建成,对于繁华的徐家汇商业圈的形成,功不可没。在促进上海城市经济协同发展、房地产开发升值、地区商贸市场激活等诸多方面,均发挥了轨道交通建设带来的"发动机"效应,或者称谓"激活"效应。

车站是重要关键所在,有漏斗效应,有它的聚集黄金地段方面起的发动机效应。这是一方面。但另一方面车站深基坑施工出现问题导致周边不均匀沉降或坍塌,对社会环境和既有建筑物和公众安全产生影响,甚至造成事故。我国市政建设一般是按"谁投资、谁决策、谁收益、谁承担风险的原则"办事。车站建设与城市既有建筑物的环保依存关系,如处理不当将随着工程风险升高而带来极大的麻烦,这种情况应力求避免。

车站建设用地范围内的既有建筑物开工前必须全部拆除,暂时保留作施工用房且不影响交通和四邻关系的,工程竣工后也必须拆除。车站周边50m控制保护范围内,如按环评咨询审批意见执行,住宅、学校和医院全部拆迁,这样,留下的既有建筑物,环境保护依存关系才有可能比较简单。

3　车站用地界定问题

地铁车站一般沿较宽的城市道路中央布置,车站用地(包括征用地)在上海而言,均应在城市道路(包括城市广场等)规划红线范围之内。1995年7月15日起实施的《上海市城市规划条例》第三十三条规定:"沿道路新建、改建的建筑物、构筑物(含地下构筑物)及其附属设施,不得逾越规划红线,并应当按照规定距离后退。沿道路建设工程应当设置规划红线界桩。"此后,2003年10月18日发布市政府12号令《上海市城市规划管理技术规定(土地使用建筑管理)》第三十三条规定:"退界距离可适当缩小,但其最小值应不小于3米。"涉及周边既有建筑物的保护控制范围,深基坑是以基坑边线起,基坑开挖深度三倍的范围为准。(见《上海市深基坑工程管理暂行规定,市建委沪建[1998]第796号文》第七条)。按《上海市轨道交通管理条例》规定的保护控制范围是:地下车站与隧道外边线外侧50m内;出入口、通风亭、变电站等建(构)筑物外边线外侧10m内。

按我国现行法律法规,以城市黄线为地铁等用地的控制界线。详见2006年3月1日起施行的《城市黄线管理办法(建设部令第144号)》。城市黄线是指城市基础设施用地的控制界线,包括轨道交通线、站、场、车辆段、保养维修基地等。黄线划定的控制范围界定清晰,一经批准,不得擅自调整、擅自改变土地用途。上海之前实行的规划红线划定,与黄线界定是一致的。

建设部还先后颁布了《城市绿线管理办法(建设部令和112号)》、《城市紫线管理办法(建设部令第119号)》和《城市蓝线管理办法(建设部令第145号)》。绿线是指城市各类绿地范围的控制线。紫线是指各级政府公布的历史文化街区和历史建筑风貌的保护范围界线。蓝线是指江河湖库渠和湿地等城市地表水体保护和控制的地域界线。

不论是红线、黄线、绿线、紫线和蓝线划定的控制范围用地,界定是清晰的。在规划用地上不容许"一女二嫁"。规划一经批准,不得擅自调整或逾越用地界定的范围控制线。

轨道交通车站用地界定清晰了。在地铁车站安全保护50m范围内的(或基坑开挖深度3倍)周边尚未拆除保留下来的这些建筑物,与车站建设的相互依存度,随着人居环境保护要求越来越高,明显滞后不相适应。

4 早期地铁车站基坑失事实例回顾

根据《上海市政工程志》志书记载,对早期上海地铁1号线车站,施工期基坑失事处理记录做一番回顾,有一定的警示作用。

徐家汇站在饱和含水软土层开挖长606m,深17m的基坑,发生过大小土体滑坡6次。1991年4月下旬,车站南段因井点降水未及时跟上,土体放坡仅1∶1,天雨滑坡,冲坏2根支撑、1根中间立柱桩和前一段的底板倒滤层。同年7年,北端头井因全断面土体加固效果差,支撑不及时,多雨积水,放坡不够,发生滑坡,冲断4根钢支撑、1根大口径井点管和南段底板钢筋。该站的8号出入口,为避让一颗古银杏树,只能建在狭窄的漕溪北路人行道上。上图藏书楼为无桩基结构的19世纪西式两层楼房,属保护建筑,处于地下连续墙13~14m的基坑开挖影响区域内。施工中采取跟踪注浆加固、底层全面支撑、过街楼柱子整体连接等保护措施。

上海体育馆站,1991年7月24日,南端头井西南和东南角地下连续墙接缝处开叉,呈上窄下宽裤衩状缺口,涌水涌砂威胁西侧地下管线。经采用钢板封堵、钻孔注浆、引流堵漏等措施,于8月5日止住砂水涌流。另外,在北四段墙和顶板施工中,因混凝土搅拌站掺用减水剂超量,致局部混凝土强度降低,凿除$100m^3$,重新浇捣。该站上方为上海体育馆上立交桥,立交桥的22组桥墩直接坐落在车站顶板上的11根承台梁上。地铁车站与立交桥结合施工。在施工范围内因地下管线密集复杂,采用沉降监测、跟踪注浆、悬吊法等措施保护管线。

常熟路站、陕西南路站、黄陂南路站,3座车站均建在淮海中路繁华商业街下。为减少施工对商业影响,市政府提出一年内恢复路面交通的要求,决定3座地铁车站采用顶板以下逆作法施工。1992年2月10日封路开工,同年12月30日恢复路面交通,实际封路时间缩短为10个月零20天。车站选用$\phi900$钢管承载桩,内插460×460mmH型钢(长度为18~20m),入土深度50~60m。由于打桩与浇注地下连续墙同时进行,为减少打桩时浇注地下墙和周边环境影响,采用重锤轻打和桩位错开地下墙浇注作业面。施工时,完成地下墙后,再挖土到顶板;顶板浇捣后,上面铺设管线和修复路面;顶板下面依靠人工与小型机械暗挖土方。弃土、材料、设备均从扩大端头井和出入口进出,劳动强度大。常熟路站最高日出土量$1400m^3$。此外,车站地下连续墙距周围建筑物一般不到2m,陕西南路站距最近建筑物仅0.67m,施工难度大。为改善单层侧墙防水抗渗及抵抗不设内衬而导致车站纵向变形引起过大的剪力,在地下墙接缝内设置十字钢板接头。

新闸路站处于全断面流沙土层中,东端头井紧靠苏州河床粉砂层。1992年8月施工中,地墙槽壁转角从上至下发生8cm错位,泥沙涌入,经用铁板封堵、边挖土边压紧,堵住流沙。基坑南侧1m处有一幢六层楼民房,施工中对基坑底部地基加固,建筑物下跟踪注浆,减少地面沉降,保护了民居。

衡山路站。为减少沉降量,对地下墙墙底的土体作注浆加固。基坑底部采用盲沟倒滤层排水降压。基坑施工采用喷射井点降水坑底土体间隔条状分层注浆加固,减少基坑挖土引起的坑底回弹、隆起及地下墙墙体位移。但在1993年7月22日,因施工不慎,南端头井出口处基坑支架断裂塌方,工棚局部倾倒,衡山路259号一幢三层楼的住宅墙体开裂。经及时抢救,幸未发生伤亡事故。

此外,2007年4月科技日报记者陈磊在报道《地铁施工不能再吃"风险饭"》一文中称:"近几年来,广州、上海、南京、北京地铁事故频频发生。目前很多施工单位都在吃"风险饭"。最近,刚参加完南京地铁汉中路塌陷引起天然气管道断裂爆炸事故研究处理的钱七虎院士一回北京,就听说地铁10号线又出现塌方导致人员伤亡事故。为此,他深感忧虑。在4月2日接受采访时,他向记者呼吁:"以地铁为主的地下空间施工,应尽快实行规范、科学的工程风险管理制度,以避免类似悲剧的上演,……"

5 理顺环保依存关系的五点意见

综上所述,轨道交通车站建设基坑失事涉及对既有建筑物的环境保护问题,比较突出。由此可见,确实有理顺环保依存关系的必要。最后总结提出以下五点意见。

(1)要尊重科学,保持一定距离

在前期规划决策阶段,要尊重科学;对地铁站点线路要充分调查研究;车站建设的施工和永久用地黄线界定清晰;该动迁的,应坚持必须拆迁,不留后患;留下的既有建筑物与车站,必须保持一定距离。陈旧理念中的潜规则是:"保留结构好的,能少拆不拆的,尽量不拆。"这与环保要求相悖,也就不可能与既有建筑物保持一定距离。为了保持一定距离,沈阳地铁被迫绕过文物古建筑的紫线走。有时,在地铁车站设计阶段,将十字形换乘站修改为L形或T字形,让出距离也能起事半功倍的效果。从市区实际出发,统一车站地区旧房改造规划,拆了重建或与车站建筑结构结合一体化设计,施工同步实施,显然这也是上策。

(2)维护既有建筑物的寿命

轨道交通车站施工和运营期对安全保护区范围(地下车站与隧道外边线外侧50m内,出入口、通风亭外边线外侧10m内)内的既有建筑物及相关联的地下管线(水、电、煤、排水、电缆、光缆等)设施,必须保障其正常安全运行。国家法规,如建设部令第108号《城市地下空间开发利用管理规定》2001年11月20日起施行,第二十条规定:"地下工程的施工,应尽量避免因施工干扰城市正常的交通和生活秩序,不得破坏现有建筑物,对损坏的地表地貌应及时恢复。"所谓建筑物的寿命,关键是室内外管线(城市的维持生命线:水电煤、排水、电缆、光缆等),以及绿化和房屋建筑结构的加固修复。这是既有建筑物靠环保依存关系改善人居环境的根本。

(3)落实降噪减排,环保不该放行

国家环境保护部及直属单位环境工程评估中心,对轨道交通建设项目的环境影响报告书一般都有详尽的批复意见和有针对性的降噪减排环保防治措施。理应认真落实。常见的内容是施工中产生的噪声会影响周围居民区、学校和医院等敏感点,宜采取合理布局,施工现场四周进行安全隔声防护;夜间限制高噪声设备施工作业,采取降噪措施仍然达不到要求的要进行补偿;拟拆迁距外轨中心线50m以内的居民住宅,以确保通风亭周围居民的环境噪声达到《城市区域环境噪声标准》(GB 3096—93),出风口废气污染达到《恶臭污染排放标准》(GB 14554—93)的二级标准。拟搬迁距外轨中心线15m以内的学校、居民住宅,以确保地铁沿线学校、居民住宅等振动敏感点达《城市环境振动标准》(GB 10070—88)相应标准。遗憾的是"雷声大,雨点小"徒有行文形式,往往未见落实于行动。如上海地铁4号线某通风亭挨着7层居民楼房外墙(相距2.8m)运营已两年多,而市(区)环保局不作为,从不检查处理,违规的通风亭能验收?由此显得落实降噪减排环保防治措施,对既有建筑物特别重要。对此环保部门不该放行。

(4)制止并妥善解决侵界占地问题

在闹市区轨道交通车站建设中,对周边既有建筑物侵界占地问题有一定的普遍性。地铁建设者一直很困惑、很无奈。政府对地铁建设一直开绿灯,施工到哪里,拆迁到哪里。以借代征,以拆裙房代征,先侵界占地后谈赔偿等。地方政府和地铁业主方，理应出面制止。对已侵界占用既有建筑物小区红线内的土地和清障凿挖地下室墙体围护结构的，应主动协调取得对方谅解，谋求补偿双赢办法，采取措施下不为例妥善解决。制止侵界占地是理顺关系的大前提。在发生侵界占地的情况下，车站建设施工和运营期的噪声、废气、振动等环境公害，如防治不力，则对既有建筑物的人居环境影响，岂不成了不治之症。

（5）车站的通风亭纳入地铁运营环保工作计划

地铁作为绿色交通，在运营期通风亭是产生噪声、恶臭废气、振动等环境污染和危害身体健康的罪魁祸首。对车站附属设施的环控机房、通风亭（活塞风井、排风井、新风井），可逆性轴流风机、冷却塔系统，都要逐步改进采用低噪声、变频、隔声材料、集中冷站系统等环保节能减排行之有效的防治措施。要健全环保责任制度，并开展环保法制教育普及培训。

信号交叉口左转待行区的设置条件和效益分析

徐条凤　李　杰　杨　明
（武汉工业学院　武汉　430023）

摘　要　左转车流是平面交叉口主要的交通干扰，在路口区域较大的交叉口内设置左转机动车等待区，能够减少左转信号时间，达到时间和空间相互转换的目的，提高交叉口的通行能力。文章对左转待行区的设置条件及其效益进行了分析，并具体提出了提高交叉口效率的两种方法。结果表明：合理设置左转机动车等待区可以缩短周期时长，减小车均延误，提高进口车道的利用率，充分利用交叉口的时空资源。

关键词　信号交叉口　左转机动车等待区　效益分析　通行能力

交叉口是城市道路交通的“瓶颈”，在交叉口处左转车流与各相车流产生的冲突点最多[1]，对交叉口的影响最大。左转车辆不仅是产生冲突点的主要因素，同时也影响直行方向主要车流的通行。所以，无论是保证交通安全，还是提高交叉口的通行能力，组织好左转车辆是交叉口交通组织的一个关键问题。因此，提高左转车流通行能力十分重要，目前一种新的左转渠化方法——左转待行区已在国内外很多城市应用，但仍然缺乏理论的依据支撑，本文重点探讨左转待行区的设置条件，并对其进行效益分析。

1　左转待行区介绍

左转待行区设在左转专用车道前端，伸入交叉口内部，伸入长度[3]应保证在此范围内待行的左转车辆不与对向直行车流发生冲突，当本向直行绿灯亮时，同一进口的左转弯车辆随直行车辆运行至路口内的一条或多条等待区车道中，待左转绿灯亮时再很快通过交叉口。左转相位终止时，禁止车辆在左转待行区内停留，同时如图1所示，左转等待区必须设置在对向内侧直行车道的外侧，以免妨碍对向直行车辆通过路口。在整个过程中，无需增加信号时间和左转进口车道数，却可以提高左转车道的通行能力。这样达到了用空间换时间的目的，既能充分利用交叉口的路口区域，又能减少左转相位的时间，进而提高整个交叉口的服务水平。

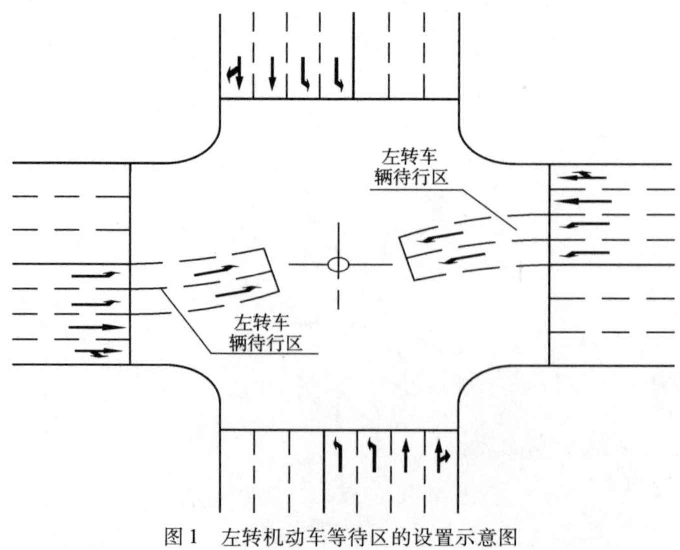

图1　左转机动车等待区的设置示意图

2 左转待行区的效益分析

2.1 左转车道通行能力的修正

按照停车线法，一条左转车道的通行能力为[2]：

$$Cap_L = \frac{3600}{C}\left(\frac{g_1 - t_{11}}{t_1} + 1\right) \times \eta \tag{1}$$

式中：Cap_L——左转车道的通行能力；

C——信号周期；

g_1——每个信号周期内左转车的有效绿灯时间；

t_{11}——绿灯亮起后，第一辆车起动、通过停车线的时间，s；如无本地实测数据，可采用2.3s；

t_1——左转车辆通过停车线的平均时间，s；

η——折减系数，可用0.9。

按照停车线法，车辆只要通过停车线就算通过了交叉口，那么在待行区内等待的 n 辆车其实已经通过了停车线，这样在进口道停车线处等待的第一辆车通过停车线的时间在原来的基础上会有增加，对公式(1)中左转车道的通行能力计算公式进行修正：

$$Cap_L = \frac{3600}{C}\left(\frac{g_1 - t_{11}}{t_1} + 1 + n\right) \times \eta \tag{2}$$

式中：t_{11}——绿灯启亮后，进口道停车线后第一辆车起动、通过停车线的时间，s；需要进行实测；

n——在左转待行区等候放行的车辆数。

2.2 提高整个交叉口效率的两种方法

左转待行区的设置，缩短了左转车辆通过交叉口的距离，使左转车能快速地通过交叉口，减少了左转车通行所需要的绿灯时间。对需要设置左转待行区的交叉口，通过调整信号相位的设置可以实现整个交叉口通行能力的提高。下面分两种不同的求解思路来使交叉口的运行效率达到最优。

(1)处理方法一：降低整个交叉口的周期时间

假设左直右各方向的流量 Q 保持不变[4]，此时仍按原来的每周期的平均流量进行计算时，对计算结果是偏安全的，即能承受更多的车辆。这时可以通过适当减少左转车流的绿灯时间，增加到直行车流和右转车流上，提高直行车和右转车的通行能力，进而提高整个交叉口的通行能力。

根据以上的基本思路建立模型：适当地减少左转车流的绿灯时间，记为 det(s)，那么周期时间从原来的 C 减少为 $C-\text{det}$，从而使直行车道和右转车道的绿信比都有所提高，交叉口各个进口车道的通行能力计算公式修正为：

一条左转车道的通行能力：

$$Cap_L = \frac{3600}{C - \text{det}}\left(\frac{g_1 - t_{11} - \text{det}}{t_1} + 1 + n\right) \times \eta \tag{3}$$

一条直行车道的通行能力：

$$Cap_s = S_s \times \frac{g_s}{C - \text{det}} \times \eta \tag{4}$$

一条右转车道的通行能力：

$$Cap_R = S_r \times \frac{g_s}{C - \text{det}} \times \eta \tag{5}$$

整个交叉口的通行能力：

$$CAP = \sum Cap_i \tag{6}$$

式中：det——左转绿灯时间的减少量，s；

S_s——直行车的饱和流率，pcu/h；

g_s——直行车的有效绿灯时间，s；

S_r——右转车的饱和流率，pcu/h；

g_r——右转车的有效绿灯时间。

将此问题转化为求有约束条件的最大值问题，即：

$$\begin{cases} \max(CAP = Cap_L + Cap_S + Cap_R) \\ Cap_{L修正} \geq Cap \\ x_L < 0.9 \end{cases} \tag{7}$$

其中，x_L 为左转车的饱和度，在优化的过程中，使其最大不超过0.9。

将式(3)—式(6)代入式(7)中，可以求解出交叉口的最优周期时长。

(2)处理方法二：

整个交叉口的周期时间保持不变[4]，将上述左转绿灯时间的减少量转移给需要增加绿灯时间的相位上去，从而达到提高整个交叉口效率的目的。一般直行车的流量最大，所以增加直行车绿灯时间的效果比较好。交叉口各个进口车道的通行能力计算公式修正为：

一条左转车道的通行能力：

$$Cap_L = \frac{3600}{C}\left(\frac{g_{L修正} - t_{11}}{t_1} + 1 + n\right) \times \eta$$

一条直行车道的通行能力：

$$Cap_s = S_s \times \frac{g_{s修正}}{C} \times \eta$$

一条右转车道的通行能力：

$$Cap_R = S_r \times \frac{g_r}{C} \times \eta$$

其中：

$$g_{s修正} = g_s + \det$$

$$g_{L修正} = g_L - \det$$

其约束条件同式(7)。

3 左转待行区的设置条件

左转待行区具有上面分析的一些交通效益，是一种比较好的提高交叉口通行能力的改善策略，但是设置左转待行区也是有条件的，对不同的交叉口需要根据其实际的情况进行选用。本文主要从几何条件、信号条件和管理条件三个方面入手，分别探讨其设置条件。

(1)几何条件

在设置左转待行区时要合理挖掘交叉口的空间资源，左转待行区一般设置在有中央绿化带的主次相交的交叉口或主主相交的交叉口。这样设置有两个方面的考虑。

一方面保证有足够的待转区设置空间。中央绿化带的存在为设置待转区提供了可能，而且可以根据实际情况进行调整，既要保证左转待转区长度的要求，也要保证宽度的要求。

另一方面，汇入交叉口的左转车流量的需求也比较大。尤其是在主次相交的交叉口，次干道车辆左转汇入主干道的比例相对比较大，此时设置待行区是比较有意义的，既节省了左转车辆的通行时间，又可以减少整个交叉口的延误。

(2)信号条件

①相位相序设置

在相位相序安排上,先放行本向的直行相位接着放行本向左转相位[6]。如对十字交叉口常用的信号相位设置,如图2所示。

在一般的四相位方案下,设置左转车待行区的主要目的是,在直行相位的末期,可以让左转车在待行区等待通过,这样减少了左转车流通过交叉口的时间。这种情况下,只有先放行直行再放行左转时,左转车待行区才能发挥该作用。如果先放行左转相位,左转车待行区根本不能发挥其作用,反而会造成安全隐患。我国有很多城市都出现了机械的设置左转车待行区,而不考虑相序配合的事例。同样,如果交叉口已设有左转车待行区,在相序安排时也需要考虑。

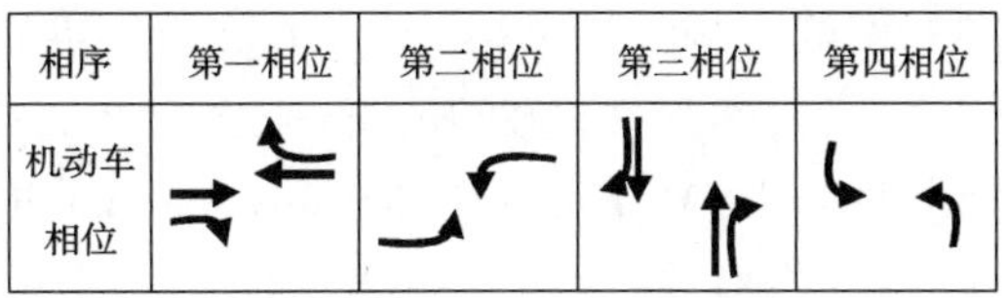

相序	第一相位	第二相位	第三相位	第四相位
机动车相位				

图2 相序相位设置图

②清空时间的设置

按照冲突点法,假设直行车通过直左冲突点的时间为 t_es,安全间距时间为 t_0s,直行停车线到冲突点的距离为 L_sm,速度为 Vsm/s;未设待行区时第一辆左转车通过冲突点的时间为 t_ws,左转停车线到冲突点的距离为 L_wm,速度为 V_wm/s,起动反应时间为 t_as。

当清空时间 $T = t_e + t_0 - t_w > 0$ 时,左转车已经有时间在冲突点前排队等待,此时设置左转待行区的意义不大,反而会影响对向直行车的正常通行和清空。即

$$T = t_e + t_0 - t_w = t_e + t_0 - \left(\frac{2l_W}{V_W} + t_a\right) > 0$$

(3)交通条件

①左转车的流量

在左转车流量比较大时,对进口道瓶颈断面的影响很大。这是由于进口道的左转车道的长度不够引起的连锁拥堵,即在进口道瓶颈处左转车的停车等待引起了交通断面的瓶颈,使直行车通过交叉口时发生困难,一直影响到后续车辆的进一步拥堵。通过设置左转待行区就可以有效地避免这种情况的发生,使得左转车有足够的停车等待空间。

②对向直行车的流量

对向直行车对左转车的通行是有影响的,当对向直行车的流量很大时,直行绿灯末期通过停车线的直行车辆来不及清空,这样会对本向左转车造成影响,即左转待行的效果没有得到实现,反而会因为占用了交叉口空间资源进一步影响对向直行车的通行和清空。当绿末滞留的直行车辆在大于10辆时,对第一辆左转车造成的时间延误平均约为0.9s/pcu。产生这种情况的主要原因在于:当对向直行车的饱和度大于0.9甚至过饱和时,交叉口的直行车辆绿末到达交叉口的数量比较多,直行车在绿末来不及清空,对左转车的干扰很大,这时不宜设置左转待行区。

4 结语

通常,对于有左转专用进口道的交叉口,应根据路口区域面积的大小,设置具备两条或两条以上车道的左转机动车等待区。为了确保左转机动车等待区能得到充分利用,左转车辆进入等待区必须遵循如下规则:当直行信号绿灯亮时,先到的左转车辆必须跟随直行车辆进入等待区的左侧进口道停靠,在等待区的左侧进口道已经没有停靠空间的情况下才能依次停靠在等待区的外侧进口道,依此类推。如果不制定上述停靠规则,先到的左转车辆占满外侧进口道之后,后到的左转车辆将不能进入等待区的左侧进口道,使得左转机动车等待区得不到充分利用。

参考文献

[1] 杨佩昆,吴兵. 交通管理与控制[M]. 北京. 人民交通出版社,2003.
[2] 王炜,过秀成等. 交通工程学[M]. 南京:东南大学出版社,2000.
[3] 季彦婕,邓卫,王炜. 信号交叉口左转机动车等待区设置方法研究. 公路交通科技, 2006(3).
[4] 倪颖,李克平,徐洪峰. 信号交叉口机动车左转待行区的设置研究. 交通设计, 2006(6).
[5] TRB,USA. Highway Capacity Manual 2000. National Research Council, Washington, DC, 2000.
[6] 翟希,彭国. 后置型专用相位左转车道待行区设置研究. 道路交通与安全,2005(5).

坡隧耦合稳定性因素分析与治理措施

杨建辉[1]　尚岳全[2]
（1.浙江科技学院　杭州　310023　2.浙江大学　杭州　310058）

摘　要　坡隧耦合稳定性研究与控制问题，是高速公路山岭隧道建设中的关键问题之一。本文根据多项工程实例，总结出影响坡隧稳定的主要因素为地质构造因素、地下水因素和施工因素，归纳了坡隧稳定问题的治理措施，最后介绍了一个工程实例并进行了分析。

关键词　边坡稳定　隧道稳定　坡隧耦合

1　概述

山体稳定是越岭隧道稳定的基础，在进行隧道开挖设计时，不仅要分析隧道围岩的变形破坏情况，而且也要重视隧道所在山体的稳定问题。隧道开挖后，在应力释放和应力重分布过程中，围岩向隧道洞内产生变形，并可能发生围岩的局部破坏，导致围岩发生严重松弛。对于隧道洞口仰坡及傍山隧道的洞体，局部的围岩松弛破坏可能改变边坡的应力场环境和水文地质环境，从而引起边坡的变形和破坏。

当隧道山体发育倾向坡外的缓倾结构面或坡体岩体破碎时，容易在隧道开挖过程中或在隧道衬砌做好后发生山体岩层的变形破坏，导致隧道开挖无法成洞或衬砌结构的破坏，迫使进行山体边坡加固后再进行隧道围岩及结构的加固处理，不仅造成工期的延误，而且造成巨大的经济损失。这方面的教训很多[1,8]，上三高速公路任胡岭隧道、南昆铁路小德江隧道、赣龙铁路古田隧道和马蹄迳隧道、徽杭高速公路竹岭隧道、株六铁路新鲤鱼溪隧道、旦架哨隧道北口高边坡、森东巨寺沟隧道洞口边坡等出现了隧道失稳和山体滑坡的地质灾害。此类问题属于边坡和隧道的相互作用问题。为了避免隧道开挖引起隧道洞口仰坡和所在边坡的失稳破坏，对仰坡和所在边坡岩体结构特征及稳定性应进行全面的评价。当潜在滑移面稳定性安全度较低时，首先必须加固山体，确保山体稳定后，再进行隧道施工。

2　山体稳定性影响因素分析

对隧道变形失稳、隧道洞口仰坡及傍山隧道洞体滑坡的工程原因研究表明，形成此类地质灾害的主要原因可归为地质构造因素、施工因素和地下水因素三个方面。

2.1　地质构造因素

发生滑坡的山体表面一般覆盖第四系残坡积层，多为含角砾的黏性土，结构松散且亲水力强，抗水和抗风化能力差。在第四系覆盖层下方是完全风化或强风化、节理裂隙发育的基岩，以下是弱风化的岩层。滑动面具体位置分为两种情况：一是位于第四系覆盖层和基岩的层界面；二是在基岩内形成滑坡面，这取决于基岩内的控制性结构面发育情况，当基岩内存在易滑动的结构面时则在基岩内形成滑动面。如小德江2号隧道洞口山体滑坡，其原因是在基岩内赋存一个软弱结构面，遇水后软化，在空间上又构成了不利组合，极易滑动，形成了滑动面。马蹄迳隧道第四系坡积层厚度达5m，下伏基岩为粉砂岩，在距地表10～12m处存在一滑动面，滑动面下部为含水饱和的炭质页岩，上部为粉砂岩和粉质泥岩。任胡岭隧道滑坡没有发生在残坡积层内或与破碎带基岩的接触面处,而是发生在残坡积层下面的破碎岩体内。

隧道滑坡区域内构造都很发育,一般都存在多条大倾角断层,有的断层还穿过滑坡体,地层内往往发育多组节理裂隙。竹岭隧道滑坡体内发育一条倾角60°~78°的断层,岩层内发育6组结构面,其中3组为优势结构面。古田隧道滑坡区域内发育3条平推断层,倾角75°~80°。另外,导水断层可将地表水导入隧道,从而加剧隧道变形和失稳。

2.2 地下水因素

发生的隧道滑坡多与地下水有关,下渗的地表水可以浸润滑动面,大大降低滑床和滑动体间的摩擦系数,会迅速增大滑体的容重,降低滑动面的有效应力,成为滑坡形成的直接条件,如漳龙高速公路乌石山隧道右线进口K72+084、K72+148段滑坡就与地下水活动密切相关。该隧道进口段表层为第四系松散坡积物,下层为流纹质凝灰岩,风化极严重,呈土状,受断层影响,岩体破碎,稳定性差,是地表水和地下水较好的运行信道,为Ⅴ级围岩,设计采用短管棚超前支护。该洞口自1998年12月进场施工,1999年2月底进洞,随着雨季的来临,特别是4月下旬至6月上旬连降暴雨,山洪暴发时有发生,丰富的降雨量引起围岩富水饱和,地表泉水涌出,诱发坡体蠕滑,造成洞口段围岩软化,山体滑移,地表多处产生裂缝,最大裂缝宽15cm,且有错台现象。洞内初期支护出现多道裂缝,最大裂缝宽达5 cm,最大错台达10cm,洞内渗漏水严重。6月4日、5日两天,监控量测洞内拱顶下沉速率达5~6cm/d,水平收敛速率最大达5.7 mm/d,地表下沉速率最大达35mm/d,土层水平位移速率最大达10cm/d。病害发生后,针对病害产生的原因,为防止滑坡体进一步滑动,采取了疏排地表水、引排地下水、设置抗滑桩、地表注浆加固地层和止水、增加明洞等山体加固措施,并在洞内实施了径向小导管注浆、二次挂网复喷、增设临时仰拱封闭、回填反压等应急处理方案,有效地控制了病害的进一步发展。

2.3 施工因素

隧道开挖引起围岩变形破坏导致滑坡。洞口处隧道埋深较浅,边坡滑体经常构成隧道的围岩,隧道施工导致围岩发生变形和垮落,引起隧道上方地表的沉降和滑坡体的松动;另外隧道施工导致地下水的渗透性增强,产生强大的渗透压力,又促使围岩的变形和垮落的发展。如赣龙铁路古田隧道(DK246+474~DK248+312)全长1838m,隧道覆盖层较薄,一般为4.76~15.07m,施工该段时,曾先后四次发生隧道塌方,且每次塌方均波及到地表,在地表形成大小不一的塌陷区。初期支护变形严重,喷射混凝土剥落掉块,靠山侧钢拱架在起拱线和边墙腰平面上发生弯曲折断,隧道净空缩小值最大达到1300mm。虽然做了变更修复工作,但支护被破坏现象仍没有停止发展,严重影响正常施工。该处山坡病害的根本原因是隧道处于大体积滑坡地带。因此,根据滑坡的具体条件,针对滑坡形成的主要原因,采用防止和有效地控制滑坡体应力松弛、加固不利滑动面为主的综合治理措施,避免滑坡进一步发展,确保了隧道施工和铁路运营安全。

开挖过程的爆破扰动。开挖爆破产生的能量以振动波的形式向周围传播,由于第四系残坡积层松散不紧密,因此绝大部分振动传递的能量被其吸收。该能量可对残坡积层的自然胶结状况产生破坏,最终破坏其整体性。

其他施工原因也可诱发滑坡发生。如坡体开挖位于坡脚,使坡体失去部分支撑导致滑坡;隧道开挖的同时有其他开挖工程,同时挖掉的土方过多,对坡体扰动较强而导致滑坡;坡体表面喷射的混凝土破损导致降雨的下渗,促使滑坡灾害的形成等。如川藏公路二郎山隧道出口段滑坡位于和平沟左侧崩坡积层内,施工中由于路线左侧山坡坡脚土全开挖形成临空面,加之其他工程施工及地下水等因素影响,造成坡体失稳、地表开裂、隧道变形。为彻底根治滑坡,在左侧坡脚设计了抗滑挡土墙,墙背与山坡之间进行反压回填,洞顶以上边坡设置预应力锚索等综合整治措施,同时加强了地面排水系统。

3 治理滑坡的主要工程措施

控制隧道洞口或洞顶坡体滑坡是一项系统工程，在隧道与边坡地质勘察、隧道选址、隧道施工方案和支护设计、隧道施工质量控制、围岩稳定性观测、边坡治理方案选择等各个环节都应按有关规程操作。对于复杂的问题应开展必要的研究，隧道滑坡应以预防为主，避免隧道滑坡的形成。

常采用的滑坡治理措施，主要有锚索加固、抗滑桩加固、削坡减载、反压回填、设排水沟导水等措施。表1是若干个工程采取的治理措施。

隧道滑坡治理措施　　表1

工程名称	地质概况	工程措施
竹岭隧道边坡	坡体自然坡度20°～30°，第四系残坡积层厚度超过10m，其下为碳质板岩、粉砂岩和粉砂质泥岩互层，岩层倾向坡内，为反向坡。滑坡区构造发育，一断层从滑坡体中部穿过，节理裂隙发育，共计6组，其中有3个优势组。地下水受降雨补充，沟口路基处有泉水出露，左洞有地下水渗出	在原三级坡的基础上，在滑坡体后缘台地上部削一减载平台，在一级边坡设1排抗滑桩，桩距6m，截面2m×2m，在减载平台上部设锚索框架进行加固。在坡顶10m以上设一条排水沟，排除地表水，防止下渗
小德江2号隧道洞口边坡	该隧道位于古滑坡体上，表层为残坡积层，厚4m，抗风化能力差，亲水性强，其下为砂岩和碳质泥页岩互层，层厚薄不匀，砂岩和页岩层之间有一薄层的软弱结构面，遇水易软化，为山体滑坡的产生和发展提供了条件。隧道顶部为稻田，常年积水，受降雨作用地表积水较多	采用抗滑桩和抗滑墙综合治理的方案。在隧道上部滑坡体内设置6根抗滑桩，桩长8～12m，穿过4m厚左右的残坡积层，锚固段长为4～6m，桩截面1.5m×2.5m，桩距7m。在滑坡体前缘洞口翼墙设置钢筋混凝土挡墙和锚杆的组合体来阻挡滑坡体下滑，挡墙顶厚0.3m，底厚0.5m，高4.2m。在滑坡体边界外5～10m设置环形排水沟
古田隧道滑坡	坡面为第四系残坡积层，结构松散。下伏基岩为千枚岩，间夹页岩互层，完全风化，呈鳞片状碎裂结构，发育着强烈的褶皱构造，鳞片状千枚岩稳定性差易滑坡。滑坡区域内构造发育，存在3条平推断层，出露线与线路方向大致垂直，倾角75°～80°，落差不大于10m，地层可将地表水引入隧道	在距线路左侧水平方向14m处设置1排锚固桩，桩距5m，桩长22m，锚固段长10m，桩截面2×2.25m。在距线路右侧水平方向15m处设置1排锚索桩，桩距5m，桩截面2.5m×3m，桩长28～32m，锚固长度12～14m，每根桩设2根锚索，桩顶下2m处锚索长度为30.5m，桩顶下5m处锚索长度为27.5m。在桩顶处设置微型锚筋桩骨架
马蹄迳隧道滑坡	洞口段残坡积层厚度超过5m，为砂黏土夹碎石、块石，下伏基岩为粉砂岩，极严重风化，颗粒极细，含水量较大，开挖后遇水成泥，承载力急剧下降。在山体地表下10～12m处存在一滑动层，滑动层下部为含水饱和的碳质页岩，上部为粉砂岩和粉质泥岩	在正面仰坡滑体分级卸载，将线路两侧18m内滑动面以上的土体全部清除，两侧边坡按1:1.5开挖。仰坡卸载后，正面用预应力锚索加固山体，单孔锚固力350KN，然后挂网喷C20混凝土封闭，两侧边坡用混凝土预制块贴面封闭。洞口长48m的隧道改为明洞，两侧用浆砌片石和干码片石回填，明洞两侧设28根抗滑桩，桩距5m，桩长17m，截面2.5m×2.5m
新鲤鱼溪隧道滑坡	表层为砂黏土夹碎石，硬塑，厚8～10m，以下为砂质板岩夹砂岩，砂岩多呈薄层状，全风化～强风化。在进口处存在不良地质滑坡体，砂黏土夹碎石与砂质板岩夹砂岩交界面为滑动带，滑床面与水平面夹角为40°～45°，仰坡坡面自然坡度为40°～45°，与滑动面接近平行	采用“护拱＋拱形梁＋挡墙＋两级护墙”方案。下部（隧道拱顶处）为100号浆砌片石护拱，其上为C20钢筋混凝土拱形梁，两者与75号浆砌片石挡墙结合在一起构成6m高挡墙；之上为12m高的75号浆砌片石一级护墙，其墙顶为1.5m深的二级护墙（150号片石混凝土）基础，其上为10m高的二级护墙，与截水天沟连为一体

4 实例

4.1 滑坡发展过程

任胡岭隧道洞口滑坡的发生发展，是伴随隧道开挖而产生的，滑坡体积约240000m^3。12月7日早晨，隧道洞口小山梁的地表发现开裂并下沉（见图1），开裂裂隙宽5～10cm，下沉20cm左右。在隧道左洞FK85+242和FK85+251两处隧道工程收敛量测记录中可以看到，自1998年12月22日至1999年1月1日的9天时间中，前者总收敛量为35.1mm，后者为41.3mm，这说明山体内部变形较外部大。

在滑坡发生前26天，即11月11日晚7时，右洞上行开挖掘进至K85+295时，拱部左侧突发涌水。11月25日量测发现K85+288.5～K85+294.5段边墙支护变形突然加大，变形量达25cm。11月30日开始，洞内二次衬砌出现裂纹，并逐渐增多和增大。12月24日14时21分，隧道左线FK85+270～295段发生坍塌。时隔4小时后，右线K85+270～280段二衬拱顶开裂，混凝土剥落并下沉。此前，7月份右洞在施工作业中出现冒顶并发展成为地表陷落漏斗，漏斗口直径约20m，深2m左右。

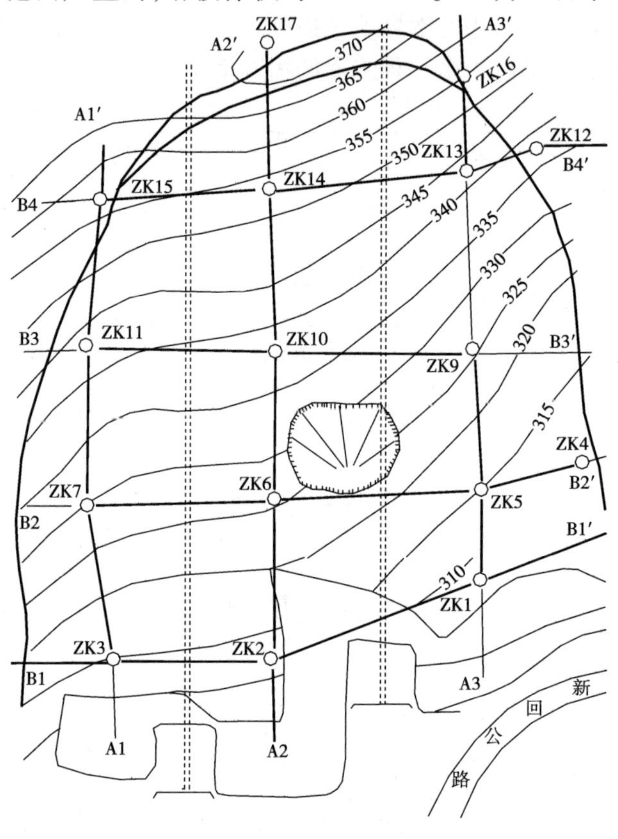

图1 滑坡平面及勘探剖面位置图

4.2 滑坡特征

如图1所示，滑坡在平面上的分布与隧道开挖的关系极为密切，滑坡的纵向发育与隧道行进方向基本一致，滑坡宽度范围包容了双隧道，并各向隧道轴线外扩8～15m，两侧以小沟为边界。滑坡后缘破裂边界在山梁的脊部，有2条破裂面，破裂面间距最大处约7.5m，向东、西两侧逐渐合并。滑坡后缘破裂面呈直立或陡倾坡外。东侧边界较连续，西侧不连续；下部边界不明显，总体收敛于右洞隧道洞口上方仰坡坡面上，高程大于隧道底板。

隧道进洞口边坡岩体结构特征可分为两大类，坡脚主要为糜棱岩和黏土状断层泥，坡体上部为断层角砾岩，如图2和图3所示，图2与图3分别是图1中A-A′与B-B′剖面图。断层挤压带呈压扭性，岩性为糜棱岩和黏土状断层泥。糜棱岩呈灰黄色、黄褐色，角砾的粒径一般数毫米，定向排列；断层泥呈深灰色，黏土状，可干钻钻进，具有极好的隔水性能。滑坡体除坡体表层为厚0.4～4.5m的黏土混碎石或碎石混黏土外，其余均为断层角砾岩。角砾为坚硬的英安玢岩和熔结凝灰岩，强烈破碎，结构松散，RQD<10%，钻探过程中孔内漏水严重，屡次出现掉块和卡钻，甚至埋钻。右洞轴线K85+270左侧，1998年7月形成了一个平面直径约20m的陷落漏斗，漏斗壁出露的岩石呈松散碎块状，块径一般小于0.5m。

4.3 滑坡机制分析

任胡岭隧道进口滑坡没有发生在坡残积土层内或与破碎带基岩的接触面上，说明工程力学性质很差的断层破碎带是造成滑坡的物质条件。根据钻探资料分析和地表地质调查研究，滑坡所在山体由区域性断层破碎带及其伴生的次级张性破碎带组成，岩体结构松散破碎，并夹有大量断层泥，破碎带富水性良好。这种边坡岩体结构条件为滑坡的形成奠定了必要的基础。

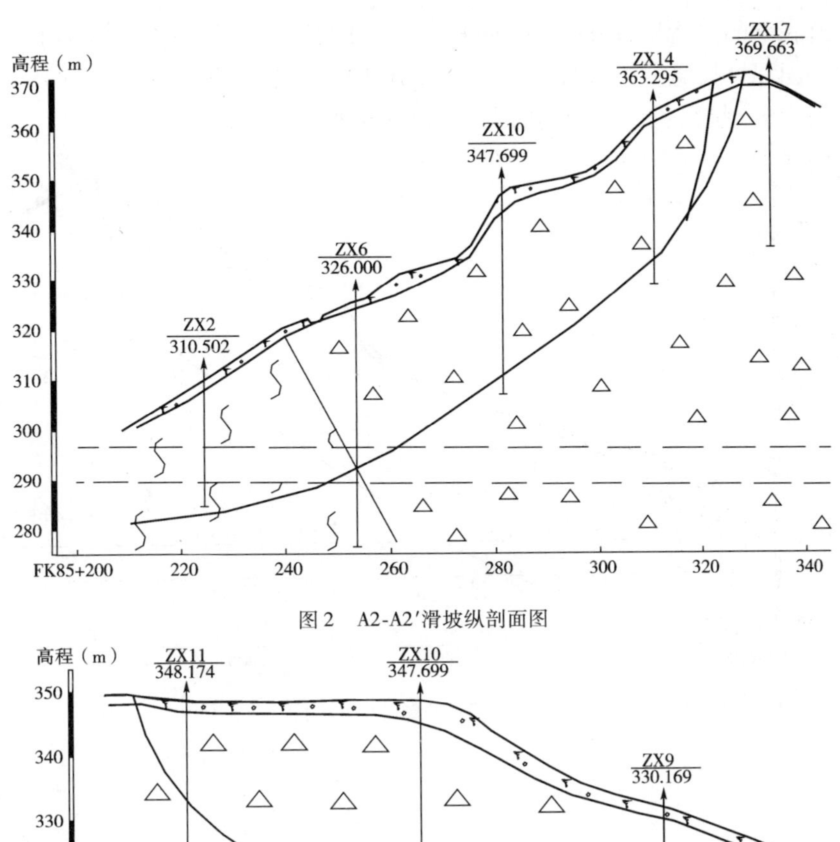

图 2　A2-A2′滑坡纵剖面图

图 3　B3-B3′滑坡横剖面图

由于断层破碎带岩体强烈破碎、结构松散，RQD < 10%，钻探过程中孔内漏水严重，屡次出现掉块和卡钻，甚至埋钻，说明边坡岩体在具备临空条件下的自稳能力极差。隧道开挖后，形成新的变形发展空间，使岩体在洞室周围较大范围内发生松动变形。围岩松动变形产生两方面的效应：一是引起局部的坍塌而导致更大范围岩体的松动；二是导致地下水的渗透性迅速加大，使地下水集中向隧道内排泄，同时产生强大的渗透压力，又促使围岩的变形加速和扩展。

由此可见，任胡岭隧道进口滑坡的形成原因就是：边坡岩体破碎，在具备临空条件下的自稳能力极差，隧道开挖能引起围岩产生大范围的松动变形，而且坡体富水性好，地下水集中向隧道内排泄，加速了滑坡的形成。

4.4　治理措施

综合考虑滑坡区的地质环境条件和工期等因素，工程上采用以抗滑为主的滑坡治理措施。滑坡治理采用了治水与抗滑相结合的工程措施，并通过监测手段及时掌握滑坡动态，以确保滑坡的治理效果。地表裂缝用黏土填塞并整平夯实，在地表开裂范围外 5m 处修建截水沟，以防止地表水继续通过裂缝直接进入滑坡体；延长左右线明洞，并在洞顶回填土石，增加坡脚的反压和增大洞体的抗滑作用；隧道洞口附近设置抗滑桩，取安全系数 $F_s = 1.2$ 进行抗滑桩设计。

抗滑桩采用人工挖孔桩，并采用跳桩开挖的顺序进行施工。按所处位置受力的不同，分设不同类型抗滑桩。用于隧道底部的抗滑桩，锚固深度按悬壁梁部分与锚固部分等长且不小于7.0m进行布设；其他部位抗滑桩的锚固深度按悬壁梁部分17~20m采用10.0m锚固段，13~17m采用9.0m锚固段，10~13m采用6.0m锚固段。抗滑桩的典型剖面布置，如图4所示。

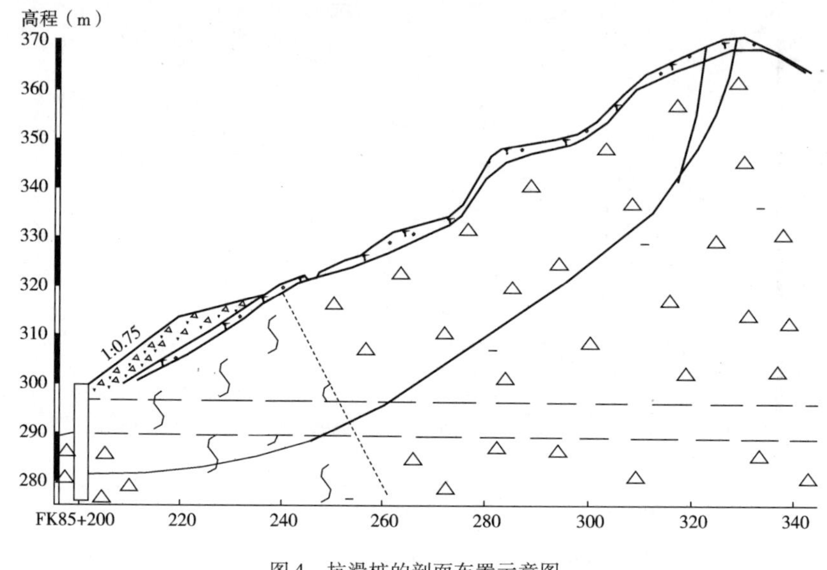

图4　抗滑桩的剖面布置示意图

5　结语

实例表明，影响坡隧耦合问题的主要因素可归为地质构造因素、施工因素和地下水因素三个方面。易于松动变形的破碎岩体发育是导致滑坡发生的基本地质环境条件。隧道开挖使富水岩体出现新的排泄出口，导致地下水向隧道内大量排泄。地下水渗流过程中，产生强大的渗透压力，并带出大量细小颗粒，为变形破坏的发展提供更有利的条件。

参考文献

[1] 朱汉化，孙红月，杨建辉．公路隧道围岩稳定与支护技术[M]．北京：科学出版社，151-175.

[2] 秦正刚，彭锋．小德江2号隧道洞口山体滑坡成因及综合治理．西部探矿工程，2000年第3期.

[3] 钟永元．古田隧道大滑坡原因分析及综合治理措施．西部探矿工程，2006年第2期：254-255.

[4] 甘利．隧道洞口山体滑坡综合治理．企业技术开发，Vol.24(5)：17-19(马蹄迳).

[5] 陈庆怀．竹岭隧道西洞口滑坡、高边坡治理技术．隧道建设，24(2)：39-42，28.

[6] 何伟奇．新鲤鱼溪二号隧道洞口高仰坡滑坡体的防护论证．现代隧道技术，Vol. 40(2)：13-17.

[7] 梁权，胡隆生，马醒球．旦架哨隧道北口高边坡治理．公路，2002年第6期：34-36.

[8] 李学．森东巨寺沟隧道洞口边坡、仰坡坍方处理．铁道建筑，2002年第3期：38-40.

CFG 桩复合地基在客运专线中的试验研究

朱照清　葛　岩
（东南大学土木工程学院　南京市四牌楼2号　210096）

摘　要　结合工程实例进行了现场原位试验，试验结果表明：CFG 桩复合地基使复合地基的承载力得到大幅度的提高，地基变形得以降低和控制。验证了 CFG 桩复合地基在高速客运专线中的可行性。

关键词　CFG 桩　复合地基　客运专线

随着经济的发展，客运专线高速铁路的建设显得日益迫切，客运专线对沉降的苛刻要求，使得对地基处理的要求也越来越高。CFG 桩由于承载力高、沉降量小、稳定快、无需配筋、利用工业废料、工期短等优点，应用越来越广泛。

1　基本原理

CFG 桩即水泥粉煤灰碎石桩(Cement Fly－ash Gravel Pile)，是由碎石、石屑、砂石和粉煤灰掺适量水泥加水拌和，用各种成桩机械制成的强度等级为 C5～C25 的桩。这种处理方法是通过在碎石体中添加以水泥为主的胶结材料，添加以增强混合料的和易性并有低强度等级水泥作用的粉煤灰，同时还添加适量改善级配的石屑，从而使桩体获得胶结强度并从散体材料桩转化为具有某些刚性桩特点的高粘结强度桩。CFG 桩不同于碎石桩那样的散体材料桩，在竖向荷载作用下，桩身横向变形不显着，不会像碎石柱那样出现鼓胀破坏，并可全桩长发挥侧摩阻力。桩落在好土层上具有明显的端承力，桩承受的荷载通过桩周的摩阻力和桩端阻力传到深层地基中，其复合地基承载力可大幅度提高[1]。CFG 桩复合地基，如图1所示。

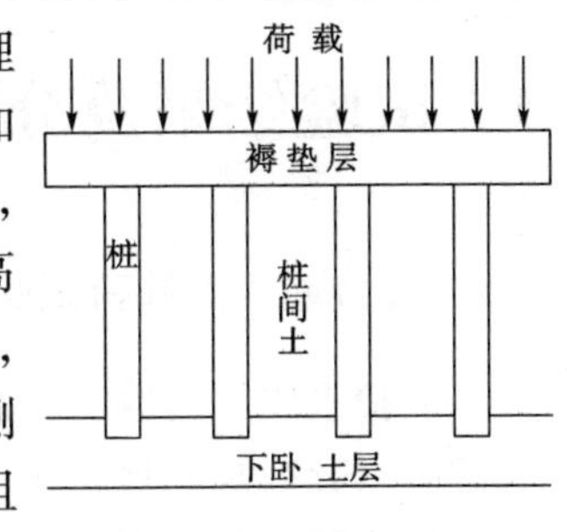

图1　CFG 桩复合地基

2　工程概况

2.1　工程概况

武汉至广州铁路客运专线起于武汉枢纽南端乌龙泉，南至广州枢纽北端花都，线路全长874.406km，跨越湖北、湖南、广东三省。

武广客运专线清远至花都段(DK2056＋400～DK2167＋000)，部分路基基底采用 CFG 桩加固。其桩径50cm，正三角形布置，桩间距1.4m，靠近桥台范围10m 及涵洞两侧10m 桩间距由1.4m 逐渐变为1.2m，横向桩间距不变。加固宽度为路堤坡脚外2m，路堑至侧沟平台。加固深度为12～20m，桩底置于全风化或强风化花岗岩中。桩顶铺设0.6m 厚的加筋碎石垫层，夹两层土工格栅，其屈服抗拉强度横向不小于80kN/m、纵向不小于50kN/m。基床底层2.3m 厚采用 A、B 组填料或改良土填筑，过渡段采用水泥稳定级配碎石，A、B 组填料分层填筑或以混凝土现浇的方式通过。路堑边坡采用人字形截水骨架护坡防护，路堤边坡采用客土液压喷播植草、间植灌木防护和人字形截水骨架护坡防护。根据现场地质条件，CFG 桩可选用长螺旋钻孔灌注成桩和振动沉管灌注成桩两种施工方法，一般宜采用长螺旋钻孔灌注成桩法。为保证施工质量，混合料均采用泵送方式连续灌注，当地质条件较差、易造成坍孔时，宜采用长螺旋钻孔、钻管内灌注混合料。水泥采用 32.5 级普通硅酸盐水泥，当地下水具有侵蚀性时，采用抗侵蚀性水泥，水泥掺入量不大于 200kg/m^3，掺加优质粉煤灰（等级不低于Ⅲ级），粉灰比为 1∶1.2，石屑率为 0.3 左右，碎石粗集料满足级配要求，松散堆积密度大于 1500kg/m^3，最大粒径不大于 25mm。

2.2 工程地质条件

该段 CFG 桩加固区位于广东省英德市通天岩景区附近，起止位置 DK2059 + 160 ~ DK2059 + 213.65，属热带、亚热带季风气候，低丘斜坡地貌，地形起伏不大，相对高差 10 ~ 20m；南临岭牌河，为常年流水，河床宽约 2 ~ 5m，水深 0.5 ~ 1.0m，河床纵坡较缓，水流缓慢，河两岸为宽阔的平坝，多辟为水田或旱地，覆土较厚。低山丘陵地貌，沟槽发育，上覆第四系粉质黏土，一般厚 2 ~ 10m，局部表层分布 0 ~ 2m 厚的软土松软土，下伏基岩为花岗岩及石英砂岩夹页岩，花岗岩风化不均，风化层厚度变化大，全强风化层遇水易软化，在地表水和地下水的作用下会坍塌。场地的岩土物理力学指标，如表 1 所示。

场地岩土物理力学指标 表 1

岩土名称	密度($g \cdot cm^{-3}$)	天然孔隙比	极限侧阻力(kPa)	极限端阻力(kPa)
粉质黏土	1.9	0.87	40	140
粉质黏土	1.8	0.90	40	800
花岗岩(W4)	1.8	0.95	50	1100
花岗岩(W3)	2.2	—	—	—
花岗岩(W2)	2.6	—	—	—

3 试验结果及分析

3.1 复合地基静载荷试验

试验采用慢速维持荷载法，参照《建筑地基处理技术规范》(JGJ 79—2002)，具体做法是按一定要求将荷载分级加到试桩上，每级荷载维持不变直至下沉量增量达到某一规定相对稳定标准；然后继续加下一级荷载，当达到规定的终止试验条件时便停止加荷，再分级卸荷至零载。试验根据现场条件采用横梁堆载反力装置，用油压千斤顶加载。该法使用比较广泛，其承重平台搭建简单，适合于不同荷载量的试验，以及不配筋或少配筋的桩，可对工程桩进行随机抽样检测。在千斤顶配合下，该装置可以将力比较均匀而缓慢地施加到桩上，能明显改善电动油泵加载中的过冲现象，从而使荷载量的大小比较容易控制。加载反力装置提供的反力应大于最大加载量的 1.2 倍，以避免加载反力装置的构件产生过大变形，影响反力系统的安全。值得注意的是砂包堆重应均匀堆放，否则压重平台因受力不均匀容易失稳。

荷载采用连于千斤顶的压力表测定压力，根据千斤顶率定曲线换算荷载，试桩沉降采用百分表测量，固定和支撑百分表的夹具和基准梁在构造上一端自由伸缩，最大限度地减少由于昼夜温差较大而产生的变形和竖向变位，确保百分表读数精度。

加载分级及承压板沉降量，如表 2 所示。

复合地基竖向静载荷试验加载分级及承压板沉降量 表 2

加载级数	加载值(kN)	历时(min)		沉降(mm)	
		本级	累计	本级	累计
0	0	0	0	0	0
1	320	150	150	6.34	6.34

续上表

加载级数	加载值(kN)	历时(min)		沉降(mm)	
		本级	累计	本级	累计
2	480	120	270	9.89	16.23
3	640	240	510	13.50	29.73
4	800	180	690	11.85	41.58
5	960	120	810	10.06	51.64
6	1120	120	930	11.20	62.84
7	800	420	1350	-0.78	62.06
8	480	240	1590	-7.57	54.49
9	0	60	1650	-5.26	49.23
最大沉降量:62.84 mm;最大回弹量:13.61 mm;回弹率:21.7%					

根据桩顶埋设的土压力盒和桩顶沉降标可得到复合地基中桩顶荷载与桩顶沉降量之间的对应关系,试验数据如表 3 所示。

复合地基竖向静载荷试验中的桩顶荷载与桩顶沉降量 表 3

加载级数	桩顶荷载(kN)	历时(min)		沉降(mm)	
		本级	累计	本级	累计
0	0	0	0	0	0
1	152	120	120	0.43	0.43
2	231	120	240	0.61	1.04
3	312	240	480	0.49	1.53
4	397	180	660	0.63	2.16
5	483	120	780	1.17	3.33
6	565	120	900	0.97	4.30
7	397	15	915	-0.66	3.64
8	231	15	930	-0.91	2.73
9	0	15	945	-1.33	1.40
最大沉降量:4.30 mm;最大回弹量:2.90 mm;回弹率:67.4%					

3.2 试验结果分析

3.2.1 荷载-沉降关系

在 CFG 桩单桩复合地基静载荷试验过程中,沉降一直较稳定,终止加载时累计沉降量为 62.84mm,压应力达到 667kPa。取前一级荷载为复合地基的极限承载力,即 960kN,对应的压应力为 571kPa。试验的荷载-沉降曲线,如图 2 所示。从图上可以看出,曲线呈缓变型,荷载-沉降曲线基本为直线,没有拐点,在每级荷载作用下,承压板的沉降很快就趋于稳定,说明 CFG 桩复合地基的工作状态是桩和土作为一个整体共同作用的,共同承担荷载。后期随着荷载的增加,沉降有加快的趋势。

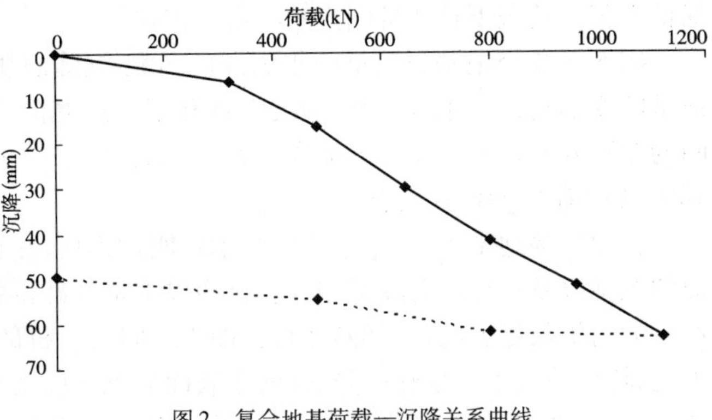

图 2 复合地基荷载—沉降关系曲线

整个加载过程中,桩的位移始终非常小,且

变化比较均匀(见图5)。复合地基中桩的最大沉降为4.3mm,发挥的承载力为565kN,占单桩极限承载力值的35.3%。当承载力发挥度较低时,对于筑构物来说是偏安全的。卸载后的残余沉降为1.5mm,回弹率为65.0%。说明桩顶沉降量主要表现为桩身的弹性变形,桩身内的残余应力较小。同时也说明该桩的施工质量得到了较好的控制,如果发生混凝土强度不足或有桩身缺陷(颈缩、夹泥、断桩等)情况,则桩身的塑性变形就会相对较大,所得到的桩顶应力——桩顶沉降关系曲线也将有所不同。

3.2.2　荷载分担比

复合地基中,桩土的荷载分担可以用荷载分担比 δ_p、δ_s 表示[2]:

$$\delta_p = P_p/P \tag{1}$$

$$\delta_s = P_s/P \tag{2}$$

式中:P_p——桩承担的荷载;

P_s——桩间土承担的荷载;

P——总荷载。

荷载分担比是标志复合地基中桩土共同作用程度的重要参数和最直观的指标,它表征了复合地基中各组成部分的承载力状况,复合地基中桩土荷载分担比的变化会引起沉降的变化。因此,研究荷载分担比具有很大的价值,可以通过荷载分担比的状态反映复合地基的承载和变形状况,反映在加载的各个阶段桩承担荷载和桩间土承担荷载的消长情况。荷载分担比随施加荷载的关系,如图3所示。

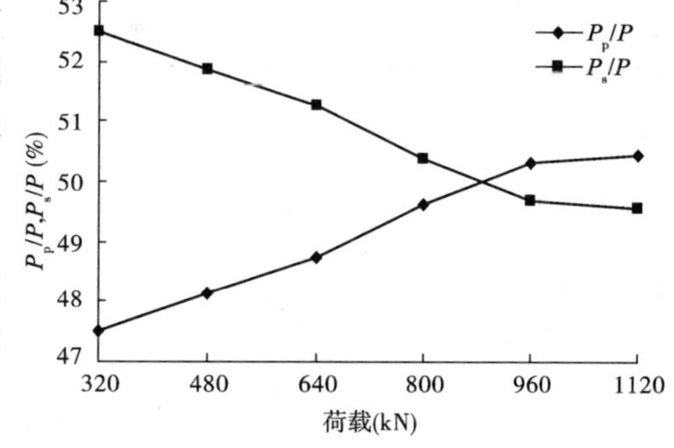

图3　荷载分担比

可以看出,在荷载施加初期,土在荷载分担方面占主导地位,第一级荷载作用时荷载分担比达到了52.5%;随着荷载的增大,荷载分担比逐渐减小,在最后一级荷载作用下,土的荷载分担比减小到了49.6%。而复合地基中桩的荷载分担和土恰恰相反,随着荷载的增大,桩的荷载分担比逐渐增加,从开始的47.5%增大到50.4%。桩和土的荷载分担比曲线存在交叉点,交叉点对应的荷载为880kN,此时桩和土承担的荷载各占50%。荷载大于880kN后,桩承担的荷载超过桩间土承担的荷载,但很快两者均趋于稳定,说明复合地基中桩和土的荷载分担有一个自我调整的过程。

3.2.3　褥垫层变形

根据复合地基试验过程中对总沉降和桩间土沉降进行的测试,可得褥垫层在荷载作用下的变形值,如图4所示。从图上可以看出,荷载较小时,褥垫层的变形曲线相当平缓,且压缩量也非常小,随着荷载的增大,褥垫层的压缩量开始变大,但曲线仍近似为线性关系,在最大试验荷载667kPa的作用下,褥垫层的变形量达32mm,占复合地基总沉降的50.9%。褥垫层的变形一方面是自身的压缩,另一方面是垫层材料在桩和土之间的流动补偿,垫层材料能够不断地调整和补充到桩间土上,使桩、土能够协调变形,保证在任一荷载下桩和桩间土始终参与工作。

图5为复合地基、桩、桩间土表面的荷载-沉降曲线。图上可以看出,荷载水平较小时,桩、土、复合地基的变形均比较小,桩间土的沉降量和复合地基的变形量几乎相同。荷载超过320kN之后,三者之间的差距开始拉大。在整个加载过程中,复合地基的沉降量始终大于桩间土表面及CFG桩的沉降量,其中以CFG桩的位移最小。

在建筑物地基中,桩基中的桩与承台刚性连接,在正常情况下,受垂直荷载后桩顶的沉降、桩间土表面的沉降以及承台的沉降都相等。桩顶以下桩各部位的位移都大于相应部位土的位移,桩侧土体对桩产生的与桩位移方向相反的侧阻力,即正摩阻力。桩的最大轴力发生在桩的顶部。CFG桩复合地基则不同,任一荷载下桩顶的沉降、桩间土表面的沉降以及基础的沉降均不相同,桩间土的沉降始终大于桩顶的沉降,即CFG桩相对于桩间土有向上的刺入变形。在某一深度 z_0 范围内,土的位移大于桩的位移。

土对桩产生的摩阻力方向是与桩的沉降方向一致的，即所谓的负摩阻力。z_0 处桩和土的位移相等，该断面所处位置为中性点。当深度大于中性点位置之后，桩的位移大于土的位移，土对桩产生的是正摩阻力。

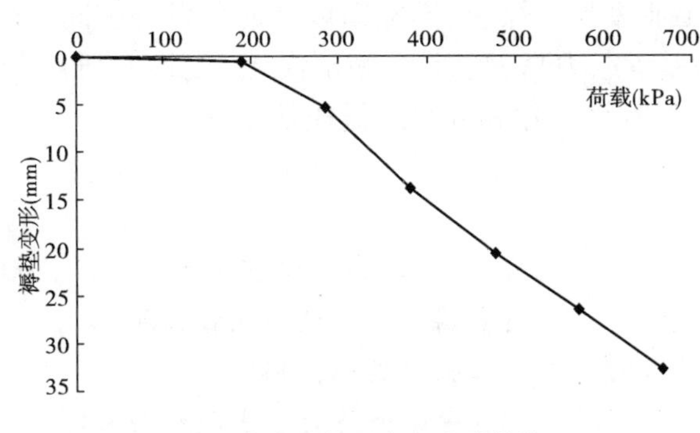

图 4　褥垫层的压应力-变形曲线

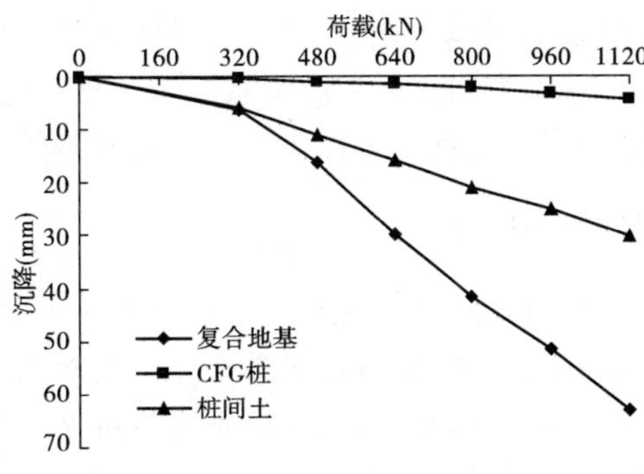

图 5　复合地基、桩、桩间土荷载-沉降曲线

中性点以上，桩的轴向应力随着深度的增加而增大，中性点以下桩的轴向应力随着深度的增加而减小，桩的最大应力就在中性点处。需要着重指出的是，由于褥垫层的设置，无论桩端落在软土层还是硬土层，从加载一开始就存在一个负摩阻力[3]。

3.2.4　桩土应力比

在荷载作用下，若将复合地基中桩体的竖向平均应力记为 σ_p，桩间土的竖向平均应力记为 σ_s，则桩土应力比 n 为：

$$n = \sigma_p/\sigma_s \tag{3}$$

桩土应力比是复合地基的一个重要设计参数，它关系到复合地基承载力和变形的计算，其变化规律更加直观地反映了在加载过程中桩土应力的传递性状。影响桩土应力比的因素很多，如荷载水平、桩土模量比、复合地基面积置换率、原地基土强度、桩长、固结时间和垫层情况等[4]。

实测的桩土应力比，如图 6 所示。从图上可以看出，在荷载作用下，桩土应力比是先增大后减小，存在一个极大值。

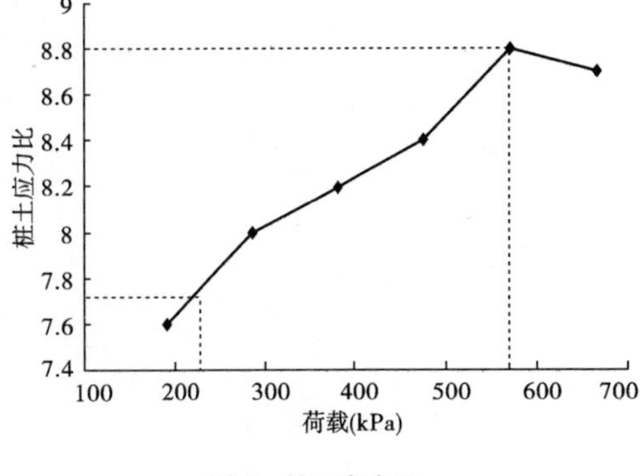

图 6　桩土应力比

在荷载作用初期，荷载通过地基与基础间的垫层比较均匀地传递给桩间土，随着荷载的逐渐增大，复合地基的变形也随之增大。由于桩间土被压缩，增加了桩周土体对桩体的约束力和抵抗力，从而增加了桩体的侧摩阻力和支承能力。且由于桩底端的土层较好，随着上部荷载的增加，桩体承担的荷载逐渐增大。同时，桩间土的沉降变形对桩体产生的负摩阻力也相应加大，地基中的应力逐渐向桩体集中。因此，桩土应力比随着荷载的增大而增大，在 571kPa 处达到最大值，其对应荷载为极限荷载。随着荷载的继续增大，桩体首先进入塑性状态，桩的变形加大，桩上的应力逐渐向桩间土转移，桩土应力比开始逐渐减小，直至桩和桩间土体共同进入塑性状态，趋于稳定[5]。极限荷载对应的桩土应力比为 8.8，标准值对应的桩土应力比为 7.7。

4　结语

(1)从复合地基静压结果数据看，本工程所采用的复合地基使复合地基的承载力得到大幅度的提高，地基变形得以降低和控制。

(2)在复合地基载荷试验中，荷载较小时，土承担的荷载大于桩承担的荷载。随着荷载的增大，桩承担的荷载占总荷载的百分率逐渐增加，而桩间土承担的荷载占总荷载的百分率则逐渐减小。

(3)在任一荷载作用下,桩顶的沉降、桩间土表面的沉降以及复合地基的沉降各不相同。桩间土表面的沉降始终大于桩顶的沉降,即 CFG 桩相对于桩间土有向上的刺入变形。由于褥垫层的设置,无论桩端落在软土层还是硬土层,从加载一开始均存在一个负摩阻力。

(4)复合地基中由于 CFG 桩桩体材料可以掺入工业废料粉煤灰、不配筋以及充分发挥桩间土的承载能力,其受力和变形类似于素混凝土桩。它具有地基承载力高、变形小、稳定快、施工简单易行。工程质量易保证等优点。工程造价一般为桩基的 1/3 ~ 1/2,经济效益和社会效益非常显着。

参考文献

[1] 沈祥. CFG 桩复合地基设计方法与工程实现的研究[硕士论文 D]. 武汉:武汉理工大学学位,2003.
[2] 阎明礼,张东刚. CFG 桩复合地基技术及工程实践[M]. 北京:中国水利水电出版社,2001.
[3] 徐至钧,王曙光. 水泥粉煤灰碎石桩复合地基[M]. 北京:机械工业出版社,2004.
[4] 黄生根,张希浩,曹辉,等. 地基处理与基坑支护工程[M]. 武汉:中国地质大学出版社,2004.
[5] 娄国充. CFG 桩复合地基设计及现场试验分析[J]. 铁路设计标准,2002(2):43-44.

附　录

论文作者索引

（按姓氏汉语拼音为序，括号内数字表示论文页码）

同济大学土木工程学院

地下建筑与工程系隧道及地下工程研究所

岩土大楼

同济大学隧道及地下工程研究所成立于2002年2月21日，其前身为同济大学地下建筑教研室和地下结构研究室。地下建筑教研室成立于1960年2月，是同济大学应国家建设部要求而创办成立的，当时共有教职员工16人，孙钧先生担任主任。自2004年起，隧道及地下建筑工程专业增列为可招收博、硕士研究生和培养博士后研究人员的二级学科(隶属土木工程一级学科)。

研究所下设四个研究室，分别为第一研究室、第二研究室、第三研究室和第四研究室。孙钧院士的梯队成员也主要在本领域开展工作。研究所现有教授13人(中国科学院院士1人)、副教授9人、有博士学位的讲师7人。各研究室的主要研究方向如下：

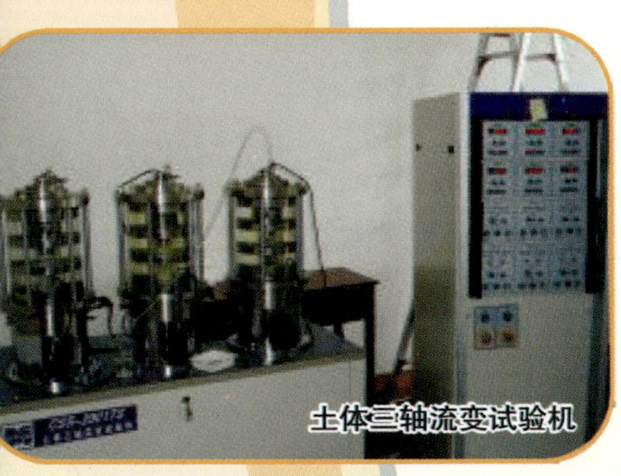
土体三轴流变试验机

(1)第一研究室：隧道及地下工程的风险评估与控制，现代隧道及地下工程的设计施工技术，裂隙岩体及软岩的强度与变形理论，软土隧道及地下结构长期沉降；

(2)第二研究室：隧道及地下结构的健康诊断与耐久性，数字地下空间与工程，岩体节理力学及其渗流耦合理论，岩土力学数值计算方法与应用，地下结构抗震与地下空间防灾；

(3)第三研究室：地下结构服役寿命设计与维护理论，地下空间利用与开发技术，地下结构抗爆和抗震，高性能混凝土结构，高性能计算及应用技术；

(4)第四研究室：城市地下空间的规划与设计理论，软土工程的优化设计与施工方法，岩土渐进性破坏力学与应用，地铁工程设计施工管理理论。

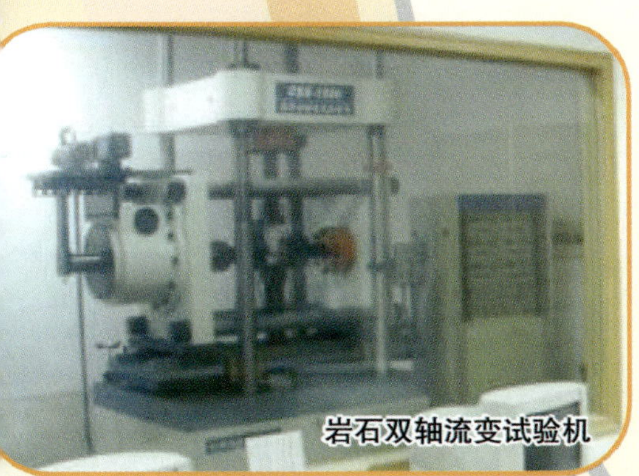
岩石双轴流变试验机

近年来，研究所结合三峡船闸高边坡工程、水电站地下洞室、高速公路隧道、城市顶管工程、地铁工程、越江跨海通道、矿山工程等重大建设工程的设计与施工，以及城市地下空间开发利用等开展了系列的研究工作。承担的研究课题中有国家自然科学基金重点和面上项目13项，国家863和科技攻关项目8项，上海市重大科技攻关项目3项，其他省部级纵向研究项目37项。

研究所直接隶属单位为同济大学土木工程学院地下建筑与工程系，其它的依托机构包括：同济大学岩土及地下工程教育部重点实验室；同济大学岩土工程国家重点学科；中奥隧道与地下工程研究中心等。

研究所与美国、日本、法国、德国、奥地利、英国、新加坡、香港、台湾等国家和地区的研究机构建立了广泛合作与研究关系，并举办经常性的学术交流活动。

岩体剪切试验机

岩土离心试验机

国产盾构新纪元

由隧道股份机械制造公司承担的国家863计划取得重大突破，中国第一台具有自主知识产权的土压平衡盾构在隧道股份机械制造公司诞生！

2002年，隧道股份机械制造公司以较大的竞争优势，获得了国家863计划关于开发国产盾构掘进机的一系列项目。经过两年的不懈努力和技术攻关，隧道股份机械制造公司终于研制生产出中国首台具有自主知识产权的地铁盾构机——“先行号”。这台直径为6.34米的土压平衡盾构，集当今世界盾构制造各类系统的长处，汇德国产品的稳定性和日本产品的经济性为一体，在刀盘驱动、遥控拼装机、螺旋机、电气监控、推进系统、盾尾密封、中心回转接头等7大关键技术进行了创新研发，取得了重大科研成果：项目达到同类技术的国际先进水平，并获4项发明专利授权，获2项实用新型专利授权。

“先行号”样机于2004年10月18日投入上海轨道交通建设。之后，“先行号”盾构以日推进32环（38.4米）、月推进472环（566.4米）的成绩，连续刷新了当时国内软土地铁盾构推进最高纪录。

隧道股份机械制造公司编制的《DT6.34土压平衡盾构产品标准》成为上海市企业产品标准，也是国内首个盾构产品标准。

首台下线仪式

国家863项目、首台具有自主知识产权的国产土压平衡盾构——“先行号”

国家重点新产品

证书

项目名称：Φ6.34m地铁土压平衡盾构　　项目编号：2006GRC00090

承担单位：上海隧道工程股份有限公司　　发证时间：2006年11月

有效期：三年

批准机关：

国产盾构被列入国家重点新产品

中国软土隧道工程装备技术的领跑者

上海隧道股份机械制造公司是中国软土隧道工程装备技术的领跑者。

从单圆盾构制造发展到双圆盾构制造；

从圆顶管制造发展到矩形顶管制造；

从软土隧道盾构研制发展到复合土层盾构研制……

它们记录着公司四十余年来的发展足迹。

隧道股份机械制造公司创造了诸多第一：

制造国内第一台土压平衡盾构；

制造国内第一台泥水平衡盾构；

世界最大直径盾构制造——上海长江隧道工程直径15.43米泥水平衡盾构；

完成中国第一台双圆盾构制造——上海地铁8号线隧道工程双圆盾构；

成功研制国内第一台完全自主知识产权地铁盾构——“先行号”；

正在研制国内第一台完全自主知识产权的大型泥水平衡盾构……

隧道股份机械制造公司以“为民造福”为己任，努力实践“缩短距离、拓展空间、连接未来”的企业发展理念，为振兴中国装备制造业作出应有的贡献！

隧道股份机械制造公司

愿与您携手为中国盾构产业发展做出贡献！

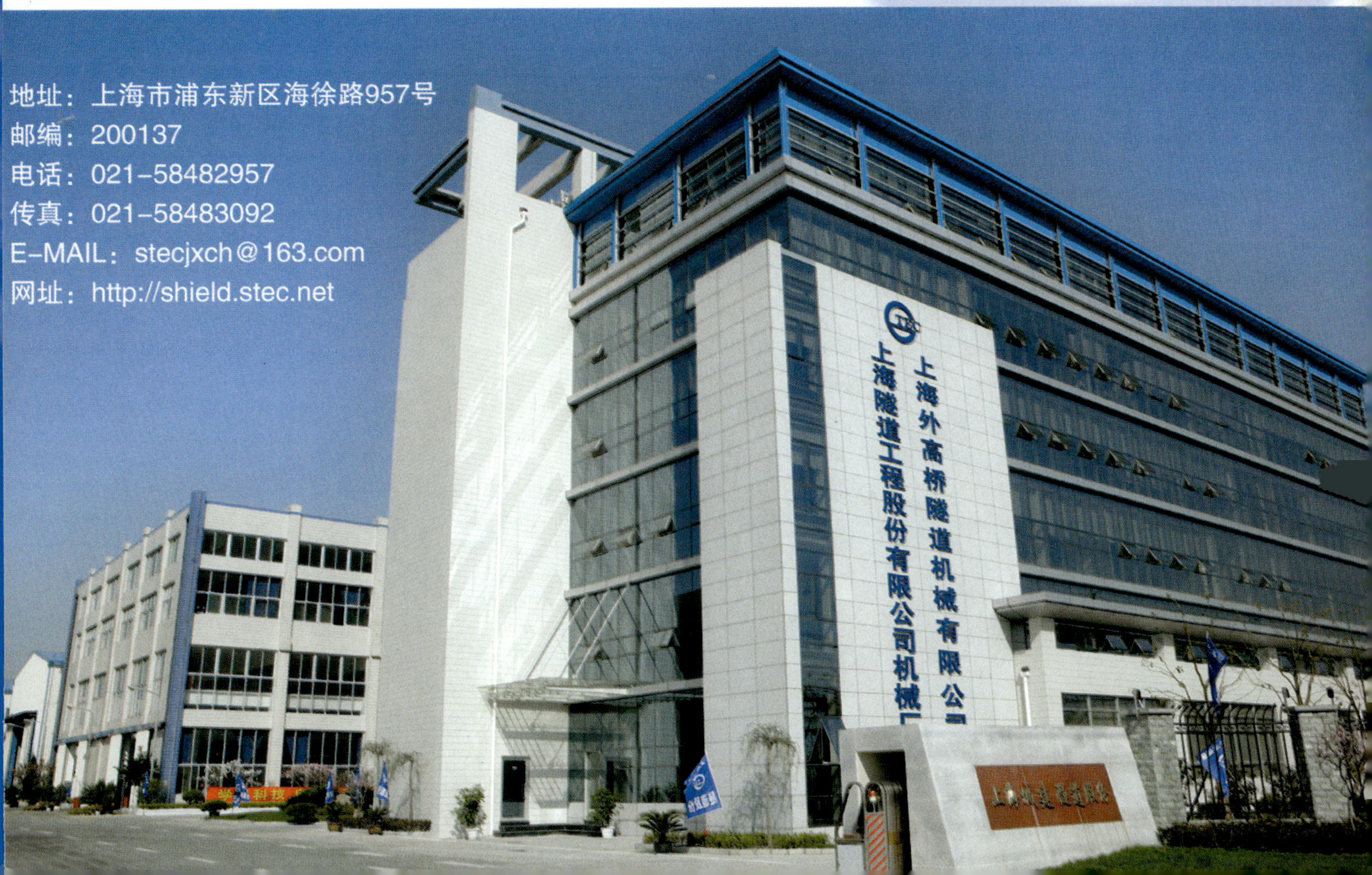

浙江省第一水电建设集团

ZheJiang Provincial No.1 Water Conservancy and Electric Power Construction Group

企业简介

浙江省第一水电建设集团有限公司，前身为浙江省水电建筑第一工程处，成立于1965年。2000年5月，企业改制更为浙江省第一水电建设有限公司。2006年12月，经浙江省国资委批准，企业完成整体改制，2007年1月，组建成立浙江第一水电建设集团有限公司。公司具有主营水利水电工程施工总承包一级，同时具有地基与基础工程、港口与航道程、土石方工程专业承包一级和市政公用工程、公路工程、桥梁工程、爆破与拆除工程等多项资质的浙江省首批建筑重点骨干企业。

多年来，公司凭借雄厚的技术力量、先进的机械设备和良好的工程质量及企业信誉，相继承担了衢州乌溪江引水程、温黄平原金清新闸、绍兴汤浦水库、德清大闸改建工程、杭州市城市防洪工程、京杭运河沟通工程三堡船闸、杭绕城高速公路、杭州下沙大桥引桥、杭州萧山国际机场公路等多项省内重点工程建设；参与建设了杭州开元名都大店、杭州市财富金融中心等重点工程桩基施工。公司注重企业现代化管理，通过了质量、职业健康安全和环境“三一”管理体系认证。工程质量多次荣获国家优质工程奖、全国建筑工程“鲁班奖”，水利部、交通部优质工程奖和浙省建设工程“钱江杯”等奖项，连续多年多个QC小组获浙江省、水利部和全国优秀QC小组成果奖。

近年来，公司立足建筑施工主业，积极采用投资、建设、管理为一体的投资模式，先后投资了龙游小溪滩水利枢纽程、浦江仙华水库供水工程、龙游县沐尘水库等建设项目，使公司的发展有了新的开拓。自1991年来，公司连年被评企业信用等级AAA级企业；2000年以来多年被评为水利系统部级质量管理优秀企业单位。先后荣获第三届、第四届浙江先进建筑施工企业，浙江省守合同重信用单位，2002年被评为全国水利系统先进集体，2005年被授予浙江省文明单位号，2006年获得全国用户满意企业奖。

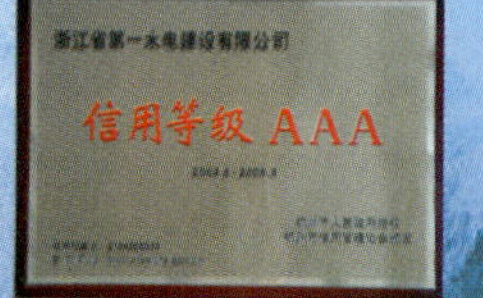

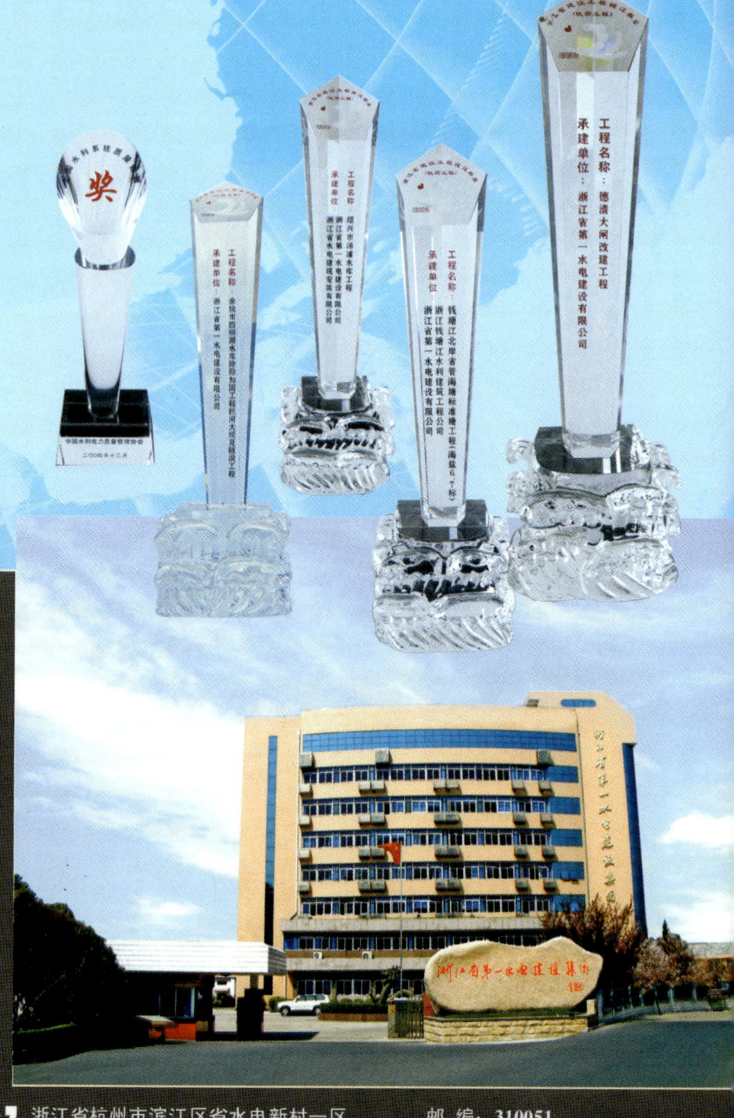

2009

浙江省杭州市滨江区省水电新村一区 邮 编：310051
电 话：0571-86682251 传 真：0571-86682271 网 址：www.china-zysj.com

挑战·跨越·发展

HALLENGING • SPANNING • DEVELOPING

继往开来，务实创新。在和谐有序中努力付出！

浦江仙华水库

公司按照投资、建设、管理运作方式进行投资建设的项目，是缓解浦江县城工业和生活用水紧缺的状况，促进仙华山风景名胜区的旅游产业发展而兴建的以供水为主，结合发电、综合利用的水利工程。下图为坝后式发电厂房。

绍兴汤浦水库

浙江省重点建设工程。该工程QC小组分别荣获全国、水利部及浙江省优秀质量管理小组奖。工程先后被授予浙江省钱江杯优质工程奖、国家优质工程银质奖。

温州浅滩一期围涂工程北围堤工程

浙江省五大百亿工程，全长约8公里。2007年获全国水利优质工程“大禹奖”。

上海港湾码头

工程包括30000吨级固定码头、5000吨级及3000吨级趸船码头（一级危险品码头）。

杭州绕城公路东线四标段下沙大桥

工程全长4.17公里，设计为双向六车道，路宽34.5米；其服务区是我省第一个横跨高速公路的服务区设施工程，跨线部分采用40米跨度三向网架结构。该工程分别荣获浙江省钱江杯优质工程奖和国家优质工程银质奖。

挑战·跨越·发展

CHALLENGING · SPANNING · DEVELOPING

继往开来，务实创新。在和谐有序中努力付出

钱塘江北岸险段标准海塘工程

工程获浙江省钱江杯优质工程奖、全国建筑工程鲁班奖。

杭州开元名都大酒店桩基

工程为已投入使用的浙江省第一高楼，获浙江省钱江杯优质工程奖。

杭州客运中心站

华东地区最大的客运站，获浙江省钱江杯优质工程奖，目前正申报全国建筑工程鲁班奖。

温州市西向排洪工程梅屿隧洞

隧洞全长977米，共布置2条，断面型式为平底马蹄形，净宽15米，净高11.5米。图为施工中所用的钢模台车。

Gb24型地下连续墙液压抓斗设备与QUY80A型80吨履带吊机

以科技创造价值 · 以德智构建和谐

迷宫式约束阻尼钢轨及车轮

青岛科而泰环境控制技术有限公司

青岛科而泰环境控制技术有限公司是为了更好地满足广大客户日益提高的技术服务需求而成立的技术创新型企业，主要从事隔而固核心业务以外的噪声和振动控制业务，以及环保节能新技术的开发，拥有一批理论和实践经验丰富的专业人才和专家团队。在减振降噪领域，公司将重点开发中低档轨道减振技术、橡塑减振技术、阻尼减振降噪技术以及吸隔声屏障技术。

科而泰公司坚持质量和信誉至上、实事求是和一丝不苟的技术作风，凭借人才和技术优势以及广大客户朋友的支持，以中国式的创新热情和服务向广大客户提供中高端噪声和振动控制新技术和新产品，以专业水平帮助客户解决减振降噪和环保节能方面的疑难问题。

迷宫式约束阻尼钢轨和车轮

迷宫式约束阻尼钢轨和车轮为尹学军博士发明的专利技术，该技术与现有单层曲面板式约束阻尼技术相比，阻尼比可大幅提高；与TMD阻尼吸振器相比，具有宽频减振降噪效果，高频减振消能更为卓越，降噪效果更好，更安全，该技术已经/将应用于北京、上海等地的地铁、轻轨及高速铁路车站，已运行的测试结果表明，降噪效果达2-8分贝。

迷宫式约束阻尼钢轨

迷宫式约束阻尼车轮

其主要特点如下：

- 阻尼板由联结板和约束板组成，采用迷宫式结构，阻尼面积远大于粘贴表面；
- 约束阻尼的作用方向与轮轨振动模态相匹配，轮轨的模态阻尼比大幅提高；
- 阻尼材料工厂化灌注，效率高，质量稳定，不受气候影响；
- 现场粘贴采用高强度结构粘结胶，粘接牢固，施工速度快；
- 约束阻尼板由侧板、面板和底板组成，在横截面上相互锁紧，不会脱落；
- 铝合金约束板耐腐蚀、美观、精度高，散热性能好，约束刚度较高；
- 压型约束钢板采用高效防腐，约束刚度大；
- 阻尼胶和粘接胶寿命长，大于钢轨使用寿命；
- 可以在新轨或新轮上使用，也可以在已有钢轨或车轮上加装。

迷宫式约束阻尼钢轨的适用场合：

凡是轮轨噪声占主导地位的情况：

- 小曲线半径路段；
- 车辆段、道岔；
- 进站制动噪声；
- 近邻居民楼的高架路段；
- 快速轨道路段；
- 高速铁路、市区段车站。
- 重载及高磨耗路段。

约束阻尼车轮：

隔而固公司委托西南交大牵引动力国家重点实验室在其滚动试验台上进行滚动试验，结果表明，在40～120 km/h范围内，降噪效果最高达7分贝。

寻求合作代理，欢迎联系

- 迷宫式约束阻尼车轮技术拟向国内外车辆厂转让，欢迎合作。
- 迷宫式约束阻尼钢轨技术寻求国内外合作代理。

试验中列车通过阻尼钢轨试验段

装有迷宫式约束阻尼车轮转向架在滚动实验台上

迷宫式阻尼钢轨相对于普通钢轨的降噪效果（曲线段）

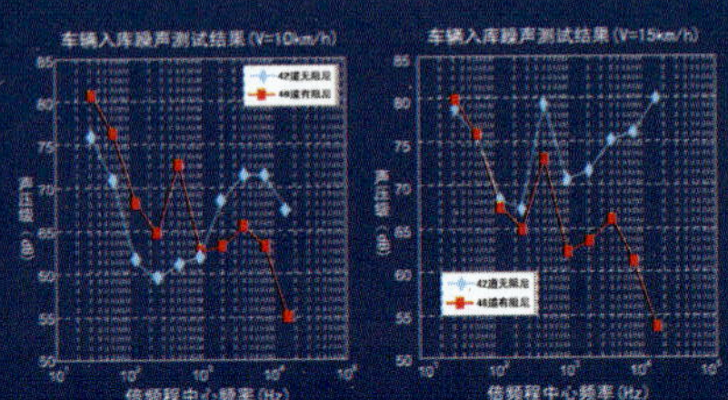

阻尼钢轨降噪效果一览表（dB）

行驶速度	5km/h	10km/h	15km/h
出库	4.5	5.4	–
入库	0.4	1.6	8.2

阻尼车轮与普通车轮的降噪效果对比

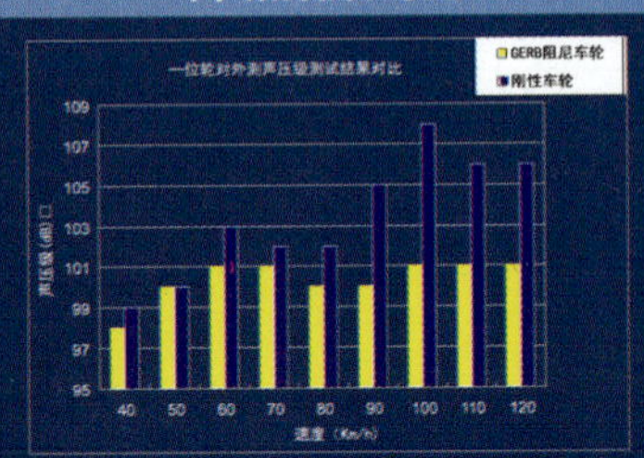

青岛科而泰环境控制技术有限公司

地址：青岛市崂山区143号石老人科技创业园3号楼B-109室　邮编：266101
电话：0532-87716868　传真：0532-88705007　Email:qdcreate@163.com